一本和孩子有效沟通的超级指导书

好父母
要对孩子说的 100 金句
不要对孩子说的 100 禁句

杨建峰　主编

江西教育出版社
JIANGXI EDUCATION PUBLISHING HOUSE

图书在版编目(CIP)数据

好父母要对孩子说的100金句 不要对孩子说的100禁句/杨建峰主编.—南昌:江西教育出版社,2013.9(重印时间2014.4)

ISBN 978-7-5392-7104-0

Ⅰ.①好… Ⅱ.①杨… Ⅲ.①家庭教育… Ⅳ.①G78

中国版本图书馆 CIP 数据核字(2013)第 163368 号

总策划/杨建峰
封面设计/松雪图文

敬启

本书在编写过程中,参阅和使用了一些报刊、著述和图片。由于联系上的困难,我们未能和部分作品的作者(或译者)取得联系,对此谨致深深的歉意。敬请原作者(或译者)见到本书后,及时与本书编者联系,以便我们按照国家有关规定支付稿酬并赠送样书。联系电话:010-84853028 联系人:松雪

好父母要对孩子说的100金句 不要对孩子说的100禁句
主编/杨建峰
策划编辑/熊侃 杨永胜
责任编辑/洪晓梅
江西教育出版社出版
全国各地书店经销
北京德富泰印务有限公司印刷
开本 1020×1200 1/10 印张 44 字数 700 千
2013 年 9 月第 1 版 2014 年 4 月第 2 次印刷
书号:ISBN 978-7-5392-7104-0
定价:59.00 元
赣版权登字-02-2013-216
本书整体设计及内容均受国家著作权法保护,非经权益人书面同意不得摘编或仿制

PREFACE 前言

为人父母,都对自己的孩子抱有很多期望。有的父母希望孩子在学习中取得优异的成绩,有的父母希望孩子兴趣广泛,有的父母希望孩子成为"神童",他们认为这样孩子就能考上好大学,将来光宗耀祖。

然而,孩子的肩膀毕竟还显稚嫩,扛不起太多的东西。处处要求孩子争第一,会给孩子制造一个压抑的生活环境;让孩子上兴趣班、学特长,很可能打消孩子真正的兴趣;当孩子没能达到父母的要求时,父母感到生气和失落,然后责骂孩子,会让孩子幼小的自尊心遭受打击……父母的这些做法都不利于孩子的健康成长。不仅如此,还会影响孩子的心理健康,甚至因此断送孩子的前程。

俗话说:"没有种不好的庄稼,只有不会种庄稼的农夫;没有教不好的孩子,只有不会教孩子的妈妈。"好父母光有爱是不够的,还应该是孩子的好朋友、好老师和成长道路上的引路人。要做到这一点,为人父母者应首先提高自身素养,具备科学的教子理念和育儿智慧,可以说,孩子的平凡与否不是孩子自身的差别决定的,而是由父母的差别决定的。父母的差别,将影响孩子的一生。

作为父母,我们对孩子抱有希望是应该的,但是对孩子的期望过高,远远超出了孩子的承受能力,对孩子是不利的。而当孩子学习成绩不理想的时候,他们要的是父母的指导而不是批评;当孩子不愿意上兴趣班、特长班时,他们要的是父母的尊重而不是父母的逼迫;当孩子没有在各条道路上都争第一时,他们要的是父母的理解而不是责骂;当孩子进入青春期时,他们要的是父母的帮助而不是猜疑,不知道您是不是这样做的? 其实每个孩子都是平凡的,即使他在某一方面或很多方面很有优势,他也不可能是"全能"的;即使他看起来一无是处,也改变不了他有自己的闪光点这一事实。因此,作为父母,应该结合孩子的实际情况,调整对孩子的期望值,努力寻找孩子的闪光点,让孩子顺其自然地成长。只有这样,孩子的童年才会多一份轻松和快乐,孩子的未来才会多一份惊喜和收获。

《好父母要对孩子说的100金句 不要对孩子说的100禁句》直面父母教育孩子时常见的错误,结合大量生活中的实例,为父母教育孩子出谋划策。最终达到让父母倾听孩子的心声,让孩子理解父母的期望和苦衷的效果,实现亲子间的畅通交流和和睦相处的效果。这是一个终身学习的时代。这个时代需要的不是知识的累积,需要的是强大的知识汲取力。因为,时代变迁的加速化,使得知识的过时也在加速。从某种意义上来说,如何跟上时代的节拍,适应时代和社会的发展是我们每一个为人父母首先要考虑的问题。激烈的社会竞争和自我实现的驱动,使得父母对孩子的期望以及孩子对自身的定位成了一个普遍的社会思潮。这种思潮的推动是对传统理念根本性的颠覆。成才和成功不在于知识的累积,而在于汲取新知识的方式和方法。而且当你真正明白了人生的真谛是在塑造一种能力,是在培养一种素质的时候,那么你对自己如何去教育自己的孩子会有一个非常明确的认识。这个认识是使每个孩子梦想成真的条件。

父母可以帮助孩子成为一个品质高的人,一个敢于承担责任、义务的人,一个有勇气、充满活力、正直的人。光有爱是不够的,洞察力也不足以胜任,好的父母需要技巧,如何获得并使用这些技巧就是这本书的主要内容。

《好父母要对孩子说的100金句 不要对孩子说的100禁句》,加强了父母与孩子之间的关系,是父母日常必备的手册。

CONTENTS 目录

上篇
好父母要对孩子说的100金句

第一章 孩子,你可以

你要看好你自己 ………………………………………………………………… 2
你真的很棒 ……………………………………………………………………… 3
你要敢于担当 …………………………………………………………………… 5
你的敌人是你自己 ……………………………………………………………… 8
你让我们很放心 ………………………………………………………………… 12
自信是你最大的财富 …………………………………………………………… 13
你要战胜怀疑和取笑 …………………………………………………………… 15
你要拒绝当绿叶 ………………………………………………………………… 16
我们是支持你的 ………………………………………………………………… 18
你要做一个优秀的孩子 ………………………………………………………… 20
你要积极培养探索精神 ………………………………………………………… 22
我们一定会鼓励你 ……………………………………………………………… 23
我们会适时地称赞你 …………………………………………………………… 26
你要经常和我们谈心 …………………………………………………………… 28

第二章 孩子,你不要害怕

你要勇于实现自己的理想 ……………………………………………………… 30
你一定会有所作为的 …………………………………………………………… 31

你要做一个勇敢的孩子 …………………………………………………… 33
你要勇于改正错误 ……………………………………………………… 34
你遇事要沉着冷静 ……………………………………………………… 36
你要试着胆大些 ………………………………………………………… 37
你要拥有无所畏惧的精神 ……………………………………………… 40

第三章　孩子，你可以自己做决定

你要对自己负责任 ……………………………………………………… 42
你要尽最大努力做事 …………………………………………………… 43
你要勇于承担责任 ……………………………………………………… 46
你要独立做事 …………………………………………………………… 48
你要主宰自己的生活 …………………………………………………… 49

第四章　孩子，你要健康地成长

你要科学饮食 …………………………………………………………… 52
你要做个讲卫生的孩子 ………………………………………………… 54
你要经常锻炼身体 ……………………………………………………… 57
你要保护好自己的牙齿 ………………………………………………… 58
你要保护好自己的眼睛 ………………………………………………… 60
你要养成良好的生活习惯 ……………………………………………… 64
你要保护自己的嗓子 …………………………………………………… 66
你要养成良好的作息习惯 ……………………………………………… 67

第五章　孩子，你要热爱学习

你要培养自学能力 ……………………………………………………… 69
你要敢于提问题 ………………………………………………………… 72
你要摒弃厌学思想 ……………………………………………………… 76
你要勤于思考 …………………………………………………………… 77
你要积极主动地学习 …………………………………………………… 79
你要学好英语这门课 …………………………………………………… 80
你要做时间的主人 ……………………………………………………… 82
你要有学习的兴趣 ……………………………………………………… 83

你要提高学习兴趣 ··· 85
你要做一个爱读书的孩子 ··· 87
你要培养学习情感 ··· 89
你要培养阅读的习惯 ·· 90
你要克服学习困难 ··· 94
读书才是你的出路 ··· 96
你要明确学习动机 ··· 99
你要知道读书是智力开发的关键 ···································· 100
你要学会借鉴别人的学习经验 ······································· 103
你要自己选择阅读书籍 ··· 106
你要有自主学习的意识 ··· 107

第六章　孩子,我们会给予你正确的性教育

我们会给你透明的性教育 ·· 109
我们会适当地对你进行性教育 ······································· 110
我们会正确对待孩子手淫 ·· 112
我们会给你正确的性教育 ·· 113
我们不会回避性问题 ·· 116

第七章　孩子,我们会全心全意地爱你

我们会让你循序渐进地成长 ··· 119
我们会和你愉快地相处 ··· 120
我们会和你建立良好的亲子关系 ···································· 122
我们会用无私的爱滋润你 ·· 124
我们会和你和谐相处 ·· 125
我们会拥抱你让你快乐 ··· 127

第八章　孩子,你要全方位地培养自己的能力

我们支持你的思维能力 ··· 130
你要做个勤奋的孩子 ·· 132
你要坚信付出才会有收获 ·· 133
你要有自己的奋斗目标 ··· 135

你要辛勤地播洒汗水 ………………………………………………………… 137
你要远离懒惰 ………………………………………………………………… 138
你要踏实过好每一天 ………………………………………………………… 139
你要做一个诚实的孩子 ……………………………………………………… 141
你要做一个守信的孩子 ……………………………………………………… 145
你要学会言信合一 …………………………………………………………… 149
你要养成诚信的好习惯 ……………………………………………………… 151

第九章　孩子,我们也需要你的爱

你要做个孝顺的孩子 ………………………………………………………… 153
你也要尝试着做家务 ………………………………………………………… 155
你要热爱家务劳动 …………………………………………………………… 158
你要养成孝敬父母的习惯 …………………………………………………… 160
你要经常帮助我们 …………………………………………………………… 161
你要学会感恩 ………………………………………………………………… 164

第十章　孩子,你要今日事今日毕

你要做一个干脆利落的好孩子 ……………………………………………… 165
你要有今日事今日毕的习惯 ………………………………………………… 167
有时间就去做自己喜欢的事情吧 …………………………………………… 169
你要珍惜时间 ………………………………………………………………… 170

第十一章　孩子,你要正确地认识金钱

你要正确利用金钱 …………………………………………………………… 172
你是否优秀与家境无关 ……………………………………………………… 174
你要合理地消费 ……………………………………………………………… 176
你要拥有正确的金钱观 ……………………………………………………… 179
你要做一个自食其力的孩子 ………………………………………………… 182
你要有一定的理财能力 ……………………………………………………… 183
你要节约用钱 ………………………………………………………………… 185
你要分开贪婪与适度 ………………………………………………………… 186

第十二章 孩子,你要待人友善

你要做一个乐于助人的好孩子 …………………………………… 190
你要乐于与人分享 …………………………………………………… 191
尊重他人就是尊重自己 …………………………………………… 193
你要试着欣赏别人 …………………………………………………… 196
你要试着当志愿者 …………………………………………………… 197
你要学会信任他人 …………………………………………………… 199
你要懂礼貌 …………………………………………………………… 200
你要提高沟通能力 …………………………………………………… 202

下篇
好父母不要对孩子说的100禁句

第一章 孩子,你要无条件地服从我们

你必须听我的 ………………………………………………………… 206
你必须按照我的模式成长 ………………………………………… 208
我们的"爱"会把你包围起来 …………………………………… 209
你必须要优秀 ………………………………………………………… 211
你必须好好学习 ……………………………………………………… 214
你怎么可以有坏习惯 ……………………………………………… 215
你必须采纳我的意见 ……………………………………………… 217
你不要做这件事 ……………………………………………………… 219
你不要随意涂鸦 ……………………………………………………… 220
我们不会给你自由空间 …………………………………………… 222
我们会给你"催眠" ………………………………………………… 223
你要按照我们的要求做 …………………………………………… 225
我们会给你下命令 ………………………………………………… 227
你不能有任何的反抗 ……………………………………………… 229

你要任由我们摆布 ……………………………………………… 231
你要坚决服从我们的意志 ………………………………………… 233
你不可以与家长发生冲突 ………………………………………… 235

第二章　孩子，我们"恐吓"你是为了教育你

你能不能快点 …………………………………………………… 238
我们"恐吓"你是为你好 ………………………………………… 239
再哭就让警察叔叔把你抓走 ……………………………………… 240
我要用三个数强迫你做事 ………………………………………… 241
必要时我们会吓唬你 ……………………………………………… 243

第三章　孩子，你怎么这么不听话

你这么调皮，真不是好孩子 ……………………………………… 245
你撒谎就该打 ……………………………………………………… 246
你不可以顶嘴 ……………………………………………………… 248
你的"口头禅"必须马上根除 …………………………………… 250
你怎么可以有强迫行为 …………………………………………… 251
你不可以在公共场所捣乱 ………………………………………… 253

第四章　孩子，你太让我失望了

你光一门功能课好有什么用 ……………………………………… 256
你怎么这么没用 …………………………………………………… 257
你实在是太笨了 …………………………………………………… 259
你的理想太天真了 ………………………………………………… 260
你必须要乖乖听话 ………………………………………………… 262
你真是一无是处 …………………………………………………… 263
你说的话太幼稚 …………………………………………………… 265
你的体能太差了 …………………………………………………… 266
你的自觉性太差了 ………………………………………………… 269
你太差劲了 ………………………………………………………… 271
你真是太不成器了 ………………………………………………… 273
你真是个胆小鬼 …………………………………………………… 274

你怎么考得这么少 …… 275
你不许支使长辈 …… 278

第五章 孩子,你的梦想不现实

你的梦想太不切实际 …… 280
你的梦想太遥远 …… 282
你的理想是错误的 …… 283
我要决定你的理想 …… 285
你别做白日梦了 …… 286
你不是学音乐的料 …… 289
你要尽早做这些运动 …… 291
你不是画画的材料 …… 292

第六章 孩子,我们有权干涉你的人际交往

别人欺负你,你就打他 …… 294
我要限制你和异性交往 …… 295
我要决定你交什么样的朋友 …… 296
你怎么可以早恋呢 …… 298
不要把小朋友带到家里来玩 …… 300
我不允许你有隐私 …… 301
你被朋友排斥,就不要理他们了 …… 303
我会帮你选择朋友 …… 305

第七章 孩子,我们严格对你是为你好

我们不允许你发脾气 …… 307
我们要严厉地处罚你 …… 310
我们要大声地批评你 …… 311
我们会粗暴地打骂你 …… 313
我们会对你小惩大戒 …… 315
我们必须对你心硬一些 …… 317
我们必须对你忽冷忽热 …… 318
我们只会跟你吼 …… 319

第八章 孩子,我们这样做没有错

我们对你说的话不是"语言暴力" …… 323
我们否定你是想让你印象深刻 …… 324
我们是不会给你道歉的 …… 326
我们放不下面子 …… 327
我们没有错怪你 …… 328
我们就是要揪住你以前的错不放 …… 330
我们食言没有错 …… 331
我们会当着你的面吵架 …… 333
我们对你进行人身攻击是为了你好 …… 334
我们真的太生气了 …… 336

第九章 孩子,你的好奇心太重了

不许你有好奇心 …… 338
你又在搞破坏 …… 340
你别异想天开了 …… 342
你不要总提问题 …… 344
我们会拒绝回答你的问题 …… 346
你的想象力怎么这么丰富 …… 350
收敛一下你的好奇心 …… 351
你还是小孩子,没有创造性可言 …… 354

第十章 孩子,你尽管提要求

我们会满足你任何需求 …… 358
我们愿意为你做任何事 …… 361
我们会用金钱和物质来爱你 …… 363
你是家里的"皇帝" …… 364
我们会接受你的不合理要求 …… 366
你可以不用规规矩矩的 …… 368

第十一章 孩子,你太难沟通了

你能不啰唆吗 …… 370
我们不会和你有思想交流 …… 372
你是拗不过我们的 …… 373
我跟你没办法沟通 …… 375
你怎么这么不爱说话 …… 377

第十二章 孩子,我们一定拿你和别人作比较

别人的孩子都比你优秀 …… 379
你怎么这么不长进 …… 381
我就是要拿你和其他孩子作比较 …… 382
你只要有一项优势就可以了 …… 384
你一定要当神童 …… 387

附 录

如何应对孩子学习疲劳 …… 390
如何给孩子请家教 …… 391
如何教育对学习没有信心的孩子 …… 392
如何培养孩子记日记的好习惯 …… 394
如何培养孩子善问敢问的好习惯 …… 395
如何培养孩子检查作业的好习惯 …… 396
如何培养孩子专心听讲的好习惯 …… 397
如何培养孩子积极回答问题的好习惯 …… 399
如何培养孩子考前放松的好习惯 …… 400
如何培养孩子适时复习的好习惯 …… 402
如何培养孩子认真写字的好习惯 …… 403
如何培养孩子独立完成作业的好习惯 …… 404
如何培养孩子课前预习的好习惯 …… 405
如何教育偏科的孩子 …… 406

如何教育厌学的孩子	408
如何教育记忆力差的孩子	410
如何教育考试考"砸"了的孩子	411
如何帮助孩子考试不再怯场	412
如何对待中考或高考失败的孩子	414
如何教育逃学的孩子	415
如何教育考试作弊的孩子	417
如何教育不肯做功课的孩子	418
如何教育学习粗心的孩子	419
如何教育班里名次落后的孩子	420
如何教育怕写作文的孩子	421
如何教育学习磨蹭的孩子	423
如何教育没有学习目标的孩子	424

上篇

好父母要对孩子说的 100 金句

第一章　孩子,你可以

你要看好你自己

爱迪生出身低微、家境贫困,他一生只上过3个月的学。

在学校学习时,爱迪生总是无休止地提出这样或那样的问题,并要求老师解答清楚。老师总是被他稀奇古怪的问题问得瞠目结舌,于是便把他的母亲叫来,对她说:"爱迪生这孩子对学习一点也不用功,还总是提一些十分可笑的问题。昨天上算术课时,他居然问我二加二为什么等于四,你看这不是太不像话了吗?我认为这孩子实在太笨,简直是个傻瓜,将来不会有什么出息,留在学校里只会影响别的学生,还是别上学了吧。"母亲非常生气地说:"我认为爱迪生比同龄的孩子都聪明,从今天起,我自己教我的儿子,他再也不会来这里上学!"

就这样,母亲让爱迪生退学了,由她在家里亲自教育爱迪生。母亲对爱迪生说:"老师说你是个傻瓜,可是我不相信,因为我知道,我的爱迪生不但不是低能儿,而且还比其他人都优秀。别人说你笨,但你自己可不能这么认为,要充满信心。"爱迪生深深地点了点头。

在母亲的悉心教导下,爱迪生阅读了大量的书籍。母亲发现爱迪生对物理、化学特别感兴趣,就专程上街买了《自然科学与实验科学入门》一书。爱迪生对实验好像走火入魔,他在家中建了一个小实验室。随着时间的推移,他的各种实验越做越多,越做越大,费用支出也不断增长,而家里的日子又过得非常窘迫。为了攒钱继续做实验,12岁的爱迪生每天在火车上卖报纸,他还利用卖货的间隙在火车的实验室里做实验。经过反复钻研,20岁时,爱迪生发明了一台自动电力记录器,这是他的第一个发明。自此一发不可收拾,最终,他成为享誉世界的"发明大王"。

在2008年的奥运会上,有一位奥运柔道冠军叫冼东妹,你应该还记得。颁奖仪式完毕后,头戴橄榄枝花冠的冼东妹仍然沉浸在喜悦之中,她的脸上一直挂着幸福而满足的笑容。可是你知道吗?她在参加比赛之前,并不是一帆风顺的,而且她并不被大家所看好。

冼东妹的左右膝关节曾受过很重的伤,韧带也断过,而且她是两次退役、两次复出。虽然她曾经成功地做过手术,但对于运动员来说,的确很难再恢复到过去的水平。而面对奥运会这样的赛事,不但要拼技术水平的强弱,而且还要比心理素质的高低,如果她有任何心理上的动摇,就不可能再站在领奖台上。

冼东妹是好样的,大家的质疑,她并没有放在心上,而是坚信自己能成功,她说:"没有人看好我,我就自己看好自己。"这是多么震撼人心的力量,想一想,我们不但要为她的成功喝彩,我们更应该为她的这种自信和勇气喝彩。

剑桥大学的教授这样告诫学生:"在人生路途中,我们要努力发掘自己的优势,并且要善于利用自己的优势,让自己更卓越。"是的,人生旅途中,每个人都难免会碰上这样或那样的困难和挫折。面对困境,敢于看好自己,善于激励自己的人,一定能渐入柳暗花明的佳境。

看好自己不但是对自己的一种激励,更是对自己的一种尊重。孩子在生活中应该做到以下几点:

(1)要找到适合自己发展、感兴趣的目标,这是看好自己的前提。如果你在自己不擅长的领域看好自己,那只能备受打击。

(2)看好自己,但不能太盲目,必须认清自己的缺点,在改正的过程中不断充实自己、完善自己、提高自己,这样,才能等到别人欣赏自己的那一天。

(3)给自己积极的心理暗示,心中想象一个比自己好的"自我"形象,并到实践中去培养。

(4)正确看待失败,把每次的失败当作成功的铺垫,而不是灰心丧气、怨天尤人。这样,你就一定能够取得最终的胜利。

> ·父母金言·
>
> 人生旅途中,每个人都难免会碰上这样或那样的困难和挫折。面对困境,要敢于看好自己,善于激励自己,这样,一定能渐入柳暗花明的佳境。

你真的很棒

美国坦帕湾海盗队杰出的美式足球教练约翰·马凯在接受电视访问时,记者提到他儿子的运动天赋,问马凯教练是否以他儿子在足球场上的表现为荣,他的回答令人十分感动:"是的,我很高兴小约翰上一季成绩不错,他表现得很好,我以他为荣。但是,即使他不会打球,我同样也会以他为荣。"

马凯教练的意思是,小约翰的足球天赋或许可以得到大家的认可和赞赏,但他个人的价值却跟他的球技无关。因此,如果他的儿子不会踢球,令人失望,仍不会失去他应有的尊严。小约翰在他父亲心目中的地位永远重要,并不受他在球场上的表现好坏所影响。

真希望世上所有的孩子都像小约翰这样幸福,拥有一个真正懂得孩子价值的父亲。

有的家长明知孩子并不是最聪明,也不是最优秀,却这样对孩子说:"在我的心里,你是最聪明、最优秀的孩子!"这样的话给孩子树立信心,值得赞赏。要知道,信心是激发人的潜能的催化剂,失去自信心的孩子是很难取得进步的。世界上每朵花都有属于自己的美丽,何必要难为孩子做别人的复制品呢?不要将成功与孩子的智力联系在一起,因为成功并非都是源于聪明,自信和努力才是成功的关键。

作为家长，帮助孩子成长进步的最佳方法就是鼓励，并且一定要做到不失时机、持之以恒。尤其对那些不太自信的孩子，告诉他（她）：即使没有人欣赏你，你也要学会自己欣赏自己，相信你是最棒的！

很多孩子往往因自身的一些缺点对自己缺乏自信，不能正确地看待自己，对自己评价过低。所以，父母一定要在孩子小的时候教孩子学会欣赏自己、接纳自己，培养孩子的自信心。也许孩子的优点不多，值得骄傲的地方不多，但他（她）作为一个活泼可爱的孩子，一个生命力旺盛的儿童，身上一定有值得珍惜、值得欣赏的东西，家长帮助他（她）找到这些东西，便能帮助他（她）树立莫大的自信心。

（1）欣赏孩子的容貌。对容貌的欣赏是最直接的自我欣赏，因为容貌是外在的东西，直观可见，对容貌的欣赏最容易做到。给孩子准备一面镜子，鼓励他（她）每天在镜子前照一照，然后发现自己的优点和可爱的地方——比如，大大的眼睛、高高的鼻梁、白净的皮肤、小巧的嘴巴。也许你的孩子并不漂亮，但他（她）也会有许多值得欣赏的地方。比如眼睛很小但很有神，皮肤较黑但很健康，鼻梁不高但很秀气等等。不一定只欣赏优点，因为每个人都不可能十全十美，只有正视自己不完美和缺陷的人，才能接纳自己，才会真正地建立自信。

家长要善于启发孩子通过不同的手段，绘出自己的形象。比如，在地板上铺一张大一点的纸，让孩子躺在上面，请父母帮忙描出自己的轮廓，然后自己进行剪贴；也可以让孩子画自画像，使孩子进一步了解自己的外貌和身材。

（2）欣赏孩子的特长。每个人都有自己的长处，在孩子小的时候，教孩子欣赏自己的长处，能促进孩子发挥特长，也可以使孩子时时保持自信。无论孩子聪明与否，他（她）一定有自己所擅长的优势，要让孩子清楚地了解自己所长，善于发挥自己的长处。比如，你的孩子很内向，不爱讲话，在一群孩子中很少引起别人注意，但他（她）很细心，做事认真，观察力很强，看动画片的时候，他（她）总是能注意到一些细节问题。你要肯定孩子的优点，鼓励他（她）发扬这个优点。最好告诉孩子，他（她）很仔细，能观察到很多细节，这是很好的优点，父母为他（她）高兴，如果他（她）能经常把自己看到的东西说出来就更好了。这样，你的孩子就会认识到自己的优点，并加以欣赏。比如，你家住在一个很大的房子里，条件不错，你要教孩子欣赏房子的宽敞、明亮，使他（她）懂得自己生活在这样的环境中很幸福。如果你居住条件较差，要引导孩子发现房子的优点。比如，房子很小但光线很足，房子虽然光线不好，但很凉爽，你们一家人住在里面很开心等等。让孩子从小就学会适应环境，不自卑也不自傲，在快乐中成长。

· 父母金言 ·

作为家长，帮助孩子成长进步的最佳方法就是鼓励，并且一定要做到不失时机、持之以恒。尤其对那些不太自信的孩子，告诉他（她）：即使没有人欣赏你，你也要学会自己欣赏自己，相信你是最棒的！

你要敢于担当

亮亮已经上六年级了,可他还像小孩子一样,做事一点责任心也没有。

每天早上,他总是在妈妈的多次喊叫下,才慢腾腾地起床。吃早饭时,如果妈妈不催促就吃得很慢,以至于上学总是迟到。书本、文具盒也是经常忘在家里,还要麻烦爸爸妈妈给送到学校。对于爸爸妈妈或老师交代过的事情,他没有一点责任心,不是忘做了,就是虎头蛇尾,草草收工。每次父母批评他,他都会承认自己不对,但事情过去以后,还是像以前一样。对此,爸爸妈妈一点办法也没有。

班主任为了建立亮亮的责任心,便让亮亮担任小组的组长,负责小组人员的纪律管理和值日时的卫生。谁知,干了不到一个星期,亮亮就遭到小组全体组员的"弹劾"。

原来,组里有一名比较调皮的男生,他总是喜欢揪前排女生的辫子。亮亮虽然看见了,却也不去管,气得那名女生大哭起来。还有亮亮值日那天,竟然忘记安排分工任务。结果,连黑板都没有擦。因此,小组的成员一致认为,亮亮没有尽到当组长的责任,应该重新挑选一位小组长。

亮亮看到同学们这样批评自己,急得眼泪都要掉下来了,委屈地说:"我真不知道要怎么做啊!"

在现实生活中,我们经常看到像亮亮这样的情况。很多父母总是抱怨孩子依赖心理太强,应变能力及处事能力太弱,无法替自己分担事情,甚至连自己的日常生活,如起床、上学、做功课等,都要自己催促督导,否则就会偷懒、拖延。

事实上,这都是孩子缺乏责任感的表现。为什么孩子会缺乏责任感呢?主要原因是父母事事包办和过分保护,没有给孩子担负责任的机会,没有让孩子去承担不负责任的后果,一味地宠爱、娇惯孩子。结果,孩子习惯于什么事都让父母替自己做决定,缺乏自己负责的意识。可以说,孩子缺乏责任感,父母应负首要的责任。

孩子没有责任感,往往会以自我为中心,我行我素,对别人的感受不闻不问,做事不认真负责,虎头蛇尾,得过且过,生活中高傲自大,不懂礼貌,等等,甚至还会引发厌学、厌世等不良心态。

责任感是一个人立足社会、获得事业成功至关重要的人格品质,也是决定一个孩子能否健康发展的核心品质之一。

在日本的任何一所学校,如果有孩子在校园里看到地上有垃圾而没有及时捡起来,并且用"这不是我扔的",或者说"我没有看到"而替自己开脱"清白"的话,将会受到更加严厉的惩罚。因为校方认为:垃圾在你附近,你就有责任将它捡起来。正确的做法是:赶快将它捡起来,并道歉说:"对不起,这是我的责任。"

在美国,孩子们都保持着一项优良的传统习惯:他们只要到了具有简单工作能力的年龄,便会主动地寻找打零工的机会,如帮人除草、送报纸、铲除积雪等。

在一个大雪纷飞的早晨,一个小女孩按响了一对老夫妇家的门铃。老太太开门后,看见一个不到10岁的小女孩站在门口。

"你好,"小女孩很有礼貌地对老太太说,"我能帮您铲雪吗?"

"小朋友,你起得真早,可我从来没有见过你啊。"老太太说。

小女孩回答道:"我们家刚搬到这个地方,我不知道其他小朋友的作息时间,这么早过来,没有打扰您吧?"

老太太亲切地说道:"没有,孩子,我们早就起来了。那好吧,我们的车道铲雪工作,就决定交给你了!"

说完,老太太便带着小女孩去铲雪的地方,一边走还一边称赞:"你小小年纪,就这么勤快,将来长大以后一定很有成就。你想没想过,你赚钱以后怎么办呢?是存起来,还是买糖果吃?"

没想到,小女孩却兴奋地答道:"我不买糖果吃,我爸妈都还在念大学,我打工赚的钱,先赞助他们交学费!他们答应我,等我以后长大了,也会帮助我读到大学毕业。"

我们不可否认,这个让人感动的孩子,其责任心和价值观的培养必定与其父母的教子理念有关。美国心理专家丹尼斯·韦特利说过:"如果想让孩子成为一个合格的人才,你必须使他(她)从小就有责任感,在个人发展空间和个人责任之间达到平衡。"责任感对于一个人来说是极其重要的,也是必须要面对的。因此,父母要在幼小的孩子心中播下责任的种子,让它发芽,成长。

著名教育家茨格拉夫人说:"必须教育孩子懂得,他们不同的举动能产生不同的后果,那么随着时间的推移,孩子们一定会学得很有责任感的。"那么,作为父母,我们应如何培养孩子的责任感呢?

(1)让孩子学会对自己的事情负责。对于家中的事情,要明确哪些由爸爸、妈妈来做,哪些由爸爸、妈妈帮助孩子做,哪些则必须自己做。对应当自己做的事必须给孩子一个明确的范围,比如自己整理自己的房间,自己完成作业。如果孩子遇到了困难,我们只需在语言上进行指导就够了,不要因为心疼而包办代替。孩子只有学会了对自己的事情负责,才能逐步地发展为对家庭、对他人、对社会负责。

(2)每当孩子犯错以后,要鼓励孩子敢作敢当,勇于承担后果。比如,孩子跟着父母去朋友家做客,不小心损坏了东西。这时应该让孩子知道,是因为自己的过失,才造成了这种后果,应当给予赔偿。然后带着孩子一起买东西去朋友家道歉。再如,把洗菜的任务交给孩子后,如果他没有做好,便不能吃所有的菜。这样,孩子才知道一个人是要对自己的行为负责的。

(3)要鼓励孩子有始有终。很多孩子做事总是虎头蛇尾,甚至有头无尾。所以,我们在交给孩子一件事情后,哪怕是一件很小的事情,也要有检查、督促及评价,以培养他持之以恒、认真负责的好习惯。

责任感是一个人安身立命的基础,当孩子具有某些能力时,就要让他对相应的事情负责。作为父母,不必事事抢在孩子前面,不必把他们照顾得无微不至。我们可以明白地告诉孩子他们应负的责任,把责任的接力棒传到孩子的手中。

不少父母把孩子当成自己的物品,孩子吃什么、穿什么、学什么都必须由自己决定,孩子不能有自己的想法,所以这些父母总是喜欢或者说习惯于干涉孩子。在这样的环境中长大的孩子只能盲目地服从,却不知道自己真正喜欢做的事情是什么,也就不可能把事情学好、做好。父母要大胆地放开手,让孩子自己来作出选择。

让我们来看看默默的父母是怎么做的。

默默放学回到家里,对妈妈说:"今天学校老师让大家报兴趣班。"

"是吗?那你报了什么?"

"嗯,我还没想好报什么呢。"默默说。

"还没想好啊?"妈妈笑着问道,"要不要妈妈帮忙?"

默默摇摇头:"不要,我想自己作决定。"

"没问题,妈妈相信你,就把决定权交给你自己了。"

听了妈妈的话,默默很认真地思考起来;爸爸下班回来听妈妈说了这件事以后也支持孩子自己作出决定;

第二天早饭的时候,默默决定报名学摄影。

"因为爸爸也喜欢摄影。"默默说出其理由。

"那你自己喜不喜欢?"爸爸问,"关键是你自己喜欢才可以哦。"

"嗯,我喜欢,我觉得摄影是一件很有意思的事情。"

"当然,摄影是一项很好的爱好,但是它并不简单噢!同任何特长一样,也需要付出时间和劳动。"爸爸补充道。

默默认真地点点头:"我知道,但是我决定了。"

默默的父母互相对视一眼:"好,我们支持你自己的决定。"

默默的同学丁丁和妈妈则给我们演绎了另外一个完全不同的故事。

妈妈去学校接丁丁的时候,就已经听到老师和同学们在议论兴趣班的问题了。见到了孩子,妈妈问:"我听说你们学校不少人都报了兴趣班,你自己怎么考虑的?"

"我,我还没有想好。"丁丁迟疑地回答。

"那妈妈帮你选。你们学校都有什么兴趣班?"妈妈问道。

丁丁从书包里掏出一张纸,上面有学校开设的各种兴趣班的介绍,递给了妈妈。

妈妈接过介绍,认真地看了起来:"噢,有美术班啊,报美术班吧!你小的时候画画很棒的,光小汽车就能画七八种,各式各样,每个都不一样。"妈妈兴奋地说。

"美术班?"丁丁皱起眉,"可是,我不喜欢画画啊。"

"不喜欢不要紧,兴趣是可以培养的,妈妈上学的时候就很擅长画画,你也没问题的。"

丁丁有些不情愿地说:"可我真的对美术没有兴趣。"

"你对什么有兴趣?我看你只对玩儿有兴趣!"妈妈厉声说。

丁丁低下了头。

"既然你自己都不知道对什么有兴趣,就听妈妈的话报美术班!学校教得不好,我们就在校外给你找学校学。"妈妈缓和了一下口气,说道,"就这么决定吧,明天跟老师说我们报美术班。妈妈是最了解孩子的,妈妈做的决定也是对你最有利的,等你长大了懂事了还会感谢妈妈呢!"

就这样,丁丁的兴趣班被定位在了美术上。

一位学者曾对一所中学100名学生的自主性状况做过一个调查,结果十分令人担忧。调查的主题:如果你在学习或者生活中遇到了困难,一时无法解决,你会怎么办?问卷的结果高度统一,有98名学生异口同声地说是找父母寻求帮助。对于今后想从事什么职业的问题,则有超过80%的同学说要回家和父母商量一下才能回答。试想一下,在这种环境下长大的孩子怎么能在竞争激烈的社会生存呢?因此,要想让孩子将来有更广阔的发展空间,父母就应该从小把选择的权利还给孩子。只有自主地选择,才能让孩子产生一种强烈的责任感,然后在这种责任心的驱使下,他才会努力奋发,克服可能面临的所有困难,最终获得成功。

"妈妈帮你选"这句话是孩子独立自主能力的隐形"杀手"。孩子早晚会离开父母,如果他们从小就失去了选择的权利,从未体验过选择的滋味,长大以后又怎能选择适合自己的发展道路呢?因此,当孩子有了自己的主见,并且表示会对自己的选择负责时,父母一定要给予支持。即使最后失败了,对孩子来说也是一次宝贵的经验积累,要允许孩子"试错",当经验逐步积累时,成功也就不远了。

·父母金言·

责任感是一个人安身立命的基础,当孩子具有某些能力时,就要让他对相应的事情负责。作为父母,不必事事抢在孩子前面,不必把他们照顾得无微不至。我们可以明白地告诉孩子应负的责任,把责任的接力棒传到孩子的手中。

你的敌人是你自己

德国教育家斯多惠说过:"教育的艺术不在于传授本领,而在于激励、唤醒与鼓舞。"当孩子找不到方向,有失意的时候,如果家长把一盏"小橘灯"举到孩子面前,照亮前方的路来,孩子就会重新站起来。路路的妈妈就是这样一位善于抓住时机、唤醒孩子的家长。

走在回家的路上,比赛的情景不断出现在路路的脑海里,这让他感到丢人!自己真是糟透了!

"嘘!真没劲,下场吧!"耳边充斥着王小强死党们喝倒彩的声音,路路的思绪又回到了赛场!王小强就是比自己强呀!

路路闷闷不乐地走进家门,放下书包后便窝在沙发里看电视。看到此情景,妈妈已经猜到比赛不利。什么也没说,转身进了厨房。一会儿,妈妈端上了切好的木瓜和点心,默默接过后,接着去做事。

妈妈听到了儿子在冲着电视笑,就走了出来。是滑稽的动物杂技,看着海狮笨笨的滑稽样子,妈妈忍不住也大笑起来。

妈妈不经意地问了一句:"今天下午的球赛怎么样?"

"输了,妈妈,王小强得了冠军。"儿子回答。

"怎么会呢?你乒乓球打得那么好,一直是冠军。我记得上半年王小强是第五名呀!"妈妈奇怪。

"哦,妈妈,别这样说,那已经是过去了。现在他比我强,打球的时候我都能感受到他胳膊抡起来的力量了!我感觉这半年自己没有什么进步!"

路路很沮丧地向妈妈敞开了心扉:"妈妈,我不想继续打下去了,我想退出学校的乒乓球队!"

听完路路的话,妈妈耐心地问道:"是不是因为今天输了球,你才会有这样的想法?"

"是的,妈妈,你不知道我今天输得有多惨。我满场跑,也没有赢得一局。到了后来,全场的人都在替王小强喝彩,连我的粉丝都在赞美他球技高超。我以后可不想出这种洋相了,太丢人了。"

妈妈心疼地开导儿子:"没有谁是天生的冠军。不过有一点你要向王小强学习,他输了那么多次球,他还是那么开朗,积极地练球。冠军固然宝贵,但是输了球后能坦然面对的精神更宝贵。因为只有这样,才不会输掉自己,才会拥有争取胜利的信心和勇气。儿子,请记住,在这个世界上,除了自己,没有人可以击败你。"

路路点点头。

妈妈想,也许儿子此刻没有明白过来这句话,但是多经历几次类似失败,多站起来几次,儿子就会懂了。

当孩子失败的时候,家长对待孩子的态度,对孩子的成长影响很大。如果家长说:"失败了也没关系,努力赶上去就好!"对孩子能够起到鼓舞作用。当家长帮助孩子改进方法和策略时,家长的信任会让孩子更能接纳自己。如果家长态度消极,说什么:"输了吧?"、"你就这水平了!"孩子就会对自己失望,失去主动改变现状的信心。

失败是成功之母。孩子失败的时候,会教育的家长善于抓住孩子失败后的表现,帮助孩子形成积极的自我概念和自我认识。最终把教育从老师、家长对孩子的外部教育推进到孩子自身的内部教育。

大多孩子失败后都会比较沮丧,这个时候家长帮助孩子分析失败的原因,孩子能够从中认识到自己的不足,努力改进,下次就能做好。

有的孩子失败后,为自己找这样那样的借口。比如"我肚子疼了,才没跑第一。"、"我的钢笔没水了,才没答完。"、"我有点头晕,所以听讲没有听好。"这个时候,家长就要反观一下自己的教育行为,是不是自己平时对孩子要求过高,导致孩子压力过大,失败的时候才用借口来搪塞父母。

如果是这样,家长就要适当对孩子放手,否则,孩子养成了找借口的习惯,将会影响孩子正确认识自己。找借口,为自己开脱,其实是一种对自己极不负责任的态度。拿破仑·希尔说:"找借口解释失败是人类的习惯。这个习惯同人类历史一样源远流长,但对成功却是致命的破坏。"

自卑是一种性格缺陷,而一个人的自卑性格的形成往往源于儿童时代。无疑,自卑对孩子的心理健康将产生负面影响,更对一个人的身心两方面的健康成长起消极作用。

(1)儿童自卑的早期征兆。心理专家指出:家长必须关注自己的孩子有没有自卑心理,一旦发现,应尽早帮助克服和纠正,以避免随年龄的增长最终形成自卑性格。自卑儿童往往会表现出如下早期征兆：

①日常年情绪低落。如果孩子常常无缘无故地郁郁寡欢，那很可能就是自卑心理使然。

②过度害羞。害羞过度（包括从来不敢面对小朋友唱歌，从来不愿抛头露面，从来不敢接触生人等），则可能内心深处隐含有强烈的自卑情绪。

③拒绝交朋结友。一般来说，正常儿童都喜欢与同龄人交往，并十分看重友谊，但是具有自卑心理的孩子绝大多数对交朋结友或兴趣索然，或视为"洪水猛兽"。

④难以集中注意力。自卑感强的儿童在学习或做游戏时往往难以集中注意力，或只能短时间地集中注意力，这是因为"挥之不去"的自卑心理在作祟。

⑤经常疑神疑鬼。自卑儿童对家长、教师、小伙伴对自己的评论往往十分敏感，特别是对别人的批评，更是感到难以接受，甚至耿耿于怀。长此下去，他们还可能发展到"疑神疑鬼"的地步，总无中生有地怀疑他人不喜欢或者怪自己。

⑥过分追求表扬。自卑儿童尽管自感"低人一等"，但往往又会反常地比正常孩子更追求家长和教师的表扬，而且可能采用不诚实、不适当的方式，如弄虚作假、考试作弊等。

⑦贬低、妒忌他人。自卑儿童的另一不正常反应是：常常贬低、妒忌他人，如可能因为邻桌受到老师表扬而咬牙切齿甚至夜不能寐。心理学家认为，这是他们为减轻自身因自卑而产生心理压力设计的宣泄情绪的渠道，尽管这往往并不奏效。

⑧自暴自弃。自卑儿童往往会表现为自暴自弃、不求上进，认为反正自己不行，努力也是白费力气。更有甚者，还可能表现出自虐行为，如故意在大街上乱窜，深夜独自外出，生病拒绝求医服药等，似乎刻意让自己处在险境或困境之中。要是遭到家长指责，便以"反正我低人一等"作辩解。

⑨回避竞争、竞赛。虽然有的自卑儿童十分渴望在诸如考试、体育比赛或文娱竞赛中出人头地，但又无一例外地对自己的能力缺乏必要的自信心，因而断定自己绝不可能获胜。由此，绝大多数自卑儿童都是尽量回避参与任何竞赛，有的虽然在他人的鼓励下勉强报名参赛，但往往在正式参赛时又会临阵脱逃，甘当"逃兵"。

⑩语言表达较差。据专家所作的统计，高占8成以上的自卑儿童的语言表达较差。他们或表现为口吃，或表述不连贯，或表达时缺乏情感，或词汇贫乏等。专家们认为，这是因为强烈的自卑感极有可能阻碍了大脑中负责语言学习系统的正常工作。

⑪对挫折或疾病难以承受。自卑儿童大多不能像正常儿童那样承受挫折、疾病等消极因素带来的压力，即便遇到小小失败或小小疾病便"痛不欲生"，有时甚至对诸如搬迁、亲人过世、父母患病等意外都感到难以适从。

（2）消除自卑感的方法。父母应多给孩子讲：许多人都有着自己的缺陷，都会产生自卑感，关键要能够克服自卑感。亚里士多德、达尔文、伊索、拿破仑都有口吃病，亚历山大、莫扎特、贝多芬、拜伦都因身体佝偻、口吃、身材矮小、耳聋等而产生过自卑感，但他们并不因此而灰心，也没有因此而丧失生活的勇气。他们坚定了成就大业的信心，结果都取得了成功。当孩子了解到这些名人的故事后，慢慢就会树立自己的信心，增强进取的勇气。

要孩子克服自卑感，父母自己要有自信心，并把自信心传给孩子。父母要多教育孩子，让孩子知道任何人都有自己的优点和缺点，不管是身体方面还是其他方面，都是这样。（1）鼓励学习，增强自信。

有位母亲去参加家长会,幼儿园的老师说:"你的孩子有多动症,在板凳上3分钟都坐不了。"回家的路上,儿子问老师说了什么,她鼻子一酸,差一点落泪:"老师表扬了你,说宝宝原来在板凳上坐不了1分钟,现在能够坐3分钟了。别的家长特别羡慕妈妈,因为全班只有宝宝进步了。"那天晚上,儿子破天荒地吃了两碗米饭。第二次家长会,老师说:"全班50名同学,这次你儿子数学排49名,我怀疑他有智力问题,最好带他到医院看一下。"

回家的路上,她哭了。回到家里,看到诚惶诚恐的儿子时,她振作精神:"老师对你充满信心,你并不是一个笨孩子,只要你能够细心些,会超过你的同桌。"说这些话时,她发现儿子黯淡的眼神一下子亮了。

第二天上学,儿子比平时起得都早。孩子上了初中,又一次家长会,老师告诉她:"按你儿子的成绩,考重点中学有点危险。"她还是告诉儿子:"班主任对你非常满意,只要你努力,很有希望考上重点中学。"

高中毕业,儿子把清华大学招生办的通知书送给了妈妈。边哭边说:"妈妈,我一直都知道我不是个聪明的孩子,是您……"

这时,她再也按捺不住十几年聚集在内心的泪水。

孩子的特点是好奇、幼稚、缺乏自信。他们对每一点小小的进步都非常在乎,渴望得到大人的肯定。父母和教师要鼓励孩子学习,真诚地赞扬他们所取得的微小的成绩,使他们切实认识到"我能学好",从而增强自信心。

(2)发挥特长,促进自信心的建立。孩子的智力发展是不均衡的,每个人都有自己的个性特色。父母要了解孩子,激发他的优势。小田学习成绩不拔尖,但他天生一副好嗓子,朗诵起课文来声情并茂,老师和家长充分发挥他的特长,让他担任学校广播站的播音员,他不仅发挥了特长,成绩也提高了很多,从而促进了自信心。

(3)多让孩子发言,培养自信心。要重视孩子的语言发展。贫乏的语言环境妨碍学业的进步。要尊重儿童的意见和感情,创设安全的气氛,让孩子畅所欲言,要鼓励孩子在课堂上积极发言,以培养他们的自信心。家长往往错误地认为不声不响地埋头学习就是好孩子。

(4)指导实践,提高自信心。要鼓励孩子参加各种实践活动。无论是学科学习还是非学科学习,要指导孩子自己动脑筋解决,常使他们体验到成功的喜悦,那么,孩子的自信心就会得到提高。

高度的自信和自由奔放的创造性是密切相关的。研究表明,只有具有自由创造才能的孩子,学习效率才能不断提高。

· 父母金言 ·

孩子的特点是好奇、幼稚、缺乏自信。他们对每一点小小的进步都非常在乎,渴望得到大人的肯定。父母和教师要鼓励孩子学习,真诚地赞扬他们所取得的微小的成绩,使他们切实认识到"我能学好",从而增强自信心。

你让我们很放心

孩子成为什么样的人,与家长的态度有很大的关系。家长认为孩子会学坏、不争气,孩子绝不辜负家长,真的就会那样。比如,有的家长不认为孩子有控制能力,便处处监督孩子,孩子就真的管不住自己;有的家长觉得孩子不成,做不好事,孩子就真的很懦弱,没有锐气;家长怀疑孩子早恋,原本孩子没那回事,只是普通朋友,被家长一怀疑,不但早恋了,而且同居了;家长怕孩子染上网瘾,处处防范孩子,不让他上网,结果,孩子偷偷去网吧上网,耽误了学习……

最令人气愤的是,孩子各方面不够出色,家长还要责怪孩子,丝毫想不到自己在养育孩子的过程中,扮演了可恶的巫婆角色。

巫婆使用什么方法使得聪明的公主觉得自己很丑陋的呢?是因为巫婆每天都对她说:"你的样子丑极了,见到你的人都会感到害怕。"公主相信了巫婆的话,怕被别人嘲笑,不敢逃走。

巫婆的魔力在于,她用否定性语言,扼杀了公主的自信,使公主失去对自己的正确认识,不敢逃走,使盖世的美丽、智慧藏在高塔之下。

吸取这则反面寓言的教训,我们多对孩子说肯定性语言,说孩子能做事,我们不担心孩子,说孩子诚实,说孩子有前途、说孩子行,哪怕孩子有一点点突出的表现,我们都描述出来。这样,孩子就会觉得自己行,能把事情做好。孩子对自己有信心了,自然会形成良好的心理定势,向好的方面发展。

环境影响孩子,如果孩子经常被消极的暗示所包围,孩子的思想、行为就会变得消极。如果家长处处担心孩子,处处觉得孩子不成,孩子的聪明、潜力、智慧也将被埋没,真的会成为无能、无用的孩子。

一个人只有在自己有较高的评价并认为自己一定会成功时,他才能成功。孩子的自我评价,等同于父母的观点。所以,父母一定要积极、向上、相信孩子。

我见过这样一个画面。

> 一群孩子在荡秋千,秋千不是很高,看上去也很结实。可能是某个孩子的家长临时给孩子们拴的。几个孩子轮流着荡秋千。一名小女孩拉着妈妈的手,很羡慕地在观看。孩子们轮了一圈后,喊小女孩过来。小女孩看看妈妈,妈妈点点头,冲着秋千努努嘴。
>
> 小女孩是第一次玩,几个孩子很友好地鼓励她:"别怕,可好玩了!两手攥紧绳子就行了。"秋千荡起来了,小女孩坐在上面,心怦怦地跳,脸红红的,洋溢着幸福的笑容。
>
> 从那以后,小女孩经常和孩子们一起荡秋千。玩皮球、踢毽子的时候,他们也会叫上小女孩。一个周末,小女孩想和几个孩子去福利院献爱心。7岁的孩子,能做什么呢?妈妈问:"你能给老人们做什么?"小女孩说:"我会唱歌呀!""可是,你从未出过家门呀!""妈妈,不用担心,我和几个哥哥姐姐一起去,我和他们在一起,我不乱跑。"妈妈还是不放心地对女儿说:"我不担心你。"
>
> 女儿出发后。妈妈便尾随着女儿到了福利院,然后又跟在女儿身后回家。一路上,妈妈见到的女儿俨然是个小大人。回到家,女儿喳喳地说个不停。说自己唱的歌,可受爷爷

奶奶欢迎了。妈妈不断亲吻女儿,说:"我女儿长大了,能够给别人带来快乐了。"女孩幸福地笑着,说:"我长大以后要当歌唱家,唱歌给爷爷奶奶听。"

　　妈妈笑了,眼里含着泪花。两年前,女儿还是个胆小的女孩,见了生人就哭、就躲。现在,女儿终于展开笑颜,敢于憧憬自己的未来了。这多亏自己教育观念的转变呀!如果像以前一样像小猫一样护理孩子,孩子或许还会像小猫一样缩在家里呢!

　　父母的教育观念直接影响孩子的发展,譬如孩子小的时候爱爬高爬低,如果父母担心孩子跌倒、碰伤而制止他,久而久之,孩子就会胆小怕事,不自信。如果对孩子撒手,在排除安全隐患以后,鼓励孩子做他想做的事情,那么孩子从父母言行里读出了支持,就不会缩手缩脚。孩子的思维能力是伴随着孩子的行动发展起来的,放开手脚实践过的孩子,不但做事能力强,头脑灵活,对自己也更加有信心。所以,请家长不必为孩子担心,因为他们可以的。

> ·父母金言·
>
> 　　一个人只有在自己有较高的评价时,他才能成功。孩子的自我评价,等同于父母的观点。所以,父母一定要相信孩子,因为他们可以的。

自信是你最大的财富

　　小泽征尔是世界著名的交响乐指挥家。在一次世界优秀指挥家大赛的决赛中,小泽征尔按照评委会给的乐谱激情地指挥演奏,突然,他敏锐的直觉告诉他:演奏中出现了一个不和谐的声音。起初,他以为是乐队演奏出了错误,于是停下来重新演奏,但感觉还是不对。他认为一定是乐谱有问题,可是在场的作曲家和评委会的权威人士都坚持说乐谱绝对没有问题,是他错了。面对一大批音乐大师和权威人士,他思考再三,最后斩钉截铁地大声说:"不!一定是乐谱错了!"话音刚落,评委席上的评委们立即站起来,对他报以热烈的掌声——他获得了总决赛的胜利。

　　原来,乐谱中的错误是评委们精心设计的"圈套",以此来检验指挥家在发现乐谱错误并遭到权威人士"否定"的情况下,能否坚持自己的正确主张。虽然前两位参加决赛的指挥家也发现了其中的错误,但却在权威们面前失去了应有的自信,因而被淘汰。小泽征尔却因充满自信而摘取了世界指挥家大赛的桂冠。

　　孩子,一个人只有先相信自己,别人才会相信你。自信是一个人成功的必要条件,然而自信不能只停留在想象上,要有切实的行动。如果你在生活中很有自信地讲话,很有自信地做事,久而久之就能成为一个优秀的人。而那些常常自卑的人,他们并不是没有优点,没有可爱之处,而是缺乏自信。

　　先看一个同龄人的例子。

　　刘娜是一个读初一的女孩,她认为自己长得不够漂亮,无论是说话还是走路总爱低着头。同学们认为她性格内向孤僻,基本上都不喜欢和她交往,这使得她更加自卑。

不过,一个偶然的机会改变了这一切。有一天,她从学校门口的饰品店买了一个红色的蝴蝶结,店主不断赞美她戴上蝴蝶结很漂亮。刘娜不相信,但是心中很高兴,不由自主地昂起了头,连出门与别人撞了一下都没注意到。她脸上充满了从未有过的自信和微笑,一路昂首挺胸走向教室,迎面正好碰上了她的老师,"刘娜,你抬起头来真漂亮!"老师微笑着对她说。那一天,她得到了许多人的赞美,她想一定是蝴蝶结的功劳。回到家后,她迫不及待地往镜子前一照,想看看自己戴蝴蝶结的样子。可是头上哪有什么蝴蝶结?她忽然想起来可能是走出饰品店时与人碰了一下,把蝴蝶结弄丢了。这时她才发现,原来是自信让自己变得如此美丽。

孩子,无论是你的长相普通,还是你的成绩不如别人,你都不应该丢掉你的自信。自信可以让你更美丽,自信也可以让你变得更聪明。所以,孩子,你一定要使自己成为一个有自信的人,你可以试着用以下几种方法来培养你的自信心:

(1)克服自卑心理。你的长相、成绩、家庭条件都不能成为你自卑的理由。认为自己某方面不如别人只是你认识上的错误,你要改变这种错误认识。只要你对自己有信心,谁都无法看轻你。

(2)走路时抬头挺胸。一般而言,那些自信的人走路时都会挺胸抬头,那些自卑的人则常常低头弯腰。反过来说,挺胸抬头容易带来自信的感觉,低头弯腰则容易带来自卑的感觉。所以,孩子,走路时请你一定抬头挺胸。

(3)面带微笑。微笑是获得自信的一个很好的方法。当你在比赛、考试、公众场合发言,感到自己不够自信时,如果能够抬头挺胸,面带微笑,你就会发现问题似乎容易解决得多。

(4)大声讲话。大声讲话是建立自信的一个突破口。一定要敢于开口说话,不要怕说错,一定要放开音量。可以先面对镜子自己练,然后再在人多的场合练。

(5)多与人交流。多与别人交流是建立自信最有效的方法。多与别人交流、说话,既可以让别人了解你、尊重你,也可以锻炼你的胆量,增加你的自信心。需要注意的是,与别人交流时一定要敢于正视对方的眼睛,说话的口气要不卑不亢、果敢有力。

孩子,如果你自信,你要一直保持这种自信;如果你不自信,那么,从现在开始就要把自己训练成一个有自信的人!

· 父母金言 ·

自信是一个人成功的必要条件,然而自信不能只停留在想象上,要有切实的行动。如果你在生活中很有自信地讲话,很有自信地做事,久而久之就能成为一个优秀的人。而那些常常自卑的人,他们并不是没有优点,没有可爱之处,而是缺乏自信。

你要战胜怀疑和取笑

著名企业家迈克尔出身贫寒,在从商以前,他曾在一家酒店当过服务生,干一些搬行李、擦车之类的杂活。

有一天,一辆豪华的劳斯莱斯轿车停在了酒店门口。车主人把车钥匙丢给迈克尔,吩咐了一声:"把车洗洗。"刚刚中学毕业、还没见过什么世面的迈克尔从来都没有见过这么豪华、漂亮的车子,不免有几分惊喜。迈克尔对这辆车爱不释手,边洗边欣赏,擦完车身后,他有些兴奋,于是忍不住好奇心,拉开了车门,想坐上去享受一番。

这时,正巧领班走了过来,看见迈克尔的举动,问道:"你在干什么?"迈克尔羞涩地抓抓耳朵,不好意思地笑着说:"我想坐坐这辆车。"领班流露出轻蔑的神态,大声地训斥道:"不要忘记了自己的本职工作,你知不知道自己的身份?像你这种人,一辈子也不配坐这样的车,最多也就是给别人擦车。"

受了羞辱的迈克尔很恼怒,此刻他在心底发誓:"这辈子我不但要坐上劳斯莱斯,还要拥有自己的劳斯莱斯!"从此,这个决心便成了他人生的奋斗目标。

领班的嘲笑一直激励着迈克尔,成为他勇往直前的动力,许多年以后,当迈克尔事业有成时,果然买了一部劳斯莱斯轿车!

孩子,你是不是非常在意别人对你的评价?有的时候,他人的赞美会激励你,有的时候,别人的嘲笑会打击你,你会受别人言辞的影响吗?

今天,有人要告诉你的是,无论是别人的赞美还是嘲讽,这本身都和你关系不大,你应该懂得,世界上最了解你的人就是你自己。所以,妈妈希望你在面对别人对你的评价的时候能够多一些坦然,尤其是在面对别人的嘲笑的时候,更应该如此,就像篮球巨星乔丹所谈的那样:"如果有人取笑我,或者怀疑我……那将成为我超水平发挥的动力。"

相比之下,许多人在这方面都表现得非常逊色,即便他们本身具有超凡的能力,但终其一生,也无缘跻身于强者之列,根本原因就在于他们不能够超脱人们的评价,缺乏乔丹这种将世俗压力转化为动力的气度与勇气。

孩子,别被他人的话击倒,要把它转化为你前进的动力。

有一个孩子,他的名字叫陈志刚,他并不是很聪明,读初一的时候,他总是爱问一些与学习无关的问题,成绩也不好,每次考试分数都不高。

同学们经常取笑他,老师也经常找他的母亲沟通,并且断言说:"这孩子的问题很大,将来很难有大的发展。"于是连陈志刚的母亲都怀疑他的智商,有时候难免也会用一些难听的言辞打击他,可是陈志刚面对所有人的质疑,就是没有放弃自己的努力。他把别人的评价放在一边,化一切嘲笑为动力,发奋图强,努力学习。

有一天,陈志刚去洗手间的时候,不小心听到同学的聊天,其中的一个同学说:"就陈志刚那资质,没有丝毫出众的地方,也不比咱们聪明,还想考什么重点中学,做梦吧!"面对这些人的嘲笑,陈志刚没有说什么。当他背着书包去上晚自习时,同宿舍的人就一起笑:"呵,这么早就去用功啦？教室里空位多的是,也不用这么急啊!"面对这样的嘲笑,陈志刚也没有说什么,只是在心中暗下决心一定要考出好成绩。周末,在别的同学玩乐的时候,陈志刚依然雷打不动,准时走进教室学习。

别人明里暗里的嘲笑,陈志刚都一笑置之。两年后,陈志刚终于如愿以偿,考上了全市最好的高中,让所有人都感到震惊。那些自认为和他水平差不多,甚至比他还优秀的同学,竟然落在了他后面,再也不敢说什么大话了。

孩子,通过这样一个富有戏剧性的例子你应该明白:他人的语言打击就像是一块石头,有的人可能会被这块石头绊倒,而有的人却能够把这块石头当作上升的台阶,关键是看你用什么样的态度来对待。

所以,孩子,母亲希望你能从以下两个方面锻炼自己,让自己不畏人言。

(1)对别人的嘲笑如果不能完全置之不理,可以适时而发,但不要积怨成仇。要懂得在适当的时候,对适当的人,做适当的沟通,以缓解自己的情绪压力,从而轻松愉快地投入到学习当中。

(2)当自己能够平和处理别人对自己的嘲笑时,你就应该更进一步,让自己学会毫不在乎,而且能够从别人的嘲笑中寻找到自己真正的弱点,奋起直追,让别人的嘲笑变成赞许。

· 父母金言 ·

他人的语言打击就像是一块石头,有的人可能会被这块石头绊倒,而有的人却能够把这块石头当作上升的台阶,关键是看你用什么样的态度来对待。

你要拒绝当绿叶

洛克菲勒从父亲那里学会了讲求实际的经商之道,又从母亲那里学到了精细、节俭、守信用、一丝不苟等长处,这对他日后的成功起到了莫大的作用。

小时候,洛克菲勒的骨子里就有一种不甘平庸的精神,这种精神激励他在事业上不断地获得成功。幼年时,他曾将自己捉到的小火鸡精心喂养,挑好的火鸡在集市上出售。洛克菲勒12岁时积攒了50美元,他把钱借给邻居收取利息。

1858年,洛克菲勒以800美元的积蓄加上从父亲那里以一分利借来的1000美元同克拉克合伙成立了克拉克-洛克菲勒公司,主要经营农产品,在南北战争期间赚取了丰厚的利润。

1865年,洛克菲勒买下了一家炼油厂,成立了洛克菲勒-安德鲁斯公司。同年开办第二家炼油厂,成为当地的第一大炼油企业。1866年,组建纽约洛克菲勒公司,负责出口业务。1870年,洛克菲勒成立了标准石油公司,担任总裁。洛克菲勒放言:"总有一天,所有的炼油制桶业务都要归标准石油公司。"在此后不到两年的时间里,他就吞并了该地区20多家炼油厂,控制了该州90%以上的炼油业、全部主要输油管及宾夕法尼亚铁路的全部油车。又接管新泽西一家铁路公司的终点设施，迫使纽约、匹兹堡、费城的石油资本家纷纷拜倒在其脚下。

洛克菲勒曾说过："做最富有的人，是我努力的依据和鞭策自己的力量。在过去的几十年中，我一直是追求卓越的信徒，我最常激励自己的一句话就是：对我来说，第二名跟最后一名没有什么两样。如果你理解了它，你就会认为，我以无可争辩的王者身份统治石油工业不足为奇。"

正是这种力争第一的精神，使洛克菲勒成为历史上最富有的美国人。

孩子，每个人的人生都只有一次，能够精彩一些也许更好。如果想要精彩的人生，就要做最好的自己，不要默默地让自己做绿叶，为别人做衬托。敢争第一，敢从人群中站出来，才是你应有的勇气！

孩子，许多人一事无成，是因为他们缺少脱颖而出的动力。不管一个年轻人有多么聪明、谦逊、和善，如果他缺少迈向卓越的动力，他也难有所成。

也许有人说，安于现状，过一种不出风头的生活不好吗？的确，安于现状的闲适生活非常惬意，但生命的长度是有限的，作为中学生，只有无限拓展生命的广度，才能实现人生的价值。只有尽力去做最好的自己，才能走向卓越。

孩子，给你讲一个生活中的例子吧。

有一个小男孩叫王旋，他是一个非常热爱生活、热爱学习的中学生，班里举行的各项活动，他向来都踊跃参加，而且总能脱颖而出。在同学的评价中，王旋近乎完美。

很多同学都问他为什么精力这么充沛，而且各项活动均有成果，王旋笑着告诉同学们说他有一个绝招，那就是无论做什么事，都尽力做到比别人好。正是这样一种力争第一的思想，让他在各项活动中都能发挥最大的潜力，所以也能做到最好。

有一次，学校举办一年一度的朗诵比赛，王旋也报名参加了。对于王旋来说朗诵并不是他的强项，很多同学也都知道每一年演讲比赛的冠军都是蓝小芬，而且同学们还说参加比赛的其他同学都是给蓝小芬做陪衬的。可是对于王旋来说，既然参加了朗诵比赛，就一定要争做第一，不给任何人做陪衬。

他认真地选择了大家关注的话题，然后精心写稿，写完之后，反复阅读修改，并在演讲稿中标注了该用的语气停顿，不放过任何一个细节。

演讲比赛那天，他超水平发挥，用自己的激情演讲感染了在座的每一位老师和同学，赢得了一次次的喝彩和掌声。后来在比赛的评选中，大家一致认为蓝小芬同学虽然普通话标准，语言优美，但是缺乏激情，所以在这次演讲比赛中大家一致评选王旋为演讲冠军。

孩子，听完这个故事，你也应该懂得一个道理：人生就是一个大舞台，一个总是躲在角落里的人永远不会引人注目，他的人生也将永远不会有任何亮色。每个人都应该争取做主角，只有这样才能激发出最大的潜能，去表演好属于自己的角色。

所以，孩子，妈妈希望在生活中你能学习王旋的这种精神，无论做什么事情，都要争取做到最好。妈妈觉得你可以从以下的几个方面有意识地培养自己：

（1）培养自己的竞争意识。做事遇到困难的时候，应该学会自己想办法克服，不达目的不罢休，这样你就容易变得有恒心、有毅力，使自己一个台阶一个台阶地不断进步。

（2）不要迷信权威和比你优秀的人，你完全可以超过他们。没有哪一个人是不可超越的，所以你应该勇于向比你优秀的人挑战，要知道优秀的人付出的时间和精力比你多，你同样可以在这方面超过他们。

（3）永远自信。即使没有从人群中跳出来，没有拿到第一，你也应该关注到自己的成长，要懂得生活和成长的可贵。而且要相信：只要努力过，在自己的舞台上你就是最完美的主角！

> **·父母金言·**
>
> 人生就是一个大舞台，一个总是躲在角落里的人永远不会引人注目，他的人生也将永远不会有任何亮色。每个人都应该争取做主角，只有这样才能激发出最大的潜能，去表演好属于自己的角色。

我们是支持你的

人活着的目标就是过快乐的生活。要定位孩子不同的人生阶段，必须从孩子现在的生命需求开始思考，这才是父母要留意的教养重点。因为人生的成就本是依赖每一个不同阶段的学习累积而来的，没有人可以跳跃成长。现阶段失去的，在未来某一段的人生里，总要补回来。我们就不要再打击孩子的心灵了，以正确的心态来对待他们，才是让教养者减少烦恼之道。

孩子的父母最重要的工作不是赚更多的钱，而是尽快寻找专家，协助检视自己成长过程的哪一个阶段出现了问题。从内在的觉悟去了解，将受伤的心灵修补后，才有能力用新的智慧协助孩子活出自信。

我难以忘怀，俄罗斯少年的快乐，更难忘记，那男孩在山上的哭泣。

父母应该允许孩子自由地探索和研究。如果你经常说"不"或"不许碰"，孩子就会失去探索的勇气和热情，他甚至会认为好奇是个不好的品质。相反，如果改变家庭的环境，让孩子自由地去探索，那么他的探索精神就会最大限度地得到发挥。

11岁的小祥是一名小学六年级学生。小祥学习从不主动，总是靠人监督，平时与小朋友游戏时也总是跟在别人后面。老师的评价是，小祥"对人、对事不感兴趣，比较冷漠，问话时一言不发……"为此小祥的父母很是着急，不知该怎么办才好。

一天小祥的妈妈回家刚打开门，就听见厨房里传来一声杯子破碎的声音。妈妈急忙跑进厨房，看见小祥正拿着扫帚手忙脚乱地收拾着，地上满是玻璃碎片，水和摔碎的鸡蛋流了一地。看着一地狼藉的样子，妈妈问道："你在做什么，是饿了吗？"看见妈妈进来，小祥小心翼翼地说："不是，妈妈，我是怕你责怪我，所以一着急才打碎的……"

妈妈询问后才知道，原来小祥看见书上说：用玻璃杯装满清水，拿一个鸡蛋放进杯里，然后把食盐一点点地放入杯子里，并且用筷子搅动，刚开始沉入杯底的鸡蛋，就会慢慢地浮到了水面上。听完儿子的话，妈妈笑着说："我明白了，原来你在做'鸡蛋浮起来了'的小实验啊。你的想法很好,妈妈支持你这样做,现在我们一起重新做一遍怎么样啊?"

听妈妈这样说,小祥立即欣喜地动起手来。随着盐的增加,鸡蛋浮到了水面上,小祥高兴地叫起来:"浮起来了,浮起来了!"随即,妈妈给小祥讲了水里加入盐后浮力增大的道理,还告诉他在水里放入其他东西溶化后也可以使浮力增大。这以后,小祥经常会给父母演示一些科学小实验。

父母往往认为孩子的主要任务是学习。糟糕的是,你以为孩子是个空桶,给什么,装什么;孩子是张白纸,画什么,是什么。因此忘记了,孩子是一个有个性、有思考、有追求的主体。他们的个性、思考能力,以及对未知世界追求的欲望和能力,是与生俱来的。

爱迪生什么大学也没有上过,小学也总共上了三个月。爱迪生的老师就是他的妈妈南希。南希看到爱迪生特别喜爱物理、化学,就买了本《派克科学读本》给他。这是当时的一本著名著作,里面讲了许多物理和化学实验,有简单扼要的说明和详细的插图。小爱迪生更加入迷了,凡是能够做的试验,都要自己做一做,做不成就不罢休。

爱迪生孜孜不倦地努力,反复实验,不断地总结教训,终于登上了科学的高峰,发明了电灯,发明了留声机,发明了电影放映机,完成了1300多项发明,成为举世皆知、令人敬仰的大科学家。

父母应该对孩子有创造性的想法给予表扬和鼓励,尽可能让孩子经历成功的喜悦和体验,产生"自我激励"的心理状态,提高自信心。这样,在父母的鼓励下,不仅能培养孩子的创造精神,还能锻炼他的动手能力,以及应对挫折和失败的韧性,这些都是考试成绩无法带来的。

由此可见,培养一个孩子的创造力是很重要的,以下几个方面对培养孩子的创造力十分重要。

(1)保护和激发孩子的好奇心。好奇是幼儿的特点之一,是探索知识奥秘的动力。好奇心愈强,想象力愈丰富,创造性就愈高。孩子对许多事情都感到好奇,凡事都想弄个明白。手电筒为何发光?不倒翁为什么推不倒?孩子想要弄明白,会把手电筒和不倒翁拆开。父母千万不能指责、制止。孩子平时捶这打那,全是好奇心所致。好奇是探求、创造的动力源。

(2)让孩子具有创造性思维。父母在教育孩子的时候,要善于激发孩子的求知欲和求知兴趣。要放手让孩子多做力所能及的事,给他尝试的自由。即使孩子做错了,也要因势利导,使他不怕失败,勇于进取。

(3)多和孩子沟通。父母可以找一些通俗有趣的故事和童话多念给孩子听并讨论其中的情节。孩子的脑子像是一部录音录像机,你若注意教他语言和思考,让他聆听好的作品故事,讨论故事的情节,他的分析能力、思考能力和表达能力一定会有惊人的进步。

·父母金言·

父母应该对孩子有创造性的想法给予表扬和鼓励,尽可能让孩子经历成功的喜悦和体验,产生"自我激励"的心理状态,提高自信心。这样,在父母的鼓励下,不仅能培养孩子的创造精神,还能锻炼他的动手能力,以及应对挫折和失败的韧性,这些都是考试成绩无法带来的。

你要做一个优秀的孩子

教育的核心是培养人的健康人格,而健康人格的核心是自信与自尊。成功教育是一种唤醒的艺术,唤醒孩子心中沉睡的自信和自尊。在每一个"坏孩子"的背后,都有一段被"冤屈"的历史。反复失败的孩子会越来越差,反复成功的孩子会越来越好。教育就是要让孩子不断体验到成功的快乐。

每个孩子的发展都要涉猎三方面的内容:

(1)发展。要以发展的观点看待孩子的成功,让从来没有体验到成功快乐的"差生"体验反复成功的快乐,从而唤醒孩子心中沉睡已久的巨人——自信与自尊,找到了成功教育的最核心命题:成功即发展,孩子在原有的基础上得到发展就是成功。所以,每一个人都是成功者,从生理学的意义上说,每一个人都是父母体内最健康的精细胞和卵细胞的成功结合,因而每一个人的诞生就是一个生命意义上的成功者。所以,"只要比上次多考一分,就是进步!就是成功!"只有这样才能使孩子看到了一个不断发展的自我,一个美好的未来。

(2)选择。成功即选择,选择适合自己的发展道路。教育就应该给孩子以选择的机会,单一的选拔教育很难发现和发展孩子的个性与才能,而天才恰恰是他们选择了最适合自己发展的成功道路,从而破译了成功教育的奥秘,即成功是成功之母,教育在本质上是一种唤醒,唤醒孩子心中的自信与自尊,选择成功就是选择适合自己的发展道路。

(3)和谐。成功即和谐。从外表看,每个孩子都要与周围的环境和谐共处。要有理解、有真爱、有希望。使孩子心中充满自信与自尊,使他们克服心理和精神上的自卑与自弃,获得成功。

对孩子的教育,就像以上的"发展、选择、和谐",就是要不断激发孩子深藏在内的潜力,唤醒身体里的巨人。

一位名叫史蒂文的美国人,他因一次意外导致双腿无法行走,已经依靠轮椅生活了20年。他觉得自己的人生没有了意义,喝酒成了他忘记愁闷和打发时间的最好方式。有一天,他从酒馆出来,照常坐轮椅回家,却碰上3个劫匪要抢他的钱包。他拼命呐喊、拼命反抗,被逼急了的劫匪竟然放火烧他的轮椅。轮椅很快燃烧起来,求生的欲望让史蒂文忘记了自己的双腿不能行走,他立即从轮椅上站起来,一口气跑了一条街。事后,史蒂文说:"如果当时我不逃,就必然被烧伤,甚至被烧死。我忘了一切,一跃而起,拼命逃走。当我终于停下脚步后,才发现自己竟然会走了。"现在,史蒂文已经找到了一份工作,他身体健康,与正常人一样行走,并到处旅游。

20年来无法动弹的腿,竟然在危急关头站了起来。这不禁让我们产生疑问:到底是什么因素使史蒂文产生这种"超常力量"的呢?显然,这并不仅仅是身体的本能反应,它还涉及人的内在精神在关键时刻所爆发出的巨大力量。著名作家柯林·威尔森曾用富有激情的笔调写道:"在我们的潜意识中,在靠近日常生活意识的表层的地方,有一种'过剩能量储藏箱',存放着准备使用的能量,就好像存放在银行里个人账户中的钱一样,在我们需要使用的时候,就可以派上用场。"

现代心理学所提供的客观数据让我们惊诧地发现,绝大部分正常人只运用了自身潜藏能力的10%。可以这么说,每个人都有一座"潜能金矿"等待被挖掘。有些家长可能会问,到底要怎样才能成功挖掘自己的潜能呢?

(1)学会正确归因。潜能需要激发,这种激发是一个过程。在这个过程中,很多因素会影响我们是否能顺利激发潜能,能否正确归因就是其中一个关键因素。

很多孩子明知自己不比其他孩子笨,但当他们学习失败时,就会归咎于自己的能力不行,即使取得了好成绩,也只认为是自己运气好。这会让孩子们要么感到自卑,要么心存侥幸,但就是缺乏学习的积极性,不愿在学习上投入时间和精力。这种学习上的消极归因使孩子们忽视了自己那巨大的可利用的智力潜能。

积极归因,是我们每个人都需要学会的。当学习取得进步时,可以将其归功于"自己的努力",这样会激发自己想进一步取得成功的欲望和继续努力的动力;也可以把这些进步当作自己能力强的体现,从而使自己产生一定的满意感,增强成功的信心。如果偶有失败,我们也大可在轻轻一笑中把失败归因于任务太重或运气不好,这样既可为自己"开脱",使自己获得心理平衡,也可鼓励自己更加努力,并克服困难。不过,切不可因此对今后的学习产生"靠运气"的侥幸心理。

(2)养成良好的习惯。习惯就像一个能量调节器,好习惯自发地使我们的潜能指引思维和行为朝成功的方向前进,坏习惯则反之。好习惯会激发成功所必需的潜能,坏习惯则在腐蚀有助于我们成功的潜能宝库。

有一个为人们所熟知的实验:青蛙突然被丢进滚烫的开水中,它会迅速地跳出来,但若把青蛙放在冷水中慢慢加热,它会很安逸地在铁锅里游泳,直到最后被烫死在里面。其实,人很多时候也会像青蛙那样,沉湎于逐渐变热的水,被坏习惯所捆绑、蚕食。更可怕的是,甚至连我们自己也不知道我们身上有很多的坏习惯。现在很多中孩子都有回家就看电视的习惯,不知不觉地在感官愉悦中滋生惰性,失去了学习的动力;有的孩子凡事依赖父母,在父母的溺爱中失去了独立自主的欲望;还有的人在考试得高分的肤浅满足中失去了分析和独立思考的能力……所有这些,都是阻碍孩子在成功路上释放潜能的"慢性毒药"。

不妨试试,选一个静谧的夜晚,你与孩子一起拿出一张纸,把自己和孩子通常会出现的思维方式和行为方式写在纸上,然后通过分析把这些思维方式和行为方式按好习惯、坏习惯进行分类。也许,你会惊讶地发现,自己原来有那么多坏习惯而不自知。要养成好习惯,就需要每个人从破除这些坏习惯开始。有了良好的习惯,才会像那只突然被放进滚烫开水里的青蛙一样,被激发出无尽潜能,始终保持生命的活跃状态,而不会在无所事事中趋于平庸和颓废。

· 父母金言 ·

教育的核心是培养人的健康人格,而健康人格的核心是自信与自尊。成功教育是一种唤醒的艺术,唤醒孩子心中沉睡的自信和自尊。在每一个"坏孩子"的背后,都有一段被冤屈的历史。反复失败的孩子会越来越差,反复成功的孩子会越来越好。教育就是要让孩子不断体验到成功的快乐。

你要积极培养探索精神

孩子的一些行为看似胡闹,如果耐心问问,其中是有玄机的。甚至,决定了孩子将来能否成为一个有出息的人。

很多伟大的人物,是因为受了某些事件的触动,而立下大志,从而在这条路上不断探索,在持久地努力后,终于做出了伟大的成绩。鲁迅因为看到那些没有觉醒的看客,而萌生了弃医从文的想法,来拯救思想僵化的国民。

孩子的一些想法也是因为被某件事情触动后产生的。而想法得到重视的孩子,大都是父母具有一定科学素养、尊重孩子的人。同样是好奇心很强的孩子,有的孩子长大后成为了科技界的领军人物,有的却很平庸。面对这样的现实,有一个很重要的原因,就是家长没有注重培养孩子的科学素养。

有的家长的科学素养很差,他们没有接触过自然,对生活中的事物缺乏兴趣,这样的家长因为"没心",而无法很好地指导孩子。所以,家长先要做个有心人,才不会错过提高孩子科学素养的时机。

> 李小璐的爸爸是个爱研究的人。有一年,他无意中发现车间里的机器上因为多了一道没有必要的加工工序,而使得生产成本增加了几百万。他经过研究写出合理化报告,送到厂长那里,被厂里认可,奖励给他5万元奖金。这件事情对他触动很大,他想到如果培养儿子拥有这种习惯,孩子的未来将不可限量。
>
> 李小璐是个喜欢琢磨的孩子,为了让孩子把心思用到实处,爸爸经常给他出谋划策。比如,李小璐手里拿着卫生纸里的环桶和废旧的塑料袋玩,爸爸就会启发他:"这两件东西,设计一下,组合一下,是可以做成一个很不错的门帘的!"
>
> 李小璐眨巴着眼睛想不出。爸爸接着提示:"环桶是椭圆形的,可以剪成多个小纸环,塑料袋是软的,剪开后,可以缠在小纸环上,然后,把多个纸环依次连在一起,够门帘那么高后,再接着粘下一个,不就成了一个门帘了吗?"
>
> 李小璐高呼万岁。
>
> 在制作过程中,又不断遇到各种问题,爸爸启发李小璐:"好好想想,有爸爸支持你,一定会成功!不过,你完全可以做得比爸爸设想的更漂亮的!"
>
> 李小璐想到了家里的饮料瓶子。塑料瓶子剪开后直径较大,李小璐想到了用这个按着字的模样散放在整个门帘里,会更好看!于是,他把饮料瓶子剪成小环,然后缠上塑料袋,拼成了多个"福"字的形状。

家长要想孩子真的能有所成就,就要支持孩子的探索行为,给孩子创造一些探索的机会,让孩子在品尝到探索乐趣的基础上,建立良好的科学素养。

·父母金言·

家长要想孩子真的能有所成就,就要支持孩子的探索行为,给孩子创造一些探索的机会,让孩子在品尝到探索的乐趣的基础上,建立良好的科学素养。

我们一定会鼓励你

著名画家达·芬奇的父亲彼特罗是一位令人称道的好父亲,他培养孩子的信条就是:给孩子最大的自由,让孩子发展自己的兴趣。

6岁那年,达·芬奇上学了,在学校里学了很多知识,但对绘画最感兴趣。一天,他上课不专心听讲,还给老师画了一幅速写。回家后,达·芬奇把速写给父亲看,父亲不仅没有生气,反而夸奖他画得很好,决定培养他在这方面的才华。

正是因为父亲如此开明,达·芬奇才得以全身心投入到自己喜爱的绘画中,甚至敢专门画画恐吓老爸。一次,他花了一个月时间,在盾牌上画了一个两眼冒火、鼻孔生烟,看起来十分可怕的女妖头。为了把父亲吓一跳,他还关紧窗户,只让一缕光线照到女妖头的脸上。后来,父亲一进家就被盾牌上的画吓坏了,等达·芬奇哈哈大笑地解释完,他竟然也没有责备儿子,反而很支持他。

16岁那年,父亲把达·芬奇带到画家维罗奇奥那里学画画。在维罗奇奥的指导下,达·芬奇刻苦学习,掌握了很多绘画技巧,终于成为一代大画家。

所以说,达·芬奇的成才和父母的鼓励与支持是分不开的。

许多儿童教育家都十分重视鼓励的作用,认为这是最重要的成长因素。一位著名的教育家说:"孩子需要鼓励,就如植物需要浇水一样。离开鼓励,孩子就不能生存。"可见,鼓励的作用对教育孩子有多么重要。但遗憾的是,在生活中,很多家长往往不重视鼓励,他们更关心的是怎样"对付"孩子的不"规范"行为,根本不考虑孩子的行为究竟是表现了怎样的心态,应如何"对付"这些导致不"规范"行为的原因。这种不对症下药的做法,往往会导致家庭教育的失败。

有些家长并不明白什么是鼓励,甚至以为鼓励就是说好听的,表扬一下。其实,鼓励就是给孩子一个机会锻炼及表现自己的能力,让他(她)知道自己的行为可以给自己和别人带来积极的影响。在鼓励的作用下,孩子认识到自己的潜力,不断发展各种能力,成为生活中的成功者。

鼓励不同于表扬,鼓励着重于孩子应该干什么,着重于孩子行动后的自我满足。当你鼓励孩子时,应帮助孩子认识他(她)自己的能力,帮助他(她)树立自信心。就孩子做的某件事进行鼓励,那么接受鼓励之后,他(她)会干得更好、更多。

在一个孩子的成长过程中,接受鼓励而产生自信心是非常重要的成长内容,是家长应时刻关注的步骤。鼓励是一个不断进行的过程,这一过程的主要目的就是能让孩子得到一种自我满足,即自尊感和成功感。那么,作为家长,该如何有效地鼓励孩子呢?如下建议可供参考:

(1)鼓励一定要明确。家长对孩子进行鼓励时,不要笼统地说:"你很棒!"或"你真行!"而应该对他(她)的行为有明确的激励作用,好在什么地方,要给孩子清楚地指出来。

(2)鼓励强调过程,不强调结果。一句"好棒啊"、"好漂亮呀"的话,丝毫没有点出孩子努力的过程。若能换句话,例如:"全部都是你自己完成的啊,真厉害!"不但肯定了孩子的努力过程,也肯定了孩子的能力,孩子也会因此受到莫大的鼓舞,对自己也更有信心。

(3)鼓励应侧重于行为而不是孩子本人。有些父母不明白为什么不要总是用"好""乖"和表扬孩子的性格进行鼓励。这是因为孩子会从不同的方面来体会父母的夸奖。比如:"你这样做很好,你如果今后能改掉这个毛病,就是一个很好的孩子。"记住:对事不对人更能鼓励孩子。

此外,还要注意的是,鼓励孩子要具体。具体的正面反馈让孩子知道以后该怎么做。这也可促进其自觉性。例如,孩子正在作画,父母可以说:"你用灰色来描绘天空挺恰当的,这使得古堡显得更神秘。"

(4)在孩子犹豫迟疑的时候给予支持和鼓励。在孩子犹豫迟疑的时候,家长可以给孩子一个示范。如果你玩过一些刺激性的游戏,比如拓展或蹦极,你就会有这种体验,你前面的那个人对你有很大的影响。如果排在你前面的人玩得很顺利,而且一副兴高采烈的样子,你也会跃跃欲试;相反,如果他怕得要死,你恐怕也会有些犹豫。孩子更是这样,给他一个漂亮的示范,孩子的信心就会增强。

还可以让孩子设想自己成功的样子,在头脑里细致地描绘这幅图画,让它越来越清晰,清晰到如同身临其境。这种方法在心理学上已经得到了肯定,它能有效地增强人的信心。

必要的时候可激一激孩子。比如,有一种游戏是走吊桥,吊桥晃来晃去,又没有扶手,孩子害怕。这时,父母不妨先走过去,对孩子说:"你要是不过来,我们就走了。"让孩子处于一种必须靠自己力量克服困难的境地。

(5)在孩子失败的时候加以鼓励。孩子失败的时候更需要鼓励。如果这时不"赏识"孩子,孩子可能得到的不仅是失败,而且还有失败留给他的沮丧心情,这可比失败本身可怕多了。而有了这件武器,孩子就能从失败中得到一些可贵的东西。

需要注意的是,失败就是失败,怎么样也不能把失败说成功,这是没有说服力的。同时,也不能把失败归因于客观因素,让孩子直面自己的失败,这是第一课,也是很重要的一课。父母不妨多与孩子讲讲人们失败的例子,历史故事也好,名人轶事也好,自己的亲身经历也好。总之,让孩子知道,失败是每天每时每地都在发生的,每个人都会遇上的。这是人生的常态。

无论成功或失败,都比完全不做要好。完全不做就是0,而只要去做了,哪怕只做到0.01也比0要大。启发孩子,不要想着那没有得到的99.99,而要想那0.01究竟是什么。这样,孩子才能不断进步。

> 小娜刚放学回到家,妈妈就来电话说她要加班,估计要过了九点才能到家,让小娜到楼下饭馆买饭,不要等自己一起吃晚饭了。
>
> 放下电话,小娜心想,自己已经是个十二岁的大姑娘了,妈妈加班那么辛苦,自己一定要做顿饭给妈妈吃。但是天不遂人愿,由于小娜是第一次做饭,个子不高又没有经验,她到橱柜里拿食用油时把一桶油弄撒了,弄得满厨房都是油。小娜不知所措,蹲在厨房哭了……
>
> 妈妈回到家听到哭泣声,吓了一跳。她循着哭声走进了厨房,看到满地都是油,立即明白发生了什么事,于是笑着对正在哭泣的小娜说:"哇!我们家富得满地流油了!"
>
> 小娜哭是因为害怕妈妈责骂自己,现在听妈妈这么一说,害怕的感觉跑得无影无踪了。
>
> 这时妈妈又说:"乖女儿,我们一起来把厨房打扫干净,好吗?"
>
> 于是,小娜与妈妈一起把厨房打扫了一遍。
>
> 打扫完之后,妈妈又拿起小娜先前打翻的油桶,手把手地教小娜,告诉她油桶要怎么拿

才稳当。

"小娜,愿意做个西红柿炒鸡蛋给妈妈吃吗?"妈妈笑眯眯地问。

"愿意!"小娜大声地回答。

虽然这是小娜第一次做菜,但她已经一点都不胆怯了……

小娜是一个乖巧的孩子,妈妈情商非常高。当妈妈看到小娜在哭泣时,她知道这时要先帮小娜消除恐惧和沮丧,于是她先开了个玩笑——富得满地流油。妈妈发挥了情商中识别感情和利用感情的能力,这样既保护了小娜的自尊心,又为下一步的交流创造了温馨的氛围。

当小娜完全从恐惧和沮丧中脱离之后,妈妈让她给自己做个西红柿炒鸡蛋,就是表明自己理解小娜"想做饭"这个行为,这就是妈妈情商中理解感情的能力在发挥作用。由于得到了妈妈的理解,小娜信心百倍地开始做菜。

妈妈给了小娜极大的鼓励,这个鼓励不仅帮小娜消除了恐惧和沮丧,而且给了小娜更大的自信,使她主动承担更多的家务劳动。

家长必须学会像文中妈妈这样鼓励孩子,孩子需要鼓励,就像大地需要阳光一样,这是孩子的天性决定的。孩子在成长过程中,经常会出现挫折和失败,会给家长带来不少麻烦,因而他们容易对自己的行为感到失望和沮丧。如果家长不能尽快帮孩子消除心里的负面情绪,他们就会容易产生自卑感,今后变得谨小慎微,失去探索的勇气,不敢进行任何创新活动,也不愿为任何失败承担责任,有可能变成一个畏首畏尾、毫无作为的平庸之辈。所以,当孩子遭遇挫折和失败之后,家长不仅要及时给孩子鼓励,而且也不要求全责备,只要孩子有所进步,就要给予鼓励,以激励孩子继续努力。

要快速消除孩子心中所有的负面情绪,家长就要适时给予孩子恰当的鼓励,以帮助孩子恢复自信和勇气。因此,高情商的家长都习惯从正面看待孩子的挫折和失败,给予孩子鼓励,以培养他们的自尊心和积极向上的精神。

但是,现实中有很多家长不愿意鼓励孩子,他们喜欢用巴掌或棍棒来处理孩子的过失行为,很少关心孩子为什么会出现过失。在上面的案例中,如果妈妈的情商不高,她在看到小娜把食用油洒了一地之后,首先想到的就会是"浪费",会抱怨打扫厨房很麻烦,而不去想小娜为什么要去搬油桶,所以,对小娜会轻则责骂,重则痛打。

另外,家长之所以不喜欢鼓励孩子,是因为他们总是认为巴掌或棍棒更容易使孩子"长记性",让孩子不会一错再错。但是,他们不会想,这样的惩罚会给孩子的心灵造成怎样的伤害,更想不到这种伤害是长期而又严重的。经常给孩子以热烈的掌声,恰当的鼓励不仅能让孩子"长记性",而且会让他们感受到家长的爱和家庭的温暖,从此学会对自己的行为负责。

高情商家长很善于鼓励孩子,他们通过这种方式创造出与孩子的情感共鸣,能让孩子与自己心往一处想。这样,当家长向孩子提出更高的成长目标时,孩子会愿意为实现这个目标而努力。

但是,家长必须注意,鼓励与奖励不是一回事。鼓励主要是为了调整孩子的感情,而奖励只是为了某种目的而给孩子提供的诱饵,也可以说是家长贿赂孩子的一种手段。比如,有的家长会给孩子制定这样的奖励政策:考试成绩提高1分就奖励100元钱,如数学成绩由90分提高到95分,那就奖励500元钱。这种奖励只能使孩子不再专注于学习本身,而只把学习当作一种手段,从而对学习本身失去兴趣,把所有的心思放在如何增加奖金上。可以说,如果孩子是为了一双耐克鞋而去学习,那他的学习成绩有可能在短时间内提高,但他一旦得到了这双耐克鞋,就会对学习失去兴趣。

> **·父母金言·**
>
> 许多儿童教育家都十分重视鼓励的作用,认为这是最重要的成长因素。一位著名的教育家说:"孩子需要鼓励,就如植物需要浇水一样。离开鼓励,孩子就不能生存。"可见,鼓励的作用对教育孩子有多么重要。

我们会适时地称赞你

大多数人相信夸奖可以建立孩子的自信,让他们有安全感。但是,实际上,夸奖可能导致紧张和行为失当。为什么会这样?许多孩子经常会有针对家庭成员的破坏性愿望,当父母跟孩子说"你真是个好孩子"时,他可能无法接受,因为他对自己的想法是完全不同的。在他自己看来,他希望妈妈消失,或者希望哥哥下个星期在医院里度过,这样的他可没法说是"好孩子"。事实上,夸奖越多,他的不端行为可能就越多,因为他想显示出他的"真我"。父母们经常说就在刚刚夸了孩子乖之后,他们就开始变野了,好像就是为了反对赞扬似的。行为不端可能是孩子对于自己的公众形象表达自己的保留态度的一种方式。

如果孩子被称赞聪明,那么他很可能不大愿意接受负有挑战性的学习任务,这种情况并不反常,因为他们不想冒险而失去高分。相反,如果对孩子付出的努力进行夸奖,那么他们可能对于艰难的任务会更加坚持不懈。

(1)令人满意和令人不快的称赞。称赞,就像青霉素一样,绝不能随意用药。使用强效药有一定的标准,需要谨慎小心,标准包括时间和剂量,需要谨慎小心是因为可能会引起过敏反应。对于精神药物的施用也有同样的规则。最重要的一条规则就是:只能夸奖孩子的努力和成就。不要夸奖他们的品性和人格。

当孩子打扫了院子之后,说他辛苦了,或者院子看上去多么棒啊,只有这样的评论才是平常的、自然的,而夸他是个多好的人几乎毫不相干,也不适宜。赞美的话语应该让孩子看到他的成绩的真实情况,而不是他品格的扭曲变形。

下面就是一个让人满意的有关称赞的例子:

八岁的朱莉很努力地把自己房间打扫干净了,妈妈对她的努力和成绩表示了感激和欣赏:

妈妈:现在屋子好干净啊,看着都开心。

朱莉:它现在很漂亮。

妈妈:你愉快的笑容告诉我你很自豪,谢谢你,亲爱的。

朱莉：不客气。

朱莉妈妈的话让朱莉为自己的劳动感到高兴，为自己的成绩感到骄傲。晚上，她迫不及待地等父亲回来，就是为了向他炫耀一下干净的屋子，好在心里再次重温一下对出色工作的骄傲。

与此相反，下面对孩子品格的赞美之词是无益的：

"你真是个好女儿。"

"你真是妈妈的好帮手。"

"没有你，妈妈该怎么办呢？"

这样的评价可能会吓着孩子，让他们感到不安。她可能觉得自己离一个好女儿还差得远呢，配不上这样的称呼。因此，她可能会决定马上减轻自己的负担，用行为不端来坦白，而不是不安地等待曝光自己原来是个骗子。对品格的直接赞美就像直射的阳光，让人很不舒服、很刺眼。当一个人听到别人赞美自己出色、像天使一样可爱、慷慨大方、谦恭有礼时，是一件很尴尬的事情。她觉得需要至少否认部分赞美。在公共场合，她无法站起来说："谢谢，我接受你的赞美，我是出色的。"私下场合她也无法这么说，因此她必须拒绝这样的赞美。她无法在心里坦白地对自己说："我是出色的"、"我是很好的"、"我是坚强的"、"我是慷慨的"或者"我是谦逊的"。她可能不仅仅是反对这些赞美，很可能还会对赞美她的人产生不好的想法：如果他们觉得我这么棒，那么他们一定不太聪明。

（2）学会称赞的步骤。称赞包括两个部分：我们对孩子说的话，以及孩子听了我们的话后在心里跟自己说的话。

我们的话应该明确表明，我们很喜欢、很欣赏他们的努力、帮助、工作、体谅、创造或者成就。我们的话应该让孩子能对自己的品格有一个现实的看法。我们的话应该像一块有魔法的帆布，这块布虽然不能给孩子提供帮助，但是，能让他们给自己画一幅正面的画像。

八岁的肯尼帮他父亲修补地下室，期间他搬动了一件很重的家具：

父亲："工作台很重，搬起来很吃力。"

肯尼：但是我搬动了。

父亲：那需要很大力气。

肯尼：我很强壮。

在上面这个例子里，肯尼的父亲只是对工作的难度做了评价，是肯尼自己对他的个人力量得出了结论。如果他父亲说："儿子，你很强壮。"肯尼可能会回答："不，我并不强壮，班上比我有力气的男生有的是。"而随之而来的很可能就是一场毫无结果——尽管未必痛苦——的争论。

当我们希望孩子好受点时，通常就会称赞他们。可是为什么当我们对女儿说"你很漂亮"时，她会否认呢？为什么当我们对儿子说"你非常聪明"时，他很尴尬地走开呢？是我们的孩子太难取悦，甚至连赞美都不起作用了吗？当然不是。最可能的原因是：我们的孩子跟大多数人一样，对于赞美他们品格、身体或精神的话不知如何反应。

（3）孩子不喜欢被评定。如果每个月末，宣称爱我们的人给我们一个评定，我们会怎么想？"如果你得了A，就亲你一下；如果得了B，就拥抱你一下；而如果你得了A+，我就会很爱你。"我们会感到心烦意乱、情绪低落，而不会觉得被爱。

比较好的方法是：表达中要充满欣喜和赞赏，言辞中要传达对孩子的努力的承认、尊重和理解。

莱斯特的妈妈一下午都在看儿子打橄榄球。比赛结束后，她希望告诉儿子她对他技术和成绩的赞赏，她详细描述了给她留下深刻印象的场景："今天下午看你打橄榄球真是开心，特别是最后十分钟，你看到了一个得分的机会，你从防守的位置一直跑到场地的另一端，打进了致胜一球，你一定觉得自豪极了！"

她加上了一句"你一定觉得自豪极了"，因为她希望他能培养内心的自豪感。

称赞的时候要做明确、详尽的描述，这需要一点努力才能做到，但是孩子能从这些信息和赞赏中受益，远比那些对品格的评价要有效得多。

> ·父母金言·
>
> 如果孩子被称赞聪明，那么他很可能不大愿意接受负有挑战性的学习任务，这种情况并不反常，因为他们不想冒险而失去高分。相反，如果父母对孩子付出的努力进行夸奖。那么他们可能对于艰难的任务会更加坚持不懈。

你要经常和我们谈心

"帅气能当饭吃吗？"某天她到朋友家中，才踏进大厅便传来尖锐的叫骂声，一听就知道友人正在教训念高中的女儿。为避免出现更严重的后果，她立刻上前阻止，理由是人在情绪失控时，所讲的话未必真心。

"只会交男朋友，打电话聊天。"原来友人的女儿交了男友，但使她发怒的真正原因是，收到了上千元的移动电话费账单。做妈妈的见到朋友，以近乎哭泣的心情诉说着："叫她念书不念，整天就爱漂亮，动不动就要打扮。班主任打电话来，说她竟然逃课，简直太没面子了。还会撒谎，找借口偷溜出家门。一定是交了坏朋友才会这样，我想让她转学。"

没好气的妈妈又说："她吵着要打工，我想放学后就让她去尝尝赚钱的滋味，看会不会成熟一点，好体谅我们的辛苦。没想到看不见打工的钱，她的心反而更野了。爸爸也管不了，叫我怎么办啊！"此时她只能扮演一个倾听者，人在气头上绝对不能给予任何回应。因为不当的响应，有时候会造成反效果，况且真正的祸端起源未必是孩子。此时若给安慰可能让她误解，朋友在支持她歇斯底里的情绪。她只是安静地看着友人，陪她的心静下来。

在一个适当的机会里，她单独与这女孩相处。寂寞的十七岁，最渴望的就是被人了解，于是我先解读她心中的困惑。

"你去打工，是不是爸妈常在你面前抱怨钱不够用？"女孩点头不语。

"刚刚妈妈责怪电话费太多，会不会认为她只关心钱的事，而没有真正了解你心里的孤独？"女孩的眼泪开始夺眶而出。她双手拥抱情绪得到安慰的她，她先是以不习惯被人拥抱的表情，又哭又笑地掩饰自己的尴尬，最后索性紧抱着朋友哭泣。

"哭吧！不要害羞，勇敢做自己。这时候的眼泪对你是重要的，大声哭没关系。"在她的情绪平息时，她说她打工目的是希望用自己赚来的钱买鞋、买衣，不想增加父母的金钱负担。孩子把贴心的想法隐藏在心底从未说出。

她终于明白这个相互冲突的起源，是父母与孩子在心里各说各话。专家说得好，"爱，就是要说出来，让对方知道。"因为，藏在心中的话永远不会被人了解。

我们要记得青少年时期的孩子，最害怕也最没有能力接受的人生问题，就是教养者对他们施予"权威与要求"的态度。别忘了孩子的成长需要"等待"。

让我们一起来反省，在日常生活中，我们是否做到以下的事情：

您是否诚恳地教过孩子，什么是异性之间的真正友谊？

您是否用对的沟通方式与孩子交谈，让他安心并感受父母的爱而无须撒谎？

您是否陪伴他对未来做规划，而非命令式的空谈期待？

您是否养成了阅读习惯，并常与孩子探讨读书心得，借此来引导正确的人生观？

您是否告诉过孩子，物质满足的快乐是短暂的，只有内心充实的快乐才是值得追求的？

您是否认真陪伴孩子绘制生命蓝图，倾听他们的理想与未来追求？

叛逆期的孩子需要我们的支持，但适度地纠正他们"为所欲为"的想法是必要的。因此我建议这个十七岁的女孩放弃打工，告诉她中学时期求知的重要性。也借给她一本书，朱光潜的《写给青年们的话》，并嘱其抄写名句与心得。在我的安排下，这女孩与母亲做深度沟通后并彼此立约。

获得理解的孩子开始读书了。每个孩子对自己的未来是有期待的，只要顺着他们多变的兴趣及角度，做适度引导，孩子才会有高度的行动力。王阳明说："知是行之始，行是知之成。"有丰富经历的孩子，才能适时地选择他个人生命的价值。若孩子不知道人生该如何应对，这才是为人父母者真正要担忧的事情。所以说，有什么话不要憋在心里，要及时与父母分享，父母也要及时和孩子沟通，以免引起不必要的麻烦。

> **·父母金言·**
>
> 有什么话不要憋在心里，要及时与父母分享，父母也要及时和孩子沟通，以免引起不必要的麻烦。

第二章 孩子,你不要害怕

你要勇于实现自己的理想

父亲和读五年级的儿子坐在一起看电视。孩子见屏幕上的那个律师口若悬河、滔滔不绝,一会儿引经据典,一会儿举例证明,说得个个点头称是,敬佩之心不禁油然而生,便转身对父亲说:"爸爸,我以后也要当个律师。"父亲立即说:"好啊!我支持。不过,当律师可不是很容易的,必须熟悉很多很多的法律法规,许多条文都必须背得滚瓜烂熟,如果磕磕巴巴,谁会来请你呢?可你,现在连书都懒得背。你想当律师,从现在起,我看就要每天背一首诗,先把记忆力练练好。"听父亲这么一说,孩子就不作声了,心里却在想:那我还是不当律师算了。后来,孩子看一部反映特警战士的纪录片,看到高潮的时候,对旁边的母亲说:"妈妈,我以后也要当特警。"接着在沙发上摆了几个招式。母亲说:"这很好啊!我赞成。不过现在你必须好好读书,因为特警的要求很严格,不但要有丰富的科学文化知识,而且还要跌打滚爬,还要有不怕吃苦的精神。你呀,一点苦都吃不起,体育成绩也一般。以后,每天早晨早点起床,好好去锻炼锻炼。"孩子经母亲的这一番教育,想当特警的念头也一下子荡然无存了。

孩子在接触各种新鲜事物时,会自然而然地萌发自己的理想,这是很好的事情。对孩子的理想,父母如果觉得是合理的,就应该给予支持。但支持不是简单地说句好,也不是马上提出要求,并要孩子为实现理想去奋斗。支持是要讲究方式方法的,是必须充分考虑孩子的心理准备和接受能力的。像上面例子中的父母,从主观上说,他们对孩子的理想都是热情支持的,但从客观效果来说,实际上都是扼杀。主观愿望和客观效果完全相反。为什么会这样呢?这是因为:孩子在接触新事物时刚刚萌发的这种理想,是非常稚嫩的,不成熟的;是感性的,非理性的;是临时的,没有多少准备的;是理想之苗,但不能说不是理想。对这种处于萌芽状态的理想,做父母的如果用纯理性的、非常严格的终极标准来要求孩子,并希望孩子能马上付诸实践,这就会使孩子感到措手不及,感到目标实在太遥远了,根本无法实现,因而觉得还不如放弃。每个孩子都应该有自己的理想,但理想的确立需要一个由初步设想到牢固树立的过程。在它的萌发之初,需要点拨和引导,需要精心呵护。对孩子的理想,不理不睬是错误的,拔苗助长也是错误的。如果我们都用这样的态度来对待孩子的理想之苗,那么,也许孩子永远也不可能树立稳固的理想。

怎样才是对孩子理想的真正支持呢?真正的支持应该建立在对孩子的充分理解和尊重的基础之上,必须以孩子的现实准备为前提,然后进行适当的启发和诱导,不是说教,不是命令,也不是趁机提条件。比如,当孩子提出以后想当律师时,你不妨这样说:"看来,当律师倒是很不错的。孩子,你说,那个律师为什么说得那么好,让那么多人都敬叹不已?不知道他小时候读书怎样?"这样可能让孩子自己去思索;或者也可以这样说:"想不到你想当律师,这个理想好!我支持。孩子,你想想,当律师最需要什么才能?"总之,对孩子的理想之苗,家长要一点点地培养和扶持,要细心浇灌和滋润,不要一见小苗,就立即倾盆大雨,恨不得让它明天就成为一棵大树。

> **·父母金言·**
>
> 对孩子的理想之苗,家长要一点点地培养和扶持,要细心浇灌和滋润,不要一见小苗,就立即倾盆大雨,恨不得让它明天就成为一棵大树。

你一定会有所作为的

孩子在父母不断地激励与鼓舞下会不断地树立信心。父母的支持与赏识是增强孩子上进心的内在动力,也是充分挖掘孩子潜能的一种无形的力量。

罗纳尔的成绩很差,每次考试总是在倒数几名。老师一直说他无可救药了,连他自己也觉得这辈子不可能成功。为此,他一直很沮丧。

有一天,老师兴奋地在班上宣布,著名的学者罗森·索索尔要来班上做实验。

罗森是研究人才学的专家,据说他有一种神奇的仪器,能预测出谁在未来会获得成功。

罗森只是到班上转了几圈便没了踪影,罗森的几位助手为学生们做了一次例行体检,除了体重计、血压计、听诊器之类,也没有什么神秘的东西。体检和学校平日组织的没有任何两样,只是助手多和孩子们拉了几句家常,问了些诸如"住哪儿"、"父母是干什么的"、"希望将来干什么"之类的话。

一天,老师神秘地点了五个同学的名字,请他们到办公室来一下。罗纳尔紧张得很,以为自己又没考好,是不是去挨训?其余几个同学也莫名其妙,因为他们的学习成绩平平。

办公室里坐满了老师,还有久违了的罗森·索索尔以及他的助手。"孩子们,"罗森和蔼可亲地说,"我仔细地研究了你们的档案和家庭以及现在的学习情况,我认为你们五个人将来会成大器的,好好努力吧。"

罗纳尔以为自己听错了,可是看看在场别人的表情,他知道这是真的。

从办公室出来,罗纳尔觉得自己脚步轻松了许多,他想:"原来我还有希望,罗森是这么说的,他的预测一向是准确的,我要努力!"再看看其余四个人,罗纳尔觉得他们也全部面露喜色。

"罗森说我会成大器的。"罗纳尔一直这么激励自己,很快,他的成绩跃居班级前几名,当然被罗森点到的几位同学也都名列前茅。

十五年后,罗纳尔顺利地从哈佛大学数学系取得了博士学位,在毕业典礼上,他见到了久违的罗森教授。罗森头发白了,但罗纳尔还是一眼认出了这个他生命中最重要的人。罗森竟然还记得罗纳尔,热烈地向罗纳尔表示祝贺。

"可是,"罗纳尔最终还是忍不住地问了起来,"您是凭着哪一点确信我一定会成功的?当时连我自己都绝望了。"

"孩子,我给你看一样东西。"罗森请罗纳尔到自己的电脑室去,在那里,他调出了罗纳尔的全部资料,包括从他们那次实验后的每次考试成绩记录、就读的大学的情况。不仅有他的,还有其余四个人的。罗纳尔一点也不明白是怎么回事。

"那次实验到现在才结束,实验的题目是《语言的激励作用对人的影响》,我们一直对你们五人进行跟踪调查,实验大获成功。实际上,我并不知道你们都会成功,但除了因车祸而亡的丽达,你们都成功了。我只是从花名册上随便勾出五个人名,在此之前我对你一点也不了解。实验表明,帮助孩子培养对自己能力的信心,更能发挥孩子的潜力,因为人类会经常被自己心中的信心所引导,小孩也不例外。"

罗森·索索尔的这个实验是心理学上著名的实验,这是利用语言的暗示功效来培养人的自信心。罗纳尔正是在鼓励之中唤起信心而获得成功的。

现在,很多做父母的对孩子要求很严格,有错误、缺点从不放过,发现了就及时批评教育。这种不姑息、不袒护、不放任的态度是对的,也体现了对孩子殷切的爱,但教育效果并不是很理想。什么原因呢?原因在于只是一味地批评,不符合孩子的心理特点。

孩子的信心来源于父母有效的夸奖。孩子需要夸奖,需要鼓励。"夸"不仅仅表明了父母的信心,同时也坚定了孩子的信心。只有孩子对自己充满了信心,父母才能培养出优秀的人才。那么,家长具体要怎样去赞扬和鼓励孩子呢?

(1)不要给孩子消极的期望。当一个家长要求孩子第二天早晨自己收拾书包时,应该说:"我相信你能做到这一点。"而不是说:"你能做好吗?"后一种说法会使孩子自己也怀疑自己是否有完成这个任务的能力,在具体做的时候就不是努力去做,而是容易气馁,半途而废,招致失败。

(2)不要对孩子提出不合理的高标准。家长和老师都希望孩子上课能够时时刻刻专心听讲,每天都能够做到作业本整整齐齐,穿着干干净净,然而,这对于上幼儿园、小学的孩子来说大多数人是不可能做到的。所以,家长不能对孩子期望过高,不要使孩子觉得他们始终达不到预想的标准,这样的孩子会过早地失去童真和快乐,也会失去自信。

(3)重视孩子的贡献、自身价值和优点。要想使孩子感觉良好,就要使他们感觉到自己是有用的人,并且知道他们的贡献确实有用,受到重视。

很多家长说自己孩子时,总是把他们说得一无是处,在家里又什么都不让孩子做,因为孩子做什么都难以达到家长的高标准。要想使孩子觉得自己有用,家长应该客观地评价自己的孩子,肯定孩子的长处,帮助孩子用自己的特长为家里做出一份贡献。

例如,孩子擦玻璃擦不干净,但是擦其他的东西做得很好;扫地扫不干净,但是去取牛奶、买早点却很麻利……家长总能发现和培养出孩子做某件事情的特长,使这件事情成为孩子的"专利",常常赞扬他,鼓励他越干越好。这样,孩子当然会为自己在家庭中的"重要位置"而感到自豪和自信。

(4)鼓励每一个进步,而不是关注最终的成就。家长常常关注孩子的考试成绩,或者关注孩子参加什么比赛得了几等奖,却容易忽视孩子平时的每一个微小的进步,这样做的结果会使孩子索性不去尝试每一个微小的努力,因为他一下子看不到长远的结果,又缺乏耐心和意志。因此,家长需要对孩子的每一个进步都有鼓励,使他们的正确行为得到强化。

> **·父母金言·**
>
> 孩子在父母不断地激励与鼓舞下会不断地树立信心。父母的支持与赏识是增强孩子上进心的内在动力,也是充分挖掘孩子潜能的一种无形的力量。

你要做一个勇敢的孩子

很多父母都说过,自己的孩子非常胆小,每天都跟在父母后面,一刻也离不开,不敢独自出去玩,不敢和陌生人说话,不敢一个人睡……作为父母,谁不愿意自己的孩子具有坚强的意志和勇敢的精神?期望自己的孩子将来成为"龙"或者"凤"?但是看看自己的孩子,一副胆小怕事的样子,将来怎么会有出息?心里难免会有些失望,而勇敢的精神不是天生的,完全可以通过后天科学的心理训练,耐心地教育、培养出来。

勇敢是指敢于做自己力所能及的事情,下面这个男孩就是一个例子:

> 尚波一家在天津做生意,家里很富裕,一些当地的绑匪早就瞄上了他:
>
> 一天,尚波放学回来,在路上遇到一个陌生人,说是他父亲的朋友,去他家里拿一个影碟,让尚波带路,说着就把尚波推上了一辆面包车。面包车发动后,尚波发现不是去自己家,而是朝着另一个方向去了,这时他知道自己被绑架了。
>
> 车子开到了一个平房附近,尚波被绑匪带进去绑了起来。到了晚上,绑匪开始给他的爸爸打电话,不停地勒索钱。到了深夜,尚波想,如果这样下去,爸爸肯定会被这伙绑匪要挟控制,自己不能就这样在这里等死。勇敢的他向绑匪喊了起来:"要是这样下去会死人的,死了人,我爸爸就不给钱了。"绑匪把尚波腿上的绳子解开了,尚波的腿自由了!歹徒走远后,尚波把嘴里的棉布吐出来,用衣柜的角磨断了绳子。现在他能移动了!趁绑匪打瞌睡的时候,他偷偷地从门缝里溜到了外面,正好碰见一个老大爷半夜出来上厕所,好心的老大爷报了警,最后警察抓住了这伙绑匪。

勇敢就是一个人能够积极应对各种突发状况,遇事不惊慌,能够想办法自救或者求助他人。就像尚波一样,如果他一被抓住,就在车里大哭大闹,说不定小命早就没了,相反,尚波的做法,才能称得上是勇敢。

勇敢是孩子应该具有的一种良好的品质和习惯,勇敢和勤劳一样,也是中华民族的传统美德;每一个孩子无论是在学习中,还是在生活中,要想获得成功,勇敢是必备的条件之一。从小就养成孩子勇敢的习惯,是家庭教育中重要环节,作为家长,应该怎样培养孩子勇敢的习惯呢?

(1)对孩子进行榜样教育。榜样的教育作用对孩子来说,效果是非常好的。很多英雄在追求真理的过程中,在遇到困难和危险时,都能表现出勇敢献身的精神,令人敬佩,这些都是最值得孩子学习的地方。

我们的朱德总司令,在他年少时,就经常从隔壁老匠人及私塾先生那里听到关于太平天国石达开的故事和清朝末期朝廷昏庸腐败的故事。故事中的英雄形象深深地印在了少年朱德的脑海里,从内心深处激发了他的革命英雄主义精神,促使朱德走上了革命道路,同时也成就了朱德为革命事业英勇奋斗、矢志不渝的光辉人生。那时候,朱德还是一个孩子,他还不到14岁。

孩子的人生观、道德观以及性格和习惯等都是在多种环境影响下逐渐形成的,这是一个漫长而复杂的过程,在这样的过程中,孩子尤其需要父母的关心和支持,作为家长,应该培养孩子养成勇敢的习惯,多讲讲那些大智大勇的英雄故事,指导孩子学习英雄人物的勇敢品质。

(2)让孩子养成正确的思想,树立远大的理想。从心理学上看,孩子的思想制约着他的性格和习惯的形成。如果孩子从小就养成了为社会、为人民服务的思想,树立了远大的共产主义理想,那么,孩子就会养成符合人民利益要求的勇敢的习惯,否则,勇敢也会变成鲁莽、粗暴、蛮不讲理。

(3)言传身教,给孩子创造一个良好的环境。培养孩子勇敢的习惯,父母平时的一举一动,都会对孩子产生深刻的影响。中国有句古话说得好,"虎父无犬子",孩子的习惯受父母的影响很大,因为在生活中,父母是孩子最亲近、最可信任的人,也是在一起时间最长的人。因此,父母在生活中对他人、对家庭、对集体、对社会,都要勇敢地去承担各种责任,不要给孩子造成一种"各人自扫门前雪,不管他人瓦上霜"的印象。家中来了客人,要让孩子主动问候招待,勇敢地和客人交谈;与别的孩子闹矛盾,要鼓励孩子勇敢地承认错误;学校布置的活动,要鼓励孩子积极参与;在上课的时候,鼓励孩子勇敢地发言;家中事务,要鼓励孩子发表意见。这样,给孩子创造一个良好的环境,孩子的勇敢品格才会在学习生活的实践中逐渐形成。

· 父母金言 ·

孩子的人生观、道德观以及性格和习惯等都是在多种环境影响下逐渐形成的,这是一个漫长而复杂的过程,在这样的过程中,孩子尤其需要父母的关心和支持,作为家长,应该培养孩子养成勇敢的习惯,多讲讲那些大智大勇的英雄故事,指导孩子学习英雄人物的勇敢品质。

你要勇于改正错误

有很多"恨铁不成钢"的父母会揪着他们认为"笨孩子"的耳朵,或者用尺子狠狠地敲打不听话孩子的手,跟他们讲道理,他们认为"不打不成材",痛了才能记忆深刻。其实,这样的做法其成效是微乎其微的。可以想象一下,即使大人将孩子的耳朵揪红了、手指打肿了,也很难让孩子变得真正"听话"。这样的惩罚方式对孩子来说是残酷的,孩子不但不能因此而聪明起来,反而可能变得更加桀骜不驯。实际上,孩子只有借助不断地锻炼与汲取操作的经验,能力才能增强,而不是靠蛮力来惩罚。

很多父母都觉得"批评"或"奖赏"孩子的做法是促使孩子进步的动力和健康成长的保障。因此,在学习和生活中,孩子表现得好,或考试多拿了几分,会得到巧克力;表现不好,或考试没达到大人理想的结果,就会受到惩罚。他们固执地认为,教育孩子主要就靠"夸奖"和"惩罚"这两个手段,这才是教育好孩子的有效绝招。

然而,大量的教育研究证明,在孩子的教育过程中,有一件事情是绝对不能做的——那就是以夸奖、惩罚或打着"改正孩子错误"的旗号对孩子进行干涉。有的父母可能会着急:夸奖和惩罚都不能用,那要怎样才能让孩子改正错误,帮助他们走上正道呢?

事实上,若父母习惯于对孩子进行夸奖和惩罚的话,孩子就很容易对父母的行为产生依赖——父母鼓励,他们就做;父母呵斥,他们就停。他们无法拥有自发做事的激情,一切的动力和细节约束都必须依靠父母来提供,丧失自我约束的能力。这将是非常糟糕的一件事,对塑造孩子的性格也是有害无益的,可以设想一下:当孩子激情满满地投入自己喜爱的游戏或工作中时,父母不停地干扰,若孩子做得好就奖励一根棒棒糖,若做得不好就不带他到公园玩,孩子动不动就要停下来接受奖励或者惩罚,这很容易影响孩子工作的纯粹性和积极性,也会扰乱孩子工作时的专注力和精神创造的自由,还给孩子带来一定的精神压力。

和大人们一样,孩子一旦做自己喜欢的事,就会忘记一切。这时任何的奖励和惩罚都不能与他们手里的"工作"相比,对他来说都是干扰,会打消他的热情和积极性。设想一个孩子在搭积木,他想搭一座高塔,但是因为方法不对,他不断失误,但他并没有失望,还是愿意尝试。可父母却因为孩子把积木弄得满地都是而要惩罚孩子,愤怒地骂他很愚蠢,还用戒尺打他的手。这种伤害不单是肉体上的,更会在心灵上造成创伤,孩子也许真的就认为自己很笨,从而对自己失去信心。这样的教育方法是错误的,对孩子的成长不会有任何帮助,更不能改正孩子的错误。俗话说,"熟能生巧",其实,让孩子改掉错误最好的办法就是让他在"工作"中反复练习,直到应用自如,呵斥或奖励是解决不了根本问题的。

此外,父母对孩子的指责并不是针对孩子错误的本身,而是在重复陈述连孩子自己都明白的缺点,因此,对孩子改正错误是没有任何帮助的。我们所要做的就是如何帮助孩子进行更多的训练,并且告诉孩子错在哪儿,引导孩子如何加以纠正。要知道,孩子也渴望完善自己,这种渴望甚至比我们的期待更要强烈,我们应该及时为孩子提供训练的工具和环境,满足他们的这种渴望。

首先,可以锻炼孩子敏锐的观察力。在日常生活中故意安排一些显而易见的错误,让孩子来纠正,以此锻炼他们发现错误的能力,在改正错误的过程中,不断完善自己。若挑错改错,对孩子而言,成了一件"好玩"的事情,那也就会成为孩子的兴趣所在。例如,父母和孩子做"按命令行事"的游戏时,可以递给孩子写着这样的话"到外面去,关上门,然后回来"的纸条,让孩子按照纸条上的命令去做,若孩子仔细研究这句话后,然后依照命令行动起来,在行动过程中他就会发现问题:"如果我把门关上了,我怎样才能回来呢?"这样他就会发现"命令"中的错误,并且纠正过来。

其实,犯错并不可怕,任何人都不是十全十美的,大人都经常犯错,何以对孩子如此苛求。

印度诗人泰戈尔曾经说过:"如果把所有的错误都关在门外的话,真理也要被关在门外了。"小错误还是成长的资源,是孩子的另一个学习渠道。例如,当孩子在跌跌撞撞学习走路的时候,不免会犯下无数个小错误,然而他们都通过自己的力量克服了,并因此更健壮、更灵活;每个孩子都会欺负别人也会被人欺负,但可以从中学会自我保护;孩子砸烂东西、伤害小动物,却可以从中学会怜悯、爱惜和承担责任。

正是由于错误的存在,孩子做事才变得越来越熟练和准确无误。孩子是通过改正一个个错误得以成长和进步的。孩子若缺乏改正错误的能力,很容易变得自卑和软弱。因此,父母不能总是尝试代替孩子改正错误,因为你们不能做孩子一生的"校对师",这样做只会剥夺和破坏孩子自身的修正能力。

> · 父母金言 ·
>
> 正是由于错误的存在,孩子做事才变得越来越熟练和准确无误。孩子是通过改正一个个错误得以成长和进步的。孩子若缺乏改正错误的能力,很容易变得自卑和软弱。

你遇事要沉着冷静

孩子成长的过程中,可能会遇到各种各样的危险和挑战,比如做事不顺、生病、独自出行遇到坏人、利益诱惑、灾难、朋友反目等。如果孩子处理得不好,那么后果将不堪设想!

放学回到家,阳阳撂下书包就走到妈妈身边说:"老妈,明天我要和同学去郊外玩!骑自行车!"妈妈一听骑自行车去郊外,有点担心,再看儿子满脸憧憬的神色,就答应了。

儿子出发前,妈妈最后一次叮嘱了儿子骑车出行的注意事项后,前前后后检查了一遍儿子的自行车,把手机塞到阳阳的背包里。

说好了傍晚6点准时回到家,可是7点还没有见到儿子的影子。妈妈眼前开始晃动各种不测,车祸?迷路?车坏了?被绑架?徘徊了许久,忍不住给儿子打了个电话。

电话里传来儿子焦急的声音:"同学的自行车坏在半路了,我们正在想办法!哎呀,急死人了!"妈妈从儿子带着埋怨的声音里,听出了慌乱。

"你们在哪条路上,决定怎么办?"妈妈问。

"在高新技术开发区外的银河路上,我们等了1个多小时也打不到车。"儿子的声音里带着哭音。

"从银河路上下来,你们会看到一个站牌!在那里能够打到车!你们不妨试试!别慌,保持镇定!"妈妈叮嘱儿子。

儿子犯难:"一辆车租车也放不下这么多人呀?"

妈妈说:"那就多打一辆车,打不到车就一部分人坐车,一部分人骑自行车回来!怎么样?"儿子在电话那头说:"成!"

儿子回到家后,滔滔不绝讲述着今天的游玩,最后对妈妈说:"要不是您,我们可能到现在还回不来呢?"

"瞧你们一个个的,在家里鬼主意多着呢,一出门就傻眼了。世上无难事,只怕有心人。遇到任何事情一定要镇定,不要慌乱,只要分析一下形势,静下心来就能想出好方法!"

儿子点点头:"嗯!多出去几次我就有经验了,这次收获可真不小。"

只有多历练,多接触社会,孩子才有经验,遇到事情才会心里有底,不至于慌乱。否则,孩子难以独立,会因为软弱、没有经验而"临事慌乱"、"临阵脱逃",甚至失去正确的判断,而惹来灾祸。

> ·父母金言·
> 父母要根据孩子的年龄特点,放手让孩子冷静地处理一些事情。这样,不仅锻炼了孩子沉着冷静的办事能力,也让孩子更加成熟。

你要试着胆大些

电话铃突然响了。妈妈接起电话,原来是初中同学打来的。好久没联系了,话自然多。正说得投机时,电茶壶的自动报警器"呜呜"地叫了起来。"恰儿,你把电茶壶的插头拔掉。"妈妈对女儿说。

女儿走近厨房一看,茶壶呼呼地冒着热气,惊慌道:"妈,我不敢。"

"这有什么可怕的?"妈妈说,"它又不会咬人。"

女儿又试着走近几步,可还是不敢:"妈,我怕,我从来没拔过呀!"

妈妈只好放下电话,自己去拔了插头。

人的胆量与事业的成功与否有着必然的联系。虽不能说胆量越大,成功的可能性就越大,但胆小怕事,明明自己想到的却不敢说,明明自己能干的却不敢一试,这样的人,很难在事业上有大的作为。胆量大小是逐渐形成的,其原因也是多方面的,但与家长从小的教育有着不可分割的关系。从家庭教育角度看,造成孩子胆小的原因主要有:

(1)经常恐吓。有些家长见孩子又哭又闹,或者淘气调皮不听话,就用大灰狼、老虎、狮子等凶猛的野兽进行恐吓,想以此来唬住孩子;有的甚至用魔鬼、妖怪、狐狸精、雷公等迷信物来吓唬;有的家长索性关掉电灯,发出各种怪叫声,造成一种阴森可怕的气氛。用恐吓手段来制止孩子的哭闹,会有一定的作用,但它的副作用更大的,它会给孩子带来长时间的心理创伤。因为孩子缺乏科学常识,家长随意杜撰出来的那些可怕的东西,会深深地烙在他们的头脑中,形成抹不掉的阴影,以致一到晚上或没有他人时就害怕,使孩子不敢接触新奇的事物,不敢去陌生冷僻的地方,心里经常有一种紧张恐怖的感觉,胆量自然很小。

(2)动辄训斥。有些家长非常严厉,对孩子的要求过于苛刻,孩子稍有差错,或稍有不顺眼之处，动辄大声训斥，严厉批评，甚至采用武力进行惩罚；有些家长对孩子管得很紧，不允许他们有半点自由，一举一动都得经过同意才行。胆量的形成与孩子从小的主动性和灵活性有着一定的关系。家长什么事都管得紧紧的，不给孩子一点自由，不准孩子越雷池半步，不准孩子有一点差错，这等于剥夺了他们的主动性，久而久之，孩子怎么会胆大呢？相对家长来说，孩子是弱者，你动不动就批评、训斥、惩罚，使孩子整天胆战心惊，生怕有错，因而什么事也不敢想、不敢做。即使家长同意，某种事孩子动手做了，心里也担心会不会因出差错而挨骂。因此，对孩子绝不能采取高压政策。家长不要以为自己是孩子的主宰，更不能把孩子当出气筒。宽松平等的良好氛围，民主自由的家庭生活环境，是培养孩子胆量的最好土壤。

（3）过分娇惯。现在的家庭，大多数是独生子女，是小皇帝，父辈、祖辈们都围着孩子转，娇惯过度，宠爱有加。饭不用孩子自己盛，生怕烫着；苹果不用孩子自己削，生怕伤着；路不让孩子多走，生怕累着；高处不让孩子去，生怕跌着；学骑自行车，父母双双跟着扶着，生怕摔着……这种过分的宠爱，实际上就是不相信孩子的能力，认为孩子是懦弱者。胆量是从实践中锻炼出来的，一次次成功的实践，会使他们有更大的实践的渴望；一次次失败的尝试，也使他们对失败和挫折有了心理适应能力，以致不怕失败了。若家长老是怕孩子做不好，不让孩子做，使孩子没有实践的机会，孩子的胆子怎么会大起来呢？因此，不能娇惯，要相信孩子的能力，要允许孩子失败，让他们多动手，在反复实践中培养自己的胆量。

（4）限制交往。有些家长只希望孩子在家看书做作业，不让孩子参与各种交往。家里来了客人，孩子插上几句，家长马上打断："去去去！小孩子不要多嘴，做功课去。"星期天，同学约孩子一道去郊游，有的家长横加干涉："有什么好玩的？还不如待在家里看电视。"有些家长自己串门做客或外出，即使方便，孩子有时间也懒得带。胆量的大小，主要表现在人际交往上。胆小的一个重要原因，就是对人和事物不了解、不熟悉、不知道对方的底细，把别人估计得过高，以为对方十分严厉或难以相处。交际多了，接触广了，对各种各样的人和事物都有了清楚的认识和了解。同时，在交往中也学会了交际技巧，这样，胆子就大起来了。

（5）渲染卑微。"弱国无外交"。同样，弱者少朋友。家长的社会地位有高低之分，家庭的经济条件也有贫富之别，这是事实。即使你是一个普普通通的工人或老实巴交的农民，你的经济来源相当有限，也不要一味地渲染卑微，不能经常对孩子说类似的话："我们家穷，没权没势，也没什么本事，你要少出头露面，少与人搭界，吃点亏就吃点亏。"过分地渲染卑微，容易使孩子产生自卑心理。自卑是怯懦的孪生兄弟。自卑的孩子必定少言寡语，必定不敢与人交往。地位卑微的家长要经常教育孩子，让他们懂得自己的人格并不卑微，自己的智慧和能力并不比别人低下，要帮助孩子树立自信，积极鼓励孩子大胆与人竞争，积极参与各种活动，在参与中锻炼和壮大胆量。

当孩子已经感到紧张和害怕时，父母千万不可当着外人的面说"你怎么这么胆小"之类的话，这样，凡是孩子遇到事情不知该怎么办时，就会自然而然地因紧张、害怕而变得胆小。父母也不能假装没有看见或坚持让孩子一个人待在引起紧张的环境里，让一个孩子独自面对恐惧是没有道理的，而且这样做也培养不出勇敢的孩子。特别是1~3岁的幼儿在心理上正处于建立信任和委托感的阶段，在此阶段中，当孩子受到惊吓时，父母最应该做的就是保护孩子。如果父母不保护他，他会更害怕，以后会逐渐变成真正的"胆小鬼"，长大后会影响孩子的自信心。

> 娜娜3岁了，她特别胆小。有一次，爸爸带她到小区的院子里玩，邻居家2岁多的阳阳突然从旁边跑了过来，他盯着娜娜手里的小皮球，非常好奇的样子。娜娜不自觉地把球往

身后藏,然后壮着胆喊:"你不许抢我的小皮球!"阳阳好像看出了娜娜害怕,冲上来就抢,娜娜吓得号啕大哭。爸爸连忙说:"阳阳,你怎么可以抢东西呢?"又对娜娜说:"小弟弟比你还小呢,你为什么怕他?快和小弟弟握握手,大家做个好朋友。"

阳阳做个鬼脸,跑了。从那以后,他只要看到娜娜经过,就会跑过来打她一下,或者把她手里的东西抢走。而娜娜一看到阳阳总会不由自主地躲得远远的。

又有一次,娜娜正在楼下的车库里玩,看到阳阳朝这个方向走来,就马上对妈妈说:"妈妈,快把车库的门关上,那个小弟弟要打我。"她竟然那么怕阳阳。这也正是很多女孩家长感觉头痛的事,由于女儿的胆小,常常在学校受那些"坏孩子"的欺负,自己又不好插手小孩子之间的事情,但又不知道怎样才能让胆小的女儿保护自己。

对于这个问题,娜娜的妈妈给我们做出了榜样。

晚上,妈妈认真地问自己的宝贝女儿:"那个小弟弟比你小,怎么会怕他呢?你能告诉妈妈你为什么这样怕他吗?""因为他总抢我东西,还打我。"娜娜有点委屈地说。"妈妈相信你是一个勇敢的孩子,而且,如果你按妈妈说的去做,小弟弟就不敢欺负你了。下次他再抢你东西,你就大声地对他说'不许欺负我',然后再把东西抢回来!"

第二天,娜娜跟妈妈出门,远远地看到阳阳走过来,妈妈使了个眼色,躲到一边去了。阳阳过来了,看到娜娜手里的玩具熊,就过来抢。娜娜鼓起勇气,大声说:"你不许抢我的东西!"然后用力把玩具熊夺了回来。阳阳由于没有站稳而摔倒在地上,他没想到娜娜会变得这么"勇敢",这次他居然坐在地上哭了起来!

父母发现孩子胆小,既不能迁就孩子,也不能认为孩子没有出息而放弃,正确的办法是帮助孩子找回失去的勇气。

让孩子从胆怯走向勇敢,我们给父母以下几点建议。

(1)平时父母要多和孩子谈话,让他们多在外边参加一些有益的活动,开阔孩子们的眼界,多给孩子讲一些英雄故事,让他们知道胆子小是怯弱的表现。

(2)现在的孩子都是独生子女,必须让他们多和小伙伴们接触,多游戏,消除孩子对外界的陌生感。

(3)有意识地让孩子独立去买东西,或做其他一些力所能及的事情。孩子有了进步,家长要给予孩子表扬、鼓励,让孩子感到成功的喜悦。

(4)父母要和学校老师配合好,老师对这类胆小的孩子适当地给予照顾和鼓励,平时多给他们锻炼的机会。

在孩子成长的过程中,父母切不可因为孩子胆子小,而一味地批评,应多激励孩子,让他们养成勇敢的个性。

·父母金言·

人的胆量与事业的成功与否有着必然的联系。虽不能说胆量越大,成功的可能性就越大,明明自己想到的却不敢说,明明自己能干的却不敢一试,这样的人,很难在事业上有大的作为。

你要拥有无所畏惧的精神

哥伦布出生于意大利的热那亚，他小时候就读过《马可·波罗游记》，被书中描写的情景深深地吸引了。他十分崇拜马可·波罗，向往印度和中国，梦想着有朝一日能够到东方探险。

当时，有科学家提出了地圆说，哥伦布对此深信不疑，他特地请教了一位意大利的地理学家，得知沿着大西洋一直向西航行，就能抵达东方。于是，哥伦布制定了一个远航计划，希望能够得到君主们的支持。

在被葡萄牙国王拒绝之后，西班牙王后慧眼识英雄，她甚至要拿出自己的私房钱资助哥伦布。经历了几番周折，西班牙国王费迪南德二世也答应支持哥伦布远航。但是，所有的水手都不愿随哥伦布远征，他们都担心在半途中葬身鱼腹，国王只好从刑事犯中挑选了一批人给哥伦布当水手。

1492年8月3日清晨，哥伦布带着西班牙国王给中国皇帝和印度君主的国书，带领87名水手，驾驶着3艘破旧帆船，离开了西班牙的巴洛斯港，开始了人类历史上第一次横渡大西洋的壮举。

海上的航行生活十分单调而乏味，水天一色、茫茫无际。在原始的大自然中，人类显得异常单薄、无助，甚至有些力不从心。谁也不知道在广袤的大西洋上，等待着这批由囚犯组成的船队的究竟是怎样的命运。那时候，大多数人都认为地球是一个扁平的"大盘子"，再往前航行，就会到达地球的边缘，帆船就会坠入深渊！对于这些，意志坚定的哥伦布毫不惧怕，他坚持继续向西航行。

历经磨难和艰辛，哥伦布虽然没有到达中国和印度，却发现了美洲大陆，成为了名垂千古的航海家。

孩子，只有内心无所畏惧的人，才能拥有不一样的美好未来。如果你留心观察和总结，就一定会看到，每一个成功的人都需要具备强大的勇气，关于这一点非常容易理解，很多人不是缺少实践的想法，而是他们内心胆怯，不敢去实践。

悬棺是古代非常奇特的葬礼仪式，也就是把棺材放在悬崖峭壁上，以便更好地保存遗体。这个话题对于很多中学生来说，可能都会觉得比较恐怖，但是有几个中学生却对此产生了研究的兴趣，因为关于"这些悬棺是怎么放上去的"这个问题，连专家也不得其解，至今还是一个巨大的谜团。

悬崖很陡峭，基本上呈90直角。悬棺的下面是悬崖和河流，这样的地势，不要说负重，就算空身而行也困难重重。很多专家考察了一些崖壁上的悬棺后，对于怎样把重达几百斤的棺材放在悬崖上仍然没有确切的答案。

可是这几个中学生，没有被困难吓住，他们非常勇敢，亲自到了放置悬棺的地方，按照自己的方案实施计划，他们采用的方法是轱辘下放式，从山顶靠轱辘将棺木放下，由在悬崖上的人安置好棺木。

其中一位瘦小的同学腰系绳索,沿着陡坡缓缓下滑,当他到达山壁下面后,便抽出斧头,将木桩钉入岩石的缝隙处,随即被同伴拉了上去,整个过程3分钟。轱辘固定好后,山坡上的同学将"勇士"和"木棺"一起慢慢下放,这个过程是非常危险的,由于脚下太滑,这名同学甚至一不小心向下直坠了1米。虽然有危险,他却没有放弃,经过一番努力,"木棺"终于被安在了钉好的支架上。这几个中学生从某种角度上破解了悬棺之谜。

这是一次非常惊险的探索,并不主张你做类似的事情,只是想借这个例子让你明白一个道理:一个人不论有多少思路,有多少方法,如果没有大无畏的精神和勇气,再多的想法也是无法实现的。

所以,我希望你在生活当中也能培养一种无畏的精神,用勇敢的心来面对生活,面对生活中一切有意义的尝试。

要具备一种勇敢无畏的精神,我觉得你可以从以下几个方面去做:

(1)对未知的领域保持勇敢探索的精神。勇敢不仅仅表现为一个人胆子大,还表现为一个人敢于挑战困难的决心和不怕失败的勇气,在探索的过程中这些都是必不可少的。

(2)坚强的人也只是在经历了许多事情之后,才懂得去承担的。如果你想变得更加坚强,就要懂得去经历,尤其在困难的时候,要勇敢地把这段经历当作自己的阅历。

(3)要敢于面对和承担。出现问题的时候要敢于面对,犯下错误的时候要敢于承担,这样你才能够成长。要记住,逃避永远不是解决问题的好方法。

· 父母金言 ·

孩子,只有内心无所畏惧的人,才能拥有不一样的美好未来。如果你留心观察和总结,就一定会看到,每一个成功的人都需要具备强大的勇气

第三章 孩子,你可以自己做决定

你要对自己负责任

著名教育家茨格拉夫人说过:"必须教育孩子懂得他们不同的一举一动能产生不同的后果,那么随着时间的推移,孩子们一定会学得很有责任感的。"

父母在教育孩子的同时,一定要让孩子明白:每个人都应该为自己的行为负责,无论好坏,都要承担其后果。这是父母在教育孩子时一定要着力培养的良好习惯。不论孩子有什么过失,只要他有一定的能力,就应当让他承担责任,这才是父母真正的爱心。

一位法国妈妈带着7岁的儿子到一个中国朋友的家里做客。

这位中国的女主人对外国友人的到来非常重视,特别学习了西餐的做法。她对外国母子说:"今天我做西餐给你们吃,你们尝尝中国人做的西餐味道好不好。"

小男孩听女主人要给她们做西餐,心想:中国人做西餐肯定不好吃。于是,当女主人问他吃不吃的时候,小男孩坚定地回答:"我不吃。"

等女主人把西餐端上来的时候,小男孩被眼前的汉堡吸引住了。这么好看的汉堡,味道肯定很好!小男孩有点迫不及待地对妈妈说:"妈妈,我要吃汉堡。"

女主人很高兴小男孩能够喜欢自己的汉堡,就高兴地把汉堡端到小男孩面前,说:"来,宝贝,吃吧!"

谁料,这时男孩的妈妈严肃地对女主人说:"不行,我儿子说过他不吃西餐,他得为自己所说过的话负责,今天他不能吃汉堡!"

男孩着急地哭起来:"妈妈,我要吃汉堡!"但是,男孩的妈妈根本不为所动,只是对儿子淡淡地说:"你得为自己说过的话负责。"

女主人看着,觉得男孩的妈妈也太认真了,就说:"给他吃吧,孩子总是这样的。"

男孩的妈妈正色对女主人说:"亲爱的,我们要培养孩子的责任心。"

最终,无论男孩怎样哭闹,妈妈就是不同意让他吃汉堡。

事实确实如此,只有让孩子懂得自己的行为将会产生什么后果,他才会对自己的行为负责任。

在现实生活中,父母要试着把孩子生活中的每一项责任都放到他自己的身上,让孩子自己承担。比如,当孩子遇到麻烦的时候,你应该说:"这是你自己选择的,你想想为什么会这样。"而不要对孩子说:"你已经努力了,是爸爸没能力帮助你。"虽然只是一句话,却反映出了观念的不同。如果你无意中帮助孩子推卸了责任,孩子将会认为自己无须承担责任,这对他以后的人生道路是很不利的。

如今,很多父母都不太重视培养孩子的责任心。当孩子遇到一些事情的时候,父母总是替孩子完成,希望能为孩子留出更多的时间去学习。其实,责任心是孩子做人、成人的基础。因为有责任心的人,首先要有一定的道德水准,否则他就不可能对事情负责任。责任心也是做事情的标准之一,没有责任心就不可能认真去做事。

父母培养孩子勇于承担责任的好习惯需要注意以下几个方面。

(1) 听取孩子对家庭生活的建议。父母可以适当地与孩子谈谈家里的花销添置及人事来往,并请孩子谈谈自己的看法,或者请孩子出主意想办法。当父母经常聆听他们的意见,采纳他们的有价值的建议的时候,孩子就会在心中产生对家庭的责任感。

(2) 不要鼓励孩子告状。如果孩子常在父母面前说别人如何如何,那么,他就是在学着怪罪别人。作为父母,您要是听从孩子的告状,就等于是对他们说:"妈妈会帮你处理这些事情。妈妈知道你还太小,应付不了这个。所以只要任何应该让妈妈知道的事,就要告诉妈妈。"这种态度对孩子的成长很不利。一般来说,对孩子的告状,妈妈应该说出自己的想法:"我不喜欢你打别人的小报告。"当然,父母必须考虑到安全的问题。如果别的小孩正在做比较危险的事情,孩子跑过来告诉你,你肯定要重视。

(3) 让孩子心中有爱,关心他人,善待他人。父母要培养孩子对社会的责任心,必须要求孩子主动关心老人、病人和比自己小的孩子。父母生病的时候,让孩子学会照顾父母。让孩子知道父母的生日,鼓励孩子给父母送上一份生日礼物。

(4) 让孩子做力所能及的家务劳动,培养孩子对家庭的责任心。父母要把每件要求孩子做的事情,对孩子交代清楚,保证孩子能完全理解。耐心指导孩子做家务,以鼓励、表扬、奖励等方式对孩子进行积极的反馈。

孔子说:"爱之能毋劳乎?"如果我们爱孩子,就让他们在劳动中学习吧。学习承担责任由生活内涵做起,换个角度看事情,请不要再剥夺孩子学习的机会了。

· 父母金言 ·

孔子说:"爱之能毋劳乎?"如果我们爱孩子,就让他们在劳动中学习吧。学习承担责任由生活内涵做起,换个角度看事情,请不要再剥夺孩子学习的机会了。

你要尽最大努力做事

著名教育家陈鹤琴先生曾提出:"凡儿童自己能够做的,应该让他自己做;凡儿童自己能够想的,应该让他自己想。"因此,要培养孩子成为强者,父母首先要鼓励孩子做一些力所能及的事情。若是孩子实在太小,有些事做不了,父母代劳一下情有可原。但是,他力所能及时,父母应该教他如何做好自己的事。

要培养孩子自立、自强,首先就必须让孩子从小养成动手做事的良好习惯。凡是孩子自己能做的事情,我们要尽量让孩子学着去做,如早晨起床以后,可以安排孩子扫扫地、晾晾鞋子、洗洗手帕、袜子等;饭前抹抹桌子,准备碗筷、摆放椅子,饭后一样一样收拾、洗刷;还可让孩子参与择菜、择葱、剥蒜、洗生姜等做饭类的家务活;爸爸妈妈下班回家后,可以叫孩子送条毛巾揩汗、倒杯水喝、打点水洗脸、拿把扇子扇风、搬椅子让爸爸妈妈坐着歇会儿……

当孩子遇到困难时,家长不要一味包办,要先让孩子自己想办法解决。如果孩子确实没有能力解决,也不要直接帮助孩子做,只要给他解决问题的方法就可以了。比如,当孩子不会拉拉链时,父母不要直接帮他拉上,而应给他提供一些能帮他学会拉拉链的动作。虽然父母替他们扣扣子、拉拉链会使这些事更快做完,但若给孩子时间来练习与掌握这些技能,则可增强他们的动手能力。

孩子刚开始动手做事时,可能会显得笨手笨脚,甚至会把事情弄糟,这个时候家长千万不要呵斥孩子,而应该耐心地把动作解释清楚并做示范,让孩子看得懂听得清,然后再让他练习。孩子大都胆子小,做事前可能会有顾虑——怕把事做坏了。这时,家长要及时地给孩子树立坚定的信心,打消孩子的顾虑。这样,孩子以后就会大胆地做事了。

儿童文学家吉姆·法里说:"人应该有探索,有追求。这些都要从培养独立性和主动性做起。"想让孩子独立自主,就千万不要把孩子当成弱者来看待。父母能干,培养出的孩子未必能干。爱孩子当然没错,可是爱有很多种方式,为什么偏要选这种有害无益的呢?

让孩子独立和爱孩子并不矛盾,不要舍不得放手,不要一厢情愿地心疼孩子。爱他,才更要让他学会自食其力。其实,孩子并不像我们想象得那样脆弱。

周末,刚吃过晚饭,方倩带着六岁的女儿小玖到小区旁边的夜市闲逛。突然,小玖的腿就像被什么东西粘住了一样,方倩一看,原来她盯着一个笼子里的小白兔在看。方倩催小玖到别的地方看看,但小玖开始大吵着要方倩给她买只小白兔。

看着小白兔那可爱的样子,方倩开始动心了。但一想到自己上班那么忙,还要抽出时间来照料小白兔,她又开始犹豫了。聪明的小玖似乎看出了妈妈的心思,露出恳求的表情对妈妈说,自己会照顾小白兔。最后方倩只好向女儿投降。

把小白兔带回家后,小玖很积极,又给小白兔洗澡,又喂它吃东西。

但仅仅过了一个星期,小玖就不愿意照顾小白兔了,觉得照顾它太烦人了。于是,方倩每天下班之后,在自己已累得要命的情况下,还要帮小玖照顾小白兔。方倩开始有些后悔给小玖买小白兔了……

其实,方倩的错不在于给小玖买小白兔,而在于把本应由小玖承担的责任揽了过来,这不仅让自己很累,而且失去了一次培养小玖责任感的机会。

培养孩子的责任感,应该是家庭教育中的一项重要内容。所谓责任,就是做好自己分内的事。每一个人在社会上都会同时扮演不同的角色,而不同的角色承担着不同的责任。比如,方倩在公司是会计,她的分内工作是会计工作,她承担的责任就是把会计工作做好;在家里,方倩是小玖的母亲,照顾好小玖也是她应承担的责任;买小白兔是小玖提出来的,小玖是小白兔的拥有者。作为拥有者,小玖在享受拥有小白兔的特权时,也应该照顾好小白兔,她必须承担起照顾小白兔的责任。因此,方倩应给小玖创造自己负责的机会,以培养小玖的责任感。

对于孩子来说，责任感是一种极其重要的素质，它是提高孩子承担能力的"催化剂"。有责任感的孩子，会自觉、自爱、自立和自强。可以说，责任感是孩子走向成功和幸福人生的必备条件之一，而缺乏责任感的孩子成年后会遭遇很多困难。

尽管孩子现在还小，但他总有一天要进入社会。孩子成年走向社会后，将要承担许多社会责任：作为儿子（或女儿），他（她）有责任让自己的父母安度晚年；作为父亲（或母亲），他（她）有责任让自己的子女受到良好的教育；作为丈夫（或妻子），他（她）有责任让自己的配偶过上安乐的日子；作为公司员工，他（她）有责任做好自己的本职工作……这些责任，不存在"想不想承担"的问题，而是"必须"的。

但是，现在有相当多的家长不注意培养孩子的责任感。他们不知道，自己为孩子做的很多事情，本应是由孩子去做的。有可能因为家长太忙，也可能缺乏相应的知识，总之，有很多家长不愿花时间去训练孩子，让孩子学习做一些他们力所能及的事情。像方倩这样，一看到小玖嫌烦，为了图省事，就把照顾小白兔的活儿揽了过来。她从没想过要通过让孩子动手来提高能力，其实对孩子是不公平的。

家长的责任，不是包揽孩子的一切事情，而是培养孩子的社会责任感和基本的社会生存能力。只有这样，当孩子长大成人，走向社会之后，才能通过自己的奋斗成为一个成功和幸福的人。因此，家长一定要牢记一条原则：不要替孩子做任何他自己能做的事情。

家长包揽了孩子自己能做的事，就是剥夺了孩子自己动手解决问题的机会，使孩子缺少获得成就感的体验，这种体验是形成孩子责任感的关键。不仅如此，家长包揽了孩子的事，会让孩子认为自己需要家长的照顾，并且理应受到家长无微不至的照顾。这样一来，孩子永远不可能形成自己的责任感！

当家长把孩子培养成"小皇帝"之后，孩子就习惯了家长为自己服务，而不会替家长分忧。如果家长不能为他提供无微不至的照顾，他就会认为不公平，会认为家长"欠"了他；当家长拒绝照顾他时，他就会觉得自己是个受害者，于是，他就想报复家长，甚至报复周围所有的人。

方倩可以采取"情商四步法"来处理小玖不肯照料小白兔的问题。

第一步，发挥情商中识别感情能力的作用。当小玖说自己照料小白兔很烦的时候，方倩应压下怒火，认识到小玖是因为不熟悉小白兔的生活习性或学习任务繁重而不愿意照顾小白兔。

第二步，发挥情商中利用感情能力的作用。虽然小玖缺乏耐心，不肯照料小白兔，方倩还是应向小玖表示自己的理解，可以说："妈妈理解你的感受，你现在学习确实很累。照顾小白兔会让你有点烦。"这种理解并不表示认同小玖的行为，而是表示自己理解小玖现在的感受。

第三步，发挥情商中理解感情能力的作用。在方倩表示了自己的同情和理解之后，能够基本消除小玖的抵触情绪，这时，方倩应和小玖说："但是，当初是你决定买小白兔的，你是它的主人，你享受了小白兔带来的乐趣，就应该同时承担起照料小白兔的责任。这是你身为主人的责任。"如果方倩是以尊重的态度和真诚的语气跟小玖交流，那这时小玖肯定会愿意接受方倩讲的这些大道理。

第四步，发挥情商中调整感情能力的作用。方倩讲完道理后，就应针对小玖的实际情况帮她解决问题，可以和小玖一起制订"时间分配方案"，合理分配时间。在与小玖交流时，方倩可以问小玖对照料小白兔还有什么想法、打算怎么办以及如何照料小白兔的问题等等。

> ·父母金言·
>
> 对于孩子来说,责任感是一种极其重要的素质,它是提高孩子承担能力的"催化剂"。有责任感的孩子,会自觉、自爱、自立和自强。可以说,责任感是孩子走向成功和幸福人生的必备条件之一,而缺乏责任感的孩子成年后会遭遇很多困难。

你要勇于承担责任

责任感是一种高尚的道德情感,是一个人对自己的言论、行为、承诺等,持认真负责、积极主动的态度而产生的情绪体验。例如,实现了承诺,完成了任务时感到满意,心安理得;由于客观原因未能达到要求,但尽了主观努力时,感到遗憾、问心无愧,未尽到责任时则感到惭愧、不安、内疚等等。责任感一旦产生,就会成为一种稳定的个性心理品质,可以有效地提高学习积极性,自觉加强意志锻炼,促进个性的全面发展。

金无足赤,人无完人。人生在世没有人会不犯错误,有的人甚至还一错再错,既然错误是无法避免,那么可怕的不是错误本身,而是怕错上加错、不敢承担责任。

人非圣贤,孰能无过,知错能改,善莫大焉。发现错误的时候,不要采取消极的逃避态度。而是应该想一想自己应怎样做才能最大限度地弥补过错。只要你能以正确的态度对待它,勇于承担责任,错误不仅不会成为你发展的障碍,反而会成为你向前的推动器,促使你不断地、更快地成长。任何事情都有它的两面性,错误也不例外,关键就在于你从什么样的角度去看待它,以怎样的态度去处理它。

王磊是某化工厂的财务人员。一天,他在做工资表时,给一个请病假的员工定了个全薪,忘了扣除其请假那几天的工资。于是王磊找到这名员工,告诉他下个月要把多给的钱扣除。但是这名员工说自己手头正紧,请求分期扣除,但这么做的话,王磊就必须得请示老板。

王磊认为,老板知道这件事后一定会非常不高兴的,但王磊认为这混乱的局面都是因自己造成的,他必须负起这个责任,于是他决定去老板那儿认错。

当王磊走进老板的办公室,告诉他自己犯的错误后,没想到老板竟然说这不是他的责任,而是人事部门的错误。王磊强调这是他的错误,老板又指责这是会计部门的疏忽。当王磊再次认错时,老板看着王磊说:"好样的,你能在做错事情的时候主动承认,不推到别人的身上,这种勇气和决心很好。好了,现在你去把这个问题解决掉吧。"事情就这样解决了。从那以后,老板更加器重王磊了。

如果只是顾全面子,不敢承担责任的话,那最后吃亏的只能是你自己。假如你犯了错且知道免不了要承担责任,抢先一步承认自己的错误,不失为最好的方法。自己谴责自己总比让别人骂好受得多。如果勇于承认错误,并把责备的话说出来,十有八九会宽大处理。作为一个平凡的人,在办事过程中难免会犯一些错误。虽然有些人认识到了自己的错误,但没有勇气承认,或把犯错的理由归结于别的因素。在他们看来承认错误就意味着要受到责罚,却不知道领导则认为沉默和狡辩的托辞意味着逃脱责任。

小刘在一家工厂任技术员。经过几年的实践锻炼,在老同志的帮助下取得了一定的成绩,并且被提拔成车间副主任,负责车间的生产技术工作。

有一次,车间的生产线发生了一些问题,产品质量也受到了影响。他看过之后,便立即断言是原料的配比不合适,认为在投放新的一家企业提供的原材料后,原有的配比必须改变。但调整之后,情况仍不见好转。此时,另一位技术人员提出了不同的见解,认为问题的症结并不是新的原料或原料配比不合适,而在于设备本身的问题。对此,小刘从内心觉得技术员的看法很合理,但是,他觉得自己是负责全车间技术与工艺的领导,如今自己的判断出现了失误,就必须承担一定的责任。

为了避免责任,他一方面继续坚持自己的看法,另一方面也布置专人对设备进行必要的维修和调整。但是由于贻误了时机,问题最终还是爆发了,给公司造成了巨大损失。小刘在羞愧之中提出辞职。

有很多人喜欢好高骛远,不能踏踏实实地工作,工作中出现一些小问题也不愿深究。他们的观点是:如果我所犯的错误性质十分严重,我一定会承认的;如果是芝麻大的一点小错,那么再认真地计较,难免有点小题大做,依我看根本没有这个必要。如果你也是这样看待错误的,那就大错特错了。工作无小事,更无小错,1%的错误往往就会带来100%的失败。

人的一生所可能犯的最大错误,是因为怕犯错而不敢尝试。赢家不怕犯错,只怕因为怕犯错而不敢承担。有的人成功了,只因为他们敢于承担责任并吸取教训。遇到问题不要畏惧,要勇敢地去面对,只有抱有这种想法的人才不会永远与失败相伴。

孩子的责任感是从对具体事物产生喜爱开始的,起初表现为对他所敬爱的人交给的任务有责任感,而对其他人交给的同样任务没有责任感;对他爱做的事有责任感,对他不爱做的事没有责任感;以后发展为能对自己说过的话、应该完成的任务负责,对同伴、集体负责;到青少年期便能形成更抽象、更概括的责任心,对国家负责,对人民负责,对事业负责。家长可以从鼓励孩子从事一些力所能及的社会工作来培养孩子的责任感:

社会责任感的有无和大小是一个人能取得他人和社会认可的重要因数,如帮着照看小弟弟、小妹妹,主动帮邻居爷爷、奶奶拿东西等,获得他人及社会对他的肯定,同时也使孩子感到自己的所做工作的价值和意义并从中得到乐趣,从而建立起对社会的责任心。

家长要摆脱"娇生惯养"的思想,放手让孩子去做,只要有能力去做,能够承担责任,就不要阻拦,家长可给予帮助,让孩子承担责任的体验更加丰富更加快乐。

· 父母金言 ·

人非圣贤,孰能无过,知错能改,善莫大焉。发现错误的时候,不要采取消极的逃避态度。而是应该想一想自己应怎样做才能最大限度地弥补过错。只要你能以正确的态度对待它,勇于承担责任,错误不仅不会成为你发展的障碍,反而会成为你向前的推动器,促使你不断地、更快地成长。

你要独立做事

如果小鸡永远在母鸡的翅膀下成长,那么,它是不可能自己去觅食的。如果小鹰永远在老鹰的呵护下长大,则也不能翱翔天空。同样的道理,孩子永远生活在父母的怀抱里,就无法具备独立生活的能力,就难以适应社会。因此,父母不要大包大揽,对孩子总是放心不下,而要大胆地培养孩子独立的生活能力,让孩子养成自己的事情自己去完成的好习惯。

小英今年15岁,一天她和同学们去动物园。下午小英回来告诉妈妈说:"我把奶奶刚送的新衣服碰坏了,这可怎么办呢?"

正在准备晚饭的妈妈看看很着急的女儿故意说:"先放那里吧,等妈妈有时间了,帮你把新衣服缝好,不过今天姥姥要来哦!"

"那姥姥一会儿来了,看见我把衣服已经弄破了会生气的。"小英很着急。

妈妈说道:"就是啊!姥姥经常夸你是一个懂事的孩子,什么事情都不用妈妈操心,如果你发现自己的衣服坏了,并且还放在那里,不知道姥姥会怎么想你。"听见妈妈的话,小英的脸刷的一下子就红了。她十分不好意思地对妈妈说:"妈妈,自己的事自己做,我自己来试一试吧。"妈妈听后微笑着点点头。

小英找出了针线,决定按着妈妈以前缝衣服的样子把衣服缝上。小英心里喜滋滋的,毕竟是第一次用针线,还真不顺手,因为线不容易穿进针眼,因此,穿针眼用了五分钟,然后,才开始缝。一不小心,针把小英的手扎出血了,她赌气地叫了起来。

妈妈闻声走过来,看见小英把衣服、针和线一起扔在了一个角落里。妈妈心疼地帮小英把受伤的手指包扎好后说:"好孩子,你看,手指没事了。缝得很不错啊,但是还没有完成。"听了妈妈的话,小英心里又惭愧起来。经过努力,小英终于把衣服缝好了,双手捧着缝好的衣服,她觉得自己动手做自己的事其实是很快乐的。

由此可见,父母应该从生活中的点滴小事来教育孩子自己的事情自己做。这样有助于培养孩子生活自理的能力。孩子养成爱劳动、自己的事情自己做的好习惯后,在成长路上一旦遇到事情时,就会不等、不用、不靠别人的帮忙,而自己去做。

其实,父母替孩子做他应该做的事,不仅不会给孩子带来幸福,反而会使孩子失去锻炼的好机会。

让孩子从小养成自己的事自己动手的好习惯,我们建议父母要做到以下

(1)孩子分内的事情,父母不得"包干代办"。父母别什么都替孩子包办。整理床铺、洗袜子、收拾书包等都属于孩子分内的事,一定要让他们自己完成。较小一些的孩子可能会做不好,没关系,关键在于练习和尝试。

(2)让孩子亲自动手做事,满足自身需要。任何孩子都有内在的需要,都想亲自动手来满足这种需要。首先,父母要区分孩子的需要是积极的还是消极的。父母要满足的是孩子的积极需要,克制孩子的消极需要。其次,当孩子在正确需要驱动下表现出"我要做时",父母要及时给予鼓励和赞赏,必要时还应创造一定条件使孩子亲自动手做事,满足自身的需要。

（3）让劳动开发孩子的智力。孩子在动手做事情的过程中，手的动作是在脑的活动支配下进行的；是孩子的观察、注意、记忆、想象、思维、言语等能力的综合运用过程。同时，手的动作又刺激脑的活动支配能力，这就是我们平时所说的"心灵手巧"。

（4）对孩子做事提出有计划的要求。父母让孩子劳动的时候，应该提醒孩子做事前想一想先做什么，后做什么，怎样做最好。如孩子初学洗手绢，可以让孩子先计划自己的行动程序：准备好水和肥皂，卷起衣袖，将手绢浸湿，擦肥皂，搓手绢，用清水洗净，晒手绢。父母经常指导孩子有计划地做事就能使孩子养成有计划性做事的好习惯。

> ·父母金言·
>
> 父母要大胆地培养孩子独立的生活能力，让孩子养成自己的事情自己去完成的好习惯。孩子的学习责任感和责任能力是通过锻炼形成的。锻炼则意味着由孩子自己去承担学习活动，并明晰学习活动的目的、步骤以及要求，等等。

你要主宰自己的生活

牛玉夫妇有个10岁的女儿叫思思，思思成绩非常棒，这次又得了满分。思思平时勤奋好学，又好动脑，速算、抢答题都是她答得最快，那些思考题、作文也是班上做得最好的。

当人们让牛玉夫妇介绍一下他们是怎样教育自己的女儿时，他们是这样说的：我们从来不管女儿的作业，也从不看着她学习。在女儿上学之前，我们就开始给她灌输一种观念——学习只是她自己的事，将来就算是有出息也是她自己的事。我们一直在给女儿讲这一道理。几年来，我们都把责任还给了她自己，同时我们也把自由还给了她自己。我们的女儿每天的作业基本上都是在学校里完成的，即使是作业多做不完，她回家后的第一件事也是做完作业。我们要求她每晚8点半之前睡觉，有一次她贪玩结果忘了做作业，到睡觉时才想起来，我们却告诉她，作业没完成是你自己的事，只有等着明天挨老师批评吧，现在是睡觉时间，你一定得上床去睡觉。从那以后，女儿就真的再也没有耽误过她的学业。

教导孩子自己做主，自理自律是家长必不可少的一招。为此，做家长的不妨无为而治。

事实的确如此。正是由于牛玉夫妇平时不管孩子，实行"无为而治"，才使得孩子有了许多自由，也使孩子产生了许多自己的兴趣与爱好。没有家庭作业的时候，女儿会一边查字典一边读《安徒生童话》、《格林童话》、《伊索寓言》和其他一些有趣的书籍，有时家长问她为什么爱读这些书，她就告诉家长说因为她的同学们都爱听她讲故事。牛玉夫妇的女儿还爱画漫画，她把家长、亲人、老师、同学都画到她的漫画里，她说这样是很好玩的。家长过生日时，她送给家长一张她自己画的漫画作为生日礼物，在那张画面上她画了一个小老虎，用头顶着一本厚厚的书，然后递到一头戴着眼镜的大牛的面前……女儿跟家长解释说："我属虎的，你属牛的，平时爱看书，所以我送给你一本厚厚的书。"

牛玉夫妇的女儿是向往自由的。父母告诉孩子,做儿女的是可以跟自己的家长讲理的。每当女儿做错了事,牛玉夫妇从来不打骂她,而只是与她讲道理,直到她自己明白自己做错了为止。

家长从不因为考试成绩好而去奖励女儿,因为他们要让女儿明白,学习的好坏其实是自己的事情,既然学习是自己的事,那又凭什么要家长给她奖励呢?

现实生活中,有许多家长望子成龙心切,他们一心想让自己的孩子成才,于是就替孩子作出一切属于孩子本该自己作出的选择,也陪着孩子做一切,结果使他们的孩子认为学习仿佛是家长的事,是自己在替家长完成这一学习任务的。这样下去,本来是望子成龙的家长反而剥夺了孩子的学习自由,又把孩子应该负的责任担在了自己的肩上,到头来,他们的孩子肯定很难成才,因为任何没有奋发向上精神的孩子,将来是不可能腾飞的。

家长应该把"望子成龙"的心情改为"让子成龙"的心态。给孩子创造一个良好的环境,同时给孩子树立一个比较好的榜样,让孩子能有更多选择的自由,也让孩子有更多的责任感,设法去激发孩子的"成龙"热情,激发孩子潜在的创造力和学习欲望,让孩子自己去渴望成龙,这样一来,孩子才能成为一条真正的"龙"。

剥夺了孩子学习、生活各方面自由的家长,同时又承担了孩子应该负担的责任,你的孩子又怎么能成"龙"呢?

孩子生活自理能力的形成,有助于培养孩子的责任感、自信心以及自己处理问题的能力,对于孩子今后的生活也产生深远的意义,但现在大多数孩子依赖性强,生活自理能力差,以至于以后不能很好地适应新环境,所以培养孩子的生活自理能力至关重要。

有报道称,98%的家长担忧孩子自理能力差,这几乎成了家长的"心病"。但是这"心病"是如何患上的呢? 说来也许有讽刺意味:患有"心病"的家长,绝大多数都是"心病"的制造者。为什么这样说呢? 回想一下,也许孩子要帮着你收拾饭碗,但是你怕孩子把碗摔了,急忙把碗抢了过来。碗,也许保住了,但却伤了孩子的自尊心。也许孩子非要自己穿鞋穿衣,你嫌他动作慢、穿不好,耽误了出门时间,于是亲自上阵,飞速地给他穿戴齐整。类似场景,是不是许多家长都经历过?

孩子天生好动,对什么事情都感到新鲜,都想自己动手,因此若要说某个孩子从小就懒,是不符合实际的。孩子的"懒",多半是家长持续"教育"的结果。家长从孩子小时候就一而再、再而三地剥夺了他们自理、自立的权利,而现在却一再抱怨孩子们懒、自理能力差,这对孩子极不公平。无异于一个教练从来不训练队员,而在比赛时却要球队一定赢球,这可能吗? 要把孩子教育成为全面发展的人,而不是衣来伸手、饭来张口的"书呆子"。读书学习固然重要,但孩子长大后进入社会,任何书本知识也不能代替自理、自立能力和劳动美德。那么怎样训练孩子的生活自理能力,从小养成良好的劳动习惯呢?

(1)增强孩子的生活处理意识。家长无条件地替孩子做任何事情,使孩子形成一种错误认识:自己不愿意干的事情,家长会帮着干。例如,口渴了,家长会端水来;要起床了,家长会给穿衣服……因此,家长必须通过各种形式,让孩子知道,自己已经长大了,要不怕苦,不怕累,"自己的事情自己做"。

家长可以对孩子进行正面教育,增强孩子的生活自理意识。如通过谈话"我是乖宝宝""我长大了""我学会了……"等活动,利用提问、讨论、行为练习等形式,让孩子意识到自己有能力干好一些事情,为自己会做力所能及的事情感到高兴。再如在语言活动(诗歌、故事、看图讲述等)中,帮助孩子充分理解作品内涵,通过作品中角色的行为,使孩子受到感染、教育。也可以通过分辨不同行为(能自理的与不能自理的),巩固孩子的生活自理意识,为孩子准备不同行为表现的各种图片等,让孩子在比较中提高对自理行为的认识。还可以与其他的小朋友做比较,来激发孩子上进的意识。

(2)让孩子学会具体的生活自理的方法。根据孩子的年龄特点,把一些生活自理技巧编成儿歌、歌曲或者设计成有趣味的情节等,让孩子在游戏、娱乐中学习本领。例如,《穿衣歌》:抓领子,盖房子,小老鼠,出洞子,吱溜吱溜上房子。《叠衣歌》:关关门,关关门,抱抱臂,抱抱臂,弯弯腰,弯弯腰,我的衣服叠好了。《脱衣歌》:缩缩头,拉出你的乌龟壳,缩缩手,拉出你的小袖口。通过这些朗朗上口的儿歌,孩子会有兴趣地边说儿歌边做动作,逐步学会了穿脱衣服。

在教孩子如何刷牙以防长蛀牙时,就教给他们一首有关正确刷牙的儿歌,时时提醒孩子每天早晚刷牙;在让孩子们注意洗手的正确方法和节约用水的时候,可以通过对已有儿歌进行改编并自己配上曲调,就变成了一首脍炙人口的歌曲,孩子们会比较喜欢!

(3)分步骤培养。每个孩子的领悟能力不同。如果家长发现教了几次后,孩子仍无法独立完成,则可以考虑将该事项的步骤拉长,更细致地教孩子。

①先将每项技能的步骤简单分解成4~5个阶段,再来分析、衡量孩子可以完成哪些?如果孩子不能完成,可再将步骤细分,并由你细致示范或陪着孩子一起做,指导孩子完成,直至孩子可以不需要指导独立完成为止。

②每个孩子有不同的特点,家长不要拿孩子与其他孩子相比,而觉得孩子笨,有时可能是由于你的示范不清楚,而使孩子搞不清楚,因此缓慢且清晰的示范是必需的。当然,步骤该如何分,分几步,都可根据家长的需求和孩子的能力,以你认为容易接受的步骤为基准,不过,最好是在示范前先演练一遍,看看流程是否流畅。从孩子的角度看,这样是否可以理解。不要想到哪儿是哪儿,步骤一改再改,让孩子无所适从。

· 父母金言 ·

家长应该把"望子成龙"的心情改为"让子成龙"的心态。给孩子创造一个良好的环境,同时给孩子树立一个比较好的榜样,让孩子能有更多选择的自由,也让孩子有更多的责任感,设法去激发孩子的"成龙"热情,激发孩子潜在的创造力和学习欲望,让孩子自己去渴望成龙,这样一来,孩子才能成为一条真正的"龙"。

第四章　孩子,你要健康地成长

你要科学饮食

　　阳玲是个四年级的孩子,她父母都是企业高层,家境非常好。由于父母工作忙,便请了一个保姆专门给她做饭。保姆阿姨的厨艺非常好,一家人都很爱吃她做的饭,阳玲更是如此。可是好景不长,阳玲在同学的影响下,爱上了吃零食。

　　她每天吃完阿姨做的早餐还要去超市买一些小吃,如饼干、花生等。每天放学前她又要跑到商店去买许多麻辣食品,边走边吃。回到家后,望着阿姨做得香喷喷的饭菜,她就是没有胃口吃,后来甚至一到吃饭时就开始厌食。

　　但是每到临睡前她又觉得肚子空空的,于是又让阿姨给自己做饭吃。慢慢地,阳玲形成了用餐不按时,经常吃零食的坏毛病。过了大约半年,阳玲就胖了一大圈。不仅如此,她学习时还常常觉得头昏脑涨,没有力气,不能集中精力看书。从前那个活蹦乱跳的孩子变得越来越呆滞和冷漠。

饮食就是指进餐的学问,简单一点说就是一日三餐的事儿。听起来很简单,但现实生活中却有许多孩子由于饮食不规律、不科学而使学习、生活受到影响。每个人都必须吃饭,而且得吃好饭,这是人的基本需求,不容忽视。

许多父母把注意力过多地集中在孩子的学习或者品德教育上,而忽略了她们的饮食习惯的培养。的确,在现在这个物质条件十分充裕的时代,没有哪个孩子会把自己饿着。但是吃饱了并不代表吃好了。饮食不当不仅会影响孩子的身体健康,还会使孩子学习、生活的质量下降。

饮食不当会引起孩子身体机能下降,更会使孩子患上孤独症。专家指出,一个健康人的血液呈弱碱性,如果吃肉和糖等酸性食物过多,血液等体液随之酸化。这种体质的孩子会出现一些慢性的不适应症状,如手脚冰凉、容易感冒、皮肤脆弱、爱哭、易受惊吓,等等,这些都是孤独症的表现。因此,为了孩子的身心健康,父母应该努力培养她们科学饮食的习惯。

(1)根据孩子成长阶段的特点搭配饭菜。孩子在不同的成长阶段所需要的营养成分也不一样的,因此,父母应该学会根据孩子成长各个阶段的特点给他搭配饭菜。这样一来,孩子身体健康成长所需要的基本营养物质便能得到充分的保障,科学饮食的目的也就达到了。

　　紫兰今年10岁,个子不太高。父母知道女儿这个年龄正处在长身体的时候,而她却迟迟长不高。因此,父母便给她制定了一份钙含量丰富的菜谱。

　　每天早晨,父母都给紫兰热好牛奶,因为奶制品里含钙量丰富且易于吸收。中午时,父母都会做一些豆类或者鱼贝类含钙量丰富的菜肴,以补充孩子生长发育所需要的钙量。晚上睡觉前,父母还会给她准备好钙片,让她在睡前服用。

父母应该根据孩子的成长阶段给他制定食谱,例如孩子处于长个子的时候,父母就应该注意多给他补充含钙量丰富的食物,如牛奶、豆类食品等。

(2)指导孩子养成正确的进食习惯。许多孩子吃饭时常想着卡通片或者和小朋友玩游戏,不好好吃饭,东张西望或者吃得过快,狼吞虎咽,这些都是不正确、不健康的饮食方法,而父母要努力让孩子养成正确的饮食习惯。

> 姚盈上四级年了,她非常喜欢看动画片。有一次,她正在看动画片,妈妈招呼她要吃饭了,她以最快的速度盛了自己的饭,然后端到电视机前开始吃起来。她眼睛一刻也不愿意离开电视,妈妈有些生气地说她都要把饭吃到鼻孔里去了,学习时也没见她这么认真。
>
> 于是妈妈规定不准女儿在吃饭时看电视,否则就接受惩罚。在妈妈强硬的管理下,姚盈慢慢养成了正确的进食习惯。

对于孩子不科学的进食方法,父母要及时纠正,例如吃饭不专心,边吃边玩游戏或者看电视;狼吞虎咽,大口嚼食物;用餐姿势不正确,趴在桌子上吃饭等。父母还应该指导孩子养成良好的用餐礼仪,如吃饭时要考虑别人,要专心用餐,不哈哈大笑等。

(3)同类互换,引起孩子的饮食兴趣。长期吃一类食物不仅不利于补充孩子全面的营养,更容易使他们产生用餐疲劳。因此,父母可以将营养和美味结合起来,按照同类互换、多种多样的原则调配孩子的一日三餐,引起孩子的饮食兴趣。

家里经常吃瘦猪肉,父母就可以利用与肉的营养价值相当的鸡、牛、兔肉进行变换,既保证了孩子的营养,又引起了孩子的饮食兴趣。常见的还有鱼、虾、蟹等水产品的互换,大米与面粉所做的食品如饺子、面条等的互换。

(4)合理分配孩子的三餐用量。一日三餐是我们国家饮食的基本习惯,也是长期以来较为科学的饮食方法。其实一日三餐不仅要按时吃,也要按量吃。"早餐要吃好,中餐要吃饱,晚餐要吃少",这是关于三餐用量的基本要求,但是根据孩子的作息习惯父母也要做相应的调整。

> 从蓉今年11岁,身体非常好。她的父母很注意合理分配她的一日三餐,以保证她身体健康地发育。父母主张"早餐要吃好,中餐要吃饱,晚餐要吃少",但是由于从蓉每天要学到晚上11点才睡觉,所以她让女儿晚餐也尽量多吃一点。
>
> 每天早晨,父母会给她吃鸡蛋、牛奶等营养丰富的食物。中午的时候,父母便会做一些开胃的菜,让孩子多吃一些主食。晚上的菜谱跟中午的大致相同,以保障女儿学习时的能量供应。

一般来说父母准备早餐时要注意保证营养全面,鸡蛋、牛奶等可以作为早餐的主要食物,为孩子准备午餐时要注意能量供给,最好准备主食如米饭等,保证孩子一天的能量供应,晚餐后如果孩子还要进行学习,也应该注意能量供给,不能让他们吃得太少。

(5)纠正孩子挑食、偏食的毛病。且不说零食的卫生情况,零食对孩子正常的一日三餐的习惯影响都非常大。许多孩子吃完零食后就不愿意吃饭了,但是零食又不能保证孩子充足的营养和能量供给,因此,常常使得她们总是处于饱的状态,却没有精力学习,身体素质也非常差。

父母一定不能纵容孩子吃零食,尤其是那些卫生不达标的食品更要坚决抵制。父母可以利用丰富的一日三餐来改变孩子对零食的兴趣,也可以利用相应的奖惩措施使孩子丢掉吃零食的坏习惯。

> **·父母金言·**
> 孩子在不同的成长阶段所需要的营养成分也不一样,因此,父母应该学会根据孩子成长各个阶段的特点给他搭配饭菜。这样一来,孩子身体健康成长所需要的基本营养物质便能得到充分的保障,科学饮食的目的也就达到了。

你要做个讲卫生的孩子

培养孩子讲卫生、爱清洁的习惯,既有利于孩子的健康,也是文明美德教育的一个重要方面。它体现了一个孩子的素养,会对他将来的生活产生深远的影响。父母要让孩子明白:养成良好的卫生习惯,不仅仅是为了自己,也是为了大家,为了整个社会。人人都讲卫生,生活才更加美好。

督促孩子在日常生活中养成良好的卫生习惯,家庭教育起着不可替代的、至关重要的作用。良好的卫生习惯须从小养成,从日常生活中的一点一滴做起,让讲卫生的意识和行为,逐步融入孩子衣、食、住、行的方方面面,成为孩子生活中不可分割的一部分。

孩子的清洁卫生看起来是一件微不足道的小事,却反映出孩子的精神面貌和生活情趣。同时,良好的卫生习惯,还是保证孩子身体健康的必要条件。因此,父母应该帮助孩子养成讲究卫生的好习惯。

(1)讲究卫生父母要做好表率。要求孩子讲究卫生,父母必须做好表率。

朱泾欣是个不讲卫生的小孩子,整天穿得邋遢至极,浑身散发着汗馊味。在学校,同学们都不愿意跟他玩。老师为这件事专门到朱泾欣家里去进行家访。一进朱泾欣的家门,看到邋里邋遢、精神颓废的朱泾欣的爸爸的时候,老师便明白他为什么会这样了。

原来,朱泾欣的妈妈很早就去世了。生活的重担落在了爸爸一个人肩上。爸爸每天天不亮就要到市场卖菜,根本无暇整理自己的形象,也没时间打理儿子的形象。

如果孩子周围的成人不能自觉遵守卫生规则,那么要纠正孩子不讲究卫生的习惯就非常困难了。父母应向孩子示范,梳洗打扮时允许孩子在一旁观看,学习如何保持仪容的整洁。

(2)教孩子养成勤梳洗的生活习惯。勤于梳洗也是需要父母帮助孩子养成的良好卫生习惯之一,要教导孩子把洗脸、刷牙、洗澡等工作当成每天生活的必需部分,孩子自然会养成习惯。

7岁的张颖是个爱干净、讲卫生的孩子。每天早晨起床之后,不用父母催促,她就主动洗脸、刷牙。每天晚上,张颖还主动自己洗脚、洗澡,然后才上床睡觉。

张颖之所以养成了良好的勤梳洗的生活习惯,是与父母的教导分不开的。父母从张颖3岁起就开始对她进行自己梳洗习惯的培养。至今,她已经养成这种爱干净、讲卫生的习惯了。

要养成习惯，父母就要帮助孩子每日坚持同样的好行为，如果允许孩子有时候要洗澡，有时候不用洗，孩子会混淆，不确定该不该、需不需要洗，让他去洗澡时，他也可能不顺从。而一旦让孩子养成洗澡的生活习惯，孩子就自己去洗澡，而不用父母来催促了。

(3) 给孩子制定具体的卫生规则。卫生规则是帮助孩子养成讲卫生习惯的有利工具，父母可以与孩子合作制定具体的卫生规则。

小东家的墙上贴有一张"卫生规则"。这张规则是父母和小东一起制订的。上面规定了全家人都要遵守的卫生要求。这张规则不仅小东要遵守，爸爸和妈妈也要遵守。

和孩子共同制定具体的卫生规则，并向他讲明这些规则的意义，甚至可以将这些规则以标语的形式张贴在墙上。例如：不掉饭粒，饭前洗手，饭后擦嘴，吃水果要洗净，等等。这样可以时时提醒孩子遵守卫生规则。

(4) 督促孩子养成勤洗手的习惯。据调查，90%以上的孩子做不到吃东西前用肥皂或洗手液洗手；有调查机构曾对100个孩子的洗手方法进行观察，结果仅1人符合科学洗手的要求。

人的双手每天要接触很多东西，往往沾上各种污物和细菌。一只未洗净的手上有4～40万个细菌，一克重的指甲垢里藏的细菌和虫卵有三十八亿之多。父母一定要使孩子养成饭前、便后和玩过玩具后及时洗手的习惯。

雯雯是个讲卫生的"乖乖女"，大家都非常喜欢她。父母告诉她：饭前便后勤洗手，百病不入你的口。父母耐心教给她正确的洗手方法：把手放在流水下，使手充分浸湿，打上肥皂或洗手液，反复搓揉双手及腕部，一定要洗够30秒。最后用流水冲洗干净。冲洗时，要使指尖向下，让水把泡沫顺手指冲净，避免脏水再次污染。

"如果不常洗手，就会让病毒乘虚而入。揉眼睛、掏耳朵、抠鼻子等一些不好的小动作，都有可能使你感染腹泻、痢疾、长蛔虫等疾病，还会得沙眼病哦！"妈妈经常这样提醒雯雯。现在，雯雯已经养成勤洗手的好习惯，还成了父母的小"监督员"呢。

彻底洗手，是防止"病从口入"的关键，还可使孩子避免铅中毒。研究表明，现在的孩子铅中毒的现象越来越多。玩具、彩色图书、蜡笔、铅笔、橡皮泥、彩色的食品包装纸、化妆品等，都是铅的载体，如果长期接触，将会造成孩子铅中毒。

培养孩子养成良好的卫生习惯是件平凡而细致的工作，父母要持之以恒，坚持一贯地严格要求孩子，要运用示范、讲解、提示、练习等方法，给孩子以具体的指导和帮助。

有位家长，在孩子还在襁褓中的时候，就一边给孩子擦脸、擦手，一边唱《卫生歌》。等孩子会说话了，家长就教孩子唱：

你拍一，我拍一，讲究卫生要牢记。

你拍二，我拍二，勤洗手来爱干净。

你拍三，我拍三，早晚刷牙要坚持。

你拍四，我拍四，不吃路边的零食。

你拍五，我拍五，勤洗头，勤洗澡。

你拍六,我拍六,衣着干净第一流。

你拍七,我拍七,人人都来爱干净。

你拍八,我拍八,讲究卫生人人夸。

你拍九,我拍九,生活习惯要长久。

你拍十,我拍十,讲究卫生是大事!

孩子懂了歌词的意思,就有了卫生与健康意识。相比之下,下面这位妈妈的做法就显得很笨拙。

巩文杰不喜欢洗澡,常常是妈妈刚把他摁进浴缸里,他就挣扎着跳出来,或者嗷嗷地哭。妈妈呢,不管他怎么闹,只管拿着一个大大的搓澡巾,把他的身体从头到脚仔细地洗一遍。

"哇哇,不!不!弄疼我了。"巩文杰会在水里乱扑腾以示抗议。妈妈嘴里说着:"好了,好了,马上好了!"手上却不停止对孩子的揉搓,招来孩子更大动作的反抗!

于是,一缸水在妈妈的坚持和儿子阻挠中变得浑浊不堪。妈妈指着浴缸里的水给儿子看:"看看,你有多脏,把水都洗黑了!"然后,妈妈又打开喷头,从头到脚给儿子又淋了一遍。

终于洗完了,巩文杰裹着毛巾逃跑似的离开了。下一次洗澡,还是这样!

家长强制孩子执行,虽然达到了目的,但是,孩子有一种被压迫的感觉,会更加反感这件事,更甭提处于对自己健康负责的目的而去讲卫生了。再小的孩子都是趋利避害的,不用强迫教育,只要创造条件帮助他们认清利害关系就够了。洗澡这件事情也一样。

著名教育家陈鹤琴说:"儿童有自己的思想,儿童有自己的力量,要让儿童自己去做他所能做的事情,要让儿童去想他所能想的事情。"要想孩子成为一个讲卫生的人,就要让孩子从内心深处认识到讲卫生的必要性。耐心给孩子讲解讲卫生的好处。

讲卫生利于健康,但是过于讲卫生,让孩子一点儿尘土都不接触,就不利于健康了。

美国西北大学的研究人员在菲律宾对3327名孩子进行了调查,从出生到22岁,对孩子成长的卫生环境以及他们长大后身体对炎症的抵抗力进行了评估。其公布的研究报告称,在过于干净的环境下成长的孩子长大后更容易感染炎症,从而会增加患各种疾病的风险。

研究显示,在不怎么干净的环境下成长的孩子,他们长大后身体对炎症的抵抗力要高于在过于干净的环境下成长的孩子。

负责此项研究的人类学副教授麦克达德说,这项研究只是告诉人们,讲卫生不要过度,而不是故意让孩子在肮脏的环境下成长。

· 父母金言 ·

培养孩子讲卫生、爱清洁的习惯,既有利于孩子的健康,也是文明美德教育的一个重要方面。它体现了一个孩子的素养,会对他将来的生活产生深远的影响。父母要让孩子明白:养成良好的卫生习惯,不仅仅是为了自己,也是为了大家,为了整个社会。人人都讲卫生,生活才更加美好。

你要经常锻炼身体

生命在于运动,要想有健康的身体就需要经常运动,因为运动能够促进骨骼的生长发育,使骨干变粗,使关节活动范围增大,还能防止骨质疏松;不仅如此,运动还能提高肌肉功能,增多肌肉的毛细血管;同时,运动还会使心脏增大,肺功能增强;另外,运动还能改善人们的精神面貌,使人有一个良好的心态……

此外,运动能够保证孩子的身体健康,促进孩子身体的发育成长。运动虽然有如此多的好处,但很多人却忽视了运动。随着应试教育日趋严重,学习成绩几乎成了大学的唯一敲门砖,因此导致很多父母只注重孩子的学习,不关心孩子的身体状况,而孩子大多数也都像方方一样,把精力都用在学习上,不爱运动,不喜欢锻炼身体。结果身体健康状况下降,从而会影响孩子的学习。

人们的生活水平虽然提高了,但人的身体素质却逐渐下降,没有一个好身体,成绩再好,能力再强,都会因身体的虚弱受到严重的影响。因此,父母不但要关心孩子的成绩,更要注重孩子的运动。

父母应该在孩子小时候就引导孩子热爱运动、经常运动,如果孩子像方方那样不喜欢运动,父母就要想方设法让孩子运动起来,尽量做到运动规范化与多样化,这样才能起到应有的作用,引起孩子的兴趣。孩子一旦喜欢上了运动,身体强壮起来了,才不至于发生类似方方因身体虚弱意外晕倒的事件。

(1)父母首先要热爱运动。父母是孩子的第一任老师,大多数孩子都喜欢模仿父母。因此,若想让孩子喜欢锻炼身体,父母首先要热爱运动。

> 李晨是一个特别喜欢运动的孩子,并且体育的各个项目都很强,学校举行的运动会,李晨经常拿到很多项目的前三名。李晨之所以现在爱好体育,喜欢运动,主要是从小受到父母的影响。
>
> 李晨的父母都是生意人,知道身体健康的重要性,也明白只有通过锻炼才能保持身体强壮。他们天天早起运动,晚上吃过饭后有时间也会出去走走。李晨很小就随父母一起这样运动,四肢还不能平衡的时候就学着父母做各种动作,因此养成了良好的运动习惯。

父母喜欢锻炼身体,孩子就会像李晨一样,在潜移默化中受到影响,在还不懂事的时候就开始学着父母的样子锻炼身体,这样有利于孩子形成良好的运动习惯,有助于孩子身体各方面的健康成长。

(2)给孩子提供锻炼的机会。有些父母,只把注意力集中在孩子的学习成绩上,从而忽略了孩子锻炼身体的机会。更有甚者,只注重孩子的学习,对孩子要求去打篮球或者做别的运动进行限制,怕孩子因此耽误了学习。

这些都是不可取的,孩子锻炼身体的要求父母不仅要满足,而且应该尽量给孩子提供锻炼身体的各种机会,鼓励孩子去参加各种形式的运动。这样不但增强孩子的体质,还能提高孩子的智力,改善孩子的不良情绪,有利于孩子更有效地学习。

（3）提高孩子对运动的兴趣。对于不喜欢运动的孩子，父母要想办法提高孩子的兴趣。比如一家人合起来做一个有趣的运动，或者做一项运动彼此进行比赛，看谁坚持得时间长，看谁跑得快，或者看谁做得标准、规范，等等。孩子都爱争强好胜，这样就会调动孩子的积极性，父母再有意输给孩子几次，就会更增加孩子继续锻炼的兴趣。

（4）让孩子参与多种运动。因为每一种运动都具有不同的作用，父母应该让孩子尝试着参加各种运动，这样能尽可能使孩子各方面都得到锻炼。

　　王昌是一个小胖子，他不喜欢运动，尤其是跑步，但经过父母的引导，王昌开始参与各种运动项目，连最不喜欢的跑步，也开始尝试。

　　没想到，王昌跑步很有天赋。体育课上，王昌与同学比赛100米短跑，发现自己的爆发力很强，起步的速度也很快，与班里速度最快的同学比赛都取得了胜利。这样，王昌开始喜欢上了短跑，在学校举行的运动会上，王昌100米短跑还拿到了第二的好名次呢。

让孩子参与不同的运动，父母还能从中发现哪些运动最适合孩子，有可能还会像王昌那样发现自己的运动特长呢。

（5）使孩子的动作规范正确。父母教孩子锻炼身体，无论哪一种运动，都应该规范孩子的动作，尤其是有技术性的运动，更要让孩子按部就班地操作。时间长了，孩子才会养成良好的运动习惯，才能保证孩子锻炼身体的质量，才能达到运动的效果。否则，不仅起不到锻炼的效果，反而有可能会伤及孩子的身体，得不偿失。

（6）合理安排锻炼的强度。孩子最初开始运动，既不能强度太大，也不要流于形式。使孩子超负荷运动，会伤及孩子的身体，还可能因此打消孩子锻炼的积极性、象征性地活动一下身体，则失去了锻炼的意义。

父母应该根据孩子的身体情况，从孩子实际的承受能力出发，合理安排适当的运动，保证一定的强度和运动量，才会达到锻炼的目的，又不会使孩子感觉到太累以至于厌烦。

·父母金言·

生命在于运动，要有健康的身体就需要经常运动，因为运动能够促进骨骼的生长发育，使骨干变粗，使关节活动范围增大，还能防止骨质疏松；不仅如此，运动还能提高肌肉功能，增多肌肉的毛细血管；同时，运动还会使心脏增大，肺功能增强；另外，运动还能改善人们的精神面貌，使人有一个良好的心态……

你要保护好自己的牙齿

现在的孩子出现龅牙、牙齿不整齐等情况越来越多了，让很多父母伤透了脑筋，不得不带孩子去医院进行矫正。其实，要让孩子有一口整齐漂亮的牙齿，及早纠正他们的坏习惯很重要。因为，孩子牙齿的整齐度主要受后天因素——习惯的影响。那么，有哪些因素会影响到孩子牙齿的整齐美观度呢？

（1）使用塑胶奶嘴的方法不正确。妈妈在给小孩喂奶时，如果奶瓶的位置过于靠前上方，或者让婴儿平卧吃奶，这样孩子就会使下颌向前吸吮，久而久之，下颌骨及下牙弓就会前移，形成下排的前牙突出。

（2）乳牙过早脱落或过晚脱落，也可能影响牙齿的整齐性。

（3）换乳牙未及时治疗，或因外伤而脱落，两旁的牙齿就会向空隙移位，使得空隙变小，以后从空隙长出来的恒牙，会因为没有足够的空间生长而参差不齐。

（4）鼻呼吸不畅而改用口呼吸者，可影响牙齿的生长。因呼吸者睡觉时要张着嘴，这样气流从口腔通过，造成上腭向上隆起，使得上牙弓的左右两侧也随之变窄，上牙弓前部向前突出，长出的前牙不仅向前倾斜，而且排列错乱。

（5）吐舌咬舌。有的孩子在长牙齿时由于牙床上有轻度的不适或发痒，他们就爱吐舌、舔牙齿和牙床或咬舌头。这些习惯使正在萌生的牙齿受到阻挡，上下门牙不能互相接触，形成了门牙开口畸形。

（6）咬指头或铅笔杆。有的孩子喜欢咬手指，或将铅笔衔在上下牙之间，结果使上门牙前突，下门牙变短，形成小口颌畸形。

以上这些不好的习惯都会影响牙齿的正常发育或成长，因此父母要密切关注，并且及早纠正其坏习惯！以及钙等无机盐的蔬菜、水果等，尤其是钙，给幼儿和学龄儿童添加适量的钙质和鱼肝油，对长个子是很有益处的。

（1）改变孩子偏食挑食的习惯，让孩子注重营养。全面营养是孩子生长发育的物质基础，父母为孩子准备的食物既要保证足量，又要注意饮食的合理搭配和多样化，即粗细搭配、荤素搭配，还要注意纠正孩子挑食、偏食、爱吃零食的不良习惯。

（2）每天让孩子在户外活动一小时以上。体育活动能够促进生长激素分泌，促进新陈代谢，食欲增强，从而促进身体发育和增强体质。孩子的活动应当选择轻松活泼、自由伸展和开放性的项目，比如游泳、舞蹈、羽毛球、乒乓球、单杠等。而那些负重、收缩或压缩性的运动，比如举重、举哑铃、拉力器、摔跤、长距离跑步等，对身高增长是不利的。

（3）保证孩子有充足的睡眠，保证生长激素分泌旺盛。俗话说"人在睡中长"，儿童熟睡时分泌的生长激素量是全天中分泌量的50%以上，在晚十点以后分泌最旺盛，而且持续较长时间。所以，父母如果希望孩子长个子，最好让孩子在晚上十点以前就寝。

（4）父母还要积极防止孩子发生疾病，因为各种引起生理功能紊乱的急慢性疾病对孩子的生长发育都能产生直接影响，例如反复的呼吸道感染和腹泻就会明显阻碍孩子的生长发育。另外保持精神愉快也有利于促进生长。

· 父母金言 ·

其实，要让孩子有一口整齐漂亮的牙齿，及早纠正他们的坏习惯很重要。因为，孩子牙齿的整齐度主要受后天因素——习惯的影响。只有养成良好习惯，才能有助于牙齿整齐、健康。

你要保护好自己的眼睛

涵涵一放假,就觉得大解放了,整天兴高采烈的。

少儿频道在假期增加了许多新节目,涵涵特别兴奋,一大清早就打开电视看,妈妈叫她吃饭,她却赖在椅子上不起来,说:"电视正好看呢。"因为涵涵在放假,妈妈也想让好好好地放松一下,于是决不去管她,尽量顺着她,就把饭端了过来。

到了中午吃饭时间,涵涵还是目不转睛地看着电视。

"涵涵,该吃午饭喽!"妈妈叫道。

"不嘛,妈妈,动画片还在播放呢。"

妈妈说:"乖女儿,快来先吃饭,吃完再看。"

涵涵撒娇:"不嘛,不嘛!我还想看,不看完就不吃饭!"

妈妈犯了难,她又劝涵涵:"宝贝啊,你今天看这么久的电视也应该歇会儿了,出去走走好不好?"

涵涵就是不愿意起来。妈妈有些生气。但是她想了想,平时孩子也挺听话,今天迁就她一下也没什么。于是妈妈又把饭端了过来,放在涵涵身边的茶几上。

吃完午饭,妈妈想让涵涵睡会儿觉,但是涵涵却死活不肯睡。妈妈没办法,下午有事就匆匆出门了。

到了傍晚回家,她发现涵涵刚刚看完电视。

妈妈就批评她说:"涵涵,你这样下去可不行。妈妈每天都要上班,没时间管你,你要再这样妈妈就要把电视锁上了。"

涵涵听了不乐意了,和妈妈软磨硬泡,妈妈又心软了。于是嘱咐她:"以后每天只许看一小会儿喔!"

但是由于爸妈都要上班,所以根本无暇监督涵涵。

寒假快过去了,妈妈发现涵涵经常用手揉眼睛,眼睛周围呈红色,做作业时将书本靠近双眼,觉得有些异常,就带她到医院查查。

去了眼科测试,涵涵问:"为什么这些人都戴着眼镜呢,妈妈?"

妈妈回答:"她们不注意保护眼睛,变成近视眼了,很不方便。你也要注意一下,千万不要像他们那样。"

经过医生的测试,涵涵的视力确实下降了不少。医生还告诉涵涵妈妈:"幸亏你来得及时,现在还是假性近视,这时候补救还来得及。"

案例中涵涵的妈妈由于对孩子下不了狠心,不能有效地规范孩子的用眼卫生,导致孩子的视力下降、值得家长们思考。如今的孩子大多在室内活动,陪伴孩子的只有电视电脑游戏机,容易造成用眼不当,视力下降。所以,家长一定要想办法引导孩子做点别的活动。

据卫生部、教育部的联合调查显示,我国青少年的近视眼率居世界第二。全国小学生,中学生和大学生的近视率分别为13.35%、37.44%、61.5%。究竟是什么原因导致孩子近视率那么高呢？

（1）缺少户外运动。过去，孩子喜欢也有条件和大自然接触，大自然有美丽的风景，有趣的动物，孩子的玩具都是天然的，可以在自然里面轻松忘我地游戏，眼睛因为接触各种植物而受到滋润。但是现在的孩子由于种种原因，只能待在家中，于是就会寻找各种游戏，看电视，玩电脑，近距离用眼，加上上学之后，多数时间要学习看书，孩子的眼睛长期处于疲劳状态，久而久之便形成近视。

（2）家长不留心。孩子近视初期，要矫正视力并不难。但是家长却没有注意到孩子的眼睛问题，也缺乏去医院就诊的意识。孩子视力不好耽误治疗，往往后果不好。因此，家长应该观察孩子，如果看远距离的物体时皱着眉头或眯着眼睛，经常揉眼等现象，就要及时带孩子去医院就诊。

要想保持孩子的健康视力，家长应该监督孩子养成良好的用眼习惯，从生活中的点点滴滴做起。

（1）增加户外活动。家长应该多组织户外活动，让孩子的眼睛有远眺的机会。平时就要教导孩子一有机会就去看绿色植物。只有在看远处的时候，睫状肌才能放松，眼睛才能处于休息状态。每隔一段时间，家长就要带孩子去检查一下视力，发现问题应及早治疗。

（2）看电视时间不宜太长。很多孩子从小就喜欢看电视，有时甚至会长时间地看。父母应该限制孩子看电视的距离和时长。首先，孩子和电视的距离最好是屏幕高度的6~8倍，座位的高度不能太高或太矮，时间以10~20分钟为宜。每看完一个时间段，要让眼睛休息五分钟。收看电视的时候，室内要有灯光照明，这样可以减少电视光线对眼睛的刺激。此外，电子游戏机容易伤害孩子的视力，最好不要让孩子玩电子游戏机。

（3）注意科学的用眼姿势。注意培养孩子正确的看书、写字姿势；要防止眼睛疲劳，学习时间不要过长，看书40分钟后要休息10分钟，看看远处的物体，做做眼保健操。

（4）注意眼睛的营养。养成良好的饮食习惯。父母在注意孩子全身营养的同时，还要注意孩子眼睛的营养，五谷杂粮、荤素搭配，多吃青菜，不要偏食。如食物中缺乏维生素容易发生夜盲症和干眼病，食物中缺乏微量元素铬和钙，容易患近视。平时可适当进食猪肝、羊肝，少吃辛辣油腻食品，有助于眼睛的保护。专家提出，进食过多甜食易患近视，因此应当控制甜食的摄入量。

（5）眼睛保健运动。父母应该督促孩子经常做眼保健操，而且要做正确。此外，可以随时练习转眼法，或者快速相互摩擦两掌，将热手掌捂住双眼，热敷后两手猛然拿开，两眼也同时用劲一睁，如此3~5次，能促进眼睛周边组织的血液循环，增进新陈代谢。

（6）不要急于让孩子戴眼镜。父母在发现儿童近视时，要区分孩子是属于真性近视还是假性近视。假性近视一般不需要戴眼镜。及时治疗以及平时注意保护，视力是可以恢复正常的。如在假性近视阶段不引起重视，发展成为真性近视，就必须通过佩戴眼镜来矫治。有的家长讳疾忌医，孩子视力不好，家长却很少带孩子去医院，耽误了医治，最终给孩子带来了很坏的影响。

孩子有一双明亮的水汪汪的大眼睛，这是每位父母的希望的，那么，怎样才能保护好孩子的视力呢？父母要杜绝八种危害宝宝视力的潜在因素。

（1）新生儿眼屎多会影响视力。父母都知道，孩子刚生出来时，眼屎特别多，擦了又有，特别麻烦。不过，做父母的还真不能嫌麻烦，因为新生儿眼屎多是个大问题，它可导致新生儿先天性泪囊炎等疾病,不及时清除干净或者进行治疗的话,将会影响到新生儿的视力发育。

医学专家研究表明:眼屎多是因为细菌入侵到泪囊,在泪囊中繁殖、化脓,脓性物填满整个泪囊,不能往下排泄,就只好沿着泪囊、泪小管向上排到眼睛里,就形成了眼屎。如果眼屎多不及时治疗,可能会引发角膜炎,角膜也因此可能由黑变白形成白斑,对宝宝的视力发育造成严重影响。

所以,宝宝出生后,父母应特别注意观察他眼屎的多少,如果出生一周后还有很多眼屎,应尽早带他去医院眼科检查。

(2)在床头挂玩具会影响宝宝早期视力的发展。很多父母都喜欢在小宝宝的床栏中间系一根绳,上面悬挂一些可爱的小玩具,这样宝宝睡觉醒来了就可以自己玩玩具,就不会哭闹了。其实,父母的这种做法可能会影响到孩子的视力。因为宝宝刚生下来时多是远视眼,父母把玩具挂在床头的话,那玩具就会离宝宝眼睛特别近,宝宝要看清它要使劲调节眼睛才行,这样时间久了,宝宝的眼睛较长时间地向中间旋转,就有可能发展成内斜视。所以,如果父母要这样做的话,最好的方法是把玩具悬挂在围栏的周围,并经常更换玩具的位置和方向。

另外,有些父母在用玩具逗宝宝时,喜欢把玩具拿到离宝宝眼睛很近的地方来回晃动,这也是不对的,同样会影响宝宝的视力发育。

(3)喂奶姿势不对也会影响宝宝的眼睛。很多妈妈在给孩子喂奶时,都喜欢抱着宝宝端正地坐在那里,一动不动。其实,这也是错误的方式,妈妈在给孩子喂奶时最好不要长期用一个姿势喂奶,因为长期固定一个位置喂奶,宝宝往往会窥视固定的灯光,容易造成斜视。

还有一些妈妈在带孩子外出或在宝宝睡眠时,用纱巾、毛巾等遮盖宝宝的眼睛,他们以为这是保护宝宝的眼睛免受强光刺激,这样好不好呢?这要视情况而论。婴儿期是宝宝视觉发育最敏感也最关键的时期,如果有一只眼睛被遮挡几天的时间,就有可能造成那只眼睛永久性的视力异常,也就是医学上所说的"形觉剥夺性弱视"。因此,在正常情况下,一定不要随意用物品遮盖宝宝的眼睛。抱宝宝外出时,如果阳光太强,可以临时用纱巾遮盖一下,以避免强光刺激宝宝的眼睛,但光线不强的话就没必要了。

(4)宝宝晚上睡觉时,房间开灯可能导致宝宝近视。很多父母在宝宝睡觉时都不关灯,他们怕宝宝半夜醒来怕黑,会哭闹,所以一直亮着。可是,医学研究表明,在宝宝睡觉时不关灯会增加孩子患近视眼的可能性。

一项对近视眼患者的研究表明,在这些近视眼患者中,有55%儿时(两岁以前)睡在较强照明灯光下,而睡在黑暗中的只有10%。也就是说,睡在灯光下的两岁以下的婴儿与睡在黑暗中的婴儿相比,近视发病率要高出四倍。

有专家也指出:婴儿出生后两年,是眼睛和焦距调节功能发育的关键阶段,光明与黑暗的时间多少,可能会影响幼儿视力的发育。因此,父母在这件事上应该权衡利弊,慎重对待。

(5)给宝宝拍纪念照时尽量不用闪光灯。随着生活水平的提高,现在的爸爸妈妈都喜欢给宝宝拍照,记录宝宝成长过程中的点点滴滴。不过,父母要注意了,在给宝宝拍照时不可用闪光灯,因为闪光灯的强光会损伤视网膜,对宝宝的视力造成伤害。

(6)在日常生活中,如何预防宝宝发生眼外伤。保护宝宝的眼睛,预防宝宝发生眼外伤是父母及其他长辈特别要小心的事情。对于不到一岁的宝宝,爸妈不要拿任何带有锐角的玩具给他玩。而当宝宝长到一岁左右,开始蹒跚学步时,或者到两岁会跑会跳了,这时候父母更要小心预防眼外伤。像剪刀、针、铅笔、筷子等尖锐物体，要避免出现在宝宝周围，以免宝宝走路不稳摔倒时被锐器刺伤眼球。

现在节假日或者喜庆事情都喜欢放鞭炮或烟花进行庆祝，但是父母不能让宝宝单独燃放鞭炮或烟花，因为宝宝还不能完全掌握燃放技术，爆竹爆炸时产生的巨大外力，会对眼球形成猛烈冲击，导致一系列的眼损伤，如眼睑皮肤和结膜破裂、烧伤，角膜、结膜多发性异物，角膜裂伤，前房和眼内出血，眼底损害和青光眼等，严重的甚至会引起失明。

此外，洗涤剂、清洁剂等要防止进入宝宝的眼睛。现在的洗涤剂、清洁剂种类繁多、质量不一，但无论哪一种都含有不同程度的碱性化学成分，如果不小心进入了宝宝的眼睛，就会损害宝宝眼睛的结膜和角膜上皮，使结膜充血、角膜上皮点状或片状破损，影响角膜透明度，导致宝宝看东西模糊。而由于刺激了角膜上皮丰富的感觉神经末梢，宝宝还会出现怕光流泪、不敢睁眼和疼痛等情况。所以，父母一定要注意，一旦洗涤剂或清洁剂进入宝宝眼睛，要立即用清水冲洗。

（7）宝宝眼内进了异物（如沙子等），应当怎么处理。眼睛进了异物，是最常见的突发状况，尤其是孩子爱跑爱闹，常常发生这样的事情。当孩子揉着眼睛来找父母帮忙的时候，父母应该怎么做呢？很多父母都知道孩子眼睛进了一般异物（如昆虫、沙尘、铁屑等），因为这些东西多数是黏附在眼球表面，所以会用拇指和食指轻轻捏住上眼皮，向前提起，然后向孩子眼内轻吹，刺激眼睛流泪，将异物冲出。这是正确的做法，可是这一做法不是每次都能奏效，当失败时，父母还可以试试下面的方法。

先让孩子眼睛向上看，然后父母用手指轻轻扒开下眼皮，寻找进入孩子眼睛的异物，可以特别注意下眼皮与眼球交界处的皱褶处，因为这里最容易存留异物。如果没有，就再翻开上眼皮寻找，或者到眼皮的边缘和白眼球处寻找。等找到异物后，父母可用湿的棉签或干净手绢的一角将异物轻轻粘出；而如果异物附在眼皮的内面，就要把眼皮翻开把它擦去。

如果进入眼内的沙尘较多，可用清水冲洗。如果异物是石灰粒，父母应马上翻开眼皮，将石灰粒取出，再用大量清水冲洗，也可让孩子把头部泡入盆中，反复睁眼闭眼，将异物洗净，然后立即送医院处理。父母在送孩子去医院之前一定要先做初步的处理。若是生石灰进入眼睛，一不能用手揉眼睛，二不能直接用水冲洗，因为生石灰遇水会生成碱性的熟石灰，同时产生热量，处理不当反而会灼伤眼睛。如果异物嵌在角膜上，切勿用尖硬物随意挑拨，以免致角膜穿透，可用干净的针筒吸取硼酸水，在异物旁边轻轻冲洗，注意不能冲在异物上。如果异物仍不能取出来，父母应该立刻把孩子送往医院治疗。

当然，防患于未然是最好的。风沙大的时候，父母最好不要带孩子出去玩。见到起风扬尘时，父母要告诉孩子闭上眼睛。

此外，父母要教给孩子一些基本常识，告诉孩子当有异物进入眼内时，不要慌张，也别用手揉擦眼睛，因为揉擦会使眼结膜和角膜遭受损伤，造成角膜溃疡、感染，影响视力。而且要是异物坚硬的话，揉挤还会使眼充血，结膜水肿。同时，手上有许多细菌，揉眼时会把细菌带进眼里，引起炎症。

（8）父母怎样才能知道宝宝的眼睛发育是否正常。父母可以从宝宝双眼的大小、外形、位置、运动、色泽等几个方面观察宝宝的眼睛发育有没有异常。

正常情况下，宝宝的眼睛晶莹明亮，眼球大小适中，活动自如。如果乌珠变白，可能是乌珠生了"白翳";如果瞳孔区内有白色物,可能患了"白内障";如果宝宝眯着眼睛看东西,可能就是先天性近视;如果宝宝眼球变大,那患有"先天性青光眼"的可能性大;如果宝宝眼球经常性向左右(或上下)来回摆动,就可能患有"眼球震颤";如果宝宝眼球偏向一侧,就意味着患有"斜视";如果父母把玩具放在宝宝面前,宝宝无动于衷,可能宝宝视力很差,患有"视神经萎缩"等眼底疾患;要是夜间在暗处发现宝宝瞳孔内有白色的反光物,形同猫眼,那就要考虑是否患有"视网膜细胞瘤";而要是眼球突出,尤其是单眼眼球突出,就要警惕"球后肿瘤"了。

> · 父母金言 ·
> 孩子有一双明亮的、水汪汪的大眼睛,这是每位父母的希望,要想保持孩子的健康视力,家长应该监督孩子养成良好的用眼习惯,从生活中的点点滴滴做起。

你要养成良好的生活习惯

每个父母都希望自己的孩子能够健康长寿,可是父母的行为却与他们的愿望背道而驰。看看现实生活中,我们的父母都是怎样对待孩子的吧,当孩子想要做某件事时,父母会毫无顾忌地任意阻止他们的活动,对孩子掌握绝对的控制权,就像主人对待没有人权的奴隶一样,而且父母在这样做时,感觉是那样的理所当然,毫无内疚之心。很多父母认为,父母要尊重孩子的选择是十分可笑的一件事。例如,假如一个孩子正在吃饭,有些父母或者其他长辈看到孩子吃饭很慢,或者掉饭粒,就会自觉或不自觉地去喂他,又如,当孩子正在努力穿外衣时,可能会在扣扣子上花很多时间,有些父母又会急不可耐地帮他扣上等等。总之,孩子无论做什么,父母或者其他长辈总是去代替他做。父母以为这样做是对孩子好,可事实上,父母的这种干涉行为表现出的是对孩子的不尊重。可是,与之形成鲜明对照的是,如果孩子妨碍到父母的某些事时,父母会十分严厉地加以禁止!父母对这些事情已经习以为常了,不觉得有什么不妥。

孩子常常很无奈,当他们正在不慌不忙地用汤匙一匙一匙品尝汤的美味时,大人会突然出现,从他们手中抢走汤匙,并且下命令:"限你五分钟内把饭吃完,并且把汤喝完!"孩子抗议:"我吃不完,十分钟好吗?"父母会瞪着眼睛,于是,孩子不得不停止细嚼慢咽,开始狼吞虎咽起来。有些父母可能还在一旁看着,计着时间,给孩子造成很大的心理压力,这势必对孩子的消化功能造成损害。

又如,当孩子要去参加一个令人高兴的聚会,自己在房间里愉快地慢慢穿着自己喜欢的印有咸蛋超人的外套,可这时候,父母又突然出现,将一套小西装扔到孩子手上,告诉他要穿这套衣服。孩子一脸不高兴,很无奈地穿上那套小西装,开始的愉悦心情消失殆尽,父母的举动让他感到自己的尊严受到了莫大的伤害。

孩子的身体所需要的营养不仅包括喝下去的汤、有益于健康的走步训练,也包括他们能自由地做这些事情。父母总是用自己的意志代替孩子的意志,或命令孩子不准动,或强行让孩子不断走动,为他做选择。父母这种教育方式实际上是在阻碍孩子初期意志的发展,让孩子感受到一种控制他们行为的力量,使他们变得胆小,甚至失去承担责任的勇气,其后果是不堪设想的。

孩子天生具有的自我发展的潜能促使他去触摸某种东西,并熟悉它,而父母的一句:"别碰!"阻碍了他这种学习的机会。孩子喜欢到处跑动着,因为这样可以走得更加稳当,父母对此却吼道:"别跑!"让孩子走得战战兢兢。孩子脑袋里装着十万个为什么,他们对一切都充满好奇,喜欢问问题,但父母却很不耐烦地回绝他:"别烦人!"让孩子丧失了学习知识的机会。

科学的创造性想象是建立在现实基础上的。就像你如果对两百年前,还用着油灯的人们说,将来有一天,这个城市会灯火辉煌,高楼大厦林立,人们可以在大海中尽情遨游,可以在天空中自由飞翔……先辈们一定会说我们是在痴人说梦。因为就当时的环境条件和人们的认知能力而言,这些事情对于他们来说是天方夜谭。

所以说,只有想象与现实相结合,人们的思维才会变得活跃,内在思想也就开始工作了,开始用双手改变着这个世界,将自己的想象变成现实。缺乏实践的想象就是空想,就是白日梦。

在当今社会,竞争如此激烈,所有人都应该接受科学方法的熏陶,所以,父母应该让孩子都亲自动手,参与实验和观察,让他们的想象与现实生活紧密联系起来。这样,他们的想象才能更合理,他们的智能也能被很自然地引向创造之路。所以,每个父母都应该记住:让你的孩子依照自己的喜好去做,让他自己穿衣服,自己吃饭,自己洗脸刷牙,不要觉得他只有三四岁,就什么都帮他做了,这样也就扼杀了孩子的想象力和创造力。

有些幼稚园里摆放着一些容易打碎的东西,例如玻璃杯、盘子、花瓶等,很多父母见到这些都会质问老师:"为什么将这些玻璃制品放在这里?这些两三岁的小孩肯定会打碎它们的。"可以想象,他们的家里面肯定只有不能被孩子打破或弄脏的东西,也就是说,孩子被限制在家里根本动弹不得,不能练习如何控制自己的身体(例如练习如何避免碰到易碎的花瓶,如何小心翼翼地端着玻璃杯),也不能学习使用日常生活中常用的东西。很多学习必要生活经验的机会就这样被剥夺了,孩子的生命也将因此而受到影响。有这种想法的父母,是否应该醒悟了呢?难道这类值不了多少钱的东西比孩子的身体训练还珍贵吗?

父母在教育孩子时,有几项原则是必需遵守的,父母可以在此基础上寻求出最适合孩子的教育方法,这样才能更好地了解和发展孩子。第一条原则是,尊重孩子的选择和他正在进行的所有合理活动,最好能了解他们活动的目的。第二条原则是,尽可能支持孩子活动的意愿,不让孩子习惯于依赖父母,注重培养孩子的独立性。第三项原则是,父母必须时时警觉与孩子相处的方式,因为孩子的感情是非常细腻敏感的,尤其是对外来的影响。

每个人都有缺点,都会犯错,父母也不例外,所以不必在孩子面前充当完人,希望每件事都做得十全十美。不仅如此,父母还要不时审视自己的缺点,虚心接受孩子公正的观察批评。

法国著名的启蒙思想家伏尔泰,在年轻的时候就身染胃病和天花,只能靠药物维持生活。而药物的副作用使得他头晕眼花,有时甚至疼得在地板上打滚,换作别人可能有放弃生命的想法了,但伏尔泰却奇迹般地活到了八十四岁,还获得如此巨大的成就,除了得益于他惊人的意志力,更重要的是他懂得规律饮食对身体健康的重要性。为了改善身体状况,伏尔泰在日常生活中非常注意节制自己的饮食,他偏爱小扁豆,对于油腻的食物很少碰,只是略微吃一些羊肉,也不暴食暴饮,偶尔喝一点酒。他对一日三餐有严格的规定:早餐是面包加牛奶或咖啡;中午通常是巧克力和咖啡;晚餐在九点至十点之间,是唯一正规的用餐,主要是清淡的蔬菜和汤。

戏剧大师萧伯纳也曾说过："人们倘若有规律地生活,有规律地饮食,就不会生病。"养过小狗的人就会知道,他们早上把食物喂给小狗,可如果小狗因为贪玩没有及时就餐,他们就会把食物收走,这样小狗饿了找不到食物时就会明白自己错了,以后就不会再错过任何用餐时间了。当然不能拿孩子和小狗比,但其实孩子在饮食方面也一样,父母应该疼爱小孩,但为了帮助他们建立规律的饮食习惯,让他们感受一点点饥饿的惩罚也是不错的方法。而一旦孩子养成了规律饮食的习惯,就不会总想着吃零食,这对孩子的身体健康是有一定好处的。

有些父母可能会错误地认为一个高智商的人,一定是面黄肌瘦,窄胸驼背,脸上架着眼镜。而事实上,健康强壮的体魄对于天才人物来说比对普通人更重要,因为只有这样他们才能有过剩的精力,支撑他们天马行空的思维活动。

·父母金言·

在当今社会,竞争如此激烈,所有人都应该接受科学方法的熏陶,所以,父母应该让孩子都亲自动手,参与实验和观察,让他们的想象与现实生活紧密联系起来。这样,他们的想象才能更合理,他们的智能也能被很自然地引向创造之路。

你要保护自己的嗓子

有些孩子活泼好动,争强好胜,他们说话声音的分贝比一般小朋友高很多,总是扯着嗓子叫喊,尤其是在吵闹时或者被欺负时,还会发出尖锐的喊叫声和哭闹声,对于这种情况,父母也要注意,因为有研究表明,孩子的这种习惯会严重损伤声带,也就是说对保护孩子的嗓子非常不好。

除了大喊大叫外,一些患有慢性扁桃体炎、增殖体肥大和慢性鼻旁窦炎的小孩,由于分泌物附着于咽喉壁上,所以常常会不自觉地发出"咯咯"的清嗓声,其实这也是不好的习惯,久而久之会损伤声带。还有一些孩子,听力不好,所以说话的声音很大,也会损伤声带。而如果儿童期声带损伤严重,则可能影响孩子声带的发育,甚至到了青春变声期也无法恢复。

那么,该怎样保护好孩子的声带,预防悲剧的发生呢？父母可以从下列几个方面去督促孩子改变不好的发声习惯。

（1）当然是避免扯开嗓门叫嚷,这是对声带最直接的破坏。现在的小孩为了表现积极性,上课老师要是问一个问题,大家都抢着回答,这么多人在回答,老师会叫谁呢？有些孩子为了引起老师的注意,就会扯开嗓门叫嚷,最后,就养成了以叫嚷的方式引起注意的习惯。这时,父母就要告诉孩子,上课发言要举手,如果没有叫到自己就先听别人发言,无论对错,听完以后再表达自己的意见,不要大声喊叫打断别人。这样既可以保护声带,又可以培养良好的礼貌修养。

（2）不要长时间讲话。很多父母都有这样的经验,有时候讲话讲多了,声音就会变得嘶哑。

而孩子的声带比大人的还脆弱,要是长时间讲话,就可能损伤声带。所以,父母要告诉孩子,每次讲话后要休息一段时间,不要立即吃冷饮或喝冰水,可以喝口温水;平时少吃辛辣刺激的食物,尤其是在变声期,这样可以避免孩子的声带黏膜遭受局部性刺激。孩子如果感冒咳嗽了,尽量少让他发声,以减轻生病引起的声带充血水肿。如果周围很吵,尽量少与孩子讲话,以免孩子需要尖起喉咙喊叫来回答父母的问题。

此外,要让孩子唱适合的歌曲。有的孩子在唱歌时,喜欢选一些"吼叫"型的歌曲,以为吼得越响越好,这样很容易引起声带损伤。当然,一些与声带相关的五官疾病也要积极治疗。例如,孩子出现声带小结,医生如果没有建议手术治疗,那就要注意保养。等孩子到了青春期,由于内分泌的变化,小结会逐渐消退。

·父母金言·

有些孩子活泼好动,争强好胜,他们说话声音的分贝比一般小朋友高很多,总是扯着嗓子叫喊,尤其是在吵闹时或者被欺负时,还会发出尖锐的喊叫声和哭闹声,对于这种情况,父母也要注意,因为有研究表明,孩子的这种习惯会严重损伤声带,也就是说对保护孩子的嗓子非常不好。

你要养成良好的作息习惯

刘军锋是个贪玩的孩子,他的妈妈原本替他定了一个她认为是十全十美的作息时间表:早晨6点起床,中午放学回家,吃完午饭后,做1小时功课,然后上学;下午回家,先补1小时历史,再看妈妈替他预录的卡通节目,然后有半小时的自由活动时间,晚饭后可以休息一会儿或到附近公园散步,之后回家再温习功课,然后才上床睡觉。

刘军锋的妈妈满以为有了这样的作息时间表,肯定对儿子有很大的帮助,谁知实行了没有几天她便很快发现儿子的功课越做越慢,有时候还打瞌睡,有时在他的功课还未完成时,他的好同学便打电话来问他看了某个电视节目没有,每天晚上的散步也似乎令刘军锋疲累过度,根本不能在晚上集中精力学习了。

明智的刘军锋妈妈及时发现时间表确实有问题,于是果断地做出改动,午饭后让儿子有午睡时间,下午看了儿童节目才开始做功课,晚上的散步时间也随着孩子的需要而增多或减少。

时间表变得更具弹性,刘军锋的学习兴趣也比从前增加了。

按时作息的良好习惯,不仅可以使孩子身体健康,而且还能使孩子有充分的精力去积极主动地学习。

凡是那些能够按时睡觉、按时起床、按时就餐、按时学习、按时活动的孩子,大多都是身体健康,学习成绩优良,自理能力强的孩子。父母要督促孩子养成良好的生活习惯,保持充沛的精力,有规律的生活习惯能让学习、生活有条不紊,从而缓解压力。

孩子不能按时作息,往往影响孩子的睡眠,而睡眠是人体恢复精力和体力的必要条件,是人的生命活动的一个有机组成部分。对于孩子来说,养成按时睡觉、早睡早起的习惯就能保证孩子足够的睡眠。

现在,不少家长很重视养成孩子的学习习惯、卫生习惯,但往往不注意养成孩子良好的作息习惯。孩子不能按时作息、生活,往往影响孩子的睡眠。做父母的必须记住,生长激素生长最旺盛的时间是11时至半夜,超过这个时间睡觉,对孩子健康必然会产生负面影响。

人的一切生理活动有周期性的节律,我们称作生物钟。一切健康长寿的生命体,都必须与环境和生活规律保持平衡。如果能根据人体的这一生物钟安排作息时间,使生活节奏符合人体的生理自然规律,就可以保持充沛的精力,不容易得病。生物钟紊乱就会生病甚至死亡。

顺应自然界的规律,人体也要有相应的变化。该起床时就起床,该工作时就工作,该吃饭时就吃饭,该睡觉时就睡觉,保持有规律的生活秩序,使身体、心理都达到一个最佳状态,充分发挥个人的聪明才智,才能做出更大的成就。

(1)父母以身作则。如果父母自己的睡觉时间少于8小时,那么让孩子按时入睡就会很困难。所以专家建议从做父母的第一天起,就建立科学的睡眠制度。这样,到了每天睡觉的时候,孩子就会产生倦意,并且意识到睡觉的时间到了,重要的是把这个睡眠制度坚持下去,不要由于环境的变化或别的什么原因而改变。随着孩子的不断成长,他对睡眠的需求也在变化。孩子的睡眠时间随着年龄的增长而逐渐减少,父母应根据孩子睡眠时间的客观变化,相应调整睡眠制度。

(2)帮助孩子制作作息表。孩子在开学时往往会感到不适应的就是作息制度。家长要根据学校要求和季节变化,有意识地培养孩子的良好作息习惯。为孩子安排一个家庭学习生活的作息时间表,讲明早上按时起床,晚上按时入睡的重要性,并每日督促检查,帮助他形成良好的作息习惯。这样,才能保证孩子不仅睡眠充足,而且有时间吃好早餐,上学不迟到,能精力充沛地投入学习。

(3)让孩子按时睡觉。一旦给孩子规定好上床睡觉的时间就不要改变。即使来客人也不允许孩子多待会儿。睡觉时间越明确,孩子就越容易按时去睡觉。但不要把"天黑了"当作孩子上床睡觉的标准,因为夏天白天很长,这种说法会引起麻烦。孩子们喜欢预先知道下一步要做什么,所以固定的睡觉准备活动就会使孩子想到上床睡觉的时间要到了。

(4)让孩子按时起床。早晨叫孩子起床也是有学问的。叫孩子按时起床,不仅可以培养孩子良好的作息习惯,而且为以后孩子上学早起打下了良好的基础。孩子这个生活习惯的培养,不是一个月、一个学期就可以形成的,或许需要一年甚至两年的时间,所以从上幼儿园时起就要开始引导孩子,帮助孩子建立起早起的生物钟。等孩子上小学的时候,早晨起床的良好习惯已经"内化"为孩子下意识的行动,孩子就有更多的精力去面对新的环境所带来的其他问题。

· 父母金言 ·

凡是那些能够按时睡觉、按时起床的孩子,大多都是身体健康,学习成绩优良,自理能力强的孩子。养成良好的生活习惯,能保持充沛的精力,有规律的生活习惯能让学习、生活有条不紊,从而缓解压力。

第五章 孩子,你要热爱学习

你要培养自学能力

爱迪生一生1000多项科技发明的巨大成就令世人惊叹。实际上,他是在母亲的指导下,自学成为发明大王的。父母在指导孩子学习时,如能重视对孩子自学能力的培养,将对孩子的学习产生重要的作用。可以说,学习成绩优秀的孩子,自学能力都是比较强的。许多孩子成绩总是提不上去,很大原因就是自学能力较差,因为在强制条件下的学习很难有大的成效。

让孩子在学习中掌握真正的自学本领,这比加班加点去记忆大量现成的知识更为重要。因为一个人即使掌握了知识也可能遗忘,而学习的能力却不容易丧失。

那么,学生的自学能力表现在哪些方面呢?

有关专家认为,主要表现在以下几个方面:有独立阅读的能力,善于抓住教材的中心,能够看懂教材;有分析问题的能力;有会听课、记笔记的能力;有会预习、复习和作单元小结的能力;有科学支配时间的能力,会制订学习计划;有一套适合自己特点的良好学习方法等。这些能力,可以通过平日在校学习的几个基本环节的训练来培养,家长主要是监督孩子在学习中掌握和遵循学习的周期,善于主动地学习。这样,既可使孩子掌握知识,又可提高他们的自学能力。

像世界万物运动都有一个周期性规律一样,孩子的学习也有个周期性规律,这个周期是由预习、听课、复习(包括总结)、作业四个主要环节组成的。可是现在有不少孩子只注重了听课、作业两个环节,预习和复习两大学习环节却被当成可有可无的事。如果你的孩子也是这样,请赶快帮助他把学习活动纳入周期性学习轨道,切不可置复习和预习两个环节于不顾。因为这四个学习环节是紧密相关、互相影响的。如果孩子能把各个学习环节联系起来运用,形成周期性循环,一环紧扣一环地认真学习,则顺应了学习活动的规律性,会产生更大的效应与作用。例如,预习的效果好,听课时就有目的性,听课效率就高,同时又形成一种新的能力,为学习新知识创造了新条件。这样循环发展,既学了知识又培养了自学能力,一举两得、相得益彰。

我们的时代,正处在一个科学技术日新月异的新时代,需要学习的知识越来越多。面对这样的形势,就需要父母培养孩子学会独立获得知识的本领,即培养自学能力。自学能力的培养,是一项基本功。如果孩子能在小时候就注意培养自学意识和掌握自学方法,将终生受益。可想而知,父母着眼于孩子自学能力的培养是多么重要。

宸宸是一个乖孩子,每天回到家,总是认真地把作业做完了才去做别的事情。可尽管这样,宸宸的成绩还是上不去。爸爸问宸宸无法进步的原因,宸宸想了半天,最后无奈地说,自己也不知道是怎么回事。爸爸只好去学校找宸宸的班主任。班主任说:"我发现宸宸不太喜欢学习。我上课提问时会发现，宸宸根本就没有预习过，他对课文的理解和记忆显然要比那些做过预习的孩子差一点。问他原因，他就说，似乎提不起兴趣来。"

这天回到家，爸爸对宸宸说："宸宸，你知道达尔文是怎样成为科学家的吗？"宸宸摇摇头。

爸爸说："达尔文的爸爸是个医生，本来希望他子承父业，可达尔文并不喜欢学医，达尔文在爱丁堡大学学了两年医学后，他的爸爸又送他到剑桥大学改学神学，可达尔文还是没兴趣。但在剑桥期间，他结识了当时著名的植物学家亨斯洛和地质学家席基威克。在这两人的影响下，达尔文发现了自己的兴趣所在——科学。毕业后，达尔文自费参加了一次环绕世界的科学考察航行，先在南美洲东海岸的巴西、阿根廷等地和西海岸及相邻的岛屿上考察，然后跨越太平洋至大洋洲，继而越过印度洋到达南非，再绕过好望角经大西洋回到巴西，最后回到英国。航行结束后，达尔文结合考察笔记和研究心得，于1837年7月开始进行《第一本笔记》的写作，其内容就是后来《物种起源》一书的原始材料。1859年，《物种起源》出版，轰动了全世界。儿子，达尔文为什么会成功呢？"

宸宸说："因为他对科学有兴趣。"

爸爸笑着说："对！儿子，兴趣是最好的老师。那么你的兴趣是什么？"宸宸撅着嘴说："我不知道。"

爸爸摸着宸宸的头说："没关系，兴趣是可以慢慢找到的。"

不久，爸爸带宸宸去参观了各种展览馆，如博物馆、美术馆，有时候还带他去听音乐会。宸宸的卧室也添了一些"新成员"，例如《十万个为什么》、望远镜、地球仪等。宸宸每天做完作业后不再急于打开电视看动画片了，而是先钻进自己的卧室用望远镜观察一下星空，再看一会儿书，有不懂的问题就记下来请教爸爸或者老师。通过看书，他学到了许多新鲜的知识，也结交了更多的朋友，变得更加自信了。

慢慢地，宸宸开始自觉地学习，养成了每天提前预习和课后温习的好习惯，并且喜欢向老师和父母问问题了。这样坚持一段时间后，宸宸不仅考试成绩有很大的提高，还增加了很多课外知识，没事的时候就喜欢和爸爸考一考自己新了解的知识呢。

案例中，爸爸通过给宸宸讲故事，告诉孩子兴趣的重要性，而且为孩子创造了很多学习的条件，给孩子更多选择的机会，让孩子对学习产生了强烈的兴趣，学习成绩和课外知识自然就提高了。

爱因斯坦说："兴趣是最好的老师。"兴趣可以激发情感、培养意志，兴趣可以唤起某种动机、改变某种态度，兴趣可以激励学生学习的积极性与主动性。实践证明，学生在有兴趣的情况下，注意力集中，接受新知识最容易，记忆东西最牢固，思维最活跃、最敏捷。孩子的学习兴趣越大，积极性就越大，自然会专注地学习，越学越好，越学越快，反过来又促进了他的学习兴趣，形成良性循环；反之，当孩子对一样东西不感兴趣时，自然会有排斥心理，不愿意接触它，越学越差，越差越没自信心，对学习丧失了兴趣，从而形成恶性循环。

孩子有学习兴趣，就有独立学习的内在动力，孩子会主动、自觉地去学习，成绩自然也就提高了。而学习的兴趣需要家长和老师的培养和激发。兴趣的培养和摧毁都很容易，老师和家长一定要注意多鼓励孩子，小心地维护孩子的学习兴趣。

自学是主动学习而不是被动学习，是最有效的学习方式，能促使孩子积极思考，是一个让孩子终生受益的好习惯。而我们现在的孩子，大多数不善于自学，对自学没有兴趣，加上孩子一有什么难题,父母教不了的就请家教教,完全不懂得激励孩子自己去寻找答案,这对孩子将来的发展是很不利的。培养孩子的自学能力应该从培养孩子的兴趣入手。

那么孩子的学习兴趣应该如何培养呢?

(1)认真探询,研究孩子的问题。家长不应该不问青红皂白,看到孩子成绩差就大骂一顿,怪孩子不努力,不认真,而应该仔细地了解这些现象背后的原因,找出孩子的问题,和孩子一起解决。例如案例中宸宸的爸爸,看到孩子的问题并没有责备他,了解到原因后,耐心地开导孩子,并且努力为孩子创造条件,从而让孩子从被动学习变成主动学习。

(2)实现目标,让满足感引导兴趣。兴趣是建立在一种满足感上的。如果学生对所学的知识一窍不通,他就缺乏学习的动力。如果他能够克服一些困难,独立解决学习上的问题,这种成就感和满足感就会促使他更深入地钻研学习,最终克服各种难题。因此,当父母发现孩子对学习失去了兴趣时,就可以想办法为他制订一些小目标,让孩子在实现那些小目标的时候获得心理满足感,享受成功的快乐,从而重拾信心,建立对学习的兴趣。

(3)间接培养,激发广泛兴趣。有的时候,孩子对学习的逆反心理非常严重。这时候你劝也没用,只会引起孩子的反感。那就应该培养他间接的兴趣,发展他目前感兴趣的东西。在孩子原有的基础上,帮他发展已有的兴趣,并巧妙地将这些兴趣延伸到学习上。而除了学习,还有其他许多内容,家长应该鼓励孩子发展广泛的兴趣,在孩子感兴趣的问题上,让孩子学习如何克服困难,消除孩子的恐惧心理,然后将一部分精力放到解决学习问题上来,这样孩子的心灵得到了满足,更容易面对问题。上五年级的谢永因为数学成绩不好而十分自卑,老师看到这种情况,就让他当数学课代表,同时常常表扬他的长处。时间长了,谢永不但擅长的科目保持了很好的成绩,而且数学成绩也提上去了。

(4)学会倾听,多些正面期待。信任孩子,用正面的期待来激励孩子。让孩子在感情上觉得自己是被支持的。当孩子告诉你,他不喜欢学习的时候,不要和孩子讲大道理,而是去聆听并理解他的感受,孩子把负面的情绪释放出去之后,不要加强他之前的那种感觉,即"我很差""我不如别人"这样的想法,而是淡化这些念头。多鼓励孩子,让孩子克服胆怯、自卑的心理。

(5)随时关注,给孩子适当的帮助。当孩子遇到学习上的困难时,父母不能替代孩子去解决问题,但一定要及时给予孩子适当的帮助,不能忽视孩子的问题,等到酿成大错,就为时已晚了。孩子需要帮助的时候,为孩子创造一个良好的学习环境,帮助孩子建立一个友善和谐的关系圈子,或者给孩子寻找心理老师进行引导。有个女孩莹莹本来很爱学习,但是她的新同桌却总是欺负她,让她帮忙抄袭作业等。她敢怒不敢言,也不敢告诉父母或老师,结果慢慢地变得厌学了,成绩一落千丈。后来父母了解了之后,向老师反映了情况。老师批评了莹莹的同桌,并给她调换了座位,还给予莹莹更多的关心,莹莹便很快恢复到过去的学习状态了。

· 父母金言 ·

爱因斯坦说:"兴趣是最好的老师。"兴趣可以激发情感、培养意志,兴趣可以唤起某种动机、改变某种态度,兴趣可以激励学生学习的积极性与主动性。实践证明,学生在有兴趣的情况下,注意力集中,接受新知识最容易,记忆东西最牢固,思维最活跃、最敏捷。

你要敢于提问题

"学起于思,思源于疑"。从古到今,很多发现、创新都是由疑问开始的。所以古人才说:"学贵有疑,小疑则小进,大疑则大进。"质疑就是提出问题,它可以让孩子更加有目的地去学习,引导孩子更加深入地理解课文,让孩子主动去研究、去发现,激发孩子的思维。

一切新的认识和发现都是从提问开始的,不善于提问的孩子,在学习中也不会有创新的精神,提问也是一种创新,也是一种学习的方法。所以作为家长,要鼓励孩子在学习的过程中多提问,在提问中学习,在提问中探索,在提问中提升自己的学习能力。

爱因斯坦曾经说过:"提出一个问题,往往比解决一个问题更重要。"爱因斯坦得出的结论是:"妨碍青年人用诧异的心情去观看世界的那种学校教育,完全不是通向科学的阳光大道。"绝大多数的科学家、物理学家、甚至其他领域的人,对牛顿的空间和时间的公式都深信不疑,而爱因斯坦却尝试着对它不信任,提出了新问题,从而创立了相对论,在科学史上取得了巨大成就。

让孩子在学习的过程中发现问题,提出问题,比在课堂上回答老师设计出来的问题更有激发性,更能吸引孩子的注意力。让孩子多提问,主动提问,从根本上改变孩子对老师和家长的依赖,消除孩子在学习中的被动心理,让孩子成为知识的探索者,把学习的潜力充分发挥出来。正如叶圣陶先生所说:"上课之时主动求知,主动练,不徒坐听老师之讲说。"只有让孩子用自己的方式去学习,孩子才会在今后的道路上更有主见,孩子长大后才会拥有独立生活的能力。

> 小华平时非常喜欢提问题,在每一节课上都要问老师很多的问题,回家后也要围着父母问这问那,父母有时候被问得都无法回答。有一次开家长会,小华的父母找到他的老师问:"孩子上课的时候是不是有非常多的问题?"老师微笑着点点头,而小华的父母担心孩子总是有这么多的问题,是不是因为他的脑子不好使,这时候,老师却说:"小华的这种'打破砂锅问到底'的钻研精神非常好,很值得表扬,家长不要担心,多提问题是好事情,是孩子学习的好机会,今后,随着孩子学习的深入,他的问题会越来越多,问的层次也会不断地提高。"

从学习上来看,勤学好问是一种非常可贵的精神,是一个优秀的学生应该具备的学习品质,家长不仅不用担心,而且还应该鼓励孩子多问,发扬爱提问的精神,养成爱提问的习惯。

孩子提出问题不仅是他获得知识的前提条件,更是孩子科研、发明、革新、创造的开始,解决问题的过程,就是孩子最有效的学习过程。中外伟人都有爱提问的习惯,陈景润研究"哥德巴赫猜想"是因为有人提出了"猜想"问题,假如没有人提出这个问题,陈景润等科学家就不可能研究这个问题,这一问题也就不能得到解决。英国的瓦特由于思考"开水为什么能掀起壶盖"这一问题,才终于利用其中的原理发明了蒸汽机。

德国著名的现代物理学家海森堡曾说:"提出正确的问题,往往等于解决了问题的大半。"

提出问题是学习的开始,也是孩子认知世界的开始。孩子提出的问题往往反映了孩子认知水平的高低,可使家长更清楚地了解孩子,对孩子进行更合理的教育。我国在教育上自古就有

"学贵善疑"的说法,说的就是孩子在学习的过程中,敢于提出问题是非常可贵的,任何一个问题的提出都是孩子学习深入的映照,也是孩子认真观察、发现问题、提出问题进而解决的桥梁。

法国著名文学家巴尔扎克认为:打开一切科学宝库的钥匙都毫无疑义地是问号。美国著名心理学家布鲁纳在学习中也提出了一种新的方法,并把这种方法称为"发现法",这种方法其实就是鼓励孩子在学习的过程中多提出一些问题。

鼓励孩子在学习的过程中不断地提出问题,就可以使他们的学习由被动接受知识的过程变为主动探求知识的过程。这对增强求知欲,集中注意力,提高学习兴趣,培养观察、思维、记忆等能力都是有好处的。

那么如何才能培养孩子良好的提问习惯呢?应该从以下几方面着手:

(1)消除孩子提问前的顾虑。很多孩子都是在课堂上很少提问,偶尔提问,也是一站起来就脸红,有时候是因为顾虑,怕提的问题过于简单,让同学们笑话,有时候却是因为怕羞,对待这样的孩子,家长要让他知道"提问无须脸红,无知才应羞耻"的道理,这是养成提问习惯所必须具备的正确认识。

提问的习惯不是一两天就能养成的,这是一个由浅入深、逐步提高的过程,家长也不要过于急躁,孩子最初提问的问题也许是一些天真幼稚的问题,这是很正常的,要知道,没有简单、幼稚的问题就不会发展到深奥、复杂的问题,那些真正有水平、有价值的问题正是从一些简单、幼稚的问题发展而来的,所以,要让孩子知道,不要因为提出的问题简单受到同学的嘲讽而感到难为情,更不能因此而退缩。

在美国,小学教育非常重视孩子的提问。在课堂上,孩子可以随时打断老师的讲课进行发问,而且提出的问题越多越好,越有价值越好,老师不但不会为此感到不满,而是如果谁的提问能够更加深刻或者从问题中指出老师的错误,老师便会高看一眼。而那些老师也回答不了的提问,老师会很高兴地在课下邀请这些孩子们一起讨论,这种培养孩子提问的精神才是真正地为孩子的学习着想,才会促进孩子养成提问的习惯。

(2)消除孩子对家长和老师的依赖。家长或者老师,在孩子的心中往往都是最有榜样性的、最有权威性的,对孩子来说,不管是家长,还是老师,他们的意见对孩子来说都是非常重要的。孩子被领进知识的大门后,在"榜样"和"权威"的熏陶下,心理得到塑造,而且孩子对他们的话都深信不疑,年龄越小的孩子越是如此,对家长和老师的依赖就越强。

教育孩子,就要让孩子懂得,在家里,父母不一定就是真理的化身;在学校,老师也并非就是最权威的,这些人都会出现差错,他们的知识也不是最全面的,即使是最有成就的父母,最有名望的大学教授,也有答不出来的时候。如果孩子一味地依赖家长或者老师,就会影响自己独立思考和创新能力的提高,同时也限制了养成提问习惯的培养,更不利于孩子未来的发展。

(3)鼓励孩子及时提问。作为家长,应鼓励孩子多提问。只有这样,孩子才能从提问中获得知识。

小梁就有一个好的习惯,每到下课,他总是把一些课堂上没来得及问的问题及时地向老师请教,有时候,老师走得急,他就回家后向家长提问,小梁的这种及时提问的习惯,不仅可以解决自己的问题,而且还节省了思考所花费的时间。

在学习的过程中,问题积累得越多,学习起来越累,养成良好的提问习惯,就是解决这个问题的最好办法,也给学习创造了良好的学习环境。

在提问的过程中,不仅要会提问,还要会思考,不经过思考就提问,或者提问之后不思考,对学习也起不到好的作用。相反,经过严密的思考之后再进行提问,不但会从提问中找到问题的关键,而且能找到自己的差距,并会对问题的探求更深入一步。

在课堂学习中,提问是积极思考的标志。问题越多的孩子知识往往掌握得越全面,领会得也就越透彻。而那些很少提问甚至从不提问的孩子,虽然也听到了老师的讲解,也听到了别人的提问和老师的回答,但由于自己的手并没有举起来,所以他的思路并没有真正跟上,即使听到了同样的内容,印象也不如积极思考的孩子那样深。不仅对知识的应用能力差,而且还非常容易遗忘。

但是,在日常生活中,有些孩子心中藏了很多疑问却不敢问,这是为什么呢?原因就是他们害怕,有可能是害怕父母的呵斥,有可能是害怕老师的责备……当面对这样的孩子时,做父母的是否有责任让孩子把心中的疑团解开呢?

可新学习很用功,也很懂事,但就是有一个毛病,不爱提问。对自己不懂的问题,哪怕是很重要的问题,他也从不问别人,无论是老师还是同学,甚至包括家里人。

晚上,可新做数学课外习题,又是因为里面"追击问题"弄不懂,以至于下面的应用题都无法解答了。坐在一旁的妈妈忍不住问儿子:"我们昨天不是说好了,今天去问老师吗?你没有问老师,还是问过没有听懂?"可新低声说:"我没有问。"好一会儿,妈妈都没有说话,于是可新又说道:"妈妈,你给我讲吧!"看着孩子已经两天都没有完成的作业,可新的妈妈坚决地摇摇头,然后微笑着摸摸可新的头说:"儿子,这样吧,我们打电话给老师,请老师在电话中给你讲,但是,你一定要说出你的疑问,这样老师才能帮助你,好不好?"可新抬头看看妈妈,撅起嘴。妈妈继续鼓励儿子说:"你不用怕,老师一定会很高兴地为你解答的。你知道吗,聪明的孩子才敢于提问,当你踊跃提问后,你会学到很多很多的知识,敢于提问的孩子才是最聪明的,我们试一试吧!"在妈妈的陪伴下,可新和老师在电话中弄懂了问题的关键处,很快就做出了这些数学题。

第二天,可新觉得数学老师不但没有以前那么可怕,反而很和蔼。于是,一次又一次的尝试,可新在提问中解除了疑惑。可新的成绩一天比一天好,性格也活泼了许多。

可新不爱提问,源于性格内向等多种原因。妈妈的鼓励和老师的帮助,让可新恢复了孩子爱问的天性。每个孩子头脑中都有数不尽的问题,他们就是在对这些问题的探索中,逐渐认识周围的世界,逐渐长大的。也就是说,知识越多,问题越多,提问的能力也越强。但随着年龄的增长,许多孩子的问题却越来越少了。造成这种现象的一个重要原因,是父母和老师对孩子提问的冷漠、呵斥、嘲笑。一些孩子对提问感到难为情,渐渐地不敢问、不想问,最后发展到不会问。

教育孩子要有正确的方法,要鼓励孩子敢于提问,敢于发表与别人不同的见解,只要有这种信心和勇气,孩子的创新意识就能树立起来,创新能力就会得到提高。

当然,这就需要父母营造宽松的家庭氛围,设法经常锻炼孩子的胆量,教给孩子一些提问的技巧,使孩子会问、善问。这样,孩子在查找资料,向别人请教的过程中,孩子学到的不仅仅是知识,同时还可以培养孩子对读书的好奇心、发现问题的恒心和解决问题的自信心。

伟大的科学家爱因斯坦认为,提出一个问题往往比解决一个问题更重要,因为解决问题也许仅仅是一个教学上或实验上的技能而已。而提出新的问题、新的可能性,从新的角度去看旧的问题,需要有创造性的想象力,而且标志着科学的真正进步。同时,他还说:"想象力比知识更重要,因为知识是有限的,而想象力概括着世界上的一切,推动着进步,并且是知识进化的源泉。"

少年时期的袁隆平勤于用脑,善于思考,爱提问题。12岁那年,袁隆平进入中学学习。中学新开的代数、物理要抽象许多。很多公式要掌握好,还真不是那么简单的事。可很多同学对数理化,多采取死记硬背的方法。

袁隆平可不一样。他喜欢思索,从思索中加深对一些原理的理解。因此,他不背书本,而是总想办法知道个究竟。

一次上代数课,老师正给同学们讲述"有理数"的内容。数学老师讲了一条乘法重要法则:同号两数相乘取"+"号。

"也就是说,正数乘正数得正数,负数乘负数也是正数。"数学老师作了进一步的解释。但袁隆平对于负数乘负数也得正数,感到难以理解,他问:"老师,负数乘负数,为什么还得正数呢?"

被袁隆平这么一问,老师一时愣住了。

"你们只要牢记这条法则,按照这条法则去运算就行了。"老师想了片刻后对同学们说。老师的回答显然不能使袁隆平满意,但却让他对这些抽象难懂的概念越发产生了兴趣。勤于用脑、勤于思索的好习惯使他的求知欲更加强烈了。

一次偶然的机会,袁隆平去参观园艺场。从此,他开始热衷于对自然规律的探索。1949年夏天,当父亲问他将来的志向时,他回答得很干脆:"我的选择就是成为一名农业科学家。"

于是,他报考了重庆相辉学院的农学系,踏上了杂交水稻研究这条崎岖的道路,并一直为之孜孜不倦地探索。一生的奋斗,造就了袁隆平。在不断探索中,他培植出了高品质的杂交水稻,为中国打造了一个神话,被国际上公认为"杂交水稻之父"。

俗话说得好:"问是学之师,知之母。"现实生活中,我们每一个人不可能事事都通。许多问题对于我们来说都是一无所知。即便是学习成绩优秀的学生,也不一定什么事都比别人知道得多。有问题并不可怕,怕的是不问。

看一看那些学有所长的人走过的成长道路便可知,他们无不把好问作为学习的诀窍。学问学问,一学二问;不学不问,是个愚人。周恩来同志小时候读书时,到老师那里去得很勤,问问题的数量也最多。他还经常和同学们一起互问互答,探讨问题,不断追求新思想和新知识。勇于提问,是打开知识大门的钥匙。孩子们学习的时候,正是在求得一个个问号的解答中,探求到解决问题的新见解、新方法,一步一步获得更多的知识。

·父母金言·

提出问题是学习的开始,也是孩子认知世界的开始。孩子提出的问题往往反映了孩子认知水平的高低,可使家长更清楚地了解孩子,对孩子进行更合理的教育。

你要摒弃厌学思想

　　在省委工作的李彬对孩子厌学有自己的理解。他的孩子在上小学三年级的时候就产生过厌学心理。那天中午放学,李彬去接儿子时,儿子突然说:"爸爸,我不想上学了!"听了这句话,李彬心里当时就"咯噔"一下:孩子莫非厌学了?但表面上李彬表现得很平静,问儿子:"为什么不想上学了?"儿子激动地说:"不想和朗读课文没有感情的人在一起,另外,有些同学很讨厌,我不想见他们。"哦,原来他是有点儿"曲高和寡",不屑与常人为伍。

　　吃过午饭,他和儿子聊起了上学的事。李彬先顺着他"不想上学"的思路和他聊:"你不上学爸爸更轻松一些,不用一天跑四次接送。不过你就惨了,不去上学就没那么多小伙伴玩了,以后别人也不认识你,长大了你也没有多少朋友,那多闷哪!"儿子的学习成绩在班上名列前茅,他一直以此为荣,李彬因此又特别加了一句:"不和大家在一起读书,就不知道自己的成绩好不好,什么时候人家超过了你,你还蒙在鼓里呢!""真的?"儿子一脸天真地问。"当然是真的!"李彬又举了一个例子,"你记得去体育馆游泳吧,每次和小朋友一起训练,你可以保持中上水平。那次你感冒,几天没有和他们一起练,病好了再去游,就被别人甩下一大截了。"儿子想起那次的"痛苦"经历,若有所思。接下来,李彬把谈话引到正题上:"不要只看到别人的短处和缺点,还要看到同学们的长处和优点,你不是常说'没有十全十美'吗?"儿子用力地点点头:"当然没有十全十美。"李彬又趁热打铁:"你们班上有人考'双百',可你没有考'双百',证明你也有不如别人的地方。同学们并不会因此取笑你,爸爸也从来没有责怪你。"李彬把儿子拉到身边,继续柔声说:"并不是要你必须考'双百',而是举个例子证明,你还有需要努力的地方,某些方面还有同学比你强。"

　　最后,李彬半真半假地对他说:"要是你到了纽约,美国人还会说你的英语他们听不懂呢!同学读课文没有什么感情色彩你就原谅他们,最好去帮助他们。他们那么需要你的帮助,你怎么能离开他们呢?"儿子的脸上终于露出了天真的笑容:"对!我要去帮帮他们。"李彬总算松了一口气。

　　中小学阶段的学生,出现厌学心理的最常见原因是学习压力太大,无法承受,因而选择逃避。也有一部分孩子是因为学习目的不明确而导致厌学。这部分孩子一般处于青春期,他们开始关心的人生命题是:我为什么学习?我将来要成为什么样的人?而一些家长无暇为孩子从理论上解答这些问题,实际生活由也无法为孩子提供一个参照,只是一味地给孩子提供过于富足的物质条件,孩子除了学习,其他的都不用担心,当然就没有通过学习而改变现状的愿望——现在家里的钱好像都花不完,何苦再去努力学习呢?!

　　还有一种情况是,父母对孩子保护过度,这种过度保护很容易使孩子失去锻炼的机会,并导致孩子失去自信。而缺乏自信的孩子不仅无法保护自己,而且在集体生活中很难找到自己的位置,由此也会产生畏惧上学或厌恶上学的心理。

　　因为孩子都很在意别人对他们的评价,他们也是按照别人的评价去认识自己的,所以帮孩子树立自信心是帮助他们克服厌学心理的一个关键。家长要让孩子树立"别人能学会,我也能学会"的观念,面对困难,只有不断去克服才能走向成功,让他们在心理上不惧怕学习。比如可以为孩子选一门他最想学、最有把握学好的学科,多下功夫,首先突破,证明他具有学习的能力,并让他从中体验到学习的快乐,从而激发他学习的热情。

（1）鼓励孩子自我激励。如果孩子能够经常自我激励、自我鞭策,便有可能避免学业上的失败。父母首先要帮助孩子树立自我激励的目标,其次让孩子学会自我暗示,经常对自己说"我一定能成功"之类的话。

（2）让孩子远离消极情绪。如果孩子因为怕学习失败或对学校环境有恐惧心理,家长就要采取行动让孩子消除这种情绪。可以肯定地说,孩子的胆怯和柔弱并不是不可克服的,只要做父母的多给孩子一些关心、鼓励、引导、锻炼,耐心细致地帮助孩子,相信孩子能成长为大方、勇敢、自信的人。当然,这样的教育过程越早越好。

（3）适当加强对孩子的挫折教育。现在的孩子大都是独生子女,父母娇宠,祖辈溺爱,独自面对挫折的机会很少。一旦遇到困难,往往无所适从,自暴自弃,因而家长要适当对孩子进行一些挫折教育,以磨炼和提高孩子耐受挫折的能力。还有,要在尊重、理解、关心的前提下,多与孩子进行思想感情方面的沟通,让他们明白在学习中遇到困难是难免的,只有不断克服困难才能不断取得进步。总之,要想让孩子从厌学变为喜学、乐学,需要家长找准原因,循循善诱,耐心指点。

> ·父母金言·
>
> 家长要让孩子树立"别人能学会,我也能学会"的观念,面对困难,只有不断去克服才能走向成功,让他们在心理上不惧怕学习。比如可以为孩子选一门他最想学、最有把握学好的学科,多下功夫,首先突破,证明他具有学习的能力,并让他从中体验到学习的快乐,从而激发他学习的热情。

你要勤于思考

卢瑟福是20世纪最伟大的实验物理学家之一,在放射性和原子结构等方面都作出了重大的贡献,被称为近代原子核物理学之父。他成为一个硕果累累的大科学家之后,仍然很重视读书和思考。有一天深夜,卢瑟福看到实验室亮着灯,就推门进去,他看见一个学生在那里,便问道:"这么晚了,你还在干什么?"学生回答说:"我在工作。"当他得知学生从早到晚都在工作时,很不满意地反问:"那你什么时间思考问题呢?"

同样,世界首富比尔·盖茨从小最大的特点也是喜欢坚持不懈地思考。当母亲叫他吃饭时,比尔·盖茨置若罔闻,甚至待在他的房间里一整天都不出来。当母亲问他在做什么的时候。比尔·盖茨总是回答:"我在思考!"有时他还反问家里的人:"难道你们从不思考吗?"比尔·盖茨的头脑从来没有停过运转。据说,微软公司流传着这样一种说法:"和大多数人谈话就像从喷泉中饮水,而和盖茨谈话却像从救火的水龙中饮水,让人根本应付不过来,他会提出无穷无尽的问题。"

这就是思考对于成功的巨大意义。成功的人都善于思考,勤于思考。卢瑟福的一生,就是思考和工作的一生,而比尔·盖茨之所以有今天的巨大成就,与他从小热爱思考不无关系。思考是创造力的源泉。

孔子说:"学而不思则罔,思而不学则殆。"这句话将思考和学习的关系阐述得很透彻。思考在学习的过程中是非常重要的,如果不会思考,就不善于运用积累起来的知识,不善于总结经验,不会举一反三,学习的效果将大打折扣。

思考习惯的养成对于孩子以后思维方式的形成以及知识的积累都有很重要的作用。现在越来越多的家长都已经意识到让孩子学会思考的重要性,那么,如何让孩子学会思考呢?

(1)让孩子明白思考的重要性。在培养孩子思考之前,应该让孩子明白为什么思考很重要,要在实际生活中让孩子体会到思考的好处。孩子能体会到思考的乐趣和好处,就会喜欢思考。孩子对自己所接触的事物有自己的判断,得出判断的结果就是孩子的思考过程。孩子独立思考的过程,就是他们成长的过程。

(2)鼓励孩子发表自己的意见。在一个宽松的环境下,孩子更容易启动思维,积极思考。生活中,有些孩子往往不敢发表自己的意见,因为大人的权威让孩子心理上不能放松。孩子在任何情况下都应当被允许表达意见,允许意见和大人不一致。这对孩子思考能力的发展是至关重要的因素。

因此,父母要鼓励孩子发表自己的看法,发挥独特的思考。即便孩子说得不对,家长也不应该责怪孩子,要从另一个角度肯定孩子,然后给予孩子恰当的提示。

对于孩子的正确意见,家长应该给予鼓励,让孩子充满自信。孩子受到鼓励后就会积极主动地思考,这样也就达到了父母培养孩子思维能力的目的。

(3)保护孩子的好奇心。好奇心是引发思考的基础。好奇心是孩子的天性,孩子的学习兴趣往往是和好奇心联系在一起的。独立思考能力强的孩子,往往具有较强的好奇心。父母应该尊重孩子的好奇心,千万不要因为孩子提的问题过于幼稚就加以嘲笑,以免伤害孩子的自尊心。

好奇心是促使孩子去探索和思考的动力。作为家长,不仅要尊重、保护和正确引导孩子的好奇心,而且应努力激发他的好奇心,使孩子幼稚的好奇心发展为强烈的求知欲。对孩子提出的问题,要确切、通俗易懂、有条理地给以答复。这对培养孩子的想象力、思维能力有很大的帮助,使孩子强烈的求知欲和好奇心不至于泯灭,从小就能养成勤于思考、勇于探索的好习惯。

(4)给孩子创造思考的情境。父母向孩子提问,可以为孩子创造一个思考的情境。多角度的提问可以引发多角度的思考。例如,父母不妨假设,"假如世界上没有黑夜怎么办?""假如鱼儿长翅膀了会怎样?""假如世界上全是海洋,我们怎么办?"这样可以激发孩子的想象力。

父母在与孩子的相处和交谈中,要经常采用平等讨论的方式,留给孩子自己思考的余地,父母可根据交谈内容经常发问,如"你觉得怎么做会更好""你为什么会这么想"等问题,以引起孩子的思考。

总之,为孩子创造一个思考的情境,让孩子在平等的气氛中长大,才能有开放的思维、愉悦的心境,才能培养出创造性思维。

(5)引导孩子思考,自己找到答案。让孩子学会思考是家长的责任。在生活中,孩子遇上难题时,一般都会向父母求助,一些孩子经常会说"妈妈,我不知道怎么做。""妈妈,你说怎么办吧!""爸爸,你帮我……"父母常常直接把完整的答案告诉孩子。慢慢地,孩子对父母的依赖越来越重,就懒得自己思考,指望父母直接给出正确的答案。

要知道,每个孩子都有一定的独立思考的能力,当孩子向父母求助时,父母首先要鼓励孩子认真思考一下。当孩子真的想不出来的时候,父母可以逐步提示,引导孩子思考。在提示后,父母要给孩子足够的思考时间,不要因为孩子思考较慢,就不耐烦地否定孩子的答题能力,马上将答案告诉孩子。孩子答错了,可用提高性的问题帮助他们思考,启发他们自己去发现和纠正错误。针对不同的孩子,家长可以利用生活中发生的具体问题,提供机会让孩子学会独立思考,自己面对问题,并想出解决问题的方法。

歌德说过:缺少知识就无法思考,缺少思考就不会有知识。

英国剑桥大学的迪·博诺教授说:"一个聪明的人,也许他有很强的创造潜力,但是不一定很会思考。智力和思考的关系,就好比一辆汽车同司机驾驶技术的关系,你可能有一辆很好的汽车,但如果驾驶技术不好,同样不能把车开好。相反,尽管你开的是一辆旧车,然而驾驶技术高超,照样能把车开好。很显然,这里在智商高和会思考之间画上了不等号。"

> ·父母金言·
>
> 孔子说:"学而不思则罔,思而不学则殆。"这句话将思考和学习的关系阐述得很透彻。思考在学习的过程中是非常重要的,如果不会思考,就不善于运用积累起来的知识,不善于总结经验,不会举一反三,学习的效果将大打折扣。所以说,孩子你要勤于思考,这样才能走向成功。

你要积极主动地学习

小伟的妈妈又被老师请到了学校,要说的还是老问题——小伟的学习。其实,刚上小学的时候,小伟的学习成绩挺不错的,还经常得小红花回家。可慢慢地,小伟变了,作业变乱了,红花不见了,特别是上四年级以后,他还经常因为学习问题被老师请父母,小伟的妈妈开始总是耐心地说教,可小伟三分钟热度,听了批评后的前两天表现还不错,到了第三天,又是老样子。最后,小伟的妈妈用了下面这一招。

妈妈在小伟的床边放置了一张小桌子,在桌子的左上角安装了一盏灯,还在小伟一抬头就能看见的墙上,贴上了自己亲笔写的几个工整的大字:"孩子,你要相信自己一定能做到。"这样,每次小伟不愿做作业时,就会看见这几个字,他就会坚持把作业做完。

妈妈找了一个适当的机会走到小伟面前,对他说:"孩子,我相信你一定能把作业做好的。你是一个乖孩子,不用妈妈担心。"

在妈妈默默的暗示和鼓励下,小伟养成了自主学习的习惯。

小伟的父母为了培养小伟独立学习的能力,一家三口会经常聚在一起探讨小伟作业中的疑难问题,一起交流读书的心得体会,一起分享学习上成功与快乐。就这样,在这个家庭中,小伟成了学习的小主人,父母成了孩子学习中的伙伴、生活中的知己、成长中的精神支柱。

孩子具有良好的自主学习能力不仅对孩子的终身学习有益,而且还可以减轻父母的负担。因此,父母在培养孩子自主学习方面应做到以下几点。

(1)在孩子做作业时,父母尽可能不要去干扰他,更不要经常在旁边看着他,指责他这里算错了、那里写得不对。

如果父母想知道孩子做作业的情况,可以从孩子的神态和作业本字迹上来观察。如果孩子所写的字迹潦草,就说明孩子没有认真写,这时,父母就要提示他一下。此外,对于孩子做作业时不专心,一会儿干这、一会儿干那,父母一定要予以制止,并告诉他:做作业时必须一心一意,类似于削铅笔等一些可以在做作业之前完成的事情一定要提前完成。

(2)创设学习环境,与孩子一起学习。

如,父母爱学习,常谈学习的重要性;给孩子买有益的书籍等,都会影响孩子的学习热情,从而养成自主学习的习惯。

(3)在培养孩子自主学习的过程中,父母还要培养孩子养成不懂就问的习惯。

孩子有不懂的地方,父母不要埋怨孩子为什么不懂,也不要斥责,而是要鼓励孩子提出什么地方不懂,找出不懂的原因,然后积极引导、启发他,帮助他动脑筋,最后把问题解决,切忌烦躁、放下不管。同时,父母还应指导孩子在学校也要养成不懂就问的习惯,随时把学习中遇到的问题记录下来,以便向老师、同学请教,这样孩子就会积极主动地去学习了。

> ·父母金言·
>
> 如果孩子缺乏自主学习的习惯,父母应该反思一下自己对孩子的教育方法。父母平时应该舍得花时间和孩子一起学习,一起看书讲故事,这样能更好地培养孩子自主学习能力。

你要学好英语这门课

小学生在学习英语时主要学习一些单词和简单的句子,从孩子刚开始接触英语就培养他的兴趣、这对孩子将来的英语学习是十分有利的。在培养孩子的学习兴趣上,父母要从多方面着手。

龙龙在学习方面有些偏科,爱学数学,爱看语文书,爱做语文作业,但对英语很不感兴趣,导致英语学得一塌糊涂,考试成绩自然不怎么样了。龙龙的妈妈刚开始以为要提升英语能力就是要多做题。但后来她发现,要想让孩子学好英语,必须让他先对英语产生浓厚的兴趣。

要想让儿子对英语产生兴趣,首先做妈妈的必须要对英语有兴趣。于是,为了儿子的学习,她又翻出了英语课本。下班回来,没事就在那背单词,有时间还要拉上老公一起看上一场英语原声片。这些让龙龙很吃惊。有一天龙龙问妈妈:"妈妈,你最近怎么突然学起英语来了?"

妈妈说:"儿子,这是我的工作需要,现在妈妈的工作对英语的要求特别高,每周还有小测试呢!"

"以后你每天教妈妈一个英语单词吧!"妈妈说。

"英语有那么重要吗?"龙龙疑惑地问。

妈妈说:"当然了,现在很多人都在学英语,我们那时候是没有你们现在的机会,要不然,现在早就成了英语专家了。所以,你一定要珍惜现在的机会好好学习呀,别等到用时再学,那就晚了。"

龙龙听了妈妈的话,似懂非懂的样子,点了一下头。

一天,龙龙听见妈妈喊道:"儿子,快来,快来……"

"妈妈,怎么了?"龙龙跑过来问。

"你快告诉妈妈,这个单词怎么读。"龙龙脸红了,说:"妈妈,对不起,这个我也不知道,我给你查一查吧!"

后来,龙龙帮妈妈查到了这个单词的读法,还和妈妈学习了很多单词。

接下来的几天里,龙龙一直都和妈妈一起学英语,渐渐地,龙龙也对英语产生了兴趣,而且,母子俩时不时地还说上几句常用的英语对话。

在最近的一次考试中,龙龙的英语成绩有了很大的进步。最重要的是,他是在自己主动学习英语了。看着现在的龙龙,妈妈欣慰地笑了。

初学英语的小学生,对英语有着一定的抵触情绪,父母要掌握孩子的心理动态,充分调动孩子的积极性,正确引导,给孩子创设宽松的环境,使孩子喜欢英语。绝不能采取压制式的方法,一个孩子不喜欢学英语甚至厌恶它,父母强迫他学,不但学不好,还可能产生严重的逆反心理。父母要尽可能地找出孩子学习中的闪光点或者点滴成绩,适时地给予肯定、赞扬,激发孩子学习的兴趣和热情,使孩子感受到取得进步的自豪和喜悦。不要一味地打击孩子的自信心,使得孩子认为英语难学,更开不了口讲英语了。

正如一位著名的英语教学专家说的,"外语是学会的,而不是教会的"。作为父母,不仅要引导孩子"学会",而且要引导他们"会学"。为了方便父母提高孩子学习英语的兴趣,下面提供一些方法以供父母参考。

(1)父母和孩子一起学习。要想培养孩子学习英语的兴趣,父母可以和孩子一起学习。例如,父母可以和孩子一起听英文歌,看英文动画片等。

(2)心态放松,多表扬孩子。父母不要把孩子学英语当成一件大事,不要给孩子施加太多压力。父母不要吝啬自己的表扬,不妨多对孩子说"Wonderful!"这样能让孩子的学习兴趣和积极性提高。当孩子发音不准确时,一定不要骂孩子,更不要笑孩子,不要伤了他的自尊心,作为父母要鼓励他,然后再给他纠正读音。父母的做法是"现身说法"告诉他:"我们小时候学英语时,也是这样的,还没你读得好呢!"这样让孩子意识到在学习中遇到困难是很正常的,只有想办法去解决它,而不是被困难吓倒。

(3)注重预习和复习。父母要经常抽出时间来了解孩子的学习进程,要求他把上一课读一遍,如有遗忘的单词,马上教他或让他听磁带,这样就达到了巩固的目的,同时让他预习新课,自己找出问题,在上课时就会仔细听老师讲课了。

(4)适当地加强书写练习。当父母发现孩子会读单词和句子了,可是却不会写单词或是单词"搬一个家"就不会认了。父母可以在孩子作业不多的时候,让他抄写一些单词,但这也不能强求。

(5)创造良好的英语氛围。在平时,父母应引导孩子多用英语与朋友、同学、父母、老师进行对话。尽量形成一种学习英语的氛围,让他们在不知不觉中学会英语。这样既使孩子克服了畏难心理,又使他们敢说、敢练。然后,再逐步实现由部分使用英语过渡到全部使用英语。这样逐步树立了孩子的信心,从而使孩子觉得学习英语是一种乐趣,并且愿意去学习。

· 父母金言 ·

一位著名的英语教学专家说:"外语是学会的,而不是教会的。"作为父母,不仅要引导孩子"学会",而且要引导他们"会学"。

你要做时间的主人

父母千万不要把孩子管得太"严"了,而应给孩子一定的空间,并从小培养孩子强烈的时间观念,告诉他们时间属于会利用时间的人。合理、有效地利用时间,就等于赢得时间,争取了学习和生活的主动。有效的教育方法,才能产生有效的教育结果。让孩子认识到时间的重要性,学会合理利用时间,这是生活中更重要的事情。

萍萍读三年级,在时间的分配上,没有太多的轻重缓急之分,经常是玩累了,才想起还有作业没有完成。爸爸经常督促她,但效果不好,爸爸只好替她把时间安排好。

后来,爸爸发现,小区里有一个比萍萍小一岁的孩子,每当他没有完成作业,萍萍约他出来玩时,他都断然拒绝。于是,爸爸就在萍萍面前,用赞赏的话语夸奖那个小朋友懂事,有时间观念。"爸爸,我的时间不都是你安排好了的吗?"萍萍听出了爸爸的意思,不满地说。"你自己来安排学习时间好吗?""真的?""当然了,但是时间是很容易逝去的,拥有时间的时候,最重要的是应该学会怎么安排和利用,你自己试一试吧!"

第二天,爸爸送给了萍萍一台袖珍式收音机,并且跟她讲,在看书和做作业的空闲时间,可以听听自己喜欢的广播节目,还允许她看几个她喜欢的电视节目。除此之外,爸爸还注意监督萍萍的执行情况,以免她无限制地听广播和看电视。

孩子心理过程的随意性很强,自我控制能力较差。常常是一边吃饭,一边玩耍;一件事情还没有做完,心里又想着另一件事情;做事总是杂乱无章,缺乏条理。这时候,父母如果不加注意,就会让孩子养成"拖拉"的坏习惯,久而久之,这种坏习惯会根深蒂固。对于孩子来说,如果他有良好的学习习惯,他体现出来的能力也是超乎想象的。也就是说,只要孩子拥有良好的学习习惯,智力天赋并不高的孩子,也能够取得很好的学习成绩,也能够在学习中取得成就。在安排时间上,我们每一个人都应该向富兰克林学习。

富兰克林是美国著名的科学家《独立宣言》的起草人之一。有人问他:"您怎么能够做那么多的事情呢?而上帝也不多给您一点儿时间呀!"

"我有自己的时间安排,你看一看我的时间表就知道了。"富兰克林答道。他的作息时间表是什么样子的呢?

5点起床,规划一天的事务,并自问:"我这一天要做好什么事?"

8~11点,14~17点,工作。

12~13点,阅读、吃午饭。

18~21点,吃晚饭、谈话、娱乐、回顾一天的工作,并自问:"我今天做完了该做的事情吗?"

朋友劝富兰克林说:"天天如此,是不是过于……"

富兰克林摆摆手,打断了朋友的谈话,说:"这已经是我的习惯了。你热爱生命吗?那么,别无谓的浪费时间,因为时间是组成生命的材料。"

学会安排自己的时间,并让这种安排成为你自己的习惯,你就会在成功的路上,多一道希望的光芒。一些父母把自己未来的期望寄托在孩子身上,这是一件很残酷的事情。其实,不如让他们自己做选择。学习是一个终身的过程,孩子将要不断地经历学习、工作、取得经验、再学习这样一个循环往复的过程。

当孩子不能很好地安排自己的时间,或制订的计划难以操作时,父母要给他一定的指导或建议,最好是和孩子一起制订,千万不能命令他、压制他。在时间安排方面,一定要提醒孩子,每天给自己安排玩的时间,或者是孩子自己特别想做的事情。有的父母认为,玩耍会影响孩子的学习成绩,而他们却恰恰忽略了孩子的天性,所以结果往往是适得其反。正所谓"玩得好才能学得棒",孩子学会安排自己的时间,提高学习效率才是关键。

总之,父母要培养孩子自我安排时间的能力。孩子能够科学合理地安排自己的时间,就会为自己的日常活动提出独立的、不依附于父母或其他人的规则或标准,这样的孩子就是一个独立自主的孩子。

> · 父母金言 ·
>
> 父母应给孩子一定的空间,并从小培养孩子强烈的时间观念,告诉他们时间属于会利用时间的人。合理、有效地利用时间,就等于赢得时间,争取了学习和生活的主动。有效的教育方法,才能产生有效的教育结果。

你要有学习的兴趣

小明是一位初中二年级的学生。

小学低年级时，他的学习成绩一直不错。但是五年级以后，他的学习成绩就开始下降了，好不容易熬到升初中。

由于成绩差，小明没有考上重点初中。望子成龙的父母托人出高价将他送入市里一所重点初中。

可是，小明却不理会父母的一番苦心，学习劲头提不起来，书读得很吃力。

爸爸发现，小明学习不好并不是因为脑子笨，而是对学习不感兴趣。

小明经常是懒洋洋的，不像一位朝气蓬勃的少年。唯一能令他兴奋的是玩游戏。

无论爸爸多么苦口婆心、威逼利诱，小明都激不起学习的热望。

为此，小明的爸爸伤透了脑筋。

所谓兴趣，是力求认识、探究某种事物的心理倾向。这种心理倾向是由获得某方面的知识在情结体验上得到满足而产生的。

但是，在才能和爱好之间并不存在着必然的、直接的依存性。有的孩子也许正是对收效最少的知识领域发生兴趣。这样的孩子往往具备探究的兴趣。

兴趣对孩子的个性形成起着重要作用。

兴趣的性质影响着孩子在学校学习的态度，影响着孩子对今后学习方向和职业的选择。

孩子的兴趣越广泛，他对学校课程的学习就会越好，他的眼界就越开阔，对某些学科就越能理解得全面和透彻。

孩子的各种课外、校外的兴趣活动也会促进孩子课内的活动。比如：喜欢阅读文学作品，就可能对语文课感兴趣；喜欢植物，就可能对生物课感兴趣；喜欢机器，就可能对物理课感兴趣，等等。

孩子能否形成积极的、稳定的兴趣是与父母的教育分不开的。

在孩子很小的时候，父母就应该为孩子创造能够培养兴趣的良好环境和条件，并给予正确的引导。

为了激起孩子对阅读的兴趣，就必须首先给孩子朗读作品，并且给孩子介绍适合他们的读物。

为了激发孩子对物理的兴趣，就要向孩子介绍各种有趣的现象，比如：摩擦生电，鞋底为什么不是光的，苹果为什么往地下落。引发孩子思考的兴趣。

小明的父母在这方面做得不够好。

首先，他忽视对孩子各方面的观察和关注，忽视了孩子个性发展方面的缺陷。

从例子中我们知道，小明在小学低年级时学习成绩很好。正因为如此，父母被成绩蒙蔽了，没有及时培养孩子的学科兴趣和课外兴趣。

小明在低年级时的好成绩可以认为是来自外在刺激（家长的精神鼓励和物质奖励）和外在动机。但小学中高年级以后，随着孩子自我意识的增强和自我评价能力的提高，这种外在刺激和外在学习动机渐渐失去它本身的魅力。这时如果没有及时培养起孩子对学习本身的兴趣，孩子就会丧失学习的动力。

兴趣是孩子执着于学习的内在动机。

兴趣的培养不是一个自发的过程，家长和孩子都需努力。

因此，父母们要记住，孩子的兴趣越广泛，他的精神世界就越丰富，而家长应成为孩子积极的学习兴趣的引路人。

小明的爸爸应从以下几方面给孩子引导和帮助：

（1）帮助孩子发展和形成能丰富其个性的有益爱好，如音乐、体育、阅读、绘画、探究、发现等。

（2）培养孩子广泛的兴趣，避免兴趣的局限性。孩子兴趣的单一会使他的知识贫乏并削弱其总体发展，但这并不排除孩子应该有主导的中心兴趣。

（3）强化那些偶然产生的有益兴趣，并引导它得到健康发展。

（4）减弱、消除那些有碍孩子完成现阶段学校功课的兴趣和爱好。如打游戏机，不仅浪费大量的时间，而且对孩子的身心发展不利，应该制止这种兴趣的发展。

此外，家长还要告诫孩子恰当处理兴趣与学习之间的关系，不要因兴趣荒废功课。

· 父母金言 ·

父母们要记住，孩子的兴趣越广泛，他的精神世界就越丰富，而家长应成为孩子积极的学习兴趣的引路人。

你要提高学习兴趣

生活中我们会发现，无论工作、学习，还是对一件事，只要有兴趣就能把它完成得漂亮。但学习对孩子来说，有时会变成一件消极乏味的事情，他每天对着一堆数字写啊算啊，最后都麻木了，根本不会有什么兴趣。那家长能为孩子做些什么呢？

毛老师的儿子小希很聪明，但是小希就是不爱读书，毛老师都觉得拿他没办法。一天，一家人吃晚饭时，毛老师想到了一个好主意，她要让孩子给自己当老师。吃完饭、干完活，毛老师检查小希的作业时发现他算错了好多题，她就创设情境，让孩子当起了爸爸的老师，结果孩子很高兴，也改正了自己的错误。第二天，毛老师继续让小希当老师。她说："小希，妈妈那个时候不学英语，你英语那么棒，来教妈妈好吗？"

小希说："这不好吧，我英语成绩也不是很好！"

"你会什么就教什么，咱们同步学习。"

"那我先教你学单词好了。"小希说。

"行，也把你学到的句子教妈妈几句，这样我还能出去显摆显摆！"

"行，那我学什么教什么。"

"真是个好孩子，妈妈也会做个好学生，努力学习的。"

就这样，母子俩每天坚持读英语，孩子的收益极大，几乎把学过的东西都背了出来，母亲心里更是欣慰。孩子终于养成读书的习惯，而且每门功课成绩都很优秀。

老师的教学任务很忙，关心不到每个孩子，因此要靠家长培养孩子的学习兴趣。家长如果

积极关注孩子的学习状况,孩子一定会获得良好成绩的。以下几点是需要注意的:

(1)要增强孩子的学习快乐感。当孩子完成一个学习任务时,要及时进行鼓励,这样可以激发孩子学习的兴趣,当他喜欢上这种成就感时,就会不断追求学习的满足感。

(2)要明确学习目的。例如,学外语是很辛苦的,如果孩子对交流感兴趣,不妨改变学习方法,用说话代替枯燥的背诵。

(3)充分利用孩子的好奇心。小孩天生好奇,有时候会拆东西,来了解某件东西的构造。如果此时家长训斥孩子,就会损伤孩子智慧生长的幼芽,打击孩子求知欲望。所以,父母要尊重、保护和正确引导孩子的好奇心。

(4)营造和谐美好有利于培养孩子兴趣的氛围。孩子学习时只要提供一间小小的书房就可以了,期间家人不要轻易去打扰他,尤其不能频繁地端茶倒水,更不要将零食水果带到学习的场所去,这样会分散孩子的注意力,扰乱思维。

上海有一位姓李的家长,他的儿子表现相当出色,这位家长的教子方法就是:深入挖掘孩子的每一个兴趣。家长回忆到,孩子没上学时,有天跑来要零钱花,家长就问"要钱干吗?"孩子回答"买零食吃。"家长又问"零食有哪些?"没想到孩子立即答道:"雪糕、果冻、糖果、话梅、酸奶……"一下子说出了那么多。这件事引起了家长思考,如果每件小事都让孩子研究一遍,那孩子就会获得很多知识。所以,这位家长决定时刻关注孩子的兴趣,让孩子的兴趣更明显地表现出来。

孩子上了小学,家长发现儿子很喜欢吃鱼,就经常带孩子来市场买鱼,通过这一活动,孩子认识了许多种类的鱼,并对它产生了兴趣。儿子由吃鱼,到养鱼、钓鱼、做鱼,渐渐地,孩子对鱼越来越有研究,博物馆中陈列的鱼化石更是不知看了多少遍,对鱼类发表评论时,都有一点专家的模样了。

后来孩子上了中学,在同学的影响下,又特别喜欢足球。家长还是一贯地支持,带孩子看球赛,买球类杂志,孩子从中不仅学会了足球知识,还了解了各国的足球文化。

上了高中,孩子的兴趣又变了,他迷上了欧美音乐。家长还是尽量支持他的想法,在这方面,为他投了不少资金,用来买光碟、书本资料等。这一爱好为孩子开阔了视野,他从中了解了很多音乐知识,也对欧美国家的历史产生了兴趣,比如在什么时期流行什么乐曲,乡村音乐的产生等。受音乐熏陶,孩子的谈吐举止也更高雅了。

最后他说,兴趣广泛的孩子知识面就比较广,进而他的世界就会更加丰富多彩。

家长想要提高孩子学习成绩,可以先从兴趣着手,再加以鼓励,千万不可只靠补习强迫孩子学习,这只能产生相反的效果。

· 父母金言 ·

想要提高孩子学习成绩,可以先从兴趣着手,再加以鼓励,千万不可只靠补习强迫孩子学习,这只能产生相反的效果。

你要做一个爱读书的孩子

有提问:我家孩子3岁,看到别的孩子都听故事听得入迷,我很羡慕。我也给孩子买了很多图书,不过他似乎没多大兴趣。每次读不了两页,他就干别的去了。怎样才能让孩子爱上阅读呢,

这样回答也许更好一些:早期阅读的重心不再让孩子正经读书,而在让孩子享受阅读的乐趣。因此,对学龄前孩子来说,图书首先是个特殊的玩具,只有把它当一个玩具,以孩子能够接受的方式跟他玩儿,而不是按照图书上的文字正儿八经给孩子念,他才会对它产生兴趣,并享受到其中的乐趣。当孩子习惯了阅读之后,他就会享受完整地去读一本书了。如果急于将一本书的内容完整地呈现给孩子,正儿八经去阅读,往往会适得其反。

实际上,孩子天性都喜欢图书。只不过,每个孩子对图书产生兴趣时的表现都不太一样。比如,1岁左右的孩子会像玩别的玩具一样,去拍书、抓书、扔书,两三岁的孩子可能会对书中的内容产生兴趣,喜欢在书里找他喜欢的角色或者图案,有的孩子则能完整地享受读一本书。还有的孩子则会装模作样地"读书",一边胡乱翻书,一边嘴里念着"火星语"。有的孩子则在爸爸妈妈给他读书的时候,一边听,一边玩玩具,看似没有专心听。因为学龄前孩子都有一心多用的本能,他们虽然看似没有听,实际上一样在听。那些从几个月开始就享受阅读的孩子,他们对图书会更有感觉,也更能系统地去阅读。了解孩子的这些特点,我们就不会因为孩子不能跟随我们完整地读一本书而沮丧,而是可以跟随孩子,以他喜欢的方式去阅读,更好地与孩子一起享受阅读的乐趣了。

比如,孩子喜欢在书中找某些东西,即便他手里拿的是一个很有趣的故事,我们也没有必要纠结于一定要完整地去讲一个故事,而是陪着他一起找画面中他喜欢的某些东西好了。在找的过程中,他对图书的好奇心被调动起来,并得到满足,他自然就会从中获得成就感,最终爱上这项活动了。在以孩子喜欢的方式阅读的同时,我们也可以以孩子能够接受的方式试探性地带入更多的内容,这样一来,孩子没有压力,我们也顺应孩子的需求,和他一起享受了阅读的乐趣。时间长了,孩子就会越来越多地发现书本的乐趣,爱上阅读了。

总之,要想让孩子爱上读书,就一定要顺应孩子发展的特点,使阅读成为一项带有强迫意味的无趣活动。这样不但能让孩子爱上读书,还能让读书成为他(她)生活中的一部分。

卢杰是某初级中学的学生。当老师要求班上的每位同学都前去图书馆借一本课外读物时,一向对阅读不太感兴趣的卢杰,为了应付老师布置的作业,也只好跟着自己的同班同学到了学校的图书馆。当其他同学在学校图书馆里忙着找最优秀的课外读物时,卢杰却忙着找一本最薄、最简单的课外读物。当学校图书馆的管理员问他为何这么做时,他十分干脆地答道:"阅读枯燥无味,令人生厌。"

随后,卢杰在13岁的那年,参加了一个学校专门为不情愿阅读的学生举办的一个培训班,该培训班的要求非常简单:他不必去读完自己不喜欢的书籍;而对于那些自己喜欢的书籍,他想花多长时间读完都可以。

当卢杰意识到在课本之外,还有一个那么广阔的阅读世界——名人传记、笑话选编、神话传说、科幻小说等——的时候,奇迹出现了。"我从来都不知道,竟然还有这么多趣味性与知识性兼备的书籍。"卢杰说。

如今,14岁的卢杰不仅阅读了大量的中国文学名著,而且还阅读了大量世界文学名著——从托尔斯泰的小说到莎士比亚的戏剧;从《弗兰肯斯泰因》到《野性的呼唤》,数不胜数。他的班主任说道:"卢杰后来的成功说明,只需要一些努力,任何孩子都会结识书籍这个人类共同的朋友,也都会爱上读书的。"

那么,如何把不情愿读书的孩子转变为爱读书的孩子呢?主要经验有以下4条:

(1)了解孩子的兴趣。就像卢杰一样,许多孩子需要发现书籍可以把他们带到有极大吸引力的地方——充满神秘色彩的火星、摇滚乐队的台前幕后、汽车交易的内幕等。卢杰的父母认为,父母应该一直进行尝试,直至发现哪类书籍能够点燃孩子兴趣的火花。如果你的孩子一看到莎士比亚的著作,就直打瞌睡,那么你可以给他或她提供趣味性比较强、文字浅显易懂的书籍、时装杂志或《吉尼斯世界大全》等。如果你的孩子是一位足球迷,那么你可以为他或她订阅足球杂志,或送一本他或她所崇拜的足球明星的传记。

(2)给孩子一个自由选择的空间。"家长须要确保的一点,就是孩子所选择的阅读书籍,对他或她的身心健康没有任何害处,"卢杰的父亲说,"除此之外,重点应该放在能够给孩子的生活带来快乐的书籍上。"当你的孩子阅读《简·爱》之类的书籍时,要比阅读其他没有多大意义的书籍,更容易被其中的感人情节所打动,他或她对文学作品的兴趣也更容易被激发起来。

(3)让孩子在消遣中产生读书的渴望。如果你的孩子没把一本书读完就不再读了,那么你不要对孩子表露出失望。"孩子开始读一本书,即便还没读完就不继续读了,也没有什么不好的,"卢杰的母亲说,"你应该为他或她手中经常拿本书读而由衷地感到高兴。"

避免给孩子规定读书的数量,也不要用奖励或惩罚措施来迫使孩子读书。"如果一个孩子为了得到家长的认可才去读书,那么他或她是不会坚持多久的。""你应当让孩子本人产生阅读的渴望。让孩子能够在阅读中获得乐趣,而这一点靠硬性要求是无法办到的。"

(4)在家中创造出良好的读书氛围。许多家长时常等到孩子上床睡觉后,才静坐下来,安心读书。家长虽然一直在读书,但由于孩子睡了,因此他或她不曾知道家长有坚持读书的好习惯,也根本不会把家长视为热心的读者。这么一来,在家中创造出良好的读书氛围也就无从谈起了。卢杰父母的经验是,你应当让自己的孩子看到自己在读书。

尽管家长可能会把读书视为一项个人活动,但孩子们却希望加入进来。孩子们不仅喜欢听爸爸妈妈给他们读书,而且还喜欢和爸爸妈妈一块儿读书,随时听到爸爸妈妈的指导与讲解。许多年龄稍大些的孩子,则喜欢找本自己爱读的书,给爸爸妈妈朗读。年龄大一点儿的孩子可能希望就他或她所读的书,与你进行讨论,那么你应该对他或她所读的书比较熟悉,以免孩子提出问题时,你哑口无言。如果孩子读过的书拍成了电影或电视剧,那么你最好能够安排孩子去看一下该影片或电视剧。

"引导那些不情愿读书的孩子热爱读书,可能是一个漫长的过程,然而,你永远也不要对孩子失去信心,"卢杰的父亲说,"热爱读书,是你可以赠给孩子的最伟大的礼物,它比你花很多钱安排孩子上私立学校更好,比你赠送孩子一台电脑更好。热爱读书可以改变一切。"

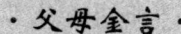

·父母金言·

要想让孩子爱上读书,她应该顺应孩子发展的特点,使阅读成为一项带有强迫意味的无趣活动。这样不但能让孩子爱上读书,还能让读书成为他(她)生活中的一部分。

你要培养学习情感

学习上的情感是能够体验到的情感状态,培养良好的学习情感有利于孩子顺利完成学业,并且是孩子主动学习的源泉,能使孩子自主积极地完成学习任务。情感是有消极和积极之分的,学习情感也不例外,喜欢、热爱、好奇等都是积极的学习情感。

小武今年15岁了,上初三。他虽然有较高的智力水平,但对学习却不上心,总是很贪玩,成绩一般般,经常迟到、早退,而且还旷课,经常去网吧。他性格特别倔强而且自尊心很强,很不乐意去听父母的说教,属于"左耳朵进右耳朵出",有时不服气还和父母吵架。家长对此也没有什么好办法。其实在刚步入初中的时候,小武的学习状态还不是这样,学习成绩还算不错,是个典型的好孩子。但是由于功课的增多,内容的加深,他又贪玩,不看重学习,然后学习成绩一步步下滑,他也干脆"破罐子破摔",最后对学习彻底失去了兴趣。所以,家长特别着急,老师也渐渐放弃了他。由于家长忙着干活,与他沟通比较少,并不能照顾到孩子内心的想法,总是对他严加管教,而且他的思想也不是很成熟,不会全面正确地看待问题,不能完全理解父母对他的教育,也不愿意接受批评。所以,父母和孩子之间的代沟越来越深,他也开始懒得学习了,遇到难题就退缩。怎么会有好的学习成绩?

当孩子进入青少年期,也是心智开始发展的时期,开始看重自己的自尊心和荣誉,因此适当的赞美对于孩子的成长来说也十分有利。父母要学会肯定,就能更加激发他学习的信心。父母应该用更加宽容、鼓励的心去面对自己的孩子。老师不应该只是看到孩子的缺点,应该努力去发现他身上的闪光点,对他的进步多加表扬,并及时向家长反映他的学习情况,千万不要等到悲剧酿成了再和家长联系,这样能使小武清楚地知道老师是尊重他的学习成果的,让他体会到成功的喜悦,他也就会对学习和生活更有积极性了。

情绪和情感影响人的活动主要体现在:一方面它能增强学生的主动性并且提高效率,另一方面也降低学生的积极性,进而使学习效率下降。家长一定要培养孩子积极的一面,减少消极情感,以促进孩子积极学习,提高孩子的学习效率。

(1)帮助孩子树立正确的世界观、人生观、价值观。孩子的"三观"对于情绪有很大的影响。拥有正确的世界观、人生观、价值观,便能够拥有高尚的情操,这样才能提高对学习和工作的热情。父母需要注意的是要引导孩子把学习与国家民族的发展紧密联系起来,进而树立正确的世界观、人生观、价值观。周恩来总理从小就立下了"为中华崛起而读书"的伟大理想,专心读书充实自己,为祖国作出了自己的巨大贡献。

(2)进行丰富多样的情境教育。有句话这样说:"触景生情",不同的情景会产生不同的情感。家长可以多带孩子们去旅游参观,让他们体会到祖国的美好,让他们了解中华民族几千年的文化精华并为之产生自豪之情,从而对社会主义的美好明天充满自信,树立为祖国繁荣发展而努力学习的决心。

(3)创造良好的学习生活环境。情感沟通对家长和孩子来说是非常必要的,这样能创造出一个和睦的家庭气氛,使大家都能保持心情的愉悦,这样他们才会有渴望学习以及探索世界的热忱。家长要保持合理的期望,这样才能够促使孩子向好的方面发展。太高或者太低的期许都会不利于孩子的正常发展。除此之外,父母还需要帮助孩子建立良好的社交网络,这样孩子在学校有良好的学习环境,心情舒畅,孩子就会积极学习。

(4)消除不良情绪对孩子的影响。在我们的现实生活里,坏情绪无处不在,比如焦躁、自满等等,这些除了会影响到孩子的正常学习,而且对孩子的身心健康还会产生不良影响。有研究显示,学习优异程度是和心理健康成正比的。要想学习成绩提高,也必须有较高的心理水平。如果父母想要消除孩子的不良情绪,让孩子保持良好的心理水平,一定要关心爱护自己的孩子,让孩子感受到父母的爱,精神上备受鼓舞,并且能够保持愉悦的心情和健康的心理状态。其次,一定要为孩子创造成功的条件。成功的情绪体验,不仅仅能够增强孩子的自信心,减少自卑感,还可以避免不良情绪的影响。最后,父母一定要培养孩子宽阔的胸襟,孩子一般情绪不稳定,并且还常常带有两极性的特点,如他们一会儿高兴得手舞足蹈,一会儿又闷闷不乐;一会儿激动不已,一会儿又消极悲观。家长一定要培养孩子们的涵养以及内在的一些品质,要乐观开朗、谦虚谨慎,让感情更理智一点。

(5)帮助孩子学会调控情感。孩子一般都情绪化,这样对学习会有不良影响。小孩子的情绪该怎么调节呢?一定要让孩子树立正确的学习观。当学习目标不能及时实现时,告诉他们不要焦虑。有些孩子总是不能够确定目标,而且往往给自己定较高的目标,这样都会对孩子的情绪造成不良影响。

在和别人发生了争吵的时候,一定要时刻警醒自己"如果我是他,会……",假设每个人能做到这一点,就会少了很多埋怨;假如从多个角度来倾听良言的话,便不会有那么多的争吵和紧张。一定要教导孩子理智控制自己的感情,不要大事小事都表现出愤怒。

> **·父母金言·**
>
> 当孩子进入青少年期,也是心智开始发展的时期,开始看重自己的自尊心和荣誉,因此适当的赞美对于孩子的成长来说也十分有利。父母要学会肯定,就能更加激发他学习的信心。父母应该用更加宽容、鼓励的心去面对自己的孩子。

你要培养阅读的习惯

高尔基说过"书籍是人类进步的阶梯",而阅读则是开启孩子智慧之门的金钥匙。阅读能让孩子开阔视野、陶冶情操，以达到提高学习成绩、增强学习能力的目的。养成好的阅读习惯，孩子一生都将受益。

从前，有一个波兰的小女孩，她特别爱读书，即使国家在战争中灭亡了，她仍然坚持用自己国家的语言加倍地学习。不管形势怎么变化，不论周围多吵闹，她都不会分心，这个女孩就是伟大的科学家居里夫人。

那些成功人士令我们仰慕，但是，当我们审视这些成功人士的生命时，我们会感到他们之所以能够成功，是因为知识的力量在左右着他们的人生，而知识最重要的来源就是读书。少儿时期是孩子读书的重要时期，更是人一生潜能发展的最佳时期，所以，父母要抓住关键时期，从小就培养孩子阅读的习惯。

孩子只有多读书，才能让自己的语言逐渐积累起来，才能拥有丰富的语言，才能提高口语表达能力和作文能力，才能出口成章。叶圣陶先生曾经说过："小学生今天做某篇文章，其实就是综合地表达他今天以前的知识、思想、语言等方面的积累。"叶老先生的话很明确地指出了写作与积累的关系：阅读多了，积累也就多了，作文的表达也就强了，语言自然也就丰富多了。这些都要归功于阅读，因为孩子的书读得多了，就会把读过的知识内化为自己的语言，随着阅读量的增加，他的语言积累也就会越来越丰富，下笔自然也有"神"了。

并不是所有的孩子都喜欢读书，有的孩子觉得读书没什么乐趣，还不如去看电视或者是听音乐，小芳就是这样，她现在快小学毕业了，在学校成绩还算可以，属于中上等水平，虽然平时很少读书，但是她的口头表达能力非常强，亲戚朋友见了都说她是个聪明而且会说话的孩子，小芳平时不喜欢读书，只是经常坐到电视前看电视，说自己的口才都是从电视上学来的，读书不如看电视，看电视也可以增长知识，而且比读书更有乐趣。

现在，随着电子产品和网络的普及，很多孩子的阅读时间越来越少，阅读的范围越来越小，孩子的阅读兴趣也随着"读图时代"的来临而逐渐改变，甚至很多孩子都产生了排斥文字的心理，他们的课余时间逐渐被影像、电子游戏和卡通占据，文字阅读只占孩子阅读中的很小一部分。

现在很多家长也都发现了这个问题，他们呼吁学校要与家庭联起手来，共同改变孩子对文字疏远、冷漠的现状，培养孩子的阅读习惯，让孩子重新回归到正确的学习道路上。

《中国青年报》在2001年8月6日刊登的一篇题目为《网络与影视横行的年代，你冷淡了文字吗？》的文章提到：

"只要留心，人们就会发现，如今两三岁的孩子简直都是古怪精灵，一张小嘴表达能力特强。教育学家认为，这是大量电视信息对儿童刺激的结果，电视使他们的语言能力得到开发。但奇怪的是，这些孩子长到十几岁时却大多归于平庸，读写能力很差，比如前段时间传出的某次全国性考试，有学生面对考题无话可写，竟引用《大话西游》里的台词！教育学家认为，清晰表达思想的能力，必须通过大量的阅读才能获得，而电视无法培养人们的这种能力。在与电视依存的日子里，人们养成了远离书籍的坏习惯，就像与一位朋友在一起待久了，他的坏毛病会传染你一样。"

课外阅读,可以让孩子走进一个神奇、美妙的图书世界,而且还可以学到课本上学不到的知识,取得长远的知识效益。一本好书,就是一个好的老师,不仅会让孩子学习到更为广阔的书本知识,更重要的是还可以让孩子从书中获得人生的经验。对孩子来说,不可能事事都去亲身体验,书中的间接经验,将有效地补充孩子经历的不足,为孩子的学习和生活增添新的感受,还可以丰富孩子的想象力。

孩子在上学的时候想象力是最丰富的,而想象的过程又是孩子对大脑中已经存在的表象进行加工改造形成新形象的过程。因此,想象的产生离不开表象的积累,表象的积累又多来源于文学作品。一般来说,孩子可以从文学作品中积累各种各样的人物形象和景物形象,孩子的表象积累更快,更多,想象也就有了原料,联想起来更加容易。因此,阅读书籍可以大大提高孩子的表达能力,而文字没有固定的形象,孩子在阅读时,可以充分展开想象的翅膀,这也就是我们常说的"一千个读者心中就有一千个哈姆雷特"。

那么家长该如何培养孩子的阅读习惯呢?

(1)做个爱看书的父母。身教重于言传,如果父母平时就有爱看书的习惯,孩子也会在无形中受到父母行为的影响,这样孩子的阅读习惯培养起来会更加容易。

(2)不要让电视代替了孩子的阅读。如果孩子一回家就坐在电视跟前,不仅会浪费很多时间,而且对孩子的眼睛也是非常不利的,电视的辐射是造成孩子近视的重要原因之一,孩子的眼睛处于发育阶段,如果发育受到影响,孩子的大脑也会变得只能接受变化快速的影像,缺乏思考和创造力。而且电视还有许多不适合孩子看的节目,会给孩子的价值观念和生活态度带来很多不良的影响。

(3)让孩子远离电子游戏。现在电脑已经进入许多家庭,很多父母也能够认识到电脑的重要性,就时常把电脑交给孩子,让孩子自己去研究。但是,由于这个阶段的孩子没有明确的学习目标,再加上许多父母不具备指导能力,这样,电子游戏、网上聊天就成了孩子们在电脑上进行的主要活动。

作为父母,应该如何应对孩子的上网问题呢?第一,指导孩子多读书,让孩子有更多的选择,给孩子更多的娱乐方式,让孩子去发现,读书也是一种乐趣,从而避免孩子迷上电子游戏。第二,父母要多陪孩子看书,在陪孩子读书的时候,多为孩子选些有趣的书,培养孩子有自己钟情的活动——读书。第三,跟孩子约定好,只能在规定的时间内玩电脑,还有把电脑和读书联系在一起,从电脑中阅读。

(1)养成固定的每天读书的习惯。韩愈有一句治学名言:"业精于勤,荒于嬉。"所以,要让孩子养成勤奋读书的习惯,"三天打鱼,两天晒网"是成不了大事的。阅读要靠一天天的积累,偶尔读上两天,效果极为有限,一定要帮孩子每天安排一定的时间读书,一直到养成习惯为止。

(2)有意识地给孩子设置一些问题。这样做可以让孩子利用书本上的知识回答问题,给孩子运用知识的机会,让孩子感受到读书的巨大作用。

(3)为孩子办一张借书证。借书证是孩子"读万卷书"的开始,有了这张小小的借书证,孩子就可以在课余时间去图书馆读一些自己喜欢的书了,图书馆是书的海洋、知识的宝库,孩子在这里吸取营养,同时也会养成"泡图书馆"的好习惯。

(4) 在家里建立一个小的读书空间。在家里给孩子专门设置一个读书空间,一个简易的书房,是促进孩子阅读的一个重要步骤,同时也体现了父母对孩子阅读的重视。而且,一个舒适、安静的读书环境,可以提高孩子阅读的兴趣和效率,促进孩子养成阅读的习惯。

"你或许拥有无限的财富,一箱箱的珠宝与一柜柜的黄金,但你永远不会比我更富有——我有一位读书给我听的妈妈。"这是《朗读手册》中的开篇语。难以形容当时我看到这句话时的喜悦,因为它,对我们长期在培养孩子阅读兴趣上的一些不自觉做法,是一种印证,更是一种鼓舞。

从孩子周岁起,每晚睡前,都要听我们讲故事。当时,担任这个任务的是她父亲。从《格林童话》中的"小红帽"、"狼和七只小山羊"到《安徒生童话》中的"丑小鸭"、"海的女儿",甚至是他即兴而编的各种小故事,每天都会给孩子讲一个。最喜欢在冬夜里听他给孩子讲故事了。柔和的床头灯,温暖的棉被,孩子软软地躺在他的臂弯,听他低沉和缓的述说,那样的夜晚隐去了白天的繁杂和喧闹,变得无比单纯和澄亮。这样的时刻,总叫我不由自主地停下手中的活儿,倚靠过去,跟着沉浸在故事的温馨里,过了不久,孩子便带着满足的笑容甜甜地进入了梦乡!

所有的这些,都是毫无意识的,没有任何理论指导的。但我们很快发现,孩子很喜欢书,常捧着那些色彩艳丽的书本翻弄不停,不时地还带着令人捧腹的发问。一到夜晚,便扯着书,嚷着要听故事。

如今,孩子已上三年级了,她已经不再嚷着要听故事了,而是常缠着我带她逛书店。她学会了自己看书,迷上了书,成了出名的小书迷。她的阅读速度越来越快,阅读兴趣也已经十分广泛。从《百科全书》到《水浒传》,从侦探故事到国际大奖小说系列,从唐诗宋词到各类儿童诗歌,从爷爷的报刊新闻到爸爸订的各类杂志,这些都赋予了她开阔的视野,活跃的思维,以及丰富的情感。

每天晚上,我们都有一段亲子共读的美好时光。一个故事,一本书,大家轮着读。这一段,你读;接下来一段,他读。就这样一页一页地读,一本一本地读,偶尔说说看法,发发评论。夏天,是令人着迷的,在炎热之后是夏夜晚风的清凉,此时,孩子就把《堂吉诃德》给抱过来了。于是,我们肩并着肩,开始大声读书。念着念着,孩子会发问:妈妈,堂吉诃德第二次出游,又会发生什么事呢?

"是呀,我也想知道!"

"妈妈,你不觉得桑丘很无辜吗?"

"是这样的,因为他的无知。"

有时候,她忽然来了兴致,对下面的内容好奇得不得了,就要求着:"妈妈,再多读一章好吗?""妈妈,你想不想继续?"

"想,继续吧,妈妈想永远这样读下去!"我回答。这样清朗和无忧的夜晚,唯愿它不停地延续的,一直到孩子的中学、大学、成人……抬头和孩子他爸相视一笑,是彼此希望的交流,晚上九点,这是我们一天中最美好的时刻!

把阅读跟美好的体验、愉悦的情绪紧密地联系在一起,长此以往,像每天需要快乐一样,阅读兴趣就自然而然地养成了。

> **·父母金言·**
>
> 高尔基说过"书籍是人类进步的阶梯",而阅读则是开启孩子智慧之门的金钥匙。阅读能让孩子开阔视野、陶冶情操,以达到提高学习成绩、增强学习能力的目的。养成好的阅读习惯,孩子一生都将受益。

你要克服学习困难

学习适应性也叫适应学习的能力,指的是能克服学习中遇到的困难和挫折,然后取得成功的能力,也是孩子们在学习的过程中适应学校环境和学校活动的能力。好的学习适应性水平指的便是在适应学习的过程里面,完成了学习任务并且身心都能得到发展的过程。孩子进入学校学习之后,因为学业以及环境的改变,可能会不适应学校的情况。比如没有学习动机,没有良好的学习兴趣,在规定的时间里面总是无法完成作业,这样慢慢发展只会越来越糟糕。

小青是独生子,家庭条件也很好,爸爸妈妈也都是很重视小青的学业,总是希望他早日成才,为国家出力。小学时候一直表现不错的小青,在升了初中之后,突然就发生了巨大的变化,总是情绪不振、每天的情绪都不高,还显得焦虑不安,不能专心学习,对待周围的人或事情也是不能专心,经常出现自暴自弃的想法。这些对他的身心和未来发展都将产生非常不利的影响,究竟这是为什么呢?

经了解得知,小青升入初中后,学校和老师都换了,多了很多学科,内容还很抽象,但是他还在用小学的学习方法来学习,总想让爷爷奶奶辅导,因此不能很好地适应学校的环境,并且还认为这是自己蠢笨的原因,就更自卑了。

这种状况并不少见,不过这并不是一种原因造成的,父母如果想要了解郭的学习适应性水平,需要掌控各种影响小孩学习适应性的因素以及各种因素间的相互作用,这样方便学校还有家庭调整教学策略以及方法,让孩子在这一阶段能适应学校的变化。

首先,我们需要做的就是改变孩子的学习环境,尤其是写作业的时候。让小青能够回到家长的身边,这样做既可以让其不受爷爷奶奶的影响,又可以加深家庭的和睦,爷爷奶奶也不会再帮他代做作业。之后,需要孩子自己积极地和内在的自己对话,向消极意识挑战。诸如:"我学习成绩一直很好,我并不是个笨孩子。"第三,一定要讲究学习的方法。告诉小青新的学习方法,并且按部就班地学习。

与此同时,还要训练他的学习方法:第一是晚上做作业的时候,一定要让他在房间里面独立完成自己的作业,家长千万不要干涉,这样可以让他养成良好的独立学习的习惯。第二是在临考前,让他在一定条件的限制之下独立地完成自己的作业,以便能在考场上顺利答题。

经过三年的改变,小青开始变得斯文有教养,还培养了良好的人际关系,不管是在学校还是家里面都变得很好相处,思想上也显得成熟多了,学习成绩也有了突飞猛进的进步,最后还考入了重点高中。

像小青的这种情况是典型的适应不良。初中的孩子里这种情况最多,原因是他们没有适应新的机制。小学的教学方法已经不适用,但是初中的机制还没有建立,于是就会出现这种情况。所以我们应该从两个方面入手:一是调整环境心态,训练自己的自信能力,认知调适;二是要培养孩子的学习策略,养成良好的学习习惯,培养良好的能力,在这个时候,一定要为孩子树立良好的自信,勇于追求卓越。这些方法对改善这一情况都有很好的效果,值得很多父母效仿。

当孩子出现了不良表现时,要从以下几个方面进行缓解:

(1)多观察子女的表现,常跟老师交流孩子在学校的行为表现,和子女要多些交流沟通

(2)不要总拿孩子的成绩说事,也不要总是拿孩子跟其他同龄人比较

(3)帮助孩子消除不良情绪的影响,并且督促孩子做到。

①能够自我分析、自我认识。有很多因素导致不能适应学习生活,假如学习里面一旦产生了不良的情绪,一定要先分析它产生的原因。要客观自主地分析,不要总是从环境中找问题。在能够认清自我的情况下,调节自己对环境的适应情况,从而提高学习能力,获得好成绩。

②一定要学会调整人际关系。当和父母闹矛盾时,要学会设身处地去想,一定要理解父母的用心良苦;如果与父母的观点产生分歧了,不要心急吵架,要和平商量,一定要多站在对方的立场上面思考问题,使彼此的情感融洽;不要顶嘴,因为这样会让父母觉得很伤心;在和同学们关系紧张的时期,也要凡事都站在对方的立场上思考,主动承认自己的错误,宽容对待同学们的过失;要多参加体育锻炼,和同学们多些交流和沟通。

③要学会及时调整自己的心情,及时排解心中的抑郁。要认识到没有完美的人生,不要长时间为某事生气焦虑,一定要把自己的烦恼同周围的好朋友倾诉。假设长时间感到十分郁闷,可以运动减压,运动是很好的宣泄方法。

④一定要学会改变不良的性格。学习成绩的好坏与个性特征有很大的关系,假设你想要获得优异的成绩,就必须改变自己不良的性格。无论是身体还是心理上的疾病都会严重影响学习情况,心理障碍可以及时地去门诊部进行咨询治疗,及时缓解心理健康问题,尽快让自己恢复正常的心理。身体上的疾病也是要尽快去找医生治疗的,这样才能以更好的状态学习。

有一个小男孩,脾气很不好,不是和班里的同学们动手打架,就是和邻居家的小孩子起冲突,而且还经常和长辈吵架顶嘴,大声争辩。父亲为了让他不再这么暴躁,便告诉了他以后再想发怒就到木桩子的面前,把一颗钉子狠狠地砸在里面,每发怒一次就定一颗钉子在上边。

这个小男孩照做了,每当他一想发怒的时候就按照父亲的指示,跑过去拼命地捶打一颗钉子,有一天他竟然打进去100颗钉子。

这天父亲把握住时机说:"当你感觉心情很好时就把钉子从木桩子里面取下来吧!"听完这句话,小孩子便跑过去取下一颗钉子,最后他发现,其实钉子可没那么容易取出。于是从那一刻开始,男孩子便开始克制自己往木桩子上锤钉子了,每天从木桩上取出的钉子越来越多了。最终他再也不向木桩子上面打钉子了。于是,父亲便表扬了他,小男孩也觉得很高兴。

终于有一天,小男孩取出了所有的钉子。父亲把他带到这棵大木桩前说:"你知道为什么取钉子要这么费劲吗?就是由于生气的时候骂人泄怒很容易,但是如果你想重新得到友谊是很困难的。你再看看这个木桩子,即便钉子都被取出来了,可是却留下了永远的伤痕,所有千万不要轻易伤害你身边的亲朋好友,不管这种伤害怎么弥补,也是无法完好如初的。"

· 父母金言 ·

父母如果想要了解郭的学习适应性水平,需要掌控各种影响小孩学习适应性的因素以及各种因素间的相互作用,这样方便学校还有家庭调整教学策略以及方法,让孩子在这一阶段能适应学校的变化。

读书才是你的出路

现在,为数不少的家庭中,父母对孩子读书表示一种无所谓的态度,一种新的"读书无用论"通过父母的误导严重地影响着孩子,尤其是影响着在校孩子的学习。

有一个孩子刚刚上完小学,在假期里做着上初中的准备。他的爸爸在城里做小生意。一天,他的爸爸回家,看见孩子在学习,就说:"还学什么,读完小学就行了。以后跟我进城摆小摊儿挣钱去。"

还有一个小孩儿,他对爸爸妈妈说:"我的梦想是从小学、中学到大学,一直读到硕士学位。"他的爸爸扭过头来劝孩子说:"读到什么学位都没用,你没听说硕士生到头来还是在卖猪肉?"

像这样的例子,简直不胜枚举。

有一位父亲名叫李达国,他的小儿子李晋,大学毕业后工作没着落,这让李达国很伤心。乡亲们说得更直接:"李晋大学毕业都找不到工作,看来,这书也没什么读的了。""老李啊,你大儿子没读什么书都可以赚一千多元,小儿子大学毕业还要你出钱养,读了书还比不上没读书的,读书作用不大啊……"

十年寒窗苦,一毕业即失业,这固然让人哀伤。但是更让人唏嘘的是,把读书当作发家致富的工具,看到大学毕业后的现状和预设的前景格格不入,便得出"读书无用论"的判断,这是一种误解。

某大学生说:"我以前是村子里小孩子们学习的榜样,如今的榜样是我那个初中毕业就去打工的弟弟。"有的农民说:读了大学也难找工作,这书怕是读了也没什么用——就业难使农村渐渐出现了新"读书无用论"。

拿到斯诺克大赛冠军的丁俊晖一句"打球有钱赚,读书有啥用",就引起社会整体性的"读书无用"的共鸣;盖茨辍学成富翁的经历在本国没引起什么议论,而在中国一再成为"读书无用论"的论据;几个农村学生毕业没找到工作,很迅速地归结到"读书无用"上。我们的"读书信仰"何以如此脆弱?

"读书"是民间对"教育"的通俗化表达,"读书信仰"的脆弱折射出教育对社会多元价值整合力量的式微。一种成功的教育,能形成一种独立的、不易受社会其他功利价值影响的价值判断,凝聚起社会对"读书"坚定稳固的信仰,有足够的影响力把分裂的社会群体牢固凝聚于"知识改变命运"的价值共识下,不因一时的利益损失而动摇。比如美国社会就形成了这种坚定的教育信仰,无论辍学的盖茨有多富、现实中工作有多难找,美国人很少会抱怨"读书无用",其通过教育向上流动的信念不会改变。

为什么一些父母会产生"读书无用"的想法,并用这种想法去误导孩子?主要是我们的家长似乎很容易受到社会功利价值观的影响,没读书就出人头地、毕业了没找到工作、北大才子街头卖肉……这些新闻事件能轻易动摇人们对读书的信赖。

教育成本相对于社会平均收入的高昂,也滋生了公众对"读书信仰"的浮躁心态。在一个教育成本相对低的社会中,一个家庭不需要多大的付出就能送孩子接受教育,他们对读书之"用"就不会有那么迫切的回报心态,就能以一种从容平和的心理接受暂时的经济上的付出,坚守"知识终究会改变命运"的认识。如果送一个孩子要费很大的力气,要赔上全家人甚至全族人的养命钱和送终钱,他们自然会对回报迫不及待。高成本孕育的回报焦虑下,一旦遇到就业难的挫折,就会上升到对读书付出的怀疑上去。读书是否无用?这是伪命题。无论是求证于科学巨擘、财富新贵,还是举出学术精英、政界新秀为例,可以断言,这些硕博、才俊或成功者,其绝大多数都是因为学有所成,其成功的基础正是因为接受教育。再以我们周围大多数的金领、白领为例,这些人所取得的成就何尝不是拜读书所赐?所以,"知识改变命运"是已被证明和正在被证明的真理。

一时找不到工作就能说明读书无用吗?应该说,受过良好教育的和没有受过教育的人,其思维方式、谋生本领、处世能力和思想内涵等等是迥然相异的。从长远看,受过教育的远比没有受过教育的更有前景。当然,也许能找出个别文盲或准文盲成才成功的例子,但显然这只是个例。在知识经济的时代里,"读书无用"永远也经不起推敲。

有些父母就是因为有"读书无用"的观点,致使孩子荒废学业,更耽误了大好前程,尤其是在孩子成长的大好时光里,终止孩子的受教育机会,改变了孩子的成长道路,导致他们一步步误入歧途,对孩子、对家庭来说,都是一种危险的身心伤害。

读书是提高孩子人文素质的重要途径。在我国的一些大学里,很多理科生对文科知识知道得很少,而一些文科生对理科知识了解也不多,由此看来,不同学科的孩子拥有不一样的思维方式和做人准则。那些文科倾向严重的孩子,往往把感情看得特别重,而那些理科倾向严重的孩子思维都非常严谨。一般来讲,理科知识对一个人的道德水准影响较小,而文科知识则完全不同。读书影响着孩子的人文素质的高低,父母要培养孩子养成爱读书的习惯。

读书是开阔孩子视野、获取知识的一种学习方法,也是一种能给孩子带来无限乐趣的娱乐活动。

在我国的传统中,父母的价值观一般都会传给孩子,尤其是母亲,因为孩子跟母亲在一起的时间最长,母亲通过言传身教,来传递深刻的道德理念和文化价值;而在传统中,有很多没有文化的母亲,也成为中华民族的文化价值和伦理道德代代相传的传递者。

人究竟为什么读书？或者从另一个角度发问，读书到底有什么用？对孩子来说，读书是为了考上好学校，为了获取丰富的知识，为了提高修养，为了改变命运，为了就业，为了成名成家，为了报效祖国等等。

读书，也要扩大范围，不能只读一个学科的书，要像吃饭一样，吃多种蔬菜和杂粮，摄取多种营养——阅读各种各样的书。

16世纪英国哲学家培根说过一句名言——"知识就是力量"。他还说过："读史使人明智，读诗使人聪慧，数学使人缜密，博物使人深沉，伦理使人高尚，逻辑修辞使人善辩。总之，知识能塑造人的性格。"

而当今孩子读书，多数都是为了应付考试，只有很少的一部分是为了提高修养，愉悦心情，提高自己的人文素质：父母要注意培养孩子读书的习惯，一是要注意孩子的兴趣；二是要根据孩子的具体情况，选择不同的书。为了让孩子完善自己、充实自己的人生，为了明理——明做人的道理和办事的道理，需要读书、读好书、好好地读书和把书读好：

父母要时常教育孩子，读书是为了提高自己的综合素质、培养高尚情操，不排斥孩子在读书中学习一些实用的技术和技巧，但是应该从读书中更加重视做人的艺术，从读书中提高自己的人文素养，在读书与做人的领域中，以强大的知识武装头脑，以美好的情趣陶冶性情。

读书要有耐心，要读得进，还要读得出，不能死读书，就像孟子说过的一样，只有先"苦其心志，劳其筋骨，饿其体肤，空乏其身，行拂乱其所为"，孩子长大后才能把从书中学到的知识用到生活中，才能做一个成功的人。

读书是孩子成才的必经之路，每一个父母都希望孩子成为有用之才，将来会在竞争中占得一席地位，显示出孩子的天赋和才能，造福于社会乃至全人类。从主观上看，成才的要素可归纳为知识、能力和素质。因此，不论在什么情况下，对孩子来说，读书的目的就是积累知识、培养能力和增强素质。

人文科学浩如烟海，博大精深，孩子的学习时间是非常有限的，因此，父母要帮助孩子结合他自己的实际情况，如专业特点、兴趣爱好等，有选择地学，从而建立自己的知识结构。

那么，在人文素质的背景下，该让孩子如何去读书呢？

（1）"好读书而不求甚解"。对孩子来说，他的知识面还不能够达到像专家教授一样，能够把书研究得非常透彻，况且，孩子的智力水平也达不到，所以，父母要指导孩子在读书的时候，尽量多选择一些好书，只要求孩子掌握书中的大意，不必刻意要求孩子把每一个字词都理解得通透，也不要让孩子钻牛角尖。但凡读一本书，首要的任务是弄清作者的观念、这本书宣扬的主旨，切不可被细节困惑。

（2）由约而博、由博返约。读书，要浅读，而不是让孩子随便翻翻就算读过了，如果能把书中的知识和现实生活联系起来，最好不过了。对于那些优美的短篇诗文，不宜匆忙读过，而要慢慢咀嚼玩味，品出味道来。有些一时不懂、读不透的，也可以让孩子先把这些内容用笔做下记号，有空的时候，再拿出来翻看一下，可能有一天孩子会豁然开朗，真正领会到其中蕴藏的深层含义或艺术上的高妙之处。

当孩子读文学作品的时候，要让孩子发挥他的联想能力，指引孩子用自己的生活经验来验证作品中描述的生活，可以生发出自己的独特体会，不一定要与作者的意愿相符；除此之外，还要让孩子多了解作家的生平和作品产生的历史文化背景，就是所谓知人论世。学会把握自己的人生,把人生变成一种近距离的观察,使自己活得有滋有味。阅读要持之以恒,对于提高孩子的文学素质必然是大有益处的。

读书不单单是让孩子积累知识,还要让孩子学会自己拓宽、更新知识的本领,要养成一种经常上图书馆、逛书店的习惯,为提高孩子的人文素质打下良好的基础。

· 父母金言 ·

读书影响着孩子的人文素质的高低,父母要培养孩子养成爱读书的习惯。读书是开阔孩子视野、获取知识的一种学习方法,也是一种能给孩子带来无限乐趣的娱乐活动。

你要明确学习动机

良好的学习动机就是有强烈的求知欲望、好奇心以及积极的学习态度。孩子热爱学习、主动学习是每个家长的期望,现实却往往事与愿违,很多孩子学习的时候没有动力。

要让孩子明确学习动机,这样,才能让孩子更积极地学习。

那么,如何形成积极的学习动机呢?

(1)树立崇高远大的目标,明确学习目的和意义。家长应给孩子订立一个高目标,让他们更努力地学习。这个目标不妨设得更高一点,让他们有一种不断追求、不停超越的感觉,以此来激发他们的潜能,强化学习动力。

(2)强化学习动机,培养独立进取的个性。独立进取与学习动机有很密切的联系,独立进取意味着孩子有很强的进取心,这样的人在学习中有很强的自我约束力,因此学习成绩会很好。

(3)注意调整学习动机的水平。有了学习动机,但是过强或者过弱都是不可取的。过强会造成放弃一切与学习无关的活动,每天不停地学习,其结果只能带来身体的损伤;而动机过弱,就会造成学习无计划、没目标等不良后果。

(4)计划好学习的每一步。制订科学合理的学习计划,关键是确立一个可行的目标和合理的计划。假如没有目标,所谓的计划就像在黑夜中航行的船,无法找到正确的方向;而没有计划的目标则是永远不可能实现的梦。制定长期完善的学习计划会使你有非常明确的目标,时刻都知道自己处在一个什么位置,离目标有多远的距离,这可以大大减少学习的盲目性,使整个学习计划紧张有序。

(5)培养良好的集体氛围。身处一个良好集体氛围中,会在无意中对你产生积极的影响,你会受到集体中其他成员的带动,从而提高效率。因此,在一个相互竞争又相互理解和支持的集体氛围中,能够对学习动机产生积极的影响。

有两个妈妈是大学同学。寒假的时候,妈妈带儿子去同学家做客,正好同学家也有一个儿子。妈妈开始询问男孩上几年级。他回答:"阿姨,我才上高一。""高中在哪个学校呢？""在南开中学。"那是一所很好的学校。"成绩如何呀？"男孩又回答："期末考试在班里排第一。"妈妈回头看看自己的儿子，他多希望自己孩子也是那么的优秀啊，可现实是孩子学习一般，在一所普通中学上初三。妈妈一直闷闷的，但始终没对孩子提学习的事，知道那会打击到孩子的自信心。

看到妈妈心里难过，男孩想："我一定要学出个样来给妈妈争口气！"之后，他一直以阿姨家的儿子为榜样，三年后高考，竟然成了本市的高考状元。

人的成长，有时候会很神奇，它可以达到任何你想达到的境界，只要你为之付出足够的努力。

·父母金言·

人的成长，有时候会很神奇，它可以达到任何你想达到的境界，只要你为之付出足够的努力。

你要知道读书是智力开发的关键

一位成功的教子家长很注重孩子的智力开发，她认为教孩子爱读书是智力开发的第一步。她说："爱读书的孩子不会变坏。"她的孩子很小就开始读书。父母如何帮助孩子去亲近书，去读书，进而享受阅读的乐趣呢？这位家长根据自己的经验总结出6条教孩子爱读书的方法。

（1）每天念一则新闻给孩子听。家长经常只看大标题和新闻稿的第一二段，如此已大致知道新闻内容。碰到有趣的新闻，摘要地讲给孩子听，若没有适合的新闻说给他听，就讲故事给他听。

（2）选择好的电视节目和他一起欣赏，一同讨论内容。每周拿到电视节目时刻表时，一起圈选想看的节目，其他的节目不可以看。刚开始很难，但是一两周后孩子就习惯了。好的电视节目对孩子的知识启发大有帮助，不好的节目会污染、毒害孩子的心灵，为人父母者，能不替孩子慎选节目吗？

（3）经常赞美孩子读书的行为及表现。孩子需要大人的爱和注意，特别是来自父母的，所以常常口头上嘉许孩子读书的行为，或亲亲他、拍拍他、搂搂他，能点点滴滴地表示父母对他的感情和鼓励，从而建立他的自信。

（4）经常带孩子上图书馆，或参观画廊、美术馆、博物馆看戏、看电影。事后和孩子一同讨论能开拓孩子的视野，会使孩子的观察力和欣赏力提高令大人惊喜不已。家长也可以一星期上一次图书馆，一次借五六本书，常常念书给孩子听，久而久之他也会自己坐下来"开卷有益"了。

（5）和孩子玩文字或说话游戏，可以训练孩子的听力。家长可以经常边做家事边和孩子玩猜谜游戏，家长先想好一个东西，然后旁敲侧击地描述这样东西，让孩子去猜。例如谜底是车子，谜面：有一个东西是铁做的，肚子可以装人，有四只脚，跑得很快。起初孩子常被搞迷糊了，玩了几次抓到窍门后他就能很快猜出谜底。有时让孩子出题由父母来猜,借此刺激孩子的想象力和表达能力。另外一个游戏是孩子发明的,叫"颠三倒四",由父母说出东西的正确名称,然后叫孩子倒过来说。例如"车子",倒过来说变成"子车","下雨"变成"雨下","大门"变成"门大"。若是孩子大一点儿就可以玩颠倒句子。孩子每次玩这个游戏都因倒过来说的名词很滑稽而笑个不停,有时碰到难题,看他猛搔脑袋、舌头打结的窘态也很有趣的!

(6)父母以身作则。要培养孩子读书的习惯,最重要的是父母的态度。若父母能以身作则,引领孩子进入广大的书中世界,孩子自然而然会在书的国度中流连忘返,这对他的一生会有莫大的帮助。当然还要鼓励孩子养成良好的健康习惯,每天有充足的睡眠、规律的作息和均衡营养的饮食。这样才能有助于孩子爱读书的兴趣盎然,逐渐形成习惯。

谈到读书,他最强烈的反应就是感恩,因为读书把他从黑暗中拯救出来,读书使他抵御了魔鬼的诱惑,读书改变了他的人生轨迹。

1966年,他11岁,把中国拖进文化沙漠的"文化大革命"发生。他的哥哥15岁,在某工厂的技校学习。当时,工厂里也闹文化大革命,图书馆把文学名著扔了一地准备烧毁。他哥哥觉得把书烧了可惜,趁着没人的时候,偷了一书包书回家。万万没想到,这一书包的书改变了他的命运。

他父母都是工人,近乎文盲。由于物质和精神都贫困,他们从来不给孩子买书订报,觉得孩子将来是靠出力气挣饭吃的。出乎意料的是,他读了《红岩》、《青春之歌》、《林海雪原》等文学名著,痴痴地做起文学梦,立志当一个作家。

虽然,他也当过红小兵和红卫兵,但他从不打人,因为在那段是非颠倒、人性疯狂的日子里,他到处寻找各种图书,居然读了鲁迅的书和《红楼梦》,还迷上了唐诗宋词。因为文学梦,他自几岁写日记至今达40年之久;因为文学梦,他选择了浪迹天涯的记者生活;因为文学梦,他发表《夏令营中的较量》等一系列文学作品,并加入中国作家协会。如今,他已经出版《孙云晓教育作品集》8卷和《孙云晓家庭教育文集》5卷,还有多部文学作品,这一切成果都起因于11岁养成的读书习惯和文学梦。

在他看来,成年人读书如同品茶,而童年时代的读书犹如吃奶一般重要,因为它会长成人的血肉和骨骼。在中国青少年研究中心和中国社科院新闻与传播研究所合作的课题研究发现,少年儿童最适合阅读儿童文学和知识类图书;如果接触印刷媒介多于电子媒介,一般来说,智力发展和道德水平都会显著提高。他甚至认为,一个孩子如果养成读书习惯,等于在心里头装了一台成长的发动机。养成读书习惯的人,一辈子不会寂寞;养不成读书习惯的人,一辈子都不知所措。

他赞成这样的说法,阅读不能改变人生的长度,但是它可以改变人生的宽度和厚度;阅读不能改变人生的物象,但是它可以改变人生的气象和品质。

所以说在童年时代,特别需要多接触儿童文学,因为这种美好的故事、这种情感会影响孩子的一生,一本书对人的发展可能会起重大的作用。

有一次,他到广东佛山市南海区某镇的一所学校和小学生进行交流,58个孩子当小记者采访他,问我很多问题。他说:"我也问你们几个问题吧。""家里有5本书的举手让我看一看。"结果大部分同学都举手了,还有大约10个孩子没举手。他又说:"你认为爸爸有读书习惯的举手给我看看。"结果58个孩子只有18个孩子举手。接着又问:"你认为妈妈有读书习惯的,举手给我看看。"一举手,不错,还是18个。他想,40个家庭父母没有读书的习惯,这意味着什么呢?

他们曾经在全国做过调查,发现父母读书多,孩子读书也多,这似乎成为了一个规律。其实,这正是说明了儿童的成长是有特点的,儿童是在模仿中长大的,儿童的学习是观察性学习。如果父母喜欢看书,孩子哪怕只有两三岁都会学着拿起书,不管书拿的方向是倒的。

他对女儿的教育就是这样。他很少对女儿说要好好读书、要看书这类话,但从女儿成长的过程看,她竟然十分喜欢读书,甚至可以说是读书狂。他记得女儿小的时候,大概两岁就拿着本画册在他们身边看,其实那个时候他们没教孩子看书。因为他是个作家,也是个教育研究者,他看书太多了,他家里的书也很多,慢慢地女儿也养成了读书的习惯。每次外出,女儿都爱逛书店,女儿的书柜已经放满了书。女儿现在也成了一个身边不能离开书的人,他想这可能就是潜移默化的结果。

女儿曾经写过一篇文章《老爸的那盏灯》,她写道:

在我记忆的长河中,家就好比一只小小的船在缓缓行驶,而这船上似乎总有一盏灯在伴随着我。那微弱的,发着橘黄色柔和光芒的灯,那个总在灯下伏案工作的熟悉背景,陪着我走过了无忧无虑的童年和似懂非懂的少年,一直到今天。

当我已经长大,才猛然发现,这早已化为我生命的一部分,它是我启蒙的灯,也是我走向未来的灯。

大约是从记事的时候起,我几乎就没见过爸爸比我早睡过。那时我还太小,什么都不懂,只觉得有一盏灯总在眼前,心里很踏实,也很安全。那柔和的灯光,是家的象征,也是父爱的象征。我习惯于在那灯光下听爸爸妈妈讲故事,不知不觉进入梦乡。那时家里的居住条件还很紧张,只有一居室,自然我与这盏灯的接触就多了。有时,午夜梦回,仍然能看见爸爸灯下的背景。久而久之,这盏灯似乎成了我的催眠曲,不需要妈妈哄我入睡,只要这盏灯亮起,我就安然入睡。

这样,一年一年过去了。真可谓,年年岁岁花相似,岁岁年年人不同。灯还是那盏灯,爸爸却不知从什么时候起,在灯下写出了一本又一本书,提出了一个又一个引人关注的观点,居然成了一个挺有名的作家和学者,这真是灯下奇迹!

渐渐地,我长大了。从小学、初中到高中,我与爸爸同样在灯下奋斗。虽然随着居住条件的改善,我已经有了自己的房间,有了自己的一盏灯,我不能抬眼就看到爸爸的灯了,但我感觉到父女俩的灯遥遥相映。每当我熄灯就寝时,爸爸的灯依然亮着,那温柔的光照着我的梦乡……兴许是因为这个缘故,总觉得心情十分平静、坦然。

有一天晚上,我忙着写一篇作文,我绞尽脑汁也写不出来,心情烦躁不已,一会儿拉开冰箱门,一会儿走进卫生间。正欲放弃之时,忽然看到了爸爸书房里柔和的灯光,就像一付静心的良药,使我的心风清月明,思路也似乎敏捷起来。我自信地坐下来,凝神思索片刻之后,飞笔疾书,势如破竹,终于写出了这篇作文。

随着我在学校年级的增高,我在灯下学习的时间也就越长,爸爸书房的灯光一直陪着我。爸爸喜欢与我谈心,讲些人生哲理,但他更多的是用无言的行动感染我、激励我。许多事情,他可能什么也没说过,我却已经悟出了道理,并去做了,因为爸爸那盏灯会说话。

我真的很幸福,因为我有一个温暖的家,有一盏给人以启迪的灯。这是亲情的灯,是智慧的灯,是生命的灯!

我想,今后不论我浪迹何方,爸爸的那盏灯将永远在我身边亮着,因为它早已成为了我心中的明灯!

中国自古有读书的传统,那么父母如何让孩子从小热爱读书,这倒是一个学问。我的建议是:

(1)让家成为书香之家。想把孩子教育好,家里自然而然要有一种读书的氛围,以谈论书的内容为快乐,这样的家庭是非常有利于孩子的发展的。我们在做全国教育科学十五规划课题"少年儿童行为习惯与人格的关系"研究中,云南师范大学附属小学的课题就叫《培养现代书香之家》,非常受欢迎。要求家庭要有藏书,父母和孩子要通过读书交流,这样的家庭养成了浓厚的读书气氛。在我们的研究中发现确实是这样,父母读书多,孩子读书也多;父母不读书,孩子也少读书。因而,如果家庭里有一种书香之气,则是为孩子提供了一种读书的良好氛围。

(2)让孩子随时在家里能看到书。我建议父母在家里摆放书的时候,最好在孩子的床头、书桌、沙发上都放上一些书、一些画册,甚至厕所里也可以放几本小册子,让孩子随手就可以拿到书看。因为孩子看书不像上课那样有计划,他往往是在偶然的状态下拿起书看,突然就有了兴趣。

(3)经常带孩子逛书店。让孩子置身于书的海洋当中,这个时候是对他一种强烈的熏染。看到这么好的书,这么多的书,孩子忍不住就要去摸一摸,看一看,可能兴趣就来了。孩子还能在书店里看书,当孩子看了一些书之后,知道什么书是自己最需要的,买一本自己最需要的书,这是一种很明智的方法。如果说家庭困难,买不起书,其实越买不起的时候,越会珍惜书。可以让孩子攒钱攒了一段时间再买书,他一定会更加珍惜。有一位作家说得好,穷的时候买的书读得最认真;富了以后,再买的书读得不认真了。这就是读书的规律,所以说带孩子多去书店是非常好的方法。

> **·父母金言·**
>
> 要培养孩子读书的习惯,最重要的是父母的态度。若父母能以身作则,引领孩子进入广大的书中世界,孩子自然而然会在书的国度中流连忘返,这对他的一生会有莫大的帮助。

你要学会借鉴别人的学习经验

现在很多家庭都是独生子女,因此他们也都显得很自我,很难发现别人的优点。可是孩子如果从小就不能看到别人优点的话,长大了可能会变得自以为是,无法和他人合作。因此,我们从小就要让孩子善于发现别人的优点。我们需要知道的是,除了学习之外,借鉴别人的经验才能跑得更远。

一个小女孩很聪明,但是有点内向,不喜欢和别人多说话,学习碰到困难也不向别人请教,总是喜欢自己闷头学习。小学的时候她学习一点问题都没有,到了初中就显得特别吃力。妈妈便带着女儿四处寻求专家帮忙。专家便问她:"有没有听过龟兔赛跑这个故事?"小女孩回答:"知道"。专家说:"这个故事里面的兔子很容易骄傲自满,中途睡觉了,最后还是乌龟赢得了最后的比赛。"她说:"是啊。"专家说:"我现在跟你讲讲新的龟兔赛跑故事。"一听说是个新版本,她顿时来了兴趣。于是专家开始给她讲:

在它们的首次比赛中,由于兔子掉以轻心,乌龟便赢得了比赛。兔子便想我这么快的速度,怎么能让乌龟跑赢呢?于是便要进行第二次的比赛,这回兔子当然不敢大意还睡觉,于是兔子便取得胜利。乌龟想第一次我赢得了比赛,这次怎么又输了呢?于是又向兔子发出第三次的挑战。这一次,虽然兔子没有睡觉,但是却依然是乌龟赢了。

她说那这怎么可能,怎么可能是乌龟取得了胜利呢?专家说因为乌龟改变了赛跑路线,把终点放在了一条河的对面!虽然兔子跑得很快,但是它却不会游泳,怎么也过不去。乌龟缓慢地爬到了河边,跳下去,直接到了对岸,所以当然是它赢了。

孩子听完这个故事,专家问她有没有什么感悟。她想了想说:"乌龟和兔子各有优点和缺点。"专家说:"你是个聪明的孩子,其实我们人也一样了。"女孩听见专家夸奖她,显得特别高兴,于是和专家开心地交流起来。专家接着又说道:"之后兔子又和乌龟协商说道,我们两个合作吧,在陆地上的时候你借助我的力量,在过河的时候我借助你的力量,这样我俩便都可以很快到达对岸了。"小女孩听了之后说:"我明白了。"这个故事中的道理会让小女孩一生都受益。

在学习生活中,不要只看到同学的缺点,还要发现他们的优点,也要善于和同学沟通,重视同学之间的交流。我们总是会听到:"听君一席话,胜读十年书。"所以学习中的孩子也是应该这样,当你一直弄不懂一个问题的时候,可以去请教自己的老师还有同学,没准儿他们的一个提示就会使你恍然大悟。然后你还能有更多的时间去学习更多知识,这样你的学习效率自然而然地就提高了。

当我们遇到不会的问题,一定要多向别人请教、学习,这样能更好地解决问题。有些同学不注意能力的培养,所以家长一定要注意以下几点:

(1)鼓励孩子多说话。如果你的孩子是一个内向的孩子,就应该让他多发言多说话。而家长所要做的就是耐心地听孩子说话,不要随意打断,也不要一副不耐烦的样子。语言的表达是需要长期的锻炼的,在培养孩子表达能力的过程中,一次粗暴的批评,就有可能让孩子的心灵受到严重的伤害。

(2)家长多向孩子请教。平常生活中,家长也可以向孩子请教问题,例如,家里的这件物品应该摆放在哪里。通过这样耳濡目染,孩子会觉得向别人请教问题也不是什么丢脸的事情,也便会找别人帮忙了。

(3)要求孩子说话客气。在家庭生活中,也要让孩子懂礼貌。一定要让小孩子们知道一个人的言语是能反映出一个人的内在素养的,一定要懂得尊重别人,才能更好地交流。

(4)要求孩子尊重老师的劳动。老师辛苦、无私地教育孩子,假如非要说他们希望得到一些回报的话,那么便是希望学生能够在知识这座大山上勇攀高峰。所以,要教孩子尊敬老师,在路上看到老师要问好。上课的时候一定要学会认真听讲,不违反课堂纪律,按时高质量地完成老师的作业。有一些学生总是喜欢糊弄作业,字迹也是很潦草的,批改作业时让老师辛苦很多,老师当然会对你印象不好。尊敬老师以及老师的劳动成果,才能保证师生的和谐关系,也才能更好地促进学习。

(5)向同学请教。碰到难题时老师和家长不一定都在,其实向自己周边的同学请教问题也不失是一种好的学习方法。困难是每个人都可能会遇到的,遇到了困难之后一定要向同学或者老师说明,同学一般都会热心帮助的。小孩子们都希望在学校的时候能够拥有很多朋友,同学都喜欢和自己玩。要抓住孩子的这一特点并且告诉他们和别的小孩子请教问题也是可以交到朋友的。假设你拥有良好的态度,别人就自然而然地会喜欢你,希望和你成为朋友。这并不是什么丢脸的事情,反而可以在共同的学习中培养友谊。

(6)锻炼孩子的语言技巧。家长应该教给孩子,要怎样向其他同学请教。家长一定要和孩子在讨论问题的过程中来提高自己孩子的表达能力。根据孩子所提出的问题,父母可以当作孩子的被问对象,然后向孩子请教,示范怎样说话沟通能让问题更好地解决。

(7)要敢于承认并及时改正自己的错误。很多孩子都是明明知道自己错了,受到了批评之后,就算心里再内疚,嘴上也丝毫不让步,甚至跟老师的关系弄得很差。有些人在受到老师的批评之后就对老师怀恨在心,认为老师对自己存在主观偏见,这都是错误的想法。错了便是错了,一定要向老师主动承认错误,只要改正了便是好孩子。老师不会因为你一次不完成作业、偶尔违反纪律就把你当坏孩子看待,对你产生偏见。老师对每一个孩子都是一视同仁的。跟老师保持良好的关系既能促进你的学习,又能学做一个好孩子,这将会是你一生的财富。

刘昊同学,某市理科高考第一名,当他向别人传授自己的学习经验时,说到最重要的品质便是注重交流,善于向别人学习。他给人印象最深的一句话便是:"善于学习的人,其实不仅仅是要从书本上获得知识,更要学会懂得欣赏他人的优点并且学习他人的长处。"他说:"一个人只有有限的智慧,大家一定要多多交流、开拓思路。例如在做数学题的时候,每个同学都有自己的解题方法,当大家得到了不同的答案并且展开讨论的时候,相互交流,必然会学习到自己以前没想到的方法。高中三年我一直都住在学校,所以和老师还有同学们有着深入的交流,他们教会了我很多东西,并且对我一直都很有帮助。因为我的成绩比较好,经常会有同学来向我请教问题,面对这些问题,我总是尽我所能地回答,我并不认为这是在浪费时间,在这个过程里,我顺便可以整理自己的思路,而且常常还有意外的收获。"

从上述例子我们可以知道,孩子一定要学会跟别人交流合作,也就是要懂得如何整合资源,家长一定要从小就培养孩子的这个意识。借势而上,多少人都是因此成功的。

·父母金言·

孩子一定要学会跟别人交流合作,也就是要懂得如何整合资源,家长一定要从小就培养孩子的这个意识。借势而上,多少人都是因此成功的。

你要自己选择阅读书籍

不难发现,在商业利益驱动下,社会上产生了一批不良读物,在渐渐腐蚀着儿童和青少年的心灵,是一种文化误导。

在批评社会文化对儿童的消极影响时,我们已注意到优秀儿童文化作品的匮乏。我曾问过一些孩子:"你们对现在的读物满意吗?"孩子们拖长声音回答:"不……满……意。"

的确,现在某些出版机构由于商业利益的驱使,为孩子们提供的并不是他们真正需要的书籍,或者是不利于他们成长的读物。父母希望为孩子选择合适的读物,但是现在的图书浩如烟海,父母的鉴别力极为重要,要学会鉴赏的确是不容易,父母们为此十分苦恼。

2004年广州穗港澳青少年研究所的一项调查显示,在对课外书的选择上,少年儿童喜欢看的,往往是父母禁止的。具体表现在:在对课外书类型的选择上,少年儿童常常看的是"童话、寓言、神话""成语故事、历史故事""科幻、惊险历奇故事""笑话、谜语智力测验""传记、民间故事"等,但父母希望孩子多看"科学、自然、天文、地理常识""学业指导书籍""散文""时事或新闻周刊"等。在课外阅读的内容上,少年儿童更喜欢趣味性、知识性、刺激性较强的课外读物。阅读中,他们比较喜欢重感官享乐的"快乐阅读",而父母则更愿意让孩子阅读一些知识性较强的、与他们的学业有关的书籍。从这项调查中可以看出,父母的兴趣与孩子有较大差异。

由于望子成龙心切和不了解儿童特点,许多父母会急于让孩子读文学名著,读一些厚重的书。其实,如果父母能更多地尊重和指导孩子的选择,则更有利于培养孩子的阅读习惯,我的建议是:

(1)为不同年龄的孩子选择不同的书。中国社科院新闻传播研究所的研究员卜卫在研究儿童与媒介的关系时,有很多重要的发现,我很赞成她的一些观点。不同的年龄有不同的心理特点,认知水平是不一样的,所以卜卫认为,小学一二年级,学生读的书可以以图为主,标有拼音,这样的书情节简单,还有幽默、童话、生活故事、卡通、动画片,这比较适合一二年级;小学三四年级,可以读一些深刻的童话,有情趣的诗、科学童话与故事、伟人故事与历史,还有儿童报刊。小学五六年级,可以读一些漫画、寓言、儿童小说、儿童诗歌、儿童报告文学(关于这一点我有不同的建议,因为我有一些报告文学创作的体验,发现小学生容易把真实的报告文学当成虚构的小说来看,所以,中学生更适合读也更需要报告文学——孙云晓注)、科幻小说、探险故事、少儿的百科全书,等等;初中学生可以读少年小说、少年诗歌、中外名著、科普类书籍、青春期教育类的书籍等等。父母要注意不同年龄要读不同的书,这才会让孩子循序渐进,打牢阅读的基础,让他终身受益。

(2)鼓励孩子自己选择读物。父母要经常和孩子讨论哪些是适合他看的书,哪些是他自己特别感兴趣的读物,并以此为标准加以选择。尊重孩子的选择权利。

如果孩子在阅读中提出问题,尽量回答孩子的问题。在家里,父母最好常备一些少年儿童百科全书类的书籍,当儿童提出问题时,引导孩子从中寻找答案。

(3)与年龄较小的孩子一起阅读和表演,与年龄较大的孩子一起讨论和交流。孩子越小,父母参与阅读越重要,要和孩子一起读,甚至一起表演书中的故事。至于年龄较大的儿童,父母最好和他们一起平等地讨论作品,尤其是父母认为比较重要的作品。父母要认真倾听孩子的看法,并如实说出自己的看法,如果有不同看法,要给孩子表达自己的见解的机会,绝不能将自己的看法强加给孩子,否则以后就别想再和孩子讨论作品了。

> **·父母金言·**
>
> 父母要经常和孩子讨论哪些是适合他看的书,哪些是他自己特别感兴趣的读物,并以此为标准加以选择。尊重孩子的选择权利。

你要有自主学习的意识

学习成绩好的孩子,往往有着积极的学习态度;成绩差的孩子,往往对于学习并不能够积极乐观地接受。相关研究表明,孩子的学习态度不但影响学习成绩,还会影响学习行为。态度端正的同学,能做到按时完成作业、遵守纪律;而态度不端正的同学就会成为班里的捣蛋大王。

上午九点的时候,刚打了上课铃,班长急忙跑到办公室:"报告老师,刘晓斌又逃课了!"刘晓斌是班里成绩较差的一名同学,经常逃课去玩游戏,每次都是老师把他从各个游戏厅找回来,教育一番,但他总是会再犯。上次考试他数学不及格,被数学老师狠狠骂了一顿之后,他逃出了学校。最后在电影院找到了他。

"你看的什么电影?"老师问。刘晓斌显然十分紧张,他不停地说:"我错了,我错了,是我不对,我以后再也不逃了。但这次又没考好,您一定会批评我,还有数学老师,他一直就看我不顺眼,这次不知道会怎么惩罚我呢,我不敢回教室,同学们都看不起我。"

为什么像刘晓斌这样年轻快乐的心会被如此的折磨,仅仅是数学老师严厉的教导吗?或许这只是表面上的原因,不过却不是根本原因。像刘晓斌这样觉得有压力的学生绝不是一个小群体,他们大多数都会感到压力太大,老师家长的期盼过重,给他们小小心灵带来的压力十分沉重。

不管学习的好处有多少,如果它带来的沉重感已经超出了孩子所能接受的范围,那么对孩子来说就已经没什么益处了,家长强迫其接受只会产生相反的效果。家长应该充分认识到学习态度对孩子学习的重要性。那么,家长应该如何纠正孩子的消极态度呢?

(1)环境影响法。好的环境带来好心情,心情好了自然会静下心来做事,在优质环境下学习,孩子的学习效率会显著提高;相反,混乱的环境使孩子无法集中注意力学习,从而用消极情绪抵抗。

因此,改变孩子的周围环境,就能纠正孩子的消极心理,使其正确地对待学习。另外,家长还应该为孩子选择良好的生活学习伙伴。有时,团体形式更能对孩子产生约束力。所以,我们倡导家庭与学校联手为孩子打造适宜的学习空间。

(2)信息诱导法。交流会产生情感的共鸣,家长可以加强与孩子的交流,增进对孩子的了解。

同样的信息,孩子信赖的,就会有好的效果;同样的信息,按不同的组织方法会有不同效果,关键要看孩子实际情况了。要让信息更可信,关键是提供信息的那个人要在孩子心中有分量、有影响力,老师就是不错的人选。

(3)认知失调法。大多数情况下,人们对一件事的认知态度是如果跟他原有的行为是一致的,那么他也就会保持原有的态度;假如两者不一致,那认知会失去平衡,就会感觉不舒服。这种心理迫使认知恢复协调,一种是强迫改变态度;另一种方法是仍维持原先的态度,但必须要有一个可靠的理由。

比如,一个孩子认为"懒惰证明自己很没出息",所以开始很努力地学习。另一个孩子则认为"读书没有实际作用",于是很贪玩。这是两种不同的态度,在这两种态度中,其行为与认知一致,所以态度不会轻易改变。家长要改变其原先观点就比较困难。例如,第二个孩子的父母如果以自己的亲身经验告诉他"没有文化在社会中会遇到很多麻烦",让他的认知出现不平衡的状况,就会改变孩子的态度。

· 父母金言 ·

不管学习的好处有多少,如果它带来的沉重感已经超出了孩子所能接受的范围,那么对孩子来说就已经没什么益处了,家长强迫其接受只会产生相反的效果。家长应该充分认识到学习态度对孩子学习的重要性。

第六章 孩子,我们会给予你正确的性教育

我们会给你透明的性教育

中国父母,即使是有较好知识背景的父母,遇到孩子问"我怎么来的"、"我将来怎么才会孩子生孩子"之类的问题也会期期艾艾,不知道怎么说,索性就敷衍。

进入发育期的孩子开始亲身体验到身体的微妙变化,如果在这之前,他们已经接受过来自父母的科学指导,便不会对月经初潮或遗精现象感到紧张。但是他们仍然会感到害羞,父母要以巧妙的方式引导孩子坦然面对性成熟。

> 一位细心的母亲发现儿子最近行为诡异,经常藏被精液弄脏的床单。终于有一天,儿子跟爸爸说:"我遗精了。"
> 父亲拍拍儿子的肩膀,说:"儿子,爸爸祝贺你,这说明你已经是个男子汉了。"
> 之后,父母送儿子一本青春期科普读物。

很多专家都认为,家庭进行"性"教育具有个体化、生活化的优势,是对孩子进行性教育的最为理想的渠道。

有些家长认为,人对"性"的认识可以无师自通,或者等孩子到了青春期再面对这个问题也不迟。这两种想法都是不科学的。

家庭性教育非常必要,父母是孩子性教育的第一任老师,性教育应当从小就开始。

一般3~5岁的幼儿对性就开始有了意识,他们会问的最普遍的问题是:我是从哪里来的?这时候,父母千万不可用"瞎话"来搪塞,可以简单地告诉孩子"你是在妈妈的肚子里长大的",一般孩子就不会再追问。

这个时候的孩子还会注意到两性差别,父母可以分别带他一起洗澡,让他很自然地通过观察了解两性的差别,防止不健康的好奇心理的发展。

上了小学的孩子会比较害羞一些,他们不常发问,但这并不表示他们没有问题,他们会从广播、电视、报纸上听说"艾滋病"、"强奸"、"性虐待"等名词,他们想知道是怎么回事,所以父母要常常与孩子聊天,以一种自然的方式将这些问题解释给他们听。

孩子上小学二三年级时,应该给孩子讲一些有关人体结构和生殖器官的知识,告诉孩子人体各部位尤其是生殖器官的科学名词。让孩子知道,孩子是父母相亲相爱,由父亲的精子与母亲的卵子结合,然后在母亲的子宫里发育成长起来的。这时候跟孩子讲生育的知识,就像讲解为什么天会下雨一样,不会造成任何刺激。

小学高年级的女孩比男孩更成熟,她们往往开始对两性关系发生兴趣。如果父母比较民主、开明,那么她们就不会将困惑埋在心里,而会随时向她们的父母请教。

美国性教育家戈尔顿教授认为,受过家庭性教育的青春期少男少女,大都能推迟首次与异性接触的时间。同时,父母不要指望仅仅用某种教科书来解决孩子青春期的所有问题,而最好的家庭性教育的方法是与孩子拉家常。

教育专家指出:父母可以借某个性方面的问题,打开话匣子,让孩子了解性活动及相关知识。了解这些并不等于允许他们过早地这样做,而是要让孩子知道过早这样做会有害无益。

> **·父母金言·**
>
> 美国性教育家戈尔顿教授认为,受过家庭性教育的青春期少男少女,大都能推迟首次与异性接触的时间。同时,父母不要指望仅仅用某种教科书来解决孩子青春期的所有问题,而最好的家庭性教育的方法是与孩子拉家常。

我们会适当地对你进行性教育

不少父母对性教育存在误解,他们认为性教育就是性行为,跟孩子谈性是难以启齿的。于是,直到今天,有的父母发现孩子偷偷翻阅色情刊物时,还会严加责骂;有的父母发现孩子言语粗鲁淫秽时,会动怒不已;当孩子问父母有关性的问题时,父母仍然会编个故事或找个借口欺瞒自己的孩子。

春节长假,吴先生和妻子带着上小学五年级的儿子和四位老人一起去南方旅游。夜宿宾馆时,宾馆不仅提供了一些洗漱用具,还提供了一些需要自己付费的东西,并提醒顾客外包装一经拆封,即算使用。

晚饭之后,儿子就被动画片迷住了。四位老人一路劳顿,也早早休息了。吴先生和妻子到外面逛了逛夜市。之后回到宾馆,儿子不好意思地对吴先生说:"爸爸,可能你要帮我付10块钱了。"这时爸爸意识到儿子闲不住手脚把那包东西拆开了,果然儿子老实交代了事情的真相,他说:"爸爸妈妈,这到底是什么东西?我以为是薄荷糖,还是进口的呢,所以就拆开了,可那好像不是糖。"儿子手里拿着一个包装盒问道。

吴先生一看,不禁脸一热,原来儿子真的把一包安全套拆开了。再仔细看包装盒上的文字,的确有"薄荷味"的说明,怪不得儿子会把它当成薄荷糖。

"爸爸,这东西很有弹性,我以为是QQ糖之类的东西,可是说明书上却写着只能外用,它到底是干什么用的?"

看来,儿子已经把这个玩意儿研究过了,该怎么对他解释呢?吴先生故作镇定,指着盒子上的字说:"这的确不是糖,盒子上不是写了'安全套'三个字吗?"

"这个又小又软的东西能保护谁的安全呀?"儿子不解地问。

"……"吴先生一时语塞。

儿子见爸爸没说话,就问妈妈:"妈妈,这个图上画的好像是套在'小鸡鸡'上的,是保护'小鸡鸡'的吗?就像你的罩罩一样?"

妈妈以前为儿子解释过自己要戴文胸的道理,没想到儿子的联想那么快。"你说得也有点道理,但也不全对。"妈妈给儿子解释,"妈妈的胸部需要一直保护,而爸爸不需要,仅仅在需要的时候才保护。"

儿子急切地问:"那什么时候爸爸才需要用安全套呢?"

看来,儿子对这个问题产生强烈的兴趣了,没有满意的答案是不会罢休的。于是妈妈略微调整了一下思路,对儿子说:"你已经知道了你的生命是由爸爸的精子和妈妈的卵子相结合的产物,对吗?可是,爸爸有很多精子,妈妈也有很多卵子,如果它们都结合起来,那你就有很多弟弟妹妹了,为了防止它们结合,爸爸就穿了一件小外套,避免精子和卵子相遇了。"

"哦,原来是这样啊。"儿子恍然大悟,终于不再追问了。

妻子看了一眼满脸不自在的丈夫,长长地松了一口气。

也许是深受几千年传统意识影响的原因,不少父母觉得和孩子谈性实在开不了口。所以,他们对孩子提出的关于"性"的问题,不是守口如瓶,就是胡编乱造,以致误导了孩子。这也难怪,有的家长说他的孩子跑到药房买"卫生巾",为的是要治疗脚伤;有的孩子无意中发现了避孕套,却将其当作气球来吹。孩子对性知识的缺乏可见一斑。

其实性教育不只是性行为,它还包括认识两性的差异、生育、男女恋情、性爱关系、与异性相处之道以及身体的发育等方面的问题,亦即性教育是一种生活教育及人格教育。作为父母,适时与你的孩子谈性,关系到孩子对性观念和性知识的学习,以及对自己身体器官的了解,这对孩子是一项重要的教育课。

(1)不要回避,而要直接回答。回避、搪塞只会让孩子觉得这种事情见不得人,会觉得自己的好奇心让父母蒙羞了,甚至导致孩子对生育、性爱的恐惧。如果父母编造神话故事,只能一时蒙混过关,将来当孩子发现事实时,就会对父母失去信任。如果你想成为孩子的好父母,就必须从一开始老老实实地回答孩子提出的关于的性的问题。

(2)父母对孩子的回答应保持大体一致。父母对孩子的回答应该基本一致,不要给孩子大相径庭的回答。否则,会严重误导孩子,使孩子对性产生错误的认识。

(3)给孩子符合他年龄段的回答。回答问题的时候,父母应该简洁地给孩子解释,而不是给他上一堂复杂的科学或者道德课程。如果父母回答不了,就找一本简单的书,和孩子一起阅读。再次重申:小孩子对"性"不感兴趣,只想知道自己是怎样出生的。

(4)教孩子正确地称呼所有的器官。性器官与身体任何一个部位的器官都是一样的,并没有神秘性,如果父母总是将性器官视为特殊的东西,在称呼它的时候很随意,或是用带有猥亵粗鄙的意思称呼性器官,很容易给孩子造成误解。正确的称呼让孩子对自己的身体肃然起敬,给他们一种科学的、自然的、正常的感觉。

(5)必要时可以只回答孩子提的部分问题。孩子问什么,你回答什么。不要过多地提供信息,尤其关于性交的细节,父母最好直白地对孩子说:"爸爸的阴茎把精子放进妈妈的阴道里,精子遇到卵子,小宝宝就形成了。"像这类问题一定要简要回答,必要时可以只回答部分问题。

> ·父母金言·
>
> 无论父母采取何种方式与孩子沟通,切记让孩子时刻感到温暖,感到自己是爸爸妈妈爱情的结晶。让孩子对自己的性别感到满足和自豪,对将来自己也会做父母充满期待,感到快乐。

我们会正确对待孩子手淫

孩子手淫仿佛是一个无法登上台面的话题。中国的父母常常把孩子的手淫行为看成是一件耻辱又不道德的行为,甚至采用责备、打骂等方式对孩子进行严加管教。当然父母的出发点是好的,一是害怕孩子学坏,另一方面也是害怕孩子沉溺于此,从而影响了他们正常的学习、生活甚至身体健康。

手淫的孩子是不是学坏了呢?其实,手淫就像婴儿吃奶一样,一出生就会了。最常见的就是许多孩子在很小的时候一边吃奶一边都会出于无意识玩弄自己的生殖器。但是,那时父母绝对不会以孩子的这种行为为耻。手淫到底对孩子的健康有没有伤害呢?医学已经证明:手淫本身并没有什么危害,偶尔发生的手淫行为对身体不会有任何影响。所以当父母发现孩子有手淫行为的时候,要以平常心正确对待,不要让教育蒙上羞辱的色彩,而是用知识让孩子懂得他们"长大了"。

丹丹在很小的时候就被妈妈养成了晚上睡前"洗屁股"的习惯。以前总是妈妈帮着洗,后来丹丹长大了就自己洗了。这件事情在丹丹的眼里就像每天睡前要洗脸、刷牙一样,已经成为日常生活中的一部分。就在丹丹初中一年级时,她来了月经。妈妈把丹丹拉到一边笑着对她说:"我们家的小公主长大了。"从那以后,丹丹总觉得"洗屁股"忽然变成了一件很害羞的事。这项每天晚上例行的公事,都是当没有人注意她的时候,她才偷偷地溜到洗手间里洗。

有一天,丹丹又像往常一样,趁着爸爸妈妈在看电视的时候,自己倒了一盆温水进了洗手间。本来只是想把屁股洗得更干净一些,可是当自己碰到私处的一刹那,丹丹有了一种非常舒服的感觉。她喜欢上了这种滋味。她一边触摸着那个地方,不停地搓动……也是从那次开始,丹丹的这个"坏习惯"形成了。

后来,爸爸发现每天孩子进洗手间的时间越来越长,就让妈妈去看看。让妈妈没有想到的时候,当她打开女儿忘记反锁的门的时候,女儿居然正在陶醉于手淫的快感之中!妈妈一下子蒙了，自己的女儿只有14岁，怎么就变成这样了呢？！

父母一般把手淫的对象都锁定在男孩子身上，实际无论是男孩还是女孩父母都应该把相关的教育做到位。那么，作为父母如何去发现孩子的手淫行为呢？在生活中，父母要留心观察，看看孩子有没有下列情况的发生。男孩子用手玩弄自己的生殖器；女孩子用手去摸外阴；孩子把物品塞进裤子；孩子喜欢在家里突出的地方用生殖器部位蹭来蹭去；孩子骑在什么物体上前后左右地扭来扭去等。如果孩子有这种行为，作为父母就应该给予关心和关注了。

如果父母发现孩子有了这种行为，不要狠批孩子，也不必过度惊慌，问题既然发生了，唯一的办法就是解决问题。

（1）首先要看一看孩子的用手碰触生殖器的行为，是不是因为孩子的卫生没有搞好而导致发痒红肿，又或是衣裤过紧让孩子感到不舒服等，不要一看见孩子的异常行为就一口咬定孩子手淫，一定要弄清状况。

（2）孩子睡觉时的被子不宜太厚太暖。

（3）让其他小朋友多与孩子交流，避免孤独。作为父母也要做孩子的好朋友，要主动抽出时间陪孩子，与孩子多做互动。

（4）如果发现孩子有玩弄生殖器行为时，要带孩子去做一些他喜欢做的事来转移孩子的注意力。并相信运用以上小方法，通过父母双方的共同努力，一定对孩子有所帮助。

·父母金言·

对于那些有手淫习惯的孩子，父母有责任让他们多懂得一些有关性的知识。告诉他们手淫到底是怎么回事。如若不然，这个问题总会萦绕在孩子的脑海里挥之不去，一方面他们害怕父母知道，另一方面又深陷在快感中无法自拔，严重时很有可能会损害孩子的身心健康。所以，父母还是尽早下手为妙。

我们会给你正确的性教育

在我国，开展性教育尽管困难重重，但仍有不少教师突破重围，以令人敬佩的责任感和科学精神，开始了大胆的探索。北京八一中学心理教师张丽丽就是其中一位。

张丽丽兼任《中国青年报》青春热线的咨询员，又接受一些性健康教育的培训，她的课受到学生热烈欢迎，成为极具魅力的课堂。

据2002年10月17日《中国青年报》报道，张老师的课几乎是在欢呼中开始的，学生们并不如她想象的那样害羞，而是十分踊跃。

最初的提问千奇百怪："人妖是性变态吗？"、"太监是怎么回事？"、"同性恋是否遗传？"、"两性人的原理是什么？"这些问题与张老师原来的设计相差十万八千里，但她还是尽其所能告诉他们一些道理——主要也是想传递一些观念：比如太监，她讲到那是对男性的摧残和不尊重；而同性恋，他们也和正常人群一样，只是性取向有差别。她知道，作为一个教师，保持坦然和开放的态度非常重要。

果然，几轮提问大战之后，学生们问得越来越大胆，也越来越直接。一个小男生特别天真烂漫地问：

"性交是怎么回事？什么是强奸呢？"

教室刷地静下来，所有的目光投向了张老师。她定了定神儿，微笑着解释道：

"性交是成人之间表达爱慕的最高形式，是通过男女生殖器的结合完成的。性交的时候，男性的阴茎会进入女性的阴道，并有射精行为产生。而强奸是以强迫性交形式表现的暴力，是对女性的侵犯和不尊重，是一种犯罪行为，应该受到惩处……"

看到老师坦然的态度，学生们似乎一下就放松了，又重新兴奋起来。一个男生甚至打断老师，迫不及待地要亲自回答这个问题。他讲精子射入阴道后，会有成千上万的精子展开竞争，并且只有一个精子进入卵子，能够取得最后的胜利。他骄傲地总结道：我们每个人都是千挑万选的那个精华！张老师与全班同学为他鼓起掌来。

一次，张老师曾被一群男生围住，谈起13岁少女生子的事情。张老师刚说青春期少女应当注意自我保护，一个男生表示反对，他说，青春期的女孩是喜欢被强奸的。话音刚落，马上有几个男生表示支持这一说法。

张老师知道男生们显然受了网络、光盘或色情书的影响，便让他们详细阐述。男生们提到了女孩的性幻想。张老师说："不管男孩还是女孩，都会有一些性幻想存在。但是，就像男孩的性梦不能代表男孩的性现实一样，女孩的性幻想也不等于她们真正的愿望。没有一个女孩是愿意被侵犯的。强奸践踏了女性的尊严，是被女孩们所憎恨的。"她又说："有一些色情影片或小说会有一些对女性歪曲的描写，这是不可信的，绝不等于生活现实。"

男生们恍然大悟，纷纷点头：

"噢，原来如此。"

性教育的成败不仅仅取决于内容，也取决于态度。如果以阴暗心态进行性教育，非但无成功之希望，反倒留下无尽隐患。因此，我建议父母与教师们以阳光灿烂的美好心态，公开而艺术地与少男少女谈情论性。这就是阳光法性教育。父母应该如何做呢？我的建议是：

（1）对中学生应把性交和避孕知识讲得明明白白。中国性教育的一大失败，就是在关键的知识点上躲躲闪闪，似乎以孩子弄不明白为己任。结果，导致了许多少男少女糊里糊涂受到伤害。譬如，我们在访谈中惊讶地发现，这些偷吃禁果的少男少女，几乎不采取任何避孕措施。他们根本不清楚流产对女性身体的伤害，更意识不到传染性病或艾滋病的危险。这不能不说是性教育的严重失职。

造成这一重大失误与性教育观念落后关系密切。许多父母与教师以为，告诉了孩子性交方法与避孕知识，会引诱他们尝试性行为。事实证明，这一看法是错误的。2003年6月1日《参考消息》介绍了美国的一项研究结果，即学校提供避孕套的高中学生发生性行为的可能性并不比其他高中生大。研究人员在鼓励学校制定避孕套计划的马萨诸塞州进行调查,将9所提供避孕套的高中学校,与50所不提供避孕套的高中学校进行对比。结果发现,无避孕套计划的高中有49%的学生报告曾经有性行为,而有避孕套计划的高中有42%的学生报告有过性行为。这说明,当了解了有关性知识之后,采取性行为的态度可能会更加谨慎。

我们应当相信少男少女们,当真正懂得了性交和避孕的知识之后,他们会权衡利弊,少做蠢事,尽量减少对自己和对他人的伤害。把选择权与决定权交给一天天长大的孩子,尽管他们会为此付出代价,但只有经历了这一切,他们才会成长为一个真正的人。

(2) 鼓励男女青少年正常交往。在青少年长大即社会化的过程中,同伴交往乃至与异性的交往是不可缺少的一课。再好的父母和老师也不能代替伙伴的作用。所谓性教育的本质特征就是学会交往。

然而,中国青少年研究中心1997年在城市独生子女人格调查中发现,64.9%的中小学生父母"不愿意孩子有较亲密的异性朋友";81.6%的父母"要求孩子选择学习好的同学做朋友";45.3%的父母"为了学习,我要求孩子减少与朋友的交往";49.3%的父母"怕孩子学坏,所以我严格限制孩子交朋友"等等。毫无疑问,父母们这些干涉或限制的态度,是构成代沟冲突的重要因素。

请父母与老师们回忆一下,你是怎么学会与异性相处的?是仅靠父母的说教?还是靠自己的体验?恐怕绝大多数人是实践出真知。因此,当你剥夺了孩子体验的渠道,你怎么让孩子学会交往呢?许多条件很好却难以恋爱结婚的中青年,究其原因,常常发现是青春期里被严格限制与异性交往的缘故。充满爱心的父母们怎能让悲剧重演?

当然,鼓励不等于放纵。近朱者赤,近墨者黑,也是千古名言。我们只是建议父母与教师们,对于少男少女的交往,要多一些鼓励,少一些训斥;要多一些理解,少一些怀疑;要多一些引导,少一些限制。即使出现一些问题,也不要大惊小怪。心理学家认为,孩子是在犯错误中长大的。父母给孩子最好的礼物是尊重与信任。

(3) 父母应当为孩子做出表率。一谈到性教育,许多父母就在想该怎么对孩子说,实际上,父母怎么做比怎么说更为重要。

可能有些父母会疑惑起来,做什么呢?其实,在孩子心目中,父母的行为是最好的性教育楷模。天下父母哪个不是一男一女的结合?哪个不是与孩子关系最亲密的人?孩童时代过家家,孩子们不都在模仿父母的角色吗?这种对父母自觉不自觉的模仿,或许会持续一生。

可是,父母们想到这一点了吗?许多父母亲热时背着孩子,却当着孩子的面吵架甚至打架,这是多么可怕的性楷模表现呀?如今,夫妻离婚的多了。有些离婚者面对孩子痛说对方劣迹,犹如黄河长江,怨恨一泻千里。他们可能没有意识到,这样做是播种了仇恨,这样做会扭曲孩子的心灵,使孩子不能正确看待异性,将来会影响下一代的爱情与婚姻。

有责任心而又明智的父母,应当从点点滴滴做起,表现出夫妻之间的互敬互爱、互谅互助。开放一些的父母,当着孩子的面拥抱接吻,更是良好的性教育行为。我在美国罗德岛大学访问的时候,一位女教授告诉我,她把自己生孩子的全过程请人拍录下来,作为将来送给双胞胎女儿的礼物。可以想象,这将是深刻而可能影响孩子一生的性教育。

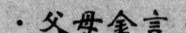

· 父母金言 ·

性教育的成败不仅仅取决于内容,也取决于态度。如果以阴暗心态进行性教育,非但无成功之希望,反倒留下无尽隐患。因此,父母应以阳光灿烂的美好心态,公开而艺术地与少男少女谈情论性。这就是阳光法性教育。

我们不会回避性问题

有的父母认为,对孩子提出的性问题,最好什么也不说,沉默或者打岔才是最好的办法。一位母亲说:"我自己总相信孩子长大以后就什么都懂了。我父母从来都没有直接给我讲过性知识,这倒不是因为他们保守,而是觉得没有必要。水到渠成嘛,性知识并不是非'启齿'不可。我不就这样过来了?我也不准备对自己的孩子说什么。"

这样的态度,实际上就是一种"鸵鸟"式的教育,即当孩子提出问题以后,父母往往保持沉默,或者回避问题。生活中有很多父母希望对孩子的提问保持沉默,在他们看来,对孩子讲多了性知识肯定不是什么好事,认为那是有意"惹"他们。但这样闭口不谈性,往往会使孩子觉得,性是不能谈论的问题,是丑陋的事情,从而形成对性持否定态度的价值观念。

渐渐地,孩子也会不再向父母提出性问题。他们会认为大人根本不想谈这方面的问题;而且,他们会感到性是应该禁忌的话题。亲子之间越是回避性话题和交流,孩子就越会觉得那是一件不该启齿的事,但是他们的兴趣却与日俱增。一些性问题成了他们比较感兴趣的事情,也会觉得越来越神秘。

一个男孩的母亲对此深有体会:

儿子刚升上小学五年级,很好问,提的问题经常涉及性知识,令我和他爸都很难堪。我们曾密谋如何对付这难题,但我们两人分歧很大。他爸认为儿子年纪还小,能搪塞就搪塞过去,等他长大了自然会晓得。可儿子偏偏对其中的"疑点"发问不止,就连我洗澡,他也敲门想跑进来看个究竟。在儿子面前,我和他爸小心翼翼地生活着,真害怕露出"性"的蛛丝马迹。我们活得很累,担心尤甚,害怕因为我们的反常举动,让儿子对女性产生神秘感,这同样不是件好事情。

一次看电视时,儿子又发问了:"'苏菲'有什么用?"我就胡扯一通:"这是女性的曲线,你看,这很美。"儿子听后哧哧地笑道:"这是女人的卫生巾,男孩子有什么不知道的?"这时他爸把我叫到一旁,很紧张地说:"我们越遮掩,他越感兴趣,还不如趁早告诉他,免得他走入歧途。"

面对孩子的性疑问,我的建议是:

(1)不欺骗孩子。许多父母仍然对性的问题比较保守,喜欢以"谎言"回答孩子的提问。大多数孩子在受了欺骗之后,随着他们年龄的增加,慢慢会识破成年人的谎言,但成年人的做法却有可能让他们也变得虚伪、不诚实。同时也会让他们感到,在性的问题上是不能说真话的。另外,成年人一些不恰当的玩笑,也会使孩子对性知识有误解,这需要父母特别注意。

(2)如实回答。当孩子向你提问时,尽量如实回答,不要遮遮掩掩。如果当孩子向你提的问题,对你来说是陌生的,甚至你自己也存在疑问。遇到这样的情况,不必紧张,只要把自己的真实情况告诉孩子就行。例如,可以对孩子说:"这个问题妈妈也没有弄懂,不如我俩一起去查查资料吧。"

(3)准备一本性知识的书。家中如果有一个青春期的孩子(10~20岁),一般都需要准备一本性知识的书。当然,要尽量选择专家写的较为权威的小册子。这样,当父母无力回答性问题时,可从容地让孩子看书。

科学研究发现,儿童对性的了解需要基本分四个阶段:

(1)身体认识阶段(0~4岁):大多询问身体器官的名称及区别等问题。这个阶段的孩子处于婴幼儿阶段。这时他们的性心理发育往往具有两个特点,一是自发性,二是好奇性。尤其在幼儿时期,他们的性意识开始孕育,对性的愉快体验也开始从无意渐渐走向有意。因此,有些男孩会用手触摸阴茎,有些女孩会用桌子边角或者其他物体去触摸阴蒂。这种行为并不说明孩子有什么性目的,只是一种自发的现象。随着年龄的增长,自我意识的产生,孩子开始意识到自己的性身份和性角色。尤其是当发觉自己和他人有差别之后,他们就会有意识地表现出对性的好奇和关心,也就会不断地提出各种关于性的疑问。如:为什么妈妈的乳房很大,爸爸的乳房很小?为什么男的和女的要进不同的厕所?

这时,父母应采取正确的态度,使用科学的名词,告诉孩子身体不同部位的名称。父母可参考一些专业书籍,利用图片让孩子认识男女身体上的器官及其不同,或者在与孩子一起洗澡的时候,帮助孩子了解人体各方面的构造。

(2)生命起源阶段(4~8岁):大多询问生命起源及生育等问题。此阶段孩子大多生活在幼儿园或者小学低中年级,他们开始认识到自己的重要性,因此对自己的归属感非常敏感。他们提问的重点主要是与"生命的起源"相关的一些问题。如:我是从哪里来的?我是怎么生出来的?爸爸没有生我,我为什么要叫他爸爸?爸爸怎么还能生孩子呢?妈妈是谁生的?生孩子是不是真的很疼?剖腹产是怎么回事?

这时,父母尽量不要以谎言来应对孩子,如对孩子说"你是从石头缝里蹦出来的"、"你是从路上捡来的"等,而应该让孩子清楚地了解,自己是爸爸妈妈相爱结合而生下来的。

(3)"性"知识阶段(8~12岁):大多询问一些与性有关的问题。这个时期,孩子已经进入了小学中高年级。由于智力快速发展,语言能力迅速增长,他们提出的纯粹与"性"有关的问题要远远多于前两个阶段。如:为什么男生没有月经?女生干吗有时可以不上体育课啊?什么是性梦?性骚扰是骚扰哪里啊?睾丸里装的到底是什么?叔叔阿姨进了洞房都干什么啊?

这个时期父母对孩子的性教育内容之一,就是科学地、大方地回答孩子的性提问。为了及时做出恰当的回答,父母应该学习一点有关儿童性教育的知识。

(4)爱的教育阶段(12~16岁):大多询问一些与爱情、婚姻、性相关的事情。在这个阶段里,孩子一般进入了青春期或者青春前期。这也是孩子发育最快的阶段,这时不仅孩子的身体迅猛发展，各种性征也渐渐出现，以生殖器官和第二性征明显发育为特征。这时，孩子往往会对自己的生理发育速度、第二性征以及生殖器的大小和形状等产生忧虑。因此，他们特别渴望得到性知识。但他们提问已经不会再如同小时候那么直接，而是间接地、策略地提出来。如：一个人总想看见另外一个人，这就是喜欢他吗？遗精是怎么回事？如果一个女孩的梦里总有一个男孩出现，这是不是不好的现象？手淫是不是下流？什么样的爱情才是真正的爱情？

在孩子青春期阶段，父母要给孩子一定的关怀与指导，注意孩子的性生理、性心理变化，确定恰当的教育时机，对孩子进行针对性的性教育。

> **·父母金言·**
>
> 在孩子青春期阶段，父母要给孩子一定的关怀与指导，注意孩子的性生理、性心理变化，确定恰当的教育时机，对孩子进行针对性的性教育。

第七章　孩子,我们会全心全意地爱你

我们会让你循序渐进地成长

孩子是一只小蜗牛,总是按照他自己的节奏成长。不管我们多么焦急,也不管我们如何催促、牵拉,他,依然慢慢地成长。有时候,牵拉的力度大了,他貌似会走快一点,却不可避免会受伤,结果后继乏力,得不偿失。当我们自以为付出了很多却看不到成效时,我们甚至开始怀疑自己,怀疑孩子。于是,我们"生闷气",催他、唬他、责备他,拉它、扯他,甚至想踢他。然而,天有时,孩子的成长亦有时。父母应该试着让教养的进度慢下来,接受孩子"成长亦有时"的现实,接纳孩子那些阶段性困扰我们的行为,不再强求孩子速速改变,就会发现,一切都会自然而然地转化。一旦慢下来,我们就会欣喜地看到,无须我们催促,小蜗牛就会自己勉力往前爬。在育儿的路上,我们就可以闻到花香,触摸到微风,听到鸟叫虫鸣,看到满天亮丽的星斗,享受沿途的风景。小蜗牛再也无须因赶不上我们的步伐而内疚,也不会因为我们拉他扯他而受伤,流着汗,喘着气往前爬。

邻居家有个小男孩,一岁半了还走不太稳当,两岁半了还不敢爬楼梯。与小区里其他孩子一比较,妈妈难免焦虑,于是,决定加大训练力度。可是,小家伙见到楼梯就伸手要抱,不抱就哭,怎么逼都不管用。妈妈无奈,只好放弃。忽一日,逛公园,孩子爱上了上下台阶,拉着妈妈的手,50多级的台阶一气上下十多趟,累得妈妈气喘吁吁,他却甘之若饴。接下来几天,每天外出、回家,他都不愿意乘电梯,一定要走楼梯。10层楼,小家伙就这么慢悠悠地爬上去。从妈妈牵着手一点点试探着往上爬,到坚定地甩开妈妈牵引的手,自己奋力往上挪,期间仅仅隔了短短的几天时间。这就是孩子,他天生就有一种内在的驱动力,只要准备好了,无须我们逼迫,他自然就会不断尝试。当然,孩子学会爬楼梯之后,妈妈很快就遇到了新的问题——孩子似乎爬够了,再也不肯爬,又回到了哭着要抱的阶段。

这就是孩子。他是来引领我们散步的小蜗牛。每一只小蜗牛都有自己行走的路线,爬行的速度。他也可能中途停下来,欣赏一下沿途的风景,甚至倒回去走几步,再修正方向继续前行。不去比较,不去催促,尤其不去逼迫,让我们的心慢下来,坚信该来的迟早会来,该走的也迟早会走。N年后,等孩子长大成人,我们会惊讶地发现,时光飞逝,孩子的成长只是倏忽间。那么多美丽的瞬间,想珍惜、想回味,已然成了回忆,那么多焦虑、担忧、无奈、恐惧,都不过庸人自扰。与其到时再怅然若失,反躬自省,不如现在就跟着那只小蜗牛,悠闲地散步,安然享受沿途的风景。

> **·父母金言·**
>
> 父母应该试着让教养的进度慢下来,接受孩子"成长亦有时"的现实,接纳孩子那些阶段性困扰我们的行为,不再强求孩子速速改变,就会发现,一切都会自然而然地转化。一旦慢下来,我们就会欣喜地看到,无须我们催促,小蜗牛就会自己勉力往前爬。

我们会和你愉快地相处

不管进入一个什么样的环境,但凡其中有一个充满趣味的、富有幽默感的人物,这个环境就充满欢笑与活力。不管我们是什么样的性格类型,对于这样一个人物,我们总是更能接纳他,也更乐意为他做点什么。孩子也是这样。当然,他们衡量趣味与幽默的标准跟我们成人不太一样。在我们成人看来很傻、很无趣的一些活动,孩子偏偏觉得乐趣无穷。

让我们回想一下,下面这些看起来很傻的活动,孩子是不是很喜欢很期待呢?如果没有这样跟孩子玩过,那么,请每天抽几分钟时间跟孩子玩一次。如果每天都有这样的开心一刻,我们会惊讶地发现,那个小家伙变了,变得更满足、更快乐、更充满活力。回到家第一件事,捉住孩子(不是强迫,是假装强迫,孩子对这种小花招往往十分期待),把他举得高高的,放下来,再举高,再放下来,跟孩子玩一个举高高的游戏。那么,孩子每天都会满心地期待这个被捉住的时刻。将孩子抱在肘弯里,悠上去,悠回来,再悠上去,再悠回来,偶尔转个圈,嘴里再模仿飞机飞过的声音,给孩子来个"开飞机"的游戏。咯吱孩子一下,停下来,假装在找机会突袭他,再咯吱他一下。把帽子戴头上,假装怎么也戴不好,然后很笨拙地让帽子从头顶上掉下来,显得很慌张地抓住帽子继续往头上戴。来一些违反常规的动作,假装眼神不好,把衣服和裤子搞混了,把裤子当上衣穿,把衣服当裤子穿。

在这样跟孩子玩儿时,如果再配上一些充满趣味的描述,孩子会更加开心。除了这些,我们还可以根据孩子临时出现的反应及他们的一些想法,拓展出更多令孩子心动的游戏。

琛琛小的时候,我经常以这样的方式跟他游戏。记得他两岁左右时痴迷涂鸦。有一次,他说他画了一幅"火山"。画面上到处都是红点点,那是喷溅出来的岩浆。看到这幅"火山",我立刻紧张地回应:"天呐,这岩浆都喷到我身上了。好烫啊!不行,我得赶紧逃,逃到一个安全的地方。"然后我开始躲藏,他则抓着"火山"到处追我。对于这个相对安静的小家伙来说,这可是让他动起来的好机会。当然,如果他是一个特别好动的孩子,我会换相对安静一点的方式跟他游戏。比如,我可能会找一些东西,把"火山"围起来,或者"挖一条沟",让岩浆流向别的方向……

如果我们每天都能跟孩子玩一会儿,我们带给他的就是无边的快乐,他的童年就会充满奇幻的色彩。

当然,趣味与幽默不仅仅体现在游戏的过程中。在处理某些棘手的问题时,趣味与幽默,同样是很好的润滑剂，不仅可以帮助我们更有效更快速地解决问题，还可以避免亲子冲突。

某天，小侄子户外回来不肯洗手。听到要他洗手，立刻大哭起来。我走过去，把他抱在怀里："我知道，你不想洗手。没关系，不想洗就不洗。"

听到我说可以不洗手，孩子的哭声小了。

"你刚才在户外玩什么了？"

"捡树叶，玩泥巴。"

"你的手上有树叶和泥巴吗？"

"没有。"

"你知道吗，你的手上还有一些你看不见的东西，你猜猜是什么？"

"不知道。"

"是病毒和细菌。它们太小了，我们根本就看不见它们。要用显微镜才可以看到。你知道病毒和细菌最喜欢干什么吗？"

"不知道。"

"它们老想跟小孩玩生病的游戏。生病是不是很不舒服呀？"

"嗯。"

"你知道细菌和病毒最怕什么吗？"

"不知道。"

"它们最怕肥皂和水。我都听到你手上的病毒和细菌说话了：'可别用肥皂，可别洗手。我就想黏在小朋友小手上，让他生病，让他陪我玩儿。'"

小家伙好奇地看着我。我趁热打铁："那可不行，我们可不想跟它们玩生病的游戏。我们要玩让它们去下水道的游戏。快，抹肥皂啦！这里抹抹，那里抹抹！使劲搓搓！哗哗哗，用水冲冲，细菌病毒要去下水道了哦！"

等洗完了，再捧起他的小手闻闻，然后很陶醉地来上一句："啊，好香啊！"这句看似很平常的赞美，孩子通常很期待。每次去会所，要是正赶上饭前洗手时间，洗完手，孩子们总是争先恐后地把小手伸到我鼻子底下，让我闻闻，然后期待我夸上一句"好香啊！"

当我们带着享受与愉悦的情绪面对孩子，换一个思路跟他们交流的时候，他们通常都会很开心、很享受，当然，亲子之间的冲突消失了，我们自己也少了很多烦恼，多了一分轻松。

如果你真的希望孩子有出息，你一定要懂得家里最需要什么文化氛围。最需要的是家庭文化的提升，最需要的是把孩子当作平等的生命，最需要的是放下作为父母的权杖。

· 父母金言 ·

不管进入一个什么样的环境，但凡其中有一个充满趣味的、富有幽默感的人物，这个环境就充满欢笑与活力。不管我们是什么样的性格类型，对于这样一个人物，我们总是更能接纳他，也更乐意为他做点什么。孩子也是这样。当然，他们衡量趣味与幽默的标准跟我们成人不太一样。在我们成人看来很傻、很无趣的一些活动，孩子偏偏觉得乐趣无穷。

我们会和你建立良好的亲子关系

让我们来看这样一个故事：

寒假的某一天，一位教语文的老师致电和约时间，想利用年假带着读小学四年级的女儿来谢谢我，原因是我启蒙了小女孩的写作能力。

原来小女孩用了我的实验教学方法——"加工相片说故事"，她以"相册的故事"完成了寒假作业，被学校推选为优秀作业。校长欣赏之余便希望该家长能与校内因忙碌而找不到方法提供孩子心灵养料的教养者，分享孩子的生活写作经验。

我仔细地阅读每一页的照片故事。年仅10岁的小女孩以口语化的文体，描绘与父母郊游的情景，或家族长辈聚会的精彩片段，都能有翔实的观察，并丰富叙述照片里的场景或人物的行为表现。

我特别感动小女孩以细腻的情感描述关于家人给予的爱与温暖，且有着令人惊喜的情感表现。我读到小女孩对父母真情的感谢，也读到由于父母的爱，她小小的心灵早已深耕了生命的根源。

一个有根源的生命未来才能拥有正确的人生价值观。如此完善的结果，我想应归功于母亲愿意拨出时间陪伴孩子做相册。

某年"内政部"委托地方政府单位办一个活动，名为"做个自信满满的父母"之团体课程，由我负责策划课程并担任讲师。参与课程活动的成员多元化，有单亲家庭、有隔代教养者、有婚姻濒临破裂但未离婚的，当然也有全职妈妈。这是一个靠海的小区，许多小区人士知道有这样的课程，纷纷要求报名上课，学员十分踊跃。

在一系列课程中，我安排了一堂"家庭照片故事制作"。令我感动的是，这一堂课的出席率是前所未有，可说是全家总动员。尤其难得的是，父亲的出席率占了一大半。这说明有心重视孩子的生活，随时抓住机会学习的家长仍然居多。家庭故事是需要家人一起合作完成的。学员们不论年纪大小，每个人都轻声细语地与家人讨论着要选哪一些照片作为主题故事，决定后便分工开始动手做。剪切、粘贴、加工依序完成后，最重要的内涵就是，一起回忆、一起写纪录、一起做相册。除了彼此缔造关怀外，重新回忆不同时空下所有的故事情节，可以让孩子看见父母对他们的爱，顺便给孩子机会学习对父母的感恩。在彼此心灵对话的时机里，可教孩子再次倾听自己的声音。

完成后的相册除了大家轮流欣赏外，我会邀请每个家庭成员，一起说出制作的过程感受及心得分享。一位刚失业的父亲说明来上课的理由：由于平日很忙，陪孩子时间较少，而今失业，反正闲着也是闲着，就陪家人来上课。

他在分享时间里充满抱怨，埋怨公司让他中年失业，是如何不公平的对待。由于他需要一个倾诉空间，我并未制止他发泄情绪。接着是女儿的分享，"我很怀念全家人一起到动物园游玩的时光。这是我最喜欢的一张照片，因为里面有爸爸、妈妈和妹妹。我要谢谢爸爸，他在最忙的时候，还愿意陪我们。"说到这里，小女孩忽然哭着说："现在爸爸失业了，我要好好用功读书,不会吵着要买东西。"听到女儿如此简单的心意,本来哽咽的父亲哭得更厉害了。女儿就在众人面前对着父亲说:"爸爸,我爱你。谢谢爸爸!"

于是一家四口相拥而泣。学员们鸦雀无声,每个人对这突如其来的感动,频频拭泪,我当然也不例外。教室里顿时默然几分钟,或许大家想就此氛围,重新检视自己吧,所以我认为"生活故事"可以创造无价的生命意义。

这些年我在台湾提倡并鼓励每个人要用传统相册整理照片,因为做相册就是一种艺术创作,写照片的故事就是在自我觉察。利用生活题材的创作艺术与心灵对话,我称之为"看得见的生命教育"。

在我的课程里,不论成人或小孩,总是因内心有真正的反省而感动而哭泣,最后愿意改变自己,成效很好。现代的父母因长期忙于生活,焦虑使他们看不见真正的自己,常陷入困局。当期待落空之际,情绪一来便认为孩子不懂感恩。别忘了,从小被爱的孩子,长大后才懂得爱人;从小被挑剔的孩子,不会懂得感恩。在孩子身旁不等于陪伴孩子。想一想,在陪伴孩子的时刻,我们做了些什么?

请利用生活中真实发生的情绪,与孩子做心灵的对谈,讨论他们生活中的快乐、惊喜、欢笑、期待等等。这些情绪最常出现在照片里,照片的故事能够启发并延伸孩子的思考材料。如何教养出"富而好礼"的孩子?除每天拥抱孩子三十秒,聆听孩子三分钟,陪伴孩子三十分钟外,必须让孩子在心灵上得到情感的滋润。请善用休闲假期,换个方式度假,一起整理藏在箱内的旧照片,精选可以用来写故事的作品。我相信假日里必定充满欢笑声。

美国心理学家奈德·盖林的研究报告说明,人与动物差异有三:一是想象力,二为自由,三是最长的幼儿依赖期。意指人类所生的孩子,依赖父母的时间最长,远超过其他动物。举此报告之例,是因为太多父母急着要孩子长大,要孩子提早独立。表面的独立是一种伤害,只有让孩子觉得安心的陪伴才能无憾。这位母亲的身教,亲自带孩子来谢师,又是一个很好的陪伴,更是我过年期间收到的最好礼物。

教育部门曾经请一位老师培训幼教界的园长及教师,当时是以个人的学术研究作为训练教材。他用一个简单的音乐故事做背景,并邀请现场的学员,运用自己的创意即兴演出。即兴演完之后,邀请每一位参与者说说感想。

这些参与者是老师,也是自己孩子的父母。他们说:"听李教授讲故事的时候,认为演它太容易了,因为我们就是教孩子演戏的人。但在演出当中,对自己的表现只能用'震撼'二字来形容。"他们对自己的形容正是老师所看到的:肢体僵硬放不开、害羞没创新的台词、爱面子怕别人取笑等等;他们的震撼是来自从未发现的"自我觉察能力"。这份能力是提醒他们,自己都做不到的事,如何要求学生与孩子? 普遍父母不也如此吗?

孩子最初的人生剧本,其所有编剧及导演都是由父母负责。运气好的孩子,生长在充满智慧的家庭中,人生路上将会有成熟父母的耐心与爱心相伴,得到的爱满足了整个心灵。运气差的孩子正好相反,在既有的环境中跌跌撞撞成长,甚至还要承受其父母的原家庭所衍生出来的伤害。总之他们必须长期为自己的生命修补而努力,心灵当然没有被爱的满足感。所以为人父母者,对孩子生活教育的引导必须极为谨慎。由此可见,学习做父母是一门终身必修的功课了。

台湾"儿福联盟"提倡"三三三"项目计划,就是每天抱孩子三十秒钟,聆听孩子三分钟,陪伴孩子三十分钟。老师在演讲的时候,常分享这个信息给听讲的父母们,希望他们能够真正运用如此简单的方法来增加亲子时间,顺便改善彼此的关系。

台湾的亲子关系,调查结果是在全亚洲敬陪末座。在孩子成长过程中,所有的行为表现就是在说明教养者的教导成绩。胡适先生说得好:"要怎么收获,先怎么栽。"若想要现在与过去不同,就要回顾以往。改变爱孩子的观念与态度,便可以创造与过去不同的生活状态。

老师愿意提供一个能让孩子体会我们爱的具体方法,把说不出口的"我爱你"化抽象为具体。利用不上班的时间,带领家人一起翻箱倒柜,把尘封已久的家庭照片取出,依时间、主题分类,开始预备制作手工相册。

在陪孩子整理照片的同时,要记得搂着他的肩膀,提醒他照片里的父母是多么爱他。想一想搂抱着孩子,一起为旧照片重新说故事,这样的画面离我们多远了?还没完呢!分类好的照片,就请孩子依照他的意愿,去组合他想说的故事,将照片贴在相册上,最后拿笔写下记录。写下这个虽成为历史却能重新获得彼此信任的回忆,一起共同创造的家庭故事,就能够把失去的爱找回来。

· 父母金言 ·

父母请用家庭的爱来丰富孩子的生命。再忙都要陪伴孩子,这是我最常用来教导父母亲、增加亲子关系的最好方法。

我们会用无私的爱滋润你

一个女孩厌倦了平日的生活,决定脱离那种正常的生活方式,走入社会寻找她的明星梦。

但是,没多久幻想破灭了,她连正常的工作也找不到,只能沦落街头,但她为了自尊,一直不回家。几年后,母亲听到一些关于女儿的传闻后,便决定去找回自己的女儿。于是,她走到街上的收容站,请求工作人员张贴一张自己的照片,并在下面写一行小字:"女儿,我仍然深爱着你,回家吧!"

终于有一天,女儿在收容站的告示栏里发现了母亲的照片和留言,她哭了,决定回家。

半夜,她到了家门口。她胆怯了,不知如何是好,正想伸手敲门时,门却自动开了,她冲进来,摇醒了母亲,说:"妈,我回来了!"

母亲注视着女儿,泪水夺眶而出,母女俩相拥而泣,女儿说:"门是开着的,你不怕有坏人闯进来吗?"

母亲说:"从你离开的那一天起,这个门就没有上过锁。"

一扇未上锁的门,终于等回了出走多年的女儿。一颗仁慈的母爱之心,挽救了落魄街头的孩子。她用自己的爱心唤回了出走的女儿。

教养子女像开垦土地一样,需要母亲耐心、诚心、信心及爱心的滋润与灌溉,才能使荒地变成良田。

有的母亲因为孩子一时失足，便觉得自己面上无光，于是将孩子逐出家门，以示母亲的威严。却不知这样做是将孩子赶进了死胡同。孩子也许因此变得自卑、堕落，甚至沦为阶下囚。

孩子的心灵是脆弱的，需要母亲的抚慰。当他们犯错误时，要给予帮助、理解和引导，让孩子走出心灵的误区。爱心能够挽救失足的孩子，狭隘却会将孩子推向失足。

生活中有些教育观念陈旧的母亲，她们强行要求孩子学习功课，却不支持孩子发展自己的兴趣。她们很少与孩子交流思想，把自己的主观意识强加在孩子身上，结果阻碍了孩子创造力的发展。

孩子毕竟年幼，会有许多自己处理不了的麻烦，如同学间的矛盾、被老师误解、考试失误等，这些都会使孩子产生一些心理问题，所以，做父母的要细心观察，发现孩子情绪有问题，要及时开导、安慰，让孩子感受到母亲的爱心和支持。

一位专家说：由于母爱具有利他、无私的特点，因此一直被视作最高尚的爱，最神圣的情感。然而，母爱的真正实现，似乎并不在于母亲对初生孩子的爱，而是在于对成长中的孩子的爱。

> **·父母金言·**
>
> 孩子的心灵是脆弱的，需要母亲的抚慰。当他们犯错误时，要给予帮助、理解和引导，让孩子走出心灵的误区。爱心能够挽救失足的孩子，狭隘却会将孩子推向失足。

我们会和你和谐相处

大家如果回首童年或许会感慨地发现，那些让您刻骨铭心受益终身的教育，大都是您最喜欢最爱戴的人给予的，而这些美好的记忆与您所厌恶的人可能毫不相关。

有一天，他在做活时剩下了一块木头，顿时想到可以给孩子做些小玩意儿！他决定给儿子做几个木偶。父亲把木偶做好了，又对他说："你给妈妈要一些没有用的碎布来，给这几个小'演员'缝制几件衣服。"小安徒生听了，高兴地叫道："好啊，就去问妈妈！"他兴冲冲地跑到妈妈那儿，在妈妈的帮助下，终于给小木偶们各自缝了一套衣服，安徒生细心地替他们穿好。父亲对他说："它们是不是很像几个演员？咱俩玩'演戏'怎样？"父亲从院子里搬来一张桌子当作舞台，用妈妈的头巾当幕布，还从书架上找来一本名叫《荷尔堡》的书当剧本，就这样，父子两人在堂屋里即兴演起戏来。他们互相练着台词，不时地争执该用什么样的表情和动作，简直像两个专业的演员。爸爸滑稽的动作和幽默的语言把小安徒生逗得东倒西歪，实在演不下去了！妈妈这时也放下手里的活儿当他们的观众。隔壁的邻居们也被笑声吸引过来，都笑这父子俩真是疯了！

之后，安徒生又遇到一位对他创作很有帮助的人，一位在医院里专门给人收拾东西的老太太约翰妮。她是位和善并且会讲很多故事的老人,对这座古城的每一块石头、每一棵老树,都能讲出故事来。讲完后她总是说:"这一切都是存在的,不是瞎编的。"安徒生认真地听着这些故事,听时他常流出眼泪或者大笑起来。日子久了,他听到了很多的故事,就把这些故事讲给小伙伴们听。自此以后,安徒生就迷上了故事,迷上演戏。那些虚构的人物和情节对他来说,就像古老神秘的森林一样吸引着他。为了演好戏,为了了解更多的故事,他疯狂地喜爱上了看书。这对他以后的童话创作产生了很大的影响。

随着年龄的增长,他开始意识到机遇是要靠自己努力寻找的。于是在1819年6月的一天,十四岁的安徒生走到母亲的面前,说出自己埋在心中多年的理想,"我要当演员,我要演戏。"他不顾家人好心的劝阻,毅然踏上了通往哥本哈根的漫漫长路,去实现自己的理想。

安徒生在剧院牧童合唱队或士兵队里扮演小角色,度过了哥本哈一个漫长的冬天后,他逐渐意识到演戏并非他追求的最终目标。他开始改变追求的目标,他要用自己的语言来支配演员的行动,他要写作。为了避开一些人鄙视的目光,他外出旅行,到法国、德国或者意大利,广泛接触生活在下层的穷苦人民,他为自己没有能力来帮助他们而感到痛心,于是他就用童话的形式,把人民大众的疾苦和对美好生活的向往写出来。

他热爱编故事,每年以写一本书的速度勤奋写作。他的童话作品写出一篇,都会得到世界性的赞誉。他在写童话故事的同时,还写小说、戏剧。几年以后,他用巨大的艺术创作成果,证明了自己非凡的成功。执着追求的梦想,也得到了实现,他的童话作品一版再版,各种荣誉纷纷而来。

我们几乎都能感受到这样一个现象:孩子如果喜欢他的老师,就可以喜欢这位老师的课以及他要求的一切;孩子如果讨厌他的老师,则可能讨厌这位老师的课以及他讲的一切。孩子对于父母的关系也基本上如此。大家面对现实也许会感到,当你与孩子的关系发生了问题,你的教育也会随之陷入困境。所以,如果用一句话说出什么是好的家庭教育,那就是:好的亲子关系就是好的家庭教育。

(1)关键在定位。好的关系胜过许多教育。父母什么时候与孩子关系好,对孩子的教育就容易成功;什么时候与孩子关系不好,对孩子的教育就容易失败。而建立良好的亲子关系,其关键在于"定位"。

①不当"法官",学做"律师"。有些父母看到孩子出了问题,便迫不及待地当起了"法官",这是很危险的。孩子的内心世界丰富多彩,家长要积极地影响与教育孩子,不了解其内心世界便无从谈起。而了解孩子的第一要诀是呵护其自尊,维护其权利,成为其信赖和尊敬的朋友。即家长对待孩子,要像"律师"对待自己的当事人一样,了解其内心需求,并始终以维护其合法权利为唯一宗旨。

②不当"裁判",学做"拉拉队"。在人生竞技场,孩子只能自己去努力。父母既无法替代孩子,也不该自作主张去当"裁判",而应该给予孩子一种保持良好竞技状态的力量,即"拉拉队"的力量。这样更能帮助孩子建立自信心,而这正是家庭教育的核心任务。做孩子的"拉拉队",既要善于发现和赞美孩子,还要引导孩子正确面对失败,在挫折前做孩子的战友。

(2)与孩子共同分享一种兴趣。世界闻名的丹麦童话作家汉斯·克里斯蒂安·安徒生出生于一个城市的贫民家庭。他创作出的童话故事如《海的女儿》、《卖火柴的小女孩》等受到全世界儿童的热烈喜爱。他父亲虽以修鞋为生，但却深知早期教育的重要性。他常常利用休息时间领着安徒生沿着羊肠小道，攀上高处，给他讲欧登王城堡的故事，讲他小时候所经历的遭遇，讲穷苦人的故事。父亲明白自己不能给儿子提供什么好的玩具，看着小安徒生求知若渴的眼睛，他也常常感到很内疚。

· 父母金言 ·

父母既要负责孩子身体的发育，又要负责孩子的心理发育；既要重视孩子智力的开发，又要重视孩子各方面能力的培养；既要教会孩子怎样学会知识，又要教会孩子怎样做人。所以说，父母一定要与孩子建立起更好的亲子关系，这有助于孩子的健康成长。

我们会拥抱你让你快乐

与男孩相比，女孩的触觉、感觉、味觉、嗅觉、听觉都更加敏锐。尤其是触觉方面，女孩从出生的时候起就习惯通过父母对自己拥抱来感受父母对自己的爱。如果父母经常拥抱女儿，那么女儿会认为自己对父母来说很重要，父母很爱自己，会感到很快乐。反之，她则会觉得父母忽视自己、不爱自己，进而不快乐。毫不夸张地说，父母给予孩子的拥抱直接关系到女儿的快乐与否。

双儿出生后，父母非常高兴。为了将女儿培养成为独立、坚强的女孩，双儿父母从女儿满月开始就对她进行了"严格"的教育。双儿的妈妈总是把双儿一个人放在婴儿床上，而自己则忙里忙外。一开始的时候，双儿用啼哭表示反抗，但是双儿的妈妈说孩子总是惯着，会惯出一身毛病，因此对双儿的哭闹置之不理。后来，双儿果然不再哭闹，但是几个月大的双儿却变得表情呆板，即使爸爸逗她，她也毫无反应。

双儿的父母吓坏了，担心她是个智障。但在一连串的检查后终于放下心来。

但是随着双儿的成长，问题似乎越来越严重了。在大人们眼里，双儿是个很深沉的小女孩，她甚至有些少年老成，喜怒不形于色，也不愿意与人有过多的交流。在双儿十岁的时候，父母发现女儿的目光甚至是呆滞的。她总是一个人静静地坐着，把爸爸妈妈当作透明的空气。看到这样的女儿，双儿的父母又开始带着带着女儿四处求医，但所有的医生都说生理上没有问题。最后一位好心的医生建议他们带双儿去看儿童心理医生。

心理医生看了看双儿的情况，询问了双儿的父母平常对女儿的抚养方式。为了帮助双儿，他叫来自己的几位助手——几位非常年轻活泼的女助手，让她们和双儿做游戏、谈心，并且还要多拥抱她。这些女助手笑闹着和双儿做游戏，争着抢着要与双儿拥抱，抱不到的就开始亲双儿的脸颊、抚摸双儿的头发。一开始，双儿似乎很紧张，但是慢慢地，她的嘴角开始微扬,眼神也开始清明。就这样,双儿的父母每天都会陪女儿来接受这样的心理治疗。

没多久,奇迹发生了:双儿像其他小女孩一样活跃了,食欲也增强了,甚至高兴的时候会主动要求同那些女助手们一起做游戏。

双儿父母对此疑惑极了,心理医生告诉他们:"这孩子是得了'皮肤饥饿症',这是由于缺乏父母的拥抱、爱抚所造成的心理障碍,时间久了孩子会发育不良、智力衰退,甚至变得反应迟钝,就像智障儿一样。"

虽然女儿的治疗情况让人欣慰,但是双儿的父母还是有些内疚,为自己在女儿很小的时候就剥夺了女儿被父母拥抱的权力而感到自责。

女孩心理脆弱,很害怕被父母冷落,对得到父母的关心和爱护的愿望尤为强烈,所以,对于女孩来说,父母的拥抱在其成长过程中扮演着极其重要的角色。一个经常被父母拥抱、爱抚的女孩较其他女孩会更加聪明、活泼。千万不要以为这是无稽之谈,由于女孩的感觉神经非常敏锐,因此拥抱和爱抚能够很好地激活她大脑的思维细胞,进而使她的每一种生命功能都能发挥到最大限度。因此,家有女儿的父母,一定要多拥抱、爱抚自己的女儿。具体地说,父母们需要注意这样几个问题。

(1)每天至少保证和女儿身体接触15分钟。儿童行为研究专家指出,每天是否能和女儿进行15分钟的身体接触,是父母和女儿亲子关系的关键。在父母温暖的怀中,女孩体会到温馨、舒适,感受到父母的爱,这样她就会学会爱父母。相反,一个缺乏父母拥抱和爱抚的孩子是孤独的,她也不懂得什么叫爱,自然也就不懂得爱父母,而亲子关系自然也就不会和谐。

(2)即使女儿已经长大,也请拥抱她。随着女儿年龄越来越大,父母为了在女儿心目中树立权威的形象,对女儿的拥抱会越来越少。其实这是非常不应该的。要知道,无论女儿有多大,都是需要从父母的拥抱和爱抚中感受爱的,这样她才不会觉得被忽视,才不会觉得孤独,才能够拥有健康的心理,进而健康地成长。因此,父母们千万不要因为女儿大了就不再拥抱女儿,给女儿拥抱,女儿才会更加健康、快乐地成长。

(3)对于女儿来说,父亲的拥抱同样不可缺少。生活中,许多父亲因为"男女有别",对女儿总是"敬而远之"。他们认为,女儿需要拥抱,那就让她妈妈拥抱她好了,至于自己还是"敬而远之"的好。

的确,妈妈的拥抱对于女儿来说是很好的安慰剂。如当女孩的月经初潮来临,觉得惊慌失措,甚至觉得羞耻的时候,妈妈的拥抱能够给予她勇气,让她不再惊恐不安。母亲的拥抱能够让女儿感受安定,并获取同自己的坏情绪作斗争的力量。但是缺少了父亲的拥抱,女儿不仅容易产生心理问题,而且容易和父亲的关系越来越疏远。

女儿长大了,身体发生了巨大的变化,因此父亲不愿意再与女儿有更多的身体接触。但是女儿并不了解父亲内心的想法,她往往会认为父亲不再关注自己,不再爱自己,会觉得非常失落,甚至对自己失望,从而变得孤僻而自卑。因此,对于成长中的女儿来说,父亲的拥抱是不可缺少的。

(4)学会拥抱的另一种表达方式。生活中,很多亲密的行为都具有拥抱的意义。如夸奖、亲吻、鼓励的眼神都和拥抱具有同样的效果,而这些也都是父母应该给女儿的。多对女儿说一些柔软、甜蜜的话语,多注视着女儿的眼睛倾听她、欣赏她,多关注女儿,这样,父母和女儿的感情交流才会顺畅,女儿才能够健康、快乐地成长。

> **·父母金言·**
>
> 　　如果父母经常拥抱女儿,那么女儿会认为自己对父母来说很重要,父母很爱自己,会感到很快乐。反之,她则会觉得父母忽视自己、不爱自己,进而不快乐。可以毫不夸张地说,父母对女儿的拥抱直接关系到女儿的快乐与否。

第八章　孩子,你要全方位地培养自己的能力

我们支持你的思维能力

钟乐是个初一年级的孩子,他喜欢读书,可每次读书都不求甚解,这让父母非常头疼。

有一次,钟乐放学回家便开始在书房里写作业,写着写着,遇到了一道比较难的数学题目,他琢磨了两分钟,便想去翻看问题的答案。

一旁的妈妈劝他:"你先好好想想,把所有的已知条件都考虑到,看看自己哪些地方不明白,做题在哪里卡了壳,如果再没有想出解题方法再看答案也不迟啊!"可是钟乐却不肯听妈妈的话,他还振振有词地反驳道:"我看答案是为了认真地研究正确的解题步骤,这样不是能节省时间吗?我一会还想看《居里夫人传》呢!"

妈妈无奈地摇摇头,对他说:"你认为自己很认真,事实上你把思考这个重要的过程省略了,只看别人的解答过程怎么可能使自己的解题能力得到提高呢?"小乐不相信,硬是自己对照着答案看起来,他不断地说:"我其实应该能想到的,唉!"妈妈在一旁更是不知道该说什么才好。

思维能力是指根据事物的表象进一步进行思考、分析、推理,发现事物内在联系的能力。人的思维活动是一种高级的智力活动,思维是智力的核心,也是考察一个人智力高低的主要标志。人的一切创造性活动都与思维有关,恩格斯曾把思维称为"地球上最美丽的花朵"。无论对社会还是个人的发展来说,思维都非常重要。

思维力对于学习、工作、生活任一方面都具有重要的意义。每个人都有一定的思维能力,但是存在着个体差异,因此有的孩子做题快,有的孩子做题慢。但是思维能力的提高完全可以通过父母有意识的教育和引导来完成。

像钟乐这样的孩子并不少见,他们爱好广泛,总有做不完的事情。他们非常努力地学习,却往往难以取得好成绩,关键就在于他们忽略了思考这个需要花费时间和脑力的过程。当他们不能很快地解出题目时,便只想对照着答案来解题,这样势必造成思维定势,而且也不利于他们发挥自己的潜能,解题能力自然得不到提高。

钟乐的问题就是缺乏思考能力的表现,他不习惯通过自己思考得出正确答案。因此,父母在孩子小的时候就应该正确引导他进行思考,对每个疑问都不能轻易地放过,更不能得到答案就罢休。当父母在指导孩子做题时,答案并不是最终所追求的,最重要的是在孩子做题的过程中要培养孩子思考的习惯和能力。

(1)在游戏中引导孩子进行思考。游戏和玩具是孩子的最爱,也是最容易激发孩子学习兴

趣的东西;许多父母认为游戏与学习是完全对立的,为了不影响孩子的学习,他们禁止孩子玩游戏,于是造成了两面都不得益的结果。事实上,在孩子游戏时如果父母能够加以正确引导,也能培养孩子的思考能力。

　　马小阳今年10岁了,刚刚上四年级。他是个非常擅长思考的孩子,因此学习成绩非常好。

　　小阳的父母一直很注重培养儿子的思维能力,但他们并没有强迫他,而是在他游戏时正确地对他进行引导。在小阳一岁时,父母就经常和小阳一起玩拍手的游戏,并把童话故事编成歌在拍手时按照节奏念出来。父母还经常跟儿子一起玩猜谜的游戏,在无形之中锻炼了儿子的思考能力。

父母可利用孩子喜欢游戏的天性,进行有意识的引导。每天吃完晚饭后,父母可以利用休息时间陪孩子一起玩猜谜语的游戏,也可以让孩子出题来考父母,还可以鼓励孩子根据原来的谜语进行改编,编出一个新的谜语,等等。

(2)鼓励孩子多提出问题。爱因斯坦曾经说过"发现问题比解决问题更重要",如果连问题是什么都没有发现,就根本谈不上解决问题了。许多教育工作者曾感慨现在的孩子好像什么问题也没有,似乎什么都懂,但是一到考试又什么都不会。由此可见,鼓励孩子发现问题更能培养他们的思考能力。

　　申佩佩今年11岁,非常擅长思考,因此学习成绩很好。
　　父母在她小的时候就经常鼓励她提出问题,告诉女儿解决问题的前提就是发现问题,并且说没有问题就不能学到新知识。
　　在父母有意识的培养下,佩佩的思维一天比一天缜密,思考能力越来越强。

当孩子做作业遇到难题时,父母要鼓励孩子把有疑问的地方写到草稿本上,然后对其逐个击破,如果实在不能击破,在参照答案时也要告诉孩子需特别注意自己存疑的地方。当孩子预习功课时,要让孩子把问题记录下来,等到老师讲课时就特别注意那些有疑问的地方。

(3)让孩子也当回小老师。近期教育界流行一句名言"教比学更快"。事实上,老师在讲课之前准备的时间、花费的精力绝不止一堂课,除非老师已经讲过多年相同的知识。在平时的家庭教育中,父母也可以让孩子当回小老师,在家庭课堂中实现师生互动,培养孩子缜密的逻辑思维能力。

　　芳芳是个三年级的孩子,她今年刚9岁。芳芳的学习成绩很好,非常擅长思考和分析,说起话来也不像个小孩子,每句话之间的逻辑性都很强。
　　芳芳的妈妈是一位中学老师,她经常让芳芳把自己学到的知识给妈妈讲一遍,并指出芳芳没有讲明白的地方。芳芳在给妈妈讲课的时候往往就会意识到自己没有掌握的地方,根据妈妈的反馈进行反思。因此,芳芳的逻辑思维能力得到了很大提高。

父母应该鼓励孩子给父母当小老师,让他把自己学到的知识进行大串联,那么任何有疑问的地方都难以逃出这位小老师的法眼了。父母在听孩子讲课时,一定要认真,表扬孩子讲得好的地方,指出孩子讲的含糊不清或者错误的地方,引导孩子进行反思。

（4）培养孩子的分析和推理能力。思维的核心在于分析和推理,而让孩子经常分析和推理也能让他形成缜密的思维,两者相辅相成,互为促进。

平时在生活中,父母应该要求孩子每得出一个结论都必须让他提供理由和事实来证明,或者让孩子根据自己的所见所闻和搜集的资料分析得出结论,父母不要直接给出题目正确或唯一标准的答案,更重要的是培养孩子分析和推理的能力,只要他有道理,就要肯定。

（5）帮孩子克服心理定势。心理定势是许多人容易犯的错误,也是生活经验经常给人的误导:心理定势的产生在于孩子没有用心分析事物和情境的差别,而直接用已有的知识和经验来分析可能已发生变化的情况;

父母应该帮助孩子克服想当然的心理定势,引导孩子观察相似事物或者情境之间细微的差别,从而作出正确的判断,克服心理定势。

· 父母金言 ·

思维力对于学习、工作、生活任一方面都具有重要的意义。每个人都有一定的思维能力,但是存在着个体差异,因此有的孩子做题快,有的孩子做题慢。但是思维能力的提高完全可以通过父母有意识的教育和引导来完成。

你要做个勤奋的孩子

当你的孩子学习成绩不理想的时候,你有没有动动脑筋,想出一个好办法,夸奖孩子一番,让孩子变得更加勤奋,把成绩赶上去呢?

张小北在班里换届选举的时候,被选为劳动委员。虽然有几位同学竞争这个岗位,但是同学们送给张小北的热烈的掌声证明大家很认可新一任的劳动委员。张小北转到这所学校只有三个月,但他勤奋的身影已经征服了班里的每一位同学。老师说:"从教这么多年来,张小北是少有的勤奋孩子!"

张小北的勤奋与父母的教育有关。3岁的时候张小北就自己穿衣服、脱衣服、叠衣服,稍大一点儿,就自己洗手帕、袜子等小衣物。这可不是孩子看着新鲜,做着玩,而是一贯的独立行为。

张小北的个头够得着饭桌后,就开始负责饭前摆餐具、饭后帮助大人收拾桌子。还主动清扫房间、擦柜子等。上学后,学校里每一次大扫除,张小北都是干得最多,最后离开劳动场所的一个!

张小北的勤奋精神赢得了大家的赞赏,同时也招来了一些闲话。有同学背后说坏话:"真像！有劲不好好学习,给大家打扫卫生！呆子！"、"学习成绩不成,只能靠劳动讨好老师了！"

这些刺耳的语言令张小北很受伤。自己的学习成绩的确不是很出色,难怪同学瞧不起。妈妈听出了儿子内心的无助和自卑，抚摸着张小北的头说："我儿子很勤奋！勤奋是一种美德！我儿子有了这种美德，妈妈很开心！如果在学习上也发扬勤奋精神，学习成绩一定会有个飞跃！你想想，你用心擦玻璃能把玻璃上的污点擦干净，如果用心也能攻克学习上的难点！所有的难题都攻克了，成绩不就提高了吗？"

张小北听懂了这个道理，决定在学习上发扬勤奋精神。那天，老师给大家布置作业，利用自习时间背诵课文，谁背会了就可以回家。眼看着同学们陆续背着书包回家了，张小北也开始收拾书包。这个时候，他猛然想到自己不是在学习上也要发扬勤奋精神吗？他坐下来，继续背诵课文。心踏实下来，很快就背会了！第二天，老师检查课文，只有三名同学会背，而张小北就是其中之一！当老师投来赞许的目光时，张小北更加坚定信心，以后不光在劳动上发扬勤奋精神，在学习及以后的工作中，都要发挥勤奋精神，做个有成就的人！

家长要注意不要误导孩子。千万不要因为自己的孩子太惹人喜爱而取得一点点成绩就喜上眉梢，大肆夸奖孩子"聪明"、"机灵"、"天才"。这样，孩子会把自己的成功归于自己有个好脑子，觉得脑子好，做什么事情都容易，就会放弃努力，变得轻狂浮躁。

不要被孩子"装病"的假象所蒙蔽，孩子一说"肚子疼"、"头疼"，就让孩子放下笔不写作业了，放下碗不刷了。如果你的孩子经常使用这种伎俩，家长不妨给孩子讲讲狼来了的故事。

外出的时候，不要孩子说句走不动了，家长就给孩子打车，或者背孩子回家。如果你的孩子没有疾病，多走走路，不但锻炼孩子的身体，还锻炼孩子意志。面对缠着你不想迈步的孩子，你不妨和孩子比个赛："宝贝，来和妈妈赛跑，谁先跑到那个大树下，谁就是冠军！"这个时候，你的孩子一定喜滋滋地去争夺冠军了。

孩子懒惰，与家长不给孩子任务也有关系。家长不妨在家里经常给孩子下达一些小任务，让孩子给花盆除除草、松土、施肥、浇水、修剪枝叶；给小狗狗洗洗澡、弄弄窝、喂喂饭等。孩子做这些事情的时候，如果家长夸奖孩子很勤奋，那么孩子做起来就更有劲头了！

> ·父母金言·
>
> 家长不妨在家里经常给孩子下达一些小任务，让孩子给花盆除除草、松土、施肥、浇水、修剪枝叶；给小狗狗洗洗澡、弄弄窝、喂喂饭等。孩子做这些事情的时候，如果家长夸奖孩子很勤奋，那么孩子做起来就更有劲头了！

你要坚信付出才会有收获

杰拉尔德·达雷尔出生于印度，他会说的第一个单词不是爸爸也不是妈妈，而是动物园（ZOO）。达雷尔10岁的时候，全家人搬到希腊科孚岛居住，在那里他度过了快乐的少年时光。

6岁时，达雷尔便立志建造属于自己的动物园，他对动物充满了好奇。地上的昆虫，海里的小动物，天上飞的鸟，都被他弄回家藏在房子里饲养和观察。达雷尔养大了许多小动物，如睡鼠、鸽子、喜鹊、猫头鹰等，最后又把它们释放到野外去。把达雷尔的房间称之为"动物园"一点都不为过。

22岁起，达雷尔便开始组织采集动物远征队，足迹横跨亚、非、澳、美洲大陆。达雷尔一生都与动物为伍，并且花了大半辈子的时间经营动物园。自从1959年成立泽西动物园之后，他便全心投入于挽救濒危动物的行动，成绩斐然。

达雷尔一生完成了37本著作、12部电视专辑。他懂得这些动物的感觉就像他笔下的动物们也认得他，懂得他一样，这些小动物们都有自己独一无二的性情和故事，让人难忘。它们都被达雷尔起了名字，如一只螳螂叫作西西莉。每一本书他都把从动物身上观察到的许多"语言"，一一用说故事的方式"翻译"出来，好让读者了解大自然中的动物世界，并希望读者从中生产生对动物深切的情意和尊重。

达雷尔只读过一年小学，却享有美国耶鲁大学、英国杜伦大学、英国肯特大学三所知名学府颁发的荣誉博士学位以及英国女王颁发的不列颠帝国勋章，成为举世闻名的"保育顽童"。2006年，为纪念达雷尔在保护濒危野生动物方面做出的杰出贡献，壳牌野生动物摄影竞赛设立了"杰拉尔德·达雷尔濒危野生动物奖"，他对大自然的爱将永远不会被遗忘。

人们往往很容易看到别人收获之时的喜悦，却很少看到别人辛苦播种时洒下汗珠的艰辛：其实，在这个世界上，没有人是可以随随便便成功的。失败有偶然，但是成功永远没有偶然。

很多人的成功看似偶然，实际上并非如此，他们早已播撒下了成功的种子，这颗种子可能是勤劳、梦想，甚至是感恩，这些都是珍贵的种子。只有播撒这类积极的种子，才能让成功在夏天悄悄地成长，秋天才能有收获，冬天才可以品尝。

有个孩子叫小禾，他从小就生活在贫困的偏远山区，生活条件非常艰苦。值得庆幸的是，那里的孩子经常会得到社会各界的帮助。

有一天，小禾和朋友们又收到了远方好心人的帮助，他们来到学校领捐助物资。与以往不同的是，这次没有现金资助，只有很多书。孩子们撕开包装盒，就拿着捐助的书回家了。

小禾拿着别人捐来的书，回家的路上就开始想，收到了别人的礼物，自己是不是应该给捐助人回一封信？晚上，小禾就写了一封感谢信，按照包装盒上的地址寄了出去。

原来捐助书的人是一位富商，这位富商曾经吃了很多苦，经过了不懈的奋斗才有了今天的成就，虽然他为那些山区的孩子们寄出了书，但是他不认为这些孩子应该理所当然地享受这一恩惠，而应当学会最基本的感恩。

他看出小禾懂得这样的道理，从他收到小禾的那封信开始，就决定对小禾实行对口援助，帮助小禾走出大山，去创造一个辉煌的人生。其他的孩子也曾接受过这位富商的捐助，但是大多数孩子只是把这当作一种施与，并没有想到怎么去感恩，所以他们所接受到的捐助是有限的。

"种瓜得瓜，种豆得豆"。小禾播种了感激，才收获了更多。你春天播种了什么，秋天才能收获什么；春天播种得多，秋天才能收获得多。

同时，我们还要有勤恳的态度，因为收获的远比种植的多。农作物的果实要比播下的种子多几十倍,甚至几百倍。而这些收成是需要付出辛勤的汗水和努力的。

另外,你还要长时间地坚持。任何种子都不能一夜之间长出果实来。人们春天播种,秋天收割。在夏季还要付出艰辛的努力,浇水、施肥、锄草……这都是过程。

读书也是同样的道理。你现在正处于人生的春季,正是播撒种子的大好时机,如果你努力读书,你就可以顺利升入高中,然后去学习更多的知识,经过努力再考入大学继续深造。你学有所成的那一天,便是你真正收获的季节,你才可以品尝到成功的果实,才有可能拥有一个辉煌的人生。

> ·父母金言·
>
> 你现在正处于人生的春季,正是播撒种子的大好时机,如果你努力读书,你就可以顺利升入高中,然后去学习更多的知识,经过努力再考入大学继续深造。你学有所成的那一天,便是你真正收获的季节,你才可以品尝到成功的果实,才有可能拥有一个辉煌的人生。

你要有自己的奋斗目标

1984年,在东京国际马拉松邀请赛中,名不见经传的日本选手山田本一出人意料地夺得了世界冠军。全世界的人们都很好奇:他凭什么取得如此惊人的成绩?记者请他谈经验,性情木讷的山田本一只说了这么一句话:"凭智慧战胜对手。"记者认为这个偶然跑到最前面的矮个子选手在故弄玄虚,马拉松需要靠体力和耐力才能夺得冠军,说用智慧取胜,好像太勉强了。

两年后,意大利国际马拉松邀请赛在米兰举行,山田本一再次代表日本参加比赛。在异国他乡,他又压倒了所有的对手获得了世界冠军。记者又采访他,山田本一不善言谈,他的回答依然还是那句话:"用智慧战胜对手。"这次,记者没有在报纸上挖苦他,但对他所谓的智慧仍旧迷惑不解。

10年后,这个谜终于被揭开了,山田本一在他的自传中作了如下解答:起初,我把我的目标定在40多公里外胜利在望的那面旗帜上,结果我跑到十几公里时就疲惫不堪了,因为我被前面那段遥远的路程给吓倒了。后来,在每次比赛之前,我都要乘车把比赛的线路仔细地看一遍,并把沿途比较醒目的标志画下来,比如第一个标志是某家银行;第二个标志是一棵大树;第三个标志是一座漂亮的红房子……一直画到赛程的终点。比赛开始后,我就以百米的速度奋力地朝第一个目标冲去,等到达第一个目标后,我又以同样的速度向第二个目标冲去。40多公里的赛程,就这样被我分成这么几个小目标轻松地跑完了。

孩子,成功的秘诀是不停顿地向每一个目标前进。目标是人生的指南针,指引着人们前进的方向。如果一个人没有目标,就会像一艘轮船没有舵一样,只能随波逐流,最终搁浅在绝望的海滩上。但是,不知道你有没有想过,如果盲目制定不合理的目标,不仅不会促使我们走向成功,反而会让我们失去追求的兴趣和斗志,离成功越走越远。也就是说,我们要把宏伟的目标分成几个合理的小目标,脚踏实地地一一去实现,这样就会一步步地走向成功。

每一次的成功和收获都需要经过大量的努力和代价来实现。如果你害怕失败而不敢迈出第一步,那么你就永远不会成功。迈出了第一步,再勇敢地迈出第二步,第三步……我们终将收获到丰硕的果实。

所以,无论做什么事情都要坚持到底,给你讲个同龄人的故事吧。

武汉有20多名中学生在一位大学教授的指导下,经过3年的努力完成了一份同心幻方表,并找出了其中的规律,总结出了"同心幻方最新简明构造方法"。

这个过程是非常艰辛的,但是他们用不间断地努力完成了。从确立这个目标开始,同学们几乎每天都到教授家汇合,尝试各种方法,最后终于从"银河系天体分布规律"中受到启发,找到了一种解决世界级难题的新方法。

在这个过程中,小组的成员从来没有放弃过探索,而且每个人都保持着同样的严谨精神。其中的一个中学生说,自己如果填错一个数据就会给后面继续填写的同学带来麻烦,甚至让整个工作功亏一篑。于是他非常小心,并且养成了认真做事的好习惯。他平常在做数学题时也很仔细,这让他在考试中避免了不少丢分现象。

当然,最后他们的成果还得到了中科院有关专家的肯定,中科院武汉物理与数学研究所的两位研究员认为,这些中学生的研究和已有的文献相比,他们给出的方法更加简明有效。

孩子,这就是持续努力的力量,可想而知,这种探索尝试的工作量是巨大的,而且在探索过程中会遇到各种想象不到的困难,如果这些学生中有一个人放弃探索,可能就会影响整个填写工作的进程,如果有几个人放弃,那么这项工作就有可能搁浅。值得庆幸的是,他们当中没有一个人中途放弃,而他们坚持不懈的努力也终于换来了丰硕的成果。

孩子,我希望你在生活中,能够做到以下几个方面:

(1)把大目标分成多个小目标,然后一个一个去实现。正如爬山一样,爬上山顶是一个大目标,但是眼中如果只盯着这个大目标,可能就会感觉目标遥远,实现起来有些困难,而如果把山上的一棵树或者一个大石块当作一个个的小目标,然后坚持不懈地去实现这些小目标,那么登上山顶就感觉比较容易了。

(2)要有具体的行动规划。没有规划的人,就如同没有航线图的航行者,不知身在何方,目的地在何处,即使非常忙碌,也不会有什么成效。一个整体的规划可以让你的头脑里有一个清晰的蓝图,然后根据这个蓝图制定出具体的行动计划,从而让你的行动更科学、更有效。

· 父母金言 ·

孩子,每一次的成功和收获都需要经过大量的努力和代价来实现:如果你害怕失败而不敢迈出第一步,那么你就永远不会成功。迈出了第一步,再勇敢地迈出第二步,第三步……我们终将收获到丰硕的果实。

你要辛勤地播洒汗水

尼克松出生于洛杉矶附近的约巴林达镇,家境贫寒。父亲希望靠自己的努力改变全家人的命运,于是早出晚归,十分辛劳。不久,父亲就拥有了一间属于自己的加油站。母亲则在家里办起了百货店,出售她亲手做的馅饼和蛋糕。

父母经常拿《圣经》中的"你必须汗流满面,才得糊口"这句话来教育他,尼克松自然而然地就把这句话牢牢记在了心底。父母勤劳的品质和乐观向上的精神对尼克松的影响很大。

从小,尼克松就意识到,只要勤劳就会有收获,就能实现自己的愿望。他帮母亲操持家务,每天早晨4点钟起床,5点就赶到洛杉矶菜市场,亲自挑选要买的蔬菜和水果,与卖主经过一番讨价还价,然后把选购好的货物用马车运回家。在家里再把这些货物择洗干净、分级包装,摆放到百货店的货架上。自己买进来的货物,通过家庭百货店销售后得到的微薄利润,使尼克松感到自豪和快乐,也让他的心里产生了一种小小的成就感。他每天干完活,还要在8点钟去学校上学,无论刮风下雨,从没迟到过。就这样,他干劲十足,每天进货送货,长年累月,非常辛苦。尽管尼克松的年纪很小,但他没有感觉到劳累和厌烦,也从未偷懒或者泄气。他靠着坚强的意志和顽强的毅力坚持了很多年,直到他们的家业逐渐兴旺起来,父亲给店铺里雇佣了帮手,他才稍稍松了一口气。

童年的经历使尼克松培养了坚定的意志,让他一生都保持着勤劳的品质,也让他明白要靠自己的努力才能实现人生的目标。在他的勤奋下,先后获得了两个学士学位,并成为一名律师。后来的尼克松步入政界,1968年当选为美国第37届总统。

华罗庚出生于江苏省金坛县的一个小商人家庭,家境贫寒,父亲开一间小杂货铺,母亲是一位贤惠的家庭妇女。

初中毕业后,因生活费用昂贵,华罗庚无力再进入高中学习,被迫辍学,他回到家乡一面帮助父亲在小杂货店里干活、记账,一面开始自学数学。那时,他仅有一本《代数》、一本《几何》,以及一本从老师那儿摘抄来的、缺页的《微积分》。为了抽出时间学习,华罗庚经常天不亮就起床,点着油灯看书;炎热的夏天,他很少到外面去乘凉,而是在蚊子嗡嗡叫的小店里学习;寒冷的冬天,他把砚台放在脚炉上,一边磨墨一边用毛笔蘸着墨汁做习题;逢年过节,华罗庚也不去亲戚家里串门,而是埋头在家里读书。

平时,华罗庚站在柜台前,顾客来了就帮助父亲做生意,打算盘、记账,顾客一走就又继续埋头看书,钻研数学。有时入了迷,竟忘了接待顾客,以至于有一次一个妇女来店铺里买棉花,华罗庚正在算一个数学题,那个妇女说:"一包棉花多少钱?"然而,勤学的华罗庚却没有听见,就把算完的数学题答案说了一遍,妇女吃惊地尖叫起来:"怎么这么贵?"这时的华罗庚才知道有人来买棉花。因为经常发生类似的莫名其妙的事情,时间久了,他的事就被街坊邻居传为笑谈,大家给他起了个绰号,叫"华呆子"。每逢遇到怠慢顾客的事情发生,父亲又气又急,说他念"天书"念呆了,有时候干脆把华罗庚演算的一大堆草稿纸拿来撕掉，撕完扔到大街上，甚至有时把他的书扔到火炉里强行烧掉。这时，华罗庚总是死死地抱住他视之如命的书不放。

就这样，勤奋刻苦的华罗庚最终成为我国现代自学成才的数学巨匠，也成了享誉世界的著名数学家。

没有一种成功，不需要汗水的播洒与浇灌，只有勤奋才是成功的"催化剂"。很多人都看到了别人成功时的荣耀，但是他们可能有所不知的是，那些成功的人们，无一不是把勤奋当作了兴奋剂，用勤奋实现着自己的成功。

每一个人都渴望成功，但并不是每一个人都会用勤奋的行动来实现心愿，其实，只有通过勤奋的劳动，才会取得丰硕的成果。在学习上，孩子，你也应有勤奋努力的精神，只有勤奋踏实地掌握一点一滴的知识，才能最终走向成功，若是连学都不想学，吝啬于付出自己的劳动，怎么会学会知识，掌握知识呢？

> ·父母金言·
>
> 没有一种成功，不需要汗水的播洒与浇灌，只有勤奋才是成功的"催化剂"。很多人都看到了别人成功时的荣耀，但是他们可能有所不知的是，那些成功的人们，无一不是把勤奋当作了兴奋剂，用勤奋实现着自己的成功。

你要远离懒惰

孩子，你知道对于人来说，懒惰是什么吗？懒惰就是慢性毒药，对于生命的伤害是巨大的。西方有这样一句话也值得我们借鉴，即"懒惰的人应该去看看蚂蚁的动作，就可以得到智慧"。

是的，孩子，蚂蚁是世界上最勤劳的动物之一，它们整天忙忙碌碌，不知疲倦；即便在面对灾难，临近死亡的那一刻，也不会一蹶不振，悲观失望，依然沉着冷静，劳作不休。正是它们的辛勤劳作带来了种族兴旺，它们在生物界是值得骄傲的一族。

人类同样如此。面对惰性行为，有的人浑浑噩噩，意识不到这是懒惰；有的人寄希望于明日，总是幻想美好的未来；而更多的人虽然想改变这种不良习惯，但往往不知道从何下手，因而得过且过，日复一日。

从深层次方面来说，懒惰是一种心理上的厌倦情绪。它的表现形式多种多样，包括极端的懒散状态和轻微的忧郁。生气、羞怯、嫉妒、嫌恶等都会引起懒惰，使人无法按照自己的愿望进行活动。对于学生而言，只有勤劳才能让自己有更好的发展，如果能够把勤劳全方位带入生活，就等于把积极的心态带入了生活，这样自然就抵制了懒惰的侵害。

有一个孩子叫齐彬，他曾经是学校里的奥数冠军。

他的数学太好了，所有的老师都对他竖起了大拇指，但不知从什么时候起，齐彬开始不重视数学课了，上课的时候，他开始在下面玩掌上游戏机，总认为自己奥数成绩那么棒，简单的数学公式听不听都无所谓。

课外时间,别的同学都忙着做习题,巩固自己学到的数学公式,齐彬却不以为然,他认为只有笨学生才需要这样做。于是,他在学习上花的时间越来越少,人也变得越来越懒惰,后来甚至发展到连数学作业都不做。他认为作业不过是应付一下老师罢了,没什么意思。

期末考试快到了,齐彬开始着急了,他想也许该做一段时间的突击了,可是由于懒惰已经像慢性毒药一样侵入他的身体和大脑,复习的时候,他常常感觉自己不再像以前一样能够集中精力,而是总有力不从心的感觉。

考试过程中,齐彬发现数学这一科再也不像从前那样得心应手了。因为平时的懒惰,他连最基本的公式都不知道,更别谈运用公式推理做题了。就这样,齐彬的成绩已经到了无法挽回的地步,而且他很难再找到以前那种勤奋学习的感觉了,长时间的懒惰甚至让他的思维也变得迟钝了。

孩子,这样的例子在你身边也可能出现过,通过这样的例子你可以看出,懒惰对于一个人的危害是多么大。所以,你可以通过以下几个方面去时刻提醒自己远离懒惰:

(1)远离懒惰,从每天起床的时候就开始准备,可以想想自己要做哪些事情,在自己心里列个时间表出来,分清轻重缓急,再要求自己去实施。

(2)生活上也要做到不懒惰,自己的内务尽量自己动手去处理,所有力所能及的生活方面的事情,都应该先尽自己的力量去完成。

(3)有时候可以把自己的时间计划安排得稍微紧张一些,这样就可以提高做事的效率,避免懒惰思想的产生。

· 父母金言 ·

每一个人都渴望成功,但并不是每一个人都会用勤奋的行动来实现心愿,其实,只有通过勤奋的劳动,才会取得丰硕的成果。在学习上,孩子应有勤奋努力的精神,只有勤奋踏实地掌握一点一滴的知识,才能最终走向成功。

你要踏实过好每一天

小托马斯·约翰·沃森是IBM(国际商用机器公司)的开拓者:1914年他出生于美国俄亥俄州的代顿市,1937年毕业于美国布朗大学;他二战时到美国空军服役,1946年作为推销员进入IBM,1952年担任IBM总裁,1956年担任IBM董事长。

小沃森从小顽皮捣蛋,是个有名的"坏小子",人们认为他差劲到顶、糟糕透了。12岁那年他创造了自己学校生活中最"辉煌"的一刻,事情的经过是这样的:小沃森买了一瓶黄鼠狼臭腺,当学校师生全体集合时,他跑到主通风管道,打开了臭腺瓶,搞得整个学校臭气熏天,结果被迫暂时休学。因为这次恶作剧,学校校长曾断言:这个孩子长大了也不会有出息。

由于父亲大沃森的严厉管教,小沃森产生了强烈的逆反心理,与父亲的关系很紧张,这使他从13岁便得了抑郁症,还患上了阅读障碍症。并且病症持续了6年,在这6年里,他换了3所学校,终于念完了高中,勉强上了大学。大学毕业之后,小沃森成为一名推销员,但他厌倦推销,根本没把工作放在心上,整天无所事事,一位客户说:"你这样的人一辈子都会一事无成。"

　　二战爆发,小沃森报名参军,成为了一名飞行员。军队生涯,使他摆脱了父亲的阴影,有了自信心,逐渐走向成熟。他终于拿起电话,告诉父亲,他将回到IBM,不再虚度人生。这是父亲大沃森盼望了多年的心愿。

　　退役后,小沃森凭借超前的商业和管理思想,协助父亲使IBM成为世界上规模最大的计算机公司,改变了美国商业活动的面貌。

　　孩子,你的青春时光实际上是非常短暂的,如果你不以为然,那么你就犯了一个重大的错误。因为,青春和生命是神圣的,它不会原谅任何一个虚度年华的人,那些整日里无所事事,不懂得光阴与时光之可贵的人,生命将会抛弃他们。

　　现在,不少学生都认为学习是一件浪费时间的事,从而用很多不健康的生活方式去挥霍自己的青春,这样做是非常危险的。孩子,我要告诉你的是,只有用学业充实自己的青春,在未来你才不会跌倒。

　　男孩的名字叫张小为,因为父母都在国外,他只好和爷爷奶奶生活在一起。由于是家中的独子,爷爷奶奶很娇惯他,在这种娇惯下,他养成了毫不节制乱花钱的习惯,学会了抽烟、喝酒、玩网络游戏,甚至还和社会上的很多地痞、混混开始交往。

　　与一些酒肉朋友的交往让他迷恋上了"哥们义气",他认为学习就是浪费青春,浪费时间,浪费生命。张小为经常逃课,整日和自己结拜的朋友在一起胡吃海喝,他的青春就这么耗费掉了。

　　一旦虚度年华,就很容易被青春所抛弃。许多的悲剧都是一个人在毫无防范的情况下由点点滴滴的问题促成的。所以,平常就要注重自己的一言一行,从小事上提高自身的修养。

　　具体而言,建议你用以下的方法安排自己的健康生活:

　　(1)保持健康的生活方式。学习以外的时间,可以打打篮球、听听音乐、读读名著,等等,这些活动都会让你的生活更丰富,让你的身心更健康。

　　(2)平常要多与同学、老师交流沟通。多与同学、老师沟通,这可以让你学到更多的知识,也可以为你营造更好的学习氛围。

　　(3)坚决抵制不健康的影视作品。要知道电影里演的帮派大哥的英雄主义色彩、械斗的勇敢与他们讲义气、重感情的一面只是经过美化后的艺术效果,在现实生活中并不多见,没有任何模仿的价值和意义。

· 父母金言 ·

　　孩子,你的青春时光实际上是非常短暂的,如果你不以为然,那么你就犯了一个重大的错误。因为,青春和生命是神圣的,它不会原谅任何一个虚度年华的人,那些整日里无所事事,不懂得光阴与时光之可贵的人,生命将会抛弃他们。

你要做一个诚实的孩子

教育孩子做人,其实就是培养孩子良好的品格,让孩子做一个好人。如果父母疏忽了对孩子品格的培养和教育,孩子在成长的过程中就会养成一些不良的习惯,这些习惯将直接影响孩子与人交往。

诚实守信就是影响孩子品格的一种习惯。

教育实践家冯恩洪曾经说过:"我们的教育要教会孩子什么?学会做人比学会做学问更重要,要引导孩子先学会做人,然后是做学问。"

教育孩子首先要让孩子先学会做人,孩子才会很好地去做事、学习、与人交流。

本杰明·鲁迪亚德曾经说过:"没有谁必须要成为富人或成为伟人,也没有谁必须要成为一个聪明的人,但是,每一个人必须要做一个诚实的人。"

中央电视台曾经邀请微软公司高级副总裁李开复做客《对话》,在节目中,主持人请李开复按微软聘用员工的标准给以下要素排序:诚信、创新、智慧。李开复毫不犹豫地把"诚信"排到了第一位,同时,李开复向大家讲述了一次难忘的经历。

"我曾经面试过一个应聘者,这个应聘者无论是在技术上还是在管理上都是一流的水平,也很让我满意,在我跟他的交流中,他提到,如果他能够被录取,那么,他可以把原公司的一项发明带到这里,当他提到这件事的时候,我心里想,这个人无论再怎么优秀,我一定不会录取他的,因为他连最起码的职业道德和最基本的处事准则都没有,将来如何在我的公司工作?"

李开复所说的最起码的职业道德和最基本的处世准则就是——诚实。

罗赛尔·赛奇说:"坚守信用是成功的最大关键。"一个人要想赢得他人的信任,一定要守信用。

在美国,有一个孩子的父亲去世了,留下了一笔债务,这个孩子并没有因为父亲的去世就逃避父亲欠下的债务,而是逐个地去拜访这些债主,希望他们宽限还期,并保证自己将替父亲还清所有的债务。债主们看到这个孩子如此地负责和诚实,都非常同情他的遭遇,纷纷表示可以延期归还。

这个孩子通过自己二十多年的努力,把欠下的债都如数还清了,没有落下一分钱。很多人知道了这件事后都非常感动,也被这个孩子诚实守信的品格所打动,面对这样一个讲信用的人,很多企业都来找他,寻求与他的合作,后来,这个孩子取得了巨大的成功。

诚实做人是人性最基本的优点,也是衡量一个人品德素质的最基本的标准。世界上最值得信赖的不是那些满腹经纶的人,也不是那些满身铜臭味的人,而是那些最诚实的人,哪怕是个不起眼的平民,只要是一个诚实的人,走到哪里都显得那么伟大。

诚实做人的品质比其他任何品质都更能赢得尊重和尊敬,更能取信于人。诚实是立身之本,是一个人最宝贵的财产,它能让孩子保持正直,挺直脊梁、光明磊落地做人,还能给孩子以力量和耐力。

父母们都不想看到自己的孩子整天撒谎,都希望自己的孩子养成诚实做人的习惯,但是,许多孩子却是说的一个样,做的另一个样;当面一个样,背后另一个样。面对孩子的这种行为,许多父母是既生气又着急,对孩子不停训斥甚至是惩罚,但是,这种方法有时却促使孩子更容易撒谎了。

每个孩子爱撒谎的行为都不是天生的,而是在后天的生活中由于某种需要引起的,比如孩子在学校受到了批评,回家后不敢跟父母说,孩子为了买一些零食吃而编造出很多以学习为理由的话……从心理学来看,孩子的道德意识和道德行为的发展是相辅相成的,道德意识决定着道德行为,道德行为又反过来体现着道德意识。因为孩子的认识水平还不能够与道德行为同步发展,所以才会出现孩子的认识和行为脱节的情况,这也是很多孩子意识不到撒谎的后果,不能够总结教训,改变自己撒谎毛病的原因。有时候,孩子也能够意识到自己的所作所为是不对的,但是因为自己的意志力不够强,自控能力弱造成他们说话不算数,答应人家的事却又做不到:

为了改变孩子不诚实的毛病,加强孩子的意志力和自控力,家长要细心、耐心地教育孩子,对于孩子经常出现的为了某种需要而撒谎,或者是言行不一、不履行诺言的行为,家长应该多从孩子的认识发展方面出发,而不要一发现孩子有了不诚实的行为就认为孩子道德败坏,对孩子又打又骂,这样不仅起不到教育孩子的作用,而且还会造成孩子性格扭曲。如果父母从小就注意对孩子进行诚信教育,孩子是可以养成这一良好习惯的。

那么,家长应该怎样来培养孩子诚实做人的习惯呢?

(1)父母给孩子树立好榜样。要让孩子养成诚实做人的习惯,父母自己诚实守信是必需的,以自己的诚实做人培养孩子诚实做人,其效果是非常好的。

我国古代著名的思想家曾子,就非常注重对孩子诚实的培养。一天,曾妻要出门买菜,儿子非要跟着一起去,曾妻嫌带着孩子不方便,就想让孩子在家待着,可是孩子不听话,非要跟着一起去,曾妻为了安慰孩子,就对孩子说:"好儿子,你别哭,你在家里等着,妈妈回来杀猪给你炖肉吃。"儿子听说有肉吃,就答应留在家里。曾子把这一切看在眼里,记在心里。

当曾妻买菜回来时,看到曾子正在石头上磨刀,曾妻就问曾子:"你磨刀做什么?"曾子说:"杀猪啊,把刀磨快点好杀猪给儿子炖肉吃。"曾妻大吃一惊说:"我那是为了哄儿子高兴,随口说说的,你怎么能当真呢?"

曾子听到妻子的话也感到很吃惊,他说:"怎么能这样呢?答应孩子的事就要做到,孩子现在还小,正是教育孩子的好时期,如果父母说话不算数,那怎么教孩子长大后诚实做人呢?"曾妻听了后,无言以对,只能按照曾子的做法,把猪给杀了,给儿子做了一顿香喷喷的炖肉。

曾子的做法深深影响了儿子。一天晚上,刚刚睡下的儿子,突然从床上跳了下来,从桌子上拿起一本书就跑了出去,曾子看到后,一边追儿子,一边说:"儿子,大半夜的,你拿着书要去哪,在家不能看书吗?"儿子一边跑一边回答:"这本书是我从朋友那里借来的,今天到了还书的日子了,我刚刚才想起来,虽然到了晚上了,但是我也要做一个诚实的人,说好了今天还书,就要今天还书,我不能言而无信啊!"曾子看着儿子跑出门,开心地笑了。

"人无信不立",在生活中,为了培养孩子诚实守信的习惯,父母一定要做好榜样,这样才能给孩子创造一个好的环境，促进孩子养成诚实守信的习惯。

(2)消除孩子的恐惧心理，避免孩子说谎。著名哲学家罗素说："孩子不诚实几乎总是恐惧的结果。"可以说，很多家长都教训过孩子，不管是打也好，骂也好，都会使孩子对父母产生恐惧心理。孩子说谎也许是因为本身需要安全感，为了不让父母责备或者打骂，才做出了一些不诚实的行为。如果父母能够给孩子安全感，孩子就会诚实起来。对于说谎的孩子，威胁或强迫他承认错误都是不正确的方法，父母最好能冷静、严肃地与孩子谈谈。孩子承认错误以后，父母一定要称赞孩子的诚实表现，比如说："虽然你做错了事，但是你勇敢地承认了错误，说出了事情的真相，还是一个诚实的好孩子，我们还是喜欢你的，以后，你一定要做一个诚实的好孩子啊！"

(3)多暗示，少批评。在生活中，父母们看到诚实的孩子，总会竖起拇指大加夸奖，在电视中看到诚实的孩子，也要禁不住夸上几句，当孩子在身边的时候，父母要抓住这些机会，多暗示孩子向这些诚实的孩子学习。

当孩子小的时候，父母要讲一些诚实小孩子的故事给他听，暗示加鼓励，让孩子从小就做一个诚实的人，像故事和电影里那些诚实的孩子一样；当孩子做错事了，也不要急着批评孩子，尽量少用一些诸如"你要说实话"、"你说的是真的吗"、"你要是骗我，回家非打你不可"等负面的话来吓唬孩子，否则就会在孩子心理上种下一个说谎的种子。所以，家长要经常用正面暗示的方法去感动孩子，少用或不用负面暗示去刺激孩子说谎。

(4)如果孩子爱撒谎，试着找找孩子撒谎的原因。如果你的孩子已经到了能够分辨是非的年龄，但是他还是经常撒谎，那么，做父母的就要多关注孩子，找一下孩子撒谎的原因了。

很多父母都觉得，孩子撒谎是因为孩子太随便，认识不到撒谎的严重后果。很多时候，是孩子做错了事，怕父母惩罚自己才撒谎的，撒谎一次，逃避了父母的惩罚，孩子尝到了甜头，以后孩子一旦做错了事，就会撒谎，慢慢地，不但没有学会诚实做人，反而养成了撒谎的习惯，所以，作为父母，有时候是不是也要反省一下自己？

(5)发现孩子错了，应及时纠正他的错误。想让孩子完全不撒谎是不可能的，有时孩子撒谎不一定是坏事，当然，这不是说要放纵对孩子的教育，鼓励孩子撒谎，但是，作为父母要学会分析孩子撒谎的真正原因，本着教育孩子的原则寻找孩子撒谎的原因。当明白孩子为什么撒谎后，要及时地加以调整和改进，在以后的生活中，一旦出现类似的情况，父母要提醒孩子，不要再撒谎，要做一个诚实的人。同时父母也要勇于面对自己在教育孩子过程中出现的问题，要有信心帮助孩子培养起诚实的习惯。

(6)给孩子制定一些要求，对于一些原则性的要求要严格执行。在生活中，为了更好地培养孩子诚实做人的习惯，就要给孩子制定一些要求，比如说：借了别人的东西，说好了什么时候还，就一定要什么时候还给人家；不是自己的东西不能随便带回家里；答应别人的事情，就一定要做到，如果确实有原因做不到，要提前向别人说明；别人的东西，如果没有征得本人的同意，不要随便碰、随便拿；如果自己做错了事情，一定要如实地讲出来，大胆地承认错误。这些原则一经提出就要严格执行，不能朝令夕改，并要重视克服"第一次"出现的问题。对执行规则，家长要态度坚决，切记不可迁就、姑息。

培养孩子诚实的习惯不是一朝一夕就能做到的，不仅需要孩子自身的严于律己，更需要家长和教师以及相关人员的共同努力。作为父母，我们有责任把孩子培养成一个诚实的人，千万不要以为孩子小不懂事，长大以后再严要求，要知道改造一个坏习惯比塑造一个好习惯要难得多。家长们，从现在开始，努力培养孩子诚实做人的习惯吧！

英语考试时，天空阴沉沉的。考完走出教室，小健的脸上也布满了阴霾，他觉得自己考砸了。

"上次英语得了63分，上帝保佑，这次无论如何都要让我及格，好向老爸老妈交代！"小健默默在心里祈祷着：

真是"怕什么就来什么"，第二天，成绩单下来了，小健的英语只得了58分。

"怎么跟老爸老妈交代呢？"在回家的路上，小健一直在思考这个问题。

考前，妈妈鲁莹向小健承诺，只要这次英语考试成绩有进步，就给小健买一双他盼望已久的溜冰鞋。小健叹了口气，现在不仅不好向老妈交代，老爸那里也不好交代！要是他们知道自己英语不及格……

小健把自行车停在路边，拿出成绩单，思考着回家后如何向老爸老妈解释这个"58"。看着看着，突然，小健觉得老师写的这个"58"很有艺术性，于是，他"灵机一动"，小心地将"58"改为"88"。

回到家里，小健将成绩单递给妈妈。妈妈一看到分数"88"，脸上露出了笑容，她马上把成绩单递给了小健的爸爸，"快看，小健这次英语得了88分！"

爸爸问小健："小健，你上次英语考试是多少分？"

"上次是63分。"小健老实回答。

"好小子，进步不少！"韦奇很高兴，顺手从钱包里抽出几张一百元的钞票给小健，说："给你做奖金！"

小健很高兴，但还继续向妈妈要溜冰鞋，妈妈连忙说吃了晚饭就去买。

然而，好景不长。第二天，班主任刘老师给鲁莹打电话，说小健这次英语考试不及格，请家长今后多督促，配合老师的教学，等等。

真相被揭开了，爸爸很生气，拉过小健要揍他。

这时妈妈护住了小健，对韦奇说："这才多大点事儿？再说了，现在社会上有几个人是说真话的？"

对于孩子来说，诚实是一件大事，绝不像文中妈妈说的那样只是件小事。家长不能放任孩子，让他们养成弄虚作假的习惯。家长必须培养孩子诚实的品质，因为孩子长大以后还要走向社会，走向职场！

人的一生，必须与其他人有交往，很少有人能够独立生存，做到与他人"老死不相往来"，因此，每个人都有责任为自己建立良好的人际关系。要建立起良好的人际关系，做人就必须诚实，如果没有诚实的品格，就没有人愿意与之交往。诚实对于现代人而言，可以说是"第二生命"。因此，家长有责任在家庭教育过程中培养孩子诚实的品格。

撒谎是孩子成长过程中常见的问题，甚至可以说，很少有孩子没撒过谎。但是多数家长都不会想到：孩子撒谎是被家长逼的！

一般来说，孩子撒谎最常见的理由有三种：一是害怕家长惩罚；二是觉得自己做错事了，怕丢脸；三是仗义，袒护朋友。因此，孩子撒谎并不一定是他们的品质中掺杂了劣质的东西，也不意味着他们已经变成了不可救药的"问题少年"。他们之所以要撒谎，大多是因为他们不知道还有什么办法能帮他们解决眼前的困境。因此,家长遇到小健这种情况,一定要认真分析,不要轻易地给孩子贴上"问题少年"的标签,更不要轻易地将这种行为定性为"品德败坏",从而给予严厉的惩罚。

如果文中的爸爸妈妈属于高情商的父母,那当他们发现小健撒谎时,既不会给小健一顿痛打,也不会对这件事轻描淡写,而是会巧妙地运用"情商四步法":

第一步,发挥情商中识别感情能力的作用。当文中的爸爸妈妈发现小健撒谎后,先要问小健是否涂改了分数,当小健承认后,他们要向小健表示自己理解他的感受。更为重要的是,韦奇应及时识别自己的感情,将"严厉惩罚小健"的念头进行调整。严厉的惩罚并不能帮小健认识和改正错误,只会适得其反。

第二步,发挥情商中利用感情能力的作用。尽管小健涂改分数的行为是错误的,但文中的爸爸妈妈还是要向小健表示自己的同情。这种同情并不代表他们认同或宽恕小健的行为,只是表示他们理解小健的感受。这时,如果文中的爸爸妈妈告诉小健,自己也曾经犯过同样的错误,那效果会更好。

第三步,发挥情商中理解感情能力的作用。文中的爸爸妈妈应将自己的真实感受告诉孩子,比如认为改分数是种错误行为,为人不诚实将来会被所有人看不起,等等。这时家长若用尊重的态度和真诚的语气跟孩子交流,那孩子肯定愿意坦诚,说出自己的内心感受。

第四步,发挥情商中调整感情能力的作用。韦奇和鲁莹在与小健交流时,可以问小健对再出现这类问题有什么想法、打算怎么办以及如何避免将来再出现类似的问题,等等。如果小健没有想法,那文中的爸爸妈妈就可以给他提一些建议,总之,要帮助小健解决认知上的问题。

> · 父母金言 ·
> 作为父母,我们有责任把孩子培养成一个诚实的人,从现在开始,父母应努力培养孩子诚实做人的习惯,从而做一个有作为的人。

你要做一个守信的孩子

爱默生曾说过一句话:"人类唯一的责任就是对自己真实,这不会使他孤立,而会将他带进一个真理的领域。"古往今来众多实践证明,诚信是发现真理的前提和基础,没有诚信这个美德的支撑,真理就难以得到实现,人类也不能取得真正的进步。

诚信即诚实守信,也就是坦诚地面对自己、面对他人、不违背自己的诺言、不欺骗他人。有关资料表明,随着孩子年龄的增长,他们的情商会得到一定的提高,但是诚信这种品质却不然。研究人员指出,孩子7岁左右几乎都认为撒谎是不对的,四分之三的孩子说自己从来没有撒过谎。但是到了10岁时却只有20%的孩子认为撒谎是不对的,但没有人说自己从来没撒过谎。

李慧是个六年级的孩子，父母对她管教很严格，为了逃避责骂，她学会了撒谎。李慧以前的学习成绩一直不错，每次都是第一。可是四年级的一次期中考试，她却只得了第三名。

回到家后，神情沮丧的李慧如实把自己的考试成绩告诉了父母，没料到父母不但没有安慰她、鼓励她，反而嘲笑她，还训了她一晚上。后来，在一次单元测试中，李慧又没有取得好成绩，但是她骗父母说自己考了100分，父母居然相信了，还大大地夸奖了她。

从这两次经历中，李慧得出一个结论，诚实会受到责备，但是撒谎却可以带来夸奖。她常常一面嘲笑父母的愚蠢，一面撒谎骗她们。因为李慧学习成绩一般情况下都还不错，父母也没发觉，只是觉得女儿好像一天比一天陌生了，一点也不真诚。

一个诚实守信的人才值得他人信赖，才能因此得到更多的发展机会。但是现在许多孩子为了虚荣、面子或者逃避责罚，竟抛弃了这个立身之本——诚信。一个孩子如果不诚实地面对自己，刻意地隐藏自己的缺点和不足，不仅会让自己深受其累，也难以取得他人的信任。一个孩子如果不能信守自己的承诺，便会失信于人，次数多了，就没人敢接近他，相信他。

诚信是每个孩子立于社会，获得更好生活的基础。与超群的智商相比，诚信的品格才是最宝贵的。因此，父母应该把孩子努力培养成为一个诚实守信的人，这样才能使他更好地认识自己，取信他人，才能使他更愉快地生活在这个世界上。

（1）帮孩子树立诚信意识。诚信是指孩子能够诚实地面对自己，主动地承担责任，信守对他人的承诺。一个没有诚信意识的孩子难以意识到自己的错误，更不可能主动承担自己的错误行为引起的责任。这样的孩子难以取信于人，更难以立足于社会。

琪琪今年6岁。有一天，她和小伙伴约好晚上6点在小区花坛玩皮球。5点多的时候，天下起了大雨，一直到6点都没有停。

父母看了看墙上的表，已经6点了，便问琪琪："怎么还不去花坛呢？"琪琪满不在乎地说："下这么大的雨他们也不会去的，我去了也是白去。"父母又问她："那你们说好要是下大雨就不去了吗？"琪琪摇摇头，父母从屋里取出雨伞说陪她去。

当她们打开房门时，发现那个小伙伴正站在门口，她笑着说："我是过来告诉琪琪取消活动的。"事后，父母问琪琪："你现在是不是比以前更喜欢你的小伙伴了？"琪琪点点头，父母笑着说："看看，这就是诚信的魅力。"

父母应该通过生活中的小事帮助孩子意识到诚信的重要性，让孩子思考信守承诺的小伙伴和不信守承诺的小伙伴在朋友圈子中的受欢迎程度等，以此帮助孩子树立起诚信的意识。

（2）及时赏识孩子的诚信行为。对于孩子的诚实守信行为，父母要及时地进行表扬，肯定他的行为。父母应该明白诚信的品德比任何学习成绩和成就都要重要。学习成绩和个人的成就是孩子独自打拼的结果，而如果孩子拥有了诚信的品质，那么就相当于拥有了众多的帮手为他提供各种帮助。

对于孩子的诚信行为，父母要记得表扬，例如孩子做错了事情，敢于向父母承认，这就是一种诚信的表现，不论事情多么严重，也不管父母是否决定给他一点惩罚，首先都一定要肯定他承认自己错误的这种行为，表扬他。

（3）鼓励孩子勇于承担责任。诚信也意味着要敢于承担自己错误行为所引起的责任，敢做敢当。许多孩子不愿意承认错误,是因为他们害怕承担责任,但是要成为一个诚信的孩子,他必须学会承担责任。

芷卉今年10岁,是个很讲诚信的孩子。从小妈妈常常对她说:"一个人无信则难以立于社会。做错了事情一定要敢于承认,知道吗,女儿?"芷卉有些不屑地说:"妈妈,如果承认自己做错事情了就要接受惩罚,那么谁都不想接受惩罚的,对吗?"

妈妈笑着说:"不,那不是惩罚,那是你必须承担的责任。只有敢于承担自己错误行为引起的责任,这才是诚信的孩子。你想做一个诚信的孩子吗?"芷卉点了点头,笑着对妈妈说:"嗯,我要做一个诚信的孩子。"

父母平时在生活中应该注意培养孩子承担责任的良好习惯,例如孩子把碗打碎了,父母可以让他自己去打扫碎片丢到垃圾桶里,再去买一个新的回来。通过这些简单的行为,孩子慢慢就学会承担责任了。

(4)多给孩子讲诚信的故事。古今中外的那些名人,都具有诚信的良好品质。他们的诚信故事流传至今,是培养孩子诚信品质的最好教材。

飞凤今年上三年级,有个特别要好的朋友。一次,他与朋友约好去学校附近的公园里读书。但是那天,飞凤三年未见的叔叔从国外回来了,父母准备去机场迎接他。叔叔很疼爱飞凤,因此他有些动摇了,想取消与朋友的约会。

这时候,爸爸便告诉他:"还记得爸爸给你讲过的宋庆龄女士的故事吗?她拒绝父母的要求,坚持留在家里等那个约好的小伙伴,即使那个小伙伴可能失约,她也表示自己绝不能失约。"飞凤听完后,便放弃了去接叔叔的念头。

父母可以多给孩子讲一些名人诚信的故事,让他们在这些故事中慢慢体会到诚信的魅力,利用这些人物的榜样作用,激励他们做出诚信的行为,培养他们诚信的良好品质。

(5)纠正孩子的撒谎行为。孩子之所以撒谎,很大一部分原因就是不愿意承担自己错误行为所引起的责任或为了得到某种好处。撒谎是一种极不诚信的表现,因此,对孩子的撒谎行为,父母一定不能纵容和姑息,而应该及时纠正,帮助他们养成诚信的良好习惯。

当发现孩子撒谎时,父母一定要找出孩子撒谎的原因,并且根据撒谎的原因对其进行教育,指导孩子做出正确的诚信行为。

信守和尊重一个诺言,或许要比登一座山更难。

花儿是春天的诺言,潮汐是大海的诺言,远方是道路的诺言。世界,因为信守许多大大小小的诺言,肃穆而深情。一个有分量的诺言,犹如一座有高度的山。

有一个国王去打猎时坠落山谷,当孤立无援时,有一只巨大的神龙出现。神龙告诉国王一个交换援助条件:国王必须正确回答一个全世界最困难的问题才能获得神龙的救助。

神龙发问:"女人究竟真正要什么?"

国王被问倒了,于是想出缓兵之计。

国王说:"神龙可否先救我,我将灵魂抵押给你,让我回到王宫寻求答案,七日后我会带着答案再来找你。"

神龙说:"可以,不过如果七日后你不信守承诺,你就会因失魂落魄而死。"

国王回到宫中将经历告知内阁大臣及国策顾问,结果大家都想不出答案而愁眉苦脸。

　　眼看日子一天天过去,期限只剩两天了。

　　一位国王的马夫说:"城南有一位巫婆知识渊博,他应该知道答案。于是英俊潇洒的侍卫长立刻骑快马将巫婆请到宫中。"

　　巫婆到宫中后,国王将经历与神龙的问题告知巫婆。

　　巫婆说:"答案我是知道的,国王的命我也能救,不过我有交换条件:那就是要陛下的侍卫长在事成后娶我为妻。"

　　国王毫不考虑一口就替侍卫长答应了并立下诏书为凭。

　　巫婆说"答案是女人真正要的,是能由自己决定主宰她自己的生活方式。"

　　国王告诉侍卫长关于巫婆的要求,侍卫长差点昏倒,但为了国王的性命,只能愁眉苦脸且无奈地接受事实。

　　国王带着答案去找神龙要赎回自己的灵魂,神龙听到标准答案后,称赞国王是全世界最聪明的男人,也依约将国王的灵魂还给国王。

　　一行人回到宫中后即开始筹备侍卫长与巫婆的婚礼(婚纱照、喜饼、菜色等事宜)。

　　婚礼当天,鸡皮鹤发的新娘配上年轻英俊的侍卫长,喜宴上巫婆吃相难看不打紧,还边吃边大声放屁,不时发出不雅的笑声。侍卫长为了国家牺牲自我,所以一直忍着。好不容易熬到入洞房的时候,当巫婆换下礼服,从淋浴间出来时,侍卫长不敢相信他的眼睛,因为走出来的是一个漂亮的淑女。

　　她对侍卫长说:"因为你信守承诺,没有对我发怒,容忍我在喜宴中放肆丢你的人,我决定往后每一天中有十二小时变成超级温柔美女陪伴你,但是你可以决定我固定在白天变美女还是晚上变美女,而且选完就不能改变心意。"年轻英俊的侍卫长顿时陷入两难的局面。因为他不知应该选择白天带一位绝世美女出门向朋友炫耀,让众人羡慕,而晚间要和一位鸡皮鹤发的巫婆同床共枕,还是白天让众人对老巫婆指指点点,而晚上他可以和美女风流快活。

　　想了半天,年轻英俊的侍卫长最后向巫婆说:"你自己决定何时要扮演你喜欢的角色就可以了,我不干涉你的生活方式。"巫婆听了很高兴,对年轻英俊的侍卫长说:"由于你的包容与智慧,我决定天天二十四小时变成一个温柔的美女陪伴你、照顾你。"

　　侍卫长突然惊讶地发现:原来幸福竟然如此意外地降临在他身上。

　　国王、侍卫长、巫婆最后皆大欢喜。

这个故事给我们的启示是:人要信守承诺。

　　遵守诺言是一项重要的感情储蓄,违背诺言是一项重大的支出。实际上,最能导致情感储备大量支出的恐怕莫过于许下某个至关重要的诺言而又不履行这一诺言了。因此,要力求非常谨慎小心地许诺,尽量考虑到各种可变因素和偶发事件,以防突然发生某些情况,妨碍诺言的履行。尽管做出各种努力,有时意外事件还是会出现,造成不宜或不可能遵守某一诺言的情况,但是如果你重视这项承诺,你就要么想方设法予以遵守,要么请求收回承诺。如果你养成了一贯履行承诺的习惯,别人会因为你的成熟和富于预见性而倾听你的意见和你的劝告。自身忠诚会赢得信任,不忠诚可以破坏几乎任何为建立高度信任所做出的努力。一个人如果口是心非,就失去了其信任储备。

在一次地震后,一位年轻的父亲看到儿子所在的地方变成一片废墟,他顿时感到眼前一片漆黑,蹲在地上大哭起来。突然他猛然想起自己常对儿子说的一句话:"不论发生什么事情,我总会跟你在一起!"于是他坚定地站起身,开始动手挖土,他挖得满脸都是灰尘,双眼布满血丝,双手到处是血。他就这样坚持挖了三个小时,突然听到废墟底下传出孩子的声音:"爸爸,是你吗?"是儿子的声音!父亲大声地喊:"明明,是你吗?我的儿子!""爸爸是我,你放心我不害怕,我会告诉同学们也不要害怕,只要我爸爸活着就一定能来救大家,因为你说过,不论发生什么事情,你总会和我在一起!"50分钟后,爸爸挖出一个小口,明明和他的同学全部得救了。我很钦佩故事中的那个父亲,他在生死关头,还记得对他孩子的那个承诺。

诺言之所以能成为一种力量,是因为信用具有无上的价值。社会秩序建立在人与人之间彼此遵守约定的基础之上,是否实践诺言,是衡量人类精神是否高尚的准则。道义、道德也都表现在守信上,如果人们不把守信作为制约自身行为的准绳,社会生活的各个层面都将蒙受其害。每一个人都应遵守诺言,诺言是神圣的,承诺是金。

诚实守信是一个人立身出事之本,人人都要树立言而有信、无心不立的观念,自觉抵制做老实人吃亏的错误思想,更要牢记信守承诺,以诚实守信为荣的崇高品质,从小培养孩子诚实守信的美德从身边小事做起,从我做起,从现在做起。

> · 父母金言 ·
>
> 诚实守信是一个人立身出事之本,人人都要树立言而有信、无心不立的观念,自觉抵制做老实人吃亏的错误思想,更要牢记信守承诺,以诚实守信为荣的崇高品质,从小培养孩子诚实守信的美德从身边小事做起,从我做起,从现在做起。

你要学会言信合一

古人云:"言必信,行必果。"

对于小女孩来讲,似乎这句话不太适用。女孩天生感情丰富,爱好广泛,加上小孩子的好奇心比较重,所以她似乎什么都想学。可是却很少有一种兴趣能让她坚持到底的。与男孩比起来,女孩对待那些需要自己长期努力的事情往往更加容易放弃,做事通常都是虎头蛇尾。父母想指出她的毛病,又担心她年龄小,接受不了从而不知道该怎么帮助她。

从心理学角度看,缺乏毅力是坚持不下去的一个最重要的原因。缺乏毅力的一个比较突出的表现就是做事情虎头蛇尾,难以坚持,尽管蓝图设计得无比美好,最后却因缺乏动力而以失败告终。

毅力可以征服世界上的任何一座高峰。缺乏毅力的人注定是不会成功的。父母应该注重培养女孩的毅力。非凡的毅力不是天生的,它需要后天的培养。女孩是否能够做到"言必信,行必果"，从而长大后在社会上有一番作为，完全取决于父母对她的培养。具体地说，父母应该这样做。

（1）要求女儿言必行，一旦有了计划就一定要付诸实施。父母要对女儿的计划负责，帮助她看看计划究竟有没有成功的可能性。好高骛远、缺乏经验都有可能让女儿的计划制订得过大而实现不了。所以在女儿有了大目标后，父母就应该帮女儿确立短期目标。心理学中有一个"爬山法"，就是将长远的大目标分解为短期的小目标，然后一步步地去实现，这样不至于在实现大目标的过程中因觉得毫无希望或者暂时看不到成果而缺乏动力。打个通俗的比喻，爬山的时候，如果总是看山顶，会因为终点太远而丧失信心，但是如果把这段路途划成一个个小段，爬起来就有信心了。

（2）要求女儿行必果，一旦行动开始，就要坚持到底。首先父母要让女儿清楚地明白，即使女孩天生娇弱，但这也不是怕苦怕累、中途放弃的借口。父母可以在女儿行动之前给予支持和鼓励，同时与之约定好，一旦放弃，就要受到惩罚。这种惩罚一定要"投女儿所好"，如倘若女儿喜欢吃冰激凌，那么将少吃多少个冰激凌作为惩罚。同时，在女儿沮丧、累、苦的时候，父母们一定要及时给予鼓励和安慰。

（3）父母要给女儿做个好榜样。心理学家指出，孩子在成长的过程中，获得行为习惯的主要方式之一就是模仿。而他们模仿的对象首先就是自己的父母。父母的言行举止，在很大程度上会影响到孩子的观念和行为。但是，在现实中，父母往往都很难贯彻自己的言行，更谈不上教育孩子了。爸爸嚷着要戒烟，却一直没有成功。妈妈总是说要减肥，却从来都不肯付诸行动。这样的榜样会给孩子传达这样的信息：很多人言行总是不一致。

父母要注意自己的言行。答应女儿的事情就一定要做到。不能给女儿开"空头支票"。比如，父母答应女儿，如果她这次考试取得了好成绩，就带她出去玩，那么就一定要履行自己的承诺。记住，千万不要把自己兑现不了的承诺改到"下一次"。

（4）通过日常生活中的小事来锻炼女儿的毅力。对于女孩而言，可能做父母的会认为比不得男孩，可以任意摔打，女孩是娇弱而金贵的，因此不能让她吃苦。其实，即使是金贵的女孩，也应该适当吃一些苦。只有经过历练的女孩，才会变得更健康，也更坚强。所以，父母不妨让女儿积极参加适宜她的体育锻炼。锻炼身体，不仅可以增强体质，同时也可以提高她的心理承受能力和毅力。女儿遇到困难要多鼓励，让女儿有个积极的态度。女儿在完成一项任务的过程中，总是会遇到困难和挫折，这时作为父母就要多多帮助、鼓励她，让女儿有勇气渡过难关。在这个过程当中，女儿的毅力也得到了很好的锻炼。

· 父母金言 ·

女儿遇到困难要多鼓励，让女儿有个积极的态度。女儿在完成一项任务的过程中，总是会遇到困难和挫折，这时作为父母就要多多帮助、鼓励她，让女儿有勇气渡过难关。在这个过程当中，女儿的毅力也得到了很好的锻炼。

你要养成诚信的好习惯

有这样一句名言:"没有谁必须要成为富人或伟人,也没有谁必须要成为一个聪明人,不过,每个人都必须要学得诚实。"诚信是做人的根本,只有拥有这种品质,才能获得别人的尊重,才能获得别人的相信。诚信是做人的根本,是一个人拥有的最宝贵的财产,它能让你挺直腰杆做人,还能让孩子更成功地做人。

每个家长都希望自己的孩子诚实守信,不想让他们说谎话。父母的教育起着很大的作用。当孩子出现不诚信的现象时,父母应该从孩子的认识发展上找原因,不要只是对孩子非打即骂。父母应该从小就对孩子进行诚信教育。那么,孩子的诚信品质该怎么培养呢?

(1)对孩子进行诚信品质方面的教育。诚信是一个人做人的根本,父母应该加强对孩子进行诚信品质方面的教育,要教育孩子从小就守信用、负责任。让孩子知道,一个人如果言而无信是难以在社会上立足的。父母需要借助实例进行诚信品质教育,给孩子讲诚信故事,让孩子懂得诚信是做人所必需的。

美国华盛顿州的一个市,10岁的杰瑞正在与小朋友在家门口的空地上玩棒球,一不小心把别人家的车窗玻璃给打碎了。看到闯祸了,小朋友们都四散而逃了。杰瑞却呆呆地站立了一会儿,决定去向邻居认错。邻居听了杰瑞认错立刻就原谅他了,但还是把这件事告诉了杰瑞的父母。当晚,杰瑞向父亲表示,他会自己挣钱来赔给邻居。

后来第二天,父亲就陪他去找邻居表示自己愿意赔偿。听了杰瑞的话,邻居笑着说:"你这么诚实,而且又勇敢承担自己的责任,我怎么好意思要一个小孩子赔偿呢?而且还乐意将这辆汽车送给你作为奖赏,反正我也打算不要这辆车了。"因为杰瑞还不够年龄,所以还不能开车,所以父母暂时保管。后来,他经常倚在邻居送的那辆车旁边说:"我真想快快长大,这样就能开这辆车了。"他接着还说:"经过这件事,我更加懂得诚信是可贵的。我以后都会做一个诚实的人。"

我们知道,如果孩子付出了诚信,那么自然会收获信赖。相反,假如孩子虚伪做人,他收获的也是虚伪。当然,家长要从小就开始培养孩子的诚信品质,而且还要坚持不懈。教导孩子在出现缺点和错误时要勇敢承认,接受批评,不要隐藏。对于社会上那种坑蒙拐骗的行为,父母要进行一些批评和批判,让孩子知道,做坏事肯定是要遭受惩罚的。只有这样,孩子才能成为一个诚实守信的人。

(2)满足孩子合理的需要。父母要仔细了解孩子内心的需要。当孩子向父母讲述了他的需要以后,父母应该跟孩子一块儿分析他这些需求的性质。如果是合理的需要,父母就要及时满足;对于那些不合理的需要,就要明确告诉孩子。如果连父母也无法分辨是否合理,可以请教别人然后教育给孩子。

当孩子不诚信时,父母一定要告诉孩子这种做法是错误的,要严肃地向孩子讲明道理。同时,父母还可以告诉孩子在人际交往中讲信用的作用,让孩子明白做一个诚信的人是很重要的。一定不要因为孩子年龄还小就无限放纵,这样对孩子未来的发展都不利。

（3）相信孩子。我们常常会看到这样的父母：他们要求孩子吃完饭后在房间里学习半小时，结果却每隔五分钟就进去看一下孩子是否在偷懒；他们让孩子去买东西，不过却又总是担心孩子乱花钱。父母们这么做，往往会导致孩子用撒谎来反抗，而父母们却总是无端猜疑，这样孩子只会做更多错事。

（4）父母要敢于承认错误。日常生活中，父母难免会出现一些不诚信的行为。如果出现这种情况，父母一定不要再高高在上，要虚心跟孩子认错，让孩子还要诚信做人。

  妈妈曾告诉南南说如果说谎话的话他的鼻子就会变长，南南也对此深信不疑。有一天，在学校里南南又听到了这个故事，于是回家告诉妈妈："妈妈，我肯定不会说谎话的，因为撒谎的人鼻子会变长的。所以爸爸妈妈也不要说谎话。"这时，妈妈觉得有必要给南南讲讲关于故事真实性的问题。于是妈妈对南南说："孩子，这其实只是一个故事。实际，这根本不会实现的。"

  南南顿时迷惑了："那我们是不是就可以说谎了呢？"

  "当然不是了，"妈妈回答，"一个人不能撒谎，他说了谎话后就会失去朋友，这是件更令人害怕的事。"

年幼的南南这才真正懂了，原来童话故事都是假的，它是在教给孩子做诚实的人。

· 父母金言 ·

每个家长都希望自己的孩子诚实守信，不想让他们说谎话。父母的教育起着很大的作用。当孩子出现不诚信的现象时，父母应该从孩子的认识发展上找原因，不要只是对孩子非打即骂。父母应该从小就对孩子进行诚信教育。

第九章 孩子,我们也需要你的爱

你要做个孝顺的孩子

有一个朋友讲过这样的故事:

我住的小镇上常有务农邻居,贩卖着新鲜而且没有农药的绿色产品,我喜欢他们所栽种的各种稻米与蔬果。不但吃出健康,也吃出对这些农友的信任,我们因而减少外食的机会。

其中一对夫妻为人忠厚诚恳,应是第二代接掌祖传事业的人。我常听他们叙述上一代如何吃苦耐劳,如年过八十的老母亲仍然每天左肩背着农用工具,右肩扛起捆绑的柴火,在田埂上走着,劳动健身可见一斑。从小伴在父母身旁,一起努力家业,身为子女的他们在自己有了孩子后,更觉得尽孝道的重要。

某个黄昏我又散步到这个摊位,这位太太忽然语重心长地说:"现在的孩子很不贴心。为了栽培他们,我跟先生每天从早到晚都在工作,供他们吃穿、读书,可是孩子一点都不贴心。"说完老板娘神情非常沮丧。

我能体会一个为人母亲对孩子期待落空时的心情,但我更能理解,当孩子想要形成一个"健康的自我"的时候,多么需要父母的爱与亲和的教导。物质的提供可使孩子生活安顿,生理的需求确实得到满足,但事事懵懂、成长中的孩子在面对人生难题时同样需要解惑,而此时最渴望出现在身旁的人就是父母。

《论语》的《子路篇》里,子曰:"如有王者,必世而后仁。"孔子这句话的意思是:若出现一个理想的君主,也一定需要三十年时间,才能让百姓走上人生正途。虽然诸多学者将孔子的话用于政治人物的提醒,但请容我在此转换它:若我们盼望孩子的未来是经过教化而走上正途,并成为社会有用的人,教养者就必须是那个"理想的君主"。而且要用数十年时间来引导孩子,到他们而立之年为止,因为教育不是一件立竿见影的事情。

教子的确不易,如果在生活教育里只出现权威规范及说教,当然不易教出贴心的孩子。古人有言:"以力服人者,霸;以德服人者,王。"教养者,必须长期用心陪伴孩子,寻找出他们在生活中毫无理由的自卑感及没有自信的缺口,陪他们疗伤止痛。因此,我们先要懂得体贴孩子,孩子才能体贴我们。要如何培养贴心的孩子呢?必须从改变生活态度做起。

回顾一下自己,是否改变了说话的样子?避免粗鄙语气,以肯定句代替否定句来主动关心孩子。是否改变了工作的方法?订立个人阶段性的生涯目标,将挪出的时间,创造新的生活趣味,和孩子一起做感兴趣的事情。是否学会了观察自己的情绪,好让孩子懂得什么是情绪管理?

是否培养了大量阅读并学习思考的习惯,用来增加引导孩子的能力?

　　她有一位服务于教育界的好友,任职主管的她从来没有架子。每一次见到她,总是笑脸迎人,甜美是她的写照。最让他动心的是,这位懂得教育的友人,对待孩子的爱心不会因为工作的忙碌而怠慢。虽然孩子都上了大学,照理她可以无忧地过自己想过的生活,但因教育工作的机缘,长期接触因家庭因素而失去父母的爱的学生,使她除了主动关心学生外,也为学生家长安排专业人士协助辅导。

　　无私心的她常感叹人生要惜缘,只要有机会与自己的孩子相处,她一定不放弃。因此百忙中她会炖煮食补,送到学校给三餐外食的孩子来进补。女儿若情绪受创,一定坚持每天接回孩子,暂时回家住一段时间,一来关照孩子的情绪,二来可以避免发生不必要的事情。他的好友还常与分别在三个地方念书的孩子约会呢。他也常被邀与她的家庭聚餐,亲身体会这个家庭彼此见面时那一种发自内心的礼节。三个孩子无须他人敦促,会主动以茶代酒举杯向双亲说出真诚的感谢,感谢爸妈无怨无悔所付出的一切。此时他们的父母并没有说教,二老反而比平日更多笑容的回应说道:"哪里,这是我们应该做的。"我的眼泪几乎要夺眶而出。

　　他曾经私下向友人请教,何以如此有耐心陪伴孩子;她说:"记得我念师专的时候,我爸爸也常常利用下班时间,在夜读的时间来看我。不论寒冷的冬天还是炎热的夏天,总是卖力地骑着单车到学校来,父亲的爱从不由口里说出,但我永远记得这个画面。我虽然住校,离家也不远,为了不让我感觉孤单,爸爸用行动表示他关怀的心。爸爸对我的贴心无以回报。"原来贴心是教养者先培养出来的。难怪她三个孩子与父母之间的互动总是勃勃的、笑眯眯的、撒娇的,对父母从不恶言相向,令人羡慕。

　　相较于说起话来爱理不理、表现酷酷的孩子,他们的父母多常抱怨孩子的不贴心。孩子所有的行为表现都是父母的一面镜子,镜子里陈述的事实不正提醒我们,该是反省的时候了。有时候负面事物的发生,也有正向思考的价值。

　　妈妈一进门,程雄文就扑上去,大喊:"妈妈我饿了!"妈妈说:"冰箱里有面包和牛奶,先吃点!妈妈一会儿就做饭!"程雄文喊:"你给我拿!"妈妈换完鞋,包都没来得及放下,就去开冰箱给儿子拿食品了。

　　"妈妈,我的红领巾该洗了!你一会儿给我洗洗吧!"程雄文冲着正在擦地的妈妈说。妈妈一边答应,一边扔下拖布,去把儿子的红领巾放进盆里。这时,电话响了,是奶奶打过来的。

　　妈妈说:"儿子,你奶奶在超市里,买东西太多了。妈妈去接一趟,你先在家写作业!"等妈妈和奶奶拎着大包小包回来的时候,爸爸已经下班了。为了尽快让一家人吃上晚饭,妈妈揉着酸痛的颈部又进了厨房。

　　晚饭后,程雄文坐在电视机前看动画片。妈妈在厨房刷碗的时候,程雄文喊妈妈给他榨一杯果汁。妈妈端着果汁出来的时候,已经到了晚上9点。此时,妈妈已经累得腰酸背痛。刚刚靠在沙发上,想起儿子的红领巾要洗,只能起来去洗红领巾。

　　案例中的妈妈,任谁都可以看出她已经超负荷运转了。可她还是硬撑着操持家务,不肯对孩子说一声："妈妈很累了,你自己洗红领巾吧!"是一个富有牺牲精神的妈妈。

我们总是以为,让孩子少做事,就是爱孩子。殊不知,孩子习惯了这种"家长安排好一切,他只管享用"的生活方式,就会认为家长为他做事是理所当然的,所以,他们不会说:"谢谢!"更不会想到父母很累、很辛苦,自己要替父母分担一些家务。

生活中,我们常常发现,父母身体不好,经历过困苦、离别、生死波折的孩子,更懂得体贴父母。因为他们懂得,父母也有软弱的时候,需要孩子的帮助。而未曾经过情感激荡的孩子,缺乏感受力,即使将来父母累了、生病了、老了,他也会无动于衷。因为一直以来,孩子就习惯性地认为,爸爸、妈妈的事会自己解决,无须自己操心。所以,做父母的还是不要在孩子面前充"硬汉"、"全能"和"高手"。

为了避免自己到了耄耋之年仍然得不到孩子的照顾,在孩子小的时候,家长就要把生活的艰辛告诉孩子,让孩子看到父母辛苦操劳后滋生的一根根白发和日渐佝偻的身躯,让孩子体悟到父母渐渐老去,需要逐渐长大的孩子的照顾。

不要认为孩子小,帮不了你什么。即使孩子做一点点事情,也是孩子的爱心在萌动。如果你真的很累,就对孩子说:"妈妈很累,需要你的帮助!""你帮妈妈择菜吧!"向孩子求援,孩子会很乐意帮助父母的。孩子在做事的过程中,体会到父母的辛苦,就会更加爱自己的父母。

家长不要认为把自己糟糕的情况告诉孩子,会让孩子担心,影响学习。让孩子适度地了解家里情况,更能增加孩子的责任感和承受力,有利于培养孩子的担当精神。

如果家长在孩子小的时候,让孩子做一些力所能及的事情,比如扫地、拖地、擦桌子、洗碗、洗衣服、采购等,就不至于孩子读大学了还要父母随行陪伴。

千万不要因为着急或怕孩子越帮越忙,给自己添麻烦,就让孩子一边待着,这样下去不但搞得自己疲惫不堪,还会让孩子失去锻炼的机会。做家长的一定要明白,凡事都有第一次,孩子的第一次开始得越早,把事情做好来到得也越早。

·父母金言·

千万不要因为着急或怕孩子越帮越忙,给自己添麻烦,就让孩子一边待着,这样下去不但搞得自己疲惫不堪,还会让孩子失去锻炼的机会。做家长的一定要明白,凡事都有第一次,孩子的第一次开始得越早,把事情做好来到得也越早。

你也要尝试着做家务

美国哈佛大学的一些社会学家和儿童教育专家,对波士顿地区456名少年儿童作了长达20年的跟踪调查发现,美国小学生每日劳动的时间为1.2小时,中国小学生每日劳动的时间为0.2小时。而爱做家务的孩子与不爱做家务的孩子相比,长大后的失业率为1:7,犯罪率为1:10,平均收入高出20%,此外,离异率、心理疾病患病率也较低。可见,做家务不仅仅是简单地让孩子帮忙分担一点劳动,更是为了他今后的幸福生活。所以对于父母来说,一定要培养孩子做家务的能力，让孩子能够照顾自己的衣食起居，还能帮助父母做些家务活，并适时地上演"小鬼当家"。

家长在让孩子做家务、培养孩子良好的生活习惯以及责任心的时候，一定要根据孩子的年龄和能力，量力而行。如何根据孩子的年龄来培养他们这方面的能力呢？下面这些可作为父母的参考：

（1）2~3岁。这个年纪的孩子应该会做这样的事：把玩具拾起来放在正确的位置上；把书和杂志摆回书架上；把餐具摆放在桌子上；清理吃剩的食物；擦干净不小心弄脏的物品；把洗好的衣服和袜子折叠好；自己选择自己要穿的衣服，并能自己穿上。

这个年纪的孩子，父母可以利用他们喜欢模仿的特点，让孩子模仿父母做家务，可吩咐他做一些十分简单的事情，如拾起玩具，把报纸拿给爸爸，给妈妈拿双拖鞋，把自己的垃圾、废纸等丢到废纸篓中去等。

> 有一位妈妈，为了培养孩子的动手能力，在孩子会坐了之后，就开始有意识地培养他动手收拾自己玩具的习惯。他那个时候也许根本不懂玩和劳动的区别，但是每次睡觉前，妈妈都抓着他的手，把他的玩具放进玩具箱里。做完之后，就会说："宝宝好乖哦，会收拾玩具了，鼓鼓掌！"这样，孩子就会试着自己放玩具了。

对于2~3岁的孩子，家长可以有意识地让他收发筷子。在吃饭之前，家长准备好餐桌，让孩子来发筷子是一个很好的锻炼机会，这样能培养孩子一一对应的概念，有一个人就要有一双筷子，并且按座位来摆放。吃完饭，让孩子负责把每个人的筷子收起来，有了这样的一项任务，孩子吃饭时就会加快速度，按时吃完饭了。因为看到大人在等着他收筷子，多少会有一点动力。

（2）4岁。4岁的孩子应该学会做以下的事情：摆放桌子，并摆好碗筷；把杂物倒掉；大人买东西时帮助拿些能拿的；整理床铺，打扫收拾房间；擦洗器具；准备简单的餐后水果给大家吃；和大人一起洗青菜、水果。

对孩子来说，端碗并不是一件容易的事，因为孩子也怕碗被摔碎。当孩子打碎碗时，家长不要大惊小怪，因为有了一次不愉快的经历，恐怕孩子是不乐意再做这件事。家长要耐心地引导，鼓励孩子不怕失败，并教给孩子正确的端碗方法。

这个时期，父母要有意识地培养孩子收拾打扫房间的习惯，父母在扫地时，可以请孩子捡起地上的一张废纸，扔到垃圾桶里，或请孩子帮忙拿一个撮箕来；父母在拖地时，可以请孩子移开一张小椅子，好让拖把拖得更干净；父母在擦桌子时，可以请孩子一起来擦自己的小椅子……孩子会感到很轻松，很有趣。

> 有一位妈妈，她的孩子4岁了，每次她去超市买东西，都会让孩子帮着提一些。到家之后，她就会把东西放在走廊里，让孩子去摆放东西。孩子拿起一样，她就告诉他这个应该放在厨房，或是放在客厅。孩子总是乐此不疲奔来跑去，把每样东西一一放好。这样对培养孩子的动手能力和责任心很有作用。

（3）5岁。5岁的孩子应该会做这些事情：给自己倒饮料喝；把各种食物盛入碗中；擦洗水槽、浴盆；擦干净镜子和窗子；接电话，并能自己拨电话；倒垃圾；和家人一起择菜。

家庭中琐碎的事情很多，家长不要让孩子把劳动当成一件很难办的事情，而要在潜移默化中,让孩子参与进来。比如家长买了菜回来,挽起袖子择时,孩子可能看着你的动作,这时,你叫孩子过来,一起挽起袖子来择。在孩子看来,这些劳动都是很有趣的事情,家长在孩子产生兴趣时,切莫因为怕孩子做不好而剥夺孩子劳动的权力。

(4)6~8岁。这个年龄段的孩子应该能做这些事情:给花木浇水;削水果皮;用微波炉热食物或做简单的食物;把自己的衣服挂在壁橱里;清理干净橱柜。

小雪今年6岁了,妈妈养了许多花,给花浇水的任务就由小雪来完成。小雪非常愿意做。其实浇花的过程也是观察的过程,她会注意到叶子的变化,花的变化。这是很美好的事,她通过浇花能敏锐地感受着自然、感受着生活。

小雪也喜欢喂鱼和喂小乌龟,这同样是观察的过程。有一天,妈妈刚下班,她就告诉妈妈鱼都没有死,小乌龟不动了。可以看出,她知道小乌龟不动了,但是并没有死。妈妈赶紧接上,给他讲了不同动物不同的生活习惯。

(5)9~10岁。这个年龄段的孩子应该能做这些事情:换床单;会操作洗衣机;能使用购物单来购物,并能"货比三家";会做比较简单的饭菜,在爸爸妈妈不在家时,不至于只会要钱去外面吃,能自己解决掉吃饭的问题;家里来客人时,能招待客人;做简单的急救工作;家里东西坏了,让其参与修理;能做些手工编织。

辰辰的爸爸一直很注视孩子的动手能力,在辰辰9岁生日时,就给他买了一个工具箱,里面有各种各样的工具。这一天,家里有一个橱子的抽屉坏了,关不上。爸爸就找来锤子和钉子,开始修理这个抽屉。辰辰在旁边看见以后,也参与了进来。他拿来自己的工具箱,认真地观察着抽屉,又学着爸爸的样子敲敲打打,做起来非常专注。当把抽屉修好的时候,辰辰满脸喜悦地说:"我们成功了!"

妈妈常常埋怨辰辰没耐心,在玩玩具时,玩着玩着就厌烦了。可是发现儿子在跟爸爸修理抽屉时,非常专注,那种饱满的工作热情和投入的状态,让妈妈非常有触动。她觉得应该多安排一些这样的事情,这样能满足孩子心智发育的需求,也让他有成就感。

(6)10~12岁。这个年龄段的孩子,父母应该培养他们的理财能力,可以给他们一定数目的钱,让他们自己来支配,但是不要太多,最好不要超过20元。对这个时期的孩子,父母不必事事都跟着,可以让他们自己乘公共汽车。如果离家不太远的事情,也可以让他们自己去办。应该让孩子帮父母打扫房间,清理厨房,帮家里人去办些外面的事。

父母要选择适合孩子年龄的家务事,让他们参与进来。当然,在教孩子做家务时,父母还要注意以下几个方面:

(1)不要过多干预。父母根据孩子的年龄和能力,选择适合孩子的家务活。只要分配合理,适合年龄及能力,而且,要求也合理,做家务就可以调动起孩子的积极性和能力。孩子做家务时要注意安全,大人应注意进行帮助,但不要给予过多干预,因为孩子认为"这些活是我自己做的",就会有满足感及幸福感。

(2)及时检查。家长应该将零星杂务记录下来,列成工作表,贴在最显眼的地方,让孩子都能看到,免得他们推诿说,这也"不知",那也"忘了",每件工作完成后,就在工作表上把它划去。做好工作记录,不仅能检查孩子的工作,还可让父母能够及时地夸奖他们。

(3)言传身教。当孩子不会做时,父母要一边做一边讲解,手把手地来教。

(4)记住表扬和道谢。要知道,孩子没有经验,不可能把每件事都做得十全十美,无论孩子做得如何,别忘了给予他赞美和鼓励。在所有回报中,赞赏是孩子最喜欢的。当孩子认真地完成了一项工作后,不要忘了告诉孩子,他做得有多好!家长要指出孩子做得对的地方,然后对做得不好的地方也要指出,但是不要指责。比如家长要孩子收拾房间,收拾完之后,家长在检查时可以这样评价:"嗯,这个房间变化真大呀!玩具都放回到了玩具箱里,卡片也收起来了。书除了两本之外,也摆得很整齐了。书桌除了一个小角落,也都擦干净了。嗯,干得不错!"家长要多夸干得好的,顺带指出哪里不足。相信下次再收拾房间时,孩子就会把那两本没有放整齐的书弄整齐,把没有擦到的桌角擦干净了。

另外,如果父母以"我需要你的帮忙"来要求孩子做事时,做完之后,父母要向孩子表达自己的感谢,这种真诚的感谢会令孩子更积极地成为做家务的好帮手。

(5)避免强迫。孩子想逃避工作,总有一套手法。父母可以跟他们商量,但不要施加压力,更不要跟他们争吵。作为父母,应该让他们有权"不愿意",允许他们有各种想法,承认"刷洗马桶确实是又脏又臭的",但要指出,这工作必须有人干。如果父母说得合情合理,孩子还是会乐意服从的。

(6)大人要乐于做家务,为孩子做好榜样,平时不要因为做家务而发牢骚。否则,孩子也会认为累人,而不喜欢做家务。父母本身对做家务的态度要端正,不要让孩子从父母的言行举止中感觉到做家务是件令人讨厌的事情。即使父母讨厌做家务,也不要当着孩子的面发牢骚。

让孩子建立自我价值感、自信心与责任感的一个好办法就是给孩子布置一些适合他们干的家务劳动。父母应该依照年龄给孩子安排家务劳动,让他们参与到家务事之中,让孩子在愉快、自主自发中学习做家务,这样对孩子的成长和他们长远的幸福很有益处。

· 父母金言 ·

如果孩子正值小学阶段、初中阶段,家长不妨试着让孩子做一些家务,这样不但会锻炼他们的能力,还让你的孩子成长得更快。

你要热爱家务劳动

据一项抽样调查显示,我国学生对家务劳动的疏远程度,达到了令人吃惊的地步。调查表明,高中生近六成起床不叠被子;五成从不倒垃圾,也不扫地;七成不洗碗,不洗衣服;九成从不洗菜做饭。还有部分高中生什么家务也不做,个别人连整理书包都还要家长代劳。是现在的孩子真那么懒,不肯做家务劳动吗?其实不然,调查结果出人意料,有82%的高中生表示愿意做家务;36%的学生认为做家务很开心,是一种乐趣;有40%的学生说家长不让做家务,也从不教他们怎么做。

造成这种状况的原因是许多父母认为孩子还小,不愿让孩子承担家务。当孩子要求做家务的时候,他们经常会说:"你还小,等你长大了再帮我。"这简单的一句话就剥夺了孩子做家务的机会和义务,其结果是造成对孩子独立能力的伤害。这些家长的一片"苦心",导致孩子们不仅不会做家务,还养成了衣来伸手、饭来张口的习惯,认为别人为自己做什么都是应该的,却不知道自己也有关心与帮助别人的一份责任。这种状况在幼儿身上的体现尤为明显。"等你长大了再帮我",家长或许是心疼孩子,或许是对孩子的能力不放心,害怕还要给孩子收拾残局,所以总是禁止孩子做某些事情。但是,如果家长什么事情都帮孩子做好,那么孩子以后的生活自理能力就不容易培养了。孩子愿意帮家长做事,这就是一种值得赞许的行为。家长应该制造机会让孩子来表现,例如让孩子自己穿衣服、穿鞋和叠被子等。重点并不在于他做得好不好,而在于帮助他养成好习惯:

有一个善良的小男孩叫亨利。他的父亲早已过世,陪伴着他的只有穷困的母亲和一个两岁大的妹妹。他很想帮上母亲的忙,因为母亲挣的钱总是难以养家糊口。

一天,亨利帮一位先生找到了他丢失的笔记本,于是这位先生给了他一美元。亨利把钱放到一个谁也找不到的地方。他母亲一直教育他要诚实,绝不能拿任何不属于自己的东西。

亨利用这一美元买了一个盒子、三把鞋刷和一盒鞋油。接着他来到街角,对每个鞋不太干净的人说:"先生,能让我给您的鞋擦油吗?"他是那样的彬彬有礼,因此人们很快便都注意到了他,并且也十分乐意让他替自己的鞋擦油。第一天他就挣了50美分。

当亨利把钱交给母亲的时候,母亲情不自禁地流下了激动的热泪:"你真是一个懂事的好孩子,亨利。你这么小就能帮妈妈,妈妈谢谢你。"

从此以后,亨利白天擦鞋,晚上到学校上课。他挣的钱已足以负担母亲和妹妹的生活费了。

这位母亲就是教育孩子的好榜样。她教育孩子要诚实,而且对孩子给自己的帮助表示感谢,这是对孩子最大的鼓励和肯定。现在很多家庭的经济状况并不好,可是许多父母却选择自己受累受苦,不让孩子帮着做任何力所能及的事情。他们总想等孩子长大了再做家庭的顶梁柱,帮助和照顾自己。可是,这些父母就不想想,从小缺乏锻炼的孩子长大了能有多大出息?孩子能独立生活就已经不错了,还指望他们来帮助父母?所以,父母一定要从小给予孩子锻炼的机会,让他们在力所能及的范围内帮助家庭做事。

当孩子充满热情地想要帮助家长的时候,父母要接受他的帮助,并致以真诚的感谢。要知道,这是培养孩子自我管理能力的最佳方式之一。

· 父母金言 ·

当孩子充满热情地想要帮助家长的时候,父母要接受他的帮助,并致以真诚的感谢。要知道,这是培养孩子自我管理能力的最佳方式之一。

你要养成孝敬父母的习惯

有的父母说:"女儿是我们的贴心小棉袄。"有的父母却感叹:"到底是女儿外相!"其实女儿是孝顺父母、成为父母的贴心小棉袄,还是自私、和父母不亲近,这都源于父母们对女儿的培养。

亲情是一个人善心、爱心和良心的综合表现。孝顺父母是做人的本分,是天经地义的美德,也是各种高尚品德形成的前提,因而历来受到人们的称赞。试想,一个人如果连孝敬父母、报答养育之恩都做不到,谁还相信她是个"人"呢?又有谁愿意和她打交道呢?

可以毫不夸张地说,作为一个女孩,能否孝顺父母直接决定了她是否能够被他人、被社会所认可,直接决定了她是优秀还是低劣。因此,培养女儿孝顺父母的习惯是家庭教育中不可缺少的环节。

现在女孩子讲究娇养、富养,于是在生活中便出现了这样的情况:吃过饭后,女儿扭头看电视或玩耍去了,父母却忙碌地收拾碗筷;家里有好吃的东西,父母总是先让女儿品尝,女儿却很少请父母先吃;女儿一旦生病,父母便忙前忙后,百般关照,而父母身体不适,女儿却很少问候……凡此种种,值得忧虑。

> 晓萌 11 岁了,爸爸妈妈对她异常疼爱,晓萌也很喜欢爸爸妈妈,但却不知道心疼、体贴父母。父母结束了一天的工作,拖着疲惫的身子回到家里,连一口水也顾不上喝,就被晓萌缠着陪她玩,还吵着饿了。
>
> 对此,父母不禁感到难过。他们想,也许是自己平时对女儿的溺爱让晓萌没有孝敬父母的意识。于是他们决定从生活小事做起培养女儿的这种意识。
>
> 有一次,晓萌来了兴趣,要尝试自己洗衣服,于是妈妈痛快地答应了。第一次洗衣服,晓萌洗得相当吃力,额头上都渗出了细细的汗珠,而且洗完衣服,胳膊都开始酸痛了。
>
> 晓萌好奇地问起妈妈:"妈妈,你平时帮我和爸爸洗衣服也这么累吗?"妈妈说:"虽然我力气要比你大些,不过每次洗那么多的脏衣服,也是很累的。"晓萌听完后若有所思地说:"妈妈,我现在长大了,以后我的衣服我自己来洗吧。"
>
> 妈妈听了女儿的话,心里不知有多高兴,并及时夸奖晓萌说:"晓萌懂事了,知道心疼妈妈了。"听了妈妈的夸奖,晓萌更高兴了。此后,晓萌变得懂事多了,除了坚持洗自己的衣服以外,还主动帮父母扫地、洗碗,更懂得心疼父母了。
>
> 晓萌为什么变了?因为她体验到别人的疾苦,激起爱心或同情心,从而设身处地地为别人着想。

有无孝敬父母的习惯,不单单关系到女儿和父母的情感,其实质是女儿能否关心他人的大问题。在家里能养成孝敬父母的好习惯,长大后到社会中,才有可能做到关心他人,才能很好地融入社会、有所作为。因此,在娇养女儿的同时,父母要有意识地培养女儿孝敬父母的好习惯。那么父母怎样培养女儿孝敬父母的好习惯呢?

(1)要建立合理的长幼有别的家庭关系。所谓"合理",是指全体家庭成员之间首先是民主平等的,父母要尊重女儿的独立人格。同时,家庭又是一个整体,不能各自为政,总要有人来"领导"家庭,管理指导家庭全体成员的生活。父母是家庭生活的供养者,而且他们有丰富的生产经验,自然应当成为家庭的核心和主事人。女儿应当在父母的指导、帮助下生活、学习。

现在,不少家庭中,女儿是"小太阳",父母变成围着女儿转的月亮、侍从,这就为女儿形成以自己为中心的自私性格提供了土壤,也就更谈不上培养女儿孝敬父母的好习惯了。因此,父母要让女儿明白她自己与父母的关系,让她知道父母是长者,是家庭生活的主事人,而不能颠倒主次,任女儿在家庭里逞强胡闹。

(2)要让女儿了解父母为她和家庭所付出的辛苦。现在不少女孩并不知道自己漂亮的裙子、美丽的鞋子是父母辛苦工作换来的,不知道父母的钱是怎样得来的,只知道向父母要钱买这买那,认为父母给自己吃好、穿好、用好是天经地义的。这样的女儿必然不可能从心底里孝敬父母。为此,父母应当有意识地经常把自己在外工作和收入的情况告诉女儿,从而让女儿明白父母的钱得来不易。自然,女儿会逐渐珍惜自己的生活,也会从心底里产生对父母的感激和敬重。

(3)从小事入手培养女儿孝敬父母的行为习惯。教育子女孝敬父母的一般要求是:听从父母教导,关心父母健康,分担父母忧虑,参与家务劳动,不给父母添乱。要把这些要求变为女儿的实际行动,就应当从日常小事抓起。如关心父母健康方面:要求女儿每天要问候下班回家的父母;当父母劳累时,女儿应该主动帮助或请父母休息一下;当父母有病时,女儿主动捧上一杯热水等。父母应该根据女儿的能力、学习情况,合理分配,具体指导,耐心训练,热情鼓励。这样不但有利女儿养成做家务劳动的习惯,也有利于女儿不断增强孝敬父母的观念:"父母养育了我,我应为他们多做事。"

(4)以身作则,父母要做孝敬长辈的楷模。女儿怎样对待父母,在很大程度上取决于父母怎样对待长辈,尤其是母亲对长辈的态度更是直接影响到女儿对待父母的态度。父母在照顾好自己的小公主的同时也不要忘记照顾好年迈的双亲。如果说平时因居住地较远,工作较忙不能和老人朝夕相处,那么在节假日尽量抽时间带上女儿去看望老人,帮老人做些家务,同老人共聚同乐,尽一份子女应尽的责任和义务。在这种耳濡目染的环境中和潜移默化的影响下,女儿也会逐步养成尊敬长辈、孝敬父母的好习惯。

· 父母金言 ·

有无孝敬父母的习惯,不单单关系到女儿和父母的情感,其实质是女儿能否关心他人的大问题。在家里能养成孝敬父母的好习惯,长大后到社会中,才有可能做到关心他人,才能很好地融入社会、有所作为。

你要经常帮助我们

我们常常看到这样的场景:

在超市里,孩子忙前忙后,一会儿帮妈妈推车,一会儿帮妈妈挑东西,嘴里还说着:"妈妈,我帮你推车吧!"、"妈妈,我帮你拿东西吧!"

妈妈没好气地说:"快歇歇吧,你不捣乱,就是帮我的大忙了。"

有时,家里的大人在一起讨论事情,孩子要参与其中,大人常常会说:"不关你的事,一边玩去!"

作为父母,一定要少说这句"不关你的事,一边玩去",父母可能认为孩子年龄小,没有能力参与这些事,也可能嫌孩子参与其中,不但帮不上忙,反而会越帮越乱,所以心生厌烦。但是,父母的"无情的拒绝",对孩子参与的积极性有很大的打击。

斌斌四岁时,妈妈做什么他就想跟着做什么,热情非常高。有一天,他看见妈妈扫地,就抢着去扫,结果地没扫成,却把垃圾筒给弄翻了,反让妈妈多了一件家务活。由于他什么都抢着干,结果什么都做不好,有一天,妈妈终于按捺不住了,对斌斌怒吼道:"妈妈在做家务,这里没你的事,一边玩去吧。再捣乱妈妈就打你了!"渐渐地长大后,斌斌什么事都不干了,连自己的事都不愿意做。妈妈又开始唠叨起来:"这么大的人,还要妈妈给你收拾书包!瞧你这孩子,这么懒,一点也不知道帮妈妈做点家务!"

很多家长都犯这样的毛病,总是在孩子喜欢做家务的阶段不让他做,在孩子不再愿意做的时候却抱怨孩子太懒。

还有一位妈妈更离谱,她向朋友抱怨道:"我发现我家孩子越长大越懒了,今年都12岁了,当我做家务忙得不可开交时,我让他帮我收拾一下桌子,他装作没听见一样。我要是多说几句,他就开始心烦,嫌我唠叨,一生气就会躲到自己的房间里去了。这孩子小时候不这样啊,那时他非常愿意帮忙,我做啥他都要帮忙,有时我赶都赶不走,我几乎天天说好几遍'这不关你的事,一边玩去吧',有时甚至还要大打出手,他才走开。记得有一次,我要和面包饺子,他非要帮忙和面。我怕弄得哪里都是面,另外他根本也干不了,就不让他和。可是他趁我不注意时,自己弄出了面粉,偷偷地和起来了。结果放的水太多了,浪费了不少面粉,气得我打了他一顿。不会干时抢着干,现在能干了,却指使不动他了。除非是他特别感兴趣的事,他才会帮我干,别的事他根本不帮忙了。我一直怀疑,是不是孩子小时候有一种基因促使他们去帮助人,长大了之后就变了呀?"

这位妈妈总是从孩子身上找原因,却忽略了自己身上的原因。当初,孩子年幼时,特别想帮助妈妈干活时,妈妈的一句"不关你的事,一边玩去",挫伤了孩子的积极性。孩子听这种话听得太多了,就会没有兴趣和热情去帮助妈妈做事了,近而连自己力所能及的事情也不愿意去做了。

没有谁证实孩子在年幼时有爱帮忙的无私基因,这种基因长大后就消失了。其实,年幼的孩子有很强的助人为乐的动机,他们十分热衷于帮助父母,不管自己能不能干的事,他们都想参与其中,这其中有他们自己的"秘密"。他们是渴望得到父母的重视,渴望通过帮助父母干活来证明自己长大了,渴望通过做事得到父母的称赞。当孩子帮父母干活,父母夸一句"你真是长大了",孩子心里会很高兴的。因为孩子是盼望长大的,他们就是想通过帮助别人来体现自己的价值,使自己盼望长大的心情得到了暂时的满足。所以这个时期的孩子是很乐意帮助别人的,他们在这过程中得到了快乐和成就感。

然而,父母是怎么面对孩子这种热情的呢?父母并没有积极配合孩子的心理需求,而是打击了孩子的这种热情。曾经看过这样一幅漫画,母亲在熨烫衣服,两个孩子在一边玩耍。一个孩子边玩边对母亲说:"妈妈,真羡慕你,你在做家务!"其实,孩子是很羡慕妈妈在做家务的,他们也总跃跃欲试,做点超过自己能力的事情,显示自己已经长大了。父母要给他们提供机会,不要怕孩子犯错,因为孩子就是在不断尝试、不断犯错的过程中成长起来的。

小茜的妈妈深知这一道理,虽然小茜是家里的独生女,可是她从小就能帮着做家务了。现在,已经9岁的她承包了家里很多的家务活,每天晚上吃完饭,她都会帮妈妈洗碗;到了周末,她会自己去市场买回全家的早餐;有时还会帮妈妈擦窗户、擦桌子、倒垃圾等。别的家长知道后,都夸小茜懂事乖巧,夸小茜的妈妈有福气,生了个好女儿。

其实,真实的情况只有小茜的妈妈自己知道,每次小茜帮她做家务,会比妈妈自己做还要麻烦:有时碗洗不干净、厨房里留下很多水渍、煤气炉没有擦,等等,害得妈妈要花更长的时间去收拾"残局"。但是,每次小茜要去做时,妈妈从来都不阻拦,做完之后,哪怕是做得不好,或者惹来了麻烦,妈妈都会称赞她,因为妈妈知道,不能打击孩子的积极性。

有些孩子刚学做家务时,由于年纪小,常常不是打碎碗就是弄翻垃圾筒,最初的时候,这样的错误小茜也没少犯,可是妈妈根本不在乎。她认为,自己宁愿损失几个碗,也不愿孩子把做家务看成家长理应做的事情;她宁愿花更多的时间去做善后工作,也不愿小孩在大人挑剔的眼光中,让他们做家务的热情消失殆尽。而且,她认为,孩子每天做点小家务,花费的时间不多,却可以培养他们的责任心。

蒙特梭利曾这样写道:"儿童对劳动从不厌倦。劳动使他成长,劳动让他更具活力。儿童从不要求减轻他的劳动量,他喜欢独自完成某件事。因此,甚至可以这样说,不劳动,儿童的活力就会走向衰竭。"其实,多让孩子做些活对他们来说是好事,没有天生懒惰的孩子,孩子的身上充满了生命力,他不会像成人那样把劳动当作"劳动",他会认为这是另一种游戏。有些时候,父母能适当地安排给孩子一点活干,或者让孩子帮自己的忙,跟孩子说上一句"我需要你的帮忙",孩子会觉得是莫大的荣耀。要知道,孩子的劳动的积极性和智慧不是靠唠叨和斥责教育出来的,而是在引导和耐心下慢慢养成的。父母只有不打消孩子的积极性,才能让孩子更有自信心。

· 父母金言 ·

有些时候,父母能适当地安排给孩子一点活干,或者让孩子帮自己的忙,跟孩子说上一句"我需要你的帮忙",孩子会觉得是莫大的荣耀。要知道,孩子的劳动的积极性和智慧不是靠唠叨和斥责教育出来的,而是在引导和耐心下慢慢养成的。

你要学会感恩

父母养育之恩深如大海,因此,一个人将来长大成人后,不仅要照顾好自己的小家庭,还要时刻不忘照顾年迈的父母亲,更不能"添了儿子就忘了老子"。而对于这种习惯的培养要从孩子小时候就开始,让孩子多学习身边尊重长辈、尊老爱老的优良行为并用于实践,如此耳濡目染,潜移默化,他们就会养成尊敬长辈、孝敬父母的良好习惯。

从前,有一对中年夫妇对年迈的父母很不孝顺,他们把老人赶到一间破旧的小屋里居住,每顿饭只用小木碗送一些剩饭给老人。一天,他们看到自己的儿子在雕刻一块木头,就问孩子刻的是什么,孩子说:"刻木碗,等你们年纪大时用。"此刻,这对中年夫妇幡然醒悟,把自己的父母请回正屋,同自己一起居住,扔掉了那只小木碗,拿出家里最好的食物给老人吃。小孩因此也转变了对他们的态度,从此一家三代和睦地生活在一起。

对于现在的一些独生子女,常可以看到这样的镜头:吃过饭后孩子扭头看电视或出去玩耍了,父母却在那里忙碌着收拾碗筷;家里有好吃的东西,父母总是先让孩子品尝,孩子却很少请父母先吃;孩子一旦生病,父母便忙前忙后、百般关照,而父母身体不适,孩子却很少问候,这样的行为值得忧虑。所以,父母应该注重培养孩子孝敬父母。或许许多父母未曾想要得到孩子的回报,认为自己的爱是无私的,其实这并不是父母自私的表现。应该让孩子明白父母的辛苦,让他们懂得敬重父母是做人的本分。

培养孩子孝敬父母的品质,可以从以下几方面入手。

(1)让孩子记住父母的生日。父母给孩子过生日时应该有意识地提醒他们,父母的生日是在什么时候。要让孩子懂得,为父母过生日是愉快的,记住父母的生日是应该的。不知道关爱父母的孩子,将来也不会懂得去关心他人。

(2)让孩子尊敬父母。孝敬父母就要尊敬父母,要听父母的教导,关心体贴父母,主动分担父母的辛劳,做个好孩子。长大成人后,自觉承担起赡养父母的责任。

(3)让孩子通过实际行动表达自己的孝心。孝敬老人是通过行动体现出来的。例如,尊重老人的生活习惯,在生活中多关心照料老人,与老人经常谈谈心、聊聊天,遇到事情先征求老人的意见。如果家中没有老人,可以到敬老院关心、照料孤寡老人。总之,要教育孩子通过对自己的严格要求及实际行动来表达孝心。

(4)给孩子锻炼的机会。真正的孝心要通过实践去培养。平时,父母应让孩子分担家里的一些事情,让他们负起责任来;遇有为难的事情,讲给孩子听,让他们一起出主意想办法;长辈身体不舒服或生了病,告诉孩子应该做哪些事情,并付诸行动等。久而久之,孝心就会在孩子心里扎根。

· 父母金言 ·

听从父母教导,关心父母健康,分担父母忧愁,参与家务劳动,不给父母添乱。要想把这些要求变为孩子的实际行动,就应当从日常小事抓起。

第十章　孩子,你要今日事今日毕

你要做一个干脆利落的好孩子

孩子拖沓的习惯并不是性格问题,而是为了应付家长过度地控制产生的一种无意识的反应。家长应该注意自己的言行,放弃对孩子的过高要求,给孩子制造一个轻松的环境。

在现实生活中,很多孩子都爱磨蹭,通常情况下都不是由智力原因引起的。孩子拖沓的原因可能是多方面的,如果和孩子自身有关,那么父母就要多了解孩子,积极寻求解决之道,例如,有的孩子睡眠不够,精神不济就会导致动作慢。孩子不会收拾东西,要用某些东西的时候找不着,常常耽误时间,父母应该教会孩子整理东西,摆放整齐,让空间有秩序。父母还应该提醒孩子守时,凡事提前做好准备,让孩子能够顺利地完成生活和学习的任务。

如果和父母有关系,父母应该检讨自己的行为,要反思自己的行为是否对孩子起到不好的影响。首先,很多孩子都是由家长精心照料,各种大小事情都由大人代劳,就习惯性地形成了对家长的过分依赖,即使是面对一些需要自己完成的事情,也会在那里不紧不忙地磨蹭着,等待家长的援助之手。父母必须让孩子远离对父母的依赖,不能因为看孩子干得慢就代替孩子动手。其次,父母也会因为疲倦或懒惰而做事拖延时间,吃饭的时候不专心吃饭,要么看电视,要么看报纸。这些行为对孩子的影响很大,孩子可能也会养成注意力不集中,办事拖沓的不良习惯。

此外,有些父母和故事中的家长一样,对孩子要求太多,孩子就会产生抵抗心理,但是由于父母太强势,孩子又不能直接反抗,于是就表现为做事拖沓,表面上在做大人要求你做的事,实际上做的却是自己喜欢做的事。父母应该给孩子充分的精神空间,不要给孩子太大的压力。给孩子设定一个比较宽松的时间范围,让孩子在能力范围之内轻松完成要做的事情。

找出孩子做事拖沓的原因后,才能对症下药,从而纠正孩子的行为。

那么如何对待孩子的拖沓行为,并且做出正确的反应呢?

(1) 帮孩子认识时间的价值。孩子做事磨蹭很大程度上因为他还没有时间观念,因此,培养时间意识对磨蹭的孩子来说是至关重要的。家长要使孩子认识到时间是世界上最宝贵的财富,想办法让孩子明白珍惜时间就是珍惜生命的道理,可以给孩子讲一些古往今来的成功人士珍惜时间的故事,还可以在孩子的卧室里张贴一些名言警句来提醒孩子。

(2) 多一些鼓励和奖赏。表扬和鼓励比批评和指责能更有效地激发孩子的积极性,孩子受到的表扬越多,对自己的期望也就越高。"你现在比过去进步多了"、"做得真棒,加油啊"、"你表现得真好"等,孩子受到正面的外部刺激,为了不让父母失望,做事就会更积极。孩子有了很大的进步时,父母还可以适当地给予一些物质奖励,比如给孩子加一个小红星,带孩子外出游玩,给孩子买他想要的玩具等。用鼓励和奖赏的方式比指责和催促的效果更好。

(3)让拖沓付出代价。孩子只有在体会到拖沓会给自己带来损失之后,才能够自觉地快起来,因此,让孩子为自己的拖沓付出代价,让孩子自己去品尝拖沓的自然后果,不失为一个改掉拖沓坏毛病的好方法。比如说孩子早晨起床后磨磨蹭蹭的,家长不要急,也不要去帮他,可以提醒孩子一下。让孩子亲身体验上学迟到的后果,孩子挨了批评后,就会认识到拖沓给自己带来的害处,几次以后孩子自然就会自己加快速度。

(4)消除分心因素。拖沓的孩子做事情时往往注意力不集中,因此,家长一定要注意将那些容易使孩子分心的诱因给排除掉,使孩子能够一心一意地专注于正在做的事情之上。比如,在孩子学习时,家长应当尽量给他创造一个较为安静的、不受干扰的学习环境,不要时不时地在孩子身边走来走去,即使是在做家务也要尽量防止发出很响的声音。

(5)帮助孩子树立自信。拖沓不是一成不变的,也不是性格缺陷,不能代表一个人的性格特征。家长应该记住,这是一个可以改变的习惯。孩子的自信心很重要,父母不能打击孩子的自信,多鼓励他还会使他提起精神去改善,而且会越做越好,并能提升做事情的兴趣。比如,父母可以跟孩子打赌或者竞赛,看谁做得好做得快。

女孩拥有优雅的气质、温文尔雅的谈吐、细腻的情感,但是拥有这一切并不代表女孩做事情就应该拖拖拉拉。有人说,要想温文尔雅、细心,做事情肯定要慢,所以女孩做事情慢一点没关系。也有人说,女孩子天生就是应该有人等的,拖拉是正常,不拖拉才不正常。

在生活中,面对拖拉的女儿,大部分的父母都认为没有什么大不了,而且女儿长大了自然就不拖拉了。然而事实并非如此!要知道,习惯是非常可怕的,一个人从小养成的习惯,在长大后要想纠正,是需要花大力气、下苦功的。与其等女儿大了,让她费劲儿纠正,不如从小就培养她做事不拖拉的习惯。

此外,作为父母应该正确区分女儿做事情是细心还是拖拉。拖拉的毛病是不讲效率的体现,父母们要认真对待这个问题。

有父母这样形容自己的女儿:"女儿简直就是小蜗牛,做什么事情都很慢。吃饭的时候,家里人都吃完了,可是女儿才刚吃了不到一半,每天妈妈总要等她很久才能收拾碗筷。做作业也是,女儿的动作那叫一个慢,别人家的孩子半个小时就完成了,女儿往往要花一个小时才能完成。"当女孩出现类似情况的时候,那么显然她是拖拉,而非细心。父母已经有必要下大力气改变女儿拖拉的习惯了。那么到底父母们应该怎样做才能改变女儿拖拉的毛病呢?

(1)要培养女儿的时间观念。女儿缺乏时间观念,就容易做事情拖拖拉拉。父母应该帮女儿认识到时间的宝贵。比如,女儿以前写作业需要两个小时。父母可以帮助她,让她加快写作业的速度。如果一个半小时就完成了,那么剩下的那半个小时可以让她玩或者做一些她自己喜欢做的事情。这样,让女儿体会到效率的重要性,她就能主动加快自己的做事速度了。父母还可以设置奖励措施,如果女儿的做事速度比以前有了提高,就给予她一定的奖励。

父母应该意识到,对孩子进行时间观念的培养十分重要,孩子现在正在学习知识的重要阶段,提高孩子做事情的速度,对她现在学习知识有很大的帮助。孩子终究要长大的,在这个竞争激烈的社会中,不讲效率的人最终会被社会所淘汰。

(2)父母不妨利用一下小孩子好胜的心理。父母可以跟孩子来个竞赛。比如,早上妈妈跟孩子比一下谁的洗漱速度快。如果孩子快的话,妈妈就表扬她一次。还可以让孩子跟同龄的孩子竞争。一旦孩子有了竞争的意识,她做事情就不会拖拉了。

(3)让孩子的生活变得有条理。给孩子买一个闹钟,让她自己安排自己的作息时间,并监督她执行。如果她不能够做到,那么让她切身感受一下不遵守时间的后果。比如,早上她没有按时起床,结果吃饭的时间又长,最后她就会尝到后果——"迟到了,后果很严重"。当然,事后母亲应该跟她探讨一下为什么会造成这种结果,告诉她,如果做事情总是拖拖拉拉的话,就会像这次一样被批评,会什么事情都干不好。有了一次教训,相信她就能遵守时间而改掉拖拉的毛病了。

此外,对于有些爱拖拉的女孩子,父母还要对其进行认真分析。比如,有的女孩只在做某些事情的时候才会拖拖拉拉,而做其他一些事情又会出奇地干净利落。对于这种情况,父母就需要分析原因:是不是孩子正在做的事情是孩子不喜欢做的,又或者因为有别的干扰因素导致孩子的注意力分散,所以她才会拖拉。父母要对症下药,针对不同的情况,实施不同的对策。

总之,做事情拖拉对女孩来说绝对不是一件好事。父母应该平时多注意观察孩子这方面的问题,给予足够的重视,不要因为自己的疏忽而让孩子养成拖拉的习惯。

· 父母金言 ·

孩子拖沓的习惯并不是性格问题,而是为了应付家长过度地控制产生的一种无意识的反应。家长应该注意自己的言行,放弃对孩子的过高要求,给孩子制造一个轻松的环境。

你要有今日事今日毕的习惯

明代书画家文徵明次子文嘉所作的《明日歌》、《今日诗》和《昨日谣》激励了数代国民,正所谓"明日复明日,明日何其多!我生待明日,万事成蹉跎。世人皆被明日累,明日无穷老将至。晨昏滚滚水流东,今古悠悠日西坠。百年明日能几何?请君听我《明日歌》。"

一寸光阴一寸金,寸金难买寸光阴。身为父母,一定要在孩子小的时候就开始灌输珍惜光阴的思想和理念,不给他们形成"明天再说"的浪费光阴的不好习惯的机会。使他们将来"每当回忆往事的时候,能够不因虚度年华而悔恨,不因碌碌无为而羞耻。"

朱自清在《匆匆》一文中曾写道:"洗手的时候,日子从水盆里过去;吃饭的时候,日子从饭碗里过去;默默时,便从凝然的双眼前过去。我觉察他去的匆匆了,伸出手遮挽时,他又从遮挽着的手边过去,天黑时,我躺在床上,他便伶伶俐俐地从我身上跨过,从我脚边飞去了。等我睁开眼和太阳再见,这算又溜走了一日。我掩着面叹息。但是新来的日子的影子又开始在叹息里闪过了。"

这篇文章中流露了对时光流逝的感慨,正所谓:"逝者如斯夫,不舍昼夜!"珍惜时间是每个人必须要尽力做到的事情。

古往今来,凡是有所成就者,无不是珍惜时光的楷模。

西汉时候，有个农民的孩子叫匡衡。他小时候很想读书，可是因为家里穷，没钱上学。后来，他跟一个亲戚学认字，才有了读书的能力。

匡衡买不起书，只好借书来读。那个时候，书是非常贵重的，有书的人不肯轻易借给别人。匡衡就在农忙的时节，给有钱的人家打短工，他不要工钱，只求人家借书给他看。

过了几年，匡衡长大了，成了家里的主要劳动力。他一天到晚在地里干活，只有中午休息的时候，才有工夫看一点书，所以一卷书常常要十天半月才能够读完。匡衡很着急，心里想：白天种庄稼，没有时间看书，我可以多利用一些晚上的时间来看书。可是匡衡家里很穷，买不起点灯的油，怎么办呢？

有一天晚上，匡衡躺在床上背白天读过的书。背着背着，突然看到东边的墙壁上透过来一线亮光。他猛地站起来，走到墙壁边一看，啊！原来从壁缝里透过来的是邻居的灯光。于是，匡衡想了一个办法：他拿了一把小刀，把墙缝挖大了一些。这样，透过来的光亮也大了，他就凑着透进来的灯光，读起书来。后来他成为了一个大学问家。

现代社会已经不可能再出现"凿壁借光"的案例了，形式可以不同，但本质确是相同的，无论是现今的还是古代的有识之士都必然是珍惜时间、真爱光阴的智者，只有这样才能真正走向成功！

有人说：时间像海绵里的水，只要肯挤，总是有的。这是对于那些不珍惜时间的人而言，珍惜时间的人都觉得人生很短暂，时间很有限。

仔细算来确实，一般人一生有效工作时间只有1万天。按我国每天8小时工作制来算，有效工作时间仅仅是8万小时。

因为每周工作5天，每年52周，则为260天，去掉节假日，实为250天。

若按20岁参加工作，60岁退休计算，则一生工作40年，合计为1万天。

那么孩提阶段用于学习的时间是多少呢？

如果从1岁开始学习到20岁，那就是20年，共计5千天，4万小时。

两者相加，人这一辈子，有效学习和工作时间才15000天，12万小时，720万分钟，4320万秒。

这确实是很有限的，尤其是面对信息量极大的现代社会，古往今来的圣贤名人尚且十分"苛刻"地对待自己的时间，今时今日的人们就更不应该将"明天再说"挂在嘴边了吧。

居里夫人出生于波兰，是物理学家、化学家，世界著名科学家，研究放射性现象，发现镭和钋两种放射性元素，一生两度获诺贝尔奖。人们常为她的成就折服，而取得成绩的背后她还是一个珍惜时间的楷模。一次居里夫人的父亲想给她添一把椅子，她不要的理由竟是：有了椅子客人就会久坐不走。

无独有偶，爱迪生也是一个"痛恨时间太少的人"。爱迪生从小就对很多事物感到好奇，而且喜欢亲自去试验一下，直到明白了其中的道理为止。长大以后，他就根据自己这方面的兴趣，一心一意做研究和发明的工作。他在新泽西州建立了一个实验室，一生共有电灯、电报机、留声机、电影机、磁力析矿机、压碎机等等总计两千余项发明。爱迪生对改进人类生活方式，作出了重大贡献。

"浪费，最大的浪费莫过于浪费时间了。"爱迪生常对助手说。"人生太短暂了，要多想办法,用极少的时间办更多的事情。"

一天,爱迪生在实验室里工作,他递给助手一个没上灯口的空玻璃灯泡,说:"你量一量灯泡的容量。"他又低头工作了。

过了好半天,他问:"容量多少?"他没听见回答,转头看见助手拿着软尺在测量灯泡的周长、斜度,并拿了测得的数字伏在桌上计算。他说:"时间,时间,怎么费那么多的时间呢?"爱迪生走过来,拿起那个空灯泡,向里面斟满了水,交给助手,说:"里面的水倒在量杯里,马上告诉我它的容量。"

助手立刻读出了数字。

爱迪生说:"这是多么容易的测量方法啊,它又准确,又节省时间,你怎么想不到呢?还去算,那岂不是白白地浪费时间吗?"

助手的脸红了。

爱迪生喃喃地说:"人生太短暂了,太短暂了,要节省时间,多做事情啊!"

我们生活在信息瞬息万变的社会,我们的孩子、后辈还要接受更多的挑战,他们需要学习掌握的东西也许更迭的速度会更快,因此必须从小培养其珍惜时间、光阴的良好习惯,从而保证其在未来的竞争中不至于被淘汰。

> ·父母金言·
>
> 现代社会已经不可能再出现"凿壁借光"的案例了,形式可以不同,但本质确是相同的,无论是现今的还是古代的有识之士都必然是珍惜时间、真爱光阴的智者,只有这样才能真正走向成功!

有时间就去做自己喜欢的事情吧

现在,很多的家长都明白时间的紧迫感,教会孩子合理安排时间也是一大问题。让孩子学会合理安排作息时间,这可以让孩子的体质和身心有所改善,还是对其进行成才教育的一个基本训练。从小便要确立孩子对于过去、现在、未来的充分认识,让其尽早懂得"时间如逝去的流水,一去不复返"的道理。

从小学起小琴就一直名列前茅,但是在初中的时候,她总觉得自己有些恍惚,无所适从,学习还很累,和老师也经常交流,老是觉得孩子没有什么太大的变化,特别是自习课,她总是东张西望,不知道自己该做什么,第一次考试,竟然很长时间写不完一页卷子。为此,我说了她好几次了,但是事情没有进展。平时与她聊天,感觉这孩子也有上进心,可现在种情况已经持续很长时间了,从前的那个开朗的孩子再也回不来了。我该做什么呢?

看到这种情况,心理专家认为:孩子在小学的时候很聪明,进入中学后就不一样了,这是有原因的,应该做好引导工作。其实,从一个角度说,在刚上学时,是孩子从儿童时期向少年时期的过渡。每个阶段都有不一样的地方在里面。比如，小学一节课是40分钟，初中变成了45分钟。虽然只多出来5分钟，可是没有给孩子一个心理上的暗示，便会经常疲劳。另外，孩子在初中的时候，会骤增课程量，孩子会感觉特别忙，也会有较大的压力。两个阶段的老师的教学手法也是不同的，如果小学阶段的学习方法用在中学，就会觉得很吃力。所有的一切导致了孩子的失败。

小琴一直名列前茅，这表明孩子并不笨，积极进取的孩子会主动给自己定目标，这种目标也无形中给孩子增加了压力。这种压力之下如果没有合理的计划，孩子肯定会身心俱疲，当然也就不会有好成绩了。

面对这样的情况，提议给家长以下几个重点：

（1）让孩子做事情按顺序来，不要盲目。把要做的事准备好，准备好一天的学习任务，把目标尽量缩小化、简单化。就算是一节自习，也要安排好自己的任务。一开始，可以和大家一起商讨计划的原则，这样很简单。渐渐地，还要让孩子自己去准备，作出安排。安排好后还要仔细检查，这样就能够按计划完成任务，要是达到目标有难度，就要调整自己的方法。

（2）要帮助孩子合理地计划和安排时间。如在做作业、练习时，要先考虑各科学习任务完成的先后顺序，做到时间的合理分配，之后再将精力放在计划上面，这样就不会手忙脚乱了。我们也应该引导小琴将这种有目的、有计划的事情放到生活中去。这样一来孩子的心情便会更加阳光，恢复往日的笑脸了。

树立一个良好的时间观念，是百利无一害的。

> ·父母金言·
>
> 从小便要确立孩子对于过去、现在、未来的充分认识，让其尽早懂得"时间如逝去的流水，一去不复返"的道理。

你要珍惜时间

美国著名作家杰克·伦敦在家里的床头、墙壁、镜子上贴了许多小纸条，纸条上面写满各种各样的文字：有美妙的词汇，有生动的比喻，有五花八门的资料。总之，当他在家的时候，不管在哪里都可以随时看到这些纸条上面的文字。外出时，他也不轻易放过闲暇的每一分、每一秒，把小纸条装在口袋里，随时可以掏出来看一看、想一想。成功人士珍惜时间的例子还可以举出很多，我们可以发现，有效地利用时间，是一个人成功的基本要素。

如何有效地利用和管理时间，关系到孩子学习的最终效率。

父母需要让女儿在对时间的利用上形成良好的习惯。有效地利用时间的习惯可以从这几个方面培养。

（1）指导女儿制订学习计划。学习计划一般以一个学期为阶段，内容包括本学期的目标和任务、措施、时间上的安排和精力上的分配。如何指导女儿合理地制订学习计划呢？父母应该使女儿明确这样的原则。

①既要明确具体又要切合实际。明确具体的学习计划有利于执行和操作。计划的目标明确、时间安排和措施具体合理，对女儿的学习具有较强的指导意义。但如果对女儿过于苛刻，学习计划的目标定得过高，时间安排过紧，执行不了，便成为一纸空文。这样不仅对女儿的学习没有什么帮助，还会使她挫伤自己的自信心。因此，在指导女儿制订学习计划的时候，一定要注意计划的合理性。

②时间的安排上要注意灵活性和机动性。有个女孩这样订立计划：6:30 起床，6:35～6:45 锻炼，6:45～7:15 背英文单词，7:15～7:25 朗读语文课文，7:25～7:30 吃早饭，7:30 出发。这样的安排缺乏灵活性，如果由于某一天的单词量特别大而在 7:30 之前不能完成，就必然会使以下的计划都受到影响。同时，此时间表也订得太满、太死板。

事实上，这样的学习计划是无法长期贯彻执行的。好的计划应该是留有余地、富有弹性的，比如规定 6:30 起床后花半个钟头左右的时间背单词，花 10 分钟左右的时间朗读课文，可行性就要大得多。

（2）及时调整和修订计划。在制订学习计划的时候，父母不可能把每一个细节和不可控因素都考虑在内。在计划的执行过程中，如果发现存在问题，要及时调整，必要的时候还要进行大幅度地修改。父母要让女儿时刻记住：学习计划不是教条，它应该以适合具体的学习情况和自身实际为前提。

（3）善于抓住学习的最佳时机。女孩常常会有这样的感受：在相同的时间段，心境好的时候学习效率高，情绪不稳定的时候学习效率低；在一天当中，早晨和夜间学习效率高，下午和傍晚学习效率低。由于人的心理规律和生理特点会对人的各种能力产生影响，所以人的学习能力的强弱在时间上表现出一种不均衡性。虽然在一般情况下早晨的记性好，但也存在个体差异性，有的人更擅长在午休之后进行记忆。

可见，学习的最佳时机是因人而异的，它取决于女孩的内在与外在诸多方面的因素。学习的最佳时机一旦出现，父母就要善于帮助女儿把握住它。

（4）让女儿学会"挤"时间。时间是由分秒积成的，善于利用零星时间的人，才会做出更大的成就来。怎样教会女儿利用空隙时间呢？方法很多。比如，在无所事事的时候不要发呆，找一本书来读；看报纸的时候随手记下一些资料；外出游玩的时候认真观察景物，为写作文收集素材；在口袋里放一些英文单词卡片，有空就拿出来记一记；与同学聊天的时候，可以讨论一下学习上的问题等。只要有了时间是宝贵的这种意识，女儿自己都会想到一些办法把空闲的时间利用起来。

· 父母金言 ·

时间就像海绵里的水，只要愿意挤，总能挤出一点点。时间不是靠岁月的简单积累，而是靠高度的使用效率。

第十一章 孩子,你要正确地认识金钱

你要正确利用金钱

很多父母或长辈喜欢将零用钱作为奖励孩子做了好事或干了家务的报酬。其实,这种做法是错误的。零用钱应该是一种教育孩子理财的手段,它的出现应该有明确的目的——让孩子有机会接触金钱,并培养孩子的理财能力,从中锻炼孩子选择和承担责任的能力。所以,父母不应该对零用钱实施监督,这样零用钱的作用就完全消失了。

关于孩子的零用钱方面,父母的责任就是:协助孩子制订一个零用钱使用的大体方针,规定孩子零用钱支出的范围。例如,孩子可以用零用钱请朋友吃饭,送朋友或老师节日卡片,买学校需要的用品等等。随着孩子年龄的增长,给孩子的零用钱数量也要相应增加,因为孩子额外的开支和花费可能也增多了。例如,孩子可能要参加社团,就需要交会费,还有娱乐消费、衣物饰品等等。在零用钱的使用过程中,有些孩子可能计划得不好,一拿到零用钱很快就花得差不多了,而在后面需要用钱的时候,又没有了。如果孩子有这种滥用零花钱的习惯,那父母就应该与孩子好好谈谈,以一种严肃认真的态度,就像处理公事一样,这样才能得到双方都同意的解决办法。如果孩子花钱太快,父母可以把零用钱分成几批给孩子,例如一周三次或更多次。不管父母生气与否,不管孩子表现得好坏,父母都应该把应给的零用钱给孩子,零用钱本身不应该让孩子感觉到压力。父母也不能随便变更零用钱数目,高兴就多给,不高兴就少给,甚至不给。父母要是这样的话,孩子会感到很反感。就像下面这段对话表现出的一样:

妈妈:"你今天很听话,妈妈给你钱去买东西吃。"
儿子:"您不需要给我钱,我也会很乖的。"

给多少零用钱才合理?这个问题很难回答。零用钱的数目应该符合父母和孩子共同做的预算,不要管别人的标准是多少,更不能攀比。如果孩子因此闹情绪,父母可以真诚地告诉孩子:"我们也想给你更多的零花钱,可是家里的条件不允许。"这样说,可能比告诉孩子不需要那么多钱容易让孩子接受些。

金钱给人的诱惑是很大的,控制力不好的人,很容易处理失当。父母给孩子零用钱,应该从很少的量开始给起,然后再随着时间慢慢调整。当孩子上学后,认识钱的面值,知道数钱和找零钱时,父母就可以给孩子零用钱了。若孩子在固定支出之后,仍有预留,那么,余留下来的零钱父母最好让孩子自己保存或花费。

小峰的父母很传统,他们总是觉得孩子小时候,不能和他谈钱,怕孩子过早沾染上"铜臭味"。他们一再向小峰强调"学而优则仕"、"知识改变命运"的观念。因此,小峰直到7岁都没有学过认钱,也没怎么花过钱,反正凡是需要花钱的东西,父母早替他准备好了,自己认识不认识钞票无所谓。

有一次,妈妈领着他逛街,她准备为儿子买一双拖鞋,她拿出10张1元的纸币准备给售货员。小峰在一旁感到莫名其妙,问妈妈:"妈,你怎么给他那么多张钱,上一次给我买衣服你才给别人一张啊。"

售货员用一种奇怪的眼神看看小峰,又看看他妈妈,哑然失笑,这时的妈妈显得异常尴尬,心想孩子这么大了,不让他认钱,别人肯定会认为孩子有问题,现在的社会,孩子们都认识钱,自己的孩子要是太"清高",连钱都不认识,那的确是落伍了。再说,学习和钱之间也没有必然联系啊,唉……

她越想越后悔,觉得应该让孩子认识钱的,毕竟认识钱也没有坏处啊!

深受传统文化影响,有一部分家长像小峰的父母那样认为:"现在孩子这么小,就知道和钱亲,认为钱非常重要,这很危险!"他们不想让孩子过早地接触到金钱,怕孩子沾染上"铜臭味"。可是,只有从小懂得赚钱的孩子,长大后才能成为富翁。如果想做富翁的爸爸妈妈,那么父母必须在孩子小的时候就让他认识"钱"。在孩子小时候,如果理财观念不能建立,那么他以后的"前途"可能大受影响。

在社会中,任何人都要与钱打交道,即便父母严格控制着,避免孩子过早地接触金钱,孩子也不可能像生活在世外桃源一样,他总能从同学、朋友那里得知钱的概念。与其害怕孩子受到金钱方面不良的影响,不如尽早教孩子认识钱币,帮他树立正确的金钱观,让他明白:钱固然很重要,但是友情、亲情等情谊更重要。

美国家长非常注重培养孩子的理财能力,他们把理财教育称为"从3岁开始实现的幸福人生计划"。他们鼓励孩子认识金钱,并且通过自己的头脑和勤奋来赚取金钱。下面是美国父母对孩子理财能力的培养方法,家长不妨一阅!

(1)3岁:告诉孩子金钱可以买到很多好东西,但爸爸妈妈挣钱不是一件容易的事。

(2)4~5岁:教孩子认识钱币金额,让他知道多少钱能买什么样的东西。孩子可以发问"一美元能买到什么?"父母则给予准确答复。同时,父母也告诉孩子"咱家的桌子多少钱,沙发多少钱,婴儿床多少钱……"。这一时期,父母还要让孩子明白钱虽然很重要,但并不能买到所有的东西。父母可以给孩子示范,如果爸爸伤了妈妈的心,用钱寻求原谅,行不通。爸爸亲自道歉,并帮妈妈做很多活,妈妈才原谅了爸爸。

(3)6~7岁:让孩子进一步认识金融和货币,并学习简单找零,教他学会点钱,帮孩子认识标价,以及找打折扣的商品。

(4)8岁:让孩子了解他们可做额外的工作来赚钱。如让孩子在家门口摆摊卖咖啡,路过的大人一般乐于惠顾,他们并不仅仅是为了品尝,也是为了鼓励孩子的这种自立行为。同时8岁的也该学着存钱,为孩子准备一个可爱的宠物储蓄罐,鼓励他从小开始存钱,并用这些钱来"生钱",还可以在去银行的时候带上孩子,告诉他银行的作用是什么,将钱放在银行里可以做什么,银行又有哪些业务。

(5)9~10岁:帮孩子制定一周或一个月的花钱计划,并和他一起逛街,让他学着货比三家,学着讲价。

(6) 11～12岁：孩子已有能力管理自己的零用钱，这时要教导他们做预算，有计划地花钱。如孩子要买一个中型遥控飞机，先得帮助他做预算，然后每周存钱，直到可以买下遥控飞机为止。让他们意识到为了得到某件东西，很有必要去存钱。如果他花光了本周或本月的钱，那么父母就不再给他零花钱，如此，他就会懂得用钱的时候要有计划，要谨慎。

(7) 13～15岁：鼓励他拟定短期和眼下的财务目标，如本月要买很多文化用具，圣诞节前买到自己喜欢的MP4，以及为了达到这些目标，自己在这一年中，需要攒下多少钱，打工多长时间等。

(8) 16～17岁：能比较各种储蓄和投资方式的风险和回报，比较年利率，懂得以钱生钱，尝试进行小额股票、债券等投资活动，同时积极投入商业实践活动中。

> **·父母金言·**
>
> 金钱给人的诱惑是很大的，控制力不好的人，很容易处理失当。父母给孩子零用钱，应该从很少的量开始给起，然后再随着时间慢慢调整。对于想培养孩子理财能力的父母来说，帮助孩子认识钱币是第一步，也是最重要的一步。

你是否优秀与家境无关

我们总想给孩子最好的环境，最好的教育，最好的呵护……似乎唯有如此，我们的孩子才不会输在起跑线上。为了给孩子这些"最好的"，我们在育儿的路上走得很辛苦。村里的孩子往镇上送，镇上的孩子往县城送，县城的孩子往省城送，省城的孩子往北京上海送，北京上海的孩子往国外送。条件好的家庭，孩子出生要请月嫂，之后请保姆，上最好的幼儿园，上最好的小学，把孩子送出国门……一环套一环，永远没有够的时候。这一切都需要以良好的经济基础作前提。家境不太好的爸爸妈妈很可能为不能给孩子提供这一切而深感遗憾。这样的体会，我也有过。

记得琛琛小的时候，为了方便他上幼儿园、上小学，我们在阴暗潮湿的地下室一住好几年。当年，看着别人家孩子上国际幼儿园、国际小学，报各种昂贵的课外班，穿名牌服饰，眼睁睁瞅着他们的爸爸妈妈开着高级轿车，带着孩子世界各地满天飞，孩子想要什么，眼睛不眨就可以买给他，我也爱慕过、遗憾过，也恨不得自己一夜之间暴富，可以为我的孩子提供最好的一切。而今，遗憾烟消云散。相反，我越来越庆幸当年只能供他住地下室，上最普通的幼儿园和最普通的小学，给他买了图书，就买不了玩具，给他买了玩具，就得砍掉吃麦当劳的预算。从贫穷，到日子一天天好起来，琛琛看到了我们努力的全过程。这种付出本身不就是很好的教育吗？这比他从小就养尊处优要好得多。更重要的是，因为我们承担不了那些昂贵的开销，我只好多花时间陪孩子在家游戏，带他去户外发现各种有趣的事物，而这是花多少钱也买不来的收获。正是在我们彼此享受这些游戏的过程中，他体验到了更多的快乐,获得足够的安全感,感受到父母深切的爱。而我在享受与他游戏的同时,将各种教育元素不着痕迹地融入其中,也对他产生了更多正面的影响。相反,如果我当初很富裕,我可能会盲目地把他扔给早教机构,以为如此就万事大吉,岂不是一种遗憾吗?

国人主张"再穷不能穷孩子",西方国家则主张"再富不能富孩子"。两种观念的差异显而易见。比较而言,我更欣赏后者。欣赏后者,并没有要虐待孩子的意思。不能富孩子,一定是以爱为前提的。爱不取决于给予孩子物质的多寡,而取决于我们花多少心力去读懂孩子的心思,无条件地接纳孩子,并顺应他发展的需求给予助力。孩子是我们的,教育的责任是我们的,没有谁可以替代。不仅如此,一旦孩子没有跟父母之间建立起紧密的联结,孩子心理成长就会遇到阻碍。

某天,偶遇一对夫妻带着一个3岁的孩子和保姆一起郊游。孩子跟保姆关系密切,几乎寸步不离。一旦保姆从他的视线消失,即便爸爸妈妈陪伴在侧,小家伙也会反应激烈。与妈妈闲聊过才清楚,孩子之所以如此,跟他的成长经历有关。原来这对夫妻家境很好,生下孩子后,花重金请了一个学前教育专业毕业的学生当孩子的保姆。他们相信高素质又专业对口的保姆,比他们自己更懂孩子,更明白养育孩子的事。于是,从坐月子开始,妈妈除了白天喂几次母乳,其他时间便都把孩子交给保姆管。白天,保姆带孩子玩耍,创设各种游戏全方位启发孩子,晚上则陪孩子睡觉。到孩子满了1岁,他们开始督促保姆带着孩子去各种早教机构,接受最"先进"的早期教育。不仅如此,他们从孩子一出生就想着让他过上贵族般的生活,照着贵族的标准为孩子设计未来。这对夫妻以为,这样才是给孩子最好的爱。

当然,保姆确实给了孩子情感和智能方面的启发。可是时间长了,爸爸妈妈发现,只要跟保姆在一起,孩子就玩得非常开心,因为保姆有的是与孩子游戏的招,并且爱孩子,能耐心地陪伴孩子,给予他很多。但是跟爸爸妈妈在一起,他感觉到的则是无趣。于是,爸爸妈妈与他的交流只剩"让妈妈(爸爸)抱抱"之类的互动。当爸爸妈妈提出要抱自己时,孩子常常很敷衍地让他们抱一下,然后急切地跑去找保姆。每当孩子这样,爸爸妈妈难免深感失落,可看到孩子各方面都发展得很好,他们也算是痛并快乐着。为了孩子有一个美好的未来,他们继续将重新放在为孩子提供优越的教育环境上,继续以他们自以为不错的方式痛并快乐着。

直到孩子3岁多了,上了幼儿园,他们才发现,尽管他们为孩子的成长考虑非常周到,但是这个被"完美"养育的孩子竟然被老师怀疑为"问题学生"。爸爸妈妈实在难以接受老师的结论,不过,事实说明这位老师没有夸大其词。孩子安全感严重匮乏,入园都三四个月了,每天早上还哭天抢地。而共同入园的那些孩子早就在幼儿园适应得非常好了。两相比较,差别之大,令爸爸妈妈深感震惊,万分沮丧。

正如这对夫妻一样,不少爸爸妈妈都错误地以为,只要舍得花钱,把最好的给予孩子,就可以为孩子提供最好的成长环境。殊不知,教育首先是我们与孩子之间心与心的交流,而不是物的堆积。

如果家境好,就想着什么都给孩子最好的,那么,一个从小就养尊处优的孩子习惯了享受生活,完全没有缺失性体验,对他的成长未必是一件好事。人生有诸多的变数,作为爸爸妈妈,我们不可能呵护孩子一辈子。因此,让孩子懂得一切要靠自己,不依赖任何人,比给他家财万贯与无微不至的呵护更有意义。一夜之间,千金可以散尽,千金散尽之后,就算不名一文,只要我们拥有一颗乐观的心、一双勤俭的手,什么样的困境都可以度过。与其给孩子富裕的物质生活,不如将他培养成一个身心健康的"人"。而这一切,是我们可以在日常生活中一点点渗透,让他逐渐去体会与参悟的。

把孩子带入生活,让孩子享受游戏,在这样的过程中完成培养一个"人"的目标,将作为"人"应该拥有的一切,诸如健全的人格、强大的内心、进取精神、协作精神、爱与被爱的能力、积极的思维模式、抗挫折能力、智力开发、自主学习、自主管理、自主解决问题的能力……协助孩子成长,是我们为人父母者的责任。养育孩子是个系统工程,在这个庞大的系统工程中,首当其冲的是关注孩子的心理成长。心理成长出现问题,其他各方面都会连带地出现问题。这是多优越的物质环境也无法代替的。

这些年,众多有关"官二代"、"富二代"的负面报道,以及很多成功人士的成长经历都从一个侧面验证了以下的观点:孩子优不优秀,与家境无关。更何况,优秀不优秀是没有绝对的衡量标准的。在大家都普遍需要依赖丰富的物质享受换取自我安慰的年代,一个看似平凡、生活并不富裕,但是能把日子都过得有滋有味的人,不也令人羡慕吗?

> **·父母金言·**
> 父母与其给孩子富裕的物质生活,不如将他培养成一个身心健康的"人"。而这一切,是我们可以在日常生活中一点点渗透,让他逐渐去体会与参悟的。

你要合理地消费

理财能力是每个人都应该具备的基本生存能力,它关系到人一生的发展和幸福。但是,我国对孩子的理财教育相对比较落后,孩子一般都不能做到理性消费,这是不适应时代发展的。家庭教育对于孩子有着得天独厚的优势,理财应该成为每个家庭教育的必修课,父母应教孩子学会理性消费。

周恋今年9岁了,是个很会理财的小姑娘,这与父母对她的教育是分不开的。父母工作忙,在周恋很小的时候父母就鼓励她自己购物了,她的学习用具、零食一般都是自己购买。

但是父母会定期检查周恋零花钱的用途。周恋7岁的时候,想买个好看的书包,就拿了100元零花钱买来了。可是这个月的零花钱超支了,买文具就没有钱了,她只好跟妈妈要。妈妈没有轻易答应她的要求,而是让她自己节省着花,并告诉她,以后再遇到这样的情况父母也不会轻易支援她。

周恋认识到自己的消费行为对自己产生了影响,从那以后,她就再也没有超支过。她要购买新的东西时都会和父母提前商量,得到父母的允许后才会从父母那里得到更多的零花钱。

从现代家庭教育来看,教孩子学会合理消费不只是一种生存教育,也是一种素质教育。没有经过理性消费教育的孩子大多缺乏正确的消费观念和创造财富的能力。父母就有责任和义务教育孩子从小树立正确的金钱意识,让孩子合理地消费。

韩非子的《喻者》一文中曾经记载"纣为象箸"的故事,主要讲的是商纣王因为奢侈而最终亡国的故事。商纣王刚刚即位的时候,人们还以为他是一位开明的君主,能够把国家治理得很好。

但是有一次,他竟然要求手下为他制作一双象牙的筷子,这件事情让他的叔父箕子很是不安,可是朝中的大臣都以为箕子是小题大做,一双象牙筷子对于君主来说是很正常的。箕子告诉大臣们,商纣王既然让下人为他制作象牙筷子,就一定会用犀牛角制作的杯子和用玉烧制的碗,还会用华丽的绫罗绸缎来代替粗布衣服,建造富丽堂皇的宫殿来取代茅草屋。

因为箕子是商纣王的叔父,所以他也试图去劝诫商纣王,可是商纣王根本听不进他的劝诫:果然如箕子所料,仅用了5年的时间,商纣王就变成了一个挥霍无度的昏君。商朝也灭亡在他的手中。

父母要教育孩子从商纣王的故事中学会抵制诱惑,增强自制力。教育孩子把钱花在实用的地方,控制孩子的购物冲动,让孩子绕过降价的陷阱,帮孩子识别广告,让孩子学会货比三家,不让孩子为了满足自己的虚荣心而过度消费。只有教育孩子学会了理性消费,才能帮助孩子逐渐培养起正确的消费观念。

(1)让孩子懂得理性消费的好处。一个懂得合理消费的人,会平衡好收入和支出的关系,从而获得生活的成功,会对家庭有责任感,会让自己的生活过得富足、有意义,而不会为了金钱迷失人生的方向。其实就是这样,父母教孩子学会理性消费,培养孩子的金钱观和理财能力,对孩子合理使用和管理金钱及其健康人格和良好素质的形成都有重要的意义。

不懂得理性消费的孩子,或者大手大脚,或者小气。这些都不利于孩子理财能力的培养,反而会让他们的金钱观念和消费观念产生偏差。父母要让孩子懂得合理消费是他们基本的生存能力和理财能力。只有懂得了理性消费的好处,孩子才能在日常生活中逐渐学会理性消费。

(2)让孩子体验独自消费。只要父母懂得适当放手,孩子都会独立进行一些消费活动。在孩子懂得不能大手大脚花钱的基础上,让孩子体验独自消费可以锻炼他的理财能力,在实际生活中让孩子懂得理性消费。

让孩子体验独自消费,父母不要直接干预。当孩子因为消费不合理而遇到困境的时候,父母不能轻易帮孩子渡过难关,要让孩子自己意识到过度消费带来的后果,懂得对自己的消费行为负责,这样才能让孩子学会理性消费。

(3)将理性消费纳入家庭教育内容。现在的孩子往往不懂得合理消费,从而导致理财能力很差。孩子是否懂得合理消费,和父母对孩子的理财教育有着密切的关系。孩子需要父母传输正确的消费观念,然后作为自己消费行为的指南:

董娟的妈妈在董娟很小的时候就重视对她的理财教育,每个周日妈妈都要给她一周的零花钱,让她自己学习理财。董娟的妈妈自己也很善于理财,每次家里需要数量多的东西她都会去批发市场买,回来再教育董娟说妈妈这次又节省了多少钱,这对董娟的消费观念产生了很大的影响。

这次,董娟的铅笔用完了,她主动从自己的零花钱里拿出一部分交给妈妈,让妈妈帮她去批发市场买。这样就能节省不少钱呢。妈妈表扬了女儿的行为。

孩子的理性消费理念是要靠父母培养的,父母要从小就重视完善孩子的理财观念,不要把给孩子零花钱当成形式,要教导孩子学会正确地使用金钱。同时,父母要注意自己的理财观念,要建立正确的理财观念,再把这些理念传输给孩子,让孩子在小时候就树立正确的理财观念。将理性消费作为家庭教育的重要内容,对提升孩子的理财能力有深远的影响。

(4)帮孩子走出消费误区。不少孩子存在着消费误区,这与家庭理财教育的缺失有很大的关系。很多父母把给孩子更多的钱作为表达爱的主要方式,这是一种错误的做法。父母要让孩子分清"想要"和"需要",教育孩子买自己需要的东西而不是买自己想要而没有实用价值的东西;让孩子懂得"量入为出"的道理,形成合理的消费观念。

晓敏开学就要上三年级了,妈妈准备给她买个新书包。晓敏想要买个名牌的书包,可是价钱很高。妈妈带她去了商场,让她看了很多不是名牌的书包,样式和用途与名牌的差不多,价格却低很多。父母教育晓敏要懂得货比三家,晓敏听懂了妈妈的话,欣然地买了那个便宜的。

同时,父母要尊重孩子的选择,合理疏导孩子的购物情结,帮助孩子绕过降价的陷阱,教孩子把钱用在实处,防止孩子产生追逐时髦的倾向,告诉孩子不要攀比,等等。相信经过父母的帮助,孩子会从消费误区中走出来,学会理性消费。

一位妈妈的困惑:

现在的生活条件是越来越好了,我很舍得在孩子身上花钱,给孩子零花钱的时候从来不犹豫。然而,最近令我困惑的是,如果我给孩子的零花钱多了,他会毫不珍惜,甚至有时挥霍无度。如果我给他少了,他就整天撅着嘴,一副闷闷不乐的样子。我都不知道给他多少零花钱才合适。问起他,他总说我给得再多,相比其他同学来说还是不多。我问他同学都花多少,他有好几种说法。我向周围的家长询问,他们也观点不一。我现在都无法判定这个年龄的孩子需要多少零花钱。

很多父母都遇到了这样的问题,他们希望给孩子的零花钱不多不少,既不会让他生活奢侈一把,也不能让他因为没有零花钱而自卑,但他们总是把握不好这个度。

父母们在给孩子零花钱方面历来存在诸多分歧。有些家长认为孩子的零花钱决不能少,理由是"会花钱的孩子将来更会赚钱",另外零花钱多了,孩子不会自卑,但这往往会让孩子养成大手大脚花钱的习惯,好逸恶劳,追求高档名牌,理财能力也未得到增长。还有些家长不给孩子分文零花钱,他们认为孩子从小用惯了钱,长大后不懂得珍惜,结果导致孩子长大后也不知该怎样存钱,更别提如何理财了。

给孩子零花钱是一门学问。给孩子零花钱的数量一方面得考虑家中的经济状况和其他家庭的相对标准;另一方面要结合他的年龄和实际需求。只有给的恰如其分,才能使零花钱真正发挥应有的作用。

(1)根据孩子的年龄给零花钱。一般来说,孩子的年龄越大,父母所支付的零花钱的金额越多,给钱的时间间隔越长。例如,孩子5岁时,一星期可分两次或三次给,每次2元、3元、5元,由父母自己确定。小学一二年级的孩子,除了固定的午餐费、交通费以外,父母可以一星期给一次,金额可以为10元、20元,这些要考虑孩子的自控能力以及整个家庭的消费水平。小学三四年级的孩子,多给他们一些零花,让他们用于课外兴趣小组的支出。当孩子上初中、高中以后,你可以每个月给一次,包括他们用餐、乘车、外出游玩、购买课外读物等的费用。这时候,父母可以鼓励孩子将每个月剩余的钱存起来。

(2)参考同城、同校、同年级学生的消费水平。父母可以通过育儿网、学校老师或孩子同学的家长来了解同城、同校、同年级学生的零花钱水平,以此作为给孩子零花钱的参考。父母对孩子的零花钱数额,不能太小气,也不能过度,维持在平均水平就行。如果家长的孩子在上高中,家长通过一些方式了解到本地区同一个学校孩子们花钱的水平在每月300~800元之间,你不妨每月给孩子500~600元,让他既不觉得自己有钱,也不会因为没钱而自卑。

对于年龄稍小的孩子,当他主动要零花钱时,请问五个问题:

Why 为什么要买? 如果他的理由不是很充分,父母则要酌情考虑是否给他零花钱。

What 买什么? 因为孩子年龄小,要限制他自己做主购买物品的范围。

When 什么时间去买? 主要是让孩子明白,不能因为购物耽误了学习的时间,同时,如果孩子要和父母一起去买,还要考虑父母的时间。

Where 到什么地方去买? 告诉孩子买消耗性的小物品如铅笔、作业本等可以到小市场去买。但千万不要因为贪便宜到不正规的小商摊上去买零食。

Who 什么人去买? 问问孩子是自己去,还是和同学一起去。但建议孩子在附近购买所需物品。

这几个问题能够培养孩子的花钱意识,教给孩子如何支配零花钱,从而养成良好的消费习惯。

· 父母金言 ·

从现代家庭教育来看,教孩子学会合理消费不只是一种生存教育,也是一种素质教育。没有经过理性消费教育的孩子大多缺乏正确的消费观念和创造财富的能力。父母就有责任和义务教育孩子从小树立正确的金钱意识,让孩子合理地消费。

你要拥有正确的金钱观

秀竹妈妈:

我女儿马上就要升入四年级了，可有件事情一直让我很忧虑。不知道从什么时候起，她变得特爱攀比，同学买了什么好看的衣服、玩具、文具，她也要有，不仅如此，她自己的东西也喜欢拿出去炫耀，吃晚饭时，一家人好不容易聚到一块，她总是提起这个同学的爸爸是局长，那个同学的妈妈自己开公司，这个同学家里怎样有钱，那个同学家里如何有势……我真担心孩子的这种攀比心态继续发展下去。

小龙妈妈：

孩子上学之前特懂事，可是上了学，要求越来越多，同学用什么文具，他就让我给他买什么文具。刚刚花了200多元买的书包，硬说过时了，一定要买比同学更好的，结果花了300多元又买了1个！不仅如此，他们还比谁家的房子大，套数多，谁家的车最豪华，我真是很无奈。

这两位妈妈的孩子喜欢攀比并不是个别现象，现在的孩子多数都喜欢攀比，攀比的内容多样化，概括起来大概是五种：比穿、比用、比吃、比消费、比家长。

在穿着方面，孩子们崇尚名牌，大家在比谁穿的鞋好，谁的衣服最上档次。在用的方面，他们比谁的文具最好，谁的书包是名牌，谁的手机、MP4最新潮、功能最全，价格最贵。在吃的方面，他们比生日请客的时候去的哪个饭店，花了多少钱，比谁家的派对最气派，比谁吃的零食最高级。在花钱消费方面，则更是狂比。今天你买了个100元的书包、200元的旱冰鞋，明天他就买个200元的书包、300元的旱冰鞋，后来又有同学买800元的书包、1000元的旱冰鞋。更要命的是现在孩子们喜欢比"家长"。家长仿佛成了一种商品，成为孩子们地位的象征。孩子们比父母的职业，比家里住的房子，比私家车。

这种攀比心理如果任其发展下去，后果非常严重。攀比会使孩子们注重外表，分散精力，影响学业，攀比会使孩子们的虚荣心得到助长，养成奢侈挥霍的习惯，攀比还给家庭造成一定的经济负担。最重要的是攀比会误导孩子对金钱的理解，容易让他成长为一个拜金男或拜金女。

当家有喜欢攀比的孩子时，父母必须尽早加以引导！

（1）让孩子明白父母要为他们的攀比行为为付出多大代价。父母不要总是把孩子当成被保护的对象，这样孩子永远长不大。请将孩子看作一个和家长地位平等的家庭成员。平日，父母讨论家里的消费问题时，邀请他也参与进来，让他了解家庭收入情况，明白自己要吃好的、穿好的、用好的……这些会让父母付出多大的代价。比如，你们可以每隔一星期开一次家庭经济会议，当场把这一阵子的消费亮出来，消费中分出家庭版块与孩子自己的经济版块。孩子通过这种对比，会发现家庭中绝大部分钱都花在了自己身上。父母也向孩子提一提你们现在每个月能拿多少钱，这些钱还有其他用途等。当他知道了这些时，他就会对自己的消费水平做出正确判断。他会明白，不能让家长为自己的虚荣心买单。

（2）引导孩子从攀比物质到攀比精神。比较本身并没有什么错，正确的比较反而会激发人的进取心，但错误的攀比却将人引入歧途。父母不妨引导孩子从攀比物质转到攀比精神。不比吃、不比穿、不比用、不比花、更不比父母，而是比学识、比能力、比人品、比智慧。当下次孩子向你抱怨他的衣服不如某某的高档，他的鞋子不是名牌，他没有用高级的手机时，你不要像以前那样，生怕孩子没有面子，不顾一切地满足他的要求，你要告诉他："比这些物质的东西丝毫不利于人的进步，比来比去只会迷失方向。如果一直比下去，长大后恐怕连比的资本都没了。你不能依靠父母一辈子,得现在用知识充实自己,提高各方面的能力,以后才更有比的资本。"郑重警告他"下次,同学要和你比较谁有钱时,你就告诉他,我不和你比这些,我要和你比谁读的书多,谁更聪明!"

金钱是什么？金钱意味着什么？

有人说它使人贪婪无度,有人说它让人丰衣足食,有人说它是一种改善自己和他人生活的工具。面对这纷繁的世界,父母们又该帮助孩子树立何种金钱观呢？

正确的金钱观能够让她在未来的生活中做钱的主人,而非做钱的奴仆。可以让他爱财但不贪财,且取之有道,用之有益。对于孩子来说,正确的金钱观能够保证孩子在成长的过程中不因虚荣心而迷失自己,能够保证孩子不因过度清高而生活贫寒。正确的金钱观能够让孩子正确地对待金钱、利用金钱,从而让自己生活得更幸福。

那么,父母应该怎样培养孩子正确的金钱观呢？金钱观是在日积月累中形成的,因此父母要在日常生活中去培养孩子的金钱观。具体地说,父母应该注意以下几点。

(1)富养女儿,别让女儿缺钱。树立孩子正确的财富观必不可少的就是对孩子进行富养。当然,孩子要"富"养有多层含义。在这里要说的是,给孩子提供足够的金钱。

5岁以后,孩子的智力发育在一定程度上已经能够自主使用一定金额的钱了。而就实际情况而言,父母也应该给予孩子一定的钱,让他即使在父母不在身边的情况下也不缺钱。要知道,他在无人照看的情况下会遇到预想不到的状况,譬如饿了想买东西吃,小朋友过生日想要送礼物,想要坐车回家,没有铅笔或者写字本了,遇到自己喜欢很久的铅笔盒等。面对这些情况,如果她没有足够的钱,往往很容易产生消极情绪,如自卑、过度看重金钱等,甚至认为父母不理解他、不爱他,从而对父母产生抵触。这非常不利于父母对孩子的教育和培养,也不利于父母和女儿之间的感情沟通。

因此,父母应该充分地认识到给女儿足够的零花钱的必要性,在任何情况下,都不要让孩子缺钱。

当然,父母在给予孩子充足的零花钱的同时,教育女儿如何管理和消费自己的零花钱也是非常重要的。父母需要告诉孩子,她手上的钱主要有两个用处:第一,为了不时之需;第二,为了买真正需要的东西；

同时,父母一定要提醒孩子,给他钱最重要的目的并不是让她去炫耀家庭的经济地位,而是要让她学习如何使用与管理金钱。当孩子将手中有限数目的金钱管理得很好的时候,父母不妨给予一定的奖励,夸夸她或者鼓励一下她。当他超支的时候,不妨引导他去分析一下原因,并让他通过以后的节流将负债部分补齐。

(2)警惕理财教育过程中的弊端。父母的家庭教育决定了孩子是否能够拥有正确的金钱观。父母完全能够教会孩子拥有经济头脑,也能够训练孩子养成良好的理财习惯,而且这类教育宜早不宜迟。受到良好金钱观教育的孩子长大成人后才能对金钱抱有正常的心态,处理好人与金钱的关系。但是,父母在孩子理财教育过程中要注意以下四大弊端。

①许多父母从未给过孩子关于自家家庭经济状况的真实信息,如富裕家庭没有告诉过孩子创业的艰辛,经济拮据的家庭则耻于跟孩子谈钱,甚至自己省吃俭用也要让孩子吃好、穿好、兜儿里有钱。这样孩子就不会有缺钱的危机感,更不懂得什么是节俭。

②当下社会上金钱的过度渲染与推崇,使女孩的金钱观念潜移默化地受到扭曲。

③欠缺正确的消费指导。由于未成年人对于世界的认识与体会不够深刻,所以他驾驭金钱的能力较弱。尤其是爱美的女孩更容易在同学朋友的相互攀比中或者商品广告的诱导下决定自己的消费行为,从而陷入盲目消费、炫耀消费的误区。这就需要父母对女儿给予正确的消费指导,引领她合理、理性地消费。

④个别孩子获取金钱的欲望膨胀。当父母的给予或自己的收入不能满足她日益增长的对金钱的需求时,在外力的引诱下就可能以违法的手段达到获取钱财的目的。所以,在这个方面,父母不仅要给孩子定量的零花钱,更要控制住这个"度",不能无限制地满足孩子的消费欲望。

总之,孩子正确的金钱观念的形成跟父母的理财教育有着重要的联系。与其千方百计、想方设法地控制孩子的金钱欲望,不如培养他正确的金钱管理观念。

譬如,当父母到银行办理开户,或者到银行存钱时,不妨把孩子也带上,让他慢慢学会开户、存款以及提款的流程,并且和孩子一起了解银行定期寄来的定期定额对账单等,这样孩子可以亲身感受福利的效果,也是激励孩子多储蓄的方法。

还要告诉孩子——有出才有进,不要让孩子一味存钱,成为守财奴,也不要让孩子一味花钱,引导孩子在收入与支出中学会平衡。父母应该引导孩子在金钱中保持平衡,既不让孩子成为金钱的奴隶,也不要让孩子排斥金钱。引导孩子学会用金钱来为自己服务,成为金钱的主人。这样,父母才能为孩子获得幸福的人生创造条件。

> ·父母金言·
> 正确的金钱观能够让孩子在未来的生活中做钱的主人,而非做钱的奴仆。对于孩子来说,正确的金钱观能够保证孩子在成长的过程中不因虚荣心而迷失自己,能够保证孩子不因过度清高而生活贫寒。正确的金钱观能够让孩子正确地对待金钱、利用金钱,从而让自己生活得更幸福。

你要做一个自食其力的孩子

有个孩子家境不错,可是父母仍然不会给他很多的零花钱,并且经常告诉他,靠自己劳动赚得的零花钱才有价值。妈妈还给儿子指了一条路:"儿子,咱们家的垃圾箱里有很多的饮料瓶,你可以捡来卖。这样,你就有更多的零花钱了。"孩子一想,的确如此。他后来不单收集家里的饮料瓶,还收集邻居家的饮料瓶。这样,他每个月都能小赚一笔。

还有一位爸爸的方法也很好。他儿子每天向他要钱,"我想要1元钱买两块阿尔卑斯糖"、"我要买两个英语本"、"我得换换圆珠笔了"……孩子几乎每天都会向爸爸伸手要几元钱。时间长了,这位爸爸想了一招。一次,孩子想要钱,爸爸对他说:"要花钱,自己挣!这样吧,你每天起床后或放学后帮我和你妈做点活,比如倒垃圾、扫地、擦桌子,每天记下具体做了些什么,之后我给你钱。"孩子欣然答应。可是不出几天,他开始抱怨:"爸爸,这些活太累了,我每天干那么多,才挣一点儿。有什么活既不费力又挣得多呢?"爸爸想了想,说:"儿子,这样吧,只要你给家里提一个好的建议并被采用,爸爸付给你的钱将是体力劳动的5倍。"结果男孩脑袋里的点子越来越多,他不仅因此赚了父母的钱,而且还为父母出了好多主意,让家里很快多了几项额外收入。

其实在很多发达国家,多数父母都是这样做的,他们鼓励自己的孩子通过"打工"来挣零花钱或者为自己交学费。在美国,孩子们从小的时候开始,不管其家里多富有,照样通过给邻居或自己的父母在家里剪草、送报、做小保姆来赚零用钱。

国外的父母并不是不喜欢孩子,他们这样做,不仅是为了培养孩子的劳动能力,还想培养他们对金钱的概念,促使他尽可能快地经济独立。如此一来,孩子进入社会后,便能够很快适应这个日益激烈的竞争环境,为自己谋得立足之地。

很多中国父母认为,家里不缺钱,孩子还小,没必要让他打工挣钱,等他大学毕业以后自然会出去找工作。但是往往等这些孩子二十多岁毕业时,仍然不知道如何挣钱养活自己。其实在孩子小时候,父母就应该给他们创造一些挣钱的机会,从小培养他们挣钱的能力。如果孩子还小,不妨在家里给他们提供一些挣钱的机会,让孩子树立一个自食其力的观念。

· 父母金言 ·

作为父母,当孩子总向你伸手要零花钱时,不妨给他一个建议:家里有很多挣钱机会,要想花钱,不妨自己来挣,让孩子养成自食其力的习惯。

你要有一定的理财能力

在比较发达的欧美国家,已经将财商(MQ)、智商(IQ)、情商(EQ)列为同等重要的位置。无数的事例证明:完全没有理财概念的孩子会养成不理性消费的习惯;相反,对金钱过多关注的孩子又容易迷失方向甚至形成拜金主义,认为金钱是万能的。这两种错误的金钱观念都会对孩子的成长造成伤害,所以父母必须在适当的时候培养孩子的理财观念。

现在中国传统的家庭模式仍然是"男主外,女主内"。女孩子以后承担着为家庭理财的重要任务。不仅如此,女性的独立地位越来越强,作为经济独立的个体也要为自己理财。所以及时培养女孩子的理财意识和能力更显得十分必要。

父母应该明白,随着女儿一天天地长大,她手头可支配的金钱也渐渐多了起来。除了父母平时不断给女儿零花钱以外,亲朋好友经年过节给女儿的零花钱也为数不少,在女儿手里的钱一天天多起来的过程中,父母也应该逐步培养女儿的理财能力。正所谓"授之以鱼,不如授之以渔",教会女儿管理钱财。具体地说,父母可以从以下几个方面努力。

(1)让女儿正确认识金钱。当女儿渐渐长大的时候,她已经或多或少都可以听懂成人之间的金钱话题,与生俱来的好奇心可能会让她忍不住去询问父母与金钱相关的问题。此时,父母千万不要回避,应该借此机会向女儿讲解这方面的内容,并在日常生活中向女儿灌输正确的金钱观。比如,很多女孩在被问及"钱是从哪来的"这个问题时,大都会回答"钱是从银行里取来的"。显然,这代表孩子对金钱并没有正确的认识。如果父母能够让女儿了解到钱是通过劳动得来的,是需要辛苦地去挣取的,那么女儿就会主动珍惜这来之不易的金钱。再比如,孩子可能会经常听到父母谈论自己家里、别人家里的经济状况,并将此作为对待他人的一定依据。久而久之,孩子可能会用金钱来衡量他人。但是,孩子了解的却并不是全部。父母应该让女儿知道:挣取金钱是一个人能力的表现,但是却只是一方面,并不代表全部。

（2）给女儿足够的零用钱,但要做好计划。零用钱的多少对女孩心态方面的影响很重要,在《蜗居》中,海藻的妈妈有句台词说"富养女,穷养男"。男孩经历艰苦的生活会激励自己拼搏奋进。对女孩而言,这种经历当然也不排除会有激励。但是我们经常见到的情况是,女孩眼界开阔,长大之后能够从容应对外面的诱惑,在物质诱惑面前也就会有抵御力。

但父母应该注意的是,给女儿足够的零用钱并不代表让她去挥霍。女孩子的零花钱主要是用在平时的学习与生活,如买早点、买纸笔、买车票等,平时生活中大的开支仍由父母负担。首先,父母应该告诉女儿对自己的零用钱要有一个正确的评估,通过这个评估来确定这笔钱的使用期限和数目。其次,父母应该告知女儿零花钱的使用规则,让女儿明确这定额定时给予的零花钱,在下次给钱之前,即使自己把钱花完,也不会再得到零花钱。不仅这样,还应该要求女儿对收支情况进行记录,最重要的是要给女儿充分的信任。美国著名作家大卫·欧文的《我家老爸是个银行》一书中就鲜明地指出了一种现象:许多父母认为孩子没有能力决定自己的花销。即使孩子用自己的零用钱买东西,父母也都是横加阻拦。这样一来,给孩子留下不好沟通的印象,倒不如给出意见由孩子自行决定,相信孩子有能力处理好自己的零用钱。

（3）为女儿设立银行储蓄账户。即使是在同一生长环境下成长的孩子的理财观念也会有较大差异。男孩子一般都个性慷慨,不拘小节,而女孩子一般都对金钱有不安全感。对此,作为女孩的父母,不妨引导女儿去储蓄。一般来说,父母可以先为女儿准备一个储蓄罐,但当储蓄罐已经有不少的存款时,可以带女儿去银行开设一个她的专属账户,并且必须让女儿保管存折。有了这个账户后,以后父母去存钱或者取钱,都让女儿全程参与,借此使其明白银行的功能,并教女儿看懂存款账簿。几次之后父母就可以让女儿尝试自己去银行存钱或者取钱了。

（4）父母要以身作则。"父母是孩子的第一任老师"。在培养女儿正确的金钱观、良好的理财能力方面,父母要以身作则。父母对待金钱的态度以及行为会在无形中为女儿树立榜样。因此父母要想让女儿达到自己的期待,首先自己的行为要能为女儿树立良好的榜样。

· 父母金言 ·

父母应该明白,随着女儿一天天地长大,她手头可支配的金钱也渐渐多了起来。除了父母平时不断给女儿零花钱以外,亲朋好友经年过节给女儿的零花钱也为数不少,在女儿手里的钱一天天多起来的过程中,父母也应该逐步培养女儿的理财能力。正所谓"授之以鱼,不如授之以渔"。

你要节约用钱

节俭是指对劳动成果和物质财富的珍惜和爱护。大仲马说："节约是穷人的财富,富人的智慧。"还有一句话说得好："节约本身就是一个大财源。"

范仲淹当宰相后,仍睡木板床,铺旧棉被,用旧瓷器,吃家常饭。一次他生病,皇帝前去探视,看他太清苦,特赏给他一套精美的被褥和器皿,他没有用,皇帝问他为什么,他说:"我身为宰相,俸禄很多,我一铺张,下面的官员就会效仿,朝廷风气会变坏。"皇帝听后夸他:"真宰相!"

豆豆是家里的"小鬼头",尽管岁数不大,可在买东西这方面已经非常有"主见"了,买衣服、买鞋,都自己拿主意,去超市的话更加了不得了,这也要那也要,妈妈劝都劝不住。这令妈妈头痛不已。

一天,姥姥来家里,中午非常炎热,姥姥给豆豆十块钱去买冰棍,豆豆高兴地出门了。豆豆想:"妈妈不在家,自己就可以买很多的零食了。"豆豆到了楼下的小超市,左看右选,怀里抱了一大堆。突然一抬头,看见妈妈严肃地站在那,豆豆赶快放下怀里的东西,胆怯地说:"是姥姥让我买的。"妈妈没有说什么,拉着豆豆出了超市。豆豆害怕妈妈,眼泪吧嗒吧嗒掉下来。妈妈说:"豆豆,妈妈喜欢不乱花钱的孩子,你要想让妈妈喜欢你,你该怎么做呢?"豆豆听了妈妈的话后说:"妈妈,我懂了,我以后要做一个不乱花钱的好孩子。"妈妈点点头说:"你真是个懂事的好孩子。现在,姥姥让你来买什么的?去买吧,妈妈等你。"豆豆再次去了超市,给姥姥和妈妈还有自己各挑了一根冰棍。

孩子的一切品质的形成都和父母有着分不开的关系。现在的孩子由于大部分是独生子女,显得特别娇贵,父母对于孩子的物质需求往往有求必应,尽量满足,甚至没条件也要想方设法创造条件来满足他们。这样一来,孩子们的节约观念淡泊,容易养成铺张浪费的坏习惯。

给孩子零花钱无可厚非,关键是怎样给。家长在给孩子零花钱的同时,也别忘了对孩子进行艰苦奋斗,珍惜劳动成果,对父母长辈感恩等方面的教育。下面这些建议可供家长参考。

(1)定时定量给零用钱。如果孩子上了小学,父母可以根据孩子每周的消费预算来确定具体的零用钱数目。比如,每天2元的早餐以及中午的饮料钱,每周就是10元(除去周六和周日)。最好给孩子当面说清楚为什么是这么多,如果数目变来变去不定,今天5元,明天8元,就可能导致孩子产生投机心理。

(2)杜绝不良消费。由于孩子的自制能力较差,好奇心又强,可能会买一些不该买的东西;或者把钱过多地投到游戏机室、网吧等地方,父母一旦发现要及时制止,并向孩子讲明道理。但不要因为孩子用钱不当就此不给或减少孩子零用钱,那样的话,会助长孩子对大人说谎和隐瞒真情的恶习。

此外,父母在给孩子零用钱时还应该注意:零用钱应当定期、准时地发到孩子手中,就像大人一样每月固定一个"发钱"日期与金额,使其慢慢习惯零用钱来之不易。

（3）要让孩子们明白，节约是一种美德，不论在中国还是在外国、在古代还是现代都是如此。

（4）父母要指导孩子如何使用零花钱。父母给孩子零花钱要有计划，要限制数额，不能有求必应。有些父母要孩子记账，过几天查一次账，这不失为一种好办法。另外，父母要鼓励孩子该用钱的地方大方地用，能少用钱时就不要多用，能不用的钱尽可能不用。总之，要教育孩子既不乱花钱，也不要养成吝啬的性格。

（5）要让孩子从小养成节约的好习惯。父母要教育孩子使用学习用品要节约，一张纸写错了字，擦掉还可以用。生活上也要讲节约，衣服破了个洞，补好了还可以穿；人离去灯要熄灭。除此之外，要让孩子学会利用废旧物品。比如，可将旧凉鞋剪成拖鞋，作业纸写完后背面接下去写……这样既可培养孩子的节约习惯，又是一种手工劳动练习。

> ·父母金言·
>
> 父母要鼓励孩子该用钱的地方大方地用，能少用钱时就不要多用，能不用的钱尽可能不用。总之，要教育孩子既不乱花钱，也不要养成吝啬的性格。

你要分开贪婪与适度

艾比是某小学的寄宿生，学习成绩比较优秀，但美中不足的是他从不把钱当回事。没了，张口就要；有了，随手就花。对此，父母很头疼，提醒艾比要计划花钱，艾比却说，"钱不就是花的吗，留着它有什么意思。"

钱只是与贪婪和满足联系在一起吗？明智的人肯定持否定看法。他们会说：金钱是一种使自己和别人的生活更加美好的工具。但是，如今做父母的有充分的理由担心：在这样一个充斥着信用卡、大商场和电子游戏厅的世界中，他们的孩子绝不会领悟这样高尚的价值观。针对这种担心，一位有经验的家长谈了一些看法。这位家长认为，可以教孩子正确地认识钱，养成良好的用钱习惯，一对孩子应该从早期就开始进行关于钱的教育，以便让他们知道，对金钱不能贪、不能怕，更不能成为它的奴隶，而应该合理地使用它，养成良好的用钱习惯。

下面是专家们给父母的一些关于钱的早期教育的建议。

（1）对3～6岁孩子用钱的教育。尼尔·戈弗雷是美国银行家，曾著有《金钱不是长在树上》一书。她建议与这个年龄段的小孩子玩游戏，让他们从游戏中认识硬币和钞票，并学会找零钱。她说，当孩子长大一些时，现实世界就是最好的课堂，家长可以带着孩子去商店，和孩子谈什么东西值多少钱。

如果一去商店，孩子就为不能买玩具而发脾气，怎么办呢？专家珍妮特·博德纳尔建议在离家之前先与孩子达成协议：对他说只能买一样东西。这等于给孩子出了个难题，他可能得花一路的时间来决定买什么。专家帕特里夏·埃斯特斯说儿："适当地拒绝孩子很重要，即使你是完全可以答应满足他的。必须让孩子知道,不是想要什么就能得到什么。"此外,应该尽可能早地培养孩子的奉献精神。

(2)对7~12岁孩子用钱的教育。家庭顾问尤妮斯·麦金尼说:"7岁的时候,孩子已知道,自己的所作所为会造成一定的后果。于是他们开始学着自己拿主意。"这时候应该给孩子一些零用钱。

帕特里夏·埃斯特斯说:"最重要的是给孩子一些可自由支配的钱。当孩子得到不太多的钱时,他就会自己制订购买计划。"

零用钱要不要与家务活和学习成绩挂钩呢?关于这个问题有争议。尼尔·戈弗雷认为,把零用钱和家务活挂钩有助于孩子理解职业道德。但是,珍妮特·博德纳尔认为,零用钱应该与责任心挂钩,而不一定与家务活挂钩,"孩子应做的事就是在学校用功,把学习生活安排得井井有条,并取得好成绩。"而一些专家则对上述两种看法都不赞成。他们认为,应该要求孩子帮助做家务活和取得好成绩,向孩子付钱等于是行贿。

给孩子零用钱也是一个教他们攒钱的好机会,应该鼓励孩子把钱攒起来,留待困难时用,或者帮助别人。

现在我们的国家在不断地发展,很多家庭也越来越富裕,孩子的生活用品越来越齐全,只要孩子在生活上需要的,父母都尽量满足,对于衣来伸手、饭来张口,很多家长也司空见惯了,对于孩子随手就扔的矿泉水、水果、面包这些小食品,父母也觉得没有什么,对于现在的生活水平,孩子扔点东西也算不上几个钱,丢了再买就是了。孩子在这样的观念影响下,看东西就不觉得有什么贵重不贵重了,随手就丢,不觉得心疼,养成浪费、花钱大手大脚的恶习,既不利于孩子今后生活自理能力的培养,也是对父母辛勤劳动创造财富的不尊重。

现在大多数家庭都是独生子女,这些独生子女在家里就是小皇帝、小公主,就是父母、爷爷和奶奶的掌上明珠,要什么给什么,说什么是什么,尤其是爷爷奶奶们,对孩子的娇惯甚至到了极点。而孩子不喜欢玩的玩具随手就扔,孩子不喜欢吃的食物也随手就扔,祖辈们也就惯着孩子,长此以往,孩子就会滋生奢侈浪费的生活作风,不知道东西是从哪里来的。

说到节约,挪威是一个很好的例子。挪威是一个比较富裕的国家,在福利待遇方面,挪威在世界上差不多是最好的了,在挪威,学生上学有奖学金,国民看病几乎是国家付钱,女性生孩子则享受42周带全薪哺乳假,而单亲家庭可领到孩子的抚养费等等,是其他国家向往和羡慕的,即便是在这样一个生活富裕的国家,挪威人也从来不浪费,反而很崇尚节约。

大部分挪威人在穿衣上都不是很讲究,他们只穿普普通通的衣服,戴普通的帽子,很少为了追求时尚而花大笔的钱,很多人开的车都是旧的汽车,除此之外,挪威人是很喜欢在大街上骑自行车的。挪威人很低调,很节约,不愿意炫耀自己,在他们心中,是以北欧神话中"灰孩子"汉斯的形象——瘦弱的外表作为追求的对象,但是这不说明挪威人落后,他们同样有一颗坚强、积极向上的心。挪威的政府很提倡人们过简朴的生活,挪威的国民也都是这么认为,节约在挪威就是一种生活方式。在挪威这样的国家,把节约当成生活的方式,像我们这样拥有众多人口的国家,更应该提倡节约的精神,而且要从孩子抓起,作为家长,要给孩子树立榜样,从我做起,起个表率的作用,从小就培养孩子的节约精神,让孩子养成节约的习惯,伴随孩子一生。

美国是当今世界的经济强国,即便是在这样的国家,很多富翁的孩子,常常在学校里捡垃圾来换取一些学费或者是生活费用,这是因为他们的父母要让孩子从小就知道生活的不易,要他们从小就养成节约的习惯。还有一些父母,让自己的孩子上街卖报纸,目的就是培养孩子自力更生、勤俭节约的习惯。而在我的周围,很多家长都是只重视对孩子的智力教育,对孩子的节约教育却很少提及,只要孩子成绩好了,其他的都是小事,都可以忽略不计。作为新时代的家长,要走出智力家教的误区,身体力行地教育和引导好孩子懂得生活的艰辛,"日食三餐,当思农夫之苦;身穿一缕,每念织女之劳"。让孩子从生活中明白衣食的来之不易,培养孩子时时树立节约意识,从小养成勤俭习惯,更是我们家长教育子女的重任。

节约对孩子来说,大体都表现在一些小事上,比如说吃饭的时候不要浪费饭菜,洗衣洗菜的时候不浪费每一滴水,学习用品都要节约使用,等等。

我们敬爱的周总理节约的习惯也是连很多外国人都知道的。

> 在生活中,周总理一直保持着节约的习惯。总理的一套睡衣,整整穿了20多年也不舍得丢弃,穿破了就补一补,白底蓝格的绒布已经磨成一块薄薄的白布了,总理出国访问,从来都没有换过新的,一直带着这身睡衣。后来,总理身边的人看了实在不忍心,就劝他换一套新的,而总理却总是微笑着说:"旧的还可以穿嘛,补一补就好了!穿着带补丁的衣服照样可以接待客人。"
>
> 总理的一件衬衫,穿了很久,也已经很破旧了,他就换一换领子、袖口,照样穿着去视察民情、接待外宾。总理身边的裁缝激动地说:"这些年,我们给总理做过的新衣服没有几件,但是给总理补衣服的次数实在是太多了,我们都记不清给总理补过多少次衣服了。"
>
> 不光是在穿衣上,周总理在饮食上也很注重节约,他一直过着跟老百姓一样的简朴生活。新中国成立后,总理的饭常常是只有两个简单小菜,而且,每一个星期都要吃一些粗粮,和老百姓的生活差不多。在吃饭的过程中,偶尔有些米粒掉到桌子上,总理也是赶快把这些米粒捡起来吃掉。总理下去视察民情的时候,从来不大鱼大肉地吃,都是和老百姓吃一样的饭菜,很多时候,总理在工厂里还和工人们一起排队打饭吃,从不搞特殊。
>
> 周总理一生注重节约,从不浪费一粒米、一张纸、一分钱……总理把节约出来的钱都捐给了人民和支援祖国的建设。

随着社会的高速发展,我们国家的资源也在日渐匮乏,节约不仅仅是一种美德,更是一种时代精神、时代需要。生活在这个时代的家长,更要重视对孩子节约意识的教育。

> 燕燕今年上小学三年级了,她不但长得漂亮,学习还非常好,老师和家长都非常喜欢她。但是,燕燕有一个小毛病,就是很喜欢浪费纸张,一张纸只简单地写几个字或者算几个数学题,没有用完就随手拿起来扔到地上了。而且,那种带长格的作业本,燕燕从来都不按照长格的范围写字,总是把字写得大大的,一张纸上本来能写20行字,而她常常是写个七八行就写满了,有时候下面还空着很多,就翻过去换下一张纸了,有时候,一个字写不好,就一下子把纸从作业本上撕下来,往往不到学期结束,一本好好的笔记本就被她撕得只剩下两张皮。家里人对她的这种做法非常反感,常常告诫她不要这么浪费,可她却不以为然:"这有什么,反正爸爸、妈妈会给我买,浪费几张又怕什么?"
>
> 而燕燕的同桌强强就不一样了,强强是外来子女,父母都在这个城市打工,家庭条件不像燕燕那么好,所以一直很爱惜自己的学习用品,自己的演算本,正面用了反面再用,到学期末,还把所有用过的书本拿到废品收购站卖,换一些零钱。现在像强强这样节约用纸的

孩子已不多见。

生活条件好了,并不意味着可以铺张浪费。父母要从小就培养孩子节约的习惯,给孩子灌输节约是一种美德的观念,让孩子从我做起,从现在做起,从节约一张纸、一度电、一滴水、一分钱做起,全面提高孩子的品德素质。

·父母金言·

教孩子正确地认识钱,养成良好的用钱习惯,一对孩子应该从早期就开始进行关于钱的教育,以便让他们知道,绝不能浪费金钱,不能怕,更不能成为它的奴隶,而应该合理地使用它,养成良好的用钱习惯。

第十二章　孩子,你要待人友善

你要做一个乐于助人的好孩子

程普上完厕所出来,突然发现前面一个低年级同学"哧溜"一下滑倒了,眼镜摔出老远。程普见状,不仅没有帮忙,还在后面哈哈大笑起来。这时,杨老师过来了,他赶紧扶起那位同学,还帮他捡起眼镜。程普一看情况不妙,赶紧溜之大吉。

放学回家时,程普看到赵奶奶提着一大篮菜吃力地走着,就赶紧放慢了脚步。赵奶奶一回头,还是看见了他。就喊道:"程普啊,快来帮帮忙吧,奶奶贪便宜买多了,帮我抬着篮子,好吗?"程普推辞不过,只好跑过来帮忙。

刚走到门口,程普的妈妈看见他们了。赵奶奶赶紧谢陈普,还要送父母一些菜,父母推辞了。赵奶奶说:"程普这孩子不错,我喊他,他就过来帮忙。"妈妈也高兴地拍拍儿子的头说:"变乖啦。"程普没有想到,帮助人也是快乐的,他马上为自己在学校的做法后悔了。

给他人力所能及的帮助,是一种美德,自己也能从中收获快乐。一个乐于助人的孩子,也能得到他人的支持和帮助。孩子想在开放、交融的社会环境中获得成功,就离不开他人的帮助。

孩子乐于助人,从一些生活小细节中就能体现,也许只是一句关心的话,扶人一把,帮忙提一下重物,都能展现孩子乐于助人的精神。孩子心中有他人,眼中有他人,才能知他人疾苦和冷暖,才能在他人危难、困顿时及时提供帮助。

孩子在他人急需帮助时无动于衷,是缺乏同情心的表现,这样的孩子,在人际交往中常常陷入困境,他无法清楚地理解对方的意图,无法准确有效地实现合作,这不利于孩子走向成功。

好人缘就是从与相互帮助中获得的,孩子只想获得,不愿意付出,就只能渐渐远离好人缘。助人为乐最初是在帮助他人,最终是在帮助自己。父母要让孩子明白这一点,当他在帮助他人时,也是在为自己积累人脉,养成良好的品德,树立正面的个人形象。

(1)父母要有一副热心肠。任何一种优秀品质,都离不开家庭氛围和父母榜样的熏陶和影响。乐于助人的父母,能够时刻影响孩子。乐于助人体现在细节上。父母与楼上、楼下的邻居关系都很好,谁有困难都热心帮助,是个热心肠的人,孩子就会以父母为榜样,也会喜欢乐于助人。

同时,父母也要及时赞赏孩子乐于助人的行为,让孩子喜欢上这种行为。父母在生活细节上给孩子的影响更多,父母的古道热肠时刻影响着孩子的观念和行为,时间长了,孩子在遇到人需要帮助时,也会慷慨相助。

(2)让孩子首先学会服务父母。孩子和父母的关系最密切,孩子通过学会为父母服务,直接能体验到助人为乐。父母要多给孩子一些机会,让他为父母尽爱心。

陈冬在看电视,妈妈洗了一上午的衣服,累得腰酸背疼,就对儿子说:"儿子,你帮我捶一下腰和背吧。"陈冬让妈妈躺在沙发上,边看电视边给妈妈捶背。妈妈一会儿就睡着了,陈冬帮妈妈盖上了棉毯,调低了电视声音。看着妈妈熟睡的样子,陈冬很开心。

孩子为父母服务时,也能体会到快乐。父母在家庭生活中,要多鼓励孩子做这些事,孩子一旦养成习惯,就能够自觉地为别人着想。这样,孩子就会变得更具有孝心和同情心,在生活中乐意给人提供帮助。

(3)创设情景,让孩子体会助人为乐。父母可以为孩子创设情景,让孩子在游戏中体会帮助人的快乐;父母可以模仿故事情节,选择一些角色扮演类的游戏。

夏超和妈妈上楼,妈妈故意说:"哎呀,包好重啊,我提不动了。"夏超赶紧说:"妈妈,我来帮你吧。"妈妈把包递给他说:"谢谢你!"回到家,母子俩又开始玩游戏。妈妈扮演病人,夏超扮演好心的路人,夏超要把"病人"安全地送回家。母子俩玩得很开心。

帮助人是一种快乐,孩子只有去体验,才会喜欢上这种快乐的感觉。游戏、情景剧中的助人为乐,同样能让孩子体味到快乐。父母可以通过情景来创设助人为乐的机会,让孩子多一些锻炼、体验。

> **·父母金言·**
>
> 好人缘就是从与人的相互帮助中获得的,孩子只想获得,不愿意付出,就只能渐渐远离好人缘。助人为乐最初是在帮助他人,最终是在帮助自己。父母要让孩子明白这一点,当他在帮助他人时,也是在为自己积累人脉,养成良好的品德,树立正面的个人形象。

你要乐于与人分享

黄小菲的父母都是小学老师,从女儿很小时他们就教导女儿要学会与人分享。

邻居小梦的父母离婚了,小梦跟着妈妈过。小菲特别喜欢和小梦玩,总是把父母给她买的零食分给小梦吃,还会送她头花等小物品。

一次,小菲的父母给她买了一本图画故事书,非常好看,小菲就拿着书赶快去找小梦,两个孩子一起阅读这本书,非常快乐。父母为女儿有一颗乐于分享的心而欣慰。

小菲也经常和父母分享自己的快乐和悲伤。分享快乐,小菲会感到更加快乐,而把不高兴的事同妈妈分享,小菲就感觉不那么悲伤了。

乐于与人分享的人,都有一颗开朗、乐观、宽容、大度的心。能够把自己的东西拿出来与他人一起享受,这首先就体现了一种大方的胸怀。乐于分享的人更容易与人相处,也能更好地处理人际关系。

现代社会是一个信息化时代,信息化时代有一个显著特征,就是资源共享。一个人如果紧守着自己的一点资源,不懂得把它拿出来和大家分享,那么这点资源就是死的,不能把它变成活的资源,更不能使资源增值。

父母要让孩子从小就养成和人分享的习惯,无论是悲伤、快乐、物质、知识,等等,都可以拿出来和人分享。分享的好处是,你可以化解掉自己的不利因素,成倍地增加积极因素,同时可以分享朋友的资源,一定会收获更多。

父母在培养孩子分享的过程中,要以身作则,为孩子树立一个好榜样。对孩子加强引导,让孩子体会到分享的乐趣,做到愿意和人分享,乐于和人分享。

孩子都有很强的可塑性,父母要根据孩子不同的年龄,看待孩子与人分享的态度。不能看到孩子不和人分享就批评孩子,认为孩子是错的。父母要从孩子的角度出发,明白孩子的行为与年龄及经验有关,然后区别对待,不可操之过急。

(1)不要"逗"你的孩子。当孩子还小的时候,父母不要欺骗孩子的感情,比如,当孩子手里拿着吃的东西,父母问他要一些,当孩子递过来的时候,父母却说:"逗你的,你自己吃吧。"

孩子不会区分这样的游戏,重复多了,孩子就会认为根本不用给父母,因为父母是逗他的,不会接受他的东西。这样很难培养孩子分享的习惯,所以当孩子愿意与父母分享的时候,父母一定要愉快地接受。

(2)鼓励孩子与人分享。无论是吃的、玩的还是用的,父母要鼓励孩子与人分享。"爱孩子就要给孩子最好的",这是父母的共识,但是在培养孩子与人分享的习惯时,父母要懂得,"爱孩子就要让孩子把最好的与人分享",这样才能真正培养孩子与人分享的习惯。

> 成成的父母给他买了个玩具小火车,他每天在家里玩得不亦乐乎。一天,朋友带孩子来家做客,那个孩子看到成成玩得很投入,也想参与进来,可是成成却不搭理他,看他凑近,还说:"你一边玩去,别碍事。"
>
> 妈妈听了很生气,于是温和地说:"你们一起玩吧,那样会更有意思的,我和阿姨说话,你照顾好弟弟,行吗?"成成立刻答应了。事后妈妈问:"两个人好玩吗?你以后要学会和人分享快乐。"成成点点头。

孩子有时候会使点小脾气,这时父母要温和地和他说话,引导他和人一起分享自己的东西。

(3)让孩子与人分享自己的心情。父母要告诉孩子,可以与人分享的不仅是物质,还可以是心情。要鼓励孩子在高兴、气愤或悲伤的时候,都把它拿来和亲人朋友分享。

> 鑫鑫考试考砸了,心情很糟糕,回到家就把自己关到屋子里,父母叫她出来吃饭她也不理。父母轻轻敲开鑫鑫的房门,进去和她聊起来,问她今天怎么了,鑫鑫就把今天考试没考好的事告诉了父母。
>
> 父母说:"每个人都有失误的时候,这没什么大不了的,下次注意就行了。"鑫鑫把自己的烦恼说了出来,又听了父母的一番安慰,心情好多了,就跟着父母出去吃饭了。

通过诉说的方式把心情表达出来,这也是一种分享。父母要让孩子明白,与人分享你的快乐,快乐就会变成两个;把悲伤和人分享,悲伤就会减半;多和人分享,生活就会多一些快乐,而少一些悲伤。

（4）对孩子的分享说"谢谢"。当孩子给父母分享他的东西或快乐心情时，父母要说谢谢，让孩子感觉到被尊重，感觉到分享的快乐。孩子只有感受到分享的快乐，才能促使他不断地和人分享；如果接收不到任何回报，或仅仅是自己的付出，孩子就会拒绝下次和人分享。

所以，在孩子与自己分享的时候，父母要对孩子表达出谢意。只有这样，才能让孩子感觉到满足，这会激发孩子更多与人分享的行为。

> · 父母金言 ·
>
> 能够与人分享的人，都有一颗开朗、乐观、宽容、大度的心。能够把自己的东西拿出来与他人一起享受，这首先就体现了一种大方的胸怀。能够分享的人更容易与人相处，也能更好地处理人际关系。

尊重他人就是尊重自己

古人云："人敬我一尺，我敬人一丈。"尊重别人，别人也会尊重你。反之，不尊重别人，别人也不会尊重你，尊重是与他人沟通的基础。尊重他人就是尊重了自己，怀着一颗感恩、宽容的心去生活，要知道"人与人都是平等的"、"尊重别人就是尊重自己、帮助别人等于帮助自己"。基于这样的理念，也正是由于对别人的尊重和对生活的热爱，才能赢得众多的朋友，成就一番事业。要教会孩子尊重别人这种品德，要懂得这种品德并非是天生就具备的，它是父母良好教育的结果。父母应该尊重孩子。英国著名教育家斯宾塞说过，野蛮产生野蛮，仁爱产生仁爱，这就是真理。如果你对待孩子没有感情，那么他们对待别人同样就变得没有感情，而用良好的友情去对待他们，就是一个培养他们友情的手段。也就是说，以应有的尊重对待孩子，孩子才会懂得对他人尊重。因此，父母在这方面所负的教育义务是义不容辞的。

美国有一个男孩叫拉凡·斯蒂恩，他的家住在北达科他州莫特市的一个草原小镇上，爸爸在那里开了个小商店，称之为"我们自己的五金家具店"，拉凡·斯蒂恩从小就在店里帮忙。这样，自然就学到了从商的技能。

开始，拉凡·斯蒂恩只是做些诸如打扫卫生、把货物摆到货架上，以及包裹材料之类的零活，后来就开始接待顾客了。在这期间，拉凡·斯蒂恩逐渐了解到这项工作的意义不仅仅是生存和销售。有一天，父亲给他上的一堂课让他永远铭记在心。那是在圣诞节前，他当时上八年级，只在晚上帮爸爸干活，替爸爸管理玩具部。这天晚上，一个五六岁的小男孩走进商店，身上穿着一件棕褐色的旧衣服，袖口又脏又破，他的头发乱七八糟，还有一缕头发直直地立在前额上。他的鞋子磨损得非常厉害，有一只鞋子的鞋带还是断的。在拉凡·斯蒂恩看来，这个小男孩非常穷，穷得根本买不起任何东西。他在玩具部左看右看，不时拿起一两件玩具，然后又仔细地把它们放回原来的位置。

爸爸下楼走到小男孩身边,和蔼地问小男孩想买什么。小男孩说他想为他的兄弟买一件圣诞节礼物。爸爸对待他的态度就像接待成年人一样,这给他留下很深的印象。爸爸告诉小男孩随便看,尽管挑,小男孩确实这样做了。大约20分钟后,小男孩小心翼翼地拿起一架玩具飞机,走到爸爸面前说:"先生,这个多少钱?""你有多少钱?"爸爸问。

小男孩握着的拳头松开了,手掌因为紧握着钱而留下一道又湿又脏的折痕。手掌展开后,里面有两枚一角的硬币、一枚五分镍币和两便士,折合27美分。而小男孩选中的玩具飞机价值3.98美元。"你的钱正好够。"爸爸说着接过小男孩手中的钱。爸爸的回答至今仍在他耳畔回响。在他为小男孩包裹礼物的时候,他心里一直在想着这件事,当小男孩走出商店的时候,他没有再去注意小男孩身上那件又脏又旧的衣服和他乱蓬蓬的头发,以及那只断了的鞋带,我只看到一个怀抱珍宝的容光焕发的男孩。

父亲为什么要赔钱把小飞机卖给那个小男孩?因为父亲知道小男孩是想"为他的兄弟买一件圣诞礼物",父亲看重的不是这架飞机能赚多少钱,而是小男孩的爱心,因为大爱无价!父亲为什么不直接把小飞机白白送给小男孩,而是问小男孩"你有多少钱"?因为父亲心里想的不是施舍给他,而是帮助他用自己的力量去实现自己的爱心。当小男孩展开手掌,数出比飞机价格低得多的27美分时,父亲却说"你的钱正好够",这极大的尊重,让男孩子产生了极大的成就感。父亲的一系列行动让斯蒂恩懂得帮助一个弱者获得成功,不是去施舍他,而是帮助他获得自信,获得成就感,这是对人性最大的尊重。

斯蒂恩在父亲一言一行的感染下,学会了看人,不是"以貌取人",看他的衣着,而是看这个人的内在品质。当这个五六岁的小男孩刚刚走进商店时,斯蒂恩看到的是他"头发乱七八糟,还有一绺头发直直地立在前额上,鞋子磨损得非常厉害,有一只鞋子的鞋带还是断的……"但在父亲的影响下,斯蒂恩改变了他的眼光,当小男孩走出商店时,他"只看到一个怀抱珍宝的容光焕发的男孩。"

作为父母就要处处尊重人,成为家庭当中尊重别人的榜样。有一些父母十分喜欢在背后议论别人,嘲笑别人的短处。被嘲笑的人当然并不知道,然而却给孩子留下了不尊重别人的"榜样"。有的父母把盲人称作瞎子,把一只眼睛失明的人叫作独眼龙,还有的父母喜欢叫别人的外号。所有这些不尊重别人的行为都会在很大程度上给孩子带来不良的影响。

培养孩子学会尊重他人,在日常生活中就是教导他要学会平等待人、诚实守信、善于助人、宽容大度,形成良好的人际交往习惯。就像是斯蒂恩的爸爸所用的身教的方法教会他要平等待人,不能以异样的眼光来看待别人,这也是一种收获。

不管社会如何发展,观念如何更新,思想怎样进化或开明,相互尊重的美德是不能摒弃的。为人父母者,要教会孩子秉承传统的为人之道、处世之理,让孩子学会尊重!因为只有让孩子学会尊重他人,才能使孩子赢得他人的尊重。家长必须教会孩子尊重别人,就像你要别人尊重你一样,你必须承认别人具有你作为一个人应有的同样权利。必须公正待人,并且赞扬他们的努力,原谅他们的错误,正如你期待别人原谅你的错误一样。我们应该教育孩子,尊重别人的工作、劳动和意愿,让我们孩子真正做到文明礼貌,还要让孩子学会诚实地表现出我们对他人或某一事物的欣赏、感激等。另外,家长言传身教的潜移默化作用也非同小可,因此,家长一定要注意自己的言行举止,以免给孩子带来不良的引导作用。

从斯蒂恩的例子会使我们明白:一个有教养的孩子应该学会同情别人、帮助别人。尊重别人的人才会受到尊重,尊重别人其实也就是尊重自己。

　　有的孩子被惯坏了,不懂得替别人着想,有一点儿不随心就发脾气。这个时候,家长怎么做呢?

　　妈妈带张星嘉去小饭馆吃饭,点了张星嘉最喜欢吃的鱼香肉丝。张星嘉只吃了一口就扔筷子了:"什么破鱼香肉丝?都是菜,没有肉丝。"妈妈看了儿子一眼,依然不动声色地吃。妈妈平时做菜很好吃,又经常出入大餐厅,居然能吃得惯这么难吃的菜?张星嘉心里很纳闷。

　　"有那么难吃吗?这是小店,不是大饭店,店主人那么热情,价格也不贵,体谅一下吧。不要随便发脾气,要照顾到他人的感受呀。"听妈妈这么一说,张星嘉想到了进门的时候,店主人诚挚而热情的笑脸,又拿起筷子,默默地吃了起来。

　　这次经历让张星嘉懂得了一个人要时刻体谅他人的感受,不能随意伤害别人。有一次,学校食堂做了肉炒笋丝,很多同学都说不好吃。唯独张星嘉一声不吭地吃光了所有的菜。同学们奇怪,觉得张星嘉很牛。张星嘉说:"昨天排骨炖土豆、炒豆角你们不是吃得都很香吗?偶尔一次不好吃,你们就这样,食堂师傅多伤心呀!就是神仙做的菜,也不能保证每天都合口味呀,不管怎样,我们都应顾及他人的感受!"同学们听了有道理,每个人又都埋头吃饭了。

　　如果家长能够体谅他人,孩子受家长影响,也会善解人意,顾及他人的感受。所以,家长在日常生活中,要做到处处善解人意、为他人着想,不刁钻古怪,不为难他人,遇到事情宽容大度。

　　比如,被人误会了,只要澄清了问题,就不要纠缠下去;在拥挤的地方,被碰了、踩了,只要没有伤害,就不要得理不饶人;别人说话不好听,一笑而过,没什么的,何必较真;亲戚朋友之间,多讲仁爱,为了亲情肯于牺牲物质利益,不因为一点儿私利而争执不休……父母是孩子的榜样,父母什么样,孩子就会是什么样。

　　要想让孩子顾及他人的感受,家长先要照顾到孩子的感受。孩子不开心的时候,不要去惹孩子;孩子不喜欢的事情,不要强迫孩子去做;孩子在乎的事情,父母不要去打扰;孩子需要经常和父母待在一起,家长就不要以各种理由,让孩子自己在家;孩子渴望和家长交流,把自己的想法说出来,家长就要给孩子机会,耐心倾听,而不是随意打断孩子,甚至嘲笑孩子幼稚、单纯……

　　李阳晴的妈妈是有名的小提琴演奏家,妈妈希望李阳晴能够继承自己的衣钵。可是,李阳晴告诉妈妈他不喜欢小提琴,他喜欢钻研美食。妈妈已经观察到了儿子在小提琴方面很有天赋,但是她不能不顾儿子的感受,而强制儿子学习小提琴。于是,妈妈告诉儿子:"如果你愿意,可以放弃小提琴,学习美食!但是,妈妈希望他坚持练琴!因为练琴并不耽误他钻研饮食文化!"看到妈妈说得那么诚恳,李阳晴不忍心伤了妈妈的心,他在学习美食的时候,没有放弃小提琴的学习。结果,李阳晴不但成了著名的小提琴演奏家,还成了有名的美食家。

　　在这个世界上,自己才是最了解自己的人。家长可以帮助孩子去了解他自己,但是绝不可以不考虑孩子的感受。尊重孩子的感受,孩子才会照顾到他人的心情。孩子感受到家长对他的爱、关注与期望,才能化作成长的动力。

在一些家庭事务中,家长要照顾到孩子的感受。比如父母因为工作调动要搬家,家长要事先跟孩子解释,让孩子有个心理准备。选择新家的时候,要让孩子参与意见。这样,就能弥补搬家给孩子带来的损失。

有的家长觉得搬家是大人的事,孩子跟着走就行了。这样想,是典型的没有考虑到孩子的感受。孩子在一个地方生活了几年,甚至十几年,对环境有了感情,交了很多朋友,陡然离别,会让孩子心情惆怅。如果家长提前告诉孩子,让孩子有个告别仪式,和朋友交换好联系方式。以后,孩子处理起类似事情来,也会照顾到每个人的感受。

·父母金言·

在这个世界上,自己才是最了解自己的人。家长可以帮助孩子去了解他自己,但是绝不可以不考虑孩子的感受。尊重孩子的感受,孩子才会照顾到他人的心情。孩子感受到家长对他的爱、关注与期望,才能化作成长的动力。

你要试着欣赏别人

孩子,在你成长的旅途中,你是否懂得用欣赏的眼光来看待周围的人?

欣赏别人是一种谦虚的心态,不要认为欣赏别人就会降低自己,恰恰相反,在你欣赏别人的同时,你的内心也会得到升华。

孩子,当你懂得欣赏别人的优点的时候,别人也会欣赏你的优点,你的人际交往将有一个更加开阔的前景。

一个内心封闭的人,是不会懂得欣赏别人的,我们应该让自己拥有开放的心态,去发现别人的优点,取长补短,而且在这个过程中,你要学会赞美别人,真诚地去鼓励别人。

孩子,如果稍微留意一下,你就会发现这样一种现象:你们班的某位同学成绩并不是很优秀,但他却能当选为班长。一般情况下,能当选为班长的同学一定具备很强的组织能力和管理能力。那你想到过没有,他为什么有组织能力和管理能力呢?别人为什么又心甘情愿地服从他的领导呢?其实这里面有一个很重要的原因,那就是他善于发现别人的优点,懂得欣赏别人。他欣赏别人,别人也自然会信服他、服从他。这就是班长的魅力所在。当然,这只是懂得欣赏别人的好处之一。

反之,如果你不懂得欣赏别人,就会产生两种后果:一是别人会认为你自以为是,从而渐渐疏远你;二是你这种心态会导致你故步自封,从而形成以个人为中心的盲目自信,最终你会落后于别人。因为你看不到别人身上的优点,也无法吸取别人身上的长处。

一个女孩叫芳芳,她对自己的人际关系感到非常困惑,她总希望自己能有较好的社交能力,可是见了人常常不知道该说什么,因此很少与人交谈,后来她的性格变得更加内向。

她希望能使别人快乐,也使自己快乐,但是却不知道该如何改变这种状况,于是,她请教了班主任老师。后来，老师教给她一种方法，那就是先学会欣赏别人。因为在集体中，每个人的性格都不同，或许每个人都有自己的优点或缺点，但如果懂得发现别人的优点、宽容别人的缺点，客观、准确地对他人的优点给予真诚地赞美，就能营造良好的交往氛围，从而使自己摆脱孤独的境地。

孩子，你赞美过你的同学吗？还是只是一味地只想得到别人的赞美？要知道吝啬赞美，吝啬鼓励，吝啬感谢，别人还回来的是加倍的吝啬。有一句话叫"种瓜得瓜，种豆得豆"，那么，我要告诉你的是种下欣赏，你会获得更多的赞美。

善于赞美别人的人，是幸福的人。一支蜡烛不因点燃另一支蜡烛而降低自己的亮度，甚至在点燃的瞬间，会使自己更加辉煌！所以，孩子，我希望你对自己做出一些新的尝试：

（1）你需要经常观察那些人缘好的同学所接触的人，以及他们的处事方式。从他们身上找到成功的原因，向他们学习欣赏、赞美别人的方式。

（2）找到曾经被你忽视的同学，分析他们的优点，赞美他们的长处，和他们打成一片。

（3）当自己遇到困难需要帮助的时候，如果有人伸出援助之手，你不仅要学会感激，还要学会回报，多帮助别人，将有利于建立良好的友谊。

· 父母金言·

善于欣赏别人的人，是幸福的人。一支蜡烛不因点燃另一支蜡烛而降低自己的亮度，甚至在点燃的瞬间，会使自己更加辉煌！

你要试着当志愿者

志愿者（Volunteers）是一个没有国界的名称，指的是在不为任何物质报酬的情况下，为改进社会而提供服务、贡献个人的时间及精神的人。

志愿者是不受私人利益的驱使、不受法律的强制，是基于道义、信念、良知、同情心和责任感而从事公益事业的人或人群。他们不以谋利为目的，志愿为他人和社会贡献时间、智力、体力、财产的人。在我国，他们的主要工作领域有扶贫开发、社区建设、环境保护以及为大型活动服务等。"志愿者"和志愿者工作的含义在于：奉献时间和精力，奉献技术和才华，更重要的是，奉献爱心。志愿者不只用手和脑，还用心帮助别人。他们服务的意义超越了服务本身，他们帮助受援者克服自身的弱点，给他们带来了信心和希望。同时，"奉献"和"共享"是他们的原则，志愿服务并不是慷慨的富人对穷人的施舍，它是各阶层的人们奉献社会、服务他人的一种选择。他们所得到的回报是受援者一生的友谊和信任。给予和回报提升了人与人之间的包容和信任，建立起社会公正和稳定的基石。

志愿者的价值和意义并非是金钱所能衡量的。它提供的是金钱无法买到的人间温馨：关怀和帮助，友谊与同情。

先决定什么机构的宗旨值得自己关心,并决定自己必须付出多少时间——即使一个月只有一个小时也无所谓,然后就抽出这个时间,除了付出所得的欣慰感之外,别期待任何的金钱回报。

就多方面而言,付出时间就是回报我们每天都收到,但我们大都视为理所当然的礼物——生命。若要表示我们是一个大团体的一部分,要表示我们彼此大都有共通处,付出时间只是一种极微不足道的方式。但是,当你付出时间做志愿者时,就表示你肯定那种归属感。

奥运会的工作吸引着精力旺盛的开拓者,更召唤着那些崇尚奥林匹克运动而愿为之献身的人。事实上,洛杉矶奥运会最辉煌的胜利之一就是广大志愿服务人员的加盟。众多传媒的评论指出:"组委会的志愿人员政策,不但为组委会节省了数百万美元,而且它促进了人们对奥运会的了解,激发起美国人的奥运激情。"

一位生活在贝艾尔富人区的女士想成为志愿司机,后来为法国代表团开车。一次正巧有人在贝艾尔宴请法国代表团,当客人下车后对她说:"你能在这儿等着吗?我们大概需要两个小时。"她说:"我回家一趟你们会介意吗?"客人说:"噢,那太远了!"她回答:"不,我家就在隔壁。"客人看着她的家,才意识到她居住的房子比宴请他们主人的房子还要富丽豪华。

志愿者为奥运会默默奉献,而奥运会也成为年轻志愿者们锻炼自己、融入社会的好机会。利勒哈默尔冬奥会一共招募了9100名志愿者,组委会有意让来自挪威各地、有着不同职业背景的人生活、工作在一起,并鼓励他们与世界各地的运动员、记者和游客交流,这样所有的志愿者都可以待在这样一个非常独特的社会环境中,通过扩大他们的交际网络,大大提高了他们的处世能力。

作为志愿者,奥运会所有志愿人员的工作都是无偿的。他们所能获得的就是免费的工作餐、工作制服、上下班的公共交通以及培训的机会,每届奥运会组委会都会通过颁发证书、奖章、奖状等形式对志愿者的工作予以表彰。事实上,这已经足以让志愿者感到十分的光荣了。

洛杉矶奥运会结束后,组委会曾发给工作出色的志愿者每人900美元奖金,颁奖比例大约为志愿人员总数的10%。许多志愿人员接到奖金后,立即又退还给组委会,并说他们感到"这是一种侮辱"。志愿人员的情操一直都是令人感动的。人活在世上不能只想自己,作为当代大学生的我们对社会是负有责任的。中央财经大学红十字会会长朱桂锦说:"我喜欢当志愿者,我热爱这份事业,和孩子们打交道心里很舒服,你可以无所顾忌地和他们交谈,这是任何物质上的东西无法给予的,他们值得我们用心去交流和帮助。我想,互助不在于获取物质,而在于发自内心的爱与关怀。这是一种心灵上的净化。在帮助别人的同时,自己的灵魂也在不知不觉中得到了升华。"

青春需要在风雨中磨炼,生命需要在奉献中升华。志愿者用不同于别人的方式实现着自身的价值,使人从中懂得了责任的含义,理解了奉献的意义。因为看到幸福,因为心中有爱,志愿者用自己的双手撑起一片晴朗的天,用自己年轻的生命,谱写出青春绚丽的乐章。

今天就开始。坐下来打几个电话,看看你所挑选的几个机构是否需要帮忙。他们一定很乐意接纳你。事实上,当你出现在他们的办公室时,你可能会觉得自己好像是世界上最重要的人似的。

行动起来做一名志愿者或无偿为弱者服务，并用这一行动或传统影响自己的孩子，使他成为富有爱心，受人欢迎的人！

> **·父母金言·**
>
> 当志愿者，就等于付出生命中最宝贵的东西——时间。你在向自己，向你的团体宣示你看重这种分享。此外，这样做还可以加强你与社会的联系。觉得归属于一个比自己或家庭更大的团体，是一种深深满足的感觉。

你要学会信任他人

信任是指相信而敢于托付。倘若你迟迟不敢去信任一个值得你信任的人，那永远不能获得爱的甜蜜和人间的温暖，你的一生也将会因此而黯淡无光。

信任是一种有生命的感觉，也是一种高尚的情感，更是一种维系人与人之间关系的纽带。你有责任，有义务去信任另一个人，除非你能证实那个人不值得你信任；你也有权受到另一个人的信任，除非你已被证实你不值得那个人信任。

《出师表》里有这样的一句话："亲贤臣，远小人，此先汉所以兴隆也；亲小人，远贤臣，此后汉所以倾颓也。"诸葛亮从两种截然相反的结果中为我们提供了信任对象的品格。这条贤臣与小人的定律应用到现实生活中也无不可。当然，"小人"与"贤臣"不会写在脸上，还要我们用心去判断。

信任，其实也是一种责任，把自己的约定当作一种大事，那你也做到了"信任"二字的含义。

晏殊信誉的树立就是一个有关信任的故事。北人晏殊素以诚实著称。14岁时，有人把他作为神童举荐给皇帝。皇帝召见了他，并要他与一千多名进士同时参加考试。结果晏殊发现考试是自己十天前刚练习过的，就如实向真宗报告，并请求改换其他题目。宋真宗非常赞赏晏殊的诚实品质，便赐给他"同进士出身"。晏殊当官时，正值天下太平。于是，京城的大小官员便经常到郊外游玩或在城内的酒楼茶馆举行各种宴会。晏殊家贫，有时在家里和兄弟们读写文章。有一天，真宗提升晏殊为辅佐太子读书的东宫官。大臣们惊讶异常，不明白真宗为何做出这样的决定。真宗说："近来群臣经常游玩饮宴，只有晏殊闭门读书，如此自重谨慎，正是东宫官合适的人选。"晏殊谢恩后说："我其实也是个喜欢游玩饮宴的人，只是家贫而已。若我有钱，也早就参与宴游了。"这两件事，使晏殊在群臣面前树立起了信誉，而宋真宗也更加信任他了。

这世界上，信任是一种弥足珍贵的东西，没有人用金钱可以买得到，也没有人可用利诱或用武力争取得到。它来自一个人的灵魂深处，是活在灵魂里的清泉，它可以拯救灵魂，滋养灵魂，让心灵充满纯洁和自信。

· 父母金言 ·

信任是一种有生命的感觉,也是一种高尚的情感,更是一种维系人与人之间关系的纽带。你有责任,有义务去信任另一个人,除非你能证实那个人不值得你信任;你也有权受到另一个人的信任,除非你已被证实你不值得那个人信任。

你要懂礼貌

"有时候,女儿收到别人送给她的礼物,太高兴会忘记说谢谢,这时,我一个眼神过去,她就会立刻道谢。"

"上次,带女儿去朋友家拜访的时候,女儿没有经过允许就乱碰人家的东西,还随便要零食吃。一回家,我立即狠狠地批评了她,从此以后她再也没有这么无礼过。"

这些都是父母对女儿进行礼貌教育所取得的累累硕果。但是这样的成果背后真的没有隐患吗?如果真的没有丝毫潜在的危机,那么为什么有的女孩乖巧可爱、讲文明、讲礼貌,大人说什么她听什么。但这些孩子长大,成为青春少女后,往往会变得叛逆,而小时候的那些礼貌也随风而逝?由此可见,在这种让父母们欢欣鼓舞的教育成果背后是存在隐忧的。

当父母对女儿进行严格约束和管制的时候,之所以能收到立竿见影的效果,是因为女孩天性十分注重父母及他人对自己的评价,将自己与他人的"关系问题"看得很重。当父母直接斥责或管束女儿,这样做没礼貌不可以,那样做没礼貌不对的时候,为了让父母及他人能够对自己有正面的评价,女孩往往都会压抑自己的本性,勉强自己去符合父母的要求,但是她却并不知道为什么这样做不对,为什么不能这样做。在长时间的自我压制下,一旦进入青春叛逆期,其反弹就会更大,而一直被压抑的无礼的行为也会呼啸而出,甚至有可能从有礼的小淑女变成无礼的刁蛮公主。

比如,当父母在谈话的时候,女儿却毫无礼貌地打断或者插话。作为女孩的父母,你是怎样教育女儿要懂礼貌的呢?这个时候,有的父母会非常愤怒地对女儿说:"大人说话,小孩插嘴太无礼了,以后不许这样。如果再犯错我就不再喜欢你了。"有的父母会平和地说:"女儿也有话要说吗?可是能让妈妈(爸爸)把话先说完吗?"

生活中,大多数父母会采取前一种做法。但父母却忘了,自己在制止女儿插话的无礼行为时也打断了女儿说话,同样也做了无礼的事。这样,女儿即使表面服从了父母,但内心深处仍然不明白插话到底错在哪里了,不会认为插话是不正确的事。相反,后一种做法不仅制止了女儿的无礼行为,而且也让她感受到说话被人打断是一件让人不愉快的事情,从而让她明白这样一个道理——每个人都不喜欢别人打断自己说话,推己及人,插话的行为是大家都不喜欢的,是不对的。

家庭教育要想有好的效果,固然要令行禁止,但是父母"说一不二"的同时,对女儿的礼貌教育更是要深入到女儿的内心之中,这样才能让女儿真正懂得什么是礼貌,并心甘情愿地讲礼貌,做有礼的小淑女。具体地说,在对女儿进行礼貌教育的时候,父母可以从以下这些方面来努力。

(1)增强讲礼貌的家庭氛围,多在家中使用"敬语"。许多父母在外面非常注意自己和女儿的敬语使用情况,会时时提醒女儿说"请"、"谢谢"、"对不起"等,但等回到家关起门来的时候,要么放松了对女儿的要求,要么自己不注意使用敬语为女儿做榜样。这样家里家外两个样,是非常不恰当的。要知道,真正有礼有节的女孩是源于一种习惯,而习惯讲究一种惯性。因此,父母对女儿进行礼貌教育,首先要做到的就是让女儿无论在家还是在外都保持礼貌,让礼貌的惯性一直延续下去,直至它变成一种不可逆转的力量。同样,父母在家中要注意礼貌,要多使用敬语,也是为了帮助女儿养成讲礼貌的习惯。

妍妍的妈妈最近烦恼透了,因为妍妍不讲礼貌的行为更加严重了。妍妍情急之下,竟然对着妈妈喊出了"笨蛋"两个字。在和妍妍的爸爸几经商量后,两个人终于决定在家里开展了一场讲礼貌的活动。当需要他人帮助的时候,无论是爸爸还是妈妈都会说"请"、"好吗",得到了帮助说"谢谢",被感谢了也会说"不客气"……一时间,家里总能听到"请"、"劳驾"、"对不起"等礼貌用语。

忽然有一天,原本总是像"妈妈,你快点帮我洗这件衣服"这样命令人的妍妍学会了礼貌的请求,妍妍说:"妈妈,请帮我洗这件衣服吧,它太大了,我洗不动。"

就这样,妍妍的妈妈和爸爸制订的计划成功地培养了女儿讲礼貌的习惯,让女儿成了彬彬有礼的小淑女。

(2)在培养女儿讲礼貌的过程中,引导远远强过强制。女孩有时就像花苗和树苗一样,强制就如同揠苗助长,会对女儿的成长产生不利影响,而循循善诱地引导才能够让女儿健康快乐地成长。嘉嘉的妈妈是这样引导女儿的。

嘉嘉7岁生日的时候,姨妈送了嘉嘉一个很漂亮的芭比娃娃。嘉嘉一看,也顾不上什么礼貌不礼貌了,迫不及待地就去拆包装。嘉嘉的妈妈看到女儿这样无礼的行为,虽然眉头也皱了起来,但是并没有像其他父母一样呵斥女儿,而是对嘉嘉说:"嘉嘉,姨妈送了你这么漂亮的礼物,你是不是应该向姨妈说谢谢呢?"嘉嘉听了母亲的话,马上开心地说:"谢谢姨妈,您送的礼物我好喜欢啊!"

嘉嘉妈妈不仅为女儿做了榜样,引导女儿维持了礼仪,而且也告诉了嘉嘉道谢的理由。这样的培养方法确实很值得父母借鉴。

(3)引导女儿进行换位思考。在对女儿进行礼貌教育的过程中,父母可能会碰到不能用道理说明白的情况,这时,父母不妨引导女儿进行一下换位思考。

· 父母金言 ·

家庭教育要想有好的效果,固然要令行禁止,但是父母"说一不二"的同时,对女儿的礼貌教育更是要深入到女儿的内心之中,这样才能让女儿真正懂得什么是礼貌,并心甘情愿地讲礼貌,做有礼的小淑女。

你要提高沟通能力

某天吃晚饭的时候,小妮说下个星期就要竞选班长了。小妮连续两次被评为"三好学生",班上有些同学鼓励她竞选班长,她自己也很想去。

"这是好事,小妮,我支持你!"爸爸说。

"可我觉得有些抹不开面子,现在的爸爸干部都是我的好朋友,我怕跟他们竞争会伤了我们之间的友谊。"小妮有些犹豫不决。

"小妮,别去竞选什么班长了!"妈妈不赞成,她说,"就算当上班长了,也没什么好处!它又不为将来升高中加分,你自己还要浪费很多时间去做班务,影响学习。"

"小妮,有机会还是争取当班长,这对你提高自己处理人际关系的能力会有好处。"爸爸不同意妈妈的观点,他又说:"至于抹不开情面的问题,这个不要想得太多,竞选班长和同学之间的友谊是两回事,不要搅在一块儿。你要相信你的同学能够理解。"

"好的,谢谢爸爸的支持!"放下饭碗,小妮高兴地说:"那我开始准备自己的'施政纲领'去了!"

从小就注意培养孩子处理人际关系的能力,文中的爸爸不愧是高情商的爸爸。

虽然孩子还小,但他们已经是"社会人"了。孩子不可能只和家长生活在一起,他们还要和学校、补习班、小区里的人相处,将来也有自己的工作和事业,要和同事、领导等人打交道。家长必须未雨绸缪,为孩子的长远做准备。

孩子进入社会后,必须具备一定的人际关系处理能力。会处理人际关系既是一种素质,也可以说是一种能力。尤其对那些在职场打拼的人来说,学会处理人际关系是其工作的一部分。良好的人际关系,不仅能给人带来工作效率,也能给人带来愉快的心情。

根据社会学家的总结,现代人的成功由三个因素构成,它们之间的关系如下图所示:

"常识"是指社会常识,它决定"做人"的水平,是一个人成功的基础。也就是说,如果一个现代人不会"做人",不能与周围的人保持一种和谐的关系,那他就不可能取得成功。

"知识"是指"做事"的能力。知识既可以从学校学到,也可以在实际工作中积累。

"胆识"是指逆向思维,即对工作的创新能力。如果一个人老是按部就班、得过且过,那根本就不可能取得成功。

现代职场上有"三分做事,七分做人"的道理。一个人要想在事业上获得成功,不可能完全靠"人际关系"来实现,他必须在具备一定天赋的基础上刻苦而又努力地工作。但是,一个人能力再强、工作再努力,如果不善于处理自己与各方面的关系,不会"做人",那他就很难在事业上有所作为。

受一些似是而非观念的影响,一些家长把搞好人际关系简单地看成投机,认为只有心术不正而又没有真本事的人才会这么做,其实这是一种误解。不能否认,现在有不少人将"拉关系"作为处理人际关系的主要手段,但这与搞好人际关系本身没什么关系。

家长一定要注意培养孩子与人交往的能力。在人际交往中最重要的是什么呢?答案是"识别对方感情的能力"。自己获得成功当然非常重要,但是当朋友成功后向其表示自己的祝贺更重要,这是一种情感共鸣的能力。如果朋友难过,自己会为之悲伤;朋友遇到难事,自己能够主动伸手帮助。这种情感共鸣能力是人际交往中的润滑剂。如果从小就注意让孩子培养识别他人感情的能力,学会与人交往,那孩子长大后就会有很高的情商。

良好的人际关系是在日常交往中逐步建立起来的。要与周围的人建立起良好的关系,就必须提高沟通能力,沟通能力是建立良好人际关系的基础。沟通能力强的人善于与他人合作,并能够在沟通、协作、协商、分享、共情和倾听的基础上建立友谊。

孩子的沟通能力不强,是因为他们缺乏与外人交流的机会。随着孩子年龄的增长,他们的交往范围不能再被局限在父母和家人之中,封闭的环境对孩子提高沟通能力非常不利。孩子需要有小伙伴,需要与同龄或略大的孩子玩耍,以提高沟通能力。

孩子与伙伴在一起玩耍,就能学会妥协、同情和合作,还能培养出新技巧、新兴趣以及责任心等。更重要的是,孩子能够在交流中学会保护自己、尊重别人。如果总是处在封闭的生活环境里,时间愈长孩子会愈孤独、愈不合群,其良好性格的形成与智力的发展都会受到严重阻碍。

一些家长之所以将孩子"关在"一个封闭的环境里,是希望他们能集中精力学习。然而,学习成绩好的人并不一定就会有出息。在现实生活中,许多人确实才高八斗、学富五车,但由于恃才傲物,不会或者不屑于处理各方面的关系,他们最终事业蹉跎,空叹怀才不遇。相反,有些人看上去才智平平,除去做人"八面玲珑"、会"搞关系"外,似乎没有别的特长,但是,他们在事业上往往如鱼得水、飞黄腾达。这其中的奥秘就在于人际关系的和谐与否:建立起良好的人际关系,就能借用周围的人的力量,让一加一大于二,取得事半功倍的效果。反之,就有可能事倍功半。

要提高孩子的人际交往能力,就要培养其交流沟通的能力。孩子在咿呀学语时,家长就要开始配合。用孩子的说话方式配合孩子,与其交流虽然有些麻烦,但这种亲子交流对提高孩子的沟通能力非常有益。这种亲子之间的交流,能使得家长和孩子相互体会对方的心思,并积极作出评价,从而享受互动的乐趣。

要提高孩子的沟通能力,就要鼓励孩子广交朋友,多参加社会活动。家长必须为孩子创造交友的机会。孩子的世界和成年人的世界一样,如果接触频繁,自然就能发展密切的关系,孩子自然就能在对方心中占有一席之地。反之,如果彼此都保持距离,交往就只能停留在礼节性阶段。不培养孩子与别人相处的能力,孩子长大后就可能变成"即使内心寂寞也不懂如何与他人接近"的人。

像上文爸爸这样,鼓励小妮去竞选班长,就是一种提高小妮沟通能力的有效途径。小妮当上班长,不仅能满足她在这方面志向的需求,而且还可以提高她的沟通能力。作为班长,小妮不仅要与同学沟通,还要代表本班与班外的人和组织打交道,这能够使小妮提高与陌生人打交道的能力。班长与他人的交流机会比一般的同学要多,久而久之,沟通能力自然就会提高。

沟通能力提高了,领导力自然也能够提升。班里开展活动,班长要与各方面协商,协调好活动的时间、场地、经费等。在这种来回往返的协商过程中,其沟通能力大大提高。并且在开展活动的过程中,总会有各种意外情况出现,班长必须有良好的判断力和解决问题的能力,久而久之,孩子的判断力和解决问题的能力也会提高。这样,孩子的领导力自然而然就会登上一个台阶。

· 父母金言 ·

良好的人际关系是在日常交往中逐步建立起来的。要与周围的人建立起良好的关系，就必须提高沟通能力，沟通能力是建立良好人际关系的基础。沟通能力强的人善于与他人合作，并能够在沟通、协作、协商、分享、共情和倾听的基础上建立友谊。

下篇

好父母不要对孩子说的 100 禁句

第一章 孩子，你要无条件地服从我们

你必须听我的

近日在重新阅读二十年前的书，其中一篇是孙越先生所写。她喜欢他说的这一句话："只为自己而活，我会痛苦；只为他人而活，我没那么伟大。倒是在我活着的同时，也能在意别人的存在，这并不是一件困难的事。因此，我愿在我有心的地方都能有爱。"

这是一个母亲望子成龙的故事：

她和孩子常到我这儿来，目的是希望我开导正值青少年期的儿子。有趣的是每一次赴约之前，这位母亲一定在电话里先诉苦，说的不外乎儿子是如何不乖，并再三要求，请我一定转告儿子她预先交代我的话。

当我见到这位少年时，发现他是个笑脸迎人且有礼貌的高三孩子，说起话来头头是道，颇有定见。他倒是情绪稳定，在母亲跟前主动说明之间的误解，也期待妈妈能理解他的痛苦。孩子希望妈妈不要为他安排所有的事情，如义工、成长课程、课外补习及电话遥控监督等。

我正要向其母表示，她有个聪明又懂得表达的儿子。没想到话未出口，便听到少年的母亲说："那是在你面前表现给你看的。"孩子脸色一沉。

"你身在福中不知福呀！安排义工是想让你体会贫穷没饭吃的滋味，看看别人怎么过生活的。"妈妈忘了要我转告的话，她正情绪激动地说着。

"上成长课是要你懂得自我反省呀！谁叫你下课会乱跑不回家，当然要遥控你啊！如果你回到家不上网，乖乖读书，你就不用补习呀！"一连串无交集的对话清楚显示妈妈捍卫自己权威的态度。孩子无可奈何地看着我，而我只能给他一个安慰的眼神。

等这位觉得自己受委屈的母亲发泄完毕后，我建议大家轻松一下。一杯咖啡的时间后，大家的心情似乎不那么紧绷了，于是我非常技巧地润饰方才的不悦。我把母亲心中真正的担心，用我的口气与说法重新提醒孩子；而后又站在儿子这一方，让妈妈明了时下年轻人的想法。

此后我受邀到这个家庭做客，他们客厅的摆设非常朴实，并没有招待客人的沙发椅，倒是摆了两张书桌分别搁置计算机。很明显，母亲非常关心孩子的课业，生活的重心就是关照孩子考上大学。

我观察到客厅左侧墙面，男孩的计算机桌旁贴了一张报纸。趋前一探究竟，是一则轰动台湾，孙子抢祖母钱财不成、残杀未遂被逮的不幸消息。我心中为之一震，脑海立即闪过

这孩子与父亲,曾经在彼此盛怒的情况下谈事情,父子二人险些大打出手的画面。我猜,母亲是要警告孩子,再犯同样错误将有此下场。思及此,立即劝孩子的母亲赶紧取下报道,避免孩子误会,以为母亲是在强化,若再与父亲发生冲突,这种不当的行为就应受法律惩罚。我示意改贴正面的报道文章来鼓励孩子,这样才能潜移默化新的处世价值。

人生难免冲突,亲子间的不愉快更是生活常情。每个冲突的产生都是发生在"结果不符合期待"的情况下,被坚持到底、不愿意退让的情绪主导。每个人都在追求内心的满足,大人、小孩都不例外。如果孩子的想法和情感,不能得到家人的理解与支持;如果只希望孩子,一切顺从父母的意思去做,不能有意见,那么,这股强迫的力量就会让孩子产生孤立感,他当然要躲入一切可以任其支配、并享受权力快感的网络世界里。

关于"天下无不是的父母"与"天下无不爱子女的父母"这个议题,她的老师及她的学生曾经有过辩论。自古以来教人颂扬孝道的就是这一句"天下无不是的父母",说明过去的时代,对于父母犯错,必须有立即性的宽容,必须相忍,不可有二言,忤逆者皆属不孝之子。因此,这一个传统思想造就了许多战后第一代的教养者,教导孩子都以固执的威权,复制上一代的模式,依照自己的方式为孩子设计人生蓝图。他们忽略了后代子孙生长在不同的社会结构下,食、衣、住、行、育、乐所有的需求大不同于从前。

话说回来,现代的父母忙的未必是养家糊口的事,因为他们需要追求更多的名声、地位、享乐及权力。他们绝对有心爱自己的孩子,但情绪失控让他们变得未必有能力,双薪家庭的孩子甚至需要假借他人之手来教养孩子。因此,"天下无不是的父母"已经不适用于现代社会。我们不也常在报端看见,父母残忍地对待亲生孩子的社会新闻吗?

如果我们认同"天下无不爱子女的父母"这句话,代表我们可以用宽容与忍耐的态度,来接受自己父母的不是,对待还在学习成长的下一代,我们是不是更要用同样的态度来指引他们?

教养者与孩子间的关系是一面镜子,镜子可将事情的是非曲直清楚呈现。人因为有偏见,常常失去看清楚事实的能力。动辄以个人的恐惧或传统想法,来掩盖自己应该改变的认知。

她的意思是,教养者会因为害怕自己的害怕,恐惧个人的恐惧,而不敢放手让孩子走自己不熟悉的路。一方面希望孩子中规中矩,最好一切都能按照大人安排的路线完成,一方面又不肯降低自己的姿态去了解孩子心中所想。亲子之间的互动同样需要求取平衡点,如同孙越先生所言"活着的同时,能在意别人的存在"。

"愿在有心的地方都能有爱。"父母亲对孩子既然有心,就应以真爱、真心,去引导年少轻狂的孩子。

· 父母禁言 ·

"愿在有心的地方都能有爱。"父母亲对孩子既然有心,就应以真爱、真心,去引导年少轻狂的孩子。而不是抱持顽固心态或悲观的情绪,来作为孩子的人生明镜。

你必须按照我的模式成长

父母对孩子最重要的是支持和鼓励孩子走自己的路,不应该强迫孩子接受父母的意愿。大多数父母之所以要将自己的意愿强加给子女,是希望子女将父母梦寐以求的理想变为现实。

"望子成龙"的观念在一些家长心中可以说根深蒂固,他们总拿自己的思想、方法、经验去教育孩子,让孩子从小就处在数学、语文、英语、钢琴、绘画等等包裹和重压之中,而且必须是听话学好。然而无情的事实是,大多数孩子都无法实现家长的超值期待,令家长深感失望。原因何在?

王青连着两个周末没来上兴趣班,老师便给他家打了电话。他的父亲十分生硬地说:"我儿子不学了!"老师很奇怪,问他为什么。他说:"这孩子越来越不像话了,他已经把家里的玩具差不多都拆光了。拆了这个,把零件装到那个上面,拆了那个,把零钱装到这个上面。"老师说这有什么不好?他听了更加生气,大声吼叫起来:"好什么好?难道你们给孩子教这些?教他们专门搞破坏?"

老师对着话筒沉默了好一会儿,问他:"对你来说,是玩具重要还是孩子重要?"

孩子父亲说:"当然是孩子重要。"

老师又问:"既然孩子重要,那你为何不能容忍他以'拆玩具'来发展智力呢?"

孩子父亲说:"那可以用其他方法呀,为什么非要拆玩具?这难道不是纵容孩子浪费吗?"

老师说:"我当然不是鼓励孩子拆玩具,更没有纵容浪费的意思。我是说孩子一旦暴发强烈的好奇心、产生浓烈的创造意识的时候,作为大人,就应该从理解的角度去满足他的这种需要。如果条件不具备,就应该以'牺牲'一些物品为代价促成孩子这种品质的形成。"

电话那头沉默了。

其实,一个有才能的人的最大标志就是是否有创新意识,而创新意识最好是从小开始培养!

有一位母亲是老师,平时工作很优秀。可她的女儿现在有自闭症,不跟父母说话,在家总是喜欢一个人待在自己的房间里。父母的话她根本听不进去,每次和她谈到学习,她总是不耐烦,还经常和父母吵架。现在她已经退学在家,每天就在网上聊天儿和玩游戏。她母亲说女儿以前学习挺好的,她对女儿的要求很高,要她一定要考上清华、北大。就因为这个目标太高,女儿的心理压力太大,后来学习成绩开始下降,最后发展到干脆不上学,不和同学玩,一直辍学在家。其实,说到底,她女儿的问题就是因为她强制性地向女儿灌输自己的意志,长期积累的压力使当时读高二的女孩儿难以面对成绩下降的事实和母亲过高的要求,以至于开始逃避现实,选择放弃,进入网络的虚拟世界中去寻找安慰。妈妈和孩子无法沟通,因为觉得女儿说话总是用上级对下级的口气,讲的道理也是课堂上的道理,从而导致孩子不愿和父母沟通。

这就叫意志而教,父母对孩子完全是强加意志,是把自己的理想和愿望强加给孩子:在孩子小的时候,没有自主选择的意识,家长做强制教育在某些方面是必要的。但这并不是说父母就可以按照自己的意志去塑造孩子,不顾孩子的心理要求,也不管孩子能不能接受。如果家长执意贯彻自己的意志而教,其结果可想而知,上述那个女孩的不幸还会多次上演,很可能还会愈演愈烈,使本来很有前途的花季少年在重压下畸形发展为问题少年。这难道是我们家长期望的结果吗?孩子是独立的个体,不是我们家长的附属品,他们应该有自己的意志和思想。作为父母,我们应该尊重孩子的选择。

现在的爸爸妈妈们生怕自己的孩子输在"起跑线"上,看到别人家的孩子都上学了,自己家的孩子还在幼儿园里整天过着吃喝玩乐的日子,总觉得白白浪费时间。况且幼儿园的收费太高,还不如早点儿上学,于是,每年都会有一些家长想尽各种办法让年龄还小的孩子上一年级。等到孩子在课堂上不能安静地听课,老师的话不能理解,学习根本跟不上,家长又陪着受罪时,年轻的父母才知道太操之过急了。

曾有人对国内 100 名低龄入学的小学生进行调查,结果显示:对上课、做作业感兴趣的仅占 18%;在班上成绩好的占 2%;成绩不理想的却占 56%。学龄前儿童由于大脑的自我抑制机能不够强,调节、抑制自己行为的能力差,很难承受繁重的学习压力。所以,作为家长不要过早地剥夺孩子玩耍的权利,要重视孩子心理的成长,盲目地让孩子提早入学,只能让孩子幼小的心灵受到伤害。"揠苗助长"是不会有收获的,让我们的孩子自由自在地幸福成长吧!

> ·父母禁言·
>
> 孩子是独立的个体,不是我们家长的附属品,他们应该有自己的意志和思想。作为父母,我们应该尊重孩子的选择,而不是由家长强行阻挠。这样的孩子不但不会健康成长,反而还会走上歪路。

我们的"爱"会把你包围起来

当今的孩子从出生起,父母便给予了孩子们无微不至地关怀,"含在嘴里怕化了,捧在手里怕掉了"。大人们一直在保护着他们,让他们吃饱,让他们穿暖,满足他们一切需要,每天为他们遮风挡雨,希望他们健健康康地成长,不受到任何伤害。这些孩子在享受到大人无限爱的同时,慢慢地以为世界上就只有自己这一个圆,自己是中心,别人的爱是半径,不管别人画得多累,都觉得是应该的,自己只能享受别人的爱,却不懂得去爱别人,这样的孩子将来怎么在社会立足?

其实,正是在大人们所谓的"爱"中,孩子们成了生活上的矮子。有些孩子上了小学,还不会自己穿衣服、自己系鞋带、自己扣扣子。

当你用怀抱、用你的爱去拥抱孩子时,当你替他们解决了一切问题时,你是否想到了你的"爱"已变成了束缚孩子的枷锁?你是否想到了这种爱也会变成一种伤害?你已不小心折断了孩子生存的翅膀,他们无法亲自感知、体验生活中的酸甜苦辣、成功与失败。没了想象的翅膀,没了自由的空间,他们只是木然地享受,没了欲望,也丧失了应有的创造力、想象力。他们的世界变得无力而苍白。这样的孩子就像在温室里长大的花,经不起任何风吹雨打。所以,明智的家长是不会这样对待孩子的。

李嘉诚的儿子李泽楷,现在已成为香港特区最具实力的英才,他谈到自己小时候,家里有很多辆车,但父亲李嘉诚却从来不让自己的孩子坐私家车。他每天上学都要很辛苦地去挤公交车。那时他年龄很小,个子很矮,常常被挤下来,但父亲从不心慈手软。他也曾怨恨过,现在想想却非常感谢自己的父亲,觉得是父亲让自己懂得了在竞争中只有通过自己努力才能成功。

我们应该向李嘉诚学习,给孩子们真正的爱,让孩子懂得生活中总有些事情需要自己努力承担才行。

父母爱自己的孩子,这是人之常情。父母的爱对孩子的健康成长起着很大的促进作用。聪明的父母会把握住爱孩子的分寸,给孩子有理智的爱。

苏联著名教育家马卡连柯的《父母必读》一书中有这样一段话:"子女固然由于父母方面的爱的不足而感受痛苦。可是,他们也会由于那种过分洋溢的伟大的感觉而腐化堕落。理智应当成为家庭教育中常备的节制器,否则,孩子们就要在父母最好的动机下养成最坏的特点和行为了。"这段话讲得十分深刻。

然而,我们有些父母,尤其是相对年轻的父母,在对待与孩子的关系上,往往缺乏应有的"分寸感"。他们对待孩子往往是无原则的,过分地宠爱。有的对孩子姑息迁就,任其发展;有的只知道想方设法满足孩子的衣锦食美,却不懂得给孩子良好的精神食粮和思想营养。这样,势必把孩子惯坏、宠坏。这种"爱"是盲目的、有害的。

对孩子的热爱,要与严格要求相结合。严格要求也是热爱孩子的一种体现。所谓"爱之深,责之切"。就是说,严格要求正是出于深切的爱。所以,做父母的不应该受盲目的爱所支配,要"严"中有"爱","爱"中有"严"。当然,严格要求并不意味着对孩子的严厉、动辄训斥打骂,而是要做到以合理为前提。同时,态度应该是耐心的,循循善诱的。

严格要求,对孩子来说,是很重要的。这是因为,孩子们往往缺乏经验,是非界限有时不清,而且对自己的情感和行为往往也不善于独立控制。如果家长对他们不严格要求,他们往往还不能主动、自觉地学习和按行为道德标准来行动。因而,需要父母对他们的思想和行为有严格的要求,使他们养成良好的思想和行为习惯。

父母对子女一定要怀着带有严格要求的热爱,千万不要过分地溺爱孩子、过分地迁就孩子。一定要有理智,有"分寸感"。只有这样,才能把孩子培养成为有良好个性品行的优秀人才。

对孩子有理智、有分寸的爱,才是真正的爱。

· 父母禁言 ·

父母对子女一定要怀着带有严格要求的热爱,千万不要溺爱姑息孩子、过分地迁就孩子与宠爱孩子。一定要有理智,有"分寸感"。只有这样,才能把孩子培养成为有良好个性品行的优秀人才。

你必须要优秀

上课铃声早已响了,可三年级二班的教室里依然很嘈杂,几个男生还围在小胖的课桌旁边聊得起劲。

小胖大声地问:"你们猜,傻瓜二十年后会变成什么?"

这是小胖昨晚在网上找到的脑筋急转弯的题目,其他几个男生面面相觑,回答不上来。

数学老师早已走进教室了,见同学们还没有安静下来,便咳了一声以提醒同学们该上课了。

本来这个题目的答案是"老板",但听到老师咳了一声后,小胖马上大声地说:"是老师!"

同学们一个个笑得前仰后翻,数学老师的脸立刻变成了猪肝色……

下午,小胖的爸爸被叫到了办公室。小胖爸爸在耐心听完数学老师列举小胖的种种"劣迹"之后,平静地问:"老师,您是教数学的,您能不能帮我计算一下,在我儿子的所有行为中,他的不良行为占有多大比重?"

数学老师稍微思考了一下说:"20%左右吧!"

"哦,那也就是说他80%的行为还是可以被接受的?"

数学老师觉得很无语,气愤地说:"我从来没有见过像你这样的家长……"

的确,这样的家长不多见,但这就是高情商的家长的典型!高情商的家长乐观自信,永远认为自己的孩子是优秀的!

高情商的家长的自信来自于他们极高的识别感情的能力,他们很清楚自己的长处和优点,从来不怕孩子淘气和"不听话",能够在教育孩子的过程中发挥自己的优势。正因为自信,所以高情商的家长都是乐观主义者,他们可以承受孩子带来的各种麻烦和祸端,能在麻烦和祸端之中看到机遇而不是危机。乐观的家长能够积极地看待孩子,期望从孩子身上看到最优秀的东西,使孩子总是期待未来会变得更好。

用积极的眼光看待自己的孩子是高情商家长的共同特征。每个孩子都会有长处,也会有短处,作为家长,最重要的是寻找孩子身上的长处而不是短处。寻找孩子的长处,不仅是提高孩子学习能力的需要,也是对自己孩子保持乐观心态的基础。

如果家长不是像小胖爸爸一样有意识地去发现,那他们永远也看不到孩子的优点和长处。如果小胖爸爸把80%的时间和精力都用来关注小胖20%的消极方面,那么这方面就会在家长的眼中膨胀,而小胖身上的优点和长处就会自动减少。相反,如果小胖爸爸把80%的时间和精力用来肯定和鼓励小胖,那小胖身上的消极方面就会很快消失,而积极方面就会增长到100%。

高情商家长的乐观自信不是盲目的,它来自于家长对自己孩子的了解。就像小胖爸爸这样,因为他了解自己的孩子,所以他没把小胖的玩笑太当回事。对一个十来岁的孩子来说,说"老师是傻瓜"并不是成心侮辱老师的人格,他只是觉得捉弄老师非常有趣,觉得自己"成功"啦!这对孩子来说是一个好玩的游戏,但玩过之后,他们就会厌倦,失去兴趣。所以,小胖爸爸会提醒小胖不要再捉弄老师了，但也不会把这件事无限上纲上线，认为小胖人品出了问题。在小胖爸爸看来，小胖这种能捉弄人的本事正是其健康活泼的表现，这种能力说不定就蕴含着小胖未来的创造力。

一些家长如果听到孩子说老师是傻瓜，不仅会狠狠地惩罚孩子，而且还会觉得这样的孩子是"朽木不可雕"！为什么他们不能从这件事中看见孩子的优点和长处呢？主要原因是他们习惯以自我为中心，习惯用自己的标准来衡量孩子，他们想孩子变成什么样子孩子就应该变成什么样子！

如果家长总是看不见孩子的优势和长处，那就会有一种焦虑感，对孩子会越来越严厉；由于家长越来越严厉，孩子的叛逆感也将越来越强烈。这样，家长与孩子之间的关系就会陷入一种恶性循环，家长最终将孩子推向与自己期望相反的方向。

要发现孩子的优点和长处，关键在于家长本身，而不在于孩子，因为每个孩子都有优点和长处。如果家长用正面、积极的眼光去审视自己的孩子，那他就会慢慢发现孩子身上有许多优点和长处。比如，孩子淘气，正是孩子健康活泼的表现；孩子爱说话，正是他口才好的表现……也许，发现的优点越多，家长就越会认为"孩子是老天爷特意给自己的礼物"，所以人们常说"孩子永远是自己的好"。如果家长这么看待自己的孩子，那他们对孩子的态度自然就会有很大的转变；家长对孩子的态度变了，家庭教育的氛围自然也会改变。

但是，家长不要幻想孩子会变得完美无缺。家长要努力让孩子变得更加优秀，但希望孩子变得完美是不现实的，追求完美的家长到最后往往会非常失望。家长发现了孩子的进步，自然就会鼓励孩子，孩子自然就会快乐成长。

很多家庭给孩子使用一个打不破的专用碗，孩子进餐就使用这个碗，这样做是担心孩子把碗打破。

周周没有固定的碗，我们一直是给周周使用和我们一样的瓷碗。周周打破过一次碗，那是在大约两岁多的时候，周周端着瓷碗吃饭，一不小心，碗掉到了地上！这是周周第一次打破碗，她非常惊恐地看着满地的碎片，哭了。当孩子看见一个完好无缺的碗让自己弄碎时，心中一定是非常懊悔和自责的，他们喜欢完整，不喜欢破碎。我安慰周周："没关系，我们一起来打扫碎片就行。"

我的安慰让周周放松了许多，我们一起清理完碎片后，我又给周周拿了一个瓷碗，并鼓励周周自己想办法，要怎样才不会打破碗。周周见我如此信任她，又给她一个瓷碗，她非常开心。这一次，她是非常小心地把碗放到桌子上，左手小心翼翼地扶着碗，唯恐再一次把碗打破。在那以后，周周很少打破碗。

在孩子第一次打破碗的时候，没有一个孩子是故意的。碗被打破了，可能是由于他们小手的笨拙，没拿稳才会打破。他们打破一次碗后，就会小心翼翼地使用他们的碗，想办法不再把碗打破。倘若因为孩子打破了一只碗就不给他们使用瓷碗，或者根本不给他们机会使用瓷碗，那么孩子感受到的就是家长的不信任，他们会觉得："我可能只会给爸爸妈妈添乱，损坏爸爸妈妈的东西，我真是太没用了。"久而久之，这种不被信任的感觉会让他们怀疑自己，变得不自信。

我们大人在单位有了失误，如果主管再给我们一次机会修正失误，会不会感受到主管对我们的信任？我们的心里会不会心存感激，从而更加努力工作，弥补失误？倘若主管不再给机会，而是把事情交给别人,我们是不是会觉得非常挫败,觉得主管不再信任自己?孩子的内心和我们一样,他们能觉察到我们的细小行为流露出的信息,只是他们不会表达,但是其影响会深深地刻在他们的心里。

孩子的潜力是巨大的,实践证明,很多事情孩子是可以做到的,只是家长没有相信他们,没有给他们足够的机会。

周周3岁的时候,对厨房的活非常感兴趣,喜欢上了做饭。那时,5岁的小侄女晓晓也住在我家,她们俩一起和我做饭炒菜,我家的案板是成人的尺寸,对于孩子而言太高,周周搬来小板凳,踩在小凳上在洗菜池里洗菜。她先把洗菜盆的塞子塞好,把菜放进洗菜盆,打开水龙头,等水漫过菜叶,她关掉水,从水里把菜叶抖几下捞出来。这些动作非常笨拙,但是她很认真,有条不紊。洗完一遍后,周周问我还要不要洗,我说青菜要洗3遍。周周又洗了两遍。我瞟了一眼,她还真把菜洗干净了。

我知道在很多家庭,孩子是不被允许进厨房的,怕烫着、怕被刀切到手、怕弄湿弄脏、怕被油溅着,这怕那怕硬生生地剥夺了孩子宝贵的学习机会。不仅是厨房的事情,还有很多事情,譬如洗手、洗头、洗衣服、扫地、拖地板、抹桌子、爬高、下沟、玩沙、玩水等,都不被允许。这一切是源于家长不了解孩子的潜力,不相信孩子,唯恐孩子做不好,或者担心孩子发生危险。实际上只要给孩子机会,孩子完全能做好这些事情。

一个人的自信是建立在独立做好一件事情后获得的成就感的基础上的,家长要相信孩子,放手让孩子去做他感兴趣的事情,哪怕这件事情看起来让孩子完成不太可能。如果担心孩子的安全,那么家长要做的是给孩子创造一个安全的环境,让他能够在一个安全的环境下独立做事,而不是阻挠孩子。如果我们不相信孩子,不给孩子机会来独立完成一些事情,纵然有再多的表扬和鼓励,就算把"你真棒"天天挂在嘴上,孩子的自信也是建立不起来的。

家长们都希望自己的孩子充满自信,但是经常不经意间流露出对孩子的不信任。有的家长尤其是老人甚至不经意间会打击和摧毁孩子的信心。这样对孩子自信性格的形成影响极大。

多让孩子做一些能让孩子觉得他们有价值的事情,不要刻意保护。这怕那怕,会硬生生地剥夺了孩子宝贵的学习机会,会让孩子否定自我。在做某些可以预见到可能产生危险后果的事情之前,家长一定要事先检查,排除隐患,尽可能避免危险的发生。孩子的潜力是巨大的,实践证明,很多事情孩子是可以做到的,只是家长没有相信他们,没有给他们足够的机会。

· 父母禁言 ·

每个孩子都会有长处,也会有短处,作为家长,最重要的是寻找孩子身上的长处,而不是拼命找寻短处。寻找孩子的长处,不仅是提高孩子学习能力的需要,也是对自己孩子保持乐观心态的基础。

你必须好好学习

又到了开家长会的日子,看到妈妈进了学校,茜茜觉得很紧张,她趴在课桌上,根本没有心思写作业。一会儿想老师会怎么和妈妈说自己在学校的学习情况,一会儿又想妈妈听了老师的话回家会怎样"收拾"自己……

家长会结束了,妈妈和茜茜一起回了家。茜茜已经做好了接受批评的准备,因为这样的事情已经不是第一次了。果然,妈妈拿起了"家法",一边打一边说:"我们为你付出了那么多,你还不好好学习,你对得起爸爸和妈妈吗?"

茜茜爸爸是个普通工人,挣得不多。妈妈没有工作,身体也不大好,但是为了给女儿一个好的教育环境,妈妈在外面做钟点工和零活,有时一天要从城东到城西,跑好几个地方。茜茜知道父母供自己上学不容易,有时也很内疚。茜茜刚开始还觉得自己确实不好,辜负了父母,可时间长了,就没有什么感觉了。

"爸爸妈妈这么辛苦,从小到大不知道为你操了多少心,你怎么就不知道回报呢?"这大概是中国父母最常说的话。话本身是没有错的,父母对孩子当然是有恩的,生养之恩、哺育之恩,可谓情深似海。子女时时思谋回报,也是情理之中的事。但是如果父母时时刻刻把恩情挂在嘴边,一有机会就向孩子讨要,就没意思了。

其实这样的话往往会增加孩子的心理负担,如果是对年幼的孩子说,甚至会使他们产生负罪感。虽然孩子应该知恩图报,但是对于父母来说,应该平等地和孩子对话,而不是站在施恩者的立场提要求。

古人在论及人的恶劣品行时,"市恩"算是其中的一种。"市恩"是指当你有恩于人的时候,时时把这种恩典挂在嘴上,唯恐别人不记得。

这种感情上的要挟不会永远有效,孩子很快就听烦了,只会觉得父母唠叨。如果父母认为孩子学习不够认真刻苦,学习热情不高,应该做的是查找原因,对症下药,而不是重复这些让孩子反感的话。

父母究竟应该怎样让孩子明白家长的苦心,从而转化为学习的动力呢?

(1)尊重孩子的选择,宽容孩子的错误。卢梭曾说过:"儿童是有他特定的看法、想法和感情的,如果想用我们的看法、想法和感情去替代他们的看法、想法和感情,那简直是最愚蠢的事情……"

在孩子和家长就某一事情的看法发生分歧时,家长要尊重孩子,多倾听孩子的意见,不要只是从自己的角度出发来看问题。如果真的是孩子错了,家长也要用一颗宽容大度的心来看待。只有尊重孩子内心的感受,尊重孩子生命的价值,孩子才会知道父母是真的很爱自己,真的为自己付出了许多。

(2)父母要学会和孩子"说话"。对孩子说话是一门艺术,非常需要技巧。即使是对自己的亲生孩子说话,也要注意方式方法,语气语调也要把握好。聪明的父母在与孩子的沟通交流中,不一定会说很多,但所说的一定是孩子想听的、爱听的、听得进的、记得住的。

(3) 对孩子进行潜移默化的爱的教育。对于父母为孩子的付出，年纪小的孩子可能一时间还无法了解，可是年纪大一些的孩子已经对世间冷暖有了一点体会，并且已经懂得感恩父母了。这时父母完全没有必要整天唠叨，只要给孩子做好榜样就行了。

每当孩子不听话，或者考试成绩不理想时，一些父母总会说："我为你付出了那么多，你还不好好学，太让人伤心了。"的确，父母养育孩子非常不容易。但是，这种"爱的要挟"真的管用吗？其实，父母最正确的做法是和孩子平等地对话，而不是站在施恩者的立场提出要求。

· 父母禁言 ·

如果父母认为孩子学习不够认真刻苦，学习热情不高，应该做的是查找原因、对症下药，而不是重复这些让孩子反感而无用的话。

你怎么可以有坏习惯

好的习惯需要日复一日、年复一年的培养教育才能形成，切不可断断续续，只有持之以恒才能有成效。

在某学校开学典礼结束后，一位替孩子家长参加活动的奶奶耐心等待着，一些家长离开后，老奶奶满怀忧虑地向老师求助：孙子奇奇平时在家很任性，不肯自己吃饭，到现在还是奶奶喂他吃；孩子的自我控制能力很差，还常出现大小便失禁的情况。老师在谈话中了解到，孩子的父母只顾自己玩，几乎不管孩子，是奶奶一手把孩子带大的。

从这以后，老师找奇奇谈了几次心，鼓励他做个"男子汉"，做到自己吃饭，关心家人，并和他拉了勾。孩子的奶奶也在和老师谈心后采纳了老师的建议：与奇奇的爸妈开了一次家庭会议，转变了教育方式，形成"全家都要关心奇奇的习惯培养"的共识。在大家的关心指导下，值得高兴的是，开学三个星期以来，奇奇每天都是自己吃饭，再也没有出现大小便不能自理的情况了。从奇奇判若两人的转变可以看出，孩子具有相当大的可塑性。家长一定要端正思想，正确引导孩子养成好习惯，为孩子一生的成长奠定坚实的基础。

现在的孩子大都是独生子女，是一家人的心肝宝贝儿。为此，家长常常包办任何事，对孩子百依百顺，溺爱有加。殊不知，孩子长期生活在这样的环境中会养成任性、自私的性格，生活自理能力差，对他们一生的健康成长非常不利。所以在日常生活中，家长应注重孩子良好习惯的培养，让孩子成为自己生活的主人。下面有几点建议可供家长参考：

（1）民主平等，同甘共苦。孩子是家庭中的一个小个体，但是我们不能忽略他们是家庭中重要的一员，大家应该民主平等，同甘共苦，这样，他们才能真正意义上成为家庭中的一员。如一般买菜，家长应试着征询孩子想吃什么？当孩子吃饭时嘀咕"没有我爱吃的菜"时，家长应告诉他们，"不挑食能让你长得更健康"，"爸爸妈妈吃什么，你也吃什么，这样营养才会均衡"。逢双休日，家长应征求孩子"妈妈在整理大房间和客厅，你能否把自己的小房间整理一下？"家长不应因为孩子还小不会做,或是因为担心时间来不及而包办代替,要让孩子从小明白"自己的事情自己做"的道理。

(2)及时鼓励,耐心辅导。七岁儿童的心理特征具有不稳定性,遇到一些困难,情绪转变就会十分明显,所以,家长应该常常关注孩子的细小变化,及时鼓励。如果孩子吃饭时,总是在桌上、地上洒许多饭粒,家长要告诉孩子吃饭时要认真,人离桌子不要太远,嘴巴要张大,留心不要掉下米粒,吃饭时不要说话,细嚼慢咽才能消化得好。当孩子吃不完饭时,家长可以跟孩子一起背《锄禾》的诗句,让孩子明白粮食来之不易,不能浪费。如果孩子说"我吃好了",看着干干净净的小碗,在家长的赞许声中,孩子的小脸上会洋溢出灿烂的微笑,那是孩子对自己吃饭习惯成功养成的满意和自信。

(3)循序渐进,养成习惯。习惯,从心理学的角度说,是指个体经长期意志努力而形成的思维或行为定势。一般来说,我们把符合社会准则的行为称之为习惯。俗话说:"习惯成自然"。一个良好的习惯将伴随孩子的一生,给孩子的人生带来无穷的益处。生活习惯包括人的衣、食、住、行习惯,日常卫生习惯及学习习惯等。在培养孩子良好生活习惯的过程中要遵循低起点、小步子、循序渐进、细水长流、以身作则、不急不躁的原则。

习惯与人格的关系是相辅相成的,习惯影响人格,人格更会影响习惯。也许可以说,年龄越小,习惯对人格的影响越大;年龄越大,人格对习惯的影响越大。因此,在儿童时期重在培养良好习惯,就是为健康人格奠定基础。童年是人生的春天,春天是播种的季节,播下真善美的种子,开出良好习惯的花朵,收获健康人格的果实。

1988年1月18日~21日,75位诺贝尔奖金获得者在巴黎聚会,以"21世纪的希望和威胁"为主题,就人类面临的重大问题进行研讨。

在会议期间,有人问一位诺贝尔奖获得者:"您在哪所大学、哪个实验室学到了您认为最主要的东西呢?"

这位白发苍苍的获奖者回答:"是在幼儿园。"

提问者愣住了,又问:"您在幼儿园学到些什么呢?"

科学家耐心地回答:"把自己的东西分一半给小伙伴们;不是自己的东西不要拿;东西要放整齐;吃饭前要洗手;做错了事情要表示歉意;午饭后要休息;要仔细观察周围的大自然。从根本上说,我学到的全部东西就是这些。"

这段对话是耐人寻味的。从幼儿园学到的基础的东西,直到老年时还记忆犹新,可见留下的印象是非常深刻的。这说明从小养成的良好习惯会伴随人的一生,时时处处都在起作用。而且,良好的习惯有时还常常能助人成功。

1961年4月12日,前苏联宇航员尤里·加加林乘坐4.75吨重的"东方1号"航天飞船进入太空遨游了89分钟,成为世界上第一位进入太空的宇航员。他在二十多名宇航员中之所以能够脱颖而出,起决定作用的是一个偶然事件。原来,在确定人选前一个星期,主设计师罗廖夫发现,在进入飞船前,只有加加林一个人脱下鞋子,只穿袜子进入座舱。就是这个细节一下子赢得了罗廖夫的好感,他感到这个27岁的青年很懂规矩,又如此珍爱他为之倾注心血的飞船,于是决定让加加林执行人类首次太空飞行的神圣使命。

从更深刻的意义上讲,习惯是人生之基,而基础水平决定人的发展水平。大量事实证明,习惯如何常常可以决定一个人的成败,也可能导致事业的成败。

> **·父母禁言·**
>
> 现在的孩子大都是独生子女,是一家人的心肝宝贝儿。为此,家长常常包办任何事,对孩子百依百顺,溺爱有加。殊不知,孩子长期生活在这样的环境中会养成任性、自私的性格,生活自理能力差,对他们一生的健康成长非常不利。所以在日常生活中,家长应注重孩子良好习惯的培养,让孩子成为自己生活的主人。

你必须采纳我的意见

孩子幼小的心灵极容易受到挫伤,家长任何粗暴武断的教育方式都不会奏效,甚至会适得其反,只有用温和的方式,真诚地和孩子交流才能走进孩子的心灵。为什么教育孩子时最好要用温和的建议呢?

(1)温和的建议能减缓孩子的心理压力,多数孩子都害怕批评,这是一种潜在的心理负担。一旦受到了父母的呵斥,这种负担便会转化为"心理压力",孩子会因为考虑到父母将怎样处置,而变得焦虑不安,精神紧张;同时,自我保护的本能,又会促使孩子做出"心理防御",以至于在父母面前不敢也不愿道出真情。这时,倘若父母能用和蔼的态度、温和的建议开导、说服孩子,孩子就会获得心理上的宽慰。紧张的神经会渐渐松弛,情绪稳定了,父母的说教也就容易接受了。

(2)温和的建议可减弱乃至消除孩子的逆反心理。许多孩子从小就受到父母过分严厉的斥责,可以说他们是伴着训斥声长大的。在这些孩子眼里,父母不可亲近,而且令人憎恨。由于情绪的强烈对立,所以对父母的要求,往往一概拒绝。有时甚至反其道而行之,故意调皮捣蛋与父母对着干。可见,严厉斥责只能使孩子的对立心理更趋激化。

温和的建议,心平气和地就事论事,会对孩子产生良性暗示,使其愿意接受父母的教诲。如长期坚持这样做,孩子会自然消除逆反心理,而且自觉按照父母所讲的道理去学习、生活和做人。

(3)用温和的建议与孩子谈话,可以缩短父母与孩子之间的心理距离,增进彼此间的亲密关系。相反,那些热衷于保持父母的"尊严",对孩子声色俱厉的训斥,往往会阻碍父母与孩子之间心理的沟通和感情的交流。

总之,用温和的建议与孩子沟通,比较合乎孩子的心理要求和特点,它有助于促进父母与孩子之间的思想交流和感情的沟通,从而使孩子尊重父母、信赖父母,自觉自愿地接受父母的批评和教育。

如果父母用命令的口吻告诫孩子,孩子就会拒绝,因为他们感到对你的让步,就意味着自己的软弱和不自主。经常听到有些父母高声亮嗓地吼孩子:"不要吵,不要乱喊乱叫!"、"父母说话时别插嘴!"在这种情况下,孩子往往也会态度强硬起来,变得蛮不讲理。

其实,客气地用温和的语调征求孩子的意见,他们会乐意去实现你的愿望。如果你改换成温和的口吻,表示重视孩子的意见,友好地问:"你是怎样想的?"或者说:"我想和你商量一下,你说怎么办才好?"你就会看到孩子会很认真地考虑和关心你提出的问题。

强强是个聪明的孩子,平时也很乖巧。但有一次,他跟妈妈到姑姑家去玩时,却发生了一点不和谐的小"插曲":到了姑姑家后,由于妈妈很长时间没有见到姑姑了,所以难免和姑姑聊得时间长了点。本来强强和姑姑家的表弟玩得也很好。可是快到吃饭的时候,强强吵着要回家。妈妈正和姑姑聊得开心,也没有心情理强强,只是随口说了句:"去,去,去……"

没想到强强一改往日的乖态,躺在地上撒起泼来。这还真让妈妈下不来台,妈妈抡起巴掌就打在强强的脸上。这下强强更不依了,姑姑只好让他们回家。其实,如果妈妈能听听强强的意见并好言相劝,或许就不会出现这种尴尬的局面,这是妈妈"粗暴"的结果。

当孩子出现问题时,父母不妨先放下"粗暴"的管教方式,不妨尝试一下使用温和的建议,或许真的能收到预料之外的良好效果呢。

(1)以体恤和和宽容孩子为出发点。孩子的成长过程是一个不断犯错误和学习的过程。因此,面对孩子的问题,父母不能发脾气或自我失控,而应该以理解、体恤和宽容孩子为出发点。唯有如此,才能够做到理智、平静地面对和处理孩子身上的问题。

(2)针对孩子情况提出建议。有效的建议,都是有的放矢的。父母对孩子提出建议应该从孩子的实际情况出发,做到具有针对性和可行性,只有这样才能够收到事半功倍的良好效果。否则,无效的建议提的太多了,反而容易引起孩子的反感。

(3)尊重孩子的选择和意愿。父母给孩子提建议是应该的,但千万不能抱着"孩子一定要听取"的想法,否则,一定要孩子听取,那就不是"建议",而是"命令"了。孩子也是人,他们有自己选择的权利,对于父母的建议,他们听取不听取,父母也'要尊重孩子的意愿,千万不能采取压制或胁迫手段。

(4)爱意融融,用温情打动孩子。对孩子的建议,要包含无限的真诚和浓浓的爱心,因此,只有这种温情脉脉的建议,才能最有效地叩开孩子的心灵之门,被孩子听取。"未成曲调先有情",教育孩子只有动之以情,才能够收到良好的效果。当父母能够用温和的春光去照耀孩子的心,孩子就会在愉悦之中成长。

· 父母禁言 ·

父母给孩子提建议是应该的,但千万不能抱着"孩子一定要听取"的想法,否则,一定要孩子听取,那就不是"建议",而是"命令"了。孩子也是人,他们有自己选择的权利,对于父母的建议,他们听取不听取,父母也'要尊重孩子的意愿,千万不能采取压制或胁迫手段。

你不要做这件事

蒂娜已经13岁了，妈妈成功地说服蒂娜洗自己换下来的衣服。两周过去了，事情很顺利。每到周末，蒂娜就把自己的衣服洗净叠好、放好。后来，妈妈发现蒂娜的脏衣服堆了一堆没有洗，妈妈就批评她。蒂娜答应下次不会忘了。接下来的一周，蒂娜还是没洗。她已有两星期没洗衣服了，家里几乎没剩几件干净衣服了。这次妈妈不再理会蒂娜。蒂娜的衣服留在那里没有洗，只好不换衣服，妈妈要看她怎么办。蒂娜从脏衣服里捡出一些稍微干净一点的继续穿，她心想："我就是不去洗那些衣服。"妈妈天天看着那些脏衣服越来越恼火，终于有一天，她发了火，狠狠地说了蒂娜一顿，当着她的面扔掉了一些太脏的衣服。蒂娜流下了眼泪，但暗自高兴，你把太脏的衣服扔掉了也好，我还不想要那些衣服呢，正好合我心意。妈妈把她拉到洗衣机旁，强迫她把衣服洗了："你记清楚了吗，下次记住及时洗衣服，否则没有衣服换！"

蒂娜没有按约定的规定按时洗自己的衣服，妈妈忍耐不住发了火，最终用强迫的手段让蒂娜洗了衣服。在两人都很恼火的时刻要求蒂娜按时洗衣服，妈妈用了结果法作为一种惩罚，而蒂娜最可能的反应是"还是不去洗，让她看一看"。事实上，如果妈妈能耐心一些，可以再坚持几天，看一看最后蒂娜怎么办，她不可能永远穿脏衣服。其实蒂娜是想让妈妈看一看，她并不愿意让别人强迫自己干什么事情。她宁愿穿脏衣服，也不愿意接受妈妈的支配。

一般来说，人的欲望在得不到满足时，就会采取攻击性行动。

在18世纪，马铃薯在法国一直得不到发展，牧师称马铃薯是"魔鬼的苹果"，认为它对身体有害。法国一位农学家为了推广马铃薯的种植，灵机一动，使了一计。他在一块十分贫瘠的土地上种上了马铃薯，并请来了全副武装的士兵白天看守，晚上撤回去。这样一来，诱发了附近居民的好奇心。不少人趁晚上偷偷把马铃薯这个"宝贝东西"移植到自己的菜园里。于是，马铃薯很快就在法国传播开来。

显而易见，马铃薯的推广借助了人们的逆反心理。孩子同样也有好奇心和逆反心理。别人不让他做的事，孩子可能偏要试一试，做一做，以求得自我肯定的满足感。

命令或强迫孩子做事情，以此来显示父母的威信。父母用权力"赶"着孩子走路，很可能让这个孩子根本走不了多远。

要想轻松自如地使孩子遵守规定，父母必须保证充当"权威人物"的角色。有效的权威是以丰富的知识或专长为基础的，是受爱和尊重的气氛所支配的。父母要有权威，其出发点不是剥夺孩子的自由，而是在能够管理的限度内给孩子以裁决和行动的自由。

(1)父母为孩子制订正确的规则，将会更有效地对孩子进行限制和管理。规则尽可能地简练、具体和清晰。这样，不仅孩子基本上能记住，而且你们也不必因为强迫他们接受更多的限制而不胜负荷。陈述规定时，要用明确的态度和有力的语调，避免含糊不清的主观命令。

(2)始终不渝地执行规定。在发出命令之前，你们要明确：命令要始终如一地执行。丢掉一切不可能执行的规定。父母对孩子有明确规定与限制，以及要求他们严格地始终如一地执行规定，这样培养出来的孩子是最能适应生活的。

（3）使用命令的语言时必须以积极的方式表达。家长要着重强调孩子怎样做，而不是不要怎么做（禁止的命令），因而，你可以说："小声讲话。"而不是"不要叫喊。"对孩子来说，这不仅是教育他做事情，也是他易于接受的教育方法。

（4）讲究灵活性。对孩子来说，特别是幼儿，让他们马上停止正在进行的活动比较困难，因此要预先向他们提出一个时间的限制。换句话说，即使你要孩子不再在外面玩了，应该允许孩子有几分钟的时间结束他的游戏，可以这样说："再玩五分钟，就该回家了。"

（5）提倡自由调节。有时候，与其命令，还不如提问好。可以说："喂，你在做什么？"这对孩子是个信息，证明他的行为是不恰当的，而且你们已经知道了这种不恰当的行为。这也说明，你们希望孩子对发生的情况能予以补救。

> ·父母禁言·
>
> 要想轻松自如地使孩子遵守规定，父母必须保证充当"权威人物"的角色。有效的权威是以丰富的知识或专长为基础的，是受爱和尊重的气氛所支配的。父母要有权威，其出发点不是剥夺孩子的自由，而是在能够管理的限度内给孩子以裁决和行动的自由。

你不要随意涂鸦

"不许拿笔在纸上乱画，要画画就好好画。"、"你必须把小手洗干净再吃饭。"、"你再这样，我就生气了。"、"你再那样，就不许看你喜欢的动画片了。"这种硬性的控制很容易分辨，它带来的问题，大多数家长也都一清二楚。然而，另一种控制却是我们很难意识到的，我称其为软性控制。软性控制与硬性控制殊途同归，一样是妨碍孩子自我成长的绊脚石。

有人遇见过一些看起来极其温和的妈妈，从来不跟孩子发脾气，不管遇到什么事情，她们都会很有耐心地跟孩子讲道理。孩子一般也很乖巧，不管他多想做某个事情，只要妈妈跟他讲明白不可以做的道理，他通常会无条件服从，绝不耍赖……

妮妮就是这样一个小女孩。一方面，妈妈因为妮妮的懂事而欣慰，另一方面，妈妈也隐隐有些担心："我女儿似乎太讲道理了，有时候，我甚至觉得她不像孩子，缺少了孩子应该有的那种天真。像她这样是不是也有问题呢？"这是妈妈的直觉，尽管她说不出个所以然，但是，她的焦虑是7岁的妮妮第一次来会所试听，显得很腼腆。经过很长时间的预热，她才跟我略有些交流，但是我们的交流不太顺畅。我注意到，小家伙需要不断地去观察妈妈，只有当妈妈鼓励她的时候，她才会大胆地尝试做某些事情。

妮妮试听的是一堂厨艺课，制作一张"好吃的画"。课程中，这位妈妈总是很温和地在旁边提醒她："水放多了点。水要多了，面就稀了，没法和成面团了，我觉得要是再加点面就好了。""我看到你在面饼上加了很多紫色，我觉得要再加点别的颜色就好看了。哟，不小心加多了点，加一点点就好。你看，要是在这个位置再加点橙色的颜料，这幅画就平衡了。红色、紫色和绿色不可以混到一起，混到一起就变得不好看了。"

与此同时，我观察到别的孩子都在按照他们自己的想法随意创作，他们大胆自信、无拘无束。只有妮妮，从头至尾都在妈妈的指导下完成自己的作品。每当她有自己的想法时，妈妈一发话，她立刻改弦易辙，按照妈妈的指导去实施。当然，最终的结果是，这个小女孩的画是结构最均衡，色彩搭配最和谐的一张。其他孩子的画则有着掩饰不住的童稚，鲜活得就像他们可爱的脸庞，各有各的特色。

我们可以看出，虽然妮妮妈妈非常温和，但她一直在用一双看不见的手控制妮妮的一举一动。妮妮传达的全是妈妈的意志，缺乏孩子的天真也是情理之中的事了。

如果妈妈给妮妮多一些自由，让她自己去安排画面，选用她喜欢的颜色，感受三种颜色混到一起会变脏的结果，她的好奇心、探索的积极性得到保护，她自然会在探索的过程中领悟到更多的东西，获得了自我成长的机会。妈妈给予她过多的指导，实际上相当于给了她一种软性的控制，导致她养成凡事依赖父母作决定，提供指导的习惯，若没有父母的决定与指导，她就无所适从。

当然，给孩子自主的空间，并不等于家长就不可以给孩子任何的引导了。实际上，恰当的引导对孩子来说也是非常有益的。比如，孩子总是以同一种颜色涂鸦，尤其在他总是选用那些暗淡的色调涂鸦的时候，可能表明他内心有压力，负面情绪比较多。如果大人引导他去尝试一些鲜艳些的色彩，让他看到这些色彩带来的别样感受，她的潜意识就会接收到这些信息，这对她消除压力，释放负面情绪也会有帮助。当然，要想让孩子有根本性的改变，还需要爸爸妈妈不再控制孩子，不再因此给孩子变相地施加压力，或者解决孩子面临的其他问题。

家长引导孩子的时候，也需要注意方式，不要让引导变成软控制："你这个紫色画的面积真大，几乎把整张饼盖住了。你看看，这里还有好多别的颜色呢，要不要试试加点别的颜色，看看画面有什么变化？""这个地方还有好多空地呢，你想把这片空地改造一下吗？"如果这样跟孩子交流，主动权在他，就不会形成软控制的局面。一般情况下，出于好奇，他们都会乐意去尝试一下。如果他坚持，那就不要强求，而要尊重他的选择。当家长以尊重孩子为前提，给他提一些建设性的建议时，他的自信、自尊和好奇心以及探索的精神都会因此得到保护，自然，他也因此获得更多自我成长的机会。

·父母禁言·

实际上，恰当的引导对孩子来说也是非常有益的。比如，孩子总是以同一种颜色涂鸦，尤其在他总是选用那些暗淡的色调涂鸦的时候，可能表明他内心有压力，负面情绪比较多。如果大人引导他去尝试一些鲜艳些的色彩，让他看到这些色彩带来的别样感受，她的潜意识就会接收到这些信息，这对她消除压力，释放负面情绪也会有帮助。

我们不会给你自由空间

在孩子的成长过程中,家长要注意体察他们的内心世界,尊重他们的自主要求,如果一味按照自己的想法为孩子规定一个学习和生活的模式,孩子的依赖性就会越来越强。这样的孩子长大后,很可能会是一个优柔寡断、遇事无主见的人。但是,相当一部分的家长习惯于事事为孩子做出决定,而很少征求孩子的意见;一旦孩子不遵从,就大加责备。很多家长在要求孩子做事时,往往还喜欢使用命令句式,如"你要……"、"你该干……",这种语气会让孩子觉得自己是在被强迫做事,因此缺乏主动性,做事时如果缺乏主动和兴趣,对孩子来说无疑是一种折磨,不仅孩子不会快乐,事情常常也做不好。其实,孩子都有自己的想法,家长在任何时候都要让孩子充分表达自己的意愿,让孩子有机会选择想要做的事情,对于自己想要做的事情,孩子们都会表达出极大的兴趣,也更能将事情做好。

蔡志忠是一个著名的漫画家,他的漫画曾经风靡全球。同时,蔡志忠是很有自己的教育思想的,在教育子女方面他很有自己的想法。他有一个信念——让孩子快乐地成为他自己,让孩子决定自己想做的事情,因为他知道父母并不是孩子本身,父母是不该决定孩子的选择和前途的。

一次,蔡志忠的夫人到法国出差,于是蔡志忠担任了接送孩子上钢琴课的责任。车到了钢琴学校门前,女儿却坐在车上闷闷不乐,不想下去。蔡志忠问女儿:"为什么不高兴?"女儿说,自己最想学的不是钢琴,而是笛子,可妈妈却觉得女儿该学钢琴,因为在妈妈看来,学钢琴比学笛子有用。蔡志忠听完女儿的话,二话没说,便把车掉回头,一路开回家。女儿对爸爸的做法有些担心,不禁问爸爸:"妈妈刚交了4000元学费,如果不学钢琴,人家也不退钱,那怎么办?"蔡志忠说:"那只好算了。"女儿又问:"妈妈回来埋怨怎么办?"蔡志忠说:"什么也没有你的快乐重要。"

4000元,对于很多家庭都不是一个小数目,但蔡志忠却认为,如果节省一点,少买两套衣服,少吃几次大餐,钱就可以赚回来,而孩子的快乐是用钱所买不到的,童年也是不会重来的。如果强迫孩子学习一些她所不喜欢的东西,那将会抹杀孩子的学习兴趣,使孩子变得没有自己,只能听从大人的意愿。蔡志忠认为这是教育最大的失败。

为了让女儿更好地懂得成为自己的重要性,在女儿生日的时候,蔡志忠还送给她一个小故事。他说:从前,有一棵很小的番茄树,安静而快乐地生长着。但是人们都告诉它,只要它努力,就可以长得大,结的果实会像西瓜一样大,像香瓜一样香,像苹果一样营养丰富。于是,小番茄很努力地吸取营养,很卖力地做体操,运动强身。结果,它的果实仍然只是小小的番茄。而且,最糟糕的是,现在的小番茄树不再以为自己是番茄树了,它到处夸耀,说自己是一棵苹果树。

蔡志忠还告诉女儿,千万不要用精神上的痛苦来换取物质上的满足。他给女儿举了这样一个例子:

蔡志忠家的新店装潢即将完成的时候,一位木工师傅发现蔡志忠竟然忘记了大门的设计。当他把这个发现告诉蔡志忠的时候,蔡志忠将大门的设计交给老木工师傅全权决定,任凭师傅高兴,他绝对尊重师傅的设计,事后绝不后悔,也不更改。老师傅听了这个决定,特别高兴,他将所有的工作都交给了别人,自己则很专心地像生养一个孩子般地竭尽全力。结果,仅用了3天的时间,新店的大门就设计好了,还得到了大家的一致好评。那位老师傅对蔡志忠说,这是他一生中最重要的、最高兴的3天。因为以前自己一直是按照别人的设计图纸施工,尽管可能图样很差,他也只能听命行事。只有这一次,他真正地做了一回自己。

让孩子成为他自己,这是多么深刻的哲学思想,也是多么深刻的教育理念!蔡志忠的女儿是幸运的,因为他有一位伟大的父亲。放眼观察周围,有多少人能真正地成为他自己?相反,您却会看到许多人没有自己,做什么都"一窝蜂":人家炒股,自己也炒股;人家的孩子学钢琴,自己的孩子也得学钢琴;人家的孩子是个小画家,自己的孩子至少也得成个小书法家吧?这种盲目跟进的现象在现实生活中几乎俯拾皆是。也有一些父母,把孩子当成工具,让孩子来实现他们未完成或者不可能完成的梦想,要求孩子为自己挣一些面子。其实,这也是不尊重孩子的表现,因为孩子的生命不是为父母而存在的,而是为他本身而存在的,父母不过是陪孩子走一段人生之路而已。这样做的结果,只能是使孩子失去了他自己。

一直以来,家长们一直对孩子说:你要怎样怎样。什么都是家长决定的,家长决定孩子一顿吃多少饭,家长决定孩子看什么书,家长决定孩子什么时候做作业,家长决定孩子周末上什么培训班……却很少有机会让孩子说:我要怎样怎样。不让孩子有自己的想法,也不让孩子决定自己要做的事,这样的孩子不是他自己,仅仅是家长的傀儡而已。让孩子自己做主,对家长绝对是一个挑战和考验,因为家长们总是有那么多担心,担心孩子会走弯路,会受伤害,但是孩子总是要长大,当他们真正意识到选择背后自己必须承担的责任,并有勇气坚持自己的选择,那孩子就真的长大了!所以,家长朋友们,不要再强迫孩子做他们不愿做的事情,给孩子一些自由空间,让孩子做他们想做的事吧!

> **·父母禁言·**
>
> 让孩子自己做主,对家长绝对是一个挑战和考验,因为家长们总是有那么多担心,担心孩子会走弯路,会受伤害,但是孩子总是要长大,当他们真正意识到选择背后自己必须承担的责任,并有勇气坚持自己的选择,那孩子就真的长大了!所以,家长朋友们,不要再强迫孩子做他们不愿做的事情,给孩子自己的空间,让孩子做他们想做的事吧!

我们会给你"催眠"

大家相信,很多爸爸妈妈都会被"催眠"这个字眼所吓倒。事实上,因为孩子具有易被暗示,又极其关注并在意父母对自己的评判的特点,父母的每句话、每个表情都可能对他们进行催眠。看不清这个事实,大人就会在无意间给孩子的心灵带来伤害。了解了这些,他们就可以通过调整,带给孩子更多的正向暗示。

吃早餐的时候,佳佳手里拿着番茄酱,正往面包上抹。佳佳的小手一使劲,没控制好力度,番茄酱喷了出来,桌面上、地上、衣服上都是番茄酱。

"哎哟!看看你,弄得到处都是。"爸爸情不自禁来了一句。

佳佳的小嘴撇了撇,眼泪跟着掉了下来。

爸爸意识到这话说得不太妥当,语气有点生硬,马上补救:"好了!好了!没关系!佳佳不哭。"然而,这种补救来得有些晚。佳佳早已控制不了情绪,心里委屈极了。

当孩子有这样的想法与感受时,他的自我价值感会随之降低,内心的恐惧感则随之滋长,于是,他就会惧怕去尝试。失去尝试的机会,孩子的自我成长就被抑制了。

当然,并非所有的孩子都如佳佳一般敏感。换了另外一种性格类型的孩子,在受到责备之后,他可能该干什么还干什么。孩子的这种表现会给我们一个假象,让我们误以为这种责备的语言不会对孩子产生不良影响。而事实上,他的潜意识接收到的信息可能是:"哦,我把番茄酱弄的到处都是。我就是这样一个急于做事的小孩。爸爸不喜欢我这样。"他会认同爸爸的看法,朝着爸爸"认可"的方向去发展,以更多类似的行为来印证爸爸的判断,真的成为一个干什么都毛毛糙糙的孩子。当然,他也不会在意爸爸如此评判他。

或者,另外一种情形是,爸爸平时不怎么关注他,但是他一"出错",爸爸就会因为纠错而给予关注,即便这种关注是负面的,他也可能非常珍惜,并更多地通过这种方式来获得爸爸的关心。这种类型的孩子不怕批评,他会继续做同样的事情,但很有可能每一次都会把事情搞砸,仿佛就为了期待爸爸给一句负面的评判,或者引发爸爸更激烈的反应。因为这个原因,当那些顽劣的孩子受到惩罚时,惩罚往往起不到作用,甚至可能导致他变得更加顽劣。事实上,他们只是被那些负面的评判给催眠了。

一个长年被负面的评判催眠的孩子,将来很难成长为一个自信、乐观、积极的人。因此,父母尽量少给孩子负面的评判,对他们的成长会更为有益。

当然,我们不可避免会从父母的身上继承,或者在成长过程中习得很多固有的处理问题的模式,并且很难完全摆脱这些模式的影响。那么,当我们不由自主陷入既定的行为模式,并且带给孩子伤害的时候,也无须过于焦虑,尽量做到下不为例就好了。幸好人都有自我修复的本能,我们如此,孩子亦如此。过去的,就让它过去,不要执着。

· 父母禁言 ·

一个长年被负面的评判催眠的孩子,将来很难成长为一个自信、乐观、积极的人。因此,父母尽量少给孩子负面的评判,对他们的成长会更为有益。

你要按照我们的要求做

家长会即将结束的时候,一位家长无奈地向班主任诉说:"老师,这几年实在让你费心了,我这孩子太不听话了,在家里,要他先做作业,他要先看电视,要他不拆玩具,他偏要拆,拆了又装不好,唉,你瞧朱蓉多乖,年年是三好学生,大人怎么说她就怎么做,从来不说一个'不'字,有这样的孩子真是前世修来的福啊。"熟悉朱蓉的家长们也都夸她乖,说这样的孩子将来一定有出息。接下来便是数落自家的孩子,这不如她那不如她,刘老师在一旁也不好硬掺和什么,只是委婉地说:"其实这些孩子我觉得他们都有可爱之处,项晨是个挺有个性的男孩。"朱蓉的父亲在一旁微笑着,满脸的幸福,为自己教育出这么听话的孩子而自豪。朱蓉是班上的学习委员,确实是个特乖的女孩,交给她做的任何事从不打一点折扣。

的确,家长们一谈及孩子的教育,几乎无不以孩子是否"听话"论成败,听话则有出息,反之则不会有出息。其中隐含的理念是:父母的话是引导孩子健康成长走向"出息"的指路灯,教育孩子听话成为家长的责任。不错,一个"听话"的孩子,看起来是那么令人满意,他听大人的话,不打架,不惹是生非,把成绩看得同生命一样重要;他听教师的话,上课专心,作业认真,不管量多少,老师怎么说他就怎么做。其实,这种"听话"教育观对孩子成长是不利的。

(1)不利于孩子独立能力的培养。孩子的独立能力不是与生俱来的,也不是长大后一下子就能具备的,是在日常生活中逐渐形成的。中国传统的家庭教育观念发展到现在,父母"望子成龙"、"望女成凤"的要求表现得尤为急切。只要求孩子把书读好,其他的一切,家长能包的都包了,不用说洗衣、烧饭之类的家务活,少数家长就连背书包也包了。这种事无巨细地包揽,使孩子本来完全可以独立做的事情,全被父母的过分"慈爱"承包了,长此以往孩子的独立能力必将受到影响,以致出现部分孩子长大后,抱怨父母"承包过头"的现象。

(2)易使个性得不到健康发展。一般来说,每个人都具有自己独特的个性,而家长一味地"听话"教育,会导致部分孩子成为"乖乖儿"。乖孩子父母带起来固然比较轻松,但长期如此,孩子的独特个性就得不到健康的发展,孩子不能独当一面,对父母的依赖性日益增强,只知道父母怎么说就怎么做,不会主动去思考,处理事件往往显得畏首畏尾,怕别人说闲话,即使到了能发挥自己能动性的场合,也往往会显得不知所措。其实,太乖的孩子未必有出息。德国著名心理学家海查曾做过一个跟踪实验,结果发现,在反抗性强烈的儿童中,长大后有84%的人有果断的判断力和坚强的意志力,而在反抗性不显著的孩子中,真正称得上有意志力和判断力的只占24%。现代社会是多元的,家长不妨多给孩子一份自由的空间,不要一味地要求孩子顺从听话。

(3)易使孩子的自信心受到影响。孩子太乖可能是孩子个性本身比较顺从,或是父母过分严格的管教造成的。这类孩子总是循规蹈矩按父母的意愿处事,凡事没有自己的看法,或者即使有也不敢表达。由于孩子年幼,缺少处世经验,而按父母的意愿处事往往不会出差错,这事实上已潜藏着使孩子失去对自身的信心,失去自己努力去探索、去追求、去锻炼的自觉性,只知道顺从父母,以博得父母的赞赏,这样使孩子的自信心受到影响。而自信心对一个人一生的发展所起的作用,无论在智力上还是在处世能力上,都有着基石性的支持作用,现代社会需要的是有头脑、会独立思考的人才,而不是察言观色、随波逐流或自我封闭式的"人才"。

(4)易使潜在的创造性得不到开发。乖孩子伴随着的往往是大人们的一片赞扬声,小孩子本性爱听别人的称赞,一次又一次的称赞使孩子越来越乖,使潜藏着的创造力始终处于受压抑的状态,因为这样的孩子生怕自己独特的想法或做法引起大人的不满,或办事的失利。这样的孩子不是以自我为中心而是以大人为中心,有太多的"他人"意识,导致"少年老成",如此,孩子的创造力何以得到培养呢?

中国传统的家庭教育,并不鼓励孩子与众不同,有自己的个性,而是要求孩子顺从、听话。"听话"是好孩子的标准。作为现代社会的家长,不妨让孩子有一点野性,你的孩子也许会更出色。当然,野性不是病态的、破坏性的,而是生命力的自然流露。

你喜欢你的孩子非常听话吗?比如你要孩子怎样孩子就怎样,即使你说错了,孩子也要听你的。为什么?原因,就是他们成绩好、能力强、点子多,或者有一定的小团体势力。对这种心气骄横的孩子,家长一方面要鼓励他们继续发扬优点,另一方面又要采取一定的措施,杀杀他们的骄气、蛮气和霸气,不要因为成绩好、能力强而一味地放松迁就。

(5)自私自利。有的孩子在学校比较自私,成绩也好,但从来不肯帮助别人。有的学生认为,帮了别人,他们的成绩上去了,等于自己下来了;有的学生则认为,我之所以有这么好的成绩,完全是自己努力的结果,我不靠谁,因此也不必感激谁;有的学生不肯多出一点力为班集体服务;有的学生在班里或学校捐款时,从来不肯多出一分钱;有的很会动歪脑筋,从同学身上占点小便宜;有的学生在学校里表现还不错,可是一到家里,就完全变了样,他们俨然像个小皇帝,吃要吃好,穿要穿好。个别的学生心里还这样想:我在为你们读书,而且争来这么多荣誉,你们应该好好地犒劳犒劳我。自私自利是成才的大敌,因为涉及道德品质的一个重要问题。家长一定要引起重视,不要以为自私自利是聪明的表现,也不要以为孩子长大后自然就会大方慷慨。

俗话说:"不听老人言,吃亏在眼前。"这一语道破了中国父母的心声:都希望自己的孩子听话,他们认为这样的孩子好带,能省去许多麻烦。

> 小时候的冯永智总是"违抗"父母的意思,有自己独到的见解。有一次,身为幼儿园园长的冯妈妈教小永智画画,她如往常般告诉儿子要懂得正确运用颜色。画是画完了,妈妈却发现孩子"不听话"地画了一个绿色的太阳。对于妈妈的疑问,小永智理直气壮地回答:"太阳是从树林里升起来的,我见到的就是绿色的太阳啊。"

> 六岁的嘉嘉鬼主意总是很多。她家里总是堆满"废物",所谓的"废物"就是一些汽水罐。妈妈多次告诫嘉嘉把这些扔到垃圾桶里,做个爱干净的好孩子。但嘉嘉总是不依。后来,妈妈才发现原来嘉嘉把那些汽水罐全部剪去一半,做成了小花篮,摆放在自己的小房间里。

有些父母对孩子表现出的反抗行为很反感,而对那些唯命是从的孩子更为喜欢。其实,有些父母心目中的听话的定义不尽相同。

当然,孩子有时不按父母的要求去做,不听从父母的指令,这正是孩子身心发展的特点。某些心理学家认为,三岁的孩子不反抗,就不是正常儿童。即使五六岁的孩子,他们的反抗行为也是很明显的。何况现在的孩子生活在信息丰富的社会,每天都可以吸收到许多信息,对人对事都会有自己的想法。如果父母过早地用成人的标准去要求孩子,是不符合孩子身心发展规律的,而且容易扼杀儿童的天性,使孩子从小失去儿童最珍贵的创造性人格,这会给父母留下难以弥补的悔恨。

著名的德国心理学家海查曾做过这样的实验:他对2～5岁时有强烈反抗倾向的100名儿童与没有这种倾向的100名儿童追踪观察。结果发现前者有84%的人意志坚强,有主见,有独立分析、判断事物和做出决定的能力。而后者仅有26%的人意志坚强,其余的人遇事不能做决定,不能独立承担责任。这一研究说明,反抗倾向强的孩子,长大后有坚强的独立意志,而这一点正是21世纪的人才应具备的素质。

综合来看,"乖孩子"真正成为社会精英、业界尖子的不多,他们大多在一般劳动岗位工作。当然,并不是说"不听话"的孩子就一定聪明,出尖子。孩子的"听话"应更多么现在生活规矩、行为道德上,而孩子天性好动,鬼主意多,父母应做出正确的引导,用于在学习和对待事情上。这些就有赖于父母以身作则。当孩子出鬼主意时,父母可以与孩子一起挖掘更多的乐趣,引导他们应用在实际生活上。

有一位幼儿教育专家到国外看到一个幼儿用蓝色笔画了一个"大苹果",老师走过来说:"嗯,画得好!"而且爱抚地摸了摸孩子的头,孩子高兴极了。这时中国专家问教师"他用蓝色画苹果,你怎么不纠正?"那个教师说:"我为什么要纠正呢?也许他以后真的能培育出蓝色的苹果呢!"

外国家长这样容忍孩子"不听话"是有道理的,它可以保护孩子的想象力,激发孩子的创造力。允许孩子"不听话"指的主要是思维上的"不听话",孩子们看到的世界是独特的,他们的想象力是很丰富的。如果我们用成人的思维方式对他们粗暴地干涉,就会扼杀他们的想象力和创造力。聪明的父母适时适当地给孩子一点儿"不听话度",就是对他们创造思维、创造欲望的保护。

> · 父母禁言 ·
>
> 一个"听话"的孩子,看起来是那么令人满意,他听大人的话,不打架,不惹是生非,把成绩看得同生命一样重要;他听教师的话,上课专心,作业认真,不管量多少,老师怎么说他就怎么做。其实,这种"听话"教育观对孩子成长是不利的。

我们会给你下命令

一个女孩的心声:

我叫小倩,我不喜欢我父母说话的方式,因为他俩谁都不尊重我,老用命令的口气让自己做这做那。我耳边每天都缭绕着父母的声音:"去,帮妈妈把碗刷了,你反正没事。"、"还不赶快去学习,还看什么电视!"、"我都说了多少遍了,炒菜利索点!""你怎么还没倒垃圾呢？现在马上就去！快！"……

一个男孩的心声：

> 我叫恩泽，我不喜欢和爸爸说话，每次听到他说话，我脑袋里都乱七八糟的。他似乎每天不教训我就难受。当我写作业，忽略狗狗时，他会说"你就不该养宠物！也不去遛遛它！"当我去厕所忘了关灯时，他会指着我说"你得了健忘症啊！告诉你多少遍了，去完厕所要关灯！"当我和同学打电话聊天时，他大声说"马上把电话挂掉！"我感到好没面子，同学都听到了他的训斥声。

没有孩子能忍受父母对自己经常性的颐指气使，命令自己去做这做那。命令是一种单方面的交流，只顾及自己，而不考虑别人。父母自己恐怕也不喜欢总被人呼来喝去吧！很多父母可能会说："我是孩子的家长，我有权命令他。我的命令有助于建立威信。"父母这样想，肯定是错了。孩子不是你的奴仆，他是一个独立的人，他渴望和父母平等交流。

父母都希望孩子能够健康快乐地成长，也希望能够和孩子好好相处，那么，你必须改变这种命令的说话方式，多从孩子的角度去思考问题，尊重孩子的人格，凡事多和孩子商量，让他以平等的身份参与到事件的决策之中。只有这样，孩子才会非常乐意与父母交流，并且乐于改正错误，与父母合作。反之，孩子则会产生逆反心理，封闭自我，变得胆小懦弱或十分叛逆。

习惯支招

父母应当怎样将命令改成协商和建议呢？这里有一些方法，可供参阅：

（1）给孩子提供多一些选择，让他自己做出决定。比如，孩子写完作业了，感到很无聊，在几个屋子里踱来踱去，此时，父母千万不要动气或命令他："马上给我看书去！""立即清扫房间！"而应该问他："你不打算去看会书吗？""还是你愿意帮爸爸妈妈打扫房间？"孩子会自己考虑是要听父母的，还是该干别的。总之，他会慎重对待家长的话，而不是产生反感。

（2）用简单的词汇来代替强迫命令。孩子们更喜欢一些简单的词汇，而不是父母的命令以及一堆大道理，拿上文中小倩和恩泽的案例来说，爸爸命令恩泽遛狗时，如果他指着狗对恩泽说"狗"，恩泽就会想"狗怎么了？……哦，我忘了遛狗了！我还是现在去吧！"不过父母在用简单词汇表达时，最好不要说出孩子的名字。

（3）放下权威观念，站在孩子的角度给他建议。父母应该把自己置于和孩子平等的地位，站在孩子的立场看问题，只是给他提出一些想法和建议，然后让他自己做决定。当父母的想法跟孩子有冲突的时候，不妨换位思考一下，如果有人不尊重我而只是要我听话，我会是什么感受呢？这样一来，你的命令话语自然减少，你会更加理解孩子。

· **父母禁言** ·

父母都希望孩子能够健康快乐地成长，也希望能够和孩子好好相处，那么，你必须改变这种命令的说话方式，多从孩子的角度去思考问题，尊重孩子的人格，凡事多和孩子商量，让他以平等的身份参与到事件的决策之中。只有这样，孩子才会非常乐意与父母交流，并且乐于改正错误，与父母合作。反之，孩子则会产生逆反心理，封闭自我，变得胆小懦弱或十分叛逆。

你不能有任何的反抗

　　一位妈妈和亲戚要带5岁的儿子去颐和园玩，往公交车站走时要过一个天桥，小男孩不走台阶，专门走两侧固定的小水泥台，他总是喜欢与别人不一样。亲戚对她说："咱们，走台阶好不好？"小男孩不听。这位妈妈对亲戚说："不用管他，他想那样走，就让他那样走。"

　　小男孩仍然在小水泥台上，一点儿一点儿往上走，他妈妈在旁边护着他，提防摔下来。这时，又过来一个稍大些的小女孩，看小男孩那样走路，露出一副很羡慕的表情，她正想学着小男孩那样走，却被她的妈妈拦住了："好好走路，听话！"妈妈强行拉走了孩子。

　　小男孩爬上天桥后，还想那样走。亲戚说："乖，咱也像那个孩子那样听话，不走这里了，好吗？"小男孩仍然不听话，依然一副我行我素的样子。

　　小男孩的妈妈能感觉出亲戚在旁边的不耐烦。她也非常理解亲戚，但在成人的利益和孩子的利益间，她首先要选择孩子的利益。

　　这位妈妈并没有因为儿子不听话，就去斥责他，而是欣然鼓励他的这种"不听话"。其实孩子的"不听话"是与他的自我成长同步出现的自然现象，是孩子的发展过程中不可缺少的重要一环。

　　在孩子成长的过程中，存在两个比较明显的叛逆期，即两三岁时的第一叛逆期和青春期时的第二叛逆期。这两个阶段的孩子们显得特别"不听话"，他们渴望探索外在世界，他们喜欢以自己的方式来感知世界，不喜欢任何人阻碍自己的想法。

　　其实，"不听话"恰恰是孩子在顺利成长的标志，反而是那些听话的孩子，才可能最危险。他们从小就失去了选择自己成长的权利。这类孩子的典型特征就是成人说什么他就听什么，认为父母和权威的话就是对的，俨然成了大人们思想的附庸，成了成人世界各种命令的执行者。这些"听话"的孩子到了社会上，在与人相处时也容易被他人左右，很难独立，很难维护自己的利益和尊严。更为严重的是，他们的创造力也在这种"听话教育"中被扼杀了。

　　也因为如此，欧美等国的家长们非常重视孩子说"NO"，鼓励孩子要有自己的想法。可令人遗憾的是，大多数中国父母并没有意识到这一点，他们总认为孩子最好的状态是"听话"。这样的父母们真应该好好反思一下了！

　　"宝贝，要乖！"、"我都是为你好，你这孩子怎么那么不听话？"、"你什么时候学会不顶嘴了，就能成为好学生！"……别总是对孩子提出"听话"的要求，不如试着做一个听话的父母吧。给孩子足够的自由与"独立空间"。比如，你明明看到孩子自己洗的衣服不干净，但却装作不知道。不要总是告诉孩子怎么做，而要放手让他自己做。当上初三的孩子周末听摇滚彻底放松时，父母要学会闭嘴，尊重孩子的生活方式。

　　当然，做"听话"的家长绝不能对孩子言听计从，你得有个"道德底线"。对于孩子那些没有礼貌的发号施令，没完没了的交换条件，你是不能听的，否则就是纵容与娇惯。有时孩子认识偏颇，难免会做错一些事，比如早恋或者整夜泡网吧，这时候你就要温柔地坚持，告诉他这样做是不好的。记住，是对他不好。

这是一位女孩的自述：

> 我从小就是个很听话的孩子，妈妈说什么就是什么，我一直是妈妈眼里的乖宝贝，老师眼里的好学生。但是渐渐地，我发现自己就像一个盆景，所有的枝枝叶叶都按家长的意愿被一一修理，只是为了供人欣赏。我现在很胆小怕事。在我的成长路上简直没有任何快乐的记忆，我从来不会向父母说"不"，也从来不敢向父母表达自己的想法。他们怎么说，我就怎么做，完全不用思考。
>
> "这孩子真听话。"从小到大，这句话一直围绕在我的身边。作为一个孩子，得到大家的赞扬我真的很高兴。为了继续成为妈妈和老师喜欢的孩子，我一直在努力做一个听话的好孩子。父母说一不二，我从来不敢争辩，也不敢表达自己的想法，因为妈妈说那样就是不听话的坏孩子。这种思想塑造了我软弱、没有主见的性格。等到自己工作了，由于从小受到的教育，我在工作中也对上级绝对服从，从来不会说"不"，不管受到多么不公正的对待，也从来不会争取自己应该得到的东西。
>
> 后来我离开了父母的羽翼，自己在外闯荡了很多年。严酷的现实环境使我终于在生活中改变了一点儿，能对老板、对任何人说"不"了，有勇气争取自己应得的东西了，对自己的能力自信了，但对自己的魅力还是没信心。有时，我常想如果小时候没有做一个被修剪了的盆景，现在的我可能也长成一棵大树了吧。

中国的妈妈最喜欢夸奖孩子的一句话就是：孩子，你真听话。小孩子要听大人的话，这样爸爸妈妈才会喜欢。父母们最不满意孩子的也是孩子不听话。总之，听话似乎成为了"好孩子"的最高标准。

鲁迅曾经说过："驯良之类并不是恶德，但发展下去，对一切事情无不驯良，却绝不是美德，也许简直是没出息。"可见用"听话"作为教育孩子的目标，显然是一个误区，不利于孩子个性的发展和潜能的激发。正因如此，在中国孩子身上体现出来的最明显的缺点就是缺乏独立性和创造性。家长盲目地、一味地强调孩子"听话"，容易培养出孩子的奴性，使其毫无独立性。长大后对任何问题都缺乏自我见解，对恶势力缺乏斗争精神，甚至人格扭曲。

最受大人夸奖的"听话"孩子，常见的特点是外表胆小、怯懦，很少有自己的不同意见。但是孩子不说出来不等于没有想法，只不过这样的孩子更善于压抑自己，即使自己心里有问题也不提出来，更不会与长辈争议。这样的孩子在学校表现得特别听话、特别守纪律，回到家里也很少反抗父母。但他们的心理却非常脆弱，最受不了别人的批评。有的孩子甚至会因长期压抑而引起性格扭曲。生活中也有这样的例子，某个公认的"好人"出人意料地自杀或走上犯罪道路，其童年时往往是"永远听话的好孩子"。这更说明这一问题犹如潜伏的癌症一样可怕，应该引起父母高度的重视。

当孩子渐渐长大，有了一定的独立意识的时候，父母更不能片面强调让孩子听话，而是应该多听听孩子的话：要平等地与孩子交流，多做换位思考。父母要以理服人，而不是以势压人。不要因为你是父母，就强迫孩子对你言听计从，而要给孩子思考和说话的机会，要让孩子心服口服。

教育家陶行知先生曾有"六大主张"，他提出："解放儿童的头脑，使其从道德、成见、幻想中解放出来；解放儿童的双手，使其从'这也不许动，那也不许动'的束缚中解放出来；解放儿童的嘴巴,使其有提问的自由,从'不许多说话'中解放出来;解放儿童的空间,使其接触大自然、社会,从鸟笼似的学校解放出来;解放儿童的时间,不过紧安排,从过分的考试制度下解放出来;给予民主生活和自觉纪律,因材施教。"陶行知的主张十分精辟,很值得父母学习和借鉴。

过分强调听话会影响孩子的正常发展,干扰孩子的思考能力,磨灭了孩子的个性,导致孩子缺乏创造力,使孩子成为一个毫无判断能力和无法独立生存的人。

·父母禁言·

当孩子渐渐长大,有了一定的独立意识的时候,父母更不能片面强调让孩子听话,而是应该多听听孩子的话:要平等地与孩子交流,多做换位思考。父母要以理服人,而不是以势压人。不要因为你是父母,就强迫孩子对你言听计从,而要给孩子思考和说话的机会,要让孩子心服口服。

你要任由我们摆布

一个五岁的孩子,每次跟爸爸妈妈上街,总是要爸爸妈妈给买这买那。爸爸妈妈要是不给买,他就会大哭大闹。春节期间,爷爷从老家来了。这一天爷爷带他上街玩,临出门时叮嘱孩子:"跟爷爷上街,不许乱要东西,要不爷爷就不带你去了!"孩子满口答应了。

到了街上,看到琳琅满目的商品和食物,孩子忍不住了,但是他知道爷爷的脾气,不敢直接向爷爷要东西。于是,在走过一家小商店时,孩子说道:"爷爷,我听您的话,我不要雪糕。"爷爷一听,非常高兴,夸道:"孙子真乖呀,来,爷爷给你买块雪糕。"

孩子拿着雪糕边吃边走,路过了一家食品店,于是又故伎重演:"爷爷,我虽然很饿,可是我不要饼干吃。""真乖,来,爷爷给你买饼干。"孩子又得逞了。

爷爷带着孙子路过玩具店,一辆玩具汽车摆在橱窗前,孩子直勾勾地看着。爷爷在一旁观察着他的表情,孩子发现后,赶紧说道:"爷爷,那小汽车太贵了,我不要小汽车。"

爷爷一听:"好孩子,真乖,爷爷给你买。"

结果一天下来,孩子想要买的都买到了。由此,我们可以发现,乖孩子的标准是什么?是不要东西吗?不是,只是顺了家长的意,让家长觉得舒服了。家长并不在乎给孩子买不买东西,而在乎孩子是否顺应自己的心思,是否合自己的心意。

现在,许多家长存在着一个很大的误区——教孩子学乖。评价孩子时,动不动就说"你真乖"或者"你不乖",将"乖"当成了教育标杆。"乖"就是要求孩子听话,顺从家长的意志,而有些时候,这正是对孩子的一种束缚。

如果你留心观察就会发现,许多孩子整天被乖与不乖围绕着、评判着。

"宝贝儿,你能不能乖一点?安静一些?"

"如果你乖一点的话,妈妈就给你买……"

家长在送孩子去幼儿园之前,经常叮嘱他:"你今天要乖乖的哦,要听老师的话!"

家长在接孩子回家的时候,经常这样问道:"你今天乖不乖?表现得好不好?"

幼儿园的老师经常对孩子们说:"大家都坐好,小手放背后,比一比谁最乖?"

周围的人时常说:"这家孩子真乖,真听话,真是好孩子。"

作为统治者都喜欢顺民,顺民好管理,统治者怎么说就怎么做。与此同理,老师喜欢乖学生,家长喜欢乖孩子,也是因为乖孩子好看管。

其实,孩子的乖只是减少了大人的看管成本,大人说什么,孩子就听什么;大人不让做的,孩子就不做;大人让做的,孩子就去做。这使家长少操了很多心,省了很多事。所以,从大人的感情上来讲,当然喜欢乖孩子了,因为乖孩子就是麻烦少。但是从理智上看,如果乖孩子乖得过分了,就会缺失最有价值的东西,失去他们的童真,失去创造力和活力。所以家长要求孩子乖的同时,往往也剥夺了孩子建立自信和良好的自我形象的独立空间,甚至无形中扼杀了他们的创新能力。这样的孩子遇事可能唯唯诺诺,没有主见。

有个学生曾经以反讽的口吻写了这样一篇作文,题目为《"坏孩子"大学招生简章》:社会不断发展,人民生活水平不断提高,但令不少父母担心的是,自己的孩子是老师们所谓的"坏孩子",具体症状如下:思维活跃,看问题角度怪、立意新,且从不人云亦云,特别崇尚独立思考。比如一个学生竟把"冰融化后变成什么"这一如此简单问题的答案写成"春天",让人匪夷所思。本大学急家长之所急,特开办如下专业:

限制思维系:此乃我校热门专业。它会使您的孩子思维僵化、毫无见解,毕业后可做秘书一类工作。该系教学特点如下:上课老师拼命灌,学生拼命记,作业如山,题如海,只能听从老师的意见,若有个人见解,就被老师罚站、罚倒立,其中共有三十六种"刑罚"。开始虽然很苦,时间久了定有进步。该系系主任:榆木头。

限制表达系:该系宗旨纵有万语千言,绝不能吐露半点。该系学生特点死板沉闷,属于"三棒子打不出一个屁"型。我系曾有一优秀毕业生,入学前风华正茂,时常指点江山,激扬文字,经过在该校的努力学习,终于沉默寡言。具体学习方法来校便知。系主任:哑巴。

此外本校还有诸如限制运动系,限制交流系等。由于本校业绩突出,被誉为"制造乖孩子的大工厂",该校环境死气沉沉、毫无生机,非常适合"坏孩子"学习。

鉴于知识经济的冲击,许多青年人思维异常活跃,以杨志远、李泽楷为榜样,使得学校生源日益减少,我校决定化压力为动力,决定减免部分优秀学生学费,以使本校事业发扬光大。

这篇作文虽然出自学生之手,但是看问题很深刻,很有见解。家长从中可以发现,如果每天要求自己的孩子要乖、要听话,那么最后培养出的孩子会是什么样子呢?

·父母禁言·

从理智上看,如果乖孩子乖得过分了,就会缺失最有价值的东西,失去他们的童真,失去创造力和活力。所以家长要求孩子乖的同时,往往也剥夺了孩子建立自信和良好自我形象的独立空间,甚至无形中扼杀了他们的创新能力。这样的孩子遇事可能唯唯诺诺,没有主见。

你要坚决服从我们的意志

看到这个标题,很多爸爸妈妈可能都会感到疑惑:他当然在表达他自己啦!难道还能在表达别人?毫无疑问,孩子会表达他自己。不过,有的时候,他表达的可能是他最爱的人。当孩子表达的不再是他自己,而是其他人时,他呈现给我们的很可能就是"问题",于是,我们就很容易陷入如下的模式:改造孩子——改造不成便心生焦虑——因焦虑引发更多的问题。有的时候,为了让爸爸妈妈高兴,孩子也会隐藏自己真实的想法,我们可能会很享受孩子这样。

我们来看一个故事。这个故事可能带给我们一种玄异的感觉,但它也可能以不同的方式发生在我们自己身上。

辰辰3岁半了,非常聪明,心智发育相对超前。她最喜欢玩照顾娃娃的游戏——每天早上一起床,她就一手抱着娃娃,一手拎着一小块绒布开始她一天的工作——只见她一会儿把娃娃放到沙发上,扶它坐稳了,一会儿又把它放到床上,让它躺下睡觉。娃娃躺好后,辰辰会给它盖上一块漂亮的花绒布,并认真地将绒布披整齐,再拍拍娃娃哄它"睡觉"。等娃娃"睡完觉",她会煞有介事地抱娃娃起床,给它喂饭、喂水、把尿,那小模样温柔耐心、充满爱意,简直就是一个迷你版的妈妈。辰辰沉迷于这个游戏已经一年多,天天如此,百玩不厌。

最初,妈妈觉得孩子沉迷于某个游戏很正常,也就没有太在意。直到辰辰上了两个月的幼儿园,老师找到妈妈,反映辰辰有些与众不同,妈妈才意识到可能有些问题。不过她并不清楚问题的根源是什么。原来,除了娃娃,辰辰对周围的一切都视而不见。小朋友们在一起玩得热火朝天,她却无动于衷,丝毫不感兴趣。除了美食还对她有点吸引力,其他一切她都置若罔闻、视若无睹。辰辰完全沉浸在自己与娃娃的世界里,不参与课程,不参与小朋友的游戏,或者拿到别的玩具之后,她仍然以对待娃娃的方式去玩儿。对她来说,不管这个玩具是方的还是圆的,软的还是硬的,他们唯一的功能都是当娃娃。如果把她手中的玩具拿走,她也会空着双手,假装抱着娃娃走来走去,继续她的游戏。

辰辰妈冥思苦想,也找不到辰辰这个行为背后的意义。也因此,辰辰妈变得有些焦虑。经一位朋友介绍,辰辰妈找到了我。深聊之后才发现,辰辰如此热衷于玩娃娃与辰辰妈小时候的经历有关。

辰辰妈小时候上过几天幼儿园,但是因为健康原因严重不适应。无奈之下,妈妈让她退了学。因为无人照看,妈妈只好每天将她锁在家里。为了给她找点事情做,妈妈特意给她买了一只布娃娃,教她玩妈妈照顾小孩的游戏。小女孩天性对这类游戏情有独钟,辰辰妈自然也不例外。从此,一个人被锁在家里,玩娃娃成了辰辰妈唯一的乐趣。

反思之后,辰辰妈意识到那段日子带给自己的影响确实非常深刻,但很多感觉已经被她的意识给掩盖了。不仅如此,这些影响还传递给了辰辰。我们可以清楚地看到,辰辰准确地遗传了妈妈的这个行为。即便她的周围有小朋友、有老师,但是,她始终自己一个人玩儿。她与小朋友们的关系似乎停留在仅仅"看见"他们的层次——仿佛当年辰辰妈站在窗前,只能看到外面的人,却无法与人互动,外面的人也根本意识不到她的存在,所以也没人理睬她。这情形,让我们仿佛看到了20多年前那个孤独的小女孩。辰辰以她独特的方式表达了妈妈至今无法释怀的内在感受,唤醒了妈妈被压抑的感觉。

恍然大悟的辰辰妈不得不感叹:孩子与父母之间的关系实在太神奇了。她不再苛责辰辰,逼着她去参与小朋友的游戏,也不再强行夺走她的娃娃限制她,不过,她也不清楚究竟该如何引导辰辰,让她成为真正的自己。

有人定了一个帮助辰辰走出妈妈内心世界的方案。

第一步,先帮助她与她"看见"的一切发生联系,让她意识到,这一切不仅可以"看见",还可以"触摸"到,它们并没有被关在门外,而是就在身边。

再带辰辰外出玩耍的时候,妈妈不再逼着她去参与,而是引导她靠近,给她的感官一个近距离"触摸"的机会,唤醒她关注其他小朋友的欲望:"辰辰,你看,豆豆在滑滑梯呢;那边有两个小孩在玩沙子呢;毛毛在荡秋千呢……我们也过去看看吧。"这个阶段,辰辰只是一个旁观者的角色,她对小朋友们的游戏产生了兴趣,但还没有参与的冲动。

第二步,在辰辰对环境中的一切产生兴趣,并且意识到它们是可"触摸"的之后,专家就可以鼓励她参与进来了。当然,要帮助辰辰从她的世界里走出来,积极参与小朋友们的游戏,最好先借助她的娃娃。由娃娃"带领"或陪伴她一起参与,如此,她会过渡得更自然一些。

"你的娃娃肯定特别想滑滑梯,我们带它一起跟豆豆滑滑梯吧。"在娃娃的"带领"与陪伴下,辰辰开始参与小伙伴们的游戏。

渐渐的,辰辰意识到,她看见的一切离她并不遥远,她不仅可以看到,还可以触摸到,甚至可以参与。参与多了,她对娃娃的依赖程度自然就降低了。虽然她还是会玩娃娃,但是现在的玩法跟以往的玩法已经截然不同。因为,她表达的不再是妈妈,而是她自己。当然,辰辰能走到这一步,跟妈妈自身的努力也有直接的关系。妈妈参加了一些心灵成长的活动,在老师的指导下,她明确地"看到"了自身的问题,并坦然接纳自己的问题。能够"看到"并接纳自身的问题,辰辰妈勇敢地迈出了一大步。如果妈妈自身没有成长,始终无法从童年的阴影里跳脱出来,辰辰就很难发生根本性的改变。

意识到孩子有时候表达的并非是他自己,我们才有可能试着去省视我们的内心,剔除那些不当的做法,鼓励孩子自由地表达自己的意志,而不是强行要求他服从我们的意志。

当孩子的意志与父母的意志相左时,对抗是最无效的方式。相反,如果父母能试着去分析他的需求是否合理,是否只是一种阶段性的需求,在这个基础上去判断究竟应该放手,还是引导他听从我们,我们的亲子关系就可以处理得更好,自然也会带给孩子更多助益。对于一些原则性的问题,即便我们需要守住底线,也要以孩子更能接受的方式来引导。引导的原则依然是3个"到底"——"共情到底,温和到底,坚持到底。"

· 父母禁言 ·

当孩子的意志与父母的意志相左时,对抗是最无效的方式。相反,如果父母能试着去分析他的需求是否合理,是否只是一种阶段性的需求,在这个基础上去判断究竟应该放手,还是引导他听从我们,我们的亲子关系就可以处理得更好,自然也会带给孩子更多助益。

你不可以与家长发生冲突

　　李杰向来都听从父母的安排,懂事听话,但是自从他在爷爷家度过暑假后,有时候竟会为了一点小的事情发脾气,爸爸妈妈越小心谨慎,李杰就越爱发脾气,就像一只小刺猬,使得他的爸爸妈妈很是头痛。他们不知道孩子究竟在爷爷奶奶家遇到了什么事情,面对李杰时也不知所措。有一次妈妈带着李杰去做客,告诉他换一身新衣服和她同行,李杰毫不理睬。后来妈妈甚至答应他只要换了衣服跟她出门就会再给他买更多的衣服,但是他就是不答应换衣服。"晨晨已经在家等着我们了,难道你不想和她一起玩了吗?""当然想。""那你就应该换衣服啊宝贝,今年你已经五岁了,应该明白什么是脏,什么是净,什么是帅气,也应该懂得穿的干净整齐才算得上是对人家的尊重。""我不换就是不想换!"此时失去了耐心的李杰妈妈已经不顾一切,抱着李杰就开始使用暴力脱他的衣服,李杰不从,大喊大闹,说什么都不穿妈妈拿来的衣服。妈妈气得在李杰身上打了好几下。哭的愈发厉害的李杰丝毫没有妥协的意思,拿起了脏的衣服固执地穿上,并且十分委屈地看着妈妈。妈妈这个时候已经不知所措了,只好低声哄着儿子说道:"宝宝,妈妈跟你一起买滑冰鞋好不好,跟你一块玩的小朋友都有那一种。"李杰委屈却兴奋地点点头,"那这样就可以穿干净的衣服了吧?"妈妈花了很大的力气,才让李杰同意了换上干净的衣服。

　　其实,李杰只是想通过和妈妈大吵大闹这种方式在妈妈跟前炫耀一下,李杰妈妈采用"诱惑"的手段是不明智的,这样只会让自己的孩子以后更加嚣张。其实家长不妨换一种做法,循循善诱地告诉孩子为什么要换衣服,若孩子固执地不换,只能取消这次做客,给孩子5分钟的考虑时间,5分钟之后如果他还是固执己见,那就向朋友解释,并且取消这次做客,然后回到自己的房间该做什么做什么,表现出对这次做客无所谓的态度,使这次去做客的决定取决于李杰本身。那样李杰就不会自信满满地同母亲做斗争,除非李杰自己本身就根本不想去做客。虽然妈妈的行为可能并不完美,一次很好的聚餐就会因此取消,朋友也有可能对她的违约表示不满,但是这样做不仅给这件事情争取到了很好的结果,更是为教育孩子提供了一个好的开端。

　　晓楠5岁,有一次吃饭不小心打翻了碗,粥顺着桌子洒在了自己新换的衣服上。母亲听到声音就立刻赶到,看到地下一片脏乱,气不打一处来,但是没有责怪他,只是对晓楠说道:"为什么不小心点啊,赶紧过来宝贝,我们去清洗一下,把脏衣服脱下来换一套干净的衣服。"晓楠跟随着妈妈来到了洗手间,等到妈妈给他准备好水和衣服后,晓楠却扭扭捏捏不肯让妈妈碰自己,不让妈妈给自己清洗换干净的衣服,绕着浴室一直跑。妈妈给晓楠讲了一会儿道理后,晓楠仍然不听妈妈的话,恼怒的妈妈一把就把晓楠抱住并强行放他在澡盆里。于是他又开始哭闹,在浴室里挣扎,妈妈只好抓住他的胳膊,一道红印在他胳膊上若隐若现。等到一切都弄好的时候,晓楠却回到房间里哭,任谁叫他都不肯出来,仿佛受到了很大的委屈与伤害。妈妈把一切都收拾好后回到屋子里,心里像打翻的五味瓶不是个滋味。本来一顿十分美好的午餐,自己累得上气不接下气却还不讨好。

如果换一种方法处理这种事情,也许对母亲和孩子双方都好。当晓楠拒绝换洗的时候,作为家长的应告诉他:"脏的不仅是自己,其他东西也会被他碰脏。"在孩子坚决拒绝换洗衣物的时候,家长应该走开,继续做自己的事情,孩子在最后感到不舒服的时候还是会向妈妈认错妥协。

"莉莉,中午饭做好了,再不吃可就没有了哦。"爸爸对着在外面玩的6岁的孩子喊道。
"知道了,我马上就来。"
可是当爸爸妈妈爷爷奶奶都坐下后,又等了很长的时间,却还是没有看见莉莉的身影。很长一段时间后莉莉一蹦一跳地走了进来,却看到自己的家人都已经开始吃饭,没有等她也没有再叫她,心里很是不舒服,走到自己的座位,挑剔地看了今天的饭菜说道:"又是炒豆芽、炒茄子,天天吃这些我看都看烦了,我要吃米饭!"
"不要闹了,莉莉,我们只有这些,想吃米饭要去很远的市场买,还要用高压锅蒸熟,今天就吃这些吧,莉莉,你想吃的话明天妈妈做给你好吗?"
"我不要吃,我今天就是要吃米饭。"
"乖乖快吃饭。"
"我就是不吃。"一副不给我米饭我就是不吃的样子。这时爸爸按捺不住心里的不耐烦了,吵道:"做什么就吃什么,不想吃的话你就回房间饿着吧。"听完爸爸的话,莉莉转身就离开了,但并不是回到自己的房间,而是扭头出去找自己的伙伴玩耍去了。

父母劝莉莉吃饭毫无效果,很难想象下次让莉莉吃饭又会有怎样的争吵,这个局面让父母感到不知所措。不管莉莉是不是真心不想吃豆芽、茄子,还是压根就没有想吃饭的意思,或者只是用这件事情为借口挑起事端,但到最后事情发展为权力的较量,爸爸必须命令莉莉吃饭,莉莉却毫不把爸爸放在眼里,说不吃就不吃。若爸爸强行把饭菜灌到莉莉嘴里,甚至用暴力的方式强制让莉莉吃晚饭,这样做的结果就是莉莉哭闹,打断晚餐。这样以后莉莉就会好好吃饭吗?不能。她虽然流着泪水,其实心里还是认为自己赢了父亲。

如果家长不用这样不理智的做法逼莉莉吃饭,当莉莉走到餐桌前,看到家人都在用餐,心里知道自己没有按时来用餐,心里很内疚,又看见父母不和他打招呼,心里暗自失落,便借题发挥,观察他们会是什么态度。"我不喜欢吃豆芽、茄子,我要吃大米。""今天晚上吃豆芽、茄子,你想吃别的我也没做家里也没有,你若想吃大米,明天我去买新鲜的肉和菜,中午再给你做米饭吃。"妈妈和莉莉说过后继续用餐。"我不,我不喜欢豆芽、茄子,我要吃大米!"家人对莉莉的行为没有表示任何态度,也没有回答莉莉问题的欲望。莉莉过了一会儿说:"明天给我做大米吃。"妈妈很快就说:"可以,以后你想吃什么提前跟妈妈说,快吃吧宝贝。"听完这些,孩子立刻欢快地端起饭碗吃起来了。

为什么这里出现跟上文完全不一样的结果呢?这就是因为父母并没有跟孩子较劲,而引起不必要的争吵。在生活中,我们往往因为不必要的争吵而不能和和气气地吃一顿饭,结果饭也没有吃好,孩子不服气,自己心里也生气,没有达到教育的目的。相反,在第二个例子中,父母把自己应该说的话说完就吃饭了,并没有和孩子争论,没有在餐桌上教育孩子,而是巧妙地避开了冲突。

当生活中出现冲突时,任何人都应该抱着避免冲突的态度来对付一切,孩子的反应是可以预料的，也是很有趣的。孩子们其实都渴望能得到父母的理解，得到安全感。孩子们并不喜欢父母的沉默漠视，所以他们很快就会意识到改变自己的行为才能获得关注，否则父母不理解自己的感受，是很不快乐的事情。他们会主动和家长亲近，像小猫咪一样跟他们的妈妈撒娇，在父母面前表现很乖。

也可能会出现孩子故意闹的情况，家长必须丝毫不为他们的挑衅所动容，似乎在警示孩子："你做得实在太过分，这就是底线。"子女就会知趣地改变自己的做法，跟父母重归于好。

> **·父母禁言·**
>
> 当生活中出现冲突时，任何人都应该抱着避免冲突的态度来对付一切，孩子的反应是可以预料的，也是很有趣的。孩子们其实都渴望能得到父母的理解，得到安全感。孩子们并不喜欢父母的沉默漠视，所以他们很快就会意识到改变自己的行为才能获得关注，否则父母不理解自己的感受，是很不快乐的事情。他们会主动和家长亲近，像小猫咪一样跟他们的妈妈撒娇，在父母面前表现很乖。

第二章　孩子，我们"恐吓"你是为了教育你

你能不能快点

也许是因为性子急，也许是因为早已把所有的耐心给了学生，她作为一个通晓儿童心理的母亲，竟然一直都在犯着一个致命的错误，那就是时不时地恐吓自己的孩子：

记得那时孩子刚刚学会说话，很爱听她讲故事，每天晚上总是捧着一本故事书紧紧缠着她："妈妈，我要听故事，我要听故事。"而那时，往往是我最忙的时候，她要洗碗拖地，她还要备课写教案，哪有空啊，于是，她总是急急地讲一个故事就想离开，他却不依，依旧缠着她，于是她急，说："再讲，再讲妈妈的喉咙就要流血了！"然后就看见孩子，提着故事本悻悻离去。

最糟糕的还是早上。那时他已经上幼儿园小班了。每个早上他都要承受她气急败坏的吼叫声："快点！快点！快点吃饭！快点穿鞋子！"、"你再不快点，妈妈早读就要迟到了，你知不知道，妈妈迟到了要被校长罚站的。"可怜的孩子，总是在一阵狼吞虎咽后，急急忙忙去学校。

永远记得那天晚上，母亲一回到家，儿子就跑过来，只见他拉着妈妈的手看了又看，然后很不放心地问："妈妈，你早读迟到了吗？你被校长罚站了吗？你被他打手板了吗？我一整天都在担心你呢！"那一刻，她才意识到，自己口不择言说出的话，到底对孩子造成了多大的伤害！

为什么明知道不可以却还是停止不了恐吓孩子呢！她反思了一下，找到了原因，主要是自己太忙碌，工作压力太大，对孩子缺乏应有的耐心。

找到原因后，她痛下决心，不管自己多忙，也要耐心地对待孩子，不再信口开河恐吓孩子，不再对着孩子说出"你再不听话，我就不理你了！"之类的话。当孩子需要她时，尽量放下手中的工作，回答他的问题，如果实在放不下，就轻声地对孩子说："妈妈现在很忙，等一下再告诉你，好吗？"她发现，她改变了对孩子的态度后，孩子脸上的笑容更多了。

孩子能不能健康成长，父母起着关键的作用，父母着急、催促会使孩子幼小的心灵投下阴影，以致影响孩子的心理健康。所以父母不管再怎么忙，都要耐心对待孩子，不要总是催促孩子。

· 父母禁言 ·

孩子能不能健康成长，父母起着关键的作用，父母着急、催促会使孩子幼小的心灵投下阴影，以致影响孩子的心理健康。所以父母不管再怎么忙，都要耐心对待孩子，不要总是催促孩子。

我们"恐吓"你是为你好

如果说孩子的肌肤是水做的,娇嫩无比,吹弹得破,那么孩子的心灵就是玻璃做的,晶莹剔透,却禁不起丝毫的打击。风儿掠过水面,就算激起层层涟漪,也终会平静如初。可是玻璃如果破碎了,就难以再愈合。肉体上的伤害很快会被时间抚平,但心灵如果受伤,将会影响孩子的一生。可是,精神惩罚在家庭、学校教育中却普遍存在,它的危害远远大于溺爱、娇纵甚至严厉的体罚。

天下的父母都很爱护自己的孩子,这是天性使然,"虎毒不食子",何况是有着丰富感情的人呢?"棍棒下面出孝子"是爷爷们的教育方法,这已被大多数爸爸妈妈所摒弃。但是,却有许多父母或老师对孩子进行威胁恐吓,用爱去束缚或者对孩子轻视贬低、侮辱、谩骂等等,这都是对孩子心灵的惩罚,乃至精神虐待。

两岁的淘淘虽然调皮,却很讨人喜欢,大大的头,圆圆的眼睛,特别是那张小嘴特别甜,见人就叫,是一个非常有礼貌的孩子。可是他也有最让人头痛的地方,那就是吃饭的时候,不好好吃饭不说,还常常弄得饭桌上杯盘狼藉,每次吃饭都要花一两个小时,让妈妈头痛异常。

有一次吃饭,他竟然把一只皮球扔到鱼汤里,妈妈大发脾气,恶狠狠地冲着他说:"妈妈不要你了!"淘淘哭着扑向妈妈,被妈妈推倒在床上。淘淘看到妈妈不理他,就大声哭闹,以示抗议。妈妈为了好好教训教训淘淘,把他推到门外,任由他哭闹,就是不理他……当天夜里,淘淘被噩梦惊醒,嘴里一直哭喊着叫妈妈,他以为妈妈真的不要他了。

刚刚两岁的孩子,受到来自他最亲近的人如此大的打击,那是对幼小心灵最大的伤害。威胁恐吓是典型的一种精神惩罚,孩子如果经常受到威吓,容易形成胆小怕事、孤僻不合群的性格,甚至导致心理疾病,如恐惧症(怕黑、怕某种动物、怕一个人独处等),或焦虑症(表现为过分敏感多虑,经常为一些小事烦躁不安,焦虑担忧)等。

胖乎乎的小波十分招人喜欢,可就有一点,经常感冒,而且一感冒扁桃体就发炎。每次发炎,小波都难受得吃不下睡不着。为此,妈妈带他去医院做了扁桃体实验手术。手术很成功,小波马上就要康复出院了。可这时细心的护士发现,活泼的忽然变得异乎寻常地孤独离群,而且,突然不肯与任何人讲话了。

后来,医生了解到,原来小波的妈妈为了能让儿子早日康复,便吓唬他说:"不要跟陌生人说话,如果跟陌生人讲话你就会死的。"小波害怕自己真的会死掉,便再也不敢和不认识的人说话了。

有些父母出于对子女的爱,常用威胁恐吓的办法来束缚他们,希望他们能免受伤害。但是,做父母的利用孩子对自己的信任,让他们置身于恐怖的境地,终日神经紧张,提心吊胆,这种爱的束缚已经是一种精神虐待了。

· 父母禁言 ·

有些父母出于对子女的爱,常用威胁恐吓的办法来束缚他们,希望他们能免受伤害。但是,做父母的利用孩子对自己的信任,让他们置身于恐怖的境地,终日神经紧张,提心吊胆,这种爱的束缚已经是一种精神虐待了。

再哭就让警察叔叔把你抓走

当你看到孩子不听话,想随口拈来那句"警察叔叔来抓你"时,请你压下心头的怒火,静下心来翻翻这本书,找到既可以让孩子不淘气又可以让他健康成长的方法吧!

"再哭!再哭让警察叔叔把你抓走!"这句话是不是听起来有点耳熟?

想想大家小时候,是不是也曾被这样吓唬过?不过也许来"抓"你的人不是"警察"。有人曾做一个小调查,30名家长中,100%的家长在小时候,都曾经被各种各样的言词吓唬过,其中,在已经为人父母的人群中,几乎所有的家长,也都曾经或者正在使用各种各样的言词来吓唬孩子。

在去逛街的路上,朋友淑萱讲了她和女儿昨天晚上的事:

已经晚上10点了,睡觉时间早就过了,可童童就是不肯上床睡觉,还精神十足地缠着我玩捉迷藏的游戏,好像一整天都没有玩够似的。

"妈妈,妈妈,我要玩捉迷藏嘛!"一边说着,一遍拽着我的胳膊央求着。你想,我都上了一天班,回来又做饭又洗衣服,已经累得不停地打着"哈欠"了。

"童童乖,咱们去睡觉。"我一边说着一边帮孩子铺着被子。

"不嘛不嘛,我就要玩捉迷藏。"童童一骨碌从被子里钻出来,拿着玩具熊打着我。

"童童乖,到了睡觉的时间了,要不明天就长熊猫眼了哦,"我就顺手又把被子给她盖上,说,"来,妈妈陪你一起睡"。说着自己已经倚在床头合上了眼睛,边用手轻轻拍着孩子哄她入睡。

可是,童童才不管我这一套呢,一骨碌又爬起来,凑上前去,用小手把我的眼睛掰开,"妈妈,妈妈不要睡,我们一起玩捉迷藏嘛……"

我终于没了耐性,我厉声道:"童童,赶快睡觉!再不睡觉,警察叔叔来抓你!"

这下子可把童童吓坏了,小家伙真的不吵闹了,不情愿地钻进被子里。

淑萱在讲述这个故事的时候好像有点得意的样子,她说:"你看,小孩子就是比较容易'收拾'吧!"

我一脸的无奈:"真的好用吗?这样不太好吧?"

事实上,就像前面提到的那样,在我国,父母为了让孩子听自己的话,常常用各种吓唬孩子的手段。大家也没有去想这有什么不对,一代一代传下来的:我的父母是这样吓唬我的,我也这样吓唬孩子。

这样,在大家的日常生活中,拿"警察"和"白大褂"来吓唬孩子,就是太常见的事情了。由于历史悠久,又效果显著,用一直被家长们作为制服孩子的"杀手锏"之一,并且津津乐道,屡试不爽。

> **·父母禁言·**
>
> 在大家的日常生活中,拿"警察"和"白大褂"来吓唬孩子,就是太常见的事情了。由于历史悠久,又效果显著,用一直被家长们作为制服孩子的"杀手锏"之一,并且津津乐道,屡试不爽。

我要用三个数强迫你做事

我们常常看到这样的场景,家长对正看得津津有味的孩子说道:"到时间了,别看了,赶紧回屋睡觉去,明天还得上学呢!"孩子正被电视情节所吸引,眼睛都不离开电视,只是点头"嗯"了一声。

过了一会儿,家长看孩子还在那里出神地看电视。"没听见我说话吗?把电视关了,回屋睡觉去!"

孩子从椅子上站起来,边看边一步一步慢慢地往自己屋里走,一步三回头。

这时家长喊一声:"我数三个数……"

孩子嘴里小声唠叨着、埋怨着,同时跟着家长数数的节奏,一步一步地挪回到自己的房间,在家长数到"三"时,"啪"地关上了自己房间的门。

由此我们可以看出,当父母发下命令之后,孩子不愿意去做,或者磨磨蹭蹭,消极怠工时,父母就以"三个数"来督促孩子尽快按自己的命令去做,让孩子乖乖地去服从。这是一种非常简单粗暴的管教方式,对孩子的影响并不好。

或许有人会说,孩子是故意磨蹭或者不听话,而大人就不一样了。无论是孩子还是大人,都有自尊心,无形中这三个数都会伤到孩子的自尊心,而且显示出自己高高在上、不容置疑的架势。这三个数虽然从表面上孩子听从了家长的命令,按家长的要求去做了,但是心服口服了吗?

所以对于家长来说,别轻易数这三个数,虽然你觉得这是让自己令行禁止的法宝,但是你要以身作则,这比单纯地给别人去发命令强得多。你按时睡觉,自然给孩子树立一个好榜样。另外,让孩子在威胁之下,被迫去做事,也会带来许多麻烦和后遗症,所以家长一定要谨慎地说这三个数。

当孩子不愿做一件事时,就要适时地增加兴趣,吸引他来做,而不应该用数三个数逼他就范。这样会把他本来就有的兴趣给逼没了,让他觉得非常厌烦。

对于年龄小的孩子,可以采取过渡的方式,或折中的方式,比如孩子不爱洗澡,可以让他边洗澡边玩玩具,这样没有打断的他的兴趣,也给孩子洗了澡。对于年龄大点的孩子,可以把决定权交给孩子,让他体会到"主人翁"的快感,让他为自己的时间做主,父母适时地做"甩手掌柜"。

其实对于父母来说,主要的不是体验自己的权威,而是培养孩子自己管住自己的能力。我们知道,如果这个孩子能对有兴趣的东西自己管住自己,那么当他进入社会之后,就能抵御很多诱惑,最常见的就是打游戏,从小能约束自己的孩子,长大不会沉迷于某种事物之中,具备了管住自己能力,这就家长就可以真的当放心的当甩手掌柜了。

培养孩子的自制力,家长还要做到以下几个方面:

(1)父母要做好榜样。有个心理学实验,给幼儿看有关"自制力"的录像(比如等妈妈来了再吃饼干、公共场所不乱跑、参观画展时不乱摸等),结果这部分幼儿比没看录像的幼儿自制力强。可见,自制需要榜样。生活中孩子最容易模仿的对象是父母,父母自制力的表现会影响孩子自制力的发展。一位家长对此深有体会,他若和朋友打牌,女儿就坐在电视机旁做作业,以写作业之名,行看电视之实;周末他没按时起床,女儿也趁机躺在床上看小说,放弃英语早读;他忙起来顾不上整理房间,女儿书桌上讲义、卷子、本子也越堆越乱……所以,他根据自己的经验认为:父母,必须先教育自己增强自制力,才能帮助孩子建立自制力。生活中父母若能训练自己具有排除干扰,集中精力;令行禁止,说到做到;机智灵活,随机应变;坚持目标,始终不渝等自控能力,那么,孩子在父母的影响下,不用去数那三个数,自制力也一定能得以提高。

(2)设置过渡期。比如孩子在做一件非常喜欢的事情,你要让他停下来去做你要求的事,这时,你可以先提出一段过渡期:"儿子,你最多可以再看十分钟电视,然后就到了睡觉时间了。"这十分钟时间内,家长就可以做"甩手掌柜",让孩子自己来支配。孩子在这十分钟之内,做好充分的思想准备,等到时间了,他若是还没有动,你可以提醒他一下,然后他就会自动离开了,因为十分钟之前他就想到了这样的结果,所以不会有太多的抗争。若是当下就让他离开,数三个数之后就离开,可能因为对电视的留恋而一时难以接受。所以不妨设置一个过渡的时间。如果孩子在10分钟之内就自己离开了,这时家长一定要称赞,给予鼓励,这证明了孩子能自己控制自己,自己管住自己了。

父亲知道这个时期的孩子有逆反心理,不喜欢听说教,于是不再跟他唠叨,而是写了个纸条放在儿子书桌上:"我知道你内心是矛盾和痛苦的,你认识到沉溺电脑游戏对学习有害,但又陷入其中不能自拔,这都是自制力太弱导致的。高尔基说过,哪怕是对自己小小的克制,也会使人变得坚强。"第二天,儿子主动向父母打听怎样才能增强自制力。父亲说:"不需要特殊方法,自制力是在日常生活小事中逐步磨炼出来的。比如按时起床,还是再赖会儿床;看精彩节目,还是完成作业。这都是对自制力的考验。如果你在小事上加强自制力的锻炼,遇到大事,也能表现出坚强的自制力。"儿子想了想说:"明天我6点起床,跑步20分钟,希望你能督促我。"

为了进一步增强自制力,家长还跟孩子一起,商量了每天的作息时间表。这时,完全让孩子自己来管理自己,让孩子自己规定自己的休息时间,家长只是提些建议。如果孩子第一次做得不对,但他还是很坚持,父母可以听任孩子的,一两天之后,他犯了错,让他心服口服,再帮助他合理地调整。比如孩子把自己做作业时间规定少了,他完不成作业,那第二天他肯定会受老师的批评,父母这时候再适时地教导,帮助合理规划。

通过这种做法,孩子的自主意识被激发出来,自己管理自己,自己要管住自己,这样他的自制力也会得到提升。所以父母再也不用经常站在旁边"数三个数",完全可以放心地去做"甩手掌柜"了。

> **·父母禁言·**
>
> 当父母发下命令之后,孩子不愿意去做,或者磨磨蹭蹭,消极怠工时,父母就以"三个数"来督促孩子尽快按自己的命令去做,让孩子乖乖地去服从。这是一种非常简单粗暴的管教方式,对孩子的影响并不好。

必要时我们会吓唬你

马路上车流涌动,一位妈妈正在牵着孩子的手过马路。孩子执拗着想挣脱妈妈的"保护",自己过马路。这时候,妈妈扭头冲孩子来一句:"宝宝要乖啊,要不会被车撞死的哦!"

我们常见到类似的例子,孩子一碰电线,奶奶就马上大惊小怪地跑过来:"宝宝,不要碰哦,会被电死的!"就这样,小孩儿刚要伸出的手马上缩了回来。以后,碰见电线或者插线板,小家伙也不敢碰了,嘴里还嘟囔:"会被电死的。"

在旁边的奶奶看着会心地微笑,牵过孩子的小手说:"我孙子真乖,真聪明!"

奶奶只是怕宝宝受到不必要的伤害,小孩子一般都天性好动,又有强烈的好奇心,对什么东西都充满着好奇。家人怕孩子受伤害,便只好采取这种"一棍子打死"的教育方式了。

家长因此是省心了不少,也让孩子避免了危险,但是,这样却给孩子带来很多不利的影响:经常吓唬孩子,会让孩子变得胆小,很多东西可能都不敢碰了,他以为碰碰电线就会被电死。而且这也让孩子错失了认识世界的机会。要知道孩子正是通过自己的触觉、视觉、嗅觉等感知来逐渐认识这个世界的。

其实,大人在禁止孩子做这些危险的事情时,应该给出孩子理由。如果怕孩子不懂,可以借助一些玩具模型、图片、动画告诉孩子如何安全用电,也可以借助两辆小汽车模型对撞来说明交通事故的危险性,而不是用简单的一句"被电死"或者"被撞死"吓唬孩子。

吓唬,让我们的爱变了质。

"你再哭,警察叔叔就来抓你了。"、"你再不睡觉,大灰狼就来吃你了。"听到警察叔叔要来抓他,孩子立时止住了哭声。想到大灰狼要来吃他,孩子兴奋的情绪顷刻间蛰伏,变得安静下来。这些方式看起来立竿见影,很容易让家长产生依赖。虽然有时他们内心深处也会隐隐有一丝不确定,不清楚这样处理问题是否会给孩子带来伤害。但是,当家长缺乏足够的智慧去应对的时候,还是会下意识地采用如此"简单有效"的方式。

某天,在小区散步,碰到一位妈妈,正带着一个3岁的小男孩在玩沙子。听说我是做儿童教育工作的,这位妈妈很兴奋,随即跟我聊起了最近令她特别苦恼的一件事:在孩子两岁左右的时候,因为小家伙越来越调皮,奶奶无意间来了一句:"你再不听话,就把你放马桶里冲走。"果然,孩子立刻就乖巧了。从那以后,"你再不听话,就把你放马桶里冲走"成了奶奶的杀手锏。但凡驾驭不了孩子的时候，奶奶就会放出这句狠话，而孩子也即刻被"制服"了。奶奶的杀手锏虽然轻轻松松解决了很多问题，但是，好景不长，更令人头痛的问题来了：从孩子两岁半开始，他再也不敢在马桶上大小便了，甚至连洗手间的门都不敢进。于是，经过尝试之后，在孩子的哭闹声中，大家只好让步，让他用便盆在客厅解决问题。在家还好，外出就麻烦了。因为不肯去洗手间，在需要解决大小便问题的时候又找不到令他满意的便盆，小家伙闹腾起来，常常会让大家下不了台。眼看孩子马上就要上幼儿园，这就更成了一个令人头痛的问题了。

正如这个案例所说的一样，当家长以吓唬的方式去解决问题时，孩子的安全感建立不起来，就一定会带来新的问题。新的问题往往更令大人头痛。很多成人莫名其妙地抗拒某些事物，或者对某些事物有着"天生"的恐惧感，大都源于小时候的类似经历。

我的一个朋友学了车好几年都不敢上路。原因是害怕警察。只要一想到会遇到警察，她就紧张得不行，手忙脚乱，不知道怎么驾驶车辆了。她之所以如此畏惧警察，就源于小时候经常被奶奶吓唬："你再不听话，警察叔叔就来抓你了。"试想想，一个被吓大的孩子，他从何处获得足够的心理能量，让自己成为一个内心强大的人呢？

当然，不是所有的孩子将来都会像这个朋友一样，成人之后依然害怕某些事物。大多数的孩子随着年龄的增长，生活经验的不断积累，他会明白，原来奶奶说的话都是假的。于是，奶奶的吓唬不再起作用，奶奶在孩子心目中也失去了威信。一个缺乏威信的人，他说什么话，孩子都不会当真的。

从另一个角度来说，吓唬孩子，对孩子来说是多么不公平的事情。看看孩子澄澈的双眼，想想那个令我们偶尔头痛的小天使，他是多么的依恋家长，不管家长是刚吓唬过他，还是刚打过他的小屁股，他全都既往不咎，一如往昔地爱着他们，不带任何附加条件。早上一睁眼，他最先想到的一定是父母。如果看不到爸爸妈妈，他一定翻身下床，四处寻找，或者惊恐地呼喊家长。如果发现家长因为他的某个行为不高兴了，他会尽速去改变，以别的行为来迎合我们。除了热恋中的情人，这个世界上还有谁会如此在意我们呢？客观地衡量一下，父母对孩子的爱，与孩子对父母的爱是多么的不对等——只有当他是大人期待的那个小天使时，父母才视他如心肝宝贝，否则就会变脸。

从现在开始，试着向孩子看齐，让吓唬与功利都一边儿去，给孩子无条件的爱吧！当然，在孩子挑战大人底线的时候，父母还是要坚守底线的。

·父母禁言·

大人在禁止宝宝做这些危险的事情时，应该给出宝宝理由。如果怕宝宝不懂，可以借助一些玩具模型、图片、动画告诉孩子如何安全用电，也可以借助两辆小汽车模型对撞来说明交通事故的危险性，而不是用简单的一句"被电死"或者"被撞死"吓唬孩子。

第三章　孩子，你怎么这么不听话

你这么调皮，真不是好孩子

大部分孩子都是调皮淘气的，但在大多数家长的眼里，似乎只有文静、听话、老实才是好孩子的标签。对于调皮好动的孩子们，多数家长往往会忽视了"淘气"背后那活泼机灵的本性，将注意力放在在孩子因为"调皮"而造成的"不良后果"上，对孩子从中表现出来的闪光点视而不见。很多家长对孩子这样的表现采用消极方式进行教育，这会给孩子们的幼小心灵造成很大的伤害，甚至容易引发严重的后果。

小池今年刚满5岁，非常活泼调皮，总是不听话，爸爸妈妈为此很伤神。过生日时，妈妈送给他一盒水彩笔。从此，小池就爱上了绘画。没事的时候，他就坐在茶几的小板凳上心无旁骛地画画。爸爸妈妈总是表扬他画得很好，小池听了更是劲头十足。

有一次，妈妈去厨房准备晚饭，只留下小池独自在客厅。她为小池准备了很多张白纸，对小池说："妈妈要做晚饭，你自己乖乖画画好吗？"小池懂事地点点头，说："没问题。"看着小池在纸上画下了各种图案，妈妈就放心地离开了。然而当妈妈再回到客厅的时候，眼前的一幕把她惊呆了——小池的画板不再是白纸而是客厅洁白的墙壁。顺着画迹低头看，白色的真皮沙发上也全都是水彩笔道。

妈妈愤怒中举起了手要打小池。小池吓得哭了起来，边哭边委屈地说："我觉得墙上没有图案，一点都不好看，所以才给它画画的。沙发是不小心蹭脏的。"这时气急败坏的妈妈再也不想听小池的"狡辩"，一把抓过小池的小手打了一下。小池觉得自己被冤枉了，他想不通为什么会挨打。而且，在他看来，现在的墙面比起以前要好看许多，而爸爸妈妈也常夸他画得好，那在墙上画怎么就不可以呢？

多数研究表明，"淘气"的小孩一般比较好动，求知欲强烈。有句俗话叫"淘丫头出巧，淘小子出好"。多数情况下，人们认为淘气的孩子聪明、想象力丰富、动手能力强。要是教育得好，小时比较淘气的小孩子长大以后会比那些循规蹈矩的小孩子成就更大，但是现在很多家长不认可淘气的小孩。因为在他们看来，这种小孩不听话，不易管教，令人头疼。可家长们却不知道，在他们迫使孩子听话的同时，孩子的无限创造力和想象力也说不定被抹掉了。

当孩子成长到一定程度时，淘气是一种避免不了的情况。这个时候父母对待孩子淘气的态度不应该是加以限制，不该把他们探索新奇世界的行动判定是不正确的。家长应当使用恰当的教育方式，以不违背孩子心理状况为前提，让孩子拥有自控能力。

（1）要时刻注意关心孩子。当家里有客人时，大多数父母都想让孩子离远一点，唯恐孩子不听话而惹祸。要知道孩子之所以在这种时候不听话的原因不外乎就是认为自己不被关心,为了吸引大人的目光,家长在会客时,不应该对孩子不闻不问,也应适当地谈论一些孩子可以参与的话题,比如最喜欢看的动画片、在幼儿园的小伙伴等,这会让小孩子产生一种大人们在关注他的感觉,他会很主动地参与交谈,也不会故意制造事端来吸引注意。与此同时,家长也能更了解孩子,有利于家长和孩子之间感情的交流。

(2)让孩子始终保持兴趣。一般孩子都是活泼淘气的,要是很长时间没有什么有趣的事物调动他们的积极性,自然会感到不耐烦。因此,父母要在孩子无事可做的时间安排一些活动,防止孩子用"淘气"来表达自己的不满情绪。例如,如果孩子要等待家长很长时间,父母应在此之前为孩子备好小食品、玩具等,或是教他一些可以一个人玩的小游戏,让孩子有事可做,一直专注于一件事上,就不会因为不耐烦而淘气闯祸了。

(3)经常讲一些常识和规则给孩子听。家长要经常教育孩子在别人家做客时要讲礼貌、在车厢里乱跑乱动不安全等社会常识,也可以用奖励的办法来帮助孩子自觉遵守社会规则。但事实上,孩子生来喜欢活动,不应过分抑制,而孩子的自我控制能力会随着年龄的增长越来越强。

·父母禁言·

对于调皮好动的孩子们,多数家长往往会忽视了"淘气"背后那活泼机灵的本性,将注意力放在在孩子因为"调皮"而造成的"不良后果"上,对孩子从中表现出来的闪光点视而不见。很多家长对孩子这样的表现采用消极方式进行教育,这会给孩子们的幼小心灵造成很大的伤害,甚至容易引发严重的后果。

你撒谎就该打

孩子无论善意的或者恶意的谎言行为都是不好的。若养成一种习惯,将会影响孩子一生,因此父母一定要帮孩子改正。很多父母认为,孩子小小的谎言中是没有危害性的,甚至还感觉他们很可爱,其实这有很大的危害。一旦把撒谎当成了习惯,也就为孩子长大后犯错埋下了根源,而且不容易改变。人与人之间的亲密关系容易被谎言腐蚀,造成人与人之间互相怀疑,而且说谎也意味着不尊重说话对象。

孩子在两三岁时,认知和语言能力发育还不成熟,他们还不能意识到话语和行动之间的关系。通常,当孩子长到四岁,他们就知道故意说谎是不对的。事实上,孩子只要稍微大点就很崇尚事实,假如发现有亲人欺骗他们,他们便会愤怒。

随着孩子年龄的增加,大多数孩子的情商也会相应得到提高,但针对诚实来说却不是这样。五岁时大多孩子还认为说谎是不对的,自己从未说过谎的占75%。但是到十一岁时,却只有28%的人觉得说谎是错误的,基本上每个人都说过谎。随着不断长大,孩子开始区分谎言的类型和轻重程度。

导致孩子说谎话的原因有很多,有的可以被理解,有的不能被理解。为了免受惩罚、得到自己想要的东西或让同伴羡慕是幼年孩子说谎的原因。尽管人在成长过程中不可避免地撒谎，但是如果孩子习惯性说谎就成问题了。一位儿童心理学家说，撒谎会使父母处理问题很困难，撒谎成为一个问题就更严重了。谎言使两个人距离越来越远，互相信任的关系就被损坏了。

调查显示，爸爸妈妈经常说谎孩子也会这样。另外，管教不多、对孩子不闻不问的家庭出来的孩子也爱说谎。自己说过谎人人都是承认的，但父母也该清楚说谎对孩子有什么影响。当然，对孩子说谎永远没有正当的理由。把所有事情都告诉孩子们并不是必须的，很多事情是家长所不知道的，远远超出孩子的理解能力的事，比如你的隐私。即便如此，若孩子真的要问你，也要告诉他们实话，编瞎话是完全没有必要的。父母也要在家里经常探讨诚实的重要性。让孩子养成诚实的习惯，这也有利于孩子变得诚实正直起来。

习惯性行为中的一种就是欺骗，经常撒谎的孩子会习惯性撒谎，因此，父母教育孩子的时候要特别注意培养孩子的良好品行。

  列宁是俄国十月革命的领导人，性格开朗活泼好动是他小时候的特点，家里的东西常被他弄坏。

  他8岁的时候，母亲带他到姑妈家中做客。列宁一不小心把姑妈的一只花瓶打破了，只是当时没有人看见。碎花瓶很快被姑妈发现了，便问孩子们："谁把花瓶打破了？"孩子纷纷说不是自己。小列宁认为这是在姑妈家做客，担心在说出实话之后被责备，所以他顺着大家的回答也说："不——是——我！"

  但是，母亲看出了小列宁在撒谎，便知道花瓶是他打碎的。因为小列宁特别淘气，类似的事情在家也常发生，但是每次小列宁都主动承认错误，从不撒谎。列宁的妈妈在想：这不是一件小事，小列宁撒谎这件事情要怎么对待呢？当然，如果直接揭穿这件事最省事的办法就是严厉处罚他，但她并没有这么做，她要帮列宁纠正错误，让他主动认错，养成诚实的好习惯。

  此后很长时间他们都没提这件事，但是列宁的妈妈通过给列宁讲故事教育他要诚实守信，当然目的只有一个——让孩子真正从内心认识到自己做错事了。此后，列宁的妈妈明显地感觉到，列宁不再像以前一样活泼了，他似乎被什么事情折磨着。第二天妈妈跟平时一样，边讲故事边抚摸他的头。小列宁突然大哭起来，伤心地告诉妈妈："我撒了谎，并且欺骗了姑妈，我打碎了姑妈家的花瓶，但是我没有承认。"听着儿子羞愧难受的述说，劝慰他的时候妈妈很耐心，说："好孩子，你是好样的，这没什么，好孩子应该勇于悔过，赶快给姑妈写封信，告诉姑妈你犯了错，姑妈知道后一定不会责怪你的。"

  妈妈帮着小列宁给姑妈写了一封信，向姑妈承认错误，说花瓶是他打碎的，并请姑妈原谅。不久，姑妈就给小列宁回信了，信里说，姑妈不仅原谅小列宁，还对小列宁勇敢承认自己的错误进行了赞扬。小列宁得到姑妈的原谅，自然十分高兴，像原来一样活泼可爱了。他还告诉妈妈："诚实真好，心里踏实，也不用有思想负担了。"儿子和妈妈都笑了。

父母必须认识到一点：孩子撒谎不是什么可怕的事情，可怕的是父母对孩子的谎言不闻不问。父母若想要帮助孩子不说谎，培养孩子诚实的品行，是需要耐心的。阻止孩子说谎，培养孩子的诚实要注意以下几点：

（1）要树立良好的榜样。孩子如果说了谎话，父母最好能用一定的时间，跟孩子进行沟通如果孩子承认自己犯了错,孩子的诚实表现一定要被称赞,可以这么说:"你虽然做错了事情,但是你勇敢承认了错误,这一点让我很高兴。"孩子最早的老师就是父母,孩子的成长深受父母言行的影响。因此父母不要在孩子面前说谎,即便有些是出于善意的,也不要说。诚信是一个人做人的根本。无论对事还是对人,父母一定要做到真心实意,这样才能让孩子跟你一样学得诚实做人。

(2)要找出孩子说谎的原因。假如孩子到了懂事的年龄却还是不诚实,父母应该找出原因。下边是相关心理学家说的几种:

①为了不受到惩罚:很多父母都认为,孩子说谎的主要原因是因为不知道撒谎会造成什么后果。其实,说了真话可能会得到惩罚才是孩子说谎的原因。

②觉得无可奈何:很多父母都没意识到,其实是父母逼着孩子撒谎的。父母应该知道孩子也有权沉默。当大人们在处理一些复杂的问题时,也经常什么话都不说。如果非要孩子说话,孩子也就只能说谎话了。防止出现这种状况,可以让孩子缓解一下,等大家都平心静气了,孩子会主动说出事情的真相。

③为了让父母开心:皮亚杰博士作为著名发展心理学家,他们认为四岁以下的孩子判断自己是否做了恰当的言行时,通常会看父母脸上的表情。所以为了不让父母生气,他的第一反应就是不要告诉父母自己做了什么事。

④获得安全感:需要安全感是孩子说谎的原因,假如父母能够给孩子足够的安全感,孩子也就不会再说谎话了。

⑤减少孩子的心理压力:如果父母对孩子期望过高,孩子就会有过高的心理压力,这是孩子说谎的原因。所以,父母要对孩子设立合理的期望值,让他们做出超越本身能力的事情是不可能的。父母对待孩子要宽容,经常跟孩子沟通交流,孩子的心理障碍就会在一定程度上被消除,跟孩子做好朋友。

总之,要认真分析孩子说谎话的原因,然后才能对症下药,正确地引导和教育他们。父母都希望自己的孩子有成就,让每个孩子都成为杰出青年是不可能的,不过一定要让他们成为人格健全的人。

> **·父母箴言·**
>
> 父母要认真分析孩子说谎话的原因,然后才能对症下药,正确地引导和教育他们。父母都希望自己的孩子有成就,让每个孩子都成为杰出青年是不可能的,不过一定要让他们成为人格健全的人。

你不可以顶嘴

大多数家长认为孩子跟自己顶嘴,是不听话的表现。实际上,他们只是想表达自己独立的思想。父母应该看清孩子什么时候才是真的顶嘴,他们有时候只是为了表达自己的个性。在孩子还小的时候,经常会说一些可笑的话。就在你为此高兴时,你也会意识到,每每你让他去做什么事,他会立刻脱口而出:"不要!"——孩子已经慢慢开始跟自己顶嘴了。

实际上,这是孩子成长中必须经历的过程,也是孩子正常的成长表现,他是在告诉你他已经开始有了独立意识,对任何事情也都有自己的见解。

小年很喜欢跟妈妈顶嘴。一旦妈妈叫她做什么事,她就顶嘴:"我才不要这么做!这么多事情其他孩子都不用做!"妈妈说:"不行!你真正做的事情很少!你都已经这么大了,这些事是你该做的了。""我已经做很多了!无论怎样我都不会做了!"小年大声说,然后又回到自己房间了。妈妈知道,如果这样吵下去的话一定没有好结果。她决定,下次要采取不同的方法应对小年跟自己吵架。

"我必须做家务是什么原因?人家乐乐什么都不做!"这天,妈妈让小年去丢垃圾,她又开始吵闹。"小年,你太闹腾了,再和你争论下去并不是我想做的。"妈妈接着说,"下次我再吩咐你干活,希望你直接答应,然后开始做事。""为什么?我才不要这样"小年生气地说。小年的态度不被妈妈理会,妈妈继续说:"假如你照我的话做,你就能够去做自己喜欢的事情了;假如你继续吵闹,我会给你更多的工作。明白吗?""我不明白!我就是什么事都不做!"小年还是很大声地说话。"很好,你现在就有一个工作要做。"妈妈温和地说,"现在去打扫客厅,做不完这个别做其他事。"小年开始耍赖,她什么都不做,然后快速奔回了自己的房间。

吃晚饭时,她发现餐桌上没有她的碗筷。"为什么没有我的?"她问。"如果你做完我吩咐你的事,自然会让你吃饭。"妈妈回答说。小年顿时懂了,他很快把客厅打扫干净了,而且也把垃圾倒了。"妈妈谢谢你。"晚上睡到床上,妈妈边吻她边说。从此以后,小年不再跟妈妈顶嘴了。她发现,唇枪舌剑的好处没有好好听话的好处多。

通常,以下情况会导致顶嘴状况的发生:一是没顾及到孩子感受,例如孩子正玩得开心,你却让他立刻去睡觉;二是交流不够,孩子认为父母总是干涉自己,因此就会顶嘴;三是父母对孩子太溺爱,一般对长辈有恃无恐的都是被溺爱的孩子;四是父母的反面榜样作用,假如父母经常和家庭其他成员顶嘴,孩子也会效仿家长这样做。因此面对顶嘴的孩子,父母要慎重对待,要合理应对真的顶嘴,如果孩子只是想表达自己的个性思想,父母也要慎重对待。

(1)要控制好自己的情绪。孩子之所以会顶嘴,是因为他们还没学会恰当地表达,父母不用生气。其实自己遇到不痛快的事而迁怒于孩子往往才是真正原因,这些父母自制力也不是很好,因此在教育孩子的时候难免粗暴急躁,孩子的心灵被伤害往往是因为这种不当的处理方法。

(2)主动了解孩子的意图。父母应该懂得,孩子表达自己的意图的时候一般很直接,不会掩饰。因此,当孩子跟你顶嘴时,你应该问问自己:"小孩子会怎么想发生的这一切?"当你真正了解了孩子,为什么突然之间这孩子变得那么粗鲁你就会理解了。设身处地地站在孩子的角度思考问题,有利于缓和气氛和舒缓自己的情绪。要给孩子做出榜样,教育他们学会控制自己的情绪。

(3)提醒孩子改变说话方式。父母直接严厉地说不准孩子顶嘴,还不如告诉孩子"你换一种口气我可能更会喜欢"或"你这样说话并不是我喜欢的,试着陈述你的道理。"假如孩子正在生气,父母可以告诉孩子说:"我知道你正在生气,我们应该在你冷静下来之后谈话好吗?"

（4）给孩子做个好的榜样。假如在孩子面前跟老人顶嘴,可想而知管教孩子的难度了。所以,父母要以身作则,温和处事,不要心急,对长辈要尊重,这样孩子听从教导是很自然的事情了。

（5）减少对孩子的溺爱举动。溺爱的坏处是所有家长都知道的,要想减少孩子的顶嘴现象,必须消除溺爱孩子的氛围。全家要站在同一方向,假如孩子不听话,而且顶嘴胡闹很容易看出来,这时大家要特意不跟他说话,让他感受到孤立,让他承受这样做的后果。如果他变得讲道理听话时,就要对他进行一些恰当的鼓励。

·父母禁言·

孩子之所以会顶嘴,是因为他们还没学会恰当地表达,父母不用生气。其实自己遇到不痛快的事而迁怒于孩子往往才是真正原因,这些父母自制力也不是很好,因此在教育孩子的时候难免粗暴急躁,孩子的心灵被伤害往往是因为这种不当的处理方法。

你的"口头禅"必须马上根除

小佳是个聪明的孩子,在同学们之间他很有号召力。一到下课,同学们就都围在他身边,听他说话。但他的话语比较不礼貌,而且经常乱说根本不顾及场合,老师多次进行教育,不过却没有什么效果,仍然会不经意间说脏话。

有一次上语文课,在老师提出问题之后他不会回答,因此被老师罚站。老师打算继续讲课,小佳却说出了一句很难听的口头禅。才刚刚毕业的语文老师,听了这话,觉得很窘迫,差点没哭出来。小佳看出来老师生气了,显得很慌张,想给老师些安慰,却不知说什么好。

造成孩子出现这种情况的原因有以下几点:

（1）社会不良风气的渗透。每一时期的"口头禅"都是时代的产物之一。不管是在什么场合,我们随时可以听到各种层次的人讲一些低级趣味的笑话。这些话会造成孩子道德水平的下降,从而造成人际关系的疏远。孩子的视听被当今时代的各种传媒蛊惑,从孩子的口中我们就可以知道这个社会的基本风貌。因为很多孩子模仿许多广告和主持人的下流俏皮话,所以,社会上也有很多人呼吁救救我们的孩子。

（2）孩子对学习、生活的态度和观念的不良倾向。"口头禅"在一定程度上反映了人们对待生活和人生的态度。相关调查发现,有一部分"口头禅"被用来描述孩子的心情,其中,正面情绪需要比负面情绪少。因为孩子对枯燥乏味的学校教育都有厌烦情绪。此外,很多口头禅还很有流氓气息,我们不难看出来学校的很多孩子拉帮结伙,模仿黑社会。在他们的这些口头禅中,他们对外部社会的感受被真实地表达了出来,这些口头禅也导致他们有了一些错误的价值观。

(3)同学们间的不良影响。孩子进入校园后,没有以前与父母接触和交往的时间多,他们大多数的时间是跟同学在一起,大家互相模仿和学习,也进行情感交流。毋庸置疑,较好的周围环境可以使孩子们重视友谊,学会宽容,热情开朗,积极向上。不过,在每个班级里都会有一群一定威信和感染力的孩子,会在其他孩子身上产生很大的影响,在这个过程中,孩子们也就被传染了他们的口头禅。其实,大部分孩子都不是真正了解他们的口头禅的含义,只是跟同伴玩的时候无意间学会的。

针对孩子的这个情况,我们提出了一些建议,父母可以做参考:

(1)帮助孩子树立正确的美丑观和是非观。有这样一句话,"因为我们心怀对美的向往,所以才会觉得世界上有丑的存在"。美与丑是相对的,他们是孩子,还不具备正确的审美概念,还不能正确区分美与丑。因此当孩子有不良习惯时,要对他们进行审美教育。父母可以跟孩子一起讨论美丑的标准,讨论在生活之中,如果碰到丑的该怎么做,以此帮助孩子改掉那些坏毛病。

(2)让孩子自己对"口头禅"进行反馈。美丑观念和是非观念树立之后,家长就可以轻而易举地采用一些方法让孩子改掉口头禅。"划分美好蛋糕"就是一种方法:把一块蛋糕划分为七块,一块代表一天,让孩子记录每天讲了几句不好听的话,讲了几句积极向上的话,然后一块儿做记录,由家长分别给予惩罚和鼓励。家长也可以用录音工具录下孩子说的话,让孩子好好听一下,让他自己进行感受。这样的话,孩子下次讲话时就会稍微注意,说话之前也会先思考一下,慢慢地也就不用口头禅了。

(3)提高自身的语言修养。当今社会还是有以讲"黄色笑话"为时髦的人,这些"黄色笑话"在同事之间传递得很快。很多家长回家后,精神上还处在工作的状态,无意中就会讲一些不适合在家里讲的话,因此孩子也会受到这种影响。所以,作为父母,首先要提高自己的语言修养,从自身做起,不讲一些不良的话语,尤其是在家里。与家庭成员讲话时,努力为孩子营造一个良好的家庭氛围。你希望孩子将来成长为怎样的人,就要给孩子树立一个怎样的榜样,要知道实际榜样比任何语言都具有说服力。

· 父母禁言 ·

作为父母,首先要提高自己的语言修养,从自身做起,不讲一些不良的话语,尤其是在家里。与家庭成员讲话时,努力为孩子营造一个良好的家庭氛围。你希望孩子将来成长为怎样的人,就要给孩子树立一个怎样的榜样,要知道实际榜样比任何语言都具有说服力。

你怎么可以有强迫行为

也许有的时候你会感叹自己的孩子没有别的孩子的很多优点,比如你看到有一个孩子生活总是一丝不苟,任何生活细节都安排得井井有条,但你不知道这些美好的背后很可能存在着难以被控制的强迫感。

路明性格内向，从小做事就很讲究条理，在生活中也很爱干净，他的玩具不允许别人碰，更不同意别人用，而这些用品都摆放在固定的位置。他的作息时间也是固定的，早上如果不到固定时间，肯定不会起床；他宁愿挨饿也不愿意在错过了吃饭时间的时候去吃饭，不论谁劝都没有用；动作和其他人相比，显得太机械化，很死板、不灵活；说话的时候，即便是同一件事情，如果他不重复三四次是不会停止的。

在13岁那年他不小心摔断了腿，而当痊愈后，他又制定了新的规定，他每天都要求自己早饭前必须洗三次手。慢慢地，午饭、晚饭前也都这么做。后来，不管做什么事情，都一定要洗三次手。而他洗手的方式也和同龄的孩子大不相同，他一点都不马虎，涂厚厚的肥皂在自己的手上，然后用力地搓。每次洗手的过程都要花费4分钟，这样做三次，就需要12分钟。每次这样洗手使得路明不能全神贯注地做任何一件事情，不管是多么简单的问题他都要思考很久，就算是坐在椅子上也会不停地使自己变换坐姿。

父亲很注意路明对人的礼貌，所以在这一方面爸爸对路明要求也非常严格，路明从来没有忤逆过他的父亲，更不会粗鲁对待别人。但是路明却很少有朋友，知心话也很少对他的妈妈说，一天和父亲也说不上三句话。

路明已经患有强迫症。强迫症患者中，有的人总是担心自己出门时没有锁门，因此不得不重新返回去看看；有的人会不自觉地数眼前的大楼有多少个窗户，一旦数错，就重新再数，一遍又一遍，来回往复；有的人走在街上走两步就需要跳一下，好像这样可以规避不祥之兆……

很多人认为，强迫现象并不会让当事人觉得痛苦，因为它不是长久性质的，当然对生活和工作也没什么大影响，例如许多人都有反复检查门是否已锁好的毛病，但确认之后就是释然。强迫行为对我们的生活没有什么障碍，只要每天不是一直重复就不用去管它。有些人的强迫行为自己知道没必要做，却无法控制，这就应该引起注意了，因为严重的强迫行为会让他们产生强烈的焦虑感，整天处在担心忧虑中，这样肯定会影响日常生活的正常进行。

孩子受很多因素的作用才有了这样的不良习惯。其中家庭是很重要的因素，很多父母都强硬地对待孩子，这样的做法会让孩子抑制某些行为。有的家长过分地赞扬孩子表现出的自控能力，这样的做法会让孩子以为能进行自我控制是非常重要的，所以孩子会强迫自己思考一些无意识的意念，又或者是做一些无意识的事情，进而达到自我控制。比如有一个孩子非常害怕爸爸生气，所以在潜意识中他非常害怕激怒父亲，每当要与父亲接触的时候，他都会做出一些强迫行为。家长不给孩子自主的机会，对孩子有过分的要求，使得孩子的心理压力不断加大，长期处于紧张状态之中，所以才会强迫自己做出一些行为来缓解这种状态。另外，引发强迫行为和强迫观念的主要原因是有一些孩子在性格上本来就存在一些缺陷，诸如过于胆小、死板、拘谨等。孩子突然遭受病症的袭击，也可能导致并加速强迫症状的现象。

家长可以从行为方面对孩子的这些习惯给予纠正。例如可以在孩子的手腕上套上个圈，一旦出现比如重复计数、重复检查、重复洗手等不可抑制的强迫现象时，就拉动那个圈，这样会让孩子略微感到疼痛，以对抗在孩子身上发生的强迫现象。拉动的次数在刚开始时可能要多一些，只有这样才能起到抑制强迫现象的作用。过一段时间，次数减少就能起到抑制作用，可以同意他将橡皮套摘下来。这样以后再出现这种情况，孩子立刻会想起这种疼痛，这样持续下去，强迫现象会逐渐减少。

除了上边说的那些情况，下边一些方法也可以作为参考：

（1）减轻孩子内在的压力。让孩子自己亲口说出自己的紧张情绪，将内心的痛苦情绪发泄出来，比如自己在过去曾经受过的创伤，让自己处在焦虑不安中的原因。为了降低内心的恐惧就要说出自己的恐惧；要缓解自己的紧张就要说出自己的紧张。当然，父母要正确认识这种行为，如果孩子表现出强迫行为，要耐心倾听，同情孩子，理解孩子，并帮助孩子增强克服困难的信心，不要只对孩子责骂、惩罚。

（2）帮助孩子正确认识强迫现象。对强迫现象缺乏正确的认识，使孩子产生了紧张情绪，加重了孩子的心理负担，其实强迫行为本身并不可怕。家长应该及时教给孩子如何应对，如果发现孩子出现强迫行为，可以让你的孩子做深呼吸来放松自己：慢慢地吸气，再慢慢地呼出来，同时心里默念数字，这样可以解除紧张，让心情平复下来。如果发现孩子出现了一些强迫情况，千万不要强制对待，这是家长最应该注意的一点。当孩子强迫自己重复查看锁门时，你最好不要说类似"不要担心太多"或"放心，相信自己锁了"这样的话，因为通常情况下强迫行为的出现是自己不能控制的，硬性的采取强制方式，会使孩子的内心冲突加重，反而会增加心理压力。一定要顺其自然而非强制，特别是在孩子刚开始培养好习惯的时候。

（3）鼓励孩子多参加集体活动。孩子参加集体活动，积极和外界接触应该是被家长鼓励的，家长应该培养孩子多方面的兴趣爱好，比如唱歌、看书、听歌、做运动等。如果你的孩子特别爱清洁，过分谨慎，刻板又优柔寡断，那么就要纠正孩子的这种偏执性格，让孩子建立起自信心，增强自己的心理承受力，只有这样才能让孩子养成好性格。

> **·父母禁言·**
>
> 对强迫现象缺乏正确的认识，使孩子产生了紧张情绪，加重了孩子的心理负担，其实强迫行为本身并不可怕。家长应该及时教给孩子如何应对，如果发现孩子出现强迫行为，可以让你的孩子做深呼吸来放松自己：慢慢地吸气，再慢慢地呼出来，同时心里默念数字，这样可以解除紧张，让心情平复下来。如果发现孩子出现了一些强迫情况，千万不要强制对待，这是家长最应该注意的一点。

你不可以在公共场所捣乱

每一个孩子在成长过程中都会有强烈的好奇心，也会强烈地想表现自己。但如果你的孩子十分捣蛋以致在公共场合也不老实，那么你就不能不加以约束和管教了。教育孩子应该学会自控，让他做什么事都要看场合。

有一个叫邱泽的小男孩，家长对他宠爱有加。在家里，邱泽总是安安静静的，但每到人多的地方，就停不下来，一点都不老实，还经常把别的孩子弄得大哭或者把一些物品打坏。

邱泽的父母是受过一定教育的人，觉得不约束邱泽对培养他的创造力有好处。但邱泽经常让他人对他不满,还总有人告他状。虽然父母宠爱邱泽,但他们也焦虑于孩子老是捣乱,让周围人不开心,心想要是因此影响了邱泽与周围人的关系,那实在是因小失大了。邱泽的父母不知所措,十分苦恼。

实际上,孩子尤其是男孩子爱捣乱是常有的,关键是家长要采取正确的方法对待。

(1)孩子为什么捣乱。新奇的事物总能引起孩子们的关注,这是心理学上公认的。当孩子慢慢长到三四岁,逐渐增强的自主性、独立性时,他们便不想再被父母控制,会去用自己独立的方式了解世界。捣乱其实是孩子模仿成人生活的一种方式,是孩子的天性,所以家长不要对此感到很惊奇。

①渴望引起别人的注意。希望别人更多注意,更多关注,是人类普遍存在的一种渴望。只不过成人表现得更加含蓄、间接,但是孩子们一般表现得比较明显、直接。有一些在家以自己为中心、被宠爱的孩子,到了一些公众场合,会发现别人眼中的焦点不再是自己,自己不再是受万众瞩目的注意对象,便开始以捣乱这种最直接有效的方式引起别人的注意。

②家长的负强化和环境的影响。其实很多孩子在家的时候都想帮家人干活。比如上面所说的邱泽,看到妈妈在打扫地板,也会跟着妈妈做,清理完了还把拖把扔进拖桶里来回搅动,最后,满屋子都是污水。妈妈看到满屋污水很生气,让邱泽别捣乱,一边玩去。邱泽本来想做好事得到表扬,没想到让家长觉得他是故意捣乱换来了一顿训斥。其实有时候,孩子只是凭借自我意识来行动,家长的批评让这种行为愈演愈烈。还有,外界的环境以及传播介质也总是以打斗、暴力、破坏来引起孩子注意。社会上也有很多人都认为调皮的孩子长大后必成大业,就这样,孩子在无意中也就慢慢受这种思想的影响了。

③个别孩子有多动症。根据调查显示,我国孩子患有多动症的大约占13.4%,这类孩子的症状表现为,不能集中注意力,一直活动,行事冲动。但是,心理学家中很多人都认为,大多数的孩子多动都是一种正常现象,因为孩子天性好动。

(2)纠正孩子爱捣乱的措施。对于一些喜欢找事的孩子,家长应该极力让家庭和学校的教育方式做到一致,这就需要家长多跟学校、老师沟通。因为孩子希望引起别人更多的关注,所以作为家长就应该不要搭理他,慢慢地,孩子发现捣乱这个办法行不通,自然就不会这么做了。有的孩子在捣乱的时候还会进行一些攻击,家长首先应该表扬其大胆的个性,另外,更应该给予他适当的引导,使孩子知道勇敢用对了才是英雄。

①以鼓励为主,寓教于乐。有时孩子可能是想帮助家长做事,这样的本意是好的,不过结果却往往被认为是捣乱。作为父母,不能上来就不分青红皂白地训斥一番,而是先要分析一下孩子为什么这么做,假如孩子本意是好的就应该鼓励,如果不分析原因,上来就责备,孩子就会很容易失去自信心,以后就再也不会帮家长做家务了。教会他做事的方法才是最正确的做法,家长要与孩子一起,寓教于乐,这样才会有更好的效果。

②培养孩子的耐心和注意力。孩子的注意力一向是来得快去得也快。通常,孩子随着年龄的增长注意力也会慢慢完善,孩子小时候的注意力是无意识的,可能是拖了一会儿地,一会儿就又去玩别的了。刚开始做的时候是很认真的,全神贯注,也表现得很有积极性,但是做着做着,可能只是因为某一个环节出现了问题,就生起气来。作为父母,要同孩子一起解决问题,有意识地对孩子加以鼓励和引导,带领孩子将一件事情做完,让孩子去体会成功和满足感。

③创造挫折情境,使孩子学会控制自己。有些孩子已经习惯了自己的捣乱行为,所以只是

采用上面几种方法是不能见成效的,反而会让这种不良习惯愈演愈烈。家长应在平时加强引导这类孩子,特别是当孩子做了对别人不礼貌的行为时,绝对不能姑息,一定要进行批评教育,要让孩子懂得在公共场合捣乱是不对的,在必要的时候,要给孩子创造挫折的情景,让孩子拥有自控能力。

·父母禁言·

有些孩子已经习惯了自己的捣乱行为,所以只是采用上面几种方法是不能见成效的,反而会让这种不良习惯愈演愈烈。家长应在平时加强引导这类孩子,特别是当孩子做了对别人不礼貌的行为时,绝对不能姑息,一定要进行批评教育,要让孩子懂得在公共场合捣乱是不对的,在必要的时候,要给孩子创造挫折的情景,让孩子拥有自控能力。

第四章 孩子,你太让我失望了

你光一门功能课好有什么用

妈妈去开家长会了,洋洋一个人在家。平时,每当这个时候洋洋总是坐立不安。但是这次,洋洋一点儿也不担心,因为这次自己的数学成绩全班第一,想到开家长会的时候,老师一定会在全班同学的家长面前公布这个消息,他不禁得意起来。

"这回妈妈一定会表扬我的!"洋洋想,索性放下手中的课本,兴奋地在自己的房间里走来走去,"妈妈怎么还不回来……"

仿佛等了好久,洋洋终于听见钥匙插进锁孔的声音,于是飞一般地冲出了房间。

"妈,你总算回来了,我……等你半天了。"洋洋窥探着妈妈的表情。

"是吗?我正要和你说说家长会的事。"

"好啊。"洋洋不禁一阵窃喜,就等妈妈的表扬了。

"我问你,你这次英语考了多少?"妈妈语气很郑重。

"76"洋洋有种不祥的预感。

"才这么点儿,你是怎么学的?"

"是不高,可是……可是我数学不是考得很好嘛!"

"只有一门功课学得好有什么用!数学是数学,英语是英语。数学成绩再好也弥补不了英语的不足呀!你不是还想去英国念书吗……"

这下,洋洋知道妈妈又要开始责备了。

希望自己的孩子全面发展,是每个父母的心愿。现代社会竞争如此激烈,多掌握一门技能就多一分胜出的机会!妈妈对洋洋的担心是可以理解的,她希望洋洋的成绩门门都好。

可是现在学生学习的都是综合科目,数学、语文、外语,门门功课都重要,真的让每一个孩子门门知识都要掌握好,考出好的成绩,是很难的。即使有的学生特别聪明,学习拔尖,各门功课也会有差别。大多数学生都有偏科现象,即某一门或者几门功课特别好,有的功课却不好,或者是某一两门功课特别差,其他都比较好。偏科是一种普遍现象,大多是由学习兴趣、爱好的差别,或者老师的影响造成的。

家长总是担心孩子的偏科问题,即使孩子某一门科目考得非常好,家长也会担心,总是喜欢唠叨几句:"孩子呀,可不要太偏科了啊。这考试考的是综合全面的功课,光一门功课学得好有什么用?"、"你怎么就不能让门门功课都像×××一样好呢?光一门功课好,不行啊。"

孩子能有一门功课比较突出,在某些方面有独特的天赋,是一件好事,家长不应当求全责备。如果认为孩子的特长没用,打了消了孩子的积极性,会对他日后的发展造成不利的影响。

古人云:"数子十过,不如奖子一长。"这是一句寓意深刻、富于哲理的家庭教育格言。意思就是说:与其数落孩子的许多过错,还不如表扬、奖励孩子的一个长处或某些长处。

每个孩子的优势都不一样,父母不应该只看到孩子的缺点,对孩子的优点熟视无睹。其实这是一种十分错误的教育方法,不符合孩子的心理特征,会让孩子产生消极的情绪,也达不到家长期待的那种激励的目的,反而弄巧成拙。父母可以试着从孩子的角度来想一想:经过了自己的努力,学习取得了令人满意的成果,并得到了大家的肯定,但是自己的父母对此却并不在意,而是吹毛求疵地提出了更高的要求,孩子会是怎样的心情呢?

所以,家长要正确对待孩子的偏科现象,充分肯定孩子的长处,对孩子给予及时的表扬和鼓励,这样才能让孩子产生信心,有追求进步的动力。在此基础上再指出孩子的过错或不足,孩子会更容易接受大人的意见。

父母谈到孩子的学习时,应该注意扬长避短。先要充分肯定孩子的优势,再针对没有学好的学科帮孩子分析一下原因,提出对策和改进措施。这样不仅给予了孩子自信,而且教会了孩子学习的方法。

·父母禁言·

家长要正确对待孩子的偏科现象,不要挖苦孩子,要充分肯定孩子的长处,对孩子给予及时的表扬和鼓励,这样才能让孩子产生信心,有追求进步的动力。

你怎么这么没用

经常对孩子冷嘲热讽,会挫伤孩子的自尊心,使其灰心丧气,并渐渐地变得胆小懦弱,什么事情都不敢去尝试,遇事也是畏缩不前。

美美是一个事事追求完美的孩子,每天做作业都希望能做到最好。因此,每天放学以后,总是有做不完的作业,以至于每天晚上都睡得很晚。然而,因为睡眠不足,第二天上课时便无法集中精力,如此恶性循环,美美的成绩便每况愈下。

更为遗憾的是,美美的妈妈不仅没有帮助孩子分析原因,找出改正的方法,反而还经常讽刺她:"你是怎么学的,我看你根本就不是学习的料,学了也白学。"

由于经常受到母亲的讽刺,美美也觉得自己是有点笨,学了也是白学,于是失去了学习的积极性,成绩更是一落千丈,直到14岁才勉强上完小学。

美美自知无法考上中学,心里也一直认为自己比其他人都笨,只好辍学出来工作。由于美美对自己失去了信心,每份工作都难以令人满意,结果在职场上也是连连受挫。

在外人眼中,美美始终是一副胆怯、没有信心、自卑的模样。

从美美的经历来看,如果父母经常讽刺和嘲笑孩子,会给孩子造成非常严重的影响!

每一个孩子都有他的优点,也有其缺点。当缺点显现时,有些父母就会对孩子采取嘲笑和轻蔑的态度去数落他。比如,父母看到一件小事被孩子搞砸了,感到气愤和失望,于是会骂:"你怎么这么没用,芝麻大的事都干不了!"当孩子做练习,不小心把一些极简单的试题做错了,父母看到了,为了刺激一下孩子,便话里带刺:"这么简单的题都会算错,你还能做什么!"

当然,父母说出酸溜溜的话,也许本意并非是想挖苦孩子,可能是想刺激一下孩子的奋发心,使他再次振作起来,但实际情况远没有这么简单。2004年4月12日,重庆市一名女生因上学迟到,被老师嘲讽"连坐台都没有资格",这名女生为此跳楼自杀身亡。当然,这样极端的事情也许不多,但不可否认,它一旦发生,也许会给孩子的心理带来一生的阴影。

孩子虽然小,但他们的自尊心一点也不比大人弱,而且还非常敏感。父母用尖酸刻薄甚至冷酷无情的语言伤害孩子,它传达出的信息就是对孩子的不信任,对他取得的成绩的蔑视,对他的人格的侮辱。哪怕这种语言"攻击"停止了,伤害仍会在孩子内心继续存在。孩子在遭受挫败以后,本来已感到非常失望,希望得到父母的安慰,而此时,父母不但不加以鼓励,反而一再数落、讥笑,这样容易使孩子失去上进心,甚至干脆放弃努力,破罐子破摔。这样的孩子,长大以后会变得畏首畏尾、胆怯、没有自信。

采取讽刺、挖苦方式激励孩子是教育不好孩子的。孩子也是一个人,他也有自己的感情和尊严。被人揶揄,孩子会心情沮丧。讽刺孩子的父母应该想想,如果别人对你冷嘲热讽,你是什么心情?由己及人,父母都不能忍受别人讽刺、挖苦,更何况孩子!作为父母,应该以温和的态度对待孩子。对于现在的孩子,精神上的鼓励要比金钱上的鼓励积极有用得多。

现代著名作家老舍说过:"母亲的心是儿女们感情的温度表。"孩子犯了他这个年龄不应犯的错,父母最应该做的就是要承认和信任孩子的能力,并给予引导和鼓励,而不是讽刺孩子。

比如,孩子做错了一道简单的数学题,我们可以对他说:"这么简单的题都做错了,我们来一起找找原因,以免下次再做错。"我们要对孩子的错报以平淡的态度,其实,这也的确不是什么严重的问题。父母教给孩子的,应该是一种为人或者处事的方法,让孩子能够举一反三。

当孩子受到别人的讽刺:"你怎么什么都不会!"作为父母,我们这时应该鼓励、支持孩子:"爸爸相信只要你好好做,认真地去做,一定能做得很好。"其实,不管外人怎么说孩子不行,只要父母承认孩子的能力,信任孩子的能力,支持和鼓励孩子,孩子就一定会努力拼搏,而不会沉沦下去。

当孩子有了进步,父母要及时表扬,要善于发现孩子的长处,通过表扬孩子的长处,激励他的上进心。比如,孩子以前读书做功课都要父母催,做事要父母喊。后来孩子意识到自己的错误,开始自觉念书做功课,而且还主动帮助打扫屋子,这时,感到意外的父母千万不要去怀疑孩子,不能说些带刺儿的话:"今天怎么太阳从西边出来了?"或"今天这孩子怎么变得我认不出来了?是跟隔壁小燕学的吧?!"相反,我们应及时表扬孩子的进步,可以对他说:"真不错,孩子,大有进步,一定要再接再厉啊!"

美国诗人朗费罗曾说:"撕坏的衣服很快就能补,而恶毒的话却给孩子的心造成创伤。"父母想激励孩子,千万不要说孩子坏话,挖苦孩子的缺点,数落孩子的错失。应该用一颗寓教于爱的宽容心,多用启发、引导、鼓励的方式教育孩子,为孩子指点"迷津",这样做才是明智之举。

·父母禁言·

美国诗人朗费罗曾说:"撕坏的衣服很快就能补,而恶毒的话却给孩子的心留下创伤。"父母想激励孩子,千万不要数落孩子的错失。应该用一颗寓教于爱的宽容心,多用启发、引导、鼓励的方式教育孩子,为孩子指点"迷津",这样做才是明智之举。

你实在是太笨了

有位班主任老师,在开学后的第一节课,做了一个简易的心理调查:她先要全班同学闭上眼睛,然后对大家说:"谁觉得自己笨,请举手!"没想到,全班54个学生中竟有37个人举起了手。这让老师大吃一惊:怎么会有那么多的人呢?随后,这位老师一个个地分别询问:"你为什么觉得自己笨?谁说你笨的?"孩子毕竟只有八岁,他们很天真,七嘴八舌地说道:"我爸说我是只笨猪,笨得离奇。"、"我妈说我是个大笨蛋,和我说话是对牛弹琴。"、"我妈说我是木瓜,连小狗都不如,小狗倒还会看门。"被询问的学生几乎都说自己的父母说他们笨,有的父母还把"你是笨蛋"这样的话挂在嘴边。这位老师又问学生:"那你真觉得自己笨吗?"学生这样答:"我也不知道笨不笨。""遇到做不出题目的时候,我就会觉得自己确实笨。"

在这位老师看来,举手的37个学生个个都不笨,有的思维非常活跃,可为什么他们会觉得自己笨呢?要知道,他们都还是不到10岁的孩子,在这么幼小的心灵中烙下这样的印记,这对他们的自尊心和自信心是多大的打击呢?孩子觉得自己笨,是从父母的话语中感觉到的,父母说的时候,不一定是真实的意思,有的完全是说惯了的口头语。这不得不引起父母们的高度重视。

怎么对孩子说话是很有讲究的,有些话很容易刺伤孩子的心灵,教育专家认为:

(1)当孩子求教问题时。孩子遇到了难题,向家长求教时,如果家长这样说,就会刺伤他们的心:"你这么笨!连这样简单的题目都不会做?"、"你烦不烦,这样的题目都要来问我?"、"大概全班只有你一个人不会做了,是不是?"、"你上课有没有听?听了,怎么会做不出?少有的笨蛋!"、"少来缠我,每个人都要家长教,还要老师干什么?"这些话都会对孩子的心灵带来刺激,说多了,就会让孩子造成"我确实愚笨"的心理障碍。

(2)当孩子成绩不理想时。家长看到孩子的试卷或成绩单,发现成绩不理想时,如果这样说,也会刺伤他们的自尊心:"你怎么永远是这样?我看你就只有这么一点能耐。"、"看看人家孩子多好。"、"你哪一点比得上人家?我看一点也没有。"、"你没希望了,搞不好了。你让我太失望了!"、"都是一个老师教的,都是新开始学的,人家怎么学得那么好,你为什么这么差?"、"人家的父母没有多少文化,生活条件也比我们要差,可他们却读得那么好,而你要啥有啥,可成绩……"、"我为你连觉也睡不好,你真让我伤心。"、"我担心极了。"、"我只有你一个孩子,我的希望全寄托在你身上,可你一点也不为我争气。"等等,这些话不是帮助孩子分析原因寻找对策,而是一味地指责和埋怨,显然,只会带来消极作用,不可能有积极意义。

(3)当孩子不听话时。任何一个孩子都有不听话的时候,孩子不听话,不一定是过错,如果父母的话句句都听,那绝对不会是个全面发展的好孩子。当孩子不听话时,如果这样说,就可能对孩子造成感情方面的伤害,"你是我儿子(女儿),就该听我的"、"扣你零用钱"、"你讨打啊"、"你不听,我就不要你这个孩子了。"、"你给我滚,滚得越远越好!"、"怎么你会变成这样,我真的怀疑你到底是不是我亲生的"等等。这些话,缺乏平等意识,充满着霸气和怨气,说得一多,势必会使双方都寒心。孩子不听话,家长首先要检查自己的话到底说得对不对,自己的行动是不是恰当,同时要转变观念,不要以为孩子是自己的私有财产,要尊重孩子的独立人格。

(4)当孩子临考时。当孩子临近大考时,许多孩子都不愿意听到父母命令式的话有:"你一定得考上"、"考不上别想回家"、"你怎么还看电视,还不去复习"、"不考到第几名,你就不用再读了"、"考不上重点中学(或大学),你就完了"、"你是我们唯一的希望,万一考不好,这日子怎么过"等等。这些话会给孩子造成巨大的心理压力,承受能力差一点的孩子,容易被这样的话语彻底击垮。

· 父母禁言 ·

孩子不听话,家长首先要检查自己的话到底说得对不对,自己的行动是不是恰当,同时要转变观念,不要以为孩子是自己的私有财产,要尊重孩子的独立人格。

你的理想太天真了

这是一个美国的普通家庭,妈妈忙着为一家人做晚餐,院子里传来了小儿子玩耍的声音。"你在做什么呢?"妈妈问道。儿子眨眨眼睛说:"妈妈,我在试着跳到月球上去。"

妈妈笑了笑,冲着儿子说:"好啊,到了月球之后,别忘了回家!"

后来,这个孩子成为地球上第一个登上月球的人,他就是美国宇航员阿姆斯特朗。

同样在美国,有一对黑人夫妇,身材都不高,他们生了五个儿子。他们最小的儿子从小喜欢打篮球,可是他太矮了,总是被那些个高的孩子抢了球。回到家,他苦恼地问妈妈:"您说我怎样才能长得很高呢?"妈妈安慰他说:"晚上睡觉前把鞋子放在门口,妈妈帮你往鞋里撒点盐,临睡的时候,你向上帝祷告,然后你就会梦想成真。"

奇迹发生了,这个孩子果真不断地长高,结果身高超过了两米。

"妈妈,您说我能参加全美高中生篮球联赛吗?"

"能,只要你努力!"

"妈妈,您说我能成为NBA职业球员吗?"

"能,只要你努力!"

几年之后,这个孩子果然成为美国NBA历史上最耀眼的篮球巨星,他就是迈克尔·

乔丹。

一个人最初梦想的力量是巨大的：家长不要嘲笑或忽略孩子小时候的梦想，即使他的梦想看上去不切实际，你也不要打击他。你要懂得呵护他的梦想，而不是做一个"梦想杀手"。

梦想对孩子的成长具有巨大的牵引和激励作用。儿童心理学家认为，梦想是孩子自我形象的理想化。如果我们鼓励孩子追求梦想，他就会产生强大的内驱力，勇敢地面对各种困境。梦想能使孩子在学习中动力十足，并获得愉悦的情感体验。

当孩子真正要开始梦想之旅时，你别说"这孩子，一点都不现实！"、"你想当画家？咱们家祖宗八辈都没有当画家的料！"、"你的那个梦想又不能当饭吃，不如改变梦想吧！"……

父母的良苦用心可以理解，就是希望儿女以后能实实在在地过上好的生活。但父母也要明白，我们不能这样随随便便地决定孩子的将来。我们必须要顾及孩子特别的才能和他自己的想法，尊重他们的梦想。

（1）帮助孩子实现梦想。当孩子告诉你他的梦想时，你要鼓励他，帮助他实现梦想。即使很难实现，至少也可以帮助他达到接近梦想的高度。比如孩子想成为像乔丹那样的球星，你可以经常抽出时间和他一起欣赏报刊上篮球队员们驰骋球场、飞身灌篮的矫健身影。同时，你可以建议他把偶像所参加过的比赛剪影收集成册，在他的卧室里贴一些偶像明星照。父母也可以和孩子讨论偶像的成长史、奋斗史、成功史，明确成功必须付出辛劳和汗水，让偶像激励孩子的一生。

（2）不要做全程陪护的父母。孩子在实现梦想的过程中，父母要适当鼓励他、支持他，不要讥讽他。因为孩子也需要自由地成长。

有这样一位父亲，他全程陪伴着孩子长大。当孩子与伙伴玩耍的时候，他就在旁边看着孩子怎么玩，当孩子学习的时候，他坐在旁边陪着孩子写作业，当孩子午休时，他规定时间段，催促孩子按时起床。他希望一直陪着孩子实现大学梦。然而，临近高考，孩子却说："爸爸，您的爱太沉重了，我的心理压力非常大，这种状态持续很长时间了。希望你别老监督我了。"家长不要像这位父亲一样，当起孩子实现梦想过程中的监工。请给孩子一定的自由，让他自己来决定一些事情，你只需要做个旁观者，适时地鼓励他就可以了。

所以说，父母要尊重孩子，只有这样，孩子才会健康、快乐地成长。不尊重孩子的父母，只会让孩子更反感；这样对沟通是一种障碍，只会惹得孩子专注于报复的幻想中。在对孩子的教育中，不能有难堪的挖苦和严厉的陈词滥调。最好要避免这样的言语："什么让你觉得你知道所有的答案？你几乎生下来就没有脑子，你还以为你很聪明呢！"不管是有意还是无意，我们都不应该贬低孩子的形象，不管是他在自己眼中的形象，还是他在同龄人眼中的形象。

·父母禁言·

梦想会引领孩子走到很远很远的地方，那是我们的力量所不及的。在对孩子的教育中，父母不能有难堪的挖苦和严厉的陈词滥调。

你必须要乖乖听话

明波：

我有一个"不"妈妈，我几乎每天都能听到她说"在学校里不许淘气"、"上课不能不乖"、"不许玩沙子，弄脏了衣服"、"放学后，不可以晚回家"、"写家庭作业时不要看电视"、"不许乱花钱"、"这孩子怎么一点儿也不聪明"、"学习不行，不是那块材料"……我真的要被她这些带"不"的句子烦死了！

斌斌：

我爸爸总是搞"强权主义"，每当我去做一件事时，他都会说"你应该怎么怎么做"、"你必须按照我说的执行"，他控制我就像在控制一个机器人，或者像园艺师修剪花草，总之我受够了。

妃暄：

我好羡慕别的同学的父母，因为他们总是鼓励自己的孩子，总是夸自己孩子的优点。可是我父母从来不夸我，理由是怕我骄傲。不夸也就罢了，还经常说我"太笨"、"不成"、"太差劲"，他们总这样说，让我对自己越来越没信心，越来越自卑了。

爱因斯坦说："一次责骂造成的不良影响要十一次的欣赏才能抵消。"的确如此，父母那些否定的话语会反复伤害孩子的心灵，他们开始变得自卑，以为自己什么都做不好，从而破罐子破摔。而挽救这样的局面也并不是一件轻而易举的事情，不是父母说一两句赞美、鼓励他的话就可以的。

父母对孩子的评价关系到孩子性格的塑造。所以对待孩子，父母要有一定的耐心，而不是因为孩子犯了错，就横加指责，说"你不行"，"你太笨了"这样的话来伤害孩子的自尊心。永远不要把孩子的缺点当成稳定的事实来陈述，那样会使它巩固下来！你要把孩子的一些缺点，都说成暂时现象，并不断地找出其优点，给予欣赏的暗示，比如，经常对他说"没关系"，"爸妈相信你"，"你可以做得更好的"这类鼓励的话语，这样一次、两次、三次……不断地给予孩子肯定的心理暗示，慢慢地，他就会朝着你期望的样子发展。

（1）来个自我检讨，纠正自己的"否定"语言。只有积极生活的父母才能培养出乐观、阳光的孩子。请父母先检查自己平时说积极的话语和消极的话语的频率。比如从这周开始，每次当你说类似"不允许"、"不可以"、"不行"、"真笨"、"没前途"、"真傻""你不行"等话语时，请记在一张纸上，一个星期后，看看你在本子上记下了多少否定性用语。然后从下周起，每次当你控制好自己不说否定话语时，就给自己一个小奖励，画在纸上。一个月后，效果自然就出来了。这时，你再在本子上记下自己每天说的肯定性话语，比如"你好聪明"，"真神奇"，"不错，继续努力啊"，"心情真好"等话语，并用文字形式鼓励自己一直说这些语言。坚持纪录下去，不出三个月，你就会成为一个"肯定型"的父母。

（2）及时给孩子以肯定。如果你的孩子相当调皮，你不要总是斥责他，当他表现得稍微好一点儿时，要立即对他说："你已经乖很多了。"，并且当着孩子的面对别人说："他比之前乖多了,这孩子可懂事了。"

如果孩子很内向,你要说:"我的孩子其实是爱说话的,也不怕见生人。"当孩子开朗一些,你就说:"我的孩子非常阳光!"

如果你的孩子不爱学习,你不能总是教训他,而要经常这样对他说:"你好像对学习感兴趣了。"等他真的有点学习兴趣,你就时常暗示:"瞧你学习起来多有劲","瞧你在学习上多聪明",这样你的孩子就真的爱学习了。

> **·父母禁言·**
>
> 父母对孩子的评价关系到孩子性格的塑造。所以对待孩子,父母要有一定的耐心,而不是因为孩子犯了错,就横加指责,说"你不行","你太笨了"这样的话来伤害孩子的自尊心。

你真是一无是处

"莹莹,刚才和七七在楼下聊什么那么起劲儿啊?"爸爸问。

"七七的表姐去年考上四中了,她告诉七七四中可牛啦,全中国的中学生都想上那儿上学去。等我小学毕业了,也要上四中!"莹莹很认真地回答。

一旁的妈妈冷笑一声插话了:"切!就你那样,还想上重点中学?能考上你们本市的中学就谢天谢地了!"

莹莹被妈妈的话弄了个大红脸,想起这次期末考试的成绩,不禁低下了头。

一些家长可能没有想过这样一个问题,那就是语言的杀伤力有多大。心理专家分析,孩子的内心世界是很脆弱和微妙的,孩子心目中评价是非的标尺也是很鲜明的。家长和老师随口一句嘲弄、贬低孩子的语言暗示,哪怕是微小的暗示都能够对孩子造成巨大的打击。

你能想象得到,上面的事例中,妈妈的话会对莹莹产生怎样的消极影响吗?孩子想上重点中学,这完全是值得父母肯定和高兴的事情,说明孩子学习上有目标,积极进步。本来应该受到鼓励的孩子,却遭到妈妈的一顿嘲讽,她的心里肯定不是滋味。

况且,孩子的成长是一个发展变化的过程,会出现很多意想不到的改变。用静止不变的眼光来看待孩子,是很不科学的。作为父母,哪怕你了解孩子的性格、能力、天赋,也无法断定孩子将来一定能做什么,一定不能做什么。

在教育孩子的过程中,家长要意识到孩子也有自己的内心世界和情感世界,要充分尊重和信任孩子。获得信任的孩子,会觉得身后有强大的力量在支撑着自己,虽然是无形的,但却是精神上的莫大安慰。信任能使人产生强烈的自信心和责任感,充分发挥潜能,克服重重阻力,到达成功的顶点。比如上文中的莹莹,如果妈妈对莹莹说"你当然可以的,妈妈相信你",那么孩子就会感到父母对自己的价值和能力的肯定,并在妈妈的激励下为他的目标付诸努力;一旦孩子有了"虽然我现在的成绩不是很理想,但是通过努力我一定会考上重点中学"这种愿望,他就会产生主动认真学习的积极性。

教育专家们提醒家长,一个合格的教育者应该善于控制自己的情绪与行为。这种控制应该建立在对孩子最真挚的爱的基础上,好好思考自己的思想行为,将心比心、换位思考、明了后果,要始终用自己的心,而不仅仅是语言和"做"出来的行动,去告诉孩子:你不错、你行、你很棒、你没有问题、你只是小小的"心理感冒",等等。

只有与孩子保持良好的心灵沟通,才能培育出身心健康的孩子。否则,会加剧家庭中父母与孩子的冲突、矛盾、隔阂,造成孩子的反感和叛逆行为。

在上文的例子中,莹莹妈妈对孩子的看法很片面。对于孩子目前的不足,父母更重要的是要看到孩子努力的过程。父母应该引导孩子重视努力的过程而不仅仅是成功的结果,激励孩子坚持不懈地努力争取,即便失败了,奋斗的经历对孩子来说也是一种财富。

父母越是能够对孩子的点滴进步在言语上进行鼓励,孩子在做事和做人上,越会自发地找到更大、更多的进步方法和空间。对于家长来说,观察到孩子微小的进步可能并非易事,甚至有的时候孩子自己可能都没感觉到。可是父母要让孩子知道,父母对点点滴滴的进步非常重视,这对孩子成功地建立自信和独立人格都很有意义。比如说,孩子作文有了进步,父母可以讲"你从前写作文开头都费九牛二虎的劲儿,现在你开窍啦";或是游泳游得越来越好,父母可以说"你游泳的训练效果显著,姿势有明显长进"。诸如此类的话,让孩子了解到,成功不是一朝一夕能达到的,要持之以恒才能成功。

孩子的内心世界是很脆弱、很微妙的,家长随口一句嘲弄、贬低孩子的话,都会对孩子产生消极影响。然而,父母的鼓励和信任则能使孩子产生强烈的自信心和责任感,促使他们充分发挥潜能,克服重重阻力,到达成功的顶点。

> 6岁的王晨在爸爸的监督下正趴在自己的小书桌上做作业。做了半个小时,王晨有点累了,便趁爸爸没注意,开始在作业本上画起小人来。爸爸发现了,很生气,本来期末考试的成绩就不理想,于是爸爸就大声责骂孩子:"你这个没用的东西!学习不认真、没有耐心、太粗心、做题很马虎、成绩总是上不去、不肯听父母的话……你的毛病太多了,真是没有一件事能够做得漂亮!"

以偏概全是责备和批评孩子的大忌。的确,责备和批评孩子是父母的一个基本责任,但这并不意味着责备和批评可以滥用。同样都是指出孩子做得不对的地方,有的批评使孩子心悦诚服,有的批评却会招来孩子的敌意和愤怒。因此,批评或责备是要有分寸的。父母在教育孩子时要用建设性的批评,完全抛开对孩子个人品行的攻击,只指出必须要做的或是应该如何去做,这才是正确的做法。父母的批评应针对孩子的行为,而不是人格,并应该给孩子指出正确的行为方式。可以这样批评孩子说:"如果你不能在半小时内把作业写完,就不能看最喜欢的动画片了!"而不是说:"写作业也不专心,就一心想着玩!长大也没出息!"

孩子虽小,他也是人,不喜欢被否定,被批评。因此,孩子做了错事,父母要就事论事地教育他,不要以偏概全,一竿子打翻一船人。难道说孩子"没有一件事能够做得漂亮",他以后就可以件件事情都做得又好又快了?既然不可能达到这样的效果,又何必说些不中听的话来伤他的心?

有的孩子生性敏感,哪怕是父母说的玩笑话,也会当成真。所谓"说者无心,听者有意",父母的话会对孩子起到强烈的暗示作用。

"你没有一件事能够做得漂亮"这样的话把孩子所有的能力都否定了。经常说类似的话,孩子会逐渐对自己失去信心,无法正确认识自身的能力。这都是不利于孩子成长的。在今后的生活中,面对机遇的时候,他可能因为不自信,还没开始尝试就主动退缩了。

有的孩子自我意识很强,自尊心很强,总是被父母这样批评,他会记恨父母,发展下去,还可能出现性格缺陷。等他长大了,对自尊与人格的过分敏感,很容易让他在愤怒时做出一些过激的行为。

每个人都希望得到掌声,受到表扬,尤其是孩子。苏霍姆林斯基曾说过:"不了解孩子,不了解他的智力发展、思维、兴趣、爱好、才能、天赋、倾向,就谈不上教育。"每一个孩子都有成为一个好孩子的欲望,家庭教育从本质上讲就是帮助孩子找到"我是好孩子"的感觉。

所以父母们要记住,如果你真爱自己的孩子,就一定要注意自己的语言,学会就事论事地教育孩子。

实际上,时刻处于成长过程中的孩子就像一杯没有倒满的水,我们不能总看到空的那一部分,重要的是要看到杯子里已有的水,也就是说,不要因为孩子个别小缺点就全盘否定孩子。

父母评价孩子是否有出息时,要从长计议。事实上,我们要对有缺点的孩子多一些宽容与赏识,多用发展的眼光看待他们,帮助孩子分析落后的原因,提出应对的策略,不要一棒子打下去,把孩子看扁了。父母对孩子的否定,会让孩子在消极的心态中丧失勇气和斗志。

· 父母禁言 ·

每个人都希望得到掌声,受到表扬,尤其是孩子。苏霍姆林斯基曾说过:"不了解孩子,不了解他的智力发展、思维、兴趣、爱好、才能、天赋、倾向,就谈不上教育。"每一个孩子都有成为一个好孩子的欲望,家庭教育从本质上讲就是帮助孩子找到"我是好孩子"的感觉。

你说的话太幼稚

孩子是因为信任你,所以才找你谈他的心事,他希望从你这里得到的是解决的办法或问题的答案,而不是你的嘲笑。

周末,我去表姐家玩。"妈妈,隔壁班的陈文说要做我的好朋友,但是我不喜欢他,我怎么办呢?"婷婷神秘地问表姐。

"做朋友?呵呵!看来我们家婷婷很有魅力哦!"表姐打趣地回应着孩子,又招呼客人去了。因为今天她过生日,刚好我们一大家人很久没聚聚了,所以家里来了很多人。

看着婷婷失落的背影,我说:"反正还早,我给大家讲一个故事吧!"

记不清是哪个电影了,只记得那荧屏上的画面:

沙滩上,一位爸爸和他儿子肩并肩坐着,看远处的夕阳。

爸爸:"子建,不是说有话要讲吗?"

子建:"嗯!爸爸,为什么,为什么……"爸爸没听到孩子的下文,只是听到逐渐消失的"为什么"。

"什么为什么?说话不要这么吞吞吐吐的。男子汉,做事干脆一点。"

"我怕你笑我。"

"笑你干什么?说吧!"

"为什么小鸟扇动一下翅膀就可以飞呢?"

"呵呵,你都说了嘛,因为小鸟有翅膀呀!"

"爸爸,不许笑嘛,我还没问完呢。"

"还有什么呢?"

"如果小鸟是因为有翅膀才可以飞的,那为什么我给自己绑上两个大的翅膀,像小鸟一样有节奏的扇动之后还是飞不起来?"

"傻儿子,给自己绑上翅膀拼命地扇动也不能像小鸟一样飞啊!你的想法儿太幼稚!"爸爸想象着儿子长翅膀的样子就又哈哈大笑起来。但他不知道那笑声深深地刺着孩子的心。

"爸爸……"儿子看着爸爸,没再说下去。

现实生活中,像子建爸爸一样漠视孩子自尊的父母很多。我用"漠视孩子自尊"这样的话来说也许有人会觉得太严重了。因为大家都知道,漠视孩子自尊对孩子的影响有多么的大。一个失去自尊的人,怎么可能拥有幸福的生活?

一个人,在经历了"不重视、不在意"后,会更愿意把自己的困惑藏在心底而不愿意跟人探讨。长此以往,孩子会失去接受外来指导的途径。孩子是一个思想、行为都还不成熟的个体,在成长过程中肯定会遇见各种各样问题,如果不能从家长、老师、朋友处获得正确的指导,一旦误入歧途,那后果真是不堪设想。

· 父母禁言 ·

每一个孩子都一样,他们的内心世界很单纯,充满着童真和梦幻,父母的关心和尊重会让他们感到美好;相反,在这样的情况下,父母要是嘲笑或置之不理,孩子就会有恐慌或者是抑郁的情绪。这无疑不利于孩子的成长。

你的体能太差了

俗话说:"良言一句三冬暖,恶语伤人六月寒。"同样是语言,功效却截然不同。也许你从来没想到过,自己随便说出来的一句话,会对孩子的心灵产生多么重大的影响。家长所使用的语句可能让孩子更加乐于合作,更加自信;但也可能令他(她)感到挫败和失去信心。

父母们若要科学地教育孩子、关爱孩子,就该多用"良言",禁用"恶语",以免对孩子造成"语言伤害",酿成无法挽回的过错。

在试图说服和劝导孩子的时候,为了取得较理想的效果,不妨试试下面的建议:

(1)嘱咐孩子尽量用干脆、简练的语言。孩子都希望得到父母的关心爱抚,但"小大人"意识又使他们常表现出不愿接受的样子,尤其不喜欢家长"穷追猛打"式的提问和喋喋不休的说教。如:"宁宁,上学路上可要小心哪!过马路时两边看看,遇到生人别随便搭腔,刮风时躲开玻璃窗……"妈妈不厌其烦地叮嘱着。"天天都讲这一套,真烦人!"宁宁忍无可忍地嘟囔着。于是,每天妈妈的叮嘱都被轻轻的抱怨声和重重的关门声打断。有位老师曾在放学前临下课时猛地向同学们提问:"放学回家的路上应该注意什么?""安全!"全班同学不约而同地作出了正确的回答。可见,干脆、简练的嘱咐有时会更见效。

(2)在融洽的氛围中劝导孩子。为什么孩子同孩子之间容易说上知心话呢?那是由于他们兴趣相投、性情相通、关系融洽。父母若想与孩子交心,首先要注意营造融洽的氛围。不过劝导孩子也应注意方式、方法,比如:"楠楠,瞧你膝盖划破了这么大的口子,疼不疼?下次千万多注意,你知道妈妈的心有多疼吗?"又如:"松松,爷爷给你讲故事,讲爷爷像你这么大时的淘气事儿。"就这样,两代人或隔代人的交流在不知不觉中完成了。

(3)不适合直接同孩子当面说的话题就变通说。孩子让父母忧心、烦心的事情不少,如何将忧心话语变通说可是一门学问。因为,说得好,能使孩子改变坏习惯,得到好心境;说得不好,会引起孩子的逆反心理,甚至给孩子造成"心病"。对于一些不适合直接同孩子当面说的话题,可以采取留纸条、写封信、向孩子推荐一篇文章、一本好书等方式进行沟通。父母这种间接式的变通做法,既可以表达自己的想法,孩子也比较容易接受。

(4)使孩子成功的说话语气。成功的家教与父母的言语表达息息相关。尤其是父母跟孩子说话的语气,将对孩子的气质修养和未来发展产生深刻的影响。

①家长要多用信任的语气。孩子希望得到成人特别是父母的信任,所以对孩子说话时要表现出充分的信任。

如孩子想学打羽毛球,你用信赖的语气说:"我相信你只要努力学,认真学,一定能学会打球的。"这无形中就给了孩子一份自信,并让他明白,只有坚持才能获得成功。假如用的是挖苦的语气:"就你这样三分钟热情还想打球啊?"就会给孩子的自尊心带来伤害,令他对自己的能力产生不自信。

②家长要多用尊重的语气。从两三岁起,孩子的自我意识就开始萌芽,随着年龄的增长这种自我意识会愈发强烈。孩子有了自己的一些主见,说明孩子知道了自己的力量和能力。当他提出自己的看法和要求时,不要认为是他不听你的话,跟你对着干,而粗暴地反对他。如你要求孩子学英语,可他还想再跟小伙伴玩一会儿,你不能发脾气:"越大越不听话了,不好好学习,看你长大了能干什么。"这样做只会让孩子更加厌恶学习。应该用尊重的语气:"那你再玩一会儿,不过,玩完了,可一定要学英语。"孩子就比较乐于接受了。

自此,家长要多用商量的语气。每个孩子都是有自尊心的。要孩子去做某件事情,可用商量的语气,让他明白,他跟你是平等的,你是尊重他的。

比如，你想要孩子把地上乱丢的玩具收拾整理一下，可以这么说："星星，玩具乱丢，多不好的习惯啊，你跟妈妈一起把玩具收拾一下好吗？"千万不要用命令的语气："你怎么搞的，玩具乱丢，快点去收拾好！"否则，孩子听你责备，心里就会产生反感，即使按你的要求去做，也是不开心的。

③家长要多用赞赏的语气。每个孩子都有优点，都有表现欲，发现孩子的优点并加以赞赏，会让他更加乐于表现。

孩子画了一幅画，也许画得不是很好，可孩子作画的热情和认真劲儿是最可贵的。当孩子把画捧给你看时，不能轻描淡写地应付几句："画得一般，好好练。"这样会让孩子对画画失去热情和信心。应该用赞赏的语气肯定他的作品："想不到我的孩子画得这么好，继续努力，一定会画得更好。孩子的表现欲得到了满足，有了快乐的情绪体验，对画画就会更有兴趣。"

④家长要多用鼓励的语气。要孩子做到没有过失，这是不可能的。当孩子做错了事，不要一味地批评责备，而应帮助他在过失中总结教训，积累经验，鼓励他再次获得成功。

比如，孩子第一次帮妈妈端饭碗失手掉到地上打烂了，你不能责备他："连个碗都端不稳，真笨。"这样会打击孩子尝试新事物的信心和勇气。应该用鼓励的语气："你不小心打烂了碗，没关系，以后先用手指试试烫不烫再去端。"这样，既教给他实践的方法，又给了孩子再次尝试的信心。

辱骂性的字眼，就像一根根毒箭，不应该用在孩子身上。当一个人说"这把椅子很难看"时，这句话对椅子毫无影响，它既不会觉得受辱，也不会觉得尴尬。它还是那样，完全不顾加在它身上的形容词。但是，当孩子被说难看、愚蠢或者笨拙时，这些话会对孩子造成影响，他们的身体和心灵都会有反应，厌恶、愤怒、憎恨就这样产生了，报复的幻想出现了，于是就可能发生一些让人不高兴的举止，一些惹麻烦的行为。口头抨击会产生一连串的连锁反应，会让孩子和父母都很不愉快。

当一个孩子被说成笨拙时，他的第一个反击可能是："不，我不笨。"但是，大多数情况不是这样，他可能会相信父母的话，认为自己的确是一个笨拙的人，如果他碰巧绊倒或跌倒，他可能在心里对自己大声说："你真是笨手笨脚的！"从那个时候起，他可能会避开需要灵活性的事情，因为他确信自己太笨拙了，无法成功。

如果老师或父母不断重复说一个孩子愚蠢，渐渐地，孩子就会相信，他会认为自己的确是愚蠢的，然后就会放弃智力上的努力，认为避免愚蠢的方法就在于避开比赛和竞争。他的安全感依赖于不去努力，他生活的座右铭变成："如果我不去试，我就不会失败。"

父母对孩子说了很多否定、贬损的话，而没有意识到这些话的伤害和破坏性的后果是多么让人惊讶啊！举个例子：

"从他出生的那一刻起，他就是个麻烦，他什么也不是，从来就是个麻烦。"

"她就像她妈妈一样，固执、随心所欲，我们完全无法控制她。"

"她只知道给我，给我。但是她从来不会满足，不管你给了她多少。"

"那个可爱的小家伙完全占据了我生活的每一分钟，他不需要负责任，我必须像鹰一样地盯着他。"

不幸的是，孩子们会把这些话当真，特别是小孩子，他们依靠父母来告诉他们自己是什么样的人，能成为怎样的人。对孩子来说，培养对自己的信心需要听到或者无意中听到对他们的积极评价。

对于许多父母来说,指出孩子的错误比指出他们的正确要容易得多,这很具有讽刺性。但是,如果我们希望孩子在成长的过程中对自己有信心,我们就需要利用每个机会强调他们积极的一面,避免使用贬低性的言辞。

> **·父母禁言·**
>
> 父母们若要科学地教育孩子、关爱孩子,就该多用"良言",禁用"恶语",以免对孩子造成"语言伤害",酿成无法挽回的过错。如果我们希望孩子在成长的过程中对自己有信心,我们就需要利用每个机会强调他们积极的一面,避免使用贬低性的言辞。

你的自觉性太差了

人做什么事的时候肯定会有某种动机,也就是促使做那个事情的动力。但动力又分为两种方向:一种来自人内部,另一种来自外部。在这里,通常称前者为内在动机,后者为外在动机。

内在动机就是动机形成的主体,是他本人;反之,外在动机就是动机的形成是由自己以外的其他人、其他事或其他事物。例如,如果我想做运动是为了健康,在某个周六去登山,这就是内部动机。相反,虽然是同样的登山,但如果其实我只想休息,因为上司打来电话叫我一起去登山,又不好拒绝,只好迫不得已去登山了,这就是外在动机。简单的说,我们做事情,有的时候是自己自愿做的,有的时候是因为迫不得已才做的。

那么,这两个动机的形成中,哪个动机更为人所希望呢?不用多说,肯定是内在的动机是更为人所希望的。许多研究结果表明,如果动机是由内部形成的,那么这个人肯定会比由外部形成动机而做事的人更为积极,显得更具创意,从而取得更加完满的结果。反过来,如果动机是由外部形成,就是说如果是做自己不想做或不愿做但又无可奈何的事,那个人做事的时候,会是与之相应的消极,并因此不会使出自己的全部能量,其结果就是生产能力下降,反而得不到之前所期待的成果和预期的目标。

学习也一样,如果动机是由内部形成,肯定会比由外部引起动机而迫不得已才学习的情况取得更加好的学习效果。虽然两者都是学了一个小时,但其得到的结果却是天壤之别。

孩子在内部形成的动机的驱使下学习,其行为从一开始就会不一样。因为这个孩子清楚地知道自己为什么要学习,所以比起其他的事,他会把学习放在第一位。之后,他会明确制定类似到底需要取得多大的成就之类的目标,然后,再制订为了达到那个目标而实施的具体计划。大体上,学习好的孩子都很善于制订高效的计划,绝对不会毫无根据地乱制定难以实现的目标或无理的日程,而是制定自己本身感觉能够挑战的目标和计划推进过程。

制订计划之后,孩子们会每天都自觉地按照自己的计划学习,绝对不是在别人的驱使下,而是自觉地开始学习,而且也不会因其他人在某个时间做什么而动摇。他会根据自己的速度和计划有条不紊地学习。那样将一定时期的学习做完,结束自己制定的目标和计划的功课后,他还会对自己的学习情况进行自我评价:我是不是真的认真地学习了、不足点是什么、有没有达到制定的目标……他自己会自然而然地对其过程和结果进行评价。

(1)自发性的内在动机强的孩子,对于自己已经进行的学习的评价是非常客观和冷静的,即对自己的评价较为严格,不会轻易给自己比较高的分数。例如,在时钟上显示的是学了两个小时,但他自己会评价成只学了一个小时。像"你不是大概有30分钟的时间想着没用的事而犹豫了"似的进行冷静的评价。大体上,这种孩子考完试后回到家,妈妈问一共错了几道题的时候,会很冷静。例如,如果有两道是不能判断正确与否的,而确切的错的题为三道的时候,他会冷静地说一共错了五道题。相反,学习越不好的孩子越会对自己评价过高,例如,如果是像在前面所说的那样有两道是不能判断的和确切的错的题为三道的时候,他会说只错了三道题,宽尺度地评价,将不能判断对错的两道题都判定为对的。这种情况也出现在大人们的身上。打完高尔夫后,如果有人问在哪个洞打了什么球的时候,内在动机非常强的人会对自己严格地说:"跟超了两个标准杆一样,"、"什么?那个刚才不是算进了吗?"、"所以就差一个标准杆"、"不是的……那么长的怎么能算呢?"

(2)内在动机强的孩子在做错事的时候,会将责任都归到自己身上。例如,考完试回来的孩子显得不是很高兴,说是足足错了五道题。当问到为什么错得那么多时,孩子这样答道:"都是因为我没有认真学习,以为不会出那种题。"这类孩子会像这样将错误都归到自己身上。而越是学习不好的人,越会将责任归到他人或其他因素上,例如会找类似"妈妈,我们的老师真是太奇怪了!还出没学过的题"、"妈妈,我是因为暖气片儿的声音太吵才没能考好试的……"、"妈妈,早晨我喝的牛奶好像有问题!因为肚子疼,所以考得不是很好"的借口,其意思就是没有自己的错。

(3)内在动机强的孩子,会自觉地对评价结果进行弥补。结果好的话,孩子会以这种方式对自己说:"辛苦了,好好休一天也可以了。"相反,如果结果不是太好的话,会严厉斥责自己,甚至会惩罚自己:"你今后暂时不能再玩电脑游戏了!反正到下次考试之前,绝对不行……"孩子会这样对自己进行严格管制和明确的管理。

自发性的内在动机强的孩子,会像上面所述的那样对自己自觉定计划后学习的效果进行评价,绝对不会无视其结果。然后,他会把反思反映到下次计划,如在哪个科目上花多长时间,怎样把学校功课和补习班补课协调融合在一起等方面。

如上所述,形成内在动机模式的人其自发性很强,绝对不会因受别人的指使而做什么事或不做什么事。只有当自己自愿做什么事的时候,才会有较高的创新性和热情,才能发挥出创造力。因为是自己想做的事情,所以从制订计划开始就会涌现出各种想法,也不会感到任何心理压力,在心理上也会产生与之相应的释然和自信心。

· 父母禁言 ·

只有当自己自愿做什么事的时候,才会有较高的创新性和热情,才能发挥出创造力。因为是自己想做的事情,所以从制订计划开始就会涌现出各种想法,也不会感到任何心理压力,在心理上也会产生与之相应的释然和自信心。

你太差劲了

读小学二年级的亮亮，美滋滋地唱着刚学会的新歌，正在做事的父亲听了，立即打断说："跑调了！跑调了！你怎么五音不全？"孩子听后，颇感羞愧。从此，这孩子再也不敢唱歌了，以为自己真像父亲说的，是个五音不全的人。到初中、高中，还一直都不敢唱，以致后来真正成了一个五音不全的人。

类似这样的事，在现实生活中其实并不少，在许多家庭中都存在。孩子把刚刚做完的数学练习题拿给家长检查，有的接过一看，发现有错，马上就说："错啦，错啦，我看你的计算能力有问题。"一句话，把孩子的整个计算能力全否定了；有的家长还把孩子的某一次差错或不足，与自己或其他家庭成员的不足联系起来，甚至简单地把遗传因素也联系起来。见孩子的画画得不像样，有的家长就说："画得难看死了，我看你像你妈，一点色彩感也没有。"一句话，把孩子对画画的信心和兴趣全给扼杀了。见孩子朗读课文结结巴巴的，有的家长就马上说，"我看你没办法了，完全像你爸，吞吞吐吐的。"

概括性否定，就是指从一点出发，把它与这一点相关或稍微有点联系的整个知识和能力联系起来进行全盘否定。对孩子采用这种不恰当的判断方法，伤害是极大的，对孩子的成长和发展也很不利。

（1）这种否定往往缺乏科学性。孩子唱歌跑调，在初学阶段，这是很正常的，即使是经常唱歌的人，跑调也是难免的。孩子唱歌跑调，唱着唱着，就有可能跑调。因一时跑调而断定他五音不全，这不免有点以偏概全，有点盲目和武断，会严重挫伤孩子的自尊心。

（2）孩子的自我判断能力不强。如果因他的画画得不好，就断定他和父亲一样缺乏色彩感，即使你说的是错话，孩子也会信以为真，以为自己天生就没有这种感觉和能力，不宜学画画。从此从根本上断绝了学画画的念头。这岂不等于使孩子少了一条成才的路子？

（3）处在人生之初的孩子，在学习和生活过程中，其心理承受能力是比较稚嫩和脆弱的，他们最需要的是示范和引导，而不是指责和阻拦，更不是否定和扼杀。示范和引导，能让孩子看到希望和前途，能让孩子积极向上；否定和指责，只能让孩子失望，让孩子沮丧。

因此，家长要尽量少用或不用概括性否定，要多启发，多示范。当孩子唱歌跑调时，你不妨提醒一下："孩子，这后半句好像不对吧？"如果你自己会唱，索性就唱给孩子听一听；如果发现孩子的作文写得不太好，也不要呵斥，千万不要说"狗屁不通"、"你根本不可能写好作文"之类的话，要尽量用商量的口气同孩子说："我觉得这样写，可能会好一些。""孩子，这篇作文写得不太好，是不是时间来不及了？"家长要尽量发现孩子的优点，让他们从优点中看到自己努力的方向，增强学好的动力。

当然，少用概括性否定，不是说不能指出孩子的差错，而是要把指出孩子的差错放在肯定其他方面能力的大背景下，运用巧妙的方法把它指出来。不要把差错和别的因素联系起来，更不要定性和上纲上线。

不少家长都希望孩子尽可能地达到"高标准"。他们之所以要求孩子不断向"更高"的标准冲击,不是由于孩子有这种能力,而是出于家长单方面的意愿,是为了自己在别人面前说着好听、看着有面子。在孩子不断"攀高"的过程中,一旦孩子达不到家长所规定的目标,家长往往不是分析自己所制定的目标是否超出了孩子的能力,而是认为孩子努力不够,或者智商不足。

在错误观念引导下,家长不管孩子的能力如何,总是爱用"超高标准"对孩子进行"不适度"的评价。同时,家长"不适度"的评价指引着家长不断地把孩子放在了"超出孩子能力"的地方,使孩子在前进的过程中"永远面临失败"。于是,好孩子也就变成了笨孩子、坏孩子。不少父母在年轻的时候都有过自己的理想,并为之做过不少的努力。岁月流逝,父母们的理想若是还没实现,他们便把希望寄托在孩子身上,希望自己的孩子能够继承自己的意愿,实现那未能实现的理想。

理想虽然是虚幻的,却是完美的;实现理想的孩子是现实的,却是存在着很多不足的。家长觉得孩子的每一个不足都会影响将来理想的实现,因此,就无法容忍孩子的种种不足,哪怕它是微不足道的。教育专家指出,家长把目标定得过高,孩子完不成,父母对孩子就会做出"低能"的评价。在这种状况下,孩子永远达不到目标,成就感何来?永远受到不正确的评价,自信心如何树立?对孩子做出积极评价能够激发孩子的自信,消极评价只会让孩子感到自卑。所以,家长在评价孩子的时候,一定要注意"积极性",避免消极性评价。

在生活中,一些父母总是爱对孩子进行消极性评价,具体表现是只把目光盯在孩子当前和以前的失败上。即使是孩子得到了一个不错的分数,父母的评价也是"一盆冷水":"你与班里第一名之间还差那么多呢,有啥可骄傲的!"——依此类推,孩子即使得了班级第一名,父母也会用"年级第一"乃至"全校第一"的标准来寻找孩子的差距。

在这种情况下,父母总是在说:"这孩子总是在学,可成绩总是上不去。"对孩子的最后评价是:"屡战屡败";对孩子的结论是:"你这辈子算完了";对孩子采取的措施是:"放弃了教育"。父母多次的消极评价,必然使孩子产生消极的心态:"我总是有那么多错误,永远克服不完。"最终使孩子逐步丧失了对自己的自信,形成了对自己的错误评价:"我不如别人聪明,我这辈子真是完了。"

面对孩子不好的考试成绩,父母这样说:"这次考试成绩不算是最后的结论,它只是反映了你以前有哪些不足。只要认真克服不足,终会获得成功";面对孩子某学科不理想的成绩,家长会鼓励孩子:"你那门学科学得不错,我相信你也能把这门学科学好";孩子的考试成绩哪怕只是提高了一分,家长则看到的是:孩子又进步了,只不过是进步的幅度不够大……

在父母的积极评价下,孩子必然产生积极的心态:"我又发现了自己的不足、我又改正了自己的一个错误,我还能克服许多不足,我一定会成功。"这样的孩子,就很容易取得进步,逐渐使自己努力向父母的期望靠近。

· 父母禁言 ·

对孩子做出积极评价能够激发孩子的自信,消极评价只会让孩子感到自卑。所以,家长在评价孩子的时候,一定要注意"积极性",避免消极性评价。

你真是太不成器了

有几个小孩特别让老师头疼：一个孩子4岁才会说话，7岁才会写字，老师曾经这样评价他："反应迟钝、思维没有逻辑性，满脑子都是些不切实际的想法。"

一个孩子讨厌上学，上课时心不在焉，每天喜欢做白日梦，学习成绩一塌糊涂。有一次老师问他1+2等于多少？他回答是3，看到老师拍桌子，马上改口说是2。同学们嘲笑他："那家伙是个呆子！"

一个孩子上小学时总是坐着"倒数第一"的宝座，老师曾半开玩笑半带鼓励地问道："你能不能偶尔也来个正数第一呢？"

一个孩子在读小学时因打架和讲故事而出名，而他的学习成绩很糟糕。

一个孩子小学毕业时，竟然连毕业证都没拿到，初中一年级时，他因为数学不及格而补考。

如果你是上面几个孩子的父母，你会不会觉得很失望，甚至很绝望？但这几个孩子后来都成了世界名人。

他们分别是：物理学家爱因斯坦、科学家牛顿、浪漫主义诗人拜伦、大文豪司各特、数学家华罗庚！

这些在人生早期表现"恶劣"的笨小孩，最终都取得了举世瞩目的成就，如果他们的父母仅仅因为他们当时的表现，就给他们扣帽子，认定他们不成器，那么，人类将蒙受多少损失！这些伟人无疑是幸运的，因为他们拥有最懂得爱的父母，最懂得欣赏个体差异的父母，最懂得给孩子一个积极期待的父母。

其实每个孩子都是独一无二、与众不同的，他们不仅身材、长相、声音不同，兴趣爱好和性格也不同，能力也有差异，他们各有所长，各有所好。比如有的孩子喜欢数学，有的孩子爱好写作，有的孩子精通音律，有的孩子会做一手好菜。

遗憾的是，仍有那么多父母不懂得欣赏孩子个性，不懂得发现孩子的潜质，找到其兴趣点，更不懂得给予孩子积极的期待，给他希望与力量。

（1）给孩子一个期待，但要抛弃瞬间改变孩子的想法。有一个著名的心理学效应叫作"皮格马丽翁效应"，即热切的期望有可能使被期望者达到期望者的要求。所谓热切的期望是指积极正确的期望暗示。父母对孩子的积极期待能够使孩子的状态随之发生变化，由消极转为积极进取，由自卑转为乐观自信，从而向好的方向发展。

（2）用善意的谎言摘掉别人给孩子扣的帽子。有些成年人不懂得教育，他们随便给孩子扣帽子："这孩子有点笨"、"他有多动症倾向"、"他的动手能力简直太差了，无可救药"、"这孩子怎么呆呆的"。这些话，家长不要信，更不能让这种消极的评价成为孩子的负担。家长最好先反省自己和他人对孩子的教育，然后屏蔽那些消极的评价。你要让孩子客观地对待外界的评价，外来评价是好的、正确的，就可以接纳，如果不是很正确、是偏颇的，就要勇敢地拒绝。

>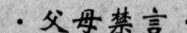
> ·父母禁言·
>
> 家长最好先反省自己和他人对孩子的教育，然后屏蔽那些消极的评价。你要让孩子客观地对待外界的评价，外来评价是好的、正确的，就可以接纳，如果不是很正确、是偏颇的，就要勇敢地拒绝。

你真是个胆小鬼

在日常生活中，我们常常会遇见比较胆小的孩子。比如有的孩子看到家里来了陌生客人就哭着躲在父母背后；有的孩子兴高采烈地跟父母到儿童乐园玩，可是看着那一个个旋转、摆动的游戏机，却一项也不敢上去玩；在自助餐厅里，爸爸妈妈去自助吧台拿东西，有的孩子只一会儿看不见父母，就会放声大哭……

面对孩子的胆小，许多家长感到很无奈，也经常抱怨孩子。其实，很多时候，孩子的胆小是由于家长的不当言行造成的。

罗先生的女儿源源今年7岁，已经上小学二年级了。他说源源小时候就特别胆小，家里只要来了客人，无论认识与否，便一头钻进自己的房间里不出来，就连走路也喜欢靠边走，尤其是靠着墙边走她才会感到安全。

在学校里也是一样，源源不到万不得已，绝对不和老师交流，回答老师的问题时也是结结巴巴，没说几句就脸红。

有一次，罗先生带女儿出去散步，正好遇到单位的同事，便停下来说话，同事看见源源很可爱，就问她："你学习好不好呀？"源源一下就躲到罗先生的背后，并拖着爸爸的衣角要求赶快离开。同事见状，哈哈大笑起来。爸爸生气地说："你真是个胆小鬼！"

胆小鬼这个词其实包含着懦弱无能的意思。孩子向家长表达自己的恐惧情绪，更多的是希望得到家长的理解和支持，更希望得到解决问题的办法，而不是被骂无能。

实际上，每个人都会有恐惧心理，就连成人也不例外。年幼的孩子会对动物或陌生的物体感到恐惧，这是因为他们对于不了解以及缺乏经验体会的事物存在着认知上的错误，随着活动范围的扩大和经验的增加，孩子的某些恐惧会随着年龄的增长而消失。恐惧是孩子心态的一种自然流露，父母除了帮助孩子树立战胜恐惧的信心，还应该避免在孩子的心里投下恐惧的阴影，教育孩子正视恐惧，并为孩子树立良好的榜样。

父母应当充当一个引导者的角色，帮助和鼓励孩子克服恐惧，而不是嘲笑孩子的胆小。如果总是说他"胆小鬼""窝囊废"，孩子不但不会降低恐惧感，久而久之反而会更加坚信自己真的是个胆小鬼。

心理学家认为，恐惧是儿童最常见的自然心理状态。因此，父母要允许孩子害怕，千万不能讥笑孩子是"胆小鬼"，并且要帮助孩子克服恐惧心理，鼓励孩子战胜恐惧的信心和勇气。

作为父母的我们应该平静地接受孩子的一切,包括孩子外表的一些小缺陷。既不要用它逗弄孩子,也不必刻意地掩饰它,这样才可能培养孩子一个健康的心理。

我微笑着给她讲我的道理。

我们教育孩子,最终目的就是希望他们能自立,希望他们在没有爸爸妈妈的荫庇时,也能独自生活。如果我们什么都警告,什么都禁止,什么都不教给他们,那他们就什么也学不到。

> **·父母禁言·**
>
> 父母应当充当一个引导者的角色,帮助和鼓励孩子克服恐惧,而不是嘲笑孩子的胆小。如果总是说他"胆小鬼"、"窝囊废",孩子不但不会降低恐惧感,久而久之反而会更加坚信自己真的是个胆小鬼。作为父母的我们应该平静地接受孩子的一切,包括孩子外表的一些小缺陷。既不要用它逗弄孩子,也不必刻意地掩饰它,这样才可能培养孩子一个健康的心理。

你怎么考得这么少

社会是多元化的,名次与成绩并不是孩子成功的决定因素。作为父母,应该冷静的对待孩子的成绩!

美国教育家斯宾塞曾经说过:"父母千万不能太看重孩子的考试分数,而应该注重孩子思维能力、学习方法的培养,尽量留住孩子最宝贵的兴趣与好奇心。绝对不能用考试分数去判断一个孩子的优劣,更不能让孩子有以此为荣辱的意识。"

学习的问题,一直是父母和孩子的"心头结"。父母的眼里只有成绩,孩子老是担心成绩差会遭到父母责骂。孩子们最常听的一句话就是:"赶快去做功课!"父母愿意以孩子的健康和美丽的童年,孩子创造力的开发来换取成绩吗?

学校第一次公布六年级第一次模拟统考的成绩。王皓一进门,妈妈就跟在后面迫不及待地问:"皓皓,怎么样?考了第几名?"王皓一边放书包一边回过头来跟妈妈说:"妈,还可以,每门儿都考了90多,就是……"

妈妈一听,这明显地话里有话啊,赶忙接上句:"怎么了?就是什么?"

王皓低着头,不敢看妈妈的眼睛,吞吞吐吐地说:"就是,只考了第5名,没有进前三名。其实,我这次已经进步了,连老师都夸我了呢。"

"跟你说过多少次了,你的目标就是前三名。一定要拿到前三名,这样才有可能上个重点中学,这样以后走上社会才有前途,知道吗?"妈妈说。

王皓眼里含着泪说:"妈妈我已经很努力了,我每科都考了90多分,老师说上重点中学还是很有希望的。"

妈妈"噌"的一下站起来,说:"我不管老师怎么说,也不管你考了多少分,妈妈只是希望你能考进前三名,因为只有这样才有前途。你要知道,妈妈也是为你着想。这个周末哪里也不许去了,在家把模拟统考的题目重新做一遍。"

过了一段时间,皓皓每天回家都很晚,妈妈问其原因,皓皓的理由都是学校补课

妈妈后来和老师交流了才知道,原来学校的补课不是很频繁,皓皓放学后的大部分时间是和班上几个学习不好的学生去网吧打游戏了。

皓皓妈妈的心情我非常理解。许多家长也非常关注未成年人染上网瘾这类问题。一位妈妈说过,自己的孩子沉溺于网络,被父母从网吧里找回来时,已经两个月没有洗澡,瘦得不成样子。但他的感受是"回到家里怎么还是老样子。"

孩子沉迷于网络有很多原因,其中最关键的是父母对自己学习成绩一种误解:认为成绩好就一切都好,成绩不好就一切都不好,成绩可以直接跟孩子的命运和前途挂钩。所以孩子每天回到家里听到的就是:"多少分啊?第几名啊?"不愿意每天再听到同样的唠叨,渐渐地对学习也有了排斥心理。但在网上玩游戏能获得成就感,久之成瘾。其实,上网成瘾的孩子,内心也很痛苦,他们没有人生目标,找不到方向。家长遇到这类问题时,必须跟孩子站在一个立场上,承认网络在信息社会的作用,在此基础上再进行沟通,并通过旅游、体育运动等方式帮其减少接触网络的机会,慢慢让孩子回到正常的学习生活轨道上来。

另一方面,希望家长不要天天只关心成绩、名次等问题。现在社会是多元化的,名次与成绩并不是孩子成功的决定因素。作为父母,应该冷静的对待孩子的成绩,有些孩子善于学习,成绩自然会高些,但有些孩子可能更擅长舞蹈,文化课的成绩可能就不是那么理想。我们没有必要以成绩作为衡量孩子的唯一标准。有位作家说过:每个孩子都是父母创作的一件艺术品。我们应该带着欣赏的眼光来看待自己的孩子,帮助孩子发掘他自身的潜力和优势,并把他发扬光大。只要孩子做个最好的自己,做个快乐、幸福的人,这就是父母一生最大的安慰。

心怡一回到家,妈妈又开始问她:"班里考试了没?考了多少分?"心怡心想,妈妈就不能换个问题吗?每天的问题都那么单调又无趣。

心怡像泄了气的皮球一样,瘫坐在沙发上,有气无力地说:"考了。"

"啊?"妈妈兴奋地凑过来:"宝贝,快告诉妈妈,考了多少分?"

"71分。"心怡说。

"啊,那么差啊!妈妈就说嘛,让你少练习点钢琴你不听。下周,跟你钢琴老师说,先不去学了!"

"为什么?"心怡不满地问。

"分数太低,成绩太差。还有,你刚刚从姥姥家抱来的小狗,明天我也给姥姥送回去。总是干那些'无聊'的事情,太耽误学习了。以后,这些杂七杂八的事情,都不允许你干了。"

孩子回家后,父母经常这样问:"考试了没?得了多少分?"很多父母以为,这样问是表示对孩子的学习的关心。其实不然,张口闭口问孩子考试、分数,并不是对孩子学习的关心,而只是对孩子成绩的关心。因为,孩子的学习不仅仅体现在成绩方面,还有其他的很多方面。生活就是一个很好的课堂:

焦波教授作过一篇学术报告,题为"爹娘给我的路"。发言中他几次提到父亲的一段话:

"千日斧子百日铸,大锯只需一早晨。但是,为什么要让你拉三年大锯呢,是想让你悟出两个道理:两个人配合才能把活干好,一个人劲儿再大也拉不动大锯。还有,锯要一下一下地拉,路要一步一步地走。"

父亲的这段话影响了焦波的一生。他通过言传身教传递给了焦波自己对人生的感悟,为焦波奠定了成功的基础。

父母是一个孩子的人生向导,对孩子的关注也不应该只是聚焦于孩子的文化课成绩,更应该多关心孩子的品德修养、素质教育。只有各方面健全的孩子,才是这个社会需要的栋梁之材。

今天佳琪特别开心,因为她被推选为班长了。老师还特意找她谈话,表示很信任她,希望她可以把自己的工作做好,组织好班级里的各项活动,不要辜负同学们对自己的期望。

佳琪很开心,感觉这是同学和老师对自己的信任。一路上,感觉树叶更绿了、花儿也更香了,连耳边小鸟的唧唧喳喳声也变得更加悦耳动听。

一进家门,佳琪就高兴地冲妈妈喊:"妈妈,妈妈,我回来了!"

妈妈听到喊声,从厨房里走出来说:"佳琪回来啦!快放下书包,过来吃水果。"

佳琪兴奋地跟妈妈说:"妈妈,我被选为班长了。我们同学很多都想做班长呢?可由于我刚开学时,表现突出,以及竞选演讲表现得好,我就当选了。我好开心啊!"妈妈开始也很高兴,连忙问:"是吗?是吗?我们佳琪真棒!"

过了一会儿,妈妈好像想起了什么,于是温柔地跟佳琪说:"佳琪啊,妈妈跟你商量下。咱们跟老师说,不当这个班长行吗?你现在才上一年级,正是学习打基础的时候,当班长要帮老师干很多活,是很耽误学习的"。

佳琪迷惑地看着妈妈:"妈妈刚才不是也很高兴我能当选为班长吗?为什么突然一下子变了主意呢?为什么当班干部就会耽误学习呢?"

有些父母错误地认为,有没有出息,只要看学习好不好就行,做不做班干部没关系。其实,孩子多做一些班干部的工作,对于孩子的能力培养非常有好处。许多孩子明明被老师、同学推选为班干部了,父母却替孩子打退堂鼓,要求孩子放弃班干部工作,把精力放在学习上。

担任班干部会锻炼孩子各方面能力,包括人际交往、组织协调以及统筹安排等等。有很多出色的领导人和管理型人才,就是从学生时代当班干部开始崭露头角的。所以说,当班干部对孩子的成长和以后的成功是非常有利的。

而且,当班干部也不一定能够影响孩子的学习。我们父母也可以通过对孩子的一些督促和引导,把当干部对孩子学习的影响降到最低,甚至没有。毕竟,孩子们小学之前的功课并不是很紧张,一般的孩子都是学有余力的。

因此,不管孩子自己愿不愿意当班干部,父母都不要替孩子作决定。可以听听孩子的意见,如果孩子很愿意做,应该大力支持他,帮助他出主意,想办法,帮助他做好工作。

如果孩子不是太愿意替班里做事,父母也不用责备他。只要向孩子说明,做班干部对他的个人成长是有好处的,如果可以,不妨试试。有些内向的孩子可能因为当了班干部逐渐改变自己的性格,对于自己的成长也是非常有帮助的。而有些外向的孩子,喜欢与人打交道,喜欢在为班级做事中获得乐趣,实际上,这种孩子多属于领导型人才。长大以后,他可能并不需要太多的技术就能管理他人。

毕竟，每个孩子都有自己的专长，都有自己的特点，根据孩子的兴趣和特点，给孩子一个快乐的成长之路，这是最明智的选择。

> ·父母禁言·
>
> 美国教育家斯宾塞曾经说过："父母千万不能太看重孩子的考试分数，而应该注重孩子思维能力、学习方法的培养，尽量留住孩子最宝贵的兴趣与好奇心。绝对不能用考试分数去判断一个孩子的优劣，更不能让孩子有以此为荣辱的意识。"

你不许支使长辈

经常会听到一些家长这样说自己的孩子："我家的宝贝，就是脾气太倔了！"、"我的女儿，就是内向。"、"我们家宝贝爱动得很，一点都坐不住。"、"我的孩子太笨了！"、"我家的孩子胆子太小了！""我家的宝宝太爱打架了，净到外面惹事！"……

心理学上有一个定义，叫作"贴标签效应"，是指一个人被一种词语名称贴上标签时，他就会作出自我印象管理，使自己的行为与所贴的标签内容相一致。

心理学家克劳特在1973年曾经做过这样一个实验：他组织了一群人为慈善事业做出捐献，然后根据他们是否有捐献，标上"慈善的"或"不慈善的"。然后他又组织了另一群人，也同样进行捐献，不过这次没有使用标签法。后来，他再次组织了一次捐献活动，让前两次参与的人再次前来捐献，结果他发现，那些第一次捐了钱并被标签为"慈善的"人，比那些没有标签过的人捐得要多，而那些第一次没有捐钱被标签为"不慈善的"比没有标签的贡献更少。

心理学认为，之所以会出现"标签效应"，主要是因为"标签"具有定性导向的作用，无论是"好"是"坏"，它对一个人的"个性意识的自我认同"都有强烈的影响作用。给一个人"贴标签"的结果，往往是使其向"标签"所喻示的方向发展。如果你总是说自己的孩子笨，那他便开始认为自己笨。如果你总是骂自己的孩子淘气，那他就会向你显示自己的淘气。如果你给自己的孩子贴上标签，他就会向你的标签的方向发展。他会认为反正自己就这样了，而不会再去改正。

其实，孩子本来是清白的，却在不知不觉中被家长，贴上了某种标签。维维今年6岁，由于在家里他年龄最小，什么事都由爸爸妈妈、爷爷奶奶来做，他有时就会自然地"吩咐"别人为其做事。

这天晚上，他对爷爷说："爷爷，把我的冲锋枪拿来！"爷爷正在看报纸，爸爸在旁边说道："不要总指挥人，自己去拿！"

接着，维维找到妈妈，对妈妈说道："我饿了，你去帮我拿个蛋黄派！"

妈妈正在洗碗，说道："这孩子，真爱指挥人！"

维维开始玩电脑游戏，嫌爸爸看电视的声音太大了，说道："电视小点声，我在玩游戏呢！"

"听听,又在发号施令了!"爸爸在一旁说道。

其实,这虽然是家里人一种不经意的说话,但是若每天孩子都能听到这种"爱发号施令"的话,这无异于给他贴了一个标签。渐渐地,他就会把自己"分配"到这种角色之中,成为了"特型"演员,也就是说,他就会习以为常,按这个"标签"去做了。

如果一个人被别人私自下了结论,就像商品被贴上了某种标签。当被贴上标签时,就会使自己的行为与所贴的标签内容相一致。也许有的家长可能会这样说,我给他贴上标签,是想让他改正。我说他笨,只是"激将法",是想他变得好一点而已。这样的观点似乎有一定的道理。心理学家研究发现,在"标签效应"中,如果贴的标签不是正面的、积极的,那么被贴标签的人也可能由于觉得不公平而产生与所贴标签内容方向相反的行动,也就是说,"激将法"是可行的。但是,要负面的、消极的标签产生正面的效应需两个条件:

一是被贴标签者能够理解所贴标签是不客观、不公正;二是被贴标签者的独立性要比较强。这两点对于孩子来说,并不太合适。当我们大人去照哈哈镜时,看到镜子里奇形怪状的自己,并不会难过,而是一笑了之,这个前提是我们知道自己的真正面目。试想,如果我们从来没有照过镜子,不知道自己是什么样子的,第一次照哈哈镜时,就会以为那就是真实的自己了。

对于孩子来说,他们对自己并没有清晰的认识,不知道自己到底是聪明还是笨,是听话还是爱捣乱……他们对自己的认识都是来自于别人的评价,尤其是父母的评价。父母对孩子的评价,无疑是给孩子贴了标签,将成为他一辈子的心理制约。如果家长给孩子贴上负面的标签,家长以为是"激将法",殊不知孩子会很认同家长的观点,虽然心理不愿意接受,嘴上反驳,心里也会觉得大人说得可能是对的,这样就很难起到"激将"的效果。所以家长不可轻易对孩子下结论,更不要给孩子乱贴标签。这样轻则会毒化亲子关系,严重的还可能促使孩子向消极方面发展。

有一个五岁的孩子,老家是南方的,父母来北京打工,也带他一起来到了北京。将他送到了一所幼儿园。在幼儿园里,老师要求说普通话,而孩子在家里学的是家乡话。孩子在幼儿园里要说普通话,回到家里跟爸爸妈妈又要说家乡话,这让他很烦恼。突然有一天,这个孩子说话开始结巴了。妈妈一听,说道:"你怎么还结巴了呢?"后来,这个孩子说话一结巴,妈妈就会训道:"咋又结巴了呢?"爸爸也在一旁训斥:"好好说话,别结巴。"结果孩子越紧张越结巴,结巴越来越严重。

与他同班的另一个孩子,与他的情况相同。但是这个孩子回到家里,爸爸妈妈从来不当面提他结巴的事。而且每次爸爸都耐心地等他说完,但从不提结巴的事情,两三个月时间之后,这个孩子自然就不结巴了。

孩子一时间说话结巴,父母不用过多批评,时间久了,孩子自然就会恢复。孩子一时任性发脾气,你就想办法教育,但不要给他贴上"脾气大"的标签,不要因为孩子几次的胆小,就认定他是一个胆小的孩子。弱化孩子的小缺点,给孩子提供一个宽松的环境,他慢慢地就会改正了。

· 父母禁言 ·

父母不要把孩子的错误肆意宣扬,更不要给孩子随意贴标签。孩子的可塑性很大,一时的表现不代表就是他的性格。

第五章　孩子,你的梦想不现实

你的梦想太不切实际

朋朋是一个很淘气、好奇心很强的孩子,自从妈妈带他参观了机器人展览之后,他开始安静了,每天有时间就抱着从展览会上买来的图册看,把里面的各种机器人都认识得清清楚楚。

朋朋把这些图册熟悉之后,他又缠着爸爸去书店,买回一堆有关机器人的书,每天只要做完作业,就捧着书如醉如痴地翻呀、读呀,有时还按照一些纸工手册的图纸自己做。

妈妈一看很着急,担心这样下去会影响孩子的学习,于是就开始限制他看有关机器的人书。可是朋朋趁妈妈不注意,还是会偷偷地看。

这一天,朋朋做完作业后,见妈妈在厨房做饭,又回到自己的房间里偷偷地看了起来。妈妈做完饭推门进来时,他都没有注意。

妈妈一见,非常生气地说道:"整天不务正业,不好好学习。把成绩耽误了怎么办?快,赶紧写作业。"

"作业写完了。"朋朋对妈妈说。

"作业写完了预习一下明天的课程。一会儿把上周末学的画画再练练,那正事不是多得去吗?就不爱干正事!"

朋朋一听,反驳道:"妈妈,我这是在务正业。我已经决定了,以后长大了,就去当个工程师,专门研究机器人!"

妈妈一听,不屑一顾地说:"就你?现在都考不了双百,还想当工程师研究机器人?你这样不好好学习,以后就考不上大学。考不上大学,就当不上工程师,也就研究不了机器人。我看你呀,还是别做梦了。就你这样下去,以后也就是个当搬运工的材料,去搬机器人还差不多。"

虽然孩子的梦想有时会很离谱,站在成人的角度来看,可能根本不能实现,但是家长一定不要"冷酷"地打压,要知道,你扼杀的不仅仅是孩子这一个梦想,而是连孩子的自尊心、好奇心、想象力、创造力都打压掉了。而且,孩子未来的路还很长,这期间经过努力,会发生很多变化,父母不可凭当时的条件认为不能实现,就来彻底地否定掉孩子的梦想。

家长一定要注意这一点,当孩子兴致勃勃地跟你说出他的梦想时,你的一撇嘴,一个不屑一顾的眼神,一声漫不经心的"就你?算了吧!"会伤害孩子的自尊心、自信心和积极性,如果家长经常这么做,就会使孩子开始常否定自己,觉得自己这也不行、那也不行,想问题、做事情畏首畏尾、瞻前顾后,从而影响孩子自信心的建立和各种能力的发挥。

有时,父母在否定孩子的梦想时,不经意间还会把自己价值观和期望的方向带给孩子,比如说道:"做那个干啥,那能挣什么钱呀?"、"你咋想的,那能当饭吃吗?"这样,父母在否定孩子的梦想时,就会把现实的、功利的心理带给孩子,使孩子的心理成人化,失去了孩子应有的天真、单纯,对孩子的心理发育产生负面影响。

妈妈整天骂孩子没出息,跟别人抱怨自己的儿子胸无大志。

小的时候,儿子喜欢吃雪糕,所以梦想就是长大后能卖雪糕,可以整天随便吃雪糕。

后来,搬进一个新小区之后,已经上小学的儿子常跟门口的保安一起玩,所以希望自己以后也可以做保安,因为他们每个月都有800块钱的收入。800元钱对于一个月只有几十块零花钱的孩子来说是一笔天文数字。

后来,孩子喜欢上坐电梯,所以梦想长大之后管理电梯,那样可以天天坐电梯。

过了一段时间,孩子的梦想是当出租车司机,因为出租车司机挣钱更多……

每个孩子都可以有自己的梦想,这个梦想如果不伤害自己或别人,并且对社会是有利的,父母就应该支持。但是,如果一个孩子以挣钱为目的,不停地更换梦想,这是不健康、不正常的。

父母抱怨孩子没有出息,其实还是从这种功利的角度出发,因为父母认为孩子的梦想挣钱少,社会地位不是太高,只是普通老百姓的生活。

其实,我们可以分析一下,为什么孩子会以挣钱多少来不停地更换自己的梦想。每个孩子都可能有这样现实的梦想:喜欢吃糖果,但是家长又不能满足自己,所以梦想长大了当卖糖果的;喜欢看电影,就梦想长大了当卖电影票的;喜欢吃雪糕,就梦想长大了卖雪糕……这是自己的需求得不到满足的一种体现,父母不必过多干涉。若孩子梦想长大了卖雪糕,父母一听就大骂道:"真是没有出息,卖雪糕能挣多少个钱呀?"孩子受到这种暗示,就会认为父母的标准就是挣钱多。那通过和保安玩,知道保安每月挣800多,钱够多的了,就梦想当保安。父母一听,又可能骂没出息,甚至还会跟他算一笔账,说当保安钱根本不够他花的,所以孩子就会梦想挣更多的钱,出租车司机钱比保安多,所以就当出租车司机……

父母不要引导孩子往现实的功利的目的上靠,这会限制了孩子的梦想。

想想那些放羊的孩子,可能当初也有自己的小梦想,说出来之后,就被正在放羊的父母给骂回去:"好好放羊,挣钱娶媳妇才是大事!"、"好好放羊,将来生个孩子,帮你放羊!"所以,孩子的梦想就变成了放羊为了挣钱,挣钱为了娶媳妇,娶媳妇为了生娃,生娃还是让放羊。

所以对于父母来说,正确的做法应该是保护孩子的梦想,即使孩子的想法可能很奇特,或者根本就不符合科学原理,也不必急于告诉他这是不现实、不科学的。父母应该给孩子营造民主宽松的家庭环境,给孩子心理和人格发展提供广阔的空间,孩子可以按照自己的爱好和兴趣发展。

当然,如果孩子的梦想过于不切实际,有时甚至伤害到自己或别人,这时父母一定要及时教育孩子,对孩子的发展提出建议,理性地指导孩子成长。

· 父母禁言 ·

父母应该给孩子营造民主宽松的家庭环境,给孩子心理和人格发展提供广阔的空间,不应限制孩子的梦想孩子可以按照自己的爱好和兴趣发展。

你的梦想太遥远

梦想是孩子最贴心的童话,有梦想的孩子就有希望。如果你的孩子有梦想,就要尽力去加以关注和引导,让梦想成为孩子向着目标飞翔的翅膀。

有一个教师,在整理阁楼上的旧物品时发现一叠作文本,它们是50年前一个幼儿园里31个孩子的作文,作文题目是《未来我是……》。

有个叫罗德的孩子说,他有一个梦想,就是未来的他想成为一个海军大将,因为有一次他在海中游泳时喝了三升海水,都没被淹死;还有一个孩子说,自己将来必定是国家的总统,因为他能背出25个本国城市的名字,而同班的其他同学最多的只能背出7个;最让人称奇的是一个小盲童,他认为,将来他必定是一个国家级医院里的主刀医生,因为他听大人说,在这个世界上还没有一位盲人手术师。总之,31个孩子都在作文中描绘了自己的未来,有当驯养师的、有当领航员的、还有想做邮差的,真是五花八门,应有尽有。

老师读着这些作文,突然有一种冲动——何不把这些小本子重新发到同学们手中,让他们看看现在的自己是否实现了50年前的梦想。

一家报纸得知他的这一想法,为他登了一则启事。没几天,书信便从四面八方向老师飞来。他们中间有商人、学者以及政府官员,更多的是普通民众。他们都表示很想知道儿时的梦想,并且很想得到那本作文本。于是,教师按地址将作文本一一给他们寄去。

一年后,这个教师身边仅剩下盲童的作文本没人索要。他想这个人也许不在了,毕竟50年了,50年里是什么事都会发生的。

就在教师准备把这个本子送给一家私人收藏馆时,他收到一家医院的特别来信。信是一位医院的负责人写的:"那个盲童就是我,感谢您还为我们保存着儿时的梦想。不过我已不需要那个本子了,因为从那时起,我的梦想就一直在我的脑子里,我没有一天放弃过。50年过去了,可以说我已经实现了那个梦想。我虽然不是手术台上的主刀医生,但我已成为一家医院的院长。今天,我还想通过这封信告诉我的30位同学:只要小时候美好的梦想不随岁月飘逝,成功总有一天会出现在你的面前。"这位院长的这封信后来被发表在伦敦的《太阳报》上,因为他作为这个国家的第一位盲人院长,用自己的行动证明了一个真理:假如谁能把5岁时的梦想保持50年,那么他现在说不定真的会梦想成真。

有一位木材商的儿子,从小生得呆笨,人们都喊他"木头",事实也是这样。直到九岁,他才获得了一枚螺丝钉的奖励。一天,他梦见国王给他颁奖,因为他的作品被诺贝尔看中了。他很想把这个梦告诉别人,但又怕别人嘲笑,最后只告诉了妈妈。

妈妈对他说,假如这是真的,你就有出息了。因为上帝把一个不可能实现的梦放在谁的心中,就是真心想帮他完成的。男孩儿心想,他真是天下最幸福的人!世界那么大,上帝却一下子选中了他。为了不辜负上帝的期望,他真的喜欢上了写作。

但是上帝一直没有来,却等来了纳粹,他被关进了集中营。后来他从集中营出来,继续坚持写作。在1965年,他终于写出了第一部小说《无法选择的命运》,1975年又写出了第二部小说,以后又写出了一系列作品。2002年,就在他不想再等待上帝时,瑞典文学院授予他本年度的诺贝尔文学奖。他就是匈牙利作家凯尔泰斯·伊姆雷。多少作家一生都在追求这个梦想,却没有实现,但是他做到了。

大家都说凯尔泰斯很幸运,但更加幸运的是他有一个好母亲。是母亲让他拥有了这个在当时看来几乎是非常可笑的梦想。

孩子是喜欢做梦的,有些梦在大人们看来也许不太现实,甚至是荒诞的。但孩子的世界是丰富多彩的,他们喜欢幻想,喜欢为自己设计未来,只要他们的梦是健康的、积极的,我们有什么理由去阻止他们呢?孩子是一张等待创作的画布,他们有理由想象自己在上面画出最美丽的图画;孩子是充满希望的幼苗,他们有理由想象自己把生命的色彩燃遍整个大地;孩子是早晨新鲜的太阳,他们有理由想象自己把世界的每个角落撒满阳光。

即使孩子的有些梦十分遥远,甚至充满稚气,但做家长的千万不能嘲笑孩子的梦想是可笑的或是不可能实现的。而是应该尽力去呵护孩子的梦想,鼓励孩子按照梦想去做,并常常提醒孩子记住自己的梦想,告诉孩子只要去努力总有实现的可能。一滴晶亮的水珠,只要沿着小溪一路欢歌,奔腾不息,一定会汇入大海;一粒闪烁的火花,只要发光不止,奋斗不息,一定会燎遍原野。

> **·父母禁言·**
>
> 即使孩子的有些梦十分遥远,甚至充满稚气,但做家长的千万不能嘲笑孩子的梦想是可笑的或是不可能实现的。而是应该尽力去呵护孩子的梦想,鼓励孩子按照梦想去做,并常常提醒孩子记住自己的梦想,告诉孩子只要去努力总有实现的可能。一滴晶亮的水珠,只要沿着小溪一路欢歌,奔腾不息,一定会汇入大海;一粒闪烁的火花,只要发光不止,奋斗不息,一定会燎遍原野。

你的理想是错误的

琴纳是免疫学之父,天花疫苗接种的先驱。在他8岁那年,村庄里有人得了天花,没有任何医药能阻止这种疾病的蔓延,成千上万的人被夺去了生命,其中包括琴纳的亲戚、邻居和好朋友。琴纳亲眼目睹了这场瘟疫带给人类的沉重灾难,于是,在心中暗暗发誓:"长大后我要当一名医生,挽救生命。"

琴纳13岁时,在哥哥的帮助下,开始和一位颇有名气的外科医生卢尔德罗学医,他勤勉地工作着,帮助卢尔德罗诊疗病人达7年之久。

学成后,琴纳回到家乡,开设了一家医院,他医术精湛、医德高尚,成为当地著名的医生。琴纳一直没有忘记自己的奋斗目标是攻克天花这个恶病。琴纳在医疗实践中发现,牧场挤奶姑娘感染牛痘后,就不会染上天花。在这一发现的启发下,他的脑海里一直萦绕着这个问题:"天花究竟能不能治愈?牛痘到底能不能预防天花?"经过20多年的探索、研究,琴纳终于发明了接种牛痘预防天花的方法。

1796年5月17日,琴纳从挤奶姑娘尼姆斯手上取出牛痘疮疹中的浆液,接种到一个8岁小男孩菲普斯的身上。两个月后,他再次给这个儿童接种,不过这次不是牛痘,而是真正的天花浆液。结果那个儿童没有感染上天花,他确实获得了免疫力。

两年后,琴纳终于又找到一位牛痘患者,重复实验的结果也获得了成功。事实证明,这是预防天花的正确而有效的途径,牛痘疫苗从此产生了。

1979年,世界卫生组织宣布:"天花在世界范围内被消灭了!"琴纳的贡献并不限于战胜天花,更为重要的是,他向世界证明了,疾病可以预防,传染病可以被征服。

孩子,如果一个人小的时候,就在自己的心田里种下一颗理想的种子,将来他的种子发芽、生长,就会成长为一棵不可动摇的参天大树。

孩子,你一定不要小看理想对人生的重要性。一个人,只有树立起自己的理想,才会有努力和发展的方向。很多人都是在小时候不经意间树立了一种理想,才为自己的未来指明了方向。

一个叫张琳的女孩,她的家境十分贫寒:有一次,记者去她家里做采访,看到一张张印有"三好学生""夏令营活动积极分子"、"优秀班干部"等字样的奖状贴在她简陋的墙壁上,格外醒目。记者还发现这个接受社会援助的孩子非常有理想,也能够按照自己的理想勾勒自己的人生蓝图。

当记者问她近期的生活有什么打算时,这个孩子一脸笑意,高兴地对记者说:"我最近已经开始自己想办法挣钱啦!"记者一脸震惊,说道:"一个中学生,拿什么去挣钱啊?我觉得你现在应该珍惜时间好好学习,将来更好地实现自己的理想。"

张琳笑着对记者解释说:"我赚钱也是为了实现自己的理想。"记者非常好奇,于是问张琳:"你的理想是什么?"张琳微笑着说:"我的理想是当一名教师,因为家里非常贫穷,我上学期间一直靠社会上好心的教师帮助才有今天,所以我将来也想当一名教师。"

后来,张琳把自己的"赚钱之道"解释给记者听:"去年的暑假,我给几个低年级的小学生补课,得到了1000块钱的报酬,这样不仅可以贴补家用,还锻炼了我的讲解能力,让我离自己的梦便更近了。"

这就是理想的作用和力量,理想让人有了努力的方向和行为判断的乐趣。而且,更可贵的是,张琳的理想结合了社会的需要,她通过不断的努力,实现了自己的社会价值,赢得了人们的赞赏。西方很多国家的孩子,他们都有这样的认识,那就是从自己的理想中获得收益,这样就便得到更多的成就感和满足感。

孩子,不论你现在是否有自己的理想,或者是否一直在坚持着自己的理想,你都应该相信的一点是:理想在每个人的生命中并非是可有可无的,理想是心灵的翅膀,是生命的航标。有了理想,生命就有了希望之光;把握好了理想,就把握好了生命的方向。这样,自己的理想才会有发展的方向。很多人都是在小时候不经意间树立了一种理想,才为自己的未来指明了方向。

所以,孩子,我也希望你能将理想的种子种到自己的心田,使之成长为一棵参天大树,相信你的未来会不一样。

> **· 父母禁言 ·**
>
> 理想在每个人的生命中并非是可有可无的,理想是心灵的翅膀,是生命的航标。有了理想,生命就有了希望之光;把握好了理想,就把握好了生命的方向。自己的理想,才会有努力和发展的方向。

我要决定你的理想

理想是人生的灯塔。记得一个著名的教育家曾经说过,抓好孩子的理想教育工作,就等于抓住了家庭教育的"牛鼻子"。因此,我们的父母一定要给孩子上好这堂"理想课"。

"子杰,过来啊,叔叔问你,今年你几岁啦?属什么的?将来想做什么呀?"频频政通问道。子杰流利地回答:"六岁,属大老虎的,我将来想当官。"

叔叔一听兴奋地冲众人说:"你看,人家这孩子怎么教育的,就这么聪明。瞧瞧回答得多流利,以后还想做大官,多有志气啊!"

回到家里,子杰妈妈跟爸爸偷偷地说:"多亏咱们教育的好吧,咱儿子今天可是算在亲戚面前给咱们露脸了。上次,我在家里问他以后长大了想做什么。他竟然说想当工人,当时就被我狠狠地教训了一顿。我告诉他,以后要是有人再问,就要回答做大官。"

教育孩子不是儿戏,更不是父母率性而为的事情。其实,孩子的理想往往是生动具体的。如果孩子说,他将来想要做一名工人,意味着他对工人有一定的观察和理解,其理想是积极的、健康的,这表明理想的种子已经在孩子的脑袋里生根、发芽了,到了收获的季节自然会开花、结果。我们为什么要无端地指责孩子呢?

仔细想想,子杰将来可能面对的情况,不正是很多年轻人现在正在面对的情况吗?父母生怕孩子将来的发展超出自己的控制范围,便从小给孩子灌输"当官"的思想,这些思想慢慢在孩子的头脑中根深蒂固,并单纯地认为父母将自己培养成人的目标就是"当大官",没让父母如愿,就是不孝。同时,还会给孩子造成一种误解,只有做大官才会有出息,从而看不起其他的劳动职业,这样很容易把孩子的发展方向堵死,一旦事与愿违将会对孩子产生心理负担。

因此,父母在谈到孩子的未来时候,不宜用做大官来激励孩子,应该切实尊重孩子的理想。当孩子说他立志当一名解放军战士或者当一名教师时,我们不应该对孩子的理想横加干预、说孩子没有出息,而应该对孩子理想做出肯定和鼓励,并帮助孩子了解他的理想。

小皮和小贝是邻居,他们俩又在一个学校上学,关系十分要好。小皮的父母都是工人,妈妈温柔贤惠,爸爸吃苦耐劳,在这种家庭环境下长大的小皮也是十分优秀,他不但成绩好,就连足球也踢得特别棒,他梦想是将来能成为足球明星。父母非常支持他,认为小皮的理想完美。而小贝则是家里的独生子,衣食无忧,整天过着大少爷的奢侈生活。他成绩非常差,再加上优越的条件,早已把他养得肥肥的了。他什么理想也没有,唯一的爱好就是打游戏机,没日没夜地玩,更不用提体育运动了。这一切都被妈妈看在眼里,她很生气儿子为什么这么不成才,于是强迫小贝放弃他的"打游戏机"理想,让他去踢足球,让他改变理想。小贝本来身体肥胖,不爱运动,再加上妈妈强迫他踢足球,结果可想而知。

·父母禁言·

父母在谈到孩子的未来时候,不应该对孩子的理想横加干预、说孩子没有出息,而应该对孩子理想做出肯定和鼓励,并帮助孩子了解他的理想。

你别做白日梦了

梦想对于孩子来说,是非常重要的,因为它对孩子的成长具有巨大的牵引和激励作用。儿童心理学家认为,梦想是孩子自我形象的理想化。鼓励孩子追梦,孩子会产生强劲的内驱力,面对各种困难也会主动想办法去克服。

小男孩跟父母一起参观了军舰,回家后的几天内都非常兴奋。他骄傲地对妈妈说道:"等我长大了,我就要去当舰长!"妈妈不屑地看了他一眼,说道:"瞧你那糟糕的成绩,打扫军舰都轮不到你的份儿。"

孩子的热情被妈妈的一句话泼灭了,他沮丧地把手里拿的一张纸揉成一团,丢掉了垃圾筒,那张纸上有他花了两天时间画的军舰,有他对自己当上舰长后对军舰的改造"设想"。孩子的梦想在妈妈的不屑一顾中夭折了。试想,如果这位妈妈能像乔丹的妈妈那样认真对待孩子的梦想,孩子日后没准真会成为一位出色的舰长呢。

美国有一个男孩,他的父亲是一位马术师。这个孩子从小就被父亲带着东奔西跑,过着四处奔波的生活。为此,他的学校也是不停地换来换去。在跟随父亲奔波的过程中,男孩子有了自己的梦想,但是他一直没有说出来。在读初中的时候,正好班上的老师叫同学们写作文,题目就是《长大以后的志愿》。

这个孩子很高兴,终于可以把自己的梦想表达出来了。他写了整整7张纸,描述了他的伟大志愿,那就是想拥有一座属于自己的牧马农场,并且仔细画了一张200亩农场的设计图,上面标有马厩、跑道等位置,农场中央,还要建造一栋占地4000平方米的豪宅。

男孩子把自己"作品"完成之后,翻来倒去欣赏了很多遍,才交给了老师。可是,当老师批完了他的作业之后,他发现自己的报告上面打了一个又大又红的叉,旁边写了一行字:下课后来见我。

孩子心中充满了疑惑,自己的梦想为什么会给叉,被判为不及格呢?带着这个疑问,他来见老师。

老师批评他说道:"你年纪还小,想问题要符合实际,不要老做白日梦。你没有钱,没有家庭背景,什么都没有,盖座农场可是个花钱的大工程,你要花钱买地,花钱买纯种马,花钱照顾它们,你别太好高骛远了。你如果肯重写一个比较不离谱的志愿,我会给你重新打分的。"

男孩子面对老师的话很惊讶,他认为自己是认真想过之后才写的,而且自己现在年纪还小,老师凭什么就断定自己以后不能实现呢?于是他对老师说,自己要回家考虑一下才能答复。回到家后,他向父亲说了自己的事,并向父亲征求意见。父亲只是告诉他:"儿子,这是非常重要的决定,你必须拿定主意。不过,人是需要有梦想的。"

这个孩子思来想去,他决定原稿交回,一个字都不改,他告诉老师说自己不愿意放弃梦想。后来这位男孩真的实现了自己的梦想。

梦想能给一个人动力,为人们指明通向未来的途径,以及到达未来的美好画面,人们受此吸引,会更加努力去做,从而能提升自己,改变命运。或许对于成人来讲,他们可能因为生活压力而努力拼搏。而孩子没有这些压力,促使他们努力拼搏的只有梦想。

作为父母,千万不要对孩子的梦想泼冷水,不管孩子的梦想多么的可笑,也不管多么的难以实现,都要告诉孩子,世界上没有什么是不可能的。

很多父母面对孩子的梦想,会说那是不切实际的"好高骛远",把孩子的梦想扼杀在萌芽状态之中了。童年是多梦的季节,一个真爱孩子的家长应当精心保护孩子的梦想,这样梦想的种子才有可能长成参天大树,因为任何一个成功都是从梦想起头的。

每个人都有很多潜力,都是一座金矿,如果具备了梦想,他们为了实现自己的梦想,就会拼命挖掘自己的潜力,就会开采出这些"金"子,这样不但丰富了自己的人生,甚至还会创造出奇迹。

鼓励孩子有梦想,梦想就是志向,是孩子在成长道路上,通过一定知识的积累后,渴望进步的表现。鼓励孩子"种下"自己的梦想,因为有梦想就会产生学习的动力。给孩子一个梦想,让孩子在梦想的动力下健康成长,让孩子幼小的心灵中始终藏着一个美好的未来。

公园里,几个白人小孩正高兴地玩耍,一个黑人小孩在角落里远远地看着他们。这时,一位老人拿着许多氢气球进公园来卖。白人小孩一见,纷纷跑到老人近前,每人买了一个气球,然后把它们放飞到空中,兴高采烈地跑远了。黑人小孩子也很喜欢气球,可是他没钱买,就胆怯地站在一边看着。老人看见了这个孩子,问他为什么不去跟那些小孩子玩,小孩子回答说自己是黑人,会被他们看不起的,回答完之后,他忧虑地问道:"我长大以后也会比他们差吗?"老人没有直接回答他,而是找出一个黑色的气球,然后将黑气球放飞到空中,老人一边看着气球升起,一边用手轻轻地拍了拍小孩的后脑勺,说道:"记住,气球能升起,不是因为它的颜色和形状,而是气球内充满了氢气。一个人的成败不是因为种族、出身,关键是你的心中有没有梦想和自信!"那个黑人小孩听后深受鼓舞,长大后成为了一位博士。

有人曾经这样说过:生命就像一段又一段的旅程。过去是曾经看过的风景,现在是正在流连的风光,未来则是要去的陌生国度。我们根据内心对未来的设想,根据在头脑中浮现的图景,来到这个陌生的国度。拿在手中的地图越清晰,这段旅行就可能越顺利。如果你手中根本就没有地图,你现在踏上未来的旅程,必定是慌乱的、充满压力又无趣的。

对于一个孩子来说,梦想是给未来的自己画像,也是达到未来的地图。梦想对于孩子来说是非常重要的,如何让孩子拥有志向并为梦想努力,是家庭教育中一个值得注意的问题。

因为对于孩子来说,梦想是他们开始掌握时间概念和自我意识萌发的表现,是他们对未来的设想以及对自我的设想。梦想能够丰富孩子早期阅历,培养其强烈的兴趣和求知欲,能够帮助孩子树立远大的理想。孩子的梦想会随着自身的成长而发展,家长应有意识地进行引导。

家长应该仔细观察一下自己的孩子,如果他已经懂事了,却还不懂得未来、梦想是什么意思,家长问到他的梦想,他会左思右想,挖空心思,也想不出来自己要干什么,即使在父母的"威逼利诱"之下说出一个,没过几天就又改了,他们的梦想忽东忽西、变化不定。这种情况下,父母就应该适时地发现他们的兴趣,帮助他们树立自己的梦想。

(1)家长要注意观察孩子的喜好,发现孩子的兴趣,在孩子的兴趣中引导其建立自己的梦想。

兴趣是一个人力求认识、掌握某种事物,并经常参与该种活动的心理倾向。有的人对研究自然知识兴趣异常,如天文、地理、物理、化学等;有的人兴趣倾向于情感世界,活跃于人际关系领域;有的人则倾向于理智世界,在数学、公式、演算、设计乐而不疲;有的人则对技能感兴趣,对修理、车、钳、刨、洗、摄影津津乐道。

如果发现孩子在某一方向具有相应的兴趣,家长就应该着力培养,如发现孩子喜欢搭积木,就不妨多给他讲讲建筑工程师的故事。当孩子积木搭得又快又高时,应鼓励孩子在此基础上,搭出款式多样的建筑物。家长可以和孩子一起玩,或许,孩子的梦想就从玩积木中开始。

兴趣对孩子的成长有不可忽视的作用,建立在兴趣之上的梦想是很科学的。

美国内华达州的麦迪逊中学曾给学生出过这样一道题目:比尔·盖茨的办公桌有5个带锁的抽屉,分别贴着财富、兴趣、幸福、荣誉、成功5个标签,盖茨总是只带一把钥匙,而把其他4把钥匙锁在一个抽屉里,请问他带的是哪一把?

同学们看到这道题目后,各抒己见,答案也是五花八门。后来一位同学访问该校网站时看到了盖茨的回函,上面只有这样一句话:在你最感兴趣的事物上,隐藏着你人生的秘密。所以家长应注意观察孩子的喜好,从孩子的兴趣中,帮助孩子培养志向。

(2)要在生活中培养孩子的未来意识。五岁的小姑娘说道:"我小时候……"家长一听大笑起来,觉得像笑话一样。其实,这说明她已经有时间概念了。如果孩子还没有时间概念时,家长可以让孩子多看看自己以前的照片、以前的玩具、以前穿过的衣服。当然,随着孩子对时间的概念有越来越多的感性认识,孩子也会逐渐产生未来意识,虽然开始可能较为朦胧,但只要家长适时引导,孩子对自己未来的概念就会逐渐明了。当孩子有未来的概念时,就要帮孩子设想一下自己未来的样子,和孩子一起设想长大后会做什么工作,这样就帮孩子树立起自己的梦想了。

(3)帮孩子树立理想之后,就要帮助孩子坚持梦想,去为孩子的梦想而铺路。

五岁的小羽对海底世界比较感兴趣,每当看到电视上播放海底世界的片子,就会非常认真地看,还缠着爸爸问这问那的。爸爸虽然不懂得这些,但是他发现孩子对此感兴趣,于是赶紧去书店,帮孩子买回来许多相关的图书和光盘,跟孩子一起看,一起研究。爸爸还适时地对小羽说:"儿子,海洋多么美丽神奇呀,如果你把这些知识都学会,长大了可以当海洋专家了!"

"爸爸,海洋专家都做什么呀?"

"就是研究这些海底世界呀!"

"好,那我就当海洋专家啦!"

"不过你得好好学习这些知识,要懂得好多知识,才能当海洋专家呢!"

小羽听后点了点头,更加努力地学习这些知识了。

为了使小羽对海洋有更深的认识,爸爸还趁放假期间,带他去海边玩。跟他一起在海上捡贝壳,捡海螺,捡退潮时海滩上各种各样的海洋生物。还带他参观了海洋馆,看海豚表演,买了许多海底世界的图片。这些不但丰富了小羽的知识,也更坚定了他的梦想。

家长在知道孩子的梦想之后,不但要肯定、欣赏,还要帮助孩子去实现那些可以实现的梦想,让孩子认识到自己的能力,体会到成功的喜悦。而且,父母还要引导和帮助孩子改掉一些学习中的毛病、问题,帮助孩子认识到学习的重要性,如果孩子的梦想还不明确,家长可以引导孩子将自己的每一个梦想描述出来,让孩子理清自己对未来的想象。

家长帮助孩子树立了梦想之后,不能坐等收获,要与孩子共同探讨研究实现梦想的必要条件以及努力的方法,并将学习的意义构建在每一个梦想上。另外,家长可以经常和孩子一起温习他的梦想。

帮孩子树立理想时,一定要注意到孩子自己的兴趣,切不可把自己的想法强加到孩子的身上。为人父母,要顾及孩子特别的才能及梦想,做他们的"助梦者"。家长能给孩子最好的礼物,就是告诉他们:"上天在你的身上,赋予特别的能力及目的,你的父母有责任帮助你去发掘,并且追求这份独特的潜能。"等到孩子逐渐长大成熟时,家长可以慢慢地引导他们有关教育及选择职业的方向,从而使孩子一步一步地向自己梦想靠近。

> ·父母禁言·
>
> 作为父母,千万不要对孩子的梦想泼冷水,不管孩子的梦想多么的可笑,也不管多么的难以实现,都要告诉孩子,世界上没有什么是不可能的。

你不是学音乐的料

现在社会中大多数孩子都是伴随着音乐成长起来的,有一些孩子并且表现出了音乐天赋,这些才能主要体现在唱歌、跳舞、弹琴、表演这些方面。不过,生活中,很多父母对孩子的这种才能却不能正确地对待。

(1)如果孩子唱歌跳舞时,家长因为太过吵闹而批评孩子,这样就把孩子对音乐的兴趣扼杀了。如果家长总是强迫孩子练习这样那样的乐器,一样会减少孩子对音乐的兴趣。

(2)当孩子去参加音乐类的表演时,家长不鼓励支持孩子,而是说学音乐没前途,让孩子多在学习上下工夫,反对孩子热爱音乐,这样也是不对的。

(3)家长平时只关心孩子的学习,却不注重培养孩子的能力。

上面一些都是父母对孩子采取的不正确的态度,那么,家长该如何培养孩子的音乐能力呢?

（1）家长不要有重学习、轻音乐的思想。父母要意识到，音乐十分有助于孩子的学习，二者之间的联系也是非常紧密的。例如，孩子根据听觉学会说话，而训练听觉最好的手段是听音乐。实践证明，音乐不仅可以使孩子的注意力、记忆力、想象力、创造力、思维能力不断发展，还可以让孩子的语言能力得到更好的发展，进而养成良好的性格。因此，父母一定要重视音乐的作用。

（2）让孩子对音乐感兴趣。随着孩子年龄的不断增长，父母要给孩子营造出适合他们的音乐氛围，让他们拥有练习的机会和条件。例如，家长时不时为孩子放一些歌曲和音乐，丰富孩子的音乐知识，提高音乐能力。

（3）举办音乐活动吸引孩子。父母可以组织一些有趣的音乐活动，将音乐和孩子的生活融入到一起，让孩子沉浸在音乐活动的欢乐之中。例如，让孩子演奏乐器、唱歌跳舞等，还可以通过玩各类游戏的方法，让孩子在轻松娱乐的条件下学习音乐。

（4）让孩子积极参加表演活动。如果学校有表演活动，那么家长要鼓励孩子去参加，通过参与其中，感受音乐的节奏、音色、力度，并且学会一些音乐的知识技能。例如，让孩子根据听音乐随便做一些动作；用小物件随便敲打出简单的节奏；让孩子玩讲课、指挥等游戏，都能让孩子的音乐能力得到提升。

（5）让孩子拥有好的音准、节奏感和乐感。如果父母要培养孩子的音乐能力，要着重培养孩子的音准、节奏感和乐感，这样孩子在音乐、舞蹈、歌唱等方面才会有兴趣和创作力。培养孩子的音乐才能，请优秀的老师辅导，不要埋没孩子的天赋。

（6）与孩子一起感受音乐的美妙。当父母和孩子一起听音乐时，应该让孩子从对声音敏感开始。在美妙的大自然世界中，鸟儿、虫儿等动物的叫声无处不在，路上行人的吵闹声和风儿的呼呼声，都可以让孩子去倾听。家长也可以陪孩子一起玩"敲打听"这一游戏，例如：吃饭时用筷子敲打碗和盘，引导孩子说出哪个声音比较高，哪个声音比较低，哪种声音比较好听。在游戏里，家长可以先让孩子闭上眼睛，再问他听见的声音是什么，或是让他模仿听到的声响。孩子一旦对各种物体的声音产生了兴趣，家长就可以让孩子牢记这些声响。如此反复地进行训练，孩子听力就会被训练得很好。

父母跟孩子一起跳舞。家长要有计划地初步训练孩子。孩子们常反复做的动作是拍手，这是孩子们表达内心喜悦的一种方式。家长培养孩子有节奏感可以从训练他拍手开始，与孩子一起拍拍手，使孩子在这些活动中慢慢寻找节奏。

父母跟孩子一同唱歌。孩子总是会情不自禁地哼出他喜欢的歌曲，他们的喜怒哀乐很多表达为歌声。孩子是最喜欢模仿的，家长要利用好这个特点，平时多和孩子一起唱歌。

与孩子一起听著名的曲子，然后自己把从音乐中听到的东西讲出来，再请孩子分享，了解孩子对音乐的理解，让孩子边听音乐边在脑中浮现出各种画面。

·父母禁言·

现在社会中大多数孩子都是伴随着音乐成长起来的，有一些孩子并且表现出了音乐天赋，这些才能主要体现在唱歌、跳舞、弹琴、表演这些方面。不过，生活中，很多父母对孩子的这种才能却不能正确地对待。

你要尽早做这些运动

　　为了让孩子得到全方面发展,有一个健康的身体,父母们越来越重视孩子的体育锻炼。但是,有关专家指出,对于一些不适合孩子过早进行的运动,会对孩子的身体有害。人的机体在超负荷运动的时候,能量供应受到限制,人的身体就会出现疲劳、浑身乏力、大脑反应变慢的现象。如果长时间处于这一状态,大脑机能就会受到损伤,特别是对于孩子,过量的运动会导致注意力不集中、晚上难以入眠、健忘,严重的会产生缺氧现象。对于下面一些运动,家长们要引起注意,这些运动不适宜孩子过早参加。

　　(1)拔河。拔河虽然看似是一种静止的运动,但却是负荷很大的一种运动。从生理学角度来说,心脏并未发育完全的孩子,心脏的自我调节功能尚未完善,一旦肢体负荷量增加,主要依靠提高心率来增加供血量。在拔河过程中,需要屏气用力,有可能会出现一次长达十几秒钟憋气,一旦突然放松以后,就会有大量的血液涌进心房,这样对心脏极其不好。

　　拔河比赛除了对孩子们的心脏造成不好的影响外,对孩子的筋骨也会产生不良影响。孩子幼年时期肌肉主要是纵向生长,对关节的固定力量不强,这时候的骨骼弹性大、硬度小。因此拔河比赛很容易引起孩子的关节脱臼和软组织损伤,对骨骼生长十分不利,可能还会导致骨骼变形,对孩子的形体造成危害。同时,拔河是一项有很大挑战性的运动,一些孩子集体荣誉感比较强,在比赛中就会不顾及自己的身体状况而感情用事,从而伤害到自己。

　　(2)力量锻炼。孩子发育的时候,一般是先长个子后长体重,从而造成了他们的肌肉不是很发达。换言之,早期的孩子是以骨骼生长为主,肌肉并未进入生长高峰,还十分脆弱。如果在这个时期让孩子进行过量的肌肉锻炼,一方面会导致孩子部分肌肉过分发育,另一方面会使心脏等器官负担较重,最重要的是这可能会使这一部分的肌肉僵硬,失去应有的弹性。因此,类似于引体向上、举杠铃、仰卧起坐等运动是不适宜孩子练习的。孩子练习肌肉力量的最初时段应该在初中时代。

　　(3)长跑。长跑是一项对身体的各个部位产生巨大冲击力的运动。长期长跑训练的孩子,一般他们的关节处的骨骼发育都是不正常的,特别是冬天在日常马路上长跑,关节部位更会受到很大的冲击,长此以往,就会影响身高。

　　另外,长跑也是一项非常影响孩子心血管功能的运动,同时,儿童体内的水分占了很大比例,蛋白质及无机物少,肌肉缺少力量。如果让孩子长时间进行长跑运动,营养耗费量大、入不敷出,影响正常发育。

　　(4)掰手腕。孩子四肢的各关节还没有发育完全,比较脆弱,这样的运动会导致关节受损。另外,与拔河运动相类似,掰手腕也是一项需要屏气的运动,胸腔内的压力难免急剧上升,静脉血无法正常流通到心脏,滞留在静脉的大量血液会冲击心房,强力刺激心房壁。若长时间这样掰手腕,还有可能引起身体左右两侧发育不均匀等状况。

　　(5)极限运动。正处在生长发育期间的孩子,如果做一些超过自己身体可以承受的体育运动,就有可能会对未完全发育的肌肉造成疲劳损伤,运动损伤是很容易留下后遗症的。有关研究证明,在青少年时代关节扭伤的人,在老年的时候出现关节炎等病症的概率会比没有扭伤的人大很多。另外，孩子正处于身体发育的重要时期，关节中的软骨仍在继续生长，膝盖软骨长时间过度磨损，日后容易形成关节炎。

（6）兔子跳。在做这项运动的时候，人的心脏承受的重量是平时的三倍，每进行一次兔子跳，膝盖就要承受比平时更多的冲击力，孩子的骨化过程尚未完成，这样的跳跃练习会伤害身体。

（7）倒立。尽管孩子的眼部压力调节能力会比较好一点，但是如果倒立时间过长或是频繁进行倒立，就会由于眼压过高对眼睛造成损伤。

（8）滑板车。滑板车这类高速度的运动不适合年龄太小的孩子。幼儿时期的孩子正是成长的关键时期，如果长期玩滑板车，腿部的部分肌肉就会比别的部位的肌肉发达，轻则身体发育不协调，重则影响身高。此外，滑板车运动对腰部、膝盖、脚踝的用力有一定的要求，这些都是容易受伤的部位，需要重点保护。在孩子玩耍时，父母或者家人最好陪在身边，以免孩子造成损伤。

（9）小区健身器材。公共健身器材一般不太适合小孩子玩耍。例如大家常见的"太空漫步器"，器材上面严格指出了两脚间距的要求。但大多数警示上只标明了运动的规范，而没有指出年龄的限制。据了解，目前大多数小区内的健身器材都是为中老年人配备的，基本没有配置适合孩子运动的健身器材。

> **·父母禁言·**
>
> 人的机体在超负荷运动的时候，能量供应受到限制，人的身体就会出现疲劳、浑身乏力、大脑反应变慢的现象。如果长时间处于这一状态，大脑机能就会受到损伤，特别是对于孩子，过量的运动会导致注意力不集中、晚上难以入眠、健忘，严重的会产生缺氧现象。

你不是画画的材料

画画有助于提升孩子的审美能力，此外还可以让孩子的创造能力、智力，以及其他各方面协调能力有所提高。

（1）提高孩子的美感。在孩子的思想没有走向成熟的时候，让他们运用绘画来表现他们的情感是再好不过的选择了。他们可以随性地按照自己的意愿，用绘画工具体现自己对这个世界的感受。因此，对孩子美感的培养不仅是让孩子体会美好的事物，更重要的是，绘画可以培养孩子的创造能力。他们借助绘画，表达自己的印象和感受，这将提高孩子感受事物和创造事物的能力。

从孩子的画作中我们能感受到他的内心是什么样的，也能感受到其审美能力在不断提高。在他们绘画的时候，他们常常可以表达出自己内心的真实感受和对事物的看法，因此父母可以通过孩子的画更好地了解孩子的内心世界，有利于帮助孩子明辨是非，也有利于孩子审美能力的提高。

因为人类的审美基于人类的想象能力,所以绘画也能逐渐开发出无穷的创造力,这是十分珍贵的。孩子笔下的世界能和他的思想互相融合,对他们来说没有什么艺术禁区,夸张的形象、鲜艳的色彩是孩子们的作品的主要特点。大多数孩子会在自己的画中强烈体现出他们所认为重要的东西。孩子在构图、作画、上色的同时就能逐渐形成他们对画作乃至人生的一些思维和思考,让他们的画作更加有生命力。

(2)提高孩子全身心的协调能力。所谓的全身心的协调指的是他们在画画的同时能进行一些思考,形成脑力和手力同时作用的全身心运动。首先,孩子用各种各样的笔学习画画,通过画画,他们可以在自己还不会写字的时候就会使用笔。并且,画画过程中用笔的力度不一样,因此,孩子练习越多了,就能灵活使用自己的双手,可以在画画过程中自由地运用力道。其次,孩子还要考虑整个画作的布局,比如:应该先画什么,这个部分应该画多大,这个元素应该画多还是少等等,并尽量减少修改次数,降低使用橡皮擦的次数,以保持自己的作品整洁。在今后,书写的时候,也会养成字面要保持整洁的好习惯。

(3)其他能力。孩子长期绘画,会使智力和创造力都比其他同龄的孩子要高。相关数据表明:人类获取信息的方式大多是通过视觉。因此,孩子的认知水平取决于他们的观察能力。复杂、反复的手工活动,就可以让大脑变得更为灵活,不断地刺激大脑,孩子的认知水平就会得到提高。因此,坚持画画的孩子,会在一定时段内展示出他们超乎同龄人的创造力。

此外,孩子绘画对孩子心理成熟度的发展有着很大的影响。在孩子学习绘画期间,往往对遇到的问题产生一定兴趣,这让孩子对生活更加热爱。让他们了解到生活是如此亲切、有趣,并从中得到成就感。同时,一个美术作品的完成,需要孩子认真和细心,可以促进孩子品质和个性的形成。因此看来,绘画创作是促进孩子身心发展的一个很好的方法。

对于想让孩子全面发展的父母来说,画画必然是个很好的选择。当然,孩子的喜好是父母必须要考虑的,同时也要观察孩子是否具有这一方面的才能。下列几个方面可以作为父母判断孩子是否具有绘画才能的依据:如孩子是否喜欢绘画;孩子的色彩感是否敏锐;孩子关于图形、形象的想象能力如何;孩子能否持久记忆事物的位置联系、色调、形态等。还有就是孩子能否判断在画作中的某一种布局和一些色彩的搭配是否合理。

如果您的孩子在这些方面都有了突出的体现,那你就赶快行动吧!

· 父母禁言 ·

对于想让孩子全面发展的父母来说,画画必然是个很好的选择。当然,孩子的喜好是父母必须要考虑的,同时也要观察孩子是否具有这一方面的才能。下列几个方面可以作为父母判断孩子是否具有绘画才能的依据:如孩子是否喜欢绘画;孩子的色彩感是否敏锐;孩子关于图形、形象的想象能力如何;孩子能否持久记忆事物的位置联系、色调、形态等。还有就是孩子能否判断在画作中的某一种布局和一些色彩的搭配是否合理。

第六章　孩子,我们有权干涉你的人际交往

别人欺负你,你就打他

桐桐今年7岁,活泼可爱,聪明伶俐,十分讨人喜欢。但是一天放学后,桐桐哭着告诉妈妈,她在学校里被同伴欺负了。原来,在课后的跳皮筋活动中,桐桐因为个子矮,跳不过去踩上了皮筋,所以和她一起玩的小丽就指着桐桐的鼻子说她笨,而且还让桐桐退出游戏。桐桐不同意,小丽就上前连推带搡地把桐桐推下了场,桐桐一下子坐到了地上,呜呜地哭起来。在场的同学因为害怕小丽,也没有一个人来为桐桐说话,桐桐觉得委屈极了。

像案例中的桐桐一样,孩子在学校被同伴欺负,回家向父母诉说的事,在小学低年级和幼儿园大班,是常见现象,因为这类事层出不穷。

孩子受到小伙伴欺侮,父母的行为反应大致有如下几种:

第一,心疼孩子,责怪自己孩子无能,教孩子"以牙还牙"。

第二,责骂自己的孩子,把责任全部揽到自己孩子身上。

第三,带着孩子上门兴师问罪。

第四,了解受到欺侮的原因,谨慎对待,指导孩子端正自己的言行。

正确的做法是第四种。心疼自己孩子,这是可以理解的,但是责怪孩子无能,教孩子"以牙还牙",或者不问青红皂白,简单对待,武断处理问题,这些做法都是不可取的。因为这些做法会造成孩子失去正确的是非观,心理上感到压抑,有委屈不敢向父母诉说,对孩子的身心发展会产生不良的影响。

小学、幼儿园的同伴,大多是街坊邻里,这么一折腾,往往引起不应有的不愉快,也于事无补;而且,还会使孩子往后的生涯更加难捱,要么被人孤立,要么被别人欺负,直至被欺而不敢告状。

专家在这里建议:父母首先要安慰孩子,如"你被明明欺侮了,爸爸妈妈心里也很难过"。然后,弄清受欺侮的原因,让孩子明确是非,指导孩子端正自己的言行。

(1)忍让、不予理睬。对孩子因交往中的小事情受欺侮,父母应教育孩子采取忍让、不予理睬的办法。这有利于养成孩子谦让、宽容的良好品质。

(2)适当回避。对经常欺侮人的小朋友,父母可让孩子采取回避的办法,减少和这样的小朋友接触的机会。

(3)据理力争。孩子的既得权益受到侵犯,如果父母再一味教孩子忍让、宽容,长此以往,会使孩子变成一个"小绵羊",软弱退缩,心理受到压抑,不利于孩子身心健康发展。父母应该

教孩子向欺侮他的小朋友表明自己的态度,如:"明明你欺侮我,是你的不对,这次我原谅你,下次再这样,我就不让你了。"父母也可支持孩子用自己的反抗向小伙伴证明自己并不是软弱可欺的。

(4)通过家长之间的交谈解决。在必要的时候,如果对方家长通情达理,有修养,父母也可以出面和对方家长交谈,对问题的解决取得一致意见。但要注意的是:千万不要因孩子之间的事情引起家长们之间的不和睦。

·父母禁言·

如果孩子受了欺负,家长一定要了解受到欺侮的原因,谨慎对待,指导孩子端正自己的言行。

我要限制你和异性交往

青春期的孩子就像一只渐渐长大的雏鹰,想要离开父母的呵护独自飞向高远的蓝天,其实这是一件很正常的事情,这说明孩子长大了。作为父母,要充分了解孩子的心理变化,正确对待孩子与异性的交往,只要是正常的,都应给予理解与支持。

青春期是个体从性机能没有作用发展到性机能成熟的阶段,其发展变化迅速而短暂。随着生理在激素作用下的急剧变化,孩子产生了性心理适应,即与性生理、性欲、性行为有关的心理问题,当然也包括与异性交往的心理。这个时期生理机能的成长速度远远超过心理发展,随着第二性征、性器官和性机能迅速发育,青春期的孩子开始意识到两性在生理行为和社会角色方面的差异,产生了一些特殊的情感体验,于是进入心理学上的异性期,开始对异性感兴趣,并产生思慕情结。在这个特殊的年龄段里,男女同学之间互相产生好感和爱慕,出现向往、接近、眷恋异性交往的渴求,如喜欢一起学习,结伴参加各种社会活动等。有的女孩子在日记中倾诉自己对身边某个男孩子的爱慕之情,有的中学生追星,都是这种心理的表现形式。孩子热衷异性交往是成长中正常的心理现象,这种感觉几乎每个人都会经历,它不是早恋。

张女士是一个传统的人,现已离婚,带着17岁的女儿生活。张女士的愿望是让女儿上个好大学,不曾想女儿竟背着她交男友。通过跟踪,张女士发现,女儿偷偷和男生到公园约会。张女士当场抓住女儿,并强行把她拖回家,当然也骂了那个男生。从此,女儿对张女士像敌人一样,终日不跟张女士说话,学习成绩也直线下降。情急之下,张女士去求助心理医生。在心理医生的帮助下,张女士主动与女儿倾心交谈,方才了解女儿的孤独和烦恼。同时还了解到,那个男生因为刚刚遭遇到家庭解体的变故而消沉,女儿因为同病相怜而去安慰他,他们也因此而成为谈心的朋友。

如何让他们正常交往又不影响学业?这真是个棘手的问题。在心理医生的帮助下,张女士和女儿互相道歉,女儿表示今后一定不让张女士伤心,好好读书,但请求张女士放松家规,信任并尊重自己。张女士一一答应。接着张女士又请那个男生到家里来,真诚地向他道歉,共同畅谈人生、友谊、责任、前途,指出他们的关系不能超越友情。果然,他们的来往渐渐地减少了,电话里谈论的也多是学习问题。经过半年的时间,女儿度过了这段感情危机期,每天快快乐乐地上学,学习成绩也稳步提高。

少男少女之间的爱慕和相互吸引是人之常情。但由于此段时期是求学的黄金时期,某些家长、老师担心少男少女幼稚、冲动、影响学业,常持反对态度,戴"有色眼镜"凭主观臆测,给孩子施加压力,用"早熟"、"早恋"来界定孩子们的这种情感需求,禁止孩子与异性交往或者向孩子发难。这么做不仅伤了孩子的自尊心,还容易造成性心理偏差,影响孩子将来的人际交往和社会适应能力。有时还会让孩子错误认为,两性交往是低级的、丑恶的,以至于以后在与异性的相处中紧张、恐惧,而形成社交障碍。另外,来自不同方面的"批评帮助",还会迫使那些有逆反心理的孩子谈恋爱,以示抗议。因此,对青春期异性间的交往,和风细雨地正确引导——拉一把仍是友谊;劈头盖脸地冷嘲热讽——推一把就促成了爱恋。

· 父母禁言 ·

家长要教育处在青春期的孩子用平常心态对待异性朋友,培养孩子的健康人格,端正性观念,批判"性解放"思潮。对青春期异性间的交往,和风细雨地正确引导——拉一把仍是友谊,劈头盖脸的冷嘲热讽——推一把就促成了恋爱。

我要决定你交什么样的朋友

中国传统有云:"近朱者赤,近墨者黑。"加上现今社会上,小团伙、黑社会及青少年问题日益严重,很多父母在子女结交朋友一事上都甚为担心,生怕他们交上坏人,影响一生。

事实上,社会的情况令人忧虑是可以理解的,然而父母因自己惶恐而盲目地限制子女交朋友,亦非明智,更不能从根本上解决问题。因为,幼年子女需要透过接触朋友,学习分享及适当地竞争。而青春期的子女,更需要透过朋辈相处建立其自我形象。故此,要求子女放学后立刻回家或禁止子女与朋友交往,都直接剥夺了他们学习独立、建立自我及磨炼社交技巧的机会。再者,青少年渴望独立,也需要从生活中积累经验,从而为将来进入成年期奠定基础。若父母过分压制他们,结果只会让孩子更叛逆。

王小惠有一个四岁的儿子。有一次,几个孩子一起玩的时候,她看到一个小朋友正在用力打一个布娃娃,脸上的表情很愤怒,后来还建议其他小朋友玩危险游戏。小惠立刻觉得自己的孩子绝不能和这样的人交朋友。可不巧的是,那个孩子正是儿子的好朋友。经过儿子的解释和小惠一段时间的观察,发现那个孩子变得越来越有礼貌。他还邀请小惠的孩子到他家里做客,拿出点心和牛奶招待他,俨然是一个好客的小主人。小惠后来了解到,这个孩子的父母有一段时间吵架、打架很凶,对孩子的影响很大,不过现在这一家人又和好如初了。

如果你觉得孩子的朋友的确会给孩子带来负面影响,那么就问问自己的孩子为什么喜欢和他交往吧!他自己是不是也感觉到了那个朋友的行为让他不舒服?有时候,让孩子自己表达会更有助于他理清思路。因此,不要采用打击性的语句来谈论别人,否则结果会适得其反。

在这种敏感的交谈中,如果你的孩子赞同你的观点,那么你在他心里的地位就会不知不觉地提高,孩子会产生"妈妈最了解我"的想法,反之,孩子就会开始和你对着干。所以,为了让孩子和自己站到同一战线上,你要常对他说些鼓励的话,比如"我很高兴知道你想的和我一样"等等。

有些父母虽然允许孩子交朋友,但是规矩很多,而且过分干涉。孩子有了新朋友,就总是去打听,稍不称心,就不准孩子跟别人来往。孩子选择朋友,当然是依据自己的标准和喜好,母亲怎么能把自己的标准强加给孩子呢?还有的家长限制不了孩子,就给他们脸色看。当孩子带着小朋友到家里来玩的时候,就显出非常不耐烦的样子,甚至当着别人的面跟孩子发火,说些不中听的话。这么做不仅会使你的孩子从此失去一个好朋友,而且也深深伤害了孩子的自尊心。连交朋友的自由都没有,孩子在伙伴面前是会很没面子的。聪明的父母,不是不许孩子交朋友,而是应该帮助孩子交朋友。如果你担心孩子交朋友受到不良影响,事先可以提醒孩子,在外面交朋友,应该注意些什么,告诉孩子什么样的朋友才是真正的朋友。父母只做善意的提醒和建议,而不加以干涉。平时也可以引导孩子谈谈他们的朋友,这也是侧面了解孩子交友情况的一种方式。比如聊天的时候,你给孩子讲自己的朋友,孩子也许就来了兴致,跟你讲起他的生活圈子。如果你的孩子沉默内向,你可以让他和性格开朗、外向的孩子玩;如果孩子在家里比较娇惯,就建议他跟独立性强的孩子玩;如果孩子很胆小,就多让他和大胆勇敢的孩子在一起玩。有很多的快乐,是家长不能给予孩子的;有很多的东西,也是只有朋友才可以给。

孩子的社交生活是他们自己的一片天地。在你的视线范围之内,尽管大胆地放开你的双手吧!他们会在你的帮助下,从朋友身上汲取友情的营养,并从错误中学会如何选择真正的朋友,信心十足地把持好自己今后的社交生活。

一位家长道出了自己的苦衷:

> 我女儿已经上初一了,平时特别乖,但最近我俩经常吵架。事情还得从她交友说起,女儿在学校人缘很好,结交了不少朋友。孩子之间相互串门玩耍是常有的事情。我为她有很多朋友感到开心,但对于她的其中一个朋友梦云,我心里有点反感她。
>
> 这个孩子经常来我家,能看出她和我女儿感情很好,但是这孩子看起来比较中性,外形、性格都有点男孩子气。我担心她会影响到女儿,于是我找女儿谈谈她这位朋友。
>
> "女儿,你俩怎么那么好呢,我觉得她像男孩子。"现在的孩子知道的事情很多,我想这样说孩子可能会明白。果不其然,女儿笑着说:"妈妈,你怎么想那么多呢,她性格挺好的,也很照顾朋友。"女儿说得我很尴尬,不过我还是提醒她别学那孩子把自己装扮得不男不女的。女儿听我这么一说,摔门而去。
>
> 接下来的日子,她们照常来往。一天,我在街上看到梦云跟着几个孩子走进了网吧,还好这个时候女儿在家写作业,不然我肯定担心女儿也进去了。回到家之后,我再次警告她,不要随便和梦云来往,可她哪里肯听,还说我多管闲事。

我很生气,不过也只好作罢。后来没多久,我从其他家长那里听说梦云还有小偷小摸的坏习惯。这次,我很严厉地对女儿发出警告。女儿却哭着说:"她又没拿我们家东西。她对我那么好,你为什么不喜欢她!"接下来的日子,女儿没和我说一句话。

这位家长对待孩子的择友可谓用心良苦,但她却忽略了,干涉孩子交友并不是明智的做法。生活中不乏这样的父母,总是喜欢以自己的标准衡量孩子的朋友,处处干涉孩子交友。有的父母对于孩子的朋友来家玩这件事,表面上很客气,让座、倒茶、请吃水果,可是等朋友们一走,就会向孩子提出警告:"以后少跟这样的人来往!"、"同这样差的人交朋友,你有什么好处?",有的家长甚至这样批评孩子:"我看你是想学坏,你怎么和这样的人打得火热?"这种两面派的做法,不但会影响父母在孩子心目中的形象,也会损害孩子与朋友的感情。

其实父母关心孩子择友,希望孩子不要交错朋友,其出发点是好的,但问题就在于父母大多是根据自己的人生经验、自己的观察、分析、判断来做出结论、采取行动的。父母往往很少站在孩子的立场和角度来看问题,因此在与孩子沟通交友问题时会产生一些分歧。

每个孩子都有自己的喜好、兴趣和乐趣,对于他到底会选择谁做他的好朋友,最好还是让他自己来决定。而我们家长所能做的就是给他足够的交友自由,不阻挠,不限制,但要加以正确引导。

家长不妨主动去认识孩子的"铁哥们"。平时邀请这些小孩到家里或户外玩,还可以参与到他们的活动中去。这样既能为孩子交友创造机会,又能更好地进入孩子的世界,并且有机会给予正确地引导。

有时候,孩子在人际交往过程中,可能因为某些原因而失去一个朋友,这时候,家长要引导孩子去反思,反思在交往中有什么做得不恰当,朋友之间是否有什么误会,如何处理才最好。

> **·父母禁言·**
>
> 每个孩子都有自己的喜好、兴趣和乐趣,对于他到底会选择谁做他的好朋友,最好还是让他自己来决定。而我们家长所能做的就是给他足够的交友自由,不阻挠,不限制,但要加以正确引导。

你怎么可以早恋呢

谁发明"早恋"这个词的,真是害人。多大年纪叫早恋?多大年纪叫正常爱恋呢?如果13岁左右情窦初开,代表他发育正常,发育正常的孩子,就一定会对异性有一点朦胧的感觉。这个时期,男生看到美丽优秀的女生一天没来上课,心情挺失落;女生看到英俊智慧的男生从面前走过,脸红心跳。这个感觉是非常美好的。各位家长,你不也有过吗?

孩子的年龄一到13岁左右,父母就开始心神不宁,因为怕孩子早恋。有些家长甚至开始严密监视,无所不用之极。诸如偷看日记、跟踪、查短信、查QQ记录,十八般武艺样样用上了,俨然一个安全局官员。好像查不到孩子早恋的事实就不正常,挖地三尺也要找出来,捕风捉影,反应过度。就算孩子"早恋",你紧张什么?你怕什么?

怕他影响学习,成绩下降?你的思维模式认为早恋必定影响学习对吗?怕他早恋中把握不住自己,越走越远对吗?你对自己一手培养的孩子,怎么这么没有信心?你的孩子不早恋学习就一定好吗?你是否为他这样安排——好好考大学,认真读完大学呢,就可以谈恋爱了。仿佛大学毕业是一个闸门或一个开关,一到那一天,你"喀嚓"一下,可以了,谈吧!孩子又不是机器,感情又不是开关。

事物都是渐进、渐变的,突然到你规定的那一天,孩子就全然地具备谈恋爱的能力了吗?而之前从来没有心动过。当初所谓的"早恋"被你扼杀,突然间在大学毕业或25岁后被允许与异性交往,并且交往的必须是结婚对象。这样的经历,你的孩子跟异性交往时,多半是有障碍的。

生命系统对每个人来讲,每个阶段都有其特别的美好,过了就过了,无法弥补。13岁的情窦初开,17岁的朦朦胧胧,20岁的恋爱,25岁的卿卿我我,味道是完全不同的。

王丽上高中的时候,暗恋班上的班长,班长成绩比王丽好得多。王丽暗暗下决定,一定要考上跟他一样的大学,然后向他表白。如果考不上,就没有脸面向他表白。他们考上大学后,其实什么也没有发生,互相从未见过面。无意中,这个同学,却成为王丽学习的动力。

如果你的孩子在13岁左右,完成了情窦初开的完整情愫,那么,他的情感开始于情先动、心先动。这样的情愫,会在孩子心里升起美好的情怀、情趣和追求。孩子的心理是健康的。情先动,就被情掌控。

如果你的孩子在13岁左右,发生的朦胧情感被家长粗暴无理地批判并扼杀,孩子会认为,动情是错误的,不应该的,危险的,要压抑情感,不能动情。心动了,没释放;情动了,也没能释放。

潜意识里,孩子今后就害怕动情。因为以他的经验,动情是错的;内心喜欢一个人是错的;向往一个人是错的;想念一个人是错的;看见他脸红心跳是错的。这都是错的。孩子的情愫被你生生扼杀了,扼杀的结果就是,他今后对两性关系,有批判有害怕,总之是不好的感觉。

可怜的孩子,等到他考上大学,这时,20岁左右的人,血气方刚,性已经完全成熟了,也离开父母的严密看管了。看见个大差不离的,没有动情过程的导引,直接进入性的尝试和实践。

因为动情曾经被妈妈批判,不能动情。但这时,性已按捺不住,当一切都发生了,性在一定程度被满足了,孩子突然觉得,这个朋友并不是他所要的。这时候,他才真正用心灵的眼睛去看那位的性格、脾气、修养等等,怎么看怎么不满意。可是,已经发生的一切要如何收场呢?性先动,被性掌控。

如果你的孩子,到15岁还没有对人动过心,对异性没感觉,没写过情书,我建议你找个时间,跟孩子聊聊,问他对异性怎么看?喜欢什么样的人?为什么喜欢这样的人?

再说家长,孩子的美好情感刚刚萌芽,作为父母,就产生那么多的担忧,如临大敌。是不是某种程度上,表明了家长的思想很猥琐呢?用成人的思想,去想象他们只要一有好感就可能会怎样怎样?想象力如此丰富,是因为你自己年轻的时候,无法自拔过吗?

退一步说,如果孩子真的早恋上了,你干脆就跟孩子讲:"早恋啊,你爸爸我有经验,我是经历过早恋的人。结果爸爸用恋爱的力量,让自己变得伟大,变得积极向上,孩子,你想不想听听?"

"早恋的事,孩子,为什么你要听我讲呢,因为爸爸可以帮你找方法,获得那个女孩子的喜欢,这需要策略的,爸爸是过来人,有发言权的。"

"我们一起来找一找,找到那个女孩子喜欢什么?她是不是喜欢有活力的男生?有爱心的男生?学习好的男生呢?"

"有活力、有爱心、学习好,要怎么做到呢?要怎么让她也喜欢上你呢?想一想!"

"明天开始,爸爸和你一起做运动,跟你一起把学习搞好。让她喜欢上你。"

"现在就行动!"

试着这样跟你的孩子沟通,你一定让你的孩子刮目相看,得到的效果是,你成了孩子无话不谈的知心朋友。

> · 父母禁言 ·
> 如果你的孩子在13岁左右,完成了情窦初开的完整情愫,那么,他的情感开始于情先动、心先动。这样的情愫,会在孩子心里升起美好的情怀、情趣和追求。孩子的心理是健康的。情先动,就被情掌控。

不要把小朋友带到家里来玩

影影经常带小朋友到家里玩,做手工、看动画片、玩游戏……影影爸爸经常把好吃的零食拿出来让大家一起吃,所以伙伴们都喜欢到影影家来玩。可是妈妈却不同意孩子把小朋友带到自己家来,因为他们每次都把家里弄得乱七八糟,得花很长时间去清洁、整理。所以,妈妈已经警告过女儿好几次了:"不要把小朋友们带到家里来玩!"

孩子带自己的朋友来家里玩,应该说是一件好事。这说明孩子长大了,也有自己的朋友了,作为父母应该用一种热情的、欢迎的态度去对待这件事情。当然,孩子带着小伙伴来家里玩耍,会带来一些麻烦,他们吵吵嚷嚷,让大人们不得清闲。有时孩子们不小心,还可能损坏家具物品。但是所有这些,都不应该成为父母阻止孩子带朋友回家玩的理由。

孩子需要玩伴,他们最怕的就是没人跟他玩。玩具玩久了会生厌,而跟一个好朋友在一起,会有无穷无尽的乐趣。如果父母仔细观察就会发现,在多子女的家庭里,孩子们虽然有时难免吵架,但是都很快乐;而独生子女家庭里的孩子却很孤单,最羡慕别人有兄弟姐妹,有人陪他玩。

当一个孩子经常独处时,会变得沉默寡言,有的孩子还会患自闭症。做父母的要让孩子们多来多往,给他们一个宽松的玩耍空间。孩子大一点儿的时候,需要在幼儿园或小学参加集体生活,平时也会经常和小伙伴一起玩耍,每天都要面对如何与别人相处的问题。很多父母都意识到,从小注重培养孩子的社交能力是很重要的。孩子的社交能力不是与生俱来的,而是需要父母的帮助和引导的。

美国加州大学著名心理学家劳伦斯·哈特教授对一些孩子进行长达10年的追踪调查,在这10年中,哈特教授仔细观察了这些孩子们是怎样生活的:哪些孩子喜欢与人交往,哪些孩子喜欢独处,并对这些孩子的学习进行了跟踪调查。最后的研究结果表明,那些更喜欢与人交往的孩子上学以后学习成绩都比较好,而且与同学、老师关系比较融洽。善于与他人交往的孩子,在学校不仅能够很好地与同龄人交往,还能够获得成长的快乐。

孩子正处在学习知识、了解社会、探索人生和事业的发展时期,与同龄伙伴交往并建立友谊是正常的心理需要。过于封闭自己、不爱与人交往,都会影响孩子的交往能力,使孩子无法适应复杂多变的社会,更有甚者,导致孩子形成孤僻、抑郁、偏执等心理障碍。

父母平时多带孩子参加社会性的活动,尽可能创造良性的交往经验,对于增加孩子的社会交往能力和自信心都非常有好处。对于孩子的玩伴,家长不要刻意去限制。当然,如果年龄相仿、个性彼此协调,这样的玩伴更加理想。

父母还要鼓励孩子带同学回家,并且帮助孩子热心地招待他的同学、朋友,提高孩子在同学、朋友中良好的形象。因为父母的热心会让孩子的同学和朋友加深对孩子的好感,从而愿意与孩子保持良好的朋友关系。当然,父母也可以邀请自己的朋友来家玩,让孩子在目睹父母与他人的交往中学习人际交往的方法。

育英学校搞了一个有趣的活动叫"一日营",就是几个孩子到其中一个孩子家里去生活一天。这个活动非常受欢迎,不仅孩子们非常喜欢,家长们也非常赞同。孩子们对去别人家生活感到非常兴奋,感觉什么都是新鲜的。他们会跟其他孩子一起学习、娱乐、买菜、做饭。在这个过程当中,与人交往的能力也得到了锻炼。

爱因斯坦说过:"世界上最美好的东西,莫过于有几个头脑和心地都很正直的朋友。"父母不要因为怕孩子们把家里弄脏弄乱而禁止孩子带朋友回家玩,这样做不利于培养孩子的社交能力。父母最明智的做法就是引导孩子获得世界上最美好的东西。大家都知道孩子社交能力的重要性。孩子的交往能力就是在孩子与同伴的交往中发展起来的,这个过程不需要大人的干涉和介入,相反,不必要的干涉会妨碍孩子交往能力的发展。也许有人会问,难道孩子摔了也不管吗?若是摔伤了怎么办?我们完全可以平静对待,当什么事都没有发生过。

孩子的交往能力是在孩子与同伴的交往中发展起来的,这个过程不需要大人的强行干涉。

·父母禁言·

父母平时多带孩子参加社会性的活动,尽可能创造良性的交往经验,对于增加孩子的社会交往能力和自信心都非常有好处。对于孩子的玩伴,家长不要刻意去限制。当然,如果年龄相仿、个性彼此协调,这样的玩伴更加理想。

我不允许你有隐私

每个人都有自己的隐私和不想让别人知道的小秘密,成年人是这样,孩子也是这样,尤其是女孩子,更是有自己不想说出的秘密。虽然在年龄上,小女孩不像大人那样成熟,但是,也不可以将她当作一窍不通的木偶人。她也是一个独立的个体,已经可以自己思考,有自己的思想,最重要的是有很强的自尊心。尤其是敏感、对安全渴望强烈的女孩来说,她比男孩更加需要一个私有的空间。如果父母忽视这一点,那么就会在跟女儿的沟通上面产生很大的隔阂,且一旦产生隔阂往往很难清除。也就是说,父母应该给予女儿足够的个人空间。具体地说,父母至少应该做到以下几点。

(1)承认女儿逐渐长大。父母往往出于关心女儿的初衷,想要知道女儿的一切行动。殊不知,这种过分的呵护,反而会产生不必要的冲突。因为对于孩子来说,被人始终看作长不大的孩子来监控,实际上是对她的一种否定,出于自尊,她是无法接受父母这样的行为的,甚至会反抗父母的过度干涉。因此,尽管是出于关心、出于爱,但是父母也应该承认女儿的成长,别再用这种方式去爱她。

(2)给女儿一间属于她自己的独立房间。广州市穗港澳研究所曾做过一项针对10岁左右的孩子的关于"成人仪式"的社会调查,其中有一个问题是:"如果你到了18岁时,你最想做的事是什么?"结果有70%的孩子选择的是"想拥有一间独立的房间"。

是的,孩子们渴望拥有一个属于自己的房间。但是,父母却总是想要与女儿亲密无间,尤其是母亲,往往总是肆无忌惮地出入女儿的房间。殊不知这种做法是会引起女儿强烈不满的。独立的、属于女儿的房间,这意味着,即使是父母也需要经过女儿的同意才能进入房间。

(3)别动女儿的日记本。生活中,许多父母为了很好地监护女儿,随时了解女儿的生活和想法,往往会偷偷地看女儿的日记本。其实这种做法是非常不可取的,这是在侵犯女儿的隐私,是一种不信任、不尊重女儿的行为。一旦女儿得知自己的父母偷看自己的日记,尽管日记里并没有写什么不好的事情,她也会对父母产生反感,甚至是厌恶,从而和父母越来越远。

女孩写日记说明她已经有能力将问题理出头绪,并做好要自己处理的准备,这也是一种责任心的成长。而父母偷看女儿日记会打扰女儿的这种自我成长,而且也不利于亲子关系。

总之,女儿即使年纪小,也需要父母的尊重,更需要父母配合保护她的隐私。如果父母横加干涉,或紧紧逼问,反而会让女儿在情急之下,或者走极端与父母发生激烈冲突,或者说谎搪塞父母。这样长期发展下去,不仅使父母与女儿之间的隔阂越来越大,还会使女儿养成说谎的习惯,很难再重新信任父母,之后再遇到问题,双方就很难再沟通了。

因此父母要承认女儿的隐私,同时还要重视、保护女儿的隐私权,真正把女儿的隐私当回事儿。父母应该明白,女儿有问题、有苦恼一定会想办法表达,如果父母是她信任的人,她当然会找父母倾诉,寻求父母的帮助。相反,如果她觉得父母不值得信任,那自然会找她信任的、认为合适的人。那女儿为什么不信任父母,一方面是想要倾诉的事情不适合对父母说,可能更适合跟自己的朋友说。另一方面就要从父母的教育方式找原因,女儿当然不会相信偷看自己日记、不尊重自己隐私的人。

另外,跟父母一样,女儿也有属于自己的小秘密,可能只想在夜深人静时自己回味。青春期本来就是危险期,父母要想防止女儿做出一些偏激的行为,就必须学会尊重女儿,善于与女儿进行交流和沟通,而不是通过不正当的手段窥视女儿的隐私。这些行为都不利于女儿形成独立、健全的人格,同时也会破坏父母和女儿之间的关系,同时,要将女儿看作独立的个体对待,讲究父母与女儿之间的平等,学会将心比心地对待女儿。父母不愿意发生在自己身上的事情,也就不要强加在女儿身上。

> **·父母禁言·**
>
> 女儿即使年纪小，也需要父母的尊重，更需要父母配合保护她的隐私。如果父母横加干涉，或紧紧逼问，反而会让女儿在情急之下，或者走极端与父母发生激烈冲突，或者说谎搪塞父母。这样长期发展下去，不仅使父母与女儿之间的隔阂越来越大，还会使女儿养成说谎的习惯，很难再重新信任父母，之后再遇到问题，双方就很难再沟通了。

你被朋友排斥，就不要理他们了

星期二是顾伟所在学校的"家长开放日"，顾伟的妈妈一大早就来到儿子所在的班级听课。

下课后，顾伟的妈妈站在教工办公室的窗口，观察儿子的表现，发现平时在家喜欢说笑的儿子，课间休息时间中一直没有玩伴。操场上，很多孩子三个一群、五个一伙地在玩耍，顾伟却一直是孤零零一个人。有时，他在欢乐嬉戏的同学身旁徘徊。从顾伟那羡慕的眼神来看，顾伟是很想加入同伴的行列的。顾伟的妈妈连续观察了三次课间休息，情况都差不多。她隐隐觉得自己的儿子正受到同学的排斥。

中午休息时，她赶紧找到儿子，问他为什么不和其他同学一起玩耍。顾伟小声回答："他们不愿意和我玩。"妈妈问他为什么，他却摇摇头说："我也不知道。"

在这个案例中，很明显的，顾伟小朋友在同学们之间受到了排斥。

孩子到7岁以后，开始脱离父母的影响，越来越看重同学和朋友对他的喜欢、赞成和支持。如果孩子失去朋友，或者不被同伴所接受，容易对自己产生不满、自卑等情绪，并出现社交退缩，把自己封闭起来；同时，由于对自己与他人的关系不满，会使孩子容易产生对社会的强烈不满，严重时引发反社会情绪和行为。

和同伴关系的不好会影响人的心境，闷闷不乐、抑郁，严重的时候会使孩子产生自残、自杀等念头和冲动行为。和同伴关系不好所带来的焦虑会导致孩子注意力不容易集中、学习心态不佳等。同时，由于与同伴关系不良，孩子因此会丧失许多和同学进行学习交流的机会。这些都可能间接地影响到孩子学习潜能的充分发挥，影响到孩子的学业表现。

孩子不受同伴欢迎的原因大致有下列几种：

一是刚从外校转入的孩子，在一段时间内可能会被同伴视为"外人"，不被同伴团体接受。随着彼此认识的加深，"外来"的感觉日益淡化，孩子会逐渐被团体作为"自己人"而接受。这是来自外部的原因。

二是孩子在竞争性活动中，一心只想自己赢，并不关注跟别人的配合，有时口出恶言，甚至与人打架。

三是孩子的身体运动技能较差,不能与别人协调起来,这样,在一些有点竞争性的游戏活动中,孩子便成了不受欢迎的人。

四是孩子喜欢道人长短,爱吹牛,动作粗暴不谨慎等,容易引起别的同学的不悦,当然也就不愿接近他了。

当孩子受到伙伴排斥时,家长可以从以下几方面入手来帮助孩子:

(1)要积极关注孩子的交友情况。孩子的同伴关系对孩子的健康成长至关重要。家长应该像关心孩子的身体、成绩一样,积极关注孩子的交友状况。当孩子向父母讲述学校里发生的事时,家长要认真倾听;如果孩子在与同伴的交往过程中出现了问题,或者陷入困境,家长应该及时向孩子提供咨询和帮助。

有些孩子可能比较内向,不太会主动向父母"汇报"。特别是随着年龄的增长,孩子会越来越对父母"保密"。这个时候,家长千万不能被动地接受这种局面,或者干脆对孩子的一些事情不闻不问。其实,这个时期的孩子最容易有"心事",最需要父母的帮助。因此,父母可以"主动出击",经常询问孩子在学校与同学交往的情况:孩子都有哪些朋友?朋友之间发生了什么事?孩子是如何处理同伴关系的?等等。当然,这样做的时候一定要注意方法,要让孩子感到父母是关心他,而不是"管闲事"或"审查"。

家长应该与老师保持经常性的联系。在与老师联系的时候,除了需要询问孩子的学习情况、纪律表现以外,家长不要忘了关心一下孩子的交友情况。应该经常向老师了解孩子的人际交往状况,如果发现有问题,还要与老师商量,共同寻求帮助孩子的途径和措施。

(2)要了解孩子的长处与短处。当孩子与同伴的关系出现问题时,作为帮助孩子摆脱困境的第一步,家长应该充分了解分析孩子的长处和短处。对孩子的了解绝对不能只根据孩子与家人的交往情况来判断,而是要深入孩子所在的学校和班级,根据孩子与同伴的相互作用情况来判断。通过对孩子一段时间的观察和分析,确定孩子在人际交往方面的长处和短处,然后,有针对性地对孩子开展训练。

(3)要训练孩子的交往技能。对孩子进行交往技能的训练,是一种可行的办法,可以帮助孩子顺利进入同伴群体,也让他以后能为他人和社会接受。家庭可以成为对孩子进行社交技能训练的最佳场所。因为,家庭是孩子进行社会活动的第一团体,而且孩子在这里是非常"安全"的,没有被排斥和拒绝的担忧。训练内容可以包括介绍自己的情况、询问别人的情况、表达兴趣、接受或拒绝对方等等。

(4)提高孩子的运动技能。运动技能好的孩子往往在游戏活动中受欢迎。家长应多安排可以提高和训练身体技能的活动,如家庭游戏、球类运动、游泳等。

(5)注意保护孩子的心理健康。受同伴排斥和拒绝的后果是孩子容易产生不良情绪,如挫折感、沮丧、自卑等。因此,家长应注意以下几方面:首先,避免指责、嘲笑孩子。家长不应该指责孩子,"像你这么笨的人,当然交不到朋友","为什么这么多同学都不喜欢你,肯定是你有问题"。这种话会让孩子感到哪里都没有温暖,会加重孩子的心理负担,也会加剧孩子的自卑。其次,安慰孩子。家长应该向孩子表示关注、理解和同情。不要在孩子面前"大惊小怪",夸大问题的重要性和严重性。家长可以故作轻松地表示:问题并不如想象的那么严重;问题不难解决;同学们可能是一时误会,随着了解的加深和自身的努力,问题会得到解决的;愿意和孩子一起面对这个问题,帮助他处理困难。最后,可以向孩子强调,"家"永远是他避风的港湾。最后,策略指导。家长可以指导孩子如何处理和排解不良情绪,告诉孩子一些有效的策略:找个人倾诉、大哭一场、写日记,等等。

> **·父母禁言·**
>
> 家长应该与老师保持经常性的联系。在与老师联系的时候,除了需要询问孩子的学习情况、纪律表现以外,家长不要忘了关心一下孩子的交友情况。应该经常向老师了解孩子的人际交往状况,如果发现有问题,还要与老师商量,共同寻求帮助孩子的途径和措施。

我会帮你选择朋友

每个人有各种各样的朋友,有的开朗、有的热情、有的有深度、有的有抱负,只要朋友身上有一个吸引自己的优点,大家都是愿意和他做朋友的,更何况是孩子。

这是一个家长的心声:

一个老师告诉我,她给班上的孩子们布置了一篇作文,题目自拟。九岁的天奥写了一篇题目为《妈妈,那是我的朋友》的文章。

妈妈总希望我的朋友都是十项全能的优等生,会弹钢琴、会游泳、会打羽毛球、绘画比赛也得过优胜奖……

有一次,我带朋友到家里玩儿,当妈妈发现我最好的朋友大刚只是一个中等生时,她失望极了。朋友走了妈妈就开始唠叨我,说让我学着多跟优等生接触,少跟这些成绩平平的孩子交往,这样对我的成长不利。还说,近朱者赤,近墨者黑。我知道,妈妈是为了我好,因为她是最疼爱我的人,但是,我真的觉得,我跟大刚在一起很快乐。大刚的手特别灵巧,会做世界上最美丽的弹弓……

生活中有很多跟天奥妈妈一样的人,她们希望孩子生活在一个优秀的团体里。所谓:"近朱者赤,近墨者黑"嘛,孔子也说过:"益者三友,损者三友。友直、友谅、友多闻,益矣;友便辟、友善柔、友便佞,损矣。"谁不想孩子交到品学兼优的朋友呢?

一个人的朋友决定一个人的高度。即使是一个本来就很庸俗的人,如果经常接触趣味高雅的朋友,慢慢也会性情大变。所以家长们才会不顾劳累,专门为孩子划定他的朋友圈。家长们对于孩子的朋友可是精挑细选,但是就像天奥一样,孩子对此并不认可,在内心中潜藏着这样一个呼声:"妈妈,那是我的朋友,不是你的!"所以,妈妈们请让他们自己做选择吧。

据2008年《今日早报》的一则调查显示,虽然家长对孩子的朋友有诸多要求,但孩子们却在这个问题上表现出了很大的自主性,在"如果爸爸妈妈不喜欢你的朋友,你会怎么办?"一题中,90%以上的孩子表示"会和好朋友继续交往"。

研究表明,孩子必须先学会交往,在交往中学习跟不同的人打交道,才可能形成正确的交友观,这对现在的独生子女来说是很重要的一课。所以,请不要干涉孩子们的朋友,更不要以自己的好恶来评判他们。父母要相信自己的孩子有判断力,他们知道谁是好孩子谁是坏孩子。实在不放心,那你和他好好沟通,问问他对他的朋友的评价,然后你再说出你的想法。但是,最后要不要和人家做朋友,应该是孩子自己说了算。因为和别人交朋友的是孩子,而不是家长,家长择友的标准,并不一定适合孩子。

具体的操作方法,除了鼓励孩子去交朋友外,家长首先要明确一点,不能把成绩好坏作为划分孩子朋友好坏的唯一标准,不要动不动就以"十项全能"来要求孩子的朋友。同时,应该善于发现其他孩子身上的优点,尽可能让孩子与性格不同的朋友交往,并鼓励他们相互学习。因为这样不仅会使孩子们的优点在互相交往的过程中得到强化、发展,而且还能逐渐克服孩子们的缺点。

当然,对孩子的同辈群体交往也不能放任自流,毕竟孩子还不是完全意义上的成年人,他们自身的能力是有限的。所以,引导是必不可少的,但是要注意方式和方法。比如,家长可以帮助孩子寻找朋友,如果孩子已经交上了朋友,家长要及时给以强化。比如可以对孩子说:"你有了自己的朋友,这很好。应该互相关心,互相帮助。"或者说:"我很想见见你的朋友,你看可以吗?"适时与孩子讨论他们交往的情况,帮助孩子作出选择。

周飚刚刚要上洗手间,电话铃声响起来了。妈妈接的,听到电话里好像是找自己的。周飚想去接,妈妈向他摆了摆手。

电话挂了以后,周飚问妈妈是谁。妈妈满不在乎地说:"是天翔。他说要来找你玩儿,我说你不在家,去小姨家了。"

"妈,你为什么要这样说?我明明在家啊!"周飚不解地问。

"周飚,妈妈跟你讲,以后咱们不要跟天翔那种朋友玩,成绩那么差,而且又是单亲家庭,会把你带坏的。妈妈是为你着想,不想你结识一些坏朋友。"

"可是,天翔是我的朋友。我觉得他挺好的啊?你怎么老是这样呢?一会儿说我这个朋友有问题,一会儿又说我朋友那个有毛病,好像我总是在结交坏朋友似的。可是人家都有一大堆朋友啊。凭什么就我觉得人家不好呢。"

孔子曰:三人行,必有我师。没有一无是处的朋友,只有不会发现的眼睛!

爸爸妈妈都不愿意自己家的孩子和成绩差的孩子一起玩,认为成绩差的孩子一定是有诸多毛病,会影响到自家孩子。怎么可以以成绩判断一个人的好坏呢?有些成绩好的孩子,他不见得品行就好呀!难道品行好的孩子但成绩不好就不是好孩子吗?

现在有些毕业的大学生还存在着这种想法,认为像北大、清华等名牌大学的学生品德都会好于一般的本科院校。我有很多大学生朋友,经常听他们讲起过自己学校的事情,但我觉得事情并不是这样的。每个学校都有自己的好学生与坏学生,不能以一个人的成绩好坏来衡量一个人的品德。所以,爸爸妈妈们,在判断一个人好坏的时候,不要只看某一方面。

·父母禁言·

每个学校都有自己的好学生与坏学生,不能以一个人的成绩好坏来衡量一个人的品德。所以,爸爸妈妈们,在判断一个人好坏的时候,不要只看某一方面。

第七章　孩子,我们严格对你是为你好

我们不允许你发脾气

孩子发脾气是困扰父母们的一个大问题。阻止孩子发脾气,则是我们最常见的应对方式。孩子发脾气,是因为他们有情绪。情绪是遭受某些刺激之后必然的反应,是人类与生俱来的本能,无所谓好坏。而我们总想给它定义个好坏。

于是每次孩子发火时,很多父母不去疏导孩子的情绪,反而会惩罚孩子。惩罚对解决这个问题起不到实质性的帮助。相反,正如斯宾塞所说:"体罚伤害的是孩子的身体,而'心罚'伤害的却是孩子的心灵。受'心罚'的孩子自尊心被摧毁,自信心被打击、智慧被扼杀。"惩罚是最得不偿失的应对孩子发脾气的方式。

倘若我们将困扰孩子的情绪视觉化,以一个个的垫子替代,编好号,将其码放在孩子的双手上。

他想要妈妈陪,可是妈妈要上班,为此,他等待了整整一天。好不容易等到妈妈回了家,妈妈陪他时却心不在焉。不被关注的感觉真难受。在外面跟小伙伴玩儿,与小朋友发生冲突,玩具被抢,还挨了打,很不开心。

中午,肚子不饿,本来不想吃饭,却被逼着吃了满满一碗饭。自己做不了主的感觉很不舒服。

搭积木的时候,小手控制不好,积木总是倒塌,那种无能为力的感觉令人沮丧。

早上没睡醒,被妈妈硬拽起来,还挨了一顿训。很郁闷。

看到花园里的小石子,很想捡回家玩儿,却被奶奶硬生生给夺下来,还被贴上"不讲卫生"的负面标签。真够闹心的。

很用心地画了一幅画,得意地拿去给爸爸看,爸爸却说:"这画的什么呀?乱七八糟的。"被贬损的感觉真不好受。

跟小朋友们玩游戏,因为不懂游戏规则,被排斥。

晚上睡觉时,想多听一个故事,妈妈就是不给讲,真失望。

很多情绪挤压着,让他很难受,他哭了,结果又被训了一顿。

想象一下,当这些垫子一个个在他面前码放起来,孩子的视野里除了那些垫子,还能看到什么呢?换了是我们自己,当我们被一堆情绪的垫子挡住了视线,我们又是什么感觉呢?此时,我们最想做的事情一定是把这些垫子摔在地上。摔下了,我们才能看到眼前的花花草草、参天大树、远处的湖光山色。看到那么美丽的景色,我们的心情才会转换。

孩子缺乏处理情绪的技巧，因此，发脾气，成了他们最直接的情绪发泄方式。玩命地哭闹、打人，打自己头，以头撞墙……孩子出现这些行为，都是因为他们面前的垫子堆得太厚了。生硬地阻止孩子发脾气，就好比我们将这些垫子重新捡起来，继续压在孩子的小胳膊上，再加上一个更沉重的垫子。时间长了，孩子四周都堆满了垫子，他深陷其中，想扔垫子都扔不出去了。单是想一想这样一个场面，我们是不是就有了于心不忍的感觉呢？

当然，摔垫子是有风险的。因此，我们最好给孩子一个宣泄的空间，引导他学会如何把垫子一个个卸下来，排除可能的风险。卸垫子的方式多种多样，可以根据孩子的情况灵活把握。下面推荐几种安全的卸垫子的方法：

（1）让孩子想哭就哭。哭是孩子发泄情绪最方便快捷的一条通道。哭过了，他的情绪就平稳下来，他自然就有心情将注意力转移到其他事情上，很快变得愉悦起来。不过，很多人听不得孩子哭，一发现孩子哭，我们的第一反应就是劝说孩子："哭不是好孩子！不哭了！""好了，好了，没关系，不哭了！""男子汉要勇敢，不能哭！""不痛不痛，不哭了！"这等于在告诉孩子，哭不是一种好的行为，他的情绪不重要，他的感受不重要……如果孩子总是被这样否决，他只好自贬，或者变得麻木，又怎么可能认可、在乎自己的感受呢？

当孩子有某些情绪，想通过哭来发泄的时候，那就让他哭一会儿吧。孩子哭的时候，我们无须给他讲道理，也不要过分安慰他，要搂着他，轻拍他的后背，安静地等待他平静下来就好了。这样的方式没有否认孩子的情绪，也没有在他有情绪时把他撇在一边，任由他独自去承受，而是通过拥抱与轻拍或者抚摸他的身体给予了安抚。如此，孩子很快就会平静下来。当然，在我们如此安抚孩子的时候，极其重要的一点是，我们要保持内心平静。当我们内心平静时，孩子自然会从我们身上获得力量，更快平静下来。否则，我们的安抚将变得空洞，最终我们自己失去控制，不由自主又回到以往打压孩子的老路上。

（2）和孩子一起写写画画。涂鸦或者画画是孩子表达情绪非常好的方式。当孩子情绪激动时，给他一大张纸、一些颜料，或者彩笔，让他把他的"不高兴""生气""失望"……写出来，或画出来，这是帮助孩子释放情绪非常好的方式之一。

> 某天，约了几个朋友全家出游。进宾馆的时候，正赶上一个小男孩跟妈妈闹别扭，只见他气冲冲撞进大堂，开始找碴儿发泄——撞击小朋友，扔东西，捶打墙壁。我走过去，搂住他："我看到你很不高兴。我能理解。今天我也很不高兴。走，我们问服务员要两张纸，把我们的不高兴都写出来吧。"
>
> 一个不高兴的孩子，当他遇到另一个有同样情绪的人时，他对自己的情绪就会产生接纳感，对对方也会有一种亲近感。听到我说我也不高兴，小男孩大概觉得找对了人，乖乖地跟着我去了前台。我问前台要了几张纸，找出他的水彩笔，两人面对面坐着，开始写各自的不高兴。小男孩边写边描述："今天我没睡醒，妈妈就把我叫起来了，还批评我。我讨厌妈妈！"
>
> 我回应："是够让人生气的。我也一样。我昨晚加班，结果没睡好觉，累坏了。我也很生气。"
>
> 小男孩："我本来要带我的闪电麦坤一起来，结果忘了，我要回去拿，妈妈就是不让。我太生气了。"
>
> "我也是。我早上没来得及吃饭，饿坏了，出门后又没找到吃的。我特别生气。"

刚开始的时候,小男孩选择了各种暗淡的色调,"写字"的动作激烈、冲动,明显透着愤怒的情绪。随着纸面上"象形文字"越来越多,他的动作逐渐趋于平稳,表情趋于平静,选用的色调也渐次明亮起来。看得出来,小家伙的不高兴发泄出去了。更有意思的是,写着写着,他写的内容由"不高兴"变成了"高兴"。

"我的闪电麦坤跟苗苗的板牙比赛,结果我赢了。我太高兴了!"

"我逮到一只红色的蚂蚱,它跳得可高了,比我人还高,这么高!这么高!"

对于已经有过运笔经历的孩子,写出来或者画出来是释放情绪安全又有效的一种方式。遇到孩子情绪激动的时候,可以尝试。

在孩子的情绪写出来或者画出来之后,我们还可以在写与画的过程中,跟他一起讨论解决问题的办法,带进更多更深层次的内容:

"妈妈小的时候,也遇到过小朋友抢我的玩具。妈妈很伤心,哭了。后来,又有小朋友抢我玩具的时候,我就对着他大声喊'停'。他真的就停住了。我还试过很多别的方法,比如,对他说'你想玩我的玩具吗?我待会儿给你玩儿。请你先等一会儿。'、'请你到那边等着,我不玩的时候给你送过去。'、'我们可以交换玩儿。'……如果别人想玩你的玩具,你希望他怎么做呢?"

当我们一边画,一边跟孩子交流时,往往能更直观地把一些方法呈现给孩子,他理解起来更容易,掌握得也更快速。当然,我们也可以引导他自己去思考如何解决问题。有时候,孩子们解决问题的方法往往比我们自己设想的更有效。

(3)设立情绪发泄角。给孩子准备一个沙袋或者枕头,放在某个固定的角落,设置一个"情绪发泄角"。每当孩子情绪不好的时候,就可以引导他去这个"情绪发泄角"发泄。一通摔打之后,他的情绪就发泄出去了。如果妈妈带着他一起摔打,"帮助"他发泄情绪,他会更过瘾,情绪平息得更快。通常,当我们带着孩子去发泄时,要不了一会儿,他就破涕为笑。如果孩子经常发脾气,在家里设置这样一个固定的"情绪发泄角"是很有必要的。让孩子养成习惯,但凡有情绪,就去这个角落发泄一通。那么,他就不会以其他具有破坏性的方式去发泄情绪,既可以满足他发泄的需求,同时也避免很多麻烦。

(4)玩水。水是具有安抚作用的。在孩子情绪不好的时候,给他一大盆水,让他去击打、搅动,要不了多久,他的情绪就变得平稳下来,将注意力转移到玩水这个游戏上了。

(5)编故事。当孩子情绪激烈的时候,把他搂在怀里,给他的情绪下一个定义,再根据他的喜好随意编故事,通过故事帮助他把情绪释放出来。我们不一定是编故事的高手,也无须过度考虑故事情节是否合理,只要能把他的情绪以某个象征物表达出来,给他一个想象性的发泄机会就好。

·父母禁言·

每次孩子发火时,很多爸爸妈妈不去疏导孩子的情绪,反而会惩罚孩子。惩罚对解决这个问题起不到实质性的帮助。相反,正如斯宾塞所说:"体罚伤害的是孩子的身体,而'心罚'伤害的却是孩子的心灵。受'心罚'的孩子自尊心被摧毁,自信心被打击、智慧被扼杀。"惩罚是最得不偿失的应对孩子发脾气的方式。

我们要严厉地处罚你

孩子虽然有着小天使般的可爱，但有时却又非常顽劣固执，叫爸爸妈妈头痛不已。当孩子实在太过分时，再怎么理智的家长，也很难不被激怒。处罚孩子常常被认为是不好的，然而在屡劝无效或很危险的情况下，以爱为出发点的处罚，也不失为教育孩子的好方法。

有段时间，儿子总喜欢往花园的鱼池里扔鹅卵石，并且屡教不改。布鲁斯会对儿子说："你看看，你把小鱼砸痛了。水池不漂亮了吧？"然后布鲁斯会要求儿子把水池里的石头捡出来。有的时候，儿子可能也会耍赖，不肯去捡石头。如果孩子耍赖，布鲁斯一般不会强迫儿子去，他会自己下去捡石头给儿子看。如果正好碰上儿子闹着要跟爸爸玩，布鲁斯就会借机对孩子说："你看看，你把石头扔进水池了。现在我要去捡石头，没有时间陪你玩。"这时候，儿子会体验到因为他的不良行为而产生的后果，于是就会明白，他果真不往游泳池里扔石头了。

孩子并非我们想象的那么不懂事，他们只是控制能力差一点儿而已。因此，我们主张父母把孩子当成人看，从孩子小时候就教他们学会承担责任，学着约束自己。

英国父母基本是爱孩子的典范，他们对孩子的爱体现在生活的方方面面，但又绝对不溺爱孩子。英国人的绅士风度是对孩子进行的潜移默化的教育，因此孩子一般也会比较绅士，很少在父母面前撒泼。每当孩子出现不良行为时，英国父母也会采取一些惩罚措施，但是他们的惩罚十分有教育意义。

妮可在女儿四岁那天，给她买回一只有多种动物叫声的玩具小闹钟。女儿对那只小闹钟爱不释手，为了明白闹钟"肚子"里的秘密，她将闹钟拆了个稀巴烂。无法组装闹钟的女儿急得大哭起来。妮可平静地对女儿说："你把闹钟弄坏了，你可以自己把它修好。如果需要帮助，你可以找妈妈帮忙。"女儿儿真的开始动手"修理"小闹钟。虽然最终她没有把她的小闹钟修理好，但是整个修闹钟的过程给了她特别的体验与锻炼，并从中学到很多知识，同时也让她明白了，她必须对她所有的行为负责任的道理。

美国父母十分关注孩子的个性、创造性、独立性与心理健康等问题，因此，对美国父母来说，惩罚是一件需要慎重对待的事情。一般从孩子一出生开始，父母就会考虑如何惩罚孩子以及怎样掌握惩罚的"度"的问题。

女儿几个月的时候，莎丽就对她进行惩罚教育了。某一天，女儿咬了莎丽。莎丽对女儿说："哦，你把妈妈咬痛了。"与此同时，莎丽将女儿放进她的婴儿床，并离开她一会儿以示惩罚。莎丽对女儿的惩罚总是善意的，并且她在惩罚孩子的时候也会尽力让孩子体会到她深厚的爱意。美国人从来不打骂孩子，因为他们认为打骂会损害孩子的自尊。

每次女儿有比较过分的举动，莎丽都会以很严肃的眼神看着女儿，一般情况下，乖巧的女儿立刻就会明白妈妈的意思。当然女儿也有不乖巧的时候，如果她的错误比较严重，莎丽会采取一些措施对女儿进行惩罚,比如取消周末女儿最喜爱的活动等等。

加拿大也是个不主张体罚孩子的国家。保尔认为惩罚孩子应该制定一个长远目标,并围绕这个长远目标来进行。首先,他会给儿子定一些必须遵守的规矩,让儿子明白自己的底线究竟在哪里,一旦越过这个底线,就会受到惩罚。

在处罚孩子前,父母需要事先订立规则让孩子遵守,并提醒孩子若不遵守的后果是受罚,父母亦要切记言出必行。再者,父母处罚孩子时,必须让孩子具体知道为什么被罚,从而抚平他们愤愤不平的情绪及达到矫正错误行为的目的。最后,亦要留意处罚的程度及时间性,不许有情绪失控下过激的行为,亦不可无止境地剥削孩子的权利。适当的处罚必须在父母的情绪比较平稳时进行,也要留一个改过的机会给孩子,让孩子知道"错而能改,善莫大焉"的道理。

· 父母禁言 ·

孩子并非我们想象的那么不懂事,他们只是控制能力差一点儿而已。因此,我们主张父母把孩子当成人看,从孩子小时候就教他们学会承担责任,学着约束自己。

我们要大声地批评你

妈妈常带菲菲去姑姑家,菲菲和小表弟很合得来。有一次,菲菲悄悄将表弟的玩具带回了家。被妈妈发现后,她很紧张。

妈妈没有直接批评菲菲,而是平静地问她:"如果弟弟拿了你的玩具,又不告诉你,你会不会着急呀?"菲菲点点头。妈妈接着说:"你弟弟现在肯定在找玩具,你给他打个电话,告诉他过几天就把玩具还给他,好不好?"菲菲很快给表弟打了电话,还和表弟约好了下周日去还玩具。

孩子的心是单纯的,菲菲拿表弟玩具这件事,和大人的"顺手牵羊"不是一个性质。如果我们板起脸严厉地批评她,再讲一番"不要拿别人的东西"的大道理,孩子当时可能听话了、服从了,但心里也许会留下阴影,甚至怀疑自己是个坏孩子,渐渐地缺乏自信心,还可能产生逆反心理。

菲菲妈妈的做法很可取,用平心静气代替大动干戈,用换位思考的方式,让孩子学会站在别人的角度去看问题。既使孩子明白了道理,又保护了孩子的自尊心。当然,最好的方法应该是教导在先。比如:平时,妈妈可以和孩子玩一玩借玩具的游戏——"这个玩具可不可以借给我玩一玩?"让孩子知道在得到别人的允许之前,是不能随便拿别人的东西的;父母还可以有针对性地讲故事,教育孩子做一个诚实的人。

张女士把儿子李文龙送到校门口后叮嘱他:"答应我,上李老师的课时,会的就回答,不会的就静静地听。"儿子点了点头。

这节课,老师上的是纪念日,课堂气氛不是很活跃,也许孩子们有些拘谨,也许准备得不是很充分。但是,当李老师问:"你还知道哪些纪念日"时,李文龙把手举了起来:"我知道'五四'青年节,我还知道过了16岁就不过'六一节',而过青年节了。"这小家伙,知道的还挺多,老师很高兴。接下来,李文龙听课一直很专注,当大家谈着自己家里的纪念日时,他又举起手:"我爷爷去世的日子是2月14日。"

中午,张女士突然接到老师的电话,李文龙第三节课又逃了。张女士本想马上赶往学校,但转念一想,还是先控制一下自己愤怒的情绪再说。于是,她等心情平静后才来到学校。张女士刚进教学楼,就看见一个人影从后面露出来,张女士被吓了一大跳,仔细一看是儿子。李文龙也慌了,只有乖乖地站在妈妈的面前。

"第三节课又没上?"

"对。"

"去哪里了?"

"去校门口玩。"

"为什么?"

"我是绝对不会上英语课的。"

"与老师有什么深仇大恨吗?"

"对!"李文龙好像使出了全身的力气来回答妈妈的问题。

"为什么?"张女士有点儿不理解儿子了。

"英语老师总是打我的脸。"

张女士的心又一震:自己也惩罚过儿子,但从不打儿子的脸。在张女士的理念中,那样做有损人格。不知孩子是否也是这样想的。

"我理解你,打人的脸似乎是有些不尊重。"

"是的。"

"我了解你的心情。但是,你这样下去,也不行啊,把自己气坏了怎么办?"

李文龙不说话了。

"虽然我理解你的心情,但我不能允许你明知故犯,我也不能同意你做错误的事。"

"其他课我不会逃的。"

"再苦再累也不会逃?"

"对。"李文龙的语气很肯定。

"答应我,试试,英语课就是不想听,也待在教室里,可以吗?"

"嗯。"

"这才是好孩子。另外,早上,我和李老师都很为你骄傲,也很为你感动。你竟然还记得爷爷去世的日子,真是个好孩子。"

接下来的语文课,李文龙出奇的乖。

以后的英语课,李文龙很少逃课了。

家长千万不要认为孩子不懂事,其实他们什么都懂,你对他好,他记住了;你对他不好,他更是牢记在心头。如果孩子犯错了,家长千万别急着去批评他,退一步海阔天空,如果家长能心平气和地处理事情,会把事情处理得更好。

> **· 父母禁言 ·**
>
> 如果孩子犯错了,家长千万别急着去批评他,退一步海阔天空,如果家长能心平气和地处理事情,会把事情处理得更好。

我们会粗暴地打骂你

卡尔·威特曾说过:"孩子的成长离不开宽容和赏识,而严苛的责备会使天才夭折。"打骂孩子,刚开始的确会把孩子驯服,可是长久下来,孩子并没有变得好些,有的甚至更坏了。粗暴地打骂孩子是一种极其错误的教育方法,它不仅会严重伤害孩子的自尊心,加剧孩子不良行为的产生,而且还极易使孩子产生不良的性格特征。

如果孩子经常挨父母的打骂,时间久了,孩子一见到父母就会感到害怕,不敢接近。在他人面前,也会因为害怕自己说错了或做错了会招致父母的责骂,从而不敢说自己想说的,不敢做自己想做的。因此,不管父母要他做什么,也不管父母的话是对是错,他只知道乖乖服从。在这种不良的环境下成长的孩子,容易变得自卑、胆小、懦弱、没主见,凡事都不敢去尝试,凡事都要征求大人的意见才敢行动。

有的父母一旦发现孩子做了错事就打,孩子为了避免皮肉之苦,于是不得不千方百计掩饰自己的过失。为了蒙混过关,他们就编出各种谎话,而且越编越熟练,张口就来,这样成为习惯,长大也就难以改变了。

孩子虽小,但一样有做人的尊严。父母打他骂他,尤其是在同伴或外人面前挨打挨骂时,会使孩子的自尊心受到伤害,怀疑自己的能力,自感"低人一等",认为老师和同学都看不起自己而抬不起头来。一个在打骂中长大的孩子,他的自尊是残缺的。

父母动不动就打骂孩子,还会使他们产生对立情绪,逆反心理。于是,有的孩子就故意捣乱来表示反抗,你要他这样做,他偏要那样做,存心让父母生气。有的孩子,父母越打他,他越不认错,犟劲越大,常常用离家出走、逃学来与父母对抗,变得越来越固执。

诚然,父母之所以会打骂孩子,目的都是为了帮助他们认识自己的不对,或者是错误的言行,促使他们改正。可是,一打骂是压力教育,对孩子来说,其结果往往是压而不服,更何况孩子的心灵是非常柔弱的,打骂只会使他们产生惧怕,引起自我防护的叛逆心理。所以,作为父母,不要将打骂作为教育孩子的手段,这样做,不但不能唤起孩子的良知,反而还会侮辱他们的人格,严重影响他们的身心健康。

著名教育家陈鹤琴认为,孩子幼小的心灵极易受到挫伤,任何粗暴武断的教育方式都是不合时宜的。只有用温和的方式,才能走进孩子的心里。孩子虽小,他也是人,也要面子,也需要人格尊严,不喜欢被打骂。要想让孩子改正错误,应该让其自己有所悔过,有改过自新的要求和愿望。孩子不读书、不愿读书,打骂虽为一种惩罚手段,但更需要启发和激发起孩子读书的欲望、要求和兴趣。

乔治·华盛顿是美国第一任总统。他小时候是一个聪明好动的孩子,对任何事情都拥有强烈的好奇心。

有一次,他为了试一试自己的小斧头是否锋利,竟然把父亲一棵心爱的樱桃树给砍倒了。当父亲看到这棵被砍倒的樱桃树时,非常生气,厉声问道:"这是谁做的好事?"

华盛顿看到父亲发怒的样子,心里非常害怕,站在一边紧张地盯着父亲。过了一会儿,他鼓起勇气对他父亲说:"对不起,爸爸,是我砍倒了樱桃树,我只是想试一试自己的斧子是不是很锋利。"

父亲看着儿子,本想狠狠地骂他一顿,但想了想,还是忍住了,只是问他:"你不怕我知道了会骂你打你吗?"

华盛顿勇敢地抬起头,望着父亲说:"但是,无论如何我也应该告诉您真相。"

父亲听了华盛顿的解释,怒气一下子就消了,慈爱地对他说:"孩子,我很高兴你对我讲真话。主动承认错误才是好事。"

因为父亲的原谅,华盛顿受到了极大的鼓舞和鞭策。正是在这样的家庭教育下,华盛顿养成了诚实的品质,并最终成为一位伟人。

爱孩子,首先就要尊重孩子,信任孩子。即使孩子真的做错了事情,我们也不要以父母的权威加以斥责和打骂,应该耐心地引导、启发,让他们自己意识到错误。我们应该用温和的语气要求或建议孩子:"你这样做是不对的,你想不想听一听爸爸(妈妈)的想法呢?"试想一下,如果华盛顿在向父亲承认错误以后,得到的不是原谅和鼓励,而是一顿训斥和暴打,那他以后还敢承认错误吗?

"不打不成才"是一种舍本逐末的观念,也是一种简单粗暴的家庭教育方式。打骂不是父母教训孩子的武器,它不仅不能让孩子"服帖"、"顺从",而且还可能会对孩子的一生造成难以弥补心灵创伤。因此,作为父母,为了孩子的身心健康,父母不该用无情的拳脚来对付。棍棒下绝对开不出鲜花来,更培养不出孩子健康的人格。

在一次"舒曼杯国际青少年钢琴大赛"中,13岁的沈阳女孩儿胡丁琦囊括了四项冠军、两项亚军,这可是这个著名国际赛事自创办以来的最好成绩。在谈到女儿的成才经历时,一向认为"不打不成才"的胡东振却开始反思:如果能让我重新选择,我不会再逼女儿学钢琴。

在颁奖典礼结束后,面对前来讨"育女心经"的人,胡东振语出惊人:"我对不起女儿。如果让我重新选择,我肯定不会再让女儿学钢琴。这条路实在太残酷了!"

社会心理学家张思宁评价:胡丁琦最后成名了,可是她只是数万个"胡丁琦们"中的幸运者,并不代表着其父教育方式的胜利。胡东振的教育方式明显不利于孩子的心理和生理健康。暴力教育更容易导致孩子的自卑、胆怯、叛逆,甚至是心理失衡。严厉不等于暴力,培养孩子还是应该以引导为主。

不少年轻父母盲目地接受了老辈人在教育子女中的错误经验,认为"不打不成才"、"打是行之有效的教育方法",甚至经常把这个观点用于子女的教育中。这些父母只看见暂时的、表面的效果,而没去分析其危害,顾及其对孩子发展的影响,还自认为有理地说:"打是对孩子最严格的管教,是不娇惯孩子的表现;只有痛在身上才能记在心上。"甚至还指责别的父母:"就是惯着孩子,舍不得打嘛!"

在李老师的班上有这样一位男生,他经常抱怨自己的父母,对于父母的管教更是置若罔闻。经过交谈,李老师了解到这样一个情况:男生的母亲爱唠叨,父亲则脾气暴躁,教育方法简单,只要听说儿子表现不好,动辄就打骂,所以他特别害怕老师向他父母"告状",更恨父亲不问青红皂白地谩骂和殴打。他曾非常苦恼地告诉李老师:"我也不想让我的父母伤心,但一想到他们的做法,我就来气,真恨不得永远不进这个家门!"

相关调查研究也表明,长期生活在充满家庭暴力环境中的孩子,长大后更具有暴力倾向。凡此种种,身为父母应该好好反省,"打"在这个时代里,无疑是难以立足了。打孩子简单,但后果却是非常严重,这关系到孩子日后对人生、社会的看法。一个从小挨打的孩子,一个心里充满仇恨的孩子,长大后必然会苛刻而冷漠地对待这个世界。

总之,打骂孩子弊多利少,这种传统的教育方法我们难道不应该舍弃吗?

· 父母禁言 ·

作为父母,为了孩子的身心健康,父母不该用无情的拳脚来对付。棍棒下绝对开不出鲜花来,更培养不出孩子健康的人格。暴力教育更容易导致孩子的自卑、胆怯、叛逆,甚至是心理失衡。严厉不等于暴力,培养孩子还是应该以引导为主。

我们会对你小惩大戒

大家一直认为,无批评教育是伪教育,没有惩罚的教育是不完整的教育。但惩罚绝不等于体罚,更不是伤害和心理虐待。在孩子犯错的情况下,对其进行适当的惩罚是必要的,但一定要在尊重孩子人格、维护孩子自尊心的前提下进行。

道格拉斯先生有一个5岁的女儿叫琼妮,他常和女儿探讨人最宝贵的品质是什么,最终父女俩达成共识——诚实、善良和勇于承担责任。

一天,小琼妮把幼儿园里的拼图游戏板偷偷地带回家,并撒谎这是同学给她的。毋庸置疑,撒了谎就要受到惩罚。小琼妮除了退回玩具并当面道歉外,还要接受三选一的惩罚:

(1)一个星期内不能吃冰淇淋;

(1)周日下午中央公园的滑草游戏及野餐活动取消;

(3)在屁股上狠狠地揍两巴掌。

小琼妮只用了5秒钟就决定接受第三种惩罚。

此外,父女俩在执行惩罚前,还交涉了一个特别的程序:寻找一个"监刑官",以证实惩罚是承担过错的必然结果,并且没有伤害受罚者的尊严。

惩戒而不伤人,是尊重孩子的体现,对父母而言也是尊重自己身份的体现。但是有的父母把批评和惩戒理解为让孩子产生对自己错误行为的"罪恶感",孩子的感觉越痛苦越深刻,他"悔过自新"的决心就越大,改得也越彻底。

对成人来说也许如此,但对孩子来说,这种要求是不现实的。孩子犯错改错,再犯错再改错,是很正常的成长过程。因而,如果批评和惩戒让孩子产生"罪恶感"是打击孩子自尊心的体现。

当然,执行惩戒时找"监刑官"是美国国情的特产,父母仿效时要符合自己的"家情",但是批评和惩戒孩子时不剥夺他的尊严,是放之四海而皆准的真理。

但究竟应该怎么惩罚孩子?以下是给父母的建议:

(1)惩罚孩子的前提是肯定孩子。每个孩子都有值得父母赞扬的优点,当父母要惩罚孩子的时候,内心里首先要相信孩子还是好孩子。同时,父母也要在惩罚时候把自己的内心感受跟孩子说清楚,让孩子知道他在父母眼里并非一无是处。

(2)平日要把您对孩子的要求讲清楚。有些父母平时很少和孩子谈要求,即使谈了也未必清楚明了,总觉得自己明白的孩子就一定明白。但孩子毕竟是孩子,他的理解力和成年人之间是有差距的。所以,父母们要把自己的希望、要求、规则都对孩子讲明白,并且与孩子达成共识甚至约定。这样,当孩子违反规则时您可以惩罚他。

(3)惩罚之前可以先对孩子进行警告。孩子的自我控制能力往往不如成年人,因此,父母务必慎用惩罚,在惩罚之前告诉孩子,如果再不改错就要受到惩罚。这样就可以给孩子一个自我纠正错误的机会。

(4)犯错后立即惩罚。一些父母常常说:"看我回家怎么收拾你!"、"你等着,等你爸回来了有你好看了!"这些话对孩子来说大多会起到两个作用:要么诚惶诚恐,只想赶快逃离家庭;要么不当一回事,把父母的话早忘了。这样无法起到惩罚作用。所以,当家长发现孩子做错了事,赶快执行惩罚措施。

(5)要向孩子说明惩罚的原因。在对孩子进行批评之前先给孩子讲道理,让他明白为什么惩罚他,这样有利于他改正错误。如果孩子在迷迷糊糊中被惩罚,他会感到很委屈。

(6)惩罚前后要一致,要说到做到。如果告诉孩子,因为他犯了错而惩罚他,不允许他去看最喜欢的电影了,就一定要做到,不要一时心软又改变主意,那样将自己所说的许多话都失去效力。

(7)惩罚不要"翻箱倒柜"。有些父母爱唠叨,孩子一旦犯了错,就忍不住把孩子过去做错的事情都拿出来数落一番,在父母没完没了的唠叨声中,孩子往往已不记得自己的哪一个错误才是需要惩罚的了。

(8)惩罚要适度。父母给孩子的惩罚,要因人因事而定。有些孩子性格比较内向、敏感,对这样的孩子,也许瞪他一眼,或者冷落他一会儿他就受不了了。而有些孩子则比较皮实,即使父母打他的屁股他也不觉得怎样。因此,父母要了解自己的孩子,知道他是个怎样的孩子,以免惩罚过当或无效。另外,父母也要根据实际情况来惩罚孩子,如果在公共场合,或者孩子所犯错误不那么严重,就不要用过于严厉的方法对待孩子。

(9)惩罚要对事不对人。父母之所以要慎重使用惩罚方法,就是因为不当的惩罚会给孩子的心理带来巨大的伤害。因此,建议父母们在惩罚的时候要让孩子明白,您惩罚的只是他的错误行为,他仍然是您所喜爱的孩子,如果改正了错误,您会更喜欢他。

(10)消磨时间的需要。一般在假日和休息日,且儿童没有发现合适的游戏伙伴,常常感到"没什么事可做"的时候,便依赖读书来度过这段时光。

> ·父母禁言·
>
> 在孩子犯错的情况下,父母对其进行小惩大戒是必要的,但一定要在尊重孩子人格、维护孩子自尊心的前提下进行。

我们必须对你心硬一些

小龙因病在家待了一个星期没去上课,可是现在小龙的病好了,他依然以身体不适为由不想去上学。他的妈妈只好亲自开车将小龙送到学校,当车停在学校门口的时候,妈妈说道:"赶快去吧,小龙,学校的上课铃马上就要响了,你的老师和同学一定想你了,他们都在等着你这个好孩子、好学生、好同学。"小龙却在车上一动不动,假装没有听见,躲在车里玩手指头。于是小龙的妈妈什么话都没有和小龙多说,也没有冲着小龙大喊大叫和他争吵,只是自己下了车,随后把小龙强行拉下了车。有的时候,你越是强求好的结果越适得其反,随着情况的变化,采取一定的对策,就不会发生争执,在这种条件下孩子才能更好地体谅父母,听父母的话。

小梦的爸爸是个个体户,常年在外面闯荡,母女俩一直相依过日子,都是小梦和妈妈一起睡。但是小梦今年十五岁了,女孩子到了这个年龄就应该自己单独睡了。妈妈好几次让她自己睡觉,可是她都没有自己睡到天亮的时候,一直这样下去,妈妈害怕对小梦以后的独立生活产生障碍,可是她对孩子的依赖性又无能为力。

想要孩子改掉依赖和妈妈一起睡的坏习惯,是有较大困难的,但是作为父母一定要有充足的信心。作为小梦的家长,态度一定要强硬,决不可因为孩子撒娇或者耍闹而放弃。解决这件事可以分为三个步骤:首先,应该做小梦的心理工作,告诉小梦说她长大了,迟早要脱离爸爸妈妈自己单独睡;其次应该答应孩子和自己再睡一晚的要求,并且说好以后不再一起睡;最后就是履行承诺,以后就要回自己的房间单独睡。头两步进行得很顺利,可是要想让孩子履行诺言绝不是容易的事。

小梦的妈妈说:"刚回到自己房间一切都还好,可是一到了半夜,小梦就来拍打我的门,'妈妈,妈妈,我害怕,我不要自己在我房间里面睡觉了,我要回到你的房间和你一起睡。'我想送孩子回到她的房间自己睡,于是陪着她在她房间里待了几个小时。回到自己的房间后,我又担心孩子醒来,不敢一个人睡又回我的房间找我。不出所料,凌晨四点半,小梦又跑来敲我的门了,看她的样子是见我不在身边吓得不轻。我再次让她回到房间陪她入睡,反反复复终于算是熬到了天亮。"

妈妈晚上可能会受到孩子的打扰,这是可以预料到的事情。妈妈越是心软就越不能帮助孩子独立。孩子若去敲你的门，家长就要求她自己回到房间睡觉，无论她怎么哀求只要不动声色，她就会自己回到房间睡觉，只要坚持几天就没有问题了。要明白所有的孩子都不可能一辈子有父母陪伴。让孩子自己独立睡觉，是他们走向独立和成熟的第一步。

第二天，小梦半夜还是边哭边敲着妈妈的门要和妈妈一起睡。一看见孩子可怜巴巴的样子，妈妈一下子就心软了，泪流满面，但就算这样仍然没有给孩子开门，把她哄回了自己的房间去睡觉。妈妈听到门外没有敲门声反而有了脚步声，趴在门上观察孩子的动静，直到确定她睡着了才回自己的房间。大约一周后，小梦已经不再半夜敲门找妈妈睡觉了。妈妈不经意地问小梦道："半夜怎么不敲妈妈的门了呢？"小梦说："妈妈不跟我睡一定是想让我自己睡，而且我也明白妈妈是为我好，慢慢地也就习惯了。"小梦妈妈的做法是正确的。

为了孩子更好地成长，父母有时心硬是很必要的，从小就应该锻炼他们独立自主的能力，让他们有勇气去面对未来，让他们能更从容地接受挑战。

· 父母禁言 ·

为了孩子更好地成长，父母有时心硬是很必要的，从小就应该锻炼他们独立自主的能力，让他们有勇气去面对未来，让他们能更从容地接受挑战。

我们必须对你忽冷忽热

父母对孩子忽冷忽热、阴晴不定，会让孩子在跟父母的交流过程中变得诚惶诚恐、无所适从，不知道自己什么时候是父母的宝贝，什么时候是父母的"眼中钉"。

璐璐11岁了，可是仍然和小时候一样，喜欢粘着妈妈，妈妈也有自己的想法，觉着反正自己就这么一个女儿，怎么疼爱也不过分。

这天，妈妈一下班，璐璐又像往常一样，跑过来粘在妈妈身边："妈妈，我可想您了，您怎么才回来啊？我肚子饿得都咕噜咕噜叫了。"

妈妈亲昵地爱抚着璐璐问："宝贝儿，到妈妈旁边来坐。告诉妈妈今天中午'小饭桌'吃得什么呀？怎么把我们家的小馋猫儿饿成这样？"

璐璐就这般那般地把自己今天学校的情况跟妈妈说了一番，边说边跟妈妈亲热。不一会儿亲热够了，妈妈突然想起来，说："宝贝儿，前两天那个数学测验的成绩下来没'！考了多少分？第几名啊？"

"下来了，我考了85分，第26名。"璐璐笑嘻嘻地说。

"什么？只考了这么点儿？你还笑得出来？"妈妈猛地坐直身子，推开粘在自己身上的璐璐，瞪着眼睛说："别粘着我，我跟你说正经的呢！"璐璐的小脸马上就变了颜色，很委屈地看着妈妈。

现实生活中，我们一些父母常常会因为自己的情绪，忽冷忽热、阴晴不定。就像璐璐的妈妈那样,刚刚开始还跟孩子亲热呢,孩子不知道哪句话惹怒了她,就马上"翻脸不认人"了。

教育学和心理学的理论告诉我们,父母的这种做法是不对的。这样会使得孩子在跟父母的交流过程中变得诚惶诚恐、无所适从,不知道自己什么时候是父母的宝贝儿,什么时候是父母的"眼中钉"。这样会使得孩子习惯于看父母的颜色行事,影响孩子的心理健康。

因此,专家想告诉我们的父母,在与孩子的交流的时候,应该注意控制自己的情绪,根据孩子年龄变化、心理特征的变化来管教孩子。不要忽视很多生活中的小事,也不要过分在乎孩子的成绩,这样孩子才能建立起对生活和学习的正确态度。

如果你是一个暴躁易怒的家长,并且经常在孩子面前乱发脾气,那么,你的孩子也会是一个脾气暴躁的人。如果说你觉得脾气暴躁并不是一件好事,不希望孩子拥有那样的一个性格,那么请你收起对孩子乱发脾气的习惯吧。

> ·父母禁言·
>
> 父母在与孩子的交流的时候,应该注意控制自己的情绪,根据孩子年龄变化、心理特征的变化来管教孩子。更不要忽冷忽热、阴晴不定,这样会让孩子有心理阴影。

我们只会跟你吼

这是一个孩子的心声:

别以为只有春天才会听到雷声,在我的家里常常会听到"雷声"——那就是你们教训我时的大嗓门。我从小就淘气,不听话,只要被你们知道了,你们立即睁圆双眼,"隆隆"的"雷声"马上就到,震得我不敢抬头。我的眼泪就像夏天的大雨,"哗哗"下个不停。那时我最恨你们,每天最担心的也是你们的"雷声"。我常常想,要是你们不打"雷"了,那该多好啊!

爸妈,不要对我大喊大叫。你们对我喊叫只会减少我对你们的尊敬,同时也教会了我歇斯底里。

爸妈,我最近读了一本书,其中一段话题为"孩子在生活中所学到的"。指责中长大的孩子,将来容易怨天尤人。敌意中长大的孩子,将来容易好斗逞勇。恐惧中长大的孩子,将来容易畏首畏尾。怜悯中长大的孩子,将来容易自怨自艾。嘲讽中长大的孩子,将来容易消极退缩。嫉妒中长大的孩子,将来容易钩心斗角。羞辱中长大的孩子,将来容易心怀内疚。容忍中长大的孩子,将来必能极富耐性。鼓励中长大的孩子,将来必能充满自信。

赞美中长大的孩子,将来必能心存感恩。

嘉奖中长大的孩子,将来必能爱人爱己。

接纳中长大的孩子,将来必能心胸广大。

认同中长大的孩子,将来必能掌握目标。

分享中长大的孩子，将来必能慷慨大方。

诚实公平中长大的孩子，将来必能维护正义真理。

安定中长大的孩子，将来必能信任自己、信任他人。

友善中长大的孩子，将来必能对世界多一份关怀。

祥和中长大的孩子，将来必能有平和的心境。爸妈，我在此也向你们说一句话：喊叫中长大的孩子，将来容易蛮横、粗暴。爸妈，我不需要在这种充满"雷声"的环境中长大，我需要一个温暖的家，我们一家人在一起能够和睦相处。

我非常羡慕好朋友小强，他的家充满了和睦温馨。有一次，我去他家玩。小强不小心打翻了水杯，这时他的爸妈连忙过来，在擦干净水渍后并没有责备小强。小强抬头看着他们说："你们知道，我真的很感谢你们不像别的父母一样。我大部分朋友的父母会咆哮着教训他们要更小心一点。谢谢你们没有那样做！"

爸妈，我多么渴望有一个像小强那样温暖的家。请让我感受到家庭的温暖，这个家是属于我们共有的。我多么需要这样一个地方，我可以自由自在地生活，发表自己的意见，大家可以互相帮助，即使错了仍能得到宽容、接受。

请尊重我的感情和允许我有自作主张的权力，我认为我应该有权利保持自己的想法，也希望你们像尊重别人一样尊重我的感情，不要总把你们的意志强加给我，我应该有自己的生活。尽管我也会犯错误，但只要你们公正地对待我，我会改正的，否则，即使你们说得再对我也不会接受，因为你们首先没有尊重我。

请不要让我觉得不如他人，更不希望听你们说××怎么样，那样只能伤害我的自尊心，为了反抗你们的意志，有时我甚至会故意地不努力，因为你们让我感到缺乏信任。越是在我遇到困难的时候，我越希望你们的信任和鼓励，这样，我会为有你们这样的父母而感到骄傲。

爸妈，不要用大嗓子对我喊叫，我最渴望得到你们温暖的爱。希望我们能够共同携起手来，创造一个令我们大家感到自豪的温馨的家，让我们这个家庭充满着欢歌笑语。

父母不仅要对孩子的生活精心呵护，而且要为孩子创造良好的家庭交流环境，即要为孩子的健康成长创造良好的家教语言环境。

（1）赏识，让孩子体验成功的乐趣。心理学家认为，儿喜欢受到赏识是人的天性，赏识是促使人积极向上的强大动力。因此，父母不要过分注意孩子的缺点、短处，应多挖掘他们的优点、长处，表扬他们的每一个优点、每一次进步。而且，不论孩子做什么，都应创造条件让他取得成功。如表扬他"你今天做数学题真认真！"、"你画得真好！"等。当然，表扬不只是语言的表达，也可以是非语言的表达。如孩子做到了我们所期望的行为，可以投以一种肯定、信任的微笑；孩子完成了某种正确的行为，可以点头示意表示赞赏。

（2）鼓励，给孩子克服困难的勇气。有位著名的教育家曾经讲过："孩子需要鼓励，就如植物需要浇水一样。离开鼓励，孩子就不能生存。"因此，父母应多鼓励自己的孩子："试试看，你一定行！"孩子第一次尝试失败了，鼓励他："你一定能做好的，再做一遍怎样？"孩子成功了不妨说："你真厉害，我们为你骄傲！"即使孩子考试失误，失望的父母也应不忘鼓励："这次考试粗心大意，虽然考得不好，不过，没关系。爸爸相信下次你可以考得很好的。"

（3）尊重，发展孩子的自我意识。当孩子有了自己的风格，自己的想法，家长不要贸然地泯灭它。譬如,家长教孩子画画,往往出现这种情况:家长先画一个圆圈,再在里面画上眼睛、鼻子、嘴,然后才依次画身子、胳膊、腿,等等。而孩子呢,也许喜欢倒着画,先画身子再画头。这时家长不要强行让孩子按自己的画法画,而应尊重他的自我意识。家长可以说:"妈妈是这样认为的,你怎么想呢?"这样,可以使孩子勤于思考,善于判断,说出心中的感受,自由地发表意见,学会如何去面对未来的种种困难与挑战,从而树立起自信心。

(4)适当指责,能激起孩子奋发向上的斗志。最好先表扬后批评,先分析其好的方面再分析坏的方面,切忌不分青红皂白地猛训一通。如当知道小孩考试失败时,应心平气和地说:"上次爸爸看到你的考卷,每一题都写得很仔细,爸爸很佩服你,可是这次就有些粗心大意了。"这样的谈话,不仅不会伤害他的自尊,反而会让孩子容易接受,而且还可激发他奋发向上的斗志。

爱听故事,是人类的天性。假定发生了一个事件,有人就这个事件拟了一条新闻:"国王死了。过了几天,王后也死了。"看到这条新闻的人一定觉得很不过瘾。因为,它太平淡了!倘若改几个字:"国王死了。过了几天,因思念过度,王后也死了。"虽然只增加了5个字,这条新闻也因此带有了故事感,让大家看到了国王与王后伉俪情深,有了打动人心的魔力。比较而言,大家是不是更喜欢后者呢?

在多次讲座的时候,他都限定字数(20字以内),邀请家长们来改编这条新闻。结果发现,几乎每位家长都是编故事的好手。经他们改编后,这条新闻便有了令人回肠荡气、匪夷所思等诸多特性,足以吸引我们去关注。成人喜欢故事,孩子更是热衷于故事。所以,他们常常会缠着妈妈,没完没了要求给他讲故事,怎么都不厌烦。

了解孩子对故事的这种特殊感情,倘若大家采用富有故事感的方式与孩子互动,就可以减少亲子冲突,让孩子心甘情愿配合家长。

> 记得某天晚上,与朋友一家共进晚餐。他们家4岁的孩子手舞筷子,一通乱戳。爸爸不断警告孩子:"不可以这样!""不能拿筷子对着人戳!""好好吃饭!"然而,小家伙置若罔闻,时不时拿起筷子一通乱舞。我贴近她耳朵,悄悄对她说:"我刚才听到你的筷子说,它想回家了。你知道它的家在哪儿吗?你能悄悄地把它送回家吗?"小姑娘一听,马上把筷子乖乖地放到了桌子上。我立刻以夸张的表情看着她,对她竖起一根大拇指:"你这么快就把它送回家了?真不错!"小姑娘那个得意呀!从那以后,直到我们离开饭桌,她再也没舞动筷子乱戳了。

这一招,对于低龄的孩子尤其管用。他们泛灵性的特性,决定了他们会以更富有人情味儿的方式对待万事万物。也因此,当家长以这样的方式去给孩子"讲故事"的时候,他们通常都会更配合。

家长以同样的方式处理过很多其他的问题,同样效果显著:

> 琛琛三岁左右特别迷恋《猫和老鼠》,看完一集又一集,总不愿意关电视。某天,我突然想到一个好办法——抱着他摸了摸电视机背后,让他感受一下机壳的热度,然后对他说:"哎呀,电视机生病了。你摸摸,它是不是发烧了?我们赶紧把电视机关了,让他好好休息吧!"然后,他乖乖地把电视机关了,甚至还时不时满心牵挂地问我:"妈妈,电视机还生病吗?它好点了没有?我们给他吃点药吧?"

这就是孩子。如果家长以这样的方式提出要求，他们一般都会欣然从命。从上面的两个事例可以看出，富有故事感的方式其实很简单。只要稍微用点心，是不是谁都可以做到呢？

从对抗的互动模式跳出来，好好利用孩子爱听故事的特点，大人就可以将很多的"指令"变通一下，以带故事感的形式表述出来，让孩子欣然接受。当然，当孩子出现某些大家认为需要改变的行为时，让故事来帮忙同样不失为一种很好的方式。对于4岁以上的孩子，我们可能需要编情节更复杂一些的故事，才能吸引他们。如果想省事，家长也可以借助故事书引领他们前行。如果编故事的水平有限，又找不到合适的故事书，父母还可以将这个球踢给孩子，提出一些问题，引导他自己来"编故事"。

以孩子不肯关电视机为例：让孩子去摸摸发热的电视机机壳，然后提问："电视机怎么发热了呢？"他或许会给出一些答案。然后，家长根据他的答案灵活应对，就可以引他"上钩"了。

编故事不仅可以解决这些日常的小问题，当孩子受到打击，有情绪问题，甚至出现某些心理问题时，故事也是疏导孩子情绪、协助他更好地面对现实的有效手段。当然，编故事如果能配合涂鸦，会更直观，效果也更好。

·父母禁言·

父母不仅要对孩子的生活精心呵护，而且要为孩子创造良好的家庭交流环境，即要为孩子的健康成长创造良好的家教语言环境。

第八章 孩子，我们这样做没有错

我们对你说的话不是"语言暴力"

日常生活中，大多数家长在教育孩子时，不经意间会使用一些挖苦的字眼批评孩子，他们也许认为这种教育方式很有效，或认为这是不得不采用的教育手段。然而他们不知道的是，事实上，他们此举会摧残孩子的心灵，是在用"语言暴力"伤害孩子。有关教育专家认为中国教育的普遍现象就是在孩子的心灵上实施"语言暴力"。中国的很多孩子都体验过这样或那样的"语言暴力"，导致很多孩子产生焦虑和自卑的负面情绪。

欢欢的妈妈年轻时曾梦想当钢琴家，但是因为各种原因未能实现，于是生下欢欢后就希望欢欢替自己实现梦想。虽然家里经济条件不是很好，可是欢欢的妈妈也不吝啬花上百元请家教辅导。欢欢从五岁开始练钢琴，妈妈每天在欢欢耳边念叨："妈妈所有的希望都寄托在你身上了，你千万要用心练习。"欢欢非常懂事，现在虽然上小学，课业也很繁重，但是每天放学回家，她第一件事就是坐在钢琴前。但是很遗憾，欢欢并没有很好的天赋，进步很不明显。欢欢为此感到很难过，妈妈还因此经常责备她。

这天，欢欢放学后一到家，妈妈先让欢欢演奏一首练习曲。可是，欢欢完全不在状态，弹错了好几个音。欢欢还没弹完这首曲子，妈妈就发火了："你简直是笨死了，也不知是遗传了谁，这么简单都弹不好，干脆别学了！太笨了！简直无可救药！"妈妈的话说完，欢欢的眼泪像断了线的珠子不停地流着，眼睛肿得像核桃，她很想告诉妈妈："我真的已经很努力了，可是怎么还是学不会，我为什么这么笨呢？"可是她心里又很害怕。

这样的状况时常发生。久而久之，欢欢变得内向了，也变得更加自卑了，跟妈妈之间话也越来越少了。

如果你仔细观察，每天都会上演这样的悲剧。其实，家长内心都是爱护孩子的，爱得越深，要求也就越高，但是他们并没有意识到对孩子恨铁不成钢的责骂也会成为"语言暴力"。语言暴力有时是暴力的凶器，而孩子就是牺牲者。孩子的心灵十分脆弱敏感，他们无法用客观的眼光看待一些问题，抗挫折能力很差，对家长的"语言暴力"根本无力招架。大多数情况下，家长无心的一句话，会给孩子的内心深处留下永远不可磨灭的阴影。

话语的杀伤力远远超过肉体上的折磨。因为肉体上的疼痛是短暂的，而语言刺激的是内心，会持续很长时间甚至永远不会消失。所以，家长在履行教育义务的时候，既要重视教育方法，也要注意言行的谨慎。无论发生什么，都不应该让孩子遭受"语言暴力"。因为家长的讥讽、不信任很容易伤害到孩子的自尊心。那么，怎样才能避免"语言暴力"的发生呢？

（1）不要在孩子身上寄予过高期望。很多家长都对孩子抱着很高的期望，一旦孩子不能达到自己的预期目标，就会感到非常绝望，导致控制不了自己，讲很多伤孩子的重话，孩子根本承受不了，自尊心和自信心都受到严重打击。事实上，只有少数人是天才，其他都是很普通的孩子，做父母的应该以平常心看待，失望会少一点。

（2）以平等的心态对待孩子。之所以有家长会采用语言暴力的方式，源于他们自认为拥有此项特权。这种想法是将自己看得高于孩子，孩子们的内心世界因此被忽视。对孩子的不尊重可能导致他们心理的不健康发展。他们也许会产生逆反心理，从而走向家长期望的对立面，也可能承受不了过多的压力，开始沉默寡言。因此，当你想要批评孩子的时候，尝试放低心态，与孩子平等沟通，这样才能真正走进孩子的内心世界。

（3）孩子犯错不能慌，自身情绪控制好。家长往往在生气发怒的时候说出一些不合时宜的话，甚至说一些很重的气话让自己悔恨终生。家长每到这个时候需要保持冷静，尝试做一些能让自己冷静的事情。慢慢放松下来，你会发现事情还有很多希望和转机，孩子也是有很多优点的。家长倘若多想想孩子的优点，怒气也会慢慢"熄火"，接下来再和孩子讨论对错，以防偏激的言语脱口而出。其实，孩子也有他认为对或错的地方，他们心里可能也知道自己做错了，可如果一味地指出他的过错，孩子便很自然地会产生逆反心理。

不过，需要注意的是，不使用语言暴力，不等同于没有底线。孩子的自律意识不强，如果他认为大人不会惩罚他的过错，他就会接二连三地犯错。所以，家长必须要有自己的原则，使孩子懂得什么是对，什么是错。我们需要注意方式、方法，想要责骂孩子之前，要三思而行，这样去说到底妥不妥当，对孩子会不会造成心灵上的伤害。

> **·父母禁言·**
>
> 孩子的自律意识不强，如果他认为大人不会惩罚他的过错，他就会接二连三地犯错。所以，家长必须要有自己的原则，使孩子懂得什么是对，什么是错。我们需要注意方式、方法，想要责骂孩子之前，要三思而行，这样去说到底妥不妥当，对孩子会不会造成心灵上的伤害。

我们否定你是想让你印象深刻

每个家长都期望自己的孩子成龙成凤，一旦孩子无法满足家长的期待，很多父母会用刻薄语言否定孩子的努力来表达他们的失望情绪。也许只是父母无心的一句气话，孩子却会从中受到很大伤害。孩子长时间被父母用语言否定，会丧失自信心，更有甚者会放弃自我，特别是一些年龄小的孩子，父母的话具有绝对权威性，家长不信任他们，他们一辈子都会留有阴影。

刚上初一的东东很爱玩。平时，妈妈一旦发现东东没有认真学习，生气时总会说些伤人的话，例如"你还不努力读书，你将来能做啥？谁敢聘用你"、"除了玩就知道玩，我看你无可救药了"……每当妈妈这样说自己时,东东心里特别不是滋味。不久前学校月考,东东排30多名。妈妈很生气,她将成绩单"啪"的一声拍在桌子上,说道:"真是笨死了,这么少分也好意思拿回家。我白养了你这个儿子。"东东低着头,苦涩的感觉填满心头。当晚,东东和爸爸妈妈一块看电视。电视正播放"神舟8号"进入太空的画面。东东很向往:"我以后想做一名宇航员,去太空遨游一圈。"妈妈瞪了东东一眼说:"你哪有资格做宇航员?你这个成绩,长大后能开公交车就不错了。"东东的神情变得暗淡许多,一句话也不说了。

次日早上,东东爸爸的一位在省队当篮球教练的朋友来家里做客,他看着东东说:"这个孩子先天骨骼条件很好,去练练篮球,也许下一个姚明就是他了。"东东特别兴奋地听着,这时妈妈却接了话茬:"骨骼再好又能怎样?这孩子手笨脚笨的,打不了篮球。"东东顿时泄了气。经常被妈妈打击,东东觉得自己一点用处也没有。

孩子如果长期一直听到否定性的话语,会变得越来越自卑,没有自信的孩子会比其他人遇到更多的困难。他们自信心缺乏,完成任务经常尽不了全力、很容易失败;很多孩子甚至会认为做了还不如不做。一直不被认可,孩子心理甚至会误入歧途,一些孩子小小年纪就患有抑郁症,甚至出现仇视社会、自残等现象。一项调查研究指出:很多孩子之所以走上少年犯罪的道路,很多是由于父母长期藐视他们,很有挫折感,才会仇恨社会进而进行报复。

孩子从小到大,犯错是很正常的现象。做家长的不能就此贬低孩子,过分贬低会使得孩子的幼小心灵受到极大的伤害。连父母都不鼓励的孩子会觉得未来很迷茫,而对未来不抱希望,无疑会失去努力学习和生活下去的动力。既然这样,父母要怎样才能保护孩子的心灵呢?要怎么做才不会让孩子感到自己被否定了呢?

(1)不当外人的面批评孩子。平日里,常常会见到这样的场景:孩子和父母去亲朋好友家串门,当孩子被夸聪明懂事或灵秀漂亮时,一些父母马上就会说"他只是看着聪明而已"、"他聪明考试还能考那么点分"、"漂亮也不能当饭吃,成绩一点都不好"……大部分家长这么做的原因是展示自己的谦虚。可孩子内心的感觉却很难受。孩子被当着外人面批评会更没有自信。遇到上述情况家长可以自然地应付一下别人的夸奖,不让孩子在别人面前丢脸,要是担心孩子会变得骄傲自满,可以在两个人交谈的时候进行批评。

(2)全面了解孩子。当你对自己的孩子进行评价时,要全面地看待自己孩子的优缺点。父母不能看到孩子的缺点就认为孩子什么都做不好。俗话说:"好孩子是夸出来的。"孩子各方面都在逐渐成熟,父母要用心留意孩子的每一个优点,使孩子在这些方面发扬光大。父母也要用适当的方法对孩子不好的行为方式进行矫正。孩子犯一点错,就否定他所有的努力,这无异于在萌芽阶段就扼杀掉孩子好的一方面。

·父母禁言·

孩子从小到大,犯错是很正常的现象。做家长的不能就此贬低孩子,过分贬低会使得孩子的幼小心灵受到极大的伤害。连父母都不鼓励的孩子会觉得未来很迷茫,而对未来不抱希望,无疑会失去努力学习和生活下去的动力。

我们是不会给你道歉的

父母错怪了孩子,如果因为放不下面子而坚持不承认错误,让孩子蒙受冤屈,不仅会给孩子带来莫大的伤害,还会让孩子陷入迷茫之中,产生错误的观念和想法。

有一天,妈妈下班回家后,发现家里的热水瓶被打碎了。因为儿子平时比较淘气、好动,妈妈就以为是儿子淘气时打碎的,于是把正在家里做作业的儿子严厉地批评了一顿。儿子显得非常委屈,一直说不是他打碎的。妈妈却以为是儿子怕承担责任,不敢承认,就打了他一下。

晚上,爸爸下班回家以后,说热水瓶是他不小心打碎的。这时,妈妈才意识到自己错怪了孩子。但是,这个妈妈是一个很爱面子的人,她没有勇气在儿子面前承认错误。于是,她对儿子说:"热水瓶虽然不是你打碎的,但是你平时太淘气,以后一定要注意。"

没料到,儿子竟很长时间都不愿意跟妈妈说话。妈妈也知道是因为自己没有向他道歉,而伤害了他的自尊心。但是,妈妈却怎么也放不下面子,并且也不知道该怎么跟孩子谈这件事。

在现实生活中,我们常常可以看到,如果孩子犯了错,一定要向父母认错;而父母犯了错,错怪了孩子,却很少向孩子说声"对不起"。的确,在我们国家,一直以来就没有长辈向晚辈道歉的习惯。一些父母甚至认为,向孩子道歉太丢面子,这会损害自己在孩子心中的权威。而且,他们还心存幻想:"孩子那么小,事情过去以后,他一定会把这件事忘了。"

在这里奉劝各位父母,最好不要把孩子不当一回事。他也许一辈子都记得父母曾经错怪了他,而且是那样蛮不讲理。在家庭教育中,如果父母从不向孩子承认自己的过失,这不仅会给孩子带来莫大的伤害,而且会让孩子陷入迷茫之中。久而久之,孩子把父母正确的教诲也会置之脑后。

有一位爸爸,因为工作压力特别重,常常累得精疲力竭,情绪也暴躁易怒。一天晚上,这位爸爸心情非常糟糕,对10岁的女儿一直没好气。他也知道自己不太讲理,但因为实在太累,也懒得去改正自己的态度。他几次错怪女儿,使女儿觉得很委屈。上床睡觉时,这位爸爸对自己的行为深感懊悔,决定第二天早上起床后向女儿道歉。

爸爸晚上睡得很香,再加上又吃了一顿可口的早餐,他的心情好了许多。就在女儿准备上学去时,爸爸走过去对女儿说:"爸爸不是一个完美无缺的人,也会因疲倦而脾气暴躁。我知道昨晚对你态度不好,因为我太烦躁,所以脾气很坏,希望你能原谅爸爸。"

听完爸爸的道歉,女儿伸过手臂抱着爸爸说:"我知道您会向我道歉的。爸爸,没关系,我原谅您就是了。"

向孩子道歉,并不是什么丢脸的事。在孩子面前,父母并不需要做一个十全十美的人。在孩子眼里,勇于说"对不起"的父母是可亲近的,他只会更加信任和尊重父母,而不会看轻他们。倒是那些有了错还拼命掩饰的父母,会令孩子觉得反感。因此,放下我们做家长的架子,做错了,就诚恳地给孩子道个歉吧!

很多父母不愿意对孩子认错,一是碍于爱子,二是想要维护自己所谓的尊严。殊不知,只有真诚地道歉才会赢得孩子无限的尊重。

我们在误解或错怪了自己的孩子后,应该诚恳地向孩子道歉。我们可以说:"对不起,妈妈错怪了你,妈妈给你道歉。"当我们错误的行为和言语让孩子产生对事物的错误认识,并为此做了错误的事情时,我们应该说:"孩子,是爸爸错了,我们一起来改正好吗?"其实孩子的心是非常宽容的,父母错怪了他,或做了错误的事、说了错误的话,只要说一句"对不起",他还是一样敬重和爱着父母的。

首先,给孩子道歉态度一定要诚恳。对于任何一个错误,千万不要漫不经心地说"对不起",否则会让孩子感觉我们的道歉不是出于真心,怀疑我们的诚意。其次,要明确、具体地告诉孩子我们错在哪里,为什么要认错,否则孩子会弄不清楚什么是正确的,什么是错误的,也不知道自己怎么做合适。我们在道歉时要保持心平气和,不要边发脾气边道歉。情绪沮丧时的道歉会使孩子产生迷惑或恐惧的心理。

我们道歉以后,一定要落实在行动上。比如,我们当着孩子同学的面批评过他,在给他道歉以后,我们就不能再当着同学的面批评他,说了一定要做到。如果我们给孩子道歉很诚恳,但再遇到同样的问题时还是没有改变,这样会大大伤害孩子,甚至比不道歉还伤孩子的心。

> **·父母禁言·**
>
> 父母以平等的态度向孩子道歉,这是爱孩子的一种表现,相信孩子也一定能体会得到。因此,如果我们觉察到自己错了,那么就请及时向孩子说声"对不起"吧!

我们放不下面子

一位妈妈讲了这样一件事:

> 我儿子特淘气,他的鬼主意可多了。他不喜欢写作业,总能找各种各样的借口来拖延时间。比如说,肚子饿了、要上厕所、头疼等,儿子的借口总让我防不胜防。
>
> 一次,儿子周六玩了一整天,周日的下午才开始做作业。儿子一会儿说头疼,一会儿说口渴,一会儿又说自己很累。我心里气急了,我可不能如此娇惯他了!于是我根本不理会他。眼看就下午三点钟了,他却突然说身上发冷,好像是发烧了。我心想,竟然想出这样的方法来逃避作业,我狠狠地斥责他:"你就是个爱撒谎的坏孩子!妈妈不会管你的!"孩子哭了。后来,我量他的体温果真高烧40℃!急忙将他送到医院。我知道是自己冤枉了孩子,可是放不下家长的架子,就对儿子说:"谁让你平时总找借口呢。"
>
> 接下来,儿子几天都不和我说话,后来我想,如果父母错了不道歉,如何去要求孩子呢?于是,我真诚地对儿子说:"对不起,妈妈错了,妈妈向你道歉,原谅妈妈好吗?"儿子点了点

头,从此,儿子很少找借口不写作业,他比从前更加信任我了。

以传统的观点来看,道歉往往是与"错"联系在一起的,人做错了事情才会道歉。但中国的传统中,向来没有长辈向晚辈道歉的习惯。

其实父母并不一定每件事都做得正确。在家庭教育中,如果父母从不向孩子承认自己的缺点和过失,不对孩子的情绪感受进行及时处理,会影响到孩子的性格和认知。他会从父母这种不诚实的行为中学会欺骗和虚伪。而且孩子还会因此产生"父母实际上总是出错"的观念,久而久之,孩子对父母会产生一些偏见,父母的权威便无从确立。

如果父母在孩子面前能坦诚地承认错误,这实际上是对孩子的赏识和尊重,这样不仅可以让孩子学会做人的原则,而且能让孩子对父母产生由衷的敬佩,他会发自内心地尊重父母,更加信任父母,与此同时,亲子关系也会更加融洽。

家长向孩子道歉,说"对不起"也是一种艺术,并不是随便说一句"对不起"就可以,也并不是用"对不起"取悦孩子就能达到良好的教育效果。说"对不起"也要讲究一定的方式和方法。

(1)何时该说"对不起"。当父母发现自己对孩子的态度过分严厉时,应立即向孩子说"对不起",抚平孩子的受伤情绪。如果事情过了好多天,父母才向孩子道歉,效果并不好。

(2)说"对不起"的态度。认错并不是随随便便说一声"对不起",尤其是面对心智尚未发育成熟的小孩,跟他们道歉时,态度更应温和委婉。要用接纳、关怀的眼神面对孩子,坦诚地和他们沟通,可以温柔地摸摸他们的头或给他们拥抱,诚恳地说:"是妈妈(爸爸)错怪了你,现在向你道歉。"每个家庭与孩子互动的模式都不尽相同,每个小孩接受道歉的方式也因人而异,但无论用什么方法,一定要让孩子感受到你发自内心的善意和关爱。

(3)说"对不起"不是取悦孩子。家长向孩子道歉,首先要真的有错才道歉。不要因为孩子情绪波动而向孩子道歉,更不能为了取悦孩子而道歉。这种"娇惯式"的道歉其实是一种不负责任的行为。父母想用"对不起"让孩子解除不良情绪的做法是不恰当的,这可能会使孩子产生困惑,分不清是非,也可能使某些孩子因此抓住父母的弱点,提出无理要求,造成"孩子掌权,家长威信扫地"的局面。

·父母禁言·

父母向孩子道歉时,道歉的内容一定要明确。要跟孩子说清楚自己错在哪里,为什么要认错,这可以让孩子更加理解家长,明白事理。

我们没有错怪你

父母有时会错怪孩子,这很正常。因为大多数家长并没有真正了解孩子,不知道孩子心里想的是什么。专家指出,向孩子道歉更有利于孩子的健康成长,也有益于提高父母的权威。有些家长当自己错怪孩子后,会故意找孩子别的错误来掩盖自己的错误。从表面上来看,家长这样做,似乎维护了自己做父母的尊严。但是,这样做会深深地伤害孩子。孩子会不再相信家长,不敢对家长说真话。长此以往,不但会使孩子学会推诿责任和逃避现实,而且会使孩子性格懦弱。如果你是这样的父母,那就需要尽快改变自己了。

一个人做错了事,伤害了别人,必须向人家道歉。父母在孩子面前承认错误,或寻找适当机会与孩子谈论自己的过错,会让孩子学会如何做人。只有孩子感到父母真正是言行端正,才能产生由衷的敬意,父母的威信才会真正树立起来。

在向孩子道歉时,要注意在心平气和时。道歉的主旨要明确,态度要诚恳,所说的道理要中肯。这样,才会取得良好的教育效果。

家长尊重孩子,与孩子平等相待,是推动孩子不断进步的动力。在日常生活中,常常发生父母错怪了孩子,或者在处理与孩子有关的事情时发生偏差甚至错误,挫伤了孩子的自尊心。这时,父母应该向孩子坦诚认错,认真道歉。这不仅能弥补过失,挽回孩子受挫伤的感情,还能为孩子树立知错就改的好榜样。

有一位美国母亲,要求女儿放学后先弹琴,再去参加课外活动。母亲回家后,只见女儿正在打电话,便责备她说:"怎么搞的,你为什么不去弹琴呢?"女儿委屈地解释道:"妈妈,你没有看到,其实我已经弹了30分钟的琴了,我刚拿起电话你就进门了。"母亲意识到是自己错了,马上很认真地向女儿道歉:"对不起,妈妈错怪你了。"

这种父母向子女认错的言行,很让人感动,对孩子的影响也很好。

在日常生活中,如果意识到自己错了,冤枉了孩子,为父为母者,必须得体地向孩子道歉。具体可参考如下建议:

(1)稳定情绪后再道歉。如果你仍在生孩子的气,那千万别道歉,即使你知道错了,也要等你情绪稳定后再说——情绪沮丧时的道歉,往往会使孩子产生迷惑或恐惧的心理。

(2)道歉应明确。应该明确又具体地告诉孩子你自己错在哪里,为什么要认错。否则,会使孩子困惑,弄不清楚什么是正确的,什么是错误的,也不知道自己怎么做才合适。

(3)态度要诚恳。父母对于自己所犯的任何一个错误,切勿漫不经心地说"对不起"。正确的做法是诚恳地承认自己的不是,并在以后的生活中努力改正。不然,孩子会觉得父母虚伪、不可靠。

做家长的,千万不要低估孩子。孩子们乐于原谅别人,乐于接受意见。但前提是家长的态度要诚恳。

· 父母箴言 ·

一个人做错了事,伤害了别人,必须向人家道歉。父母在孩子面前承认错误,或寻找适当机会与孩子谈论自己的过错,会让孩子学会如何做人。只有孩子感到父母真正是言行端正,才能产生由衷的敬意,父母的威信才会真正树立起来。

我们就是要揪住你以前的错不放

　　大多数家长在批评孩子时,异常的愤怒会使他们想到以前的事情,他们会提到孩子从前的错事,不停地翻旧账,不停地念叨。比如说:"上次撒谎我还没教训你,你现在又对我撒谎……""正好今天来个秋后算账,这次和上次一样都没考好,你到底能不能考好了"……孩子会对这些做法产生很强的逆反心理。他会因为父母的话这样想:"他们为什么只记住我不好的一面,反而记不住我好的一面?""不过是几次做不好,爸爸妈妈终于抓住我的把柄了。"受到这种思想影响,孩子的正常生活一定会受到影响。

　　有一天,丽丽在自己的卧室做作业,妈妈在客厅看电视。过了一会儿,妈妈想到女儿该吃水果了。她拿着削好的苹果,悄悄进入丽丽的房间。丽丽正在凝神读书,对妈妈进屋毫无察觉。妈妈来到丽丽书桌前,脸色瞬间突变,因为她看到女儿手里拿的竟然是一本漫画。妈妈将果盘摔在书桌上。丽丽受到了惊吓,想把漫画书马上藏起来。

　　妈妈冷冰冰地说:"我已经看见了,藏还有什么用?"丽丽低下头,等待妈妈的批评。妈妈很严肃地说:"整天看漫画,是不是不打算学习了?"丽丽有些害怕地说:"并不是只看不学习,就是刚才学习累了想看看放松一下。"妈妈更恼怒了:"让我怎么相信你是刚刚才看的?这种东西根本不值得看。上学期漫画、小说就占用了你很多时间,心思都不在学习上了,怪不得期末成绩会那么低。现在竟然不吸取教训,还戒不掉这些。今天咱们把这些账一块算清楚。快把你那些垃圾东西拿出来,我统统烧掉。"

　　丽丽听后说:"我保证以后不会再看了。"妈妈说:"你的保证不可信!上次你向我保证进前十名,你根本没做到,还有脸说?"丽丽沉默了。妈妈打开丽丽的书桌抽屉,搜查里面的漫画小说,很气愤地说:"这么大的孩子没有一点自觉性。那天我买个菜的功夫,回来一看你在上网玩游戏。你怎么就这么不用功呢?"丽丽站在一边,哭成了泪人。

　　家长在数落孩子的错误时总是会将以前的也提起来,总觉得这样让孩子记住自己所犯的错,以后就不会再犯。丽丽的妈妈也一样。事实证明,这样做并不可取。这种做法会让孩子不清楚父母为什么批评他们,更不明白究竟父母让他们改什么。同时,孩子听到父母将自己数落得一文不值,觉得自己做什么都不对,各种消极情绪一下子全部涌上来,对自己做任何事都没有信心了。

　　如果孩子犯了错误,心里会提防着父母的打骂,屡次犯错的孩子,尤其担心家长翻旧账。然而为数不少的家长就是抓住旧账不放,常常会对孩子之前所犯的错误耿耿于怀。他们不知道,这样做会使孩子在家长面前感觉永远无法抬起头来。家长要将以前的事情翻过去,一定不要旧事重提。

　　(1)具体事件具体分析。"你以前就这样……这次还犯……"是家长经常用的句式之一,用这样的方法把孩子的错全部总结在一起,因为新错误批评孩子时又带出上次孩子犯的错误。家长把孩子的几次错误归纳到一起,这种做法非常不妥。当孩子犯了错,或是做了令大人不满意的事情时,纵然结果相同,可原因并不相同。只凭结果就认为原因相同,从而一起责罚孩子,这样对孩子不公平,根本起不到正面的教育效果。例如孩子上次成绩差是由于贪玩而荒废了学业,孩子已经很认真地进行这一阶段的学习了,只因为发挥失常导致分数低,如果这个时候被父母嘲讽"又考这么差,每次都是这么点分,你还能不能考高分了,"孩子会认为父母只知道分数,根本不关心自己,感觉自己付出的努力全被否定得一塌糊涂。所以,父母一定要具体情况具体分析,针对性地对孩子进行批评教育,不要把孩子犯过的所有错误都拿出来说一遍。

（2）一次只就一件事批评。当孩子做错事家长需要进行批评教育时,要谨记只可以谈孩子当下所犯的错误,千万不要联想到其他方面。如果从孩子不听话说到孩子的说谎问题,再牵扯到孩子不心疼父母……家长在回顾这些错误时经常忘记了批评的目的,而把自己批评的本意抛之脑后。父母只有就事论事,孩子才有信心去改正。如果父母把孩子的错统统加以列举,孩子会被压力压得喘不过气来,他们会认为这么多错既然都改不了,不如索性算了。

· 父母禁言 ·

家长在数落孩子的错误时总是会将以前的也提起来,总觉得这样让孩子记住自己所犯的错,以后就不会再犯。事实证明,这种做法会让孩子不清楚父母为什么批评他们,更不明白究竟父母让他们改什么。同时,孩子听到父母将自己数落得一文不值,觉得自己做什么都不对,各种消极情绪一下子全部涌上来,对自己做任何事都没有信心了。

我们食言没有错

孩子一旦发现父母对自己的承诺只不过是一种哄骗,就会大为疑惑和失望:父母都可以说话不算数,这个世界上还能相信谁呢？这种恐慌感会给孩子带来巨大的心理危机。

李女士的女儿做事比较粗心,常常会因为一些"低级错误"而影响考试成绩。为了激励女儿在期末考试中好好发挥,李女士就对女儿说:"你期末考试要是进前五名,妈妈暑假就带你去国外旅游。"尽管心里不是十分有把握有足够的时间带女儿出游,但李女士还是做出了承诺。

为了能去国外旅游,女儿在期末考试复习的那段时间里非常努力,各方面都有了很大进步,粗心大意的毛病也改了不少。最后,女儿终于考进了班里的前五名。

但是,李女士最终还是没有腾出假期带女儿出游,承诺"泡了汤"。结果,这个没有兑现的诺言让女儿耿耿于怀,李女士也成了女儿口中的"空头支票大王"。

为了鼓励孩子,许多父母常常采取许诺的方式:"儿子,要是学习成绩能提高到90分以上,妈妈就给你买一双运动鞋。"、"只要你考上重点高中,爸爸就带你去旅游。""上了大学,家里就给你买一台手提电脑"……当孩子经过努力达到父母的要求,然后满心欢喜期待父母履行承诺时,一些父母却因为这样那样的原因,对当初许出的诺言无法"兑现"。

许诺是奖励的一种方法,能对孩子起鼓劲、促进和教育的作用,可以让孩子产生奋发向上的动力,促进其更好地完成任务。但是,如果父母只"许诺"不"兑现",总开"空头支票",那么,将会给孩子的心理健康带来很坏的影响。

在孩子眼中,父母就是天,就是地,从心底里崇拜和依赖,尤其是对于不满10岁的孩子,父母的每句话对孩子来说如同圣旨一般。一旦孩子发现父母对自己的承诺只不过是一种哄骗,就会大为疑惑和失望:父母都可以说话不算数,我还能相信谁呢?这会给孩子带来巨大的心理危机,久而久之,孩子就逐渐失去了对家长的信任。

父母是孩子的榜样。孩子是好模仿、易暗示的,父母的行为对其影响十分重要。如果父母总是言行不一,不履行承诺,说话不算数,次数多了,孩子说话也会变得随随便便,有意无意地说谎话,养成表里不一的坏习惯。

中国青少年研究中心曾在2005年做过一项调查,结果发现,中小学生最不满意父母的12种行为中,"说话不算数"排在第一位。父母对孩子言而无信,最本质的原因就是父母把孩子当成了自己的附属品,没把他们当成一个独立的人,因而也没有把对孩子的承诺看成承诺,没有理解父母与孩子之间的关系应是平等的。

对孩子言而有信是培养孩子诚实品质的一个首要条件。父母要求孩子诚实守信,自己首先要做一个信守诺言之人。父母每一次都履行诺言,既能保护孩子的自尊心,也能维护作为家长在孩子心目中的威信,同时又能让孩子学会诚实守信。

父母是孩子学习模仿的对象。若父母言而无信,那孩子日后也就很难做到信守诺言。因此,哪怕承诺的是一件很小的事情,父母也要认真去做。没有人会相信一个言而无信的人,孩子也是如此。不要认为他是孩子,就没有必要对他兑现自己许下的诺言。

父母对孩子信守诺言,是爱和关怀的高度表现。为了防止因为父母无法实践自己许下的诺言而出现家庭教育的失控,我们一定要注意,一旦许诺,就应该言出必践,坚决不能反悔。

父母在许诺前也要慎重考虑:该不该对孩子许诺,许诺后能不能兑现,这个许诺对孩子有没有益处等。尤其不要许下自己根本无法实现的诺言,如"这次要考不好就别再回家了"、"你下次再撒谎我就打死你"等等,也不要随随便便就承诺"妈妈今天第一个来接你"等。

如果父母对孩子的承诺"缩水",或者确实是因为意外无法对自己的某些承诺兑现时,一定要对孩子解释原因,讲清道理,直接向孩子道歉。比如说:"儿子,真对不起,因为公司临时有急事,没有及时赶回来为你过生日,请你原谅妈妈,好吗?"

诚实守信,遵守诺言,是为人处世的基本原则。"诚信"是父母与孩子沟通的一本通行证。孩子也是一个独立的人,尽管他只是一小孩子,没有足够的力量反抗我们的"食言",但是,孩子会以他自己的方式来做出反应。他会对我们以后说过的话、提出的要求、许下的诺言无动于衷,甚至嗤之以鼻!

·父母禁言·

父母对孩子信守诺言,是爱和关怀的高度表现。为了防止因为父母无法实践自己许下的诺言而出现家庭教育的失控,我们一定要注意,一旦许诺,就应该言出必践,坚决不能反悔。

我们会当着你的面吵架

　　那是你不知道,不知道孩子是看表情读能量的,孩子看你们拉长的脸就能知道,感觉家里的氛围就能知道。吵过架的家庭气息与快乐的家庭气息是不一样的。家长经历了几十年的世俗生活,感觉已经迟钝混浊了,而孩子的感觉还很清澈透明。家庭至少要营造一个没有暴力的氛围!

　　你们夫妻在孩子面前吵架吗?你是否认为孩子还小不懂,当着他的面吵没关系呢?你知道孩子听到父母吵架有多恐惧吗?

　　孩子在7岁前,父母是孩子的天。在孩子的心灵中如果觉得天要塌了,会怎么样呢?

　　父母吵架对于孩子来说是一件让他毛骨悚然、噩梦连连的事情,他会感到极度的不安全。如果在孩子7岁前,父母不仅吵架,还当着孩子的面打架,恐惧将伴随孩子一生。

　　父母吵架会让孩子没有安全感,没有安全感的孩子,他们表现为喜欢咬手指甲、不合群、迷恋小玩具、开着灯睡觉,在群体中缩得很小或有侵略性,没有创造性,不知不觉中找一个癖好安慰自己。

　　父母吵架还让他们潜意识里对婚姻没有向往,没有追求,甚至躲避或厌恶。最严重的是,长大后出现同性恋倾向的比例较大。

　　请你回家作一个调查,跟孩子聊一次,问孩子:小时候,你觉得自己被爸爸妈妈伤害的,让你很伤心的事有哪些?爸爸妈妈什么方面让你讨厌,让你恐惧?爸爸妈妈当时怎么了?你当时的感受是什么?

　　据幼儿园、小学的老师反映,现在有一些孩子有暴力倾向。孩子的暴力倾向从哪里来?家庭中的暴力氛围造成孩子的暴力倾向。孩子的暴力倾向是因为没有安全感,可能是小时候的经历给潜意识造成的阴影。

　　好心态,才能与外界有好对接。父母要充分重视孩子心态。否则,无知将令你付出沉重的代价!

　　与孩子沟通交流是培养孩子道德情操的有效方法,心与心的对话是最容易感染人的。

　　在与孩子沟通交流时,父母需要做到以下几点。

　　(1)充满关爱地与孩子交谈。在与孩子交流的过程中,家长时刻表露出一片爱心十分重要。在那些非常和睦的家庭中,家长们在这方面做得都比较好。

　　你的孩子肯定知道你很爱他或她,要以孩子可以接受的方式来向孩子表示出你对他或她的爱。你可以从简单易行的方法做起,过不了多久,你可能会惊喜地发现,全家出现了崭新的局面。

　　(2)认真对待孩子的意见。最好的家长知道他们必须坚持自己正确的决定,无论孩子对此持有多大的异议。然而,这么做并不意味着他们会忽略孩子的意见与建议。允许孩子们在家庭事务中拥有发言权,可以带来两大好处:第一,当家长至少在征求孩子意见的基础上作出决定之后,孩子更加主动地接受这些决定;第二,孩子们也能够认识到,他们是这个大家庭中的重要一员,这对培养孩子的自尊心及责任感将有莫大的帮助。

(3)避免说些过火的话。父母的情绪与孩子们的健康紧密地联系在一起,以至于哪位家长在养育孩子的过程中都保持着平心静气。然而,父母在碰到某些事情而激动时,可能说一些难听的话。因此,当碰到一件比较棘手的事情时,睿智的父母会对自己的孩子们说:"我心里确实很难过,因此我现在什么都不想说。出去玩吧!等我冷静下来后,再找你们。"避免说了过火的话伤了孩子的心。

(4)认真听听孩子的心里话。家住得克萨斯州的乔来说:"不管孩子正在告诉你什么事情,你都要听到底,"他说道,"如果你没有等孩子讲完话,就发起火来,那么你就准备给孩子道歉吧!"认真听孩子讲话,直到听孩子说完,才有利于和孩子的沟通。

当孩子给你讲完话后,对孩子刚刚讲过的话进行阐述,然后询问孩子所阐述的是不是他的本意所指。在给孩子提出建议,或者采取行动之前,务必确保自己清楚地知道孩子话语的五要素——时间、地点、人物、事物及方式。

> **·父母禁言·**
>
> 父母吵架对于孩子来说是一件让他毛骨悚然、噩梦连连的事情,他会感到极度的不安。如果在孩子7岁前,父母不仅吵架,还当着孩子的面打架,恐惧将伴随孩子一生。

我们对你进行人身攻击是为了你好

人身攻击是指当双方在辩论时,用不恰当的语言对对方的人品、形象、家庭背景经济条件和所处情况进行批评和指责,并且为了让自己的说法被人接受,把这些攻击当成证据去打击对方,这就是"对人不对事"。日常生活中,许多家长会在教育孩子时犯这样的错。一旦孩子有了错误,家长在批评这件事的同时也将批评范围扩大到孩子的习惯、性格等其他方面,部分家长甚至用脏话责骂孩子。事实上,家长这样做,会让孩子的自尊心受到巨大的伤害,进而会挫伤孩子的自信心。

明明已经上三年级了。这天,妈妈想让明明的动手能力得到锻炼,就对明明说:"我和你爸爸上班很累了,吃完晚饭由你来刷碗。"明明开心地答应了。晚饭后,妈妈把脏碗筷都帮明明放到洗碗池内就出去了。明明挽起袖子,认真地刷起碗来。

一会儿,厨房传来了明明的喊声:"妈妈,我把碗都洗好啦!"

妈妈说:"我检查一下你洗得干不干净。"妈妈进到厨房,拿起明明洗的碗一看,皱起了眉头。她说:"看你洗的碗,里面还有油,碗的外面也洗得不干净。我教过的你都没听进去吗?洗碗都这么失败,可真够笨的。"明明傻愣愣地站在那儿,委屈得要流下泪来。妈妈感到很不耐烦:"就只知道哭,你还能干什么?"

这时爸爸也来了。他随手拿起一个碗,边洗边对明明说:"要用热水洗碗,这样油污才能下去,冷水洗不可以。碗的里外都需要仔细清洗,你刚才洗的时候把外面漏掉了。用洗洁精洗一遍后,要放到清水里冲一下。用干净的布把碗擦干后在碗柜里摆放整齐。学会了吗?"明明点点头。爸爸亲切地鼓励他说:"来,再去洗一下,让我看看。"明明按照爸爸说的方法,很快就洗好了碗。爸爸表扬他:"我儿子很聪明啊,学得真快。"明明害羞地笑了。

明明的父母展示了两种批评教育的方式。明明妈妈认为孩子能力差所以连碗都洗不好,既伤害了孩子的自尊心,又没让孩子明白怎么做是对的;而明明的爸爸对事不对人,耐心指导错在哪里,如何改正,这样孩子就很容易听爸爸的话,并且掌握了洗碗的方法。由此可知,父母用人身攻击的方法批评孩子,只会逼着孩子讨厌自己,没有任何帮助;假如能换位思考,采用鼓励的方式,孩子不但会欢快地接受家长的意见,也会收到良好的反馈。

维护人格尊严是每个人应有的权利。家长不能认为孩子是属于自己的,就随便用人身攻击的方法批评他们。孩子的尊严会受到践踏,孩子更不可能从中学会正确的做法。批评错误的做法而不针对人,孩子才会欣然接受,之后孩子也会有意识地纠正自身的错误。

(1)要对人格尊重。犯了错误受到责备是应该的,但不能因此伤害孩子的人格。批评孩子时也要维护他们的自尊心,不要因为做错一件事,就一味地贬低孩子本身和他的能力。很多家长认为是自己生的孩子,要打要骂都是自己说了算。他们不知道任何人骂孩子都会给孩子造成伤害,孩子的心灵是很脆弱,很容易受到伤害,而自己最信任的父母的责骂会让孩子最伤心。所以,父母在对孩子批评教育时,要时刻把孩子看作有独立人格的个体。

(2)批评孩子要公平公正。客观公正地对孩子进行批评才能起到应有的作用。家长要用客观公平的语气对孩子说他做错了,与他共同思考错误的原因,以及在犯错之后有怎样的后果产生等,这样孩子便不会不服气。千万记住不能将孩子的错归咎于孩子的人格、能力等,这样不仅起不到效果,孩子也不会接受。

(3)摒弃贬义词汇。不要用不雅观的词语批评孩子,满口都是诋毁性的语言,如"你简直无可救药"、"笨死了"、"什么都做不好"等。这种话不但不能把孩子往正道上引导,更会让孩子不相信自己,自我放弃,更糟糕的是走上不归路。做到有针对性地进行批评式教育,让孩子认识到自己的错误就好。

(4)冷静后再批评孩子。家长如果正处在盛怒的情况下,难免会口不择言,所以遇上孩子犯错,要是父母难以控制自己的愤怒,"延时冷却法"是最好的选择。也就是家长怒火正旺时不能随意对孩子进行批评,等心情渐渐放松下来,才会变得理智,这时候也能平静客观地批评孩子了。

(5)父母互相督促。很多时候,家长自己并未意识到自己批评孩子时,会有些语气过重,这时爸爸妈妈之间需要相互监督。在一方批评孩子过重时,另一方应该提醒和制止,久而久之,坏习惯便会消失了。

· 父母禁言 ·

孩子一旦有了错误,家长在批评这件事的同时也将批评范围扩大到孩子的习惯、性格等其他方面,部分家长甚至用脏话责骂孩子。事实上,家长这样做,会让孩子的自尊心受到巨大的伤害,进而会挫伤孩子的自信心。

我们真的太生气了

在我们自己的童年时代,没有人告诉我们如何处理生活中不可避免的愤怒情绪。我们受到的教育让我们对自己的愤怒感到内疚,在表达愤怒时有一种罪恶感。我们相信愤怒是不好的,愤怒并不只是不好的行为,它还是一种重罪。对待我们自己的孩子时,我们努力忍耐,事实上,忍得太久,迟早我们会暴发出来。我们担心自己的怒气会伤害孩子,所以忍着,就像一个潜泳者屏住呼吸一样。但是在这两种情况下,忍耐力都是相当有限的。

愤怒,就像普通感冒一样,是一种周期性复发的麻烦。我们可能不喜欢它,但是我们无法忽略它。我们可能很了解它,但是无法阻止它的发生。愤怒的后果和情形都是可以预见的,但是它看上去总是那么突然,意想不到。而且,尽管发怒的时间可能持续得不长,但在当时看来仿佛会没完没了似的。

当我们发怒时,我们的行为就像完全失去了理智,我们对孩子说出的话,做出的事,哪怕是在打击敌人时都会犹豫一下。我们大喊大叫、辱骂、抨击。当这一切结束时,我们会感到内疚,我们郑重地决定,以后绝不重复这样的行为了。但是,愤怒会不可避免地再次来袭,破坏了我们良好的愿望。我们再一次猛烈攻击那些我们为了幸福愿意献出生命和财富的人。

精神上健康的父母并不是圣人,他们能意识到自己的愤怒,并且重视它,他们把愤怒当成一种信息资源,是他们关心孩子的表示。他们的言语和心情是一致的,他们不会隐藏自己的情绪。下面这件事就说明了一个母亲在释放她的怒气时是如何鼓励合作的,而不是辱骂或羞辱自己的女儿。

简11岁了,每次回到家就大叫:"我无法打棒球,我没有衬衣!"其实她的妈妈可以给女儿一个可行的建议:"穿那件宽松的上衣。"或者,如果希望提供帮助,她可以帮助简找一件衬衣,但是简的妈妈没有这样做,而是决定说出自己真实的想法:"我很生气,我真的很生气。我给你买了六件棒球衬衣,你不是放错了地方,就是丢了。你的衬衣应该放在你的抽屉里,当你需要的时候,你就知道该到哪儿找衣服了。"

简的妈妈表达了她的愤怒,但是没有辱骂女儿。她后来说道:"我一次也没有发牢骚,没有翻旧账,更没有责骂女儿。我只是描述了我的心情,以及以后该怎么做才能避免不愉快。"

简的妈妈的话帮助简自己想出了一个解决办法。她马上跑到朋友家里以及体育馆的衣帽间去找放错了地方的衬衣。

在对孩子的教育中,父母的愤怒也可以起到一定作用。事实上,在某些时候,不生气并不会给孩子带来好处,反而给孩子一种漠不关心的感觉,因为那些关心孩子的人很难做到不生气。不过这并不说明孩子能经受得住愤怒和暴力,只是说明孩子们能够理解这样的愤怒:"我的忍耐是有限度的。"

对于父母来说,愤怒是一种代价很高的情感,为了物有所值,还是不要随便发怒的好。发怒不应该招来更多不愉快,药物不应该比疾病更糟糕。怒气应该以某种方式表达出来。这种方式应该能够使父母得到一定的解脱和轻松。给孩子一些启示，对任何一方都不应该有副作用。因此，我们不应该在孩子的朋友面前痛责孩子，这只能让他们的行为变本加厉，从而让我们怒火更盛。我们并不想引起愤怒、违抗、还击和报复。相反，我们只希望孩子能够理解我们的观点，让阴云消散。

> **·父母禁言·**
>
> 对于父母来说，愤怒是一种代价很高的情感，为了物有所值，没有益处的话，还是不要随便发怒的好。发怒不应该招来更多话，药物不应该比疾病更糟糕。怒气应该以某种方式表达出来。这种方式应该能够使父母得到一定的解脱和轻松。给孩子一些启示，对任何一方都不应该有副作用。

第九章 孩子，你的好奇心太重了

不许你有好奇心

怎样引发孩子的好奇心？有关专家提出了如下四点要求。①幽默感：对孩子不要摆出像法官般一脸的道貌岸然，也无须扮演命令、威胁、说教或斥责的角色，因为这些角色往往会使孩子产生恐惧而畏缩。给孩子温暖和安全感，然后发现问题并协助他解决问题。②尊重孩子的个别差异：每个孩子天生有其不同的兴趣和爱好，强迫的学习往往使结果事倍功半。③关爱而非溺爱：现代的孩子，父母都给他们吃最好的、穿最好的、玩最好的，这种行为是溺爱并非关爱。面对现代孩子，父母首先要了解你要给孩子的是他所需要的，而不是他所要求的全部。④善用沟通技巧：孩子的好奇心与学习动机会在你愿意注意地看他、面带微笑、专心倾听以及同情心的语言沟通过程中被引发出来的。

好奇心是人自发认识客观事物的一种意向。

一位母亲谈起她的女儿林琳时说道："孩子生来就喜欢好奇地观察事物。后来，她对不了解的事物爱刨根问底，我也千方百计给予解释，因而她养成了遇事爱思考、爱提问的习惯。我带林琳到北京故宫看秦兵马俑，她忽然问道：'这个兵俑有多重？'她的发问引起一位年长管理人员的重视，走过来对林琳说：'小朋友，你问得太好了，只是我们也不知道有多重。请把你的姓名地址留下，待我们称量出来以后一定写信告诉你好吗？'为了使孩子的各种疑问能找到正确答案，我买了大量的书，于是林琳整日沉醉于《中国孩子的疑问》、《十万个为什么》、《植物之谜》、《生物之谜》、《上下五千年》、《少儿百科全书》等书籍之中。书读多了，知识日渐丰富。林琳三岁时问为什么要有春、夏、秋、冬？我借助《大和小》的儿歌给她讲解了关于地球和太阳运行相对位置的变化而形成的四季之分的道理。

"林琳7岁那年，我带她到北京天文馆，恰巧看到了太阳、地球、月亮运动模型。我再一次为她讲解四季形成的原因。谁知她突然问我：'为什么夏天最热，冬天最冷呢？'我回答是夏天地球离太阳近，冬天地球离太阳远。她当即指出我答案完全错了。她说：'夏天地球离太阳最远，可阳光却是垂直照射在北半球，所以夏天我们生活在北半球的人感到最热；冬天阳光斜射在北半球，所以我们感到寒冷。'我深深被孩子的见解所折服，她比我懂得多了。"

别看孩子年纪小，他们的好奇心是很强的，每次看见新奇的东西，他们都会兴致勃勃地去看个究竟。不仅如此，他们还要自己亲身去探查，若是父母告诉他们真相，他们可能不相信，还会心里嘀咕，责怪父母破坏了他们去探索的机会。事实上，孩子是喜欢自己探索的，他向往的是第一手资料,只有亲自看过、嗅过、尝试过、触摸过,他才会觉得满足。明白了探索是孩子的特性,父母也就不必去阻止他们了。

3岁以后的孩子会走、会跳,用两面镜去反照他的身后,使他看见自己的背部,这时他会用手左右向后去抓,用触觉告诉自己这是真的。当发现这真的是自己的背部时,他会细心地观察、研究,甚至为此着迷,因为这是一个大发现!因此,好奇心也就得到了培养。

对于居住在城市的孩子来说,对远离大自然是他们心智发展中先天不足的一环。所以,父母应该在这方面做个有心人,计划好时间,把孩子的好奇心引向大自然。为了满足孩子的好奇心,可以带孩子到郊外去,带孩子观察春天里各种花鸟虫草的变化,比如:让孩子去池塘边观察小蝌蚪,看看它们是怎么变成欢蹦乱跳的青蛙的;可以让孩子养几条蚕宝宝,看看蚕宝宝一生要蜕几次皮,每次蜕皮后有什么变化,蚕宝宝最后怎样吐丝做茧,也许,孩子会由此开始一个未来生物学家的探索;也可以带孩子观察夏夜的星空,让他对横亘的银河、闪烁的星星以及盈亏交替的月亮产生兴趣,也许,未来天文学家会由此诞生;可以让孩子注意昼夜的更替、四季的变化、阴晴雨雪、电闪雷鸣;还可以让孩子搞些家庭种植、饲养活动,等等。总之,可以让神奇的大自然来容纳孩子强烈的好奇心,培养他勇于探索的精神。

另外,父母可以将孩子好奇的小船驶入知识的海洋,将孩子的好奇变成对知识的渴求和探索。父母可以给孩子讲故事,做些小手工、小实验,用科学知识来承载孩子的好奇之舟。对于年长的孩子,父母可以用书籍来激发并满足他的好奇心,鼓励他自己到书籍的海洋中探索知识的无穷奥秘。在这方面,除了给孩子购买与订阅现有的幼儿、少儿书籍和刊物外,父母还可以利用自己的或其他长辈的藏书来引发孩子的求知欲望。

好奇心是孩子产生认知的动机,如果没有好奇心,孩子是没有兴趣集中于任何事物并深入探索和思考的。孩子产生好奇的原因有很多种,有的孩子只是想知道"这是什么?"有的孩子会疑惑"为什么会这样?"这些好奇为孩子产生深入的思考和探索奠定了基础,是思考和探索产生的原始驱动力。所以有人说:"好奇心是认识世界的驱动器。"其实,孩子的好奇心特别容易激发,比如,事物鲜亮的外表、特殊的造型会激发孩子的好奇心,变化的现象和未经历过的体验也会激发孩子的好奇心。很多家长以为要扩展孩子的好奇心就需要提供各种各样的新事物,其实未必,一个孩子曾经接触过的事物也同样会激发孩子的好奇心。重要的是如何创设"新环境"、"新游戏方式"让孩子对事物产生好奇心,同时,还应通过游戏方式引导孩子对相同事物的不同方面产生好奇,而不仅仅停留在认识事物外表的好奇阶段。

· 父母禁言 ·

很多家长以为要扩展孩子的好奇心就需要提供各种各样的新事物,其实未必,一个孩子曾经接触过的事物也同样会激发孩子的好奇心。重要的是如何创设"新环境"、"新的游戏方式"让孩子对事物产生好奇心,同时还应通过游戏方式引导孩子对相同事物的不同方面产生好奇,而不仅仅停留在认识事物外表的好奇阶段。

你又在搞破坏

心理学家诺尔蒂曾用诗一般的语言,描绘了如果孩子生活在称赞和鼓励的环境中,他就会学会自信。没有自信的孩子是不会有创造力的。但是,孩子的自信不是天生的,它与成人的教养态度和行为有关,而要培养孩子的自信,家长真心地称赞是一种有效的方法。每个孩子都需要称赞和鼓励,就像植物需要阳光一样。

当孩子试着做一件事而没有成功时,父母应避免用语言和行动来告知他的失败。因为孩子愿意尝试着去做一件事,是孩子创造性的表现,孩子这件事失败了,并不意味着他的无能,只不过他还没有掌握技巧而已。家长此时不应该斥责,斥责无疑会打击孩子的自信心,扼杀孩子的创造力,而是应该称赞和鼓励孩子,称赞和鼓励孩子就是不断强化孩子的认识和行为的过程。

美国家庭普遍重视孩子创造力的培养,他们积极支持、称赞孩子的创造活动。比如鼓励孩子画想象画、科幻画,想得越奇特越好。鼓励孩子做小实验、搞小制作、饲养小动物等,许多孩子都有"工具箱"和"实验地"。"小科学迷"们做实验,搞制作,种花,植树,饲养鸟、狗、猫、小松鼠等。许多孩子每年都有自己的新作品参加发明比赛。因此很多人都把美国的家庭称为"创造室",这一点很值得中国父母借鉴。

杜冰蟾15岁时发明了"汉字全息码",一举解决了汉字电脑化的世界性大难题,是中国"汉字全息码"的最小发明家,作为世界发明家被载入《世界名人录》,是《世界名人录》中年龄最小的一个。

从杜冰蟾太祖父开始编辞书起,杜家便成了辞书世家。父亲杜小庄虽是物理系毕业的高才生,但后来也全力以赴主编起王竹溪遗著《新部首大辞典》来。小冰蟾从躺在摇篮里的时候起,映入眼帘的就是家中书架上的那一百多种辞书。

小冰蟾两三岁时,妈妈因工伤住院。她只好随爸爸一起吃泡饭,一块上下班。终日忙于工作的爸爸,无奈只能扔给这个牙牙学语的孩子两本画册、一支彩笔和几张白纸,小冰蟾涂呀、画呀,诱人的线条、变化莫测的符号、多彩多姿的图案深深地吸引了她。

读小学时,父母为她订阅了许多书报杂志。稍大些又为她买了大量中外文学著作及天文地理等科普书籍。从此,她对书产生了浓厚的兴趣。读书时,遇有书中不认识的字和不理解的词,她总是查字典、翻《辞海》、找《辞源》,从小养成了运用工具书的习惯。

对于发明"汉字全息码",杜冰蟾告诉人们:"我是在爸爸启发下发明的。"在家时,爸爸读书,她在一边写字,爸爸为《新部首大辞典》校对原稿,她也来帮助校对。校来校去,她发现一个问题并大胆提出:"爸爸,怎么'义'字用两个部首来查都有呢?"爸爸解释说:"'义'很难确定,所以两个部首都收入义字。""那为什么不按笔顺规则来收呢?如果按着先上后下的笔顺,'义'字只收集在一个部首就可以了。"

爸爸觉得女儿的话颇有道理,马上加以称赞。但他心中暗想,王竹溪是国际上著名的物理学家和数学家,是杨振宁的老师。王老花了40年时间著成的这部大辞典,在当今的字典中算是最权威的了。面对这样的权威人物,刚读初中的女儿敢于提出不同的意见,真是"初生牛犊不怕虎"。但转念一想,既然女儿说得有道理,为何不让她大胆试试呢!于是父亲带着既鼓励又挑战的语气说:"你可以按着自己的思路也搞一套部首检索法呀!"

杜冰蟾从小对爸爸深信不疑,认为这是爸爸交给自己的神圣使命,于是一头扎进部首检索之中,整天捧着书本阅读。从小学课本中认真地找出100个字,一点一横地分解起来,分解好后给爸爸看,爸爸觉得小冰蟾很会动脑。小冰蟾的认真劲儿感动了爸爸,于是他找来了按国家规定的1000个常用字表,叫小冰蟾继续分解,这对一个刚读初中的学生绝非一件容易的事。"热爱是最好的老师"。也许是因为小冰蟾对这份繁复工作的热爱,没过几天1000个汉字很快分解完了。爸爸看到厚厚的一沓稿纸时,非常震惊,他还发现女儿分解的重码很少,思路清晰,于是爸爸不断地为她输送3500个字的常用字表,7000个字的通用字表,10000个字的冷僻字表,1000条词语表……积极支持女儿的创造。

杜冰蟾的耐心和毅力是惊人的,每天放学认真完成作业后,她就像被钉在写字台旁似的,连续几个小时不肯起身。一点一横,一撇一捺,上形下声,左形右声,外形内声……枯燥无味地来回重复。3年多里,为分解字体、调整部首,光草稿纸就用了几麻袋。

这是非常难的一件事,在很长的一段时间里,小冰蟾在200个部首中徘徊不前,陷入极度苦闷之中。因为200个部首数目太大,又很难编入26个拉丁字母键盘中,而三位数对编码又带来复杂的问题,她绞尽脑汁,仍不能找到解决问题的办法。她的妈妈杨惠珍看着被200个部首折磨得日渐消瘦的女儿,一边忍着泪,一边鼓励她:"强者是不会被困难吓倒的。"小冰蟾把自己反锁在房间里,谁也不许进去,无数次地反复研究。善良的妈妈也感到无可奈何了,她在一旁自言自语:"非要200个部首,100个不行吗?我们中国人都喜欢100个,100是个吉利数,百寿图、百福图……"说者无意,听者有心,100这个数目使冰蟾开了窍,她决定沿着这个路子,向100个部首挺进。

"世上无难事,只怕有心人",经过三个昼夜的摸索和编排,一张面目清晰的100个部首表诞生了。为了使部首表更趋科学化,她用自己课余时间学习的排列组合和统计分布离散的知识,终于将100个部首的拼音、笔顺、笔画顺利地编进了26个拉丁字母的键盘和01~00的两位数,从而解决了汉字电脑化的大难题。经过三年的辛苦,一千多个日日夜夜的辛劳,小冰蟾终于发明了"汉字全息码",把繁难的方块汉字输入电脑。

从20世纪末以来,世界上已有400多套汉字编码问世,但杜冰蟾的"汉字全息码"之所以能有压倒一切的优势,就在于它简单易用。"最简单、最普通的东西往往是最伟大的、最有生命力的"这一哲理,在"汉字全息码"的发明中得到了最显著、最充分的体现。令人欣慰的是,杜冰蟾因此成为中国"汉字全息码"的最小发明家,她说:"我还要努力,争取给中国和世界再留下光辉的一页。"

每个孩子都有一定的创造潜能,这种创造潜能就表现在日常生活中,因此观察孩子在日常活动中的表现就可以发现他的创造力,比如,孩子一会儿把扫帚当马骑,一会儿把它当冲锋枪,一会儿又用它来堆雪人,其中有丰富的想象,有"发散思维",发现了同一事物的不同用处,这就是创造性的表现。虽然有时在家长看来孩子的一些想法很幼稚,或是根本不可行,家长也应该抓住机会称赞和鼓励孩子,因为家长的鼓励将是孩子最大的动力。杜冰蟾的成功就在于父亲的称赞和鼓励,试想,如果当初父亲认为她的想法是挑战权威而加以打击的话,那还会发明出"汉字全息码"吗?

· 父母禁言 ·

每个孩子都有一定的创造潜能,这种创造潜能就表现在日常生活中,因此观察孩子在日常活动中的表现就可以发现他的创造力。虽然有时在家长看来孩子的一些想法很幼稚,或是根本不可行,家长也应该抓住机会称赞和鼓励孩子,因为家长的鼓励将是孩子最大的动力。

你别异想天开了

孩子们经常会有一些奇怪的想法和念头,比如"我要飞到太阳上去"、"我要成为比牛顿还要伟大的科学家"……

这些想法也许看起来很荒唐,甚至不着边际,有时候在家长看来,简直就是异想天开。在中国,"异想天开"多带有些贬义。其实,"异想天开"也是一种能力,是一种非常可贵的想象力。人类发展的历程表明:没有"异想天开",便没有人类社会的进步。许多古人"异想天开"的事,经过科学家们不断地探索与研究,在今天都变成了现实。所以,当你的孩子有奇特的想法时,请不要责备他们"胡思乱想",因为这是孩子创造性的体现,是培养孩子创新意识和能力的绝好机会。如果父母认为孩子的怪念头是异想天开,是瞎胡闹,而阻止和训斥孩子:"这么脏,快扔了!""别胡闹了,这样不行!"就会把孩子的创新意识扼杀在摇篮之中,让孩子不敢再有这些奇怪的念头,更不敢创新了。

父母应该赏识和鼓励孩子,让孩子按照自己的想法去实践。当孩子产生新奇的想法时,告诉孩子:"来,把你的想法详细说说!"当孩子做的事物超出常规时,对他说:"你真不简单,做出了这么有创造性的东西!"这样才能鼓励孩子敢于幻想,敢于创新。世间有很多发明创造,都是有了所谓痴人说梦般的幻想才成为现实的。因此,父母要鼓励孩子异想天开,大胆联想,发表自己的独立见解,并鼓励他们付诸实践。

自然界有许多天生具有高超飞行本领的动物:为数众多的鸟类和数不清的昆虫。因为受它们的启示,人类早就产生了对天空的向往和对飞行的渴望。观察自然会对清风、白云、鸟雀和昆虫感到困惑:它们为什么会脚不触地地在天空中飞行呢?鸟雀在空中翱翔飞行是那么自由自在,令人神往,如果人也能升空飞行将是多么美妙啊!而这一异想天开的想法因为莱特兄弟而最终成为现实,实际上,莱特兄弟从小就喜欢异想天开,常常去做一些别人无法做到的事情。

1877年冬天,美国的代顿地区下了一场大雪,城郊的山冈上到处是白茫茫一片。一群孩子来到堆着厚厚白雪的山坡上,乘着自制的爬犁飞快地向下滑去。山坡上顿时响起阵阵笑声。

在他们旁边，有两个男孩静静地站着，眼睁睁地看着欢快的爬犁从上而下划过。大一点的男孩叹道："嗨！要是我们也有一架爬犁该多好啊！"

另一个孩子撅着嘴说道："谁叫我们爸爸总不在家呢！"他灵机一动，又接着说道："哥哥，我们自己动手做吧！"被叫哥哥的男孩一听，顿时笑了起来，愉快地说道："对呀！我们自己也可以做。走，奥维尔，我们回去！"于是，两个孩子一蹦一跳地跑下山坡，向家里飞快地跑去。

这就是莱特两个孩子兄弟，大的叫威尔伯，小的便是奥维尔。他们从小就喜欢摆弄一些玩意，经常在一起做各种各样的游戏。他们的爷爷是个制作车轮的工匠，屋里有各种各样的工具，弟兄两个把那里当作他们的乐园，经常跑去看爷爷干活。时间一长，他们就模仿着制作一些小玩具。因此，兄弟两个决定，这次要做架爬犁，拉到山坡上与同伴们比赛。当天晚上，兄弟俩就把这种想法告诉了妈妈。妈妈一听，非常高兴地说道："好，咱们共同来做吧！"

于是，兄弟俩跑到爷爷的工作房里，找到很多木条和工具，不假思索地干了起来。

"不行，"妈妈阻止他们说，"干什么事情得有个计划，我们首先得画一个图样，然后再做！"

兄弟俩明白了这个道理，就同妈妈一起设计图样。妈妈首先量了兄弟俩身体的尺寸，然后画出一个很矮的爬犁。"妈妈，别人家的爬犁很高，为啥你画的爬犁这么矮？这能行吗？"弟弟奥维尔不解地问。

"孩子，要想叫爬犁跑得快，就要制得矮矮的，这样可以减少风的阻力，速度也就会快多了。"妈妈温和地解释道。兄弟俩这才明白，干任何事情都不应莽撞，应首先弄懂道理。

过了一天，莱特兄弟的矮爬犁做成了。兄弟俩把它推到小山冈上，刚放在山坡上，就跑来了一个男孩。

"快来看呀，莱特兄弟扛了一个怪物！"这个男孩大惊小怪地叫道。

不一会儿，孩子们都围了上来，指手画脚地议论着这个怪模怪样的东西。莱特兄弟不以为然，勇敢地说道："谁和我们比赛！"

先前跑过来的男孩连忙叫道："我来！我来与他们比赛！"说完，就把自己爬犁拉了过来。

比赛结果，当然是莱特兄弟获胜，孩子们再也不嘲弄这个爬犁，反而围起来左瞧右看，似乎想从中找到什么。

莱特兄弟非常高兴，带着胜利的喜悦回家去了。

圣诞节到了，爸爸也从外地回来。圣诞节早晨，爸爸把礼物送给了他们，兄弟俩迫不及待地打开一看，是一个不知名的玩具，样子怪怪的。

爸爸告诉他们，这是飞螺旋，能在空中高高地飞去。"鸟才能飞呢！它怎么也会飞！"威尔伯有点怀疑。

爸爸笑了一笑，当场做了表演。只见他先把上面的橡皮筋扭好，一松手，它就发出呜呜的声音，向空中高高地飞去。兄弟这才相信，除了鸟、蝴蝶之外，人工制造的东西也可以飞上天。于是，兄弟俩便把它拆开了，想从中探索一下，它为何能飞上天去。

从这以后，在他们的幼小心灵里，就萌发了将来一定制造出一种能飞上高高蓝天的东西。这个异想天开的愿望一直影响着他们。1903年12月17日这个寒冷的冬天,莱特兄弟在北卡罗来纳州的基蒂·霍克试飞成功一架结构单薄、样子奇特的双翼飞机——"飞行者一号"。这是人类历史上第一架能够自由飞行,并且完全可以操纵的动力飞机。这一天就成了飞机诞生之日。莱特兄弟异想天开的梦想终于成为了现实,人类因为飞机的发明而进入了一个全新的时代。

莱特兄弟例子说明,正是喜欢"异想天开"的孩子,才是最有创造潜力,最具有发展前途的人。人类历史上,还有许多伟大的科学发现和科学发明都来自科学家的"突发奇想"和"异想天开",爱迪生小时候,在课堂上就很会提一些稀奇古怪的问题,而且提的问题在老师看来简直就是弱智的问题,从而老师对他妈妈说:"你孩子是弱智儿,我们没办法教他。"妈妈不信,把他带回家亲自教导。结果,这个被认为IQ低的人,成了人类历史上的伟大发明家。爱迪生是不幸的,他遇上了一个不能发现他独特思维的老师。爱迪生又是幸运的,他拥有一个始终相信、鼓励他的妈妈。

因此,家长应大胆面对孩子的想象,不要把孩子的"异想天开"视作"怪癖"挫伤他们,而应加倍关注爱幻想、爱标新立异、有独特见解的孩子,充分挖掘其"异想天开"中的合理因素,使他们敢想敢说,敢于创新。如果在孩提时代孩子的想象力通过适合各年龄段的刺激变得很活跃,那么当它以适合成人的方式发挥作用时,想象力会更活跃。

· 父母禁言 ·

家长应大胆面对孩子的想象,不要把孩子的"异想天开"视作"怪癖"挫伤他们,而应加倍关注爱幻想、爱标新立异、有独特见解的孩子,充分挖掘其"异想天开"中的合理因素,使他们敢想敢说,敢于创新。

你不要总提问题

孩子经常会追问父母很多问题,聪明的家长会耐心地回答,引导孩子正确的认识周围的世界,但是有的父母却不耐烦,殊不知,这样会扼杀孩子的创造力和求知欲。"你问那么多干什么?"、"不知道。"这样回答的父母们注意了,你也许让一个小瓦特或者小爱迪生消失了。

谈到创造力的时候,许多人渴望一种新奇的生活,渴望别人没有过的经历,以为只有与众不同的生活才能创造与众不同的东西。这个观点是片面的。可以说,任何非凡的、伟大的创造都离不开平凡的生活。许多发明家一次又一次地创造给了我们启迪,其实创造不是抽象的,也不是凭空产生的,而是源于生活,生活中点点滴滴的问题都可能成为创造的导火索。发明创造并不是遥不可及的事情,生活经常在人们不经意的时候给予人们许多东西,家长们如果能够指导孩子观察身边的问题,解决生活中前人没想到或者没有解决的问题,你就培养出了一名发明家。

张毅是一名中学生,他参加了学校组织的科技小组,并且积极进行小发明活动。他发明的《新式英语词典用法及编法》获得了"第十一届全国发明展览会金奖"和"王丹苹青少年发明创造奖"。

　　张毅的发明秘诀是抓住身边的现实问题,从研究解决学习、生活中遇到的问题出发,觅取发明的灵感。

　　他的第一次发明是改进清凉油盒。他家住在竹林旁边,每到夏天蚊子特别多。晚上只要门窗未关好,蚊子就会跑进屋里,又没有那么多钱买蚊香。在蚊子的轮番叮咬之下,他不得不向清凉油求援。可是不知怎么的,清凉油盒怎么也打不开。耳边萦绕着蚊子饱餐后的嗡嗡声,脚上蚊子叮咬的大疙瘩钻心地痒,情急之下,他把清凉油摔在地上。可这也不管用,清凉油盒在地上打了几个滚仍然打不开。正在万分焦躁的时候,张毅脑海里突然冒出灵感来:"可不可以改进一下清凉油盒,使它容易打开呢?"于是,根据这个思路,他在结构上对清凉油盒进行了改进,让清凉油盒的底座凹一点,变为月牙形,而盒盖的形状不变,但内壁有与底座对应的隔,这样增加了摩擦面积,容易打开,并且具有很好的密封性。经过一番努力,然后终于做出了"新式清凉油盒模型"。这项发明获得了州级二等奖,虽然不是什么大奖,张毅也挺高兴,因为这是他的第一次发明。

　　有了第一次发明的体验,张毅的胆子就大了一些。在初三上学期,他发明了"两用拖鞋",获得省级三等奖,并且被吸收为德宏州发明协会会员。就在这时,他有了改进英语词典的念头:

　　经过长时间对英语单词和电脑编排等方面的分析,在一次洗澡的时候,张毅偶然有了这样的灵感:"是否可以用元音在单词中的特征来表示单词在词典中的位置?"于是他根据灵感初步写了《新式英语词典用法》。

　　张毅的这项发明破除了以往用26个英文字母顺序来查找和编排英语词典的习惯,而采用元音在单词中的特征来表示单词在词典中的位置,因此可以达到见单词、知页码、翻词典的神速。

　　《新式英语词典用法》的用途是惊人的,具有广泛的实用性。它不仅可以用在英查英、英查汉、汉查英、汉查汉等词典、字典中,同时也可以运用在其他民族、其他国家具有这种特点的文字中,甚至可以运用在当今社会用途最广的电脑上,从而可能会导致词典类的编排和查找的一次重大变革。

　　在2004年青少年科技创新大赛活动中,李翔发明设计的"卧床小便器"获市级一等奖、全国二等奖;第四届"宋庆龄少年孩子发明奖"银奖。

　　"爷爷病在床上8年多,大小便非常不方便,而且经常会打湿裤子和被子,我很想让他和照顾他的人都方便一点。"就因为如此质朴的理由,云阳县双江镇三坝小学六年级的12岁学生李翔发明了"卧床小便器"。

　　"看着爷爷天天睡在床上,连日常生活都不能自理,我真的很难过……"由于父母都要工作,所以自从8年前爷爷瘫痪在床之后,照顾爷爷日常起居的重担,便落在了李翔瘦小的肩膀上。

　　最初,李翔用马桶、竹筒、痰盂等工具帮爷爷接小便,但效果都不好。一次,他看见姑姑用奶瓶给弟弟喂奶时,奶瓶里的奶只能吸出来,而嘴里的奶水不能吹到瓶里去,很受启发。

在老师的帮助下，李翔做了一个简易的接尿管，又利用奶瓶的原理设置了三层单向隔流套囊，最后他还在小便器上装了一道软皮圈，避免刺伤使用者的皮肤——"卧床小便器"就这样诞生了。

"卧床小便器"不但解决了多年瘫痪在床的李翔爷爷的解便问题，而且在临床实验过程中得到医生和病人的一致好评，还被国家知识产权局受理了专利申请，获得了国家专利。现在已有企业和李翔合作，生产"卧床小便器"，其产品也将向市场全面推广。

"他在现实生活中就是一个善于观察和想象的孩子。"提到李翔，他所在的云阳县双江镇三坝小学的老师们都赞不绝口。

李翔谈起了他最近的发明"规划"。"我家附近有一个垃圾处理站，里面运用了先进的处理技术，其中一种叫作白色防护膜的设备，它不但能隔绝异味、蚊虫，而且在坏了之后还能缝合，并配合其他设备进行垃圾处理。"李翔认为，这种膜很像农村庄稼栽培时所用的地膜，但后者很不牢实，破后不能修复，造成了很大的浪费，"如果能发明可以缝合的地膜，那就可以节约很多钱了。"

最近，李翔为他当电力抄表员的叔叔设计的可调易视镜也"出炉"了。可调易视镜由一根可收缩的木杆和两面小镜子组成。它利用潜水镜的原理，让抄表员再也不用搭着梯子、踩着凳子去抄电表了，站在地上就能完成。

"我的设计都来源于生活，为最需要它们的人服务。"李翔说。

张毅和李翔的故事告诉我们，创造源于身边的点点滴滴，引导孩子注意观察身边的问题，提出解决问题的方案，其实就是在培养孩子的创造力。其实，许多大科学家也是从解决身边的小问题开始，比如英国著名的物理学家瑞利，就是为了从母亲送水时茶杯滑动开始了日后的研究，并创立了摩擦学理论。所以，培养孩子的创造力，就让我们从身边的问题开始吧。

· 父母禁言 ·

发明创造并不是遥不可及的事情，生活经常在人们不经意的时候给予人们许多东西，家长们如果能够指导孩子观察身边的问题，解决生活中前人没想到或者没有解决的问题，你就培养出了一名发明家。

我们会拒绝回答你的问题

女孩问她爸爸："雪融化了会变成什么？"爸爸不假思索地说："水"。女孩笑着说："爸爸，你说错了！雪融化了是春天！"这本是颇具创造性和想象力的回答，爸爸应该赞美才是，可他却说"错了，就是水。"女孩不喜欢爸爸的答案，她转头找妈妈去了。当她看到一只小猫用前爪洗脸，她就问妈妈："小猫为什么要洗脸？它是不是因为没捉住老鼠害羞了，才用爪子捂着脸呢？"妈妈对此加以坚决否定："答得不对，小猫洗脸是因为它皮毛里有一种物质,被太阳一照就会……"

还有一次,女孩读到一篇文章,她觉得美极了,不由自主地读了出来:

"你听过蒲公英梳头的声音吗?蒲公英有一头全黄色的头发,起风的时候,头发相互轻触着,像磨砂纸那样沙沙地一阵细响,转眼间,她的头发全被风儿梳掉了!"

爸爸当时在睡觉,他被吵醒后大嚷:"别念了,什么破文章,打扰睡眠!"

很多家长担心孩子"想象力匮乏",但实际上,他们却在有意无意地扼杀孩子的想象力。

爱因斯坦曾说过:"想象力比知识更重要,因为知识是有限的,而想象力概括着世界上的一切。"现在的教育也一直在鼓励孩子发挥想象力,可是仍有那么多家长不断地"规范"着孩子们那个充满想象力的美丽世界。孩子们被调教得规规矩矩,小心翼翼,生怕不小心就偏离了正确的"思想轨迹"。他们那轻灵活泼的想象力,就这样在一系列的"常识"和"常规"的限定下,逐渐萎缩、退化,想象力的翅膀再也不能自由地飞翔了。

孩童时期,是一个人的想象力得以开发的最佳时段。孩子们奇异丰富的想象往往能孕育出奇妙的东西。可以说,任何的创新都萌芽于看似幼稚的"异想天开"中。

(1)让孩子随心所欲地想象。成人的世界常常太过现实,但孩子的世界却是丰富多彩、奇妙无穷的,对于孩子的想象力,千万不能让其自生自灭,使其错失发展的良机。父母可以选择一些好的故事,如《小王子》、《爱丽丝梦游仙境》等童话作品,在共同的阅读和欣赏中激发孩子的想象能力。

家长可以引导孩子一边读《爱丽丝梦游仙境》,一边将幻想世界中"叼着烟斗的毛毛虫"、"红心女王的棒球比赛"、"非生日派对"等事物或情景画出来。

(2)家长要打破自己的思维定式。如果你想让孩子提升想象力,那么你不要以大人的思维介入孩子的世界。你首先保持一种"童心未泯"的状态,与孩子一起做小制作、解智力题、下棋、绘画、玩趣味游戏……让孩子能在一种无拘无束的家庭环境下,发挥出自己的创造力。他的一些想法也许不符合常理,那也没关系。再者,父母更不应把孩子的好问当作一种负担和麻烦,更不能因为自己不喜欢孩子的爱好就试图逼迫孩子转换兴趣。请允许孩子犯一些小的错误,鼓励孩子自己动手去做更多的事……这些都可以培养出有想象力的孩子。

(3)鼓励孩子续编故事。很多孩子小时候喜欢编故事、讲故事,他们把这些故事讲给爸爸妈妈或一些小朋友听,有时也讲给自己听。对于孩子的这种行为,家长要积极鼓励,不要觉得孩子是在胡思乱想。家长也可适当引导孩子续编故事,比如家长和孩子读完一个故事后,引导孩子按照某个主题去自由发挥,讲到精彩之处,父母还可以用笔记下来,以资鼓励。时间长了,孩子的想象力会越来越丰富。

露露是个充满活力的小女孩,她喜欢幻想,和其他同龄孩子一样,别看她小小年纪,小脑袋里却总有问不完的问题:"为什么蛇没有腿也能走?"、"为什么月亮只有晚上才出来?"、"为什么电灯会发光?"、"为什么星星总是眨眼睛?"……

只要有不明白的地方,她都要问问爸爸妈妈,有的时候她提的问题连爸爸妈妈也不知道该怎么回答。一开始,露露的爸爸和妈妈还保持着一定的耐心,再加上孩子的问题很简单,几句话就能解答清楚。可是随着孩子问问题的难度加大,慢慢地,他们就感到招架不住了。

这天从幼儿园放学后，露露一个人在客厅看电视，妈妈在厨房做饭。电视里正放着她最爱看的动物世界，她高兴极了。这一集是讲青蛙的，她看到电视里的青蛙感到很奇怪，她想，为什么小青蛙一会儿在水里，一会儿又蹦到岸上了？露露脑子里都是问号。

　　露露跑到厨房，去询问妈妈："妈妈，为什么小青蛙能爬到岸上来呢？它不会死掉吗？"此时妈妈的大虾刚下锅，正忙得不可开交，根本没有工夫回答她的提问，就随便敷衍了一句："它是两栖动物呀，两栖动物就可以一会儿在水里，一会儿又跑到陆地上啊！"

　　这个回答让露露有些兴奋，更激起了孩子的求知欲望，她继续问道："那妈妈，什么叫两栖动物呀？"妈妈又大概解释了一下，可露露又从妈妈的一步步解释中找到了很多问题。妈妈终于忍不住发火了，她向着露露喊道："哎呀，你这孩子，别问这种莫名其妙的问题了！你真是烦死了你知道吗？这么个小孩子，问这么多干吗？你都成了'十万个为什么'了！"露露被妈妈突如其来的指责吓得大哭起来。

　　露露的妈妈对于孩子的提问很不耐烦，她并不知道自己这样做伤了孩子的心。露露本来是个聪明好问的小姑娘，也许在妈妈的压制下，就会慢慢关闭对外界感知的心，其思维的火种也会渐渐熄灭。

　　有时，很多家长因为经受了一天的工作压力，或者手头正忙，会对孩子的疑问表示出不耐烦。因此，他们经常不理睬孩子的问题，对孩子的"为什么"也只是简单地搪塞而已，并不会耐心地向孩子解释到底是为什么。更有甚者感到孩子的问题太多，很不耐烦就训斥孩子，教育孩子以后要规规矩矩。

　　许多发明创造都是在质疑中诞生的，孩子经常提出疑问，说明孩子具有创新意识，家长不仅不应该对孩子表现出不耐烦，反而应该觉得欣慰。这说明孩子与一般孩子的思维方式不同，因为他们惯于发散性或者逆向思维，所以他们的问题会特别多，看见什么都想问为什么，甚至想说出自己的看法。例如，大科学家牛顿看到苹果落地后，会想为什么苹果不是飞向天空呢？正是这种质疑使他发现了万有引力定律。莱特兄弟看见鸟儿在天空翱翔，会想为什么鸟儿可以飞上天空而人却不能？正是这种大胆的设想让他们制造出了飞机，真的把人类送上了蓝天。李时珍对古书上说的大豆能解毒的结论产生了疑问，于是他拿一条狗做试验，给狗吃了毒物，再吃大豆，结果狗死了，这说明大豆并不能解毒。后来，他锲而不舍地又做了不少试验，才发现大豆要加上甘草才能解毒。这些在质疑中发明创造的例子不胜枚举。

　　从呱呱坠地到懵懵懂懂地开始接触周围的世界，再到逐渐认识世界和参与到生活中，这对孩子来说是一个完全崭新、奇特的历程。他的心里充满了疑问，会向父母提出无数个"为什么"，这是非常正常的情况。如果父母粗暴地对待孩子的提问，或者强行不允许孩子提出疑问，则必然导致孩子丧失宝贵的思考能力和创造性思维。孩子就会从天真好学，渐渐地变得对一切事物都失去了好奇心，越来越木讷。当父母意识到自己的问题，再想弥补自己的过失时，则需要付出很大的代价。

　　小宝是个爱问为什么的小男孩，每天总是把"为什么"挂在嘴边。有时候，妈妈带他坐公交车时他也是不停地问，有些问题很幼稚可爱，车上的人都会被小宝稀奇古怪的问题逗笑。妈妈觉得很尴尬，就告诉孩子少问这些莫名其妙的问题。

　　渐渐地，孩子长大了。小宝上学以后，妈妈发现他作业中有些错误是因为根本没弄懂题意。妈妈告诉小宝,不懂的问题一定要问,一直要弄明白再去做题。可是他依然如故,既不问老师,也不问父母。

后来,老师也反映说小宝在班上不爱发言,也从不提问题。妈妈感到很苦恼也很疑惑,为什么一个从小就爱问问题的孩子,上了学怎么竟然变"哑"了?为此,妈妈冲着他好说歹说,发火甚至动手打他,小宝哭了:"妈妈不是让我不要问问题吗?我习惯了呀!"

妈妈感到很后悔,是自己误导了孩子,她首先决定向孩子道歉,又将这件事告诉了老师,请老师多诱导孩子发言提问,以后她也是千方百计启发他提问题,当她又听到小宝问"为什么"时,心中有一种说不出的欣慰。

由此可见,父母一定要学会正确对待孩子提出的问题,不要一味地敷衍。但在具体做的时候要注意以下几个方面:

(1)要有正确的态度。孩子的问题可能很幼稚,或是根本不切实际,但是家长不能嘲笑孩子,要从正面认真地回答孩子的问题,不要敷衍了事。当然,对于孩子提出的不合理的问题,要用商量的口吻耐心地告诉他不合理之处。

(2)如果孩子提问时家长正忙,要和孩子解释原因,请孩子稍等。有时孩子向父母提问时,可能正是父母有工作或家事非常忙碌的时候。此时父母应该耐心地向孩子解释,或是告诉孩子,自己忙完手头的事情大概要多久,让孩子耐心地等待一会儿,等忙完了再与孩子共同探讨问题。这里尤其需要说明的是,家长一定要兑现这个承诺,而不是找一个推辞的借口。

(3)如果孩子提出的问题家长也不知道答案,一定要对孩子坦言相告。孩子经常根据想象提出千奇百怪的问题,父母有时也不知道确定的答案,这时可以坦白地告诉孩子,和孩子一起去寻找正确的答案。这样非但不会让家长在孩子面前失去面子,反而会给孩子树立了一个"知之为知之,不知为不知"的好榜样,让孩子明白知识是需要不停地学习的。

(4)不要直接告诉孩子答案,鼓励他自己去寻找答案。有时父母面对孩子的问题,不一定要马上告诉他答案,应该鼓励孩子通过自己的摸索和实践去找到答案。这对于促进孩子学习、开发智力、提高能力、掌握学习技巧都十分有益。

天文学家卡尔·萨根曾经说过:"每个人在他幼年的时候都是科学家,因为每个孩子都和科学家一样,对自然界的奇观满怀好奇和敬畏。"作为父母,要鼓励孩子多提问,而不是责怪孩子问题太多。孩子的问题多说明他很聪明,作为孩子的第一任老师,父母应该尽可能地去多解答、耐心解答孩子的问题。

·父母禁言·

天文学家卡尔·萨根曾经说过:"每个人在他幼年的时候都是科学家,因为每个孩子都和科学家一样,对自然界的奇观满怀好奇和敬畏。"作为父母,要鼓励孩子多提问,而不是责怪孩子问题太多。孩子的问题多说明他很聪明,作为孩子的第一任老师,父母应该尽可能地去多解答、耐心解答孩子的问题。

你的想象力怎么这么丰富

叮叮妈妈正在厨房里准备午餐,听到儿子在后院蹦蹦跳跳,弄出了很大的动静,便大声问道:"你在干什么?"

叮叮兴奋地回答:"我要跳到太阳上去。"

妈妈听了,笑着摇了摇头:"小孩子不要胡说,那是不可能的。赶快进来洗干净手准备吃饭。"说着转身回到了厨房。

妈妈做好了饭,还是不见儿子的踪影。她来到后院,看见叮叮正在费力地挪着梯子。怕梯子砸到叮叮,妈妈又气又急:"哎,你这个孩子,真是异想天开!想到太阳上去,那是做梦!"

父母不假思索、满不在乎地说出这样的话,是想让孩子面对现实,可是父母有没有想过自己的话会使孩子变得越来越没有自信。其实,孩子的许多幻想中,蕴藏着无限的可能:父母一句鼓励的话,可以让孩子走得更远,而父母的冷言冷语,则会破坏孩子想象力的发展。

记得一位思想家曾经说过:"想象是人生的肉,若没有想象,人生只不过是一堆骸骨。"国内某著名的电脑生产商也为自己的产品打出这样的广告词:"人类失去联想,世界将会怎样?"人类的生活一半以上依赖于想象力。失去想象力的人很难体会到成功。

想象力对儿童来说,有时简直就像是天生的。呵护儿童的想象力,并不是单纯为了孩子愉悦的精神生活,让孩子天天生活在梦幻世界之中;相反,想象力是一条风光旖旎的大道,它能帮助孩子领略更多平常人难以看到的美景和风光。

如果一个人在幼年的时候,想象力没有得到足够的发展,长大以后他们通常会成为那种循规蹈矩的人,头脑里有各种条条框框,不敢越雷池半步,非常缺乏想象力。同样是眺望夜空的星星,那些脑海中装满神话的孩子,就比远离神话的孩子有更丰富的感受。

孩子的思维常常会插上想象的翅膀,比大人更有创造力。作为优秀的父母,我们不只是负责告诉孩子现成的答案,而且要帮助孩子在想象中飞得更高。孩子在父母的支持下,一定会更加坚定地探索未知世界,一定会给父母一份惊喜。

有一年,日本举办了一个有关宗教博物馆建筑创意的国际征文比赛,金牌获得者可以免费到日本观光旅游。一个十来岁的小男孩看到了这则消息,非常兴奋,因为他早就想去日本旅游了。

放学一回到家,他就把自己的想法告诉了母亲。可是母亲认为孩子的想法是异想天开,因为她知道自己的孩子对宗教和建筑方面的知识几乎一无所知。她把自己的想法告诉了孩子,劝他打消这个念头。

可是,这个孩子非常执着。利用课余时间,他在图书馆翻阅了很多关于建筑和宗教方面的书籍,做了大量的笔记,回家向母亲讲着他的创意:博物馆里可以点燃藏香,渲染一种浓郁的宗教气氛;可以卖斋饭,让参观的人近距离地感受宗教生活;可以播放宗教音乐,让人产生宁静感;博物馆要建在地下一百米处,用透明的建筑材料砌成外墙,这样参观者就会时时刻刻感觉到土地的存在,产生一种神秘感;地面部分设计成螺旋状的飞梯,象征着人类正在向宇宙探索……

男孩的母亲认真倾听了孩子的想法,觉得十分惊讶,同时也深受感动,决定支持孩子做这件事情。她和孩子一起查找资料,一起去参观宗教场所,一起构想博物馆的建筑布局……

在母亲的帮助下,经过这一番精心准备之后,男孩的创意书终于完成了。结果有些出人意料,这个十岁的孩子的创意,真的获了奖,主办单位发来邀请函,请他前往日本领奖、旅游。

这个执着的小男孩就是我国著名女作家毕淑敏的儿子。

毕淑敏不仅是一位成功的作家,也是一位成功的母亲。在认真了解了孩子的想法之后,对于孩子的"异想天开"给予了真诚的支持和帮助。事实证明,她给了孩子一片自由飞翔的天空,孩子也给了她一份惊喜。这个事情一定是他们母子心中难以忘怀的美好体验,这才是母亲对孩子真正的爱。

是的,理性的爱并不是那么简单。爱孩子要设身处地用心去理解孩子,只有理解孩子之后,父母才会接着鼓励孩子去想、去做、去表达自己的想法,而不是用讥讽的话语批评孩子是"白日做梦",遏制孩子想象力的发展。

想象力既然如此重要,做父母的该如何小心呵护孩子的想象力呢?

(1)认识到想象力对孩子的重要性。父母不要用自己心目中的条条框框去封杀孩子的想象力和创造力,想象力对于滋养孩子的精神世界,帮助他们认识世界起着很大的作用。

(2)多陪孩子玩游戏。孩子认知能力的发展是从动作感知开始的,父母要鼓励孩子去触摸、感觉各种物体,学习各种动作,有利于孩子更快地建立自己与世界的"象征性联系"。

(3)多给孩子讲故事。爱听故事几乎是所有孩子的天性,而语言又是培养孩子想象力和创造力的一个最有效载体。因此,父母要多给孩子讲故事,借助对故事中的情节和动作的讲解,促使孩子在大脑里形成一个奇异的世界,逐渐使孩子成为创造这一世界的主人。

梦想是人类创新能力的源泉。少儿时期是人的一生中想象力最丰富、最活跃的阶段。因此,要培养孩子的创造力,就切不可忽视对于孩子想象力的保护。要知道,正因为有了梦想,许多"不切实际"的想法最终才变成了现实。

· 父母禁言 ·

要想父母培养孩子的创造力,就切不可忽视对于孩子想象力的保护。要知道,正因为有了梦想,许多"不切实际"的想法最终才变成了现实。

收敛一下你的好奇心

有一天,一位母亲看到了女儿的一张绘画作品。当时,她一下子就怔住了。孩子总是充满了想象,孩子的世界也应该是一个充满了想象的世界,可是,在她女儿的一幅名为《陪妈妈逛街》的画中,既没有高楼大厦,也没有车水马龙,更没有琳琅满目的商品,有的只是数不清的大人们的腿……

奇怪!她拿着女儿的画深思了很久,终于解开了疑惑。原来,幼小的孩子还只有几岁,身高也几乎只能达到大人的腰部。走在大街上,川流不息的人群将孩子遮掩着,孩子除了能看到大人们的腿,还能看到什么呢?

孩子对很多问题疑惑不解,这是由他们的年龄、智力和见识决定的;并不是每个孩子都能用和大人相同的视角来看待社会、生活……

作为父母不应该以成年人的眼光来看待孩子对某些事物的"特殊"看法。如孩子们会经常问:"妈妈,我是哪来的?""妈妈生的。""妈妈是哪来的?""妈妈的妈妈生的。""妈妈的妈妈……"经常和孩子在一起,你一定会发现他们似乎有问不完的问题,闯不完的"祸",弄得大人经常觉得他们挺烦。

但如果我们静下心来,便会从孩子问这问那、摸这摸那中看出,其实他们是对大千世界充满了好奇,并渴望通过自己的探索来了解世界。牛顿因苹果从树上掉落而引起好奇,后来发现了"万有引力定律";瓦特对滚水把水壶盖子掀起产生好奇,进而探究其原理,才有蒸汽机的发明……

孩子常常对我们已经习以为常的东西表现出极大的兴趣。好奇心是孩子们的天性,这往往蕴藏着不可预测的潜能;也是他们敢于探索新知,敢于创新的动力;还是获得智慧的关键。保护孩子的好奇心,就是保护孩子的未来幸福。

(1)让孩子在满足好奇的过程中获取知识。当孩子对一件东西表示好奇,并且开始表现出一种破坏物品的行为的时候,你该怎么做?有没有想过如果保护了物品你可能就无法保护孩子的好奇心了?在我国传统的教育观念中,长辈们似乎更关心的是保护物品不被孩子损坏,而对孩子的要求就是不要调皮捣蛋,这样的观念是一种扼杀孩子好奇心的观念。

保持孩子好奇心的诀窍是大人要有童心,要会换位思考。大人对孩子好奇心的不理解,甚至不耐烦,是因为孩子由好奇心而引发的问题,大人早就知道了,站在大人的角度,没什么可解释的。正如作家桑姆·金丽所说:"我们的眼睛变得只盯着追求的目标,以至于对眼前的玫瑰花也不会感到惊奇了。"

因此大人首先要尊重孩子的好奇心,允许他提问。其次不要敷衍孩子,要给孩子的提问以满意的回答,如果自己不懂,就带孩子一起去找答案。另外,家长要学会说这样一句话:"我真喜欢你爱提问题。"有时对孩子的提问,还可以不用马上提供答案,而是进一步提出一个疑问和悬念,激起他更强的好奇心。最后,允许孩子探索,如拆东西。家中如果有贵重东西,应尽量放在孩子看不到的地方,如果他看到给拆了的话,千万不要责备他,否则会对孩子的好奇心给予致命的打击。

好奇心是孩子们的天性,也是他们敢于探索新知,敢于创新的动力。创造精神就像是一双巨大的翅膀,能带领孩子在知识的天空里展翅高飞。父母可从保护孩子的好奇心开始,培养他们的创造精神。

诺贝尔物理学奖得主、美国加州理工学院物理系教授查德·费曼天生好奇,自称为"科学顽童"。在他十一二岁时,就自己在家里建立了实验室,在那里他主要做马达、光电管等小玩意,以及用显微镜观察各种有趣的动植物。

他还在其著作《别闹了,费曼先生》一书中讲述了自己在念研究生时发生的一件事。为了弄清蚂蚁是怎样找到食物,又是如何互相通报食物的位置,他着手做了一系列实验,如放些糖在某个地方,看蚂蚁需要多少时间才能找到,找到之后又如何让同伴知晓;用彩色笔跟踪画出蚂蚁爬行的路线,看究竟是直的还是弯的。正是这些实验使他知道蚂蚁是嗅着同伴的气味回家的。

由此可见,费曼先生在物理领域取得的巨大成就与他强烈的好奇心不无关系。父母要想为自己的孩子创造良好的启发环境,就应该保护孩子的好奇心,鼓励他们在满足好奇的过程中获取知识。

(2)制造悬念,用好奇心引导孩子。著名教育家陈鹤琴曾说过:"好奇动作是小孩子获得知识的一个最紧要的门径。"强烈的好奇心能使孩子产生学习的兴趣,孩子只有对学习产生了兴趣,才能从学习中体验到快乐,才会热爱学习,并主动学习。

小斯宾塞有一段时间只爱玩游戏,对书本不感兴趣。一天,老斯宾塞拿着个沙漏,告诉他说,这是古时候的钟表,里面的沙子全部漏下去时,整好是三分钟,小斯宾塞想玩玩这个沙漏。这时老斯宾塞说,以沙漏为计时器,和爸爸一起看故事书,每次以三分钟为限。小斯宾塞很高兴地答应了。

小斯宾塞果然静静地坐下来听爸爸讲故事,但事实上他根本没有留意看书,而是一直看着那个沙漏,三分钟一到,便跑去玩了。老斯宾塞没有气馁,他决定多试几次。这样数次之后,小斯宾塞的视线渐渐由沙漏转移到故事书上了。虽说约定三分钟,但三分钟过后,因为故事情节吸引人,小斯宾塞听得特别入神,他要求延长时间,但老斯宾塞坚持"三分钟"约定,不肯继续讲下去。小斯宾塞为了早点知道故事情节,就自己主动阅读了。

开始的时候,老斯宾塞在一旁陪伴孩子读书。遇到不认识的生字,小斯宾塞也懂得询问了。不久,老斯宾塞教孩子学习查字典。他在以后的短短半年中,所学习的生字超过了很多大孩子。当然,故事书也远远不能满足他的阅读兴趣了,小斯宾塞开始广泛地阅读有用的书籍,大大开阔了自己的视野。

在人类社会里,对任何事物都保持强烈好奇心的人,兴趣往往十分广泛,创造力也特别强。这种人对大家觉得平常的问题,依然保持着强烈的好奇心和旺盛的求知欲,驱使着他不断学习、积极进取。

每个人在成长的过程中看到自己不了解的事物都想探个究竟,小的时候更是这样,孩子会对自己所看到的一切感到好奇,常常会向父母问这问那,久而久之,即使最有耐心的父母也会感到麻烦、费劲,其实他们往往忽视重要的一点,好奇心是促使孩子学习、成长的良机。好奇心不是凭空产生的,它是可以培养的,如果学习的内容就像一壶白开水,没有一点悬念,没有人会对此产生兴趣,真正的趣味学习在于制造悬念,并由浅入深。

有一对父母,他们不是把孩子看的书放在书桌上,而是把这些书籍藏起来,可爱的孩子觉得父母既然把它藏起来,肯定是一本不同寻常的书,便"偷"来仔细阅读。可见,只要掌握了孩子的好奇心,就别怕孩子没有学习的动力。激发孩子的好奇心,是父母成功引导孩子的关键所在。

(3)珍惜孩子的好奇心,父母应该怎样做。给孩子创造一个丰富多彩的学习环境。环境刺激是丰富多彩的。当世界上千姿百态的事物具体地呈现在孩子的面前时,要让他们亲自去看看、听听、闻闻、尝尝,甚至摸、掰、拆等摆弄一番。这实际上就是让孩子主动去探索生活中的奥秘。日常生活中,可以让他们多玩些色彩鲜艳的或者能活动、能发声的玩具,如各种娃娃、带动力的小汽车、飞机及小铃铛、玩具乐器等,从一开始认识世界就丰富他们的眼界。在节假日还可以带他们出去郊游,大自然中的花草树木,鸟兽虫鱼、青山绿水都充满了知识的奥秘,对孩子有着无穷的吸引力。

①让孩子自己探索问题。有的父母只是注意丰富孩子的知识,不厌其烦地回答孩子提出的问题,这样一来,就会使孩子不能很好地开动脑筋、积极思考。父母应该鼓励孩子开动脑筋,认真思考,查阅相关书籍和资料,自己寻找问题的答案。

②为孩子提供动脑、动手的机会。根据孩子模仿性强、爱动的特点,可以让他们利用手边的工具,充分运用各种感官,自己观察,自己动手操作,让孩子体验到一种成就感和乐趣。如让孩子自己制作简单的玩具,自己设计一种游戏等。他们对于自己动脑筋想出来、自己动手做出来的东西,有一种偏爱和特殊的兴趣,因而类似活动有利于激发起他们强烈的好奇心和求知欲。

③经常与孩子参加户外活动。父母可以和孩子多逛逛游乐园、动物园等,户外活动更容易引发孩子的好奇心,是培养孩子创造精神的好环境。

④利用故事增强孩子的好奇心。故事是用口语化的艺术语言来表达的,它有内容、有情节,并且形象生动,孩子一般都非常喜欢听。故事不但能丰富孩子的知识,扩展孩子的视野,使他们从中懂得人生的哲理和人生价值,而且还能起到增强好奇心、丰富想象力,从而激发求知欲望的作用。

· 父母禁言 ·

保持孩子好奇心的诀窍是大人要有童心,要会换位思考。大人对孩子好奇心的不理解,甚至不耐烦,是因为孩子由好奇心而引发的问题,大人早就知道了,站在大人的角度,没什么可解释的。正如作家桑姆·金丽所说:"我们的眼睛变得只盯着追求的目标,以至于对眼前的玫瑰花也不会感到惊奇了。"

你还是小孩子,没有创造性可言

创造力是一项综合能力,它与一个人的兴趣、质疑能力和模仿能力密切相关。只有处理好创造力与这三者的关系,从根本上掌握创造力的本质,才能找到多种多样的方法来培养出孩子超常的创造力。

(1)兴趣是培养创造力的前提。兴趣才是最棒的老师。一个人在事业上取得一定的成功离不开对事业的兴趣,兴趣是探索精神的先导和发挥创造力的敲门砖。反过来说,一个富于创造精神的人,也总能敏锐地观察周围的一切事物,进而产生更加浓厚的求知欲。

  詹天佑是我国历史上一位不可多得的工程师。我国的第一条铁路——京张铁路便是他主持修建的,他还参建了商办的粤汉铁路等。这一系列的成就与其儿时所养成的对新鲜事物存有好奇的习惯有关,强烈的好奇心是创造力的源泉。

  詹天佑自小就打心眼儿里对新鲜的事物有浓厚的兴趣。他最喜欢看有关工程、机械方面的画报,他可以不厌其烦一遍又一遍地看,有不明白的就找人问,因此他还很爱提问题。他心灵手巧,喜欢把一些有趣的东西一笔一画地抄下来,自个儿仔细揣摩。就这样,还不满10岁的詹天佑从画报中得到了无限的乐趣。自然而然地,詹天佑便对机械有了浓厚的兴趣,大人小孩都称他为"机器迷"。

  詹天佑家里有一座自鸣钟,他看来看去,产生了好奇心理,他纳闷:为什么自鸣钟能告诉人们钟点呢?它为什么一点儿不知疲倦呢?他决定要破解这个"秘密"。后来,他就悄悄地把这座自鸣钟的机件给折下来,然后再自己装上。今天拆装一个部件,明天拆装另一个部件,把钟件都认真研究了一遍,终于弄清楚了自鸣钟的一切。而且他能系统地将其讲给小朋友和大人们听。这便是詹天佑对工程机械研究兴趣最开始的萌芽。

孩子心理素质的发展中,兴趣有至关重要的作用。父母们应明白培养孩子正当兴趣是非常重要与必须的。

那么,应该如何培养孩子的正当兴趣呢?

①不断强化孩子的兴趣。兴趣是创新的基础。孩子对某件事情感兴趣,做起来就可能会起到很好的效果。因为兴趣会使孩子主动、上进,这更有利于孩子独创力的进一步开发。

孩子兴趣广泛是件好事,但如果在众多的兴趣之中没有中心兴趣,将来就不能获得一技之长。而一般来说,要培养孩子的中心兴趣,是要经过孩子的自我淘汰与自我净化,他需要一段过程。俗话说,强扭的瓜不甜。明智的家长会从孩子的自身条件出发,因势利导,让孩子自己做出选择。

这是人们通常所走的成才之路:兴趣成功。兴趣是成才之路的起点。中心兴趣形成后,需要巩固兴趣。兴趣的强化过程不是一蹴而就的事情,必须经过无数丰富而生动的事实去强化。强化兴趣的目的是将其变成爱好,即行为、实践、钻研。成功是目标指明灯,即把爱好提升为志趣,产生自学的心理,矢志不渝地去努力。孩子的能力或大或小,禀赋有高有低,但只要能按着这条成才之路坚持不懈的继续下去,就能成为社会所期盼的新人才。

②让知识填充孩子的内心

孩子都是"性情中人",他们总是喜欢在某种情绪下去认识事物。他们眼里的事物都带有感情色彩,往往拟人化,这就是大多数孩子都喜欢童话故事的原因。他们基本不能像成人那样冷静、客观地认识事物。只有能激发他们感情的东西,才能被他们更深刻地感觉、记忆、理解。在生活中,孩子更像是文学家,而不像是科学家。据此特点,我们在提高孩子知识能力的时候,一定要关注他们的情绪状态,让知识养料真正灌输入孩子的思维里。

  一个教育家在学前儿童班级中上了一堂课。他折了一个纸团,并把它扔下去,口中念道"3

加5等于几"，如果哪个儿童接到了纸团，那么他就必须回答这个问题，孩子们热情高涨地参与到课堂中来。一些听课的老师对这种情况很迷惑，觉得这么做多了道程序，浪费了时间，没有直接提问省事。教育家听到此，说："提问当然可以，但没有纸团这个助力，孩子们积极参与主动学习的能力也就降低了。"

儿童需借助一定媒介去了解并认识事物，进而喜欢上它，这就是我们通常所说的"兴趣"。任何儿童在刚开始认识世界时都很茫然。因而，在接触新的事件事物时，就要引导他们把相关事务与自身的实际经历相结合，才能让孩子们更好地了解并产生兴趣，否则就很难达到所期望的结果。简单地说，如果要真正地认识某个事物，就得让事物进入到孩子们的脑海里里、并吸引他们产生浓厚的兴趣。

③为孩子创造成功的机会

主动且有目的让儿童获得成功，家长可以侧面暗示鼓励，用以加强孩子们的信心，使其去努力获得成功。

一些父母不切实际，对孩子进行超出其身心发展规律的教育，孩子们在教育中受到挫伤，导致其学习兴趣的缺失。家长应给孩子创造更多的机会，使其尝试到成功所带来的欢乐，增强其学习的主动性和迫切性，孩子的学习兴趣就能逐步得到提高，他们自然会"不用扬鞭自奋蹄"。

(2) 培养创造的好习惯的起点是质疑。培养创造的好习惯，需从孩子的质疑能力开始。家长应从小就培养孩子的质疑能力，也就是我们通常所说的引导孩子多问"为什么"。

科学的每次进步都是质疑能力引发的。当牛顿提出"为什么苹果会落地"这个问题时，就意味着探索地球引力问题的篇章已经开始。创造力往往产生于问题。因此说，创造力是不失时机地给孩子创造发挥聪明才智的机会。对孩子一些看似不能理解的提问，父母应该采取认真重视的态度，对孩子进行鼓励，让孩子充分发挥其创造能力。

当你和孩子一起在公园散步，孩子望着树好奇地问："为什么树的枝叶一边茂盛一边稀少呢？"这时你需要耐心地回答说："因为树叶茂盛的地方阳光多，反之枝叶稀少。"

继而孩子在好奇心的驱使继续问："为什么有阳光照耀的地方大树生长得就比较好？"对于孩子不停地追问，你就要尽可能地回答并且回答的时候要认真耐心。这样孩子就能由为什么得到启发，养成质疑的好习惯，也能增加思维想象的范围

培养创造习惯和想象习惯的方法有众多相似之处，提高思维能力的同时也增加了孩子的创造力。同时，培养儿童想象力的过程也就是创造力的培养过程。这揭示了一个道理，好习惯的培养是相互联系的，养成孩子好的习惯靠的是各方面均衡培养。

(3) 培养创造习惯的最初模型是"模仿"。孩子对事物及其与之相关联的事物的表面仿效称之为模仿，是创造的开始。孩子天生就会模仿，换而言之，对看到的事物的模仿是天性。然而多数人觉得：开发儿童的模仿能力，会导致孩子懒得思考从而缺乏创造，这种看法是错误的，因为孩子的创造能力常常是从"模仿"中连带产生的。

例如，孩子会把厨房中的一些碗、勺类餐具当成道具，模仿大人做饭的样子，且自编自导有趣的厨房故事，这在客观上这会让他们的生活经验得以增长。但孩子在模仿的过程中，家长的引导是必不可少的。影视中影响不良的打杀、抽烟等镜头，容易在孩子的心中造成"很酷"的刺激感，孩子自然会模仿。这时就需要家长正确地指引，告诉并引导孩子什么是健康的，什么是有害的，从小就培养其辨别"对与错"的能力。

值得一提的是，父母应树立榜样，切不可忽略孩子的模仿能力。另外，孩子创造力的培养需有良好的外界条件，这对孩子创造力的开发帮助很大。例如买一些孩子喜欢的游戏物品、试验器具和书籍，以游戏的方式让他们在自然的启发下培养创造力，在实验中能得到深刻的理解，在书籍中得到更为系统的学习。

> **·父母禁言·**
>
> 值得一提的是，父母应树立榜样，切不可忽略孩子的模仿能力。另外，孩子创造力的培养需有良好的外界条件，这对孩子创造力的开发帮助很大。例如买一些孩子喜欢的游戏物品、试验器具和书籍，以游戏的方式让他们在自然的启发下培养创造力，在实验中能得到深刻的理解，在书籍中得到更为系统的学习。

第十章 孩子,你尽管提要求

我们会满足你任何需求

如果孩子提出欲望,得到满足,再提出欲望,再得到满足,如此循环往复,孩子的欲望就会变得越来越无止境。

芳芳在幼儿园里,是一个性格内向、不爱讲话的"乖乖女"。她对老师和其他小朋友的要求,总是百分百地接受,尽管有时候她心里并不乐意。但一回到家里,芳芳就像变了个人似的,对爸爸妈妈、爷爷奶奶非常无理。一家人吃饭时,芳芳就把喜欢吃的菜放在自己面前,从不管他人。如果她觉得对某件事不满意或者自己的要求得不到满足时,就会乱摔东西,嘴里还大声喊叫。

再过几天,就要开始新的校园生活了,芳芳不仅要家里人给她买新衣服、新学习用品,甚至还要将她房间里的家具全部换掉。因为她认为这些家具使用的时间太长了,已经不好看了,如果不全部换新的,就会影响她的学习。

爸爸、妈妈觉得芳芳的要求太过分,就没有同意,结果芳芳大闹了一场。最后,还是由爷爷、奶奶出面,把芳芳房间里的家具都换成了新的,这才算了事。

孩子在未成年之前,他们知道自己的生活是要依赖父母的,认为父母满足自己的需求是理所当然的。面对没有成年的孩子,无论是在物质方面还是精神方面,父母都有责任和义务来满足他们的成长需求。只是很多父母并不清楚,在孩子提出的要求中,什么是该满足的、什么是可以商量的、什么是该拒绝的。

一些父母总觉得自己小时候家庭条件不好,吃过很多苦,现在家庭条件改善了,生活水平提高了,而且家中就这么一棵独苗,应该给予孩子更多的爱。于是,只要经济条件允许,父母就会毫不吝啬地尽自己最大地努力满足孩子的要求,甚至当孩子提出过分的要求时,也会千方百计地去满足。

现在很多家庭都是以孩子为中心,从饮食搭配、作息时间到娱乐时间,无一不是按照孩子的时间和需要来定的。经济上,除了家庭的一般开支,剩下的就是孩子的花费。有相当一部分父母宁可自己受委屈也要给孩子买最好的生活用品,这样,就在不知不觉中使孩子养成了不考虑价格、不考虑父母能否承担、要买就买的习惯。这就是物质上过分满足、过度纵容的结果。

父母宠爱孩子是人之常情,但不能没有分寸。如果父母一味地满足孩子的要求,就会使孩子产生骄傲、蛮横、任性的性格,对孩子的成长是非常不利的。如果孩子提出欲望,得到满足,再提出欲望,再得到满足,如此循环往复,孩子的欲望就会变得越来越无止境。

有一句老话:如果你想毁掉一个孩子,那么你就总让他心想事成。因此,为了孩子的健康成长,父母别忘了"心硬点",爱孩子要有度。

欲望是人类与生俱来的东西,每一个人都有欲望,人类所具有的生存和发展的欲望都是合理的。但是,人的欲望不能无限制地膨胀,否则,害人害己。所以,我们应该引导孩子学会克制自己的欲望。

有一次,妈妈带晨晨去买衣服,出发前,妈妈先跟晨晨说好了,上衣只能买150元以下的,裤子只能买100元以下的。两人来到商场以后,望着那些挂得整整齐齐,而且非常漂亮的衣服,晨晨先是兴奋了一阵,但看到衣服上的标价后,脸色暗淡了下来,嘴也撅了起来,因为按照先前给她规定的价钱,只能买她不太喜欢的衣服。

发现这个情况后,妈妈想了想,然后告诉晨晨说,妈妈还不能给她买太高档的衣服。因为她还小,正处在长身体的时期,如果买太合身的衣服,明年不能穿了就太可惜了。经过妈妈的一番解释,最后晨晨高高兴兴地挑了一件140元的上衣和一条90元的裤子。

适当地拒绝孩子很重要,要让孩子知道,不是他想要什么就能得到什么。对于孩子的"生存必需",我们有责任和义务给予提供,但对于孩子超过"生存必需"的额外要求,甚至是为了攀比而提出的要求,我们要理直气壮地对孩子说"不"。

有些父母不忍心看着孩子哭闹,只要孩子一哭闹就无条件地满足他的要求。比如孩子到了商场闹着要买昂贵的鞋子,妈妈说:"这鞋子太贵了,不行。"孩子就坐在地上大哭起来,妈妈立刻心软了,对孩子说:"好好好,别哭了,我给你买。"孩子的欲望得到了满足,一场哭闹立刻停止了。同时,孩子也明白了一个道理:哭闹是管用的。所以,当孩子提出比较过分的要求时,父母不要心疼孩子的哭闹。

在拒绝孩子要求的过程中,不要轻易用粗暴、简单化的方式拒绝孩子,否则会使孩子的心理受到创伤,使孩子对父母、对家庭产生不安全和无所适从的感觉。拒绝孩子的要求,一定要把拒绝的理由坦率、认真地告诉他,使孩子最大限度地理解父母的做法,而且还要让孩子明白,不是父母不愿意满足他的需求,而是他的要求过分了,很多时候,人的要求是不可能全部被满足的。

父母和家中的老人在对待孩子的问题上意见要保持一致。很多家庭都会出现父母和老人对孩子教育的意见不统一,这就要求我们要随时与老人沟通,在理解老人疼爱孙辈的基础上,讲明拒绝孩子过分要求的好处,使老人尽可能地协同我们教育好孩子。

作为父母,我们一定要牢记:不要无原则满足孩子的需求,应该让孩子在等待中、在酸甜苦辣中成长。只有经过多种环境锻炼的孩子,长大以后才会有出色的表现,才会成为社会上最棒的人。

如果父母总是倾其所有满足孩子的需要,习惯于当孩子的提款机,就会使孩子形成错误的金钱观,认为有钱能使鬼推磨,不知道应认真学好知识,不懂得自己应负的责任。

形形的爸爸是一位银行的经理,形形大学毕业以后,进入到另一家银行工作。

不过,形形虽然已经上班,但她的吃住依然还是靠爸爸妈妈供给,工资都拿来买了名牌服饰和出国旅游。

有一天,彤彤的爸爸无意中看到女儿信用卡的账单,发现她竟然欠了银行4万元!于是,他狠狠地训了彤彤一顿后,并帮彤彤还了信用卡欠款。他以为女儿经此教训,以后应该会省着点花钱。

谁知不到几天,彤彤又拿来4张欠债总额达15万多元的信用卡账单要他还。彤彤的爸爸顿时气得浑身发抖,大骂彤彤:"你这个败家女,你以为爸爸妈妈的钱是捡来的吗?怎么一点都不知道节约呢!"

谁知彤彤却翻着白眼向爸爸说:"谁让你们从我小时候就培养我要用好吃好的习惯啊?只好继续养下去呗!"

听到女儿的这句话,爸爸一下子跌坐在椅子上。

随着人民生活水平的提高,许多家庭日益富裕起来。为了孩子能够吃好、穿好,许多父母不惜倾其所有满足孩子的需要,习惯于当孩子的提款机,孩子要什么就给什么,而且还定期给他们零花钱。随着年龄的增长,零花钱也随之增加,有的到了让人瞠目结舌的地步。

之所以会出现这种情况,一是因为现在的家庭多是独生子女,父母过分溺爱;二是现在生活水平提高了,家庭经济状况比以前好了。其中,父母的过分溺爱是主要原因。很多父母认为,孩子小,应该让他们吃好、穿好,在物质上不能苦了孩子。殊不知,过分满足孩子的物质需求,做孩子没有限制的"提款机",只会害了孩子。

很多孩子因为手里有了钱,见到喜欢吃的便毫不节制地买,这样会养成吃零食的习惯。而且,因为有钱,他们对很多东西就不懂得珍惜。比如,把不喜欢吃的食物往垃圾桶一扔,水龙头开了就不关,或者大白天也开着灯。如果有人管,他们会满不在乎地说:"反正我给得起钱。"

习惯于当孩子的提款机,还会使孩子形成错误的金钱观,认为有钱能使鬼推磨。他们把父母的叮嘱、老师的教诲当成耳边风,只懂得吃喝玩乐,忘却了将来有赡养父母,为社会作贡献的责任。更为严重的是,还有可能会导致某些孩子走上犯罪的道路。所谓"由俭入奢易,由奢入俭难。"谁也不能保证永远都富有,如果已经养成奢侈的习惯,将如何面对贫穷呢?

我们不要按孩子们需求的多少给他们钱,而是每个星期只给孩子一定数量的钱,满足他们一定的消费需求。这些钱可以满足他们的基本需求和一些他们想要的东西,但是不足以让他们想买什么就买什么。一旦把钱给了他们,我们就不必时时刻刻都干涉他们的消费。如果孩子在规定时间结束之前就花光了他们的钱,再开口向我们要钱时,我们一定要坚持住,否则,他们总是会认为他们可以要到更多。

我们要跟孩子约法三章,确定什么花费需要孩子来支付,什么花费由我们来付。比如学费、基本的服装费和学校活动费,甚至包括上学的公交车费都是由我们付。而玩游戏机、外出吃饭,以及与同学一起出去玩等费用由孩子自己出。

有些父母认为把工作和报酬联系起来是一个好办法,比如,把零花钱与家务事联系起来。这其实并不是一个好办法,这样会破坏理财的目的。我们要把家务活看作他们的必修课,因为他们是这个家庭的一部分,而不是去雇佣他们。

我们不要让孩子感到我们爱他的方式就是用金钱满足他的需要!我们应该与孩子多沟通,

多交流,用心呵护孩子,要让孩子了解没有钱也可以得到一些美好的满足。这样,孩子就不会为金钱所束缚、成为金钱的奴隶了!

> ·父母禁言·
>
> 作为父母,我们一定要牢记:不要无原则满足孩子的需求,应该让孩子在等待中、在酸甜苦辣中成长。只有经过多种环境锻炼的孩子,长大以后才会有出色的表现,才会成为社会上最棒的人。

我们愿意为你做任何事

一号"勤"妈妈:

那次我为孩子伤透了心,在心灰意冷的情况下去找心理医生。医生问:"当您的孩子第一次系鞋带时,打了个死结,从此之后,您是不是再也不给他买带鞋带的鞋子了?"我点点头。

医生又问:"孩子第一次刷碗的时候,打碎了一只碗,从此以后你是不是再也没让他刷过碗?"我称是。

医生接着说:"孩子第一次整理自己的床铺,用了很长时间,您看不过去,从此代替他叠被子了,是吗?"我惊愕地看了医生一眼。

医生又说:"孩子大学毕业去找工作,您怕孩子找不着工作,便动用了自己的关系和权力,为他谋得了一个令人羡慕不已的职位。现在您却为孩子的适应能力太差而感到恐慌……"我更惊愕了,从椅子上站了起来,凑近医生问:"您怎么知道的?"

"从那根鞋带知道的。"医生说。

二号"懒"妈妈:

在我家小住的母亲被我气走了。临走前还不忘埋怨我:"哪有你这样当妈妈的,太懒了,你咋这样对待孩子?我真的看不下去!"母亲是个很传统的妈妈,她宁可自己累着也绝不让孩子帮忙。而我却觉得正是母亲的这种"大包大揽",让我养成了依赖的习惯,自理能力很差,对母亲的依赖又滋生了惰、精神松懈、不屑于思考、易为他人左右等性格弱点。我可不想让孩子像我一样。

在街坊邻居看来,我并不是一个勤快的妈妈,甚至太懒了。孩子一出生我就让他单独在小床上睡。1岁4个月时,我就让他自己学着吃饭。2岁时,我就把他送进幼儿园日托班,中午不接回家。2岁半时,我让他跟我学习刷牙、洗脸、洗脚。3岁时,我没有教他,他却学会了穿衣、脱衣、系鞋带。4岁时,他已经自己单独睡在一个卧室里了。5岁时,孩子每次跌倒,我都让他自己站起来,书包里的文具和书乱了,也都是他自己整理。他最近在看我拖地板,他总说"妈妈,过不了多久,我就能帮您的忙了……"

一号妈妈累了自己也没能教育出一个自强自立的孩子,二号妈妈给自己"放了假"却教育出了一个懂事的孩子。

实际上,"懒"妈妈比"勤"妈妈更费心。让孩子自己做事,在许多情况下,不但不能省力,反而增添麻烦,因为孩子常常"帮倒忙"。比如他学拖地,经常会弄得到处是水;学熬粥,会糊锅;学做家务,也许房间反倒更乱……

"懒"妈妈是要冒险的,而"勤快"的妈妈却由于怕孩子闯祸,而不给他犯错的机会。连家务都没做过的孩子将来在社会中又该如何自立,如何适应环境?

心理学家认为,适应能力强、能够自立的孩子对未来具有强烈的求知欲,会有选择地接受未来发生的事情,理智地分析生活中的变化。他们有主见,不盲从,能够在心中勾画出自己想要的未来。而且,他们能够根据"未来"的要求来调整自己的行为和思想,不断地为成长增值。

其实,做个"懒"妈妈也未尝不可,成就了孩子,也解放了自己:习惯支招

"懒"妈妈并不是真正的"懒人",而是在教育孩子方面,懂得哪些事情该放手让孩子去做,哪些事情又需要自己的协助。那么,怎样才能做一个称职的"懒"妈妈呢?

(1)身懒心不懒。你可以少为孩子做一些事情,主动创造机会,让孩子处于独立做事的环境,引导他从身边的小事做起,由易到难,循序渐进。比如你可以故意让孩子下楼去旁边的小卖部买东西,临去之前嘱咐他一些话,但是你又不能完全不管,如果他还小,你就假装让他一个人去,然后自己悄悄在他后边跟着,不让他发觉,或者站在一个能看见他的地方,以免他走丢或受到意外伤害。学会放手,让孩子自己去做

独立自主是孩子自身发展的需要。一般的小孩从两三岁开始就逐渐产生强烈的自主愿望,他们希望能够自己走路,不让长辈牵手;自己吃饭,不需要喂食;自己穿衣服,不需要妈妈代劳。在这一时期内,妈妈最好适当满足孩子的独立愿望,学会放手,让他自己来做。并且当孩子自己做好一件事时,妈妈最好赞美他。比如,孩子要自己洗脸,等他洗完后,你微笑地称赞他洗得真干净。

(2)多给孩子讲一些与"自立"有关的故事。"作家海伦·凯勒的一生"和"司马光砸缸"等都是孩子感兴趣的故事。讲完之后,和孩子谈谈故事的意义。比如讲完海伦·凯勒的故事后,你可以告诉孩子一些道理:事实上,改变海伦命运轨迹的不是她的老师,而是她自己,当她决定改变自己并付诸行动的那天起,她就已经成长起来了,开始变得自强自立。孩子自然能够从你的话中明白一些道理。

· 父母禁言 ·

如果妈妈总是为孩子提供过多"善意的帮助",剥夺孩子独立做事的机会,那么孩子长大后很难把握好自己的生活。父母应该适度放手,让孩子感受到挫折的存在,并通过应对挫折获得宝贵的人生经验。

我们会用金钱和物质来爱你

贝贝的父母自己做生意,赚了很多钱,却从来没管过孩子。贝贝很小就和奶奶一起生活,出于对孩子的补偿心理,父母经常对贝贝说:"你想要什么尽管说,我们给你买。"

小时候贝贝经常抱怨父母:"人家的爸爸妈妈都陪孩子玩,你们也不管我,就知道赚钱。"每当这时,父母就会反驳道:"还说不管你,你要什么没给你买啊?你看看,谁家的小孩子有你这么幸福?"

一次,贝贝和同学打架,打伤了人家,他吓得不敢回家。父亲听说后,不但没批评他,反倒说:"这有什么了不起,不就是点皮外伤嘛!儿子,别担心,爸爸拿钱送他上医院!"

贝贝真切地体会到:钱真管用,有钱就能解决一切。慢慢地,他学会了用钱笼络同学,俨然成了一个财大气粗的"阔少",有人陪他玩,有人帮他写作业,他领着同学逛游戏厅、下馆子。

转眼间,贝贝上了初中,此时的他已经花钱如流水。这时,他因为刚到新学校,要花钱买"地位",但当时父母的生意又不太景气。怎么办?他想到了偷。他先是偷同学的,后来就入户盗窃。结果,14岁的贝贝被抓进公安局。贝贝的父亲气坏了,大骂他不争气,还气愤地说:"我什么没给你呀?怎么还去偷啊!"

卢梭在教育名著《爱弥儿》中说:"你知道不知道用什么办法能使你的孩子得到痛苦吗?这个方法就是:百依百顺。因为有种种满足他欲望的便利条件,所以他的欲望将无止境地增加。结果,使你迟早有一天不能不因为无能为力而表示拒绝。但是,由于他平素没有受过你的拒绝,突然碰了钉子,将比得不到他所希望的东西还感到痛苦。"

父母爱孩子,是人的天性,也是人类诸多情感中最美好、最持久的一种。对于孩子的要求,不论是精神上的,还是物质上的,父母一定不会让孩子亏着,总是尽量满足。实际上,过多的给予,反倒不会让孩子体会到拥有的幸福。可能很多父母都会对这种说法不以为然,他们认为爱孩子,怎么爱都是对的;在爱的前提下,不管做什么也都是对的。其实不然,爱孩子,如果没有理性的思考,最后会害了孩子。比如溺爱,只是受生物本能的驱动。这种爱的伤害可能在短时期内不会体现出来,可是随着孩子慢慢长大,他会发现自己在父母的溺爱中迷失了方向,严重的话,还可能毁掉孩子的一生。

小强是独生子,从小到大备受父母宠爱,要什么给什么,最新款的运动鞋、书包、游戏机……只要儿子开口,父母从来什么也不问就买回来给他。两年前,小强开始上初中了,也许是没有什么东西再让他感到新鲜了,他开始向父母要钱。开始父母并不在意,孩子长大了,也该有零花钱了。开始是10元,然后50元,100元,父母也没有觉得有什么不妥,本来父母挣钱就是给孩子花的。直到有一天,老师找到了他们,告诉他们小强整天沉浸在网络游戏里,经常不来学校上课,学习成绩下降得很厉害。父母这才开始担心起来。为了让小强不再沉迷于网络游戏,小强的妈妈实行了"经济封锁"策略,除了基本的零花钱,不再多给一分。无奈之下,小强就想到了家里的保险柜。他趁父母睡觉时,偷了保险柜的钥匙,拿走了里面所有的现金……

现代社会的构成以独生子女家庭为主,一家几代人围着孩子转,给孩子吃最好的,用最好的,孩子要什么给什么。还有许多父母由于忙于工作,无暇管教孩子,就把孩子扔给爷爷奶奶或者保姆带。出于对孩子的补偿心理,他们一味地满足孩子的所有要求。

家庭教育不能简单地用金钱和物质代替,父母应该多抽空陪陪孩子,培养他好的思想品质、健康的情感、强壮的体魄、良好的行为习惯。其实,孩子都像天使一样纯洁可爱,父母应该珍惜孩子的这份单纯,给孩子健康的爱。

无数实例证明,没有爱的教育必定失败。过多物质上的享乐,会让孩子原本纯洁无瑕、天真烂漫的心灵受到物质享受的强烈刺激,最终养成贪婪的习性,终日不思学业。"物诱型"父母选择了用金钱去充当教育的动力,这样做,必定使孩子意志消沉,贪得无厌,追求物质攀比,不思进取,甚至堕落犯罪。

鉴于这种做法带来的严重后果,家长千万要记住以上的教训,避免犯同类的错误。下面针对此问题给出几点建议以供参考。

(1)注意培养孩子的节俭意识。家长要时时刻刻教育孩子,艰苦朴素是中华民族的传统美德,要培养孩子的节俭意识,让他们知道该花的钱可以花,不该花的钱一分也不花。教育孩子把零花钱用在合理之处。

(2)注意培养孩子计划消费、合理支出的习惯。家长根据家庭自身经济水平,每月给孩子发放一定的零用钱。零用钱定期发放,家长给孩子限定一个使用的范围,定期检查孩子将这些钱花在了什么地方,培养孩子计划消费的习惯。

(3)为孩子建立自己的"小银行"。为孩子自己开个存储账户,教育他们精打细算,远离大手大脚的坏习惯。

父母在教育孩子的过程中需要付出的主要是爱,而非金钱和物质。如果父母一味地满足孩子的无理物质要求,会使孩子养成自私自利、贪婪的不良品质。所以,我们不要做"物诱型"父母,而要用理智的爱来面对孩子,培养孩子。

·父母禁言·

家庭教育不能简单地用金钱和物质代替,父母应该多抽空陪陪孩子,培养他好的思想品质、健康的情感、强壮的体魄、良好的行为习惯。其实,孩子都像天使一样纯洁可爱,父母应该珍惜孩子的这份单纯,给孩子健康的爱。

你是家里的"皇帝"

中午回家,一进门,小宝马上坐在了餐桌前。

"妈妈,饭呢?怎么还没影儿?"小宝很不高兴。

"饭我已经订好了。"妈妈郑姮因为感冒,刚从床上爬起来打电话订外卖。

"怎么又吃外卖啊?我都要吃吐啦!"小宝开始埋怨。

打开外卖盒,一看是饺子,小宝的脸拉得更长了:"老妈,我不想吃水饺!"

"你将就一下吧!"妈妈郑姮说。

"我的命可真苦啊!"小宝埋怨起来,"老妈,我还算不算一个中考生啊?你还算不算一个'考妈'啊?"

郑姮问:"你说说,中考生和'考妈'要做什么啊?"

小宝凑到郑姮跟前说:"老妈,我告诉你,中考生要享受这样的待遇——我们班小丫同学,每天中午放学时她妈妈的车就停在校门口,车门都开好了,只等小丫一上车就往家开。她家离学校才多远啊!走路十五分钟,开车五分钟!她妈妈开车接她回家就是为了节省十分钟。小丫一到家,煲好的汤肯定盛好放在桌上了,并且汤要一周不重样,什么'鸡骨草煲龙骨'、'茶树菇炖老鸡'……饭菜在桌上准备就绪,一荤一素一汤,水果一盘,小丫进家门就奔餐桌,吃饭二十分钟,吃完饭就睡觉。中午休息一个小时,下午和晚上神清气爽,斗志昂扬!老妈,你说,天天给我吃外卖,我怎么跟小丫她们竞争呢?"

妈妈郑姮听了心里直冒凉气。

小宝又说:"对于我来说,中考比奥运会重要多了!老妈你就不能为我多付出一些吗?"

对于儿子提出的问题,妈妈郑姮不知是该点头还是该摇头,她不知道小宝为什么会变成一个一点也不体恤自己的艰辛,整天操纵自己,恨不得自己一天二十四小时都围着他转的"小皇帝"。

为什么现在有那么多孩子都变成了"小皇帝"?其实,像小宝这样的孩子都明白,家长对自己的最大希望就是考高分,上重点中学、重点大学,其他一切都可以不考虑。而一些孩子知道自己达不到家长的要求,完不成家长树立的目标,就会变得心灰意冷、玩世不恭,不再关心别人,也不懂得爱别人。更有甚者,就会以学习的名义,无休止地"勒索"家长,恨不得家长二十四小时都围着他转。而那些把孩子成绩看得比自己命还重要的家长,也心甘情愿受孩子的"操纵"。久而久之,孩子就会认为这些是家长应该做的,是家长欠他们的,孩子甚至会认为:谁让他们是自己的家长呢?所以,孩子就像"小皇帝"一样有恃无恐,根本不理会家长的艰辛。

其实,郑姮的烦恼都是她自己溺爱孩子的苦果。现在有很多家长认为,自己有责任保护孩子,让孩子免遭任何挫折和困难,因而他们包揽了孩子除学习以外的所有事情。然而,这种对孩子的过度保护,实际就是将孩子与现实隔离开,剥夺了孩子自己动手处理问题的机会,而这种机会是孩子形成责任感和上进心的原动力。很多家长像郑姮一样,他们因为工作繁重而无暇考虑家庭教育的方法,不懂得孩子处理事情对其成长的重要性,所以忽视培养孩子自己动手的能力。

因为受到溺爱,孩子就会慢慢地被家长培养成"小皇帝"。"小皇帝"觉得只有让家长围着自己转,满足自己的所有需求,才能感觉到自己的重要性,他们还总觉得这是家长欠他们的。长期的颐指气使,将这些孩子锻炼成了"人精",因而他们经常用自己的所有精力去"操纵"家长,让家长竭尽全力满足他们的所有愿望。这样的孩子从没想过要提高自己的能力,只是想如何逃避自己的责任。因此,家长的溺爱不可能将孩子培养成有能力、有责任感的人。

为了让孩子体验到自己动手解决问题后的成就感,家长应尽量减少包揽,让孩子去做那些自己能做而且应该做的事情,给孩子创造机会,培养孩子的责任感和上进心。随着孩子的成长,家长应学会及时松手,让孩子自己向前跑。事实上,高情商的家长都会给孩子创造自由成长的空间,让孩子无论在游戏、阅读还是在与人交往的过程中,都能够自我吸取成长的养分,自然地掌握做一个社会人所应了解的知识。正是因为家长没有手把手地教,孩子才能顺从天性,少了价值观方面的矛盾与冲突,多了一份自我成长的快乐和自我探索的勇气。

格林尼亚是一位法国人,1871年5月6日出生于切尔堡一个有名望的大资本家的家庭。格林尼亚的爸爸靠经营一家船舶制造厂而腰缠万贯。爸爸忙于工厂经营,除了知道用钱来满足孩子的物欲外,从未过问孩子的事情。母亲对他更是百依百顺,孩子要干什么就干什么,要怎么干就怎么干,母亲从未讲过"不"字。

少年时代,格林尼亚学习成绩总是平平,他也总是心安理得,认为自己家里有的是钱,成绩好坏没有什么关系。

有人预言,格林尼亚家的产业,将会毫无疑问地葬送在他的手里。

幸好一次偶然的机会,格林尼亚受到重重一击,才使他迷途猛醒。他意识到自己过去的所作所为是如此令人厌恶,于是悔恨交加,羞愧难当。他给父母留下一封信,然后离家出走刻苦求学。

经过8年努力,他终于因发现了著名的"格林尼亚试剂"而名扬天下,成为饮誉海内外的化学家。

过分的溺爱与娇惯会使孩子遭到毁灭。对孩子的爱,过了头,就会变成"害"。水之所以能溺死人,是因为人被水淹过了头,吸不到氧气而窒息。"严家无悍虏,慈母有败子",这是千百万父母家教实践经验的正确总结,值得每个父母借鉴。

> **·父母禁言·**
>
> 过分的溺爱与娇惯会使孩子遭到毁灭。对孩子的爱,过了头,就会变成"害"。水之所以能溺死人,是因为人被水淹过了头,吸不到氧气而窒息。"严家无悍虏,慈母有败子",这是千百万父母家教实践经验的正确总结,值得每个父母借鉴。

我们会接受你的不合理要求

孩子成长变化得很快,假如只是一味溺爱,事事顺孩子的意,孩子以为你会满足他的所有要求,认为你可能有些怕他。所以他想怎样就怎样,有时甚至会根本无视你的存在,以自我为中心,变得自私、无理,想干什么就干什么,不懂得与他人合作。这些情况看起来是小事,其实不然。

在过分溺爱的环境中成长的孩子,当他成人后,性格会变得有缺陷。

我们看看下面的片断:

"史蒂文,吃饭了。"

"今天吃什么?"

"牛排,蔬菜沙拉。"

"妈妈,我要出去吃比萨饼。"史蒂文大叫。

"为什么?"

"我不喜欢吃你做的牛排。我现在就要去,走啊,快点。"

"不行,史蒂文,我太累了。明天再去吧。"

"现在就去!"孩子跺起脚来。

"史蒂文,我们今天干的事太多了。我刚打扫了房间,又做了饭,实在太累了。以后有机会再去吃比萨饼,不行吗?"

"我现在就要去,现在!"

妈妈继续请求史蒂文,史蒂文根本不听,接着又哭又叫又闹。最后妈妈认输了,带他去街上吃比萨饼。

史蒂文生活在一个单亲家庭,他从小就没有父亲。孩子由母亲一个人带,没有爸爸的史蒂文在母亲眼里是很可怜的,为了补偿这个缺陷,妈妈总是儿子要什么就给什么。史蒂文感觉到了这点,就总是不停地向妈妈要这要那,甚至有些无理要求妈妈也总是一味满足,这使史蒂文感到有求必应、随要随到的乐趣。如果妈妈对史蒂文的一些无理要求予以拒绝,史蒂文就大发雷霆。妈妈一看到史蒂文生气就心疼,总觉得欠了他点什么,也就总是顺他的心思去做。其实,妈妈这样做的结果不但牺牲了自己应享有的权利,也腐蚀了史蒂文成长的根基,为他将来的生活埋下了隐患。

"妈妈,请问,我今天晚上能不能去丽达家和丽达玩一晚上?"格雷斯问妈妈,"她妈妈来接我。"

"不行的,你不是答应弟弟,今晚给他辅导数学吗?"

"可是,丽达想让我今晚去她家,她妈妈刚好路过,来接我。"

"你们今天到底要干些什么?"

"我们要一块儿录一个电视节目。这是个好节目,你知道我会早点回家,不耽误明天的课。妈妈,就这一次,可以吗?"妈妈不想扫她的兴,只要她早点回来,不耽误明天上学就没事。"如果我不让她去,她一晚上都会不高兴的,我真没法忍受。"妈妈自言自语地说,然后她对女儿说,"好吧,早点回来。"格雷斯太高兴了:"我知道你会同意的。"

格雷斯太了解妈妈了,她根据自己的经验,知道妈妈会同意的。因为无论什么事妈妈总是最终妥协、同意。如果妈妈真的不同意,格雷斯会使妈妈一晚上不得安宁。格雷斯总是用这种方法得到她所希望的一切。妈妈允许格雷斯破坏规矩。当妈妈不能说"不"时,自己显得很软弱,显得很没主见、不坚决。她的行为表现出对自己的不尊重,却不停地接受格雷斯破坏规矩。如果妈妈有记录,她会发现有多少次"只这么一次"的事情发生过。每一次破坏纪律的行为似乎都不无道理,但如果把这些事都放在一块儿,妈妈是该好好重新考虑考虑了。这些包含了"威胁"的请求,实际上是专制的要求。孩子们有时就是在父母的妥协中放任自己。

· 父母禁言 ·

孩子成长变化得很快,假如只是一味溺爱,事事顺孩子的意,孩子以为你会满足他的所有要求,认为你可能有些怕他。所以他想怎样就怎样,有时甚至会根本无视你的存在,以自我为中心,变得自私、无理,想干什么就干什么,不懂得与他人合作。

你可以不用规规矩矩的

"没有规矩,不成方圆。"如果从小不给孩子订立一定的规矩,对其娇惯溺爱,百依百顺,我们就会失去作为父母应有的威信,使孩子变得任性、不听话。

豪豪今年8岁了,如果问豪豪的爸爸妈妈,他们最后悔的事情是什么,他们肯定会说,没有及时给豪豪立规矩。

一直以来,豪豪的爸爸和妈妈都提醒自己,要珍惜孩子自由成长的机会,不能给孩子太多的约束。对于给孩子立规矩这件事,他们一直认为,孩子长大了自然就懂了。

可事实并不是这样。现在的豪豪已经10岁了,爸爸妈妈想提高对豪豪的要求,这时他们才发现,豪豪已经养成了很多坏习惯。

生活中,我们经常能听到一些父母抱怨自己的孩子很难管。小家伙一会儿像天使,温柔、听话;一会儿又像暴君,自私、任性。其实,孩子的问题并不单纯就是孩子自身的问题。很多时候,父母的行为方式、性格特点、情感及家庭中的其他因素,都有可能成为孩子"问题"的根源。

该不该给孩子立规矩呢?立吧,怕限制孩子的个性发展;不立吧,孩子又太过顽劣。中国有一句老话:"没有规矩,不成方圆。"这句话自有它的道理。人类的行为都是有章可循,有规可依的。如果从小不给孩子立一定的规矩,对其娇惯溺爱,百依百顺,我们就会失去作为父母应有的威信,使孩子变得任性、不听话。

当然,太小的孩子,理解能力和行为控制力都还不够,我们讲的规矩,他不一定懂,也做不到;大一点的孩子,坏习惯已经养成了,则很难纠正。

什么时候给你的孩子立规矩呢?从孩子的成长规律和心理特性来看,2岁以后,孩子开始发展自己独立自主的能力,也初步具备了行为判断能力;另一方面,孩子开始有了自我意识,他开始发现"什么是我要做的"、"什么是爸爸妈妈要我做的",这个时候行为的自主意识更强烈。因此,从2岁开始,就需要给孩子立一些明确而又切实可行的规矩。

也许,会有很多人把给孩子立规矩与"严厉、斥责、权威"这样的负面信息相联系。其实,如果父母能真正了解了孩子的心理需求,并借助一些智慧的技巧,一般都能在平和的气氛中实现规矩教育。

孩子缺乏判断能力,需要父母告诉他什么可以做,什么不能做,以此来确定行为界限。那么如何给孩子立规矩呢?立规矩后又该如何做呢?

(1)制订规矩要符合孩子的发展规律。父母要了解孩子的一些行为习惯,订立适合孩子年龄特点和性格特点的规矩。对于一个2~3岁的孩子来说,只能给他提出一些最简单的、数量有限的规则。比如,吃东西之前要先洗手,妈妈做家务时自己安静地去玩。随着孩子长大,他们的行为能力会发生变化,我们给他订立的规矩也要随之作出调整。

(2)制订的规矩应尽可能具体,简单明了。给孩子订立规矩,一定要简单易懂,让孩子容易遵守。例如,玩具要轻拿轻放,不乱扔,玩好后要自己收拾整理好,并放回原处。孩子的理解能力不深,自我控制能力也不强,如果订立的规矩太过复杂艰难,非但不能够让他遵守,反而会让他不知所措。

(3)与孩子一起制订规矩。为了让孩子自觉遵守,父母应与孩子一起制订各种规矩,这是尊重孩子的表现,也能使孩子更好地了解父母的想法,孩子做起来就更主动,也更能符合父母的要求。

(4)任何时间都要遵守规矩。立下的规矩,无论时间地点场合,都要遵守,比如在家不许随地吐痰,在外边也不许。而不是今天这个样子,明天那个样子,在家一套,外边一套。当然,在孩子的要求下,偶尔"放宽政策",比如,以零食代替正餐、中午看一场电视、晚睡一个小时……也不是不行的。我们要相信孩子,一般来说,偶尔的一次"放纵"是不会养成什么坏习惯的。

(5)父母要以身作则。规矩不仅仅是立给孩子的,父母也要严格遵守,以身作则。比如,要求孩子吃饭时专心一点、速度快一点,我们自己则不要一边吃饭一边看电视;要求孩子不能多吃零食,我们自己也要抵制住垃圾食品的诱惑;要求孩子懂礼貌,父母自己就要对所有的人使用文明用语。

听起来,"规矩"这个词是冷冰冰的,无法与父爱、母爱相关联,可是,规矩和爱对于孩子的成长过程来说,应该是相伴而行的。孩子最终要走入社会,我们一定要在合理的范围内设定规矩,让孩子在成长中习得"规范、界限",毕竟,我们是生活在一个有规矩的世界中。

· 父母禁言 ·

孩子最终要走入社会,我们一定要在合理的范围内设定规矩,让孩子在成长中习得"规范、界限",切记不可不守规矩,因为我们生活在一个有规矩的世界中。

第十一章　孩子,你太难沟通了

你能不啰唆吗

晚上11点,从补习班回到家的孩子像非常疲惫似,一走进他的房间就"扑通"一下躺倒在床上。紧跟着孩子走进房间的妈妈就试图哄着孩子重新起来。妈妈不停地说着:"饿吗?要不要吃点什么,要不给你弄一杯清爽的果汁,明天就是周末了,好好休息一天吧!"一边说着安慰的话,妈妈一边轻轻拍着孩子,可是孩子还是一动不动没有任何回答。不久,妈妈就做了一杯西红柿汁再一次走进孩子的房间,然后嘱咐孩子今天就简单弄一下早点睡觉。正在这个时候,孩子的爸爸叫孩子的刺耳声音传到母子的耳朵里,好像有什么不高兴的地方,那种感觉随着叫孩子的声音一同传来。

"你到这儿来坐一下!"

"嗯!"

比起孩子,妈妈显出了更为紧张的神色。这老头,对非常疲劳的孩子到底打算说什么?孩子好像也没有什么做错的地方。

"老公,你打算跟孩子说什么啊?"

"也不是什么特别的事,你就安静地一边儿待着。不,你也到这儿一起坐吧!嗯,你不是说过到了高二就分文理科吗?"

"是啊,下周一就得定下来交上去呢!"

"什么下周一?那不就是大后天吗?"

"是啊。"

"但是,大后天就得马上交上去,你怎么到现在都不跟我说一声呢?"

"上次跟妈妈说了呀!"

"跟妈妈说什么了?到底都说什么了啊?"

"可是,你怎么发脾气呢?"

"谁发脾气啊?"

"你的嗓门不是变得越来越高吗,现在都已经过11点了,邻居们会听到的!"

"什么?谁提高嗓门了啊?你不要总是我说什么就说嗓门高!呃,你到底跟妈妈都说了什么?"

"就说我定了去文科!"

"文科?为什么要去文科?"

"老公,你追问什么啊?就是我让他去文科的!不管怎么说,文科的面儿更宽不是吗?"

"呢,我真无语了。这哪是那么简单的问题啊,哪是那么简单能定的事啊?你来跟我说说为什么那样?跟我说为什么学文科更好!"

"那是因为……但是爸爸只是现在暂时定文科,然后再定……但是……"

孩子说话有点结巴。虽然也有疲劳的缘故,但更为重要的是看着孩子的爸爸的眼神不够温柔,使得孩子变得紧张,变得结巴。其实孩子的确有自己的想法,是跟妈妈长谈的过程中经过深思熟虑后才决定的。孩子认为爸爸一直很忙,所以才只跟妈妈说了,而且认为如果跟妈妈说的话,妈妈也会跟爸爸说的。或许是妈妈没来得及说……反正,孩子打算不管是什么时候,都把自己的想法告诉爸爸。但是,爸爸突然大声叫他过来坐,像审问似的追问着,所以孩子就开始结巴了。可爸爸不能容忍孩子那样结结巴巴。

"喂,那么磨蹭干什么?不要那么磨蹭,如实说说看!要看着我的眼睛说,看着我知道吗?说说,为什么选择文科?"

"只是,我……成绩也那样……又正好适合我的个性……所以,就那么……"

"什么只是啊!不要总说只是只是,说说重点,为什么选择了文科!"

"只是,只是我……只是……"

"哎哟,真是急死人了!又是只是、只是……就说说第一是因为什么!"

"你为什么总是这样一边敲打孩子,一边怒斥孩子?"

"什么?谁敲打孩子了?你为什么总是护着孩子?"

"我护什么啦?并不是那样的!孩子正打算说什么,但你总是催促孩子,所以孩子不能好好说啊!"

"那都是因为没有坚定的信念!这个可是跟自己的一生相关的岔路口,所以应该在脑子里整理得很清楚才对啊!就是说为什么要去文科!"

"哎哟,我看你就是每天工作都是好好整理的缘故,对孩子就不能耐心点吗?"

话锋从现在开始转向了夫妇间的火花四溅的争吵。孩子无精打采地回到了他的房间。爸爸向着孩子的背影喊着:

"看看这小子……我的话还没结束呢!这小子,真的是太小瞧我了!"

那晚,爸爸把他的怒火全部从孩子转向了妈妈。回到主卧后,两个人的谈话一时间很刺耳地传到孩子的房间。

到底什么是问题?孩子们最不想听,每当听到后就感到困惑的一件事就是大人们催促的话语。如果这天晚上爸爸以另一种方式开始与孩子的对话,情况会变成什么样子呢?就是说,轻松点、慢慢地、安静而温柔地说。

"孩子,我上次听你说你们需要定文理科方向,近来对此思考过吗?对此,我也想了想。虽然你现在可能有点疲劳,但因为明天是周末,所以就计划一下起得晚点。现在,能跟我聊会儿吗?"

"好的。"

"对了,你是怎么想的?打算选择哪个?"

"前天跟妈妈也聊过,而且还跟老师面谈过,暂定为文科,据说以后也有机会换。暂时定了文科,那是因为相对来说,对于理科我不是很擅长!"

孩子开始仔细地进行说明。虽然多少有点结巴和吞吞吐吐,而且要马上回答,很难有条不紊地说清楚,但还是会一边整理着头脑里的想法,一边将自己的想法和决定一一跟爸爸汇报。

父母们总是以自己的标准看待孩子。一般来说,大人与孩子的差异之一就是速度上的差异。在某些事情上大人们比孩子快得多,但在有些事情上孩子们比大人们快。但是,大人们大体上总是期待和要求孩子们无论做什么事情都要快速,特别是说话,孩子一说什么话,就不能坚持听到最后,常说什么"怎么那么啰唆"、"就说结果是怎样的"、"赶紧说重点"。大人们讨厌孩子们使用非常多的副词和形容词,期待孩子的话简单明了,认为那么慢慢腾腾的话会在与他人的竞争中处于落后的位置,总是期待孩子什么都做得比别人快。

但是,严格来说,无论说什么话或者是做什么事,一定程度的"休整"是非常必要的。并不是孩子"休整"的时间太长,而是父母们能坚持的时间和等待的时间太短。在父母们看来,可能他们持着耐心等待了挺长时间,但在孩子立场上看,那绝对不是一个漫长的等待。我们也会在上课的时候看到此现象,老师们总是期待,当他给学生们提出问题后,学生们能够像弹簧弹出来似的马上回答。孩子们因整理想法而稍微磨蹭的话,老师就会不能忍受地或者向这个孩子大发雷霆,或者把回答的机会让给其他人。这样的老师绝对不是好老师。衷心希望,无论是老师还是父母,不要因孩子稍微磨蹭或结巴而大骂孩子,毁坏孩子的大好前程,而是应耐心地等待孩子。

· 父母禁言 ·

无论是老师还是父母,不要因孩子稍微磨蹭或结巴而大骂孩子,毁坏孩子的大好前程,而是应耐心地等待孩子。

我们不会和你有思想交流

你有没有注意到自己在同孩子交谈时所用的语调?孩子有时会问:"您是不是生气了?"你绷着脸说:"没有。"然而,你脸上的表情和语调表示出你在生气,在愤怒。孩子是非常敏感的,他们能很快地分辨出你在讲话中所要传达的真正意思和态度。而我们成年人却往往并不敏感,没有意识到自己在同孩子讲话时运用了不同的腔调,更没有考虑这种语调对孩子的行为所起的独特的作用。

在生活中,家长一般都很少向孩子透露自己的内心世界,只习惯于做道貌岸然的训导,但反过来却要求孩子向自己暴露一切。这种不平等的要求,当然不可能取得好的效果。

作为家长应当尊重孩子,与他们交流而不是训导。如果家长以平等的、像与朋友谈话的口气来与孩子交谈,而不是对他们训话,那么,在多数情况下,家长都能顺利地与自己的孩子交流思想。

星期天早上,起床后陈女士做早饭,包饺子。看到饺子皮不够,于是,她就和孩子有了下面一段对话：

陈女士说："童童，妈妈想让你去楼下帮我买一些饺子皮回来，可以吗？"

"我不去，我要看电视，不想去。"

"那我做什么，你就能去呢？"

"陪我下棋，陪我下一会儿棋，我就去。"

陈女士根本没有时间陪孩子下棋。于是，她接着说：

"如果我现在先给你煮饺子，吃完了，你帮妈妈去买，行吗？"

"好吧。"

于是，孩子吃完早饭后，下楼去买饺子皮了。陈女士坐在客厅等孩子回来，突然看到电视里正在播放的是动画片，这不正是孩子最喜爱的节目吗？想想他平日，他喜欢做什么事是很不容易能够让他停下来的，今天他做到了，那一定要对他进行表扬。当他一进门，陈女士就说：

"童童！你今天已经做到了和心爱的东西说再见了。你做得非常好！你能放下心爱的动画片，而去帮妈妈买饺子皮，我真高兴！也祝贺你的进步！"看得出，孩子很高兴。

到了中午休息时，孩子要和陈女士下棋。棋下了一个小时左右，陈女士觉得该停止了，孩子不同意，要求再玩十分钟。十分钟后，孩子仍然在玩，于是陈女士说："童童，你今天不是已经学会克制自己吗？"

孩子抬头看了妈妈一眼后，立刻把棋盘收了起来。陈女士为今天能够成功地和孩子沟通而感到高兴。

美国一位心理学家建议说，父母和孩子交流时应平心静气，不要因为孩子与自己的想法不一样而火冒三丈，要给孩子申辩的机会，与他们进行思想交流，让他们说出自己的真实感受。如果双方分歧确实很大，父母不妨放弃争论，再找合适的机会和子女沟通。

选择一个合适的地方进行交流也很重要。专家建议父母选择一个安静的房间，以免被打扰。如果在谈话中就某些问题达成一致，就让孩子写在纸上，并放在一个显眼的位置，以约束双方共同遵守。每次谈话结束后，父母都应该给孩子一个拥抱，这可以让孩子感受到父母的爱，对化解矛盾也有特殊效果。

> **·父母禁言·**
>
> 父母和孩子交流时应平心静气，不要因为孩子与自己的想法不一样而火冒三丈，要给孩子申辩的机会，与他们进行思想交流，让他们说出自己的真实感受。如果双方分歧确实很大，父母不妨放弃争论，再找合适的机会和子女沟通。

你是拗不过我们的

独生子女任性、爱发脾气的问题带有普遍性。如自己的要求没能满足，就大哭大闹，有的甚至在地上打滚,颇有点不达目的誓不罢休的架势。碰到这种情况你会怎么办?当孩子反抗家长时,家长的特权受到最大的打击,如果家长用民主的态度来代替专制,就不会卷入权力之争。教育孩子的过程可以说是无尽的冲突过程,孩子的执拗常使父母火冒三丈,却不知如何对付。

　　5岁的吉米让妈妈非常头疼,每次该吃饭的时候,妈妈把饭盛好,放在桌子上,吉米不是在看电视,就是正玩得高兴,总是不来吃饭。气得妈妈只得打他几下。但有时刚刚揍完,他泪痕未干,就又东张西望不好好吃饭,或者只是这一顿好好吃,下顿饭又不按时吃。

　　妈妈总是想要告诉吉米:"让你吃饭你就吃。"而吉米的行动告诉妈妈:"我想什么时候吃,就什么时候吃。"5岁的吉米就已经开始用自己的方法来抵抗妈妈。妈妈和吉米天天在较量。如果妈妈不知道问题的原因在什么地方,这种关系是不好改变的。

　　家长可以用自然结果法来解决这个问题。如果叫了吉米两声,他还不来按时吃饭,等大家用完餐后,就把饭菜收拾起来,不再给他吃。如果他再来要零食,要喝牛奶、吃饼干,则坚决不给,让吉米等到下顿饭一起吃,就这样坚持下去。吉米饿了,又不能吃零食,下次便会按时来吃饭。家长态度应很明确:"吃饭是自己的事,你不来吃就只有饿肚子。"如果家长采取强迫手段要孩子一定按时吃饭,孩子就会反抗,互相对抗的结果会变成家长在鼓励孩子反抗。

　　罗伯特因为感冒、发高烧,两天没有去幼儿园。今天他稍好一点,想去游泳,妈妈说:"你不能去,你还没全好。"罗伯特撅起嘴不高兴。一会儿妈妈听到后门响了一下,罗伯特穿好了游泳裤,正在下水。"对不起罗伯特,你今天不能游泳。"妈妈走过去把罗伯特拉了回来。罗伯特又哭又叫,朝着门又冲了过去。妈妈走过去,关上门,什么也没说,她也没有制止罗伯特哭泣。罗伯特哭了一阵,开始咳嗽。妈妈还是什么也没说,继续挡着门,不让罗伯特出去。最后罗伯特大叫道:"我恨你,妈妈。"然后到自己屋里去了。妈妈继续干自己的事,并不理会罗伯特。

　　这件事看起来妈妈是在与罗伯特打权力之战,罗伯特要去游泳,而妈妈堵着门不让他出去。这里妈妈有一个迫不得已的原因。在一般的情况下,妈妈可以考虑应用结果法,使孩子从结果中吸取教训。但在此例中的结果却是妈妈与孩子都难以承担的。没有哪个妈妈忍心让孩子生病以取得自我教育的结果,这样是危险的。在这种情况下,妈妈需要利用一下自己的权威,这是她的责任,保证孩子不再生病。妈妈在这里采取了非常冷静的态度,没有激化矛盾,更没有为维护自尊而采取过于激动的手段。

　　有些做父母的总是为自己辩解,似乎所有对孩子的逼迫行为都是为孩子们的利益才那样做的。家长真是为了孩子们吗?家长自己的利益是不是也在其中?如果孩子照家长说的做,家长是不是得到了自我的满足?家长是真的想做一个好家长,还是想让大家都知道,自己的孩子很听话,从不违抗命令?家长是不是不顾孩子自己的意愿而行事?家长是不是想占上风?如果家长时常检查自己的动机,就会做得更明智合理一些。

　　检查一下家长的管束结果,也能得到一些启示,了解家长是否在与孩子进行权力之争,主要不在方法,而在结果。家长"教育"孩子之后,他们仍坚持原来的行为吗?家长要求孩子做到的事,家长自己先做到了吗?他们是不是在反抗?家长的语调是不是告诉孩子们家长很霸道?家长的语调是不是表明家长很专横,很生气?坚持立场一般是用无声与平静来表达,为权力则是用争吵、生气的形式来表达。

了解儿童的心理,才能更好地教育孩子、对待孩子,以达到你所要求的目的。罗伯特发脾气,因为他不能按自己的意愿行事,而并不表明他在"恨"妈妈。妈妈知道这只是一时的执拗。坚持住了,罗伯特会放弃。关键的是控制好自己的情绪,帮助罗伯特冷静下来,不使对抗升级。

当与孩子发生冲突时,父母要格外当心,不要让孩子的挑衅将你引入权力之争。这里面最关键的控制因素是作为成人和家长的自尊心和权威感。如果你火冒三丈不是因为孩子的行为本身,而是因为自己的权威受到了挑战,这时你应当强迫自己退出冲突,否则便会误入歧途。

有一点家长必须明白,在今天的社会中,民主的意识已渗透社会的各个层面,无论在工作中,还是在家庭里,施行绝对的权威都是不受人欢迎的。作为家长不应也不能够再像以往那样要求孩子绝对服从。在家庭中,必须建立起和谐的合作氛围,对孩子施行引导和鼓励,用民主的态度来代替专制主义,只有这样才能避免与孩子产生不必要的冲突。家长的地位不再是权威人士,而是通情达理的领导人,对孩子不是实行压力逼迫,而是引导、影响,不是用惩罚来制服孩子,而是引导孩子自我决定。

用正确的态度来处理与孩子间的冲突,需要父母们的毅力和耐性。理解孩子,鼓励孩子,相互尊重,尊重事实的本来面目,以此来争取孩子,这些做法都可以帮助我们赢得孩子的合作,避免权力之争。但有一点要说明的是,当孩子已经开始发脾气,使性子,局势已经有些僵化时,临时抱佛脚,想出一个逻辑结果来让孩子就范,这种方式是行不通的。

避免冲突,争取合作是理想的结果,无论从父母的角度还是从孩子的角度来看,合作是共同的愿望,冲突是不会让任何一方感到愉快的。合作的过程就是一个彼此了解、协调、改善的过程。在合作中,家长应摸索出一些规律和技巧,鼓励孩子们与自己合作。合作必须靠自愿,而非强迫。正确的行为是鼓励的结果,强制不能带来根本的认同和长期的合作。

·父母禁言·

当与孩子发生冲突时,父母要格外当心,不要让孩子的挑衅将你引入权力之争。这里面最关键的控制因素是作为成人和家长的自尊心和权威感。如果你火冒三丈不是因为孩子的行为本身,而是因为自己的权威受到了挑战,这时你应当强迫自己退出冲突,否则便会误入歧途。

我跟你没办法沟通

不同年代的人,在价值观念、心理状态、生活习惯方面都存在着很大差异,这种"代沟现象"在很多家庭、很多人群中都存在,然而现在的独生子女与父母之间的这道沟似乎更深了。

王女士的儿子今年念初二,她发现孩子上初中以后和父母的话越来越少,多年来对孩子辛辛苦苦地不断付出、操劳,现在换来的却是孩子的冷漠、误解。孩子现在和家长很少在一起唠嗑，即使是在家人集中的吃饭时间，孩子也是闷头儿吃喝，家长问什么答什么，自己从来不主动说话，饭后回自己的房间一关门，有时一两个小时也不出来。

王女士感觉孩子和家长话越来越少，可是和同学打电话却唠起来没头儿，总是有说不尽的话，说着说着还会开心地笑起来，让她这个当妈的非常羡慕。

记者对20多名学生的家长进行调查后发现，每个家长都表示自己对孩子的付出太多太多了，现在的孩子比他们小的时候幸福多了。为什么现在的孩子反而对家长好像没什么感情？

随着社会变迁的迅速，使得两代人的观念、态度、行为与习惯有很大的距离，显得格格不入。父母常抱怨现在的子女太不尊重父母，而子女也抱怨父母太不了解儿女，使得原本和乐的家庭时起争端。

父母和子女之间为什么会有代沟呢？心理学家认为幼儿期所定型的人格，根深蒂固，在那时候所形成的行为模式、生活习惯、思想观念、心态性格等，不易做太大的调整，而造成固执己见的个性。人类学家则认为不同时期的文化观念，有不同的精神规范，农业社会的文化、生活方式，与工业社会所适用的形式，毕竟是大不相同的。

那么，怎样正确地看待代沟呢？

首先我们应该承认这样一个事实，代沟并不是一件坏事，反而代表着一种进步，我们对待它的态度不应是排斥，而应该是欢迎。假如你的子女和你的意见不一样，你应该感到高兴，因为他有变成独立个体的需要，只要那种独立是有理由的，只要他跟你的不同是有道理的，你都应该帮助他建立自我。

子女现在和你的意见不一样，并不表示他永远和你的意见不一样，父母的职责，并不是阻止他的尝试，而是注意他，让他不要出了问题。

父母与子女之间想法的不同，并不是我们人为地去否定它，不理会它，这种差异就会消失了。存在差异是必然的，置之不理并不能解决问题。当子女与自己的意见不同时，我们只要把它当作认知的不同，并不妨害两代人之间的深厚的感情。

我们采取的正确做法应该是进行良好的沟通。沟通是减少差距或误解的唯一方法。当然，子女们与老年父母之间的这条"代沟"由来已久，没有必要，也不可能在一夜之间完全填平，要想做到两全其美，实属不易，看来只有相互谦让点了，为此，一个能为双方接受的代际交往的和谐之策便是：求同存异。

在社会上的人际交往中，不同人的年龄、爱好、观点等等都会不同，即使是成年人互相交往，也存在一些难以沟通的障碍，独生子女和家长沟通难，也是人际交往中的常见现象。所以，互相寻找共同点是孩子和家长都应该遵守的"准则"。

求同存异是促使代际关系的和谐确实是一个上策，它不仅可以保护年轻人自以为"是"的一些优点，也能在两者之间寻找到对双方有利的地方。

求同存异的基础是理解，是相互之间情感和心理的沟通。在代际交往中，理解更多的是要求设身处地为对方着想，能做到将心比心。如果双方都能做一次角色换位，扮演一下对方的角色，体验一下对方的情感，就能很好地改变自己的看法，做出利于交往的行为来。

求同存异还要求双方有时能做到"忍痛割爱"，舍弃有碍代际交往的心理和行为，实际这是一种"丢卒保车"之举，虽丢弃了自己的一点东西，却求得了双方的和谐。

求同存异的另一个要求是双方要能主动寻觅"共同语言"，达到求同的目的。有些青年人或老年人很重视和对方的双向沟通,互通有无,例如老年父母经历多,见识广,社会经验多,这些可以通过与青年的交流,传播给他们。而青年人在科技发达的现代社会里,也拥有一些颇具现代化特色的知识、技能,例如电脑的使用,就可以由青年教授给老年人。

如果父母和孩子都能做到求同存异,做到理解对方,就非常有利于家庭关系的和谐。

增强沟通的方式,首先家长要为孩子指导人生,不要设计人生,即不要强迫孩子完全按家长的意愿去做事,家长往往难以接受孩子做的事并非是孩子不应该做的事。其次,家长不要总是满足孩子的所有要求,要鼓励孩子用个人的努力去实现自己的愿望,这样会使得孩子在未来受到挫折时能够正确对待。

> ·父母禁言·
>
> 求同存异的基础是理解,是相互之间情感和心理的沟通。在代际交往中,理解更多的是要求设身处地为对方着想,能做到将心比心。如果双方都能做一次角色换位,扮演一下对方的角色,体验一下对方的情感,就能很好地改变自己的看法,做出利于交往的行为来。

你怎么这么不爱说话

父母经常会这样抱怨:"孩子什么事也不愿和我讲。"而孩子却诉苦说:"父母不理解我们的需要,他们想说的就说个没完,而我说时他们却心不在焉。"其实孩子有许多事情、感受是很想跟父母说的。他们有欢乐、有苦恼、有意见没有得到及时的交流,主要责任还在于父母没有给予应有的重视,没有认真地或不善于倾听孩子的意见和感受。

如何听取孩子的意见和感受,实质上是父母对待孩子的态度有问题。不愿听孩子讲话、不和孩子谈心,你怎么了解孩子?不了解孩子,你又怎么可能帮助教育孩子?孩子是家庭中平等的一员,父母应该以平等的态度敞开心怀和孩子谈看法、讲见闻、说愿望、道欢乐、诉苦衷,共同营造一个民主对话的家庭气氛。

男孩13岁了,由于母亲不再给他零花钱了,没钱去打游戏机,所以对母亲很反感。母亲说什么他都不听,事事与母亲对着干。这位母亲说,为了孩子学习、生活得愉快,我经受的艰辛都不让孩子知道,没想到他现在这样对待我。

后来,在外地打工的父亲回来了,他把自己的艰辛和经历都告诉孩子,不久之后,妈妈发现孩子竟然变乖了许多,问孩子的爸爸是怎么回事。孩子的爸爸说:"小孩子也是人啊,很多问题,你只要去跟他沟通,他就会明白了,你以前缺乏和孩子沟通啊!"母亲听了恍然大悟,以后特别注意和孩子之间的沟通交流。结果,孩子身上许多逆反的行为,都消失不见了。

如果这位母亲以前就能与孩子有良好的沟通,让孩子了解自己工作的忙碌和生活的艰辛,那么，孩子就会理解母亲，改变自己对母亲的错误态度。那么，父母们应当怎样与孩子沟通呢？

（1）要消除对孩子负评价的心理定势。父母对孩子过去的表现所形成的看法会影响现在对孩子所说话的理解，甚至误解和歪曲。孩子是发展变化的，不是一好百好，也不是一损俱损，父母要排除主观偏见，耐心倾听孩子的心声。

（2）一定要认真听孩子讲话。对于孩子的话，父母应表现出热情和兴趣，并表现出很高兴和孩子沟通。孩子讲话时不打断、不批评，并能从孩子的立场去理解他说话的内容，使孩子感到他被理解、重视和接纳。

（3）重视孩子时内心感受。父母要注意孩子内心的需要与感受，体会他的心声、苦恼和心理矛盾，鼓励他坦诚地表明自己的想法和感受。一定要让孩子明白：父母不赞同他的某些行为，并不表示对他的感受不理解、不认同。父母对孩子的感受认真加以理解和评价，将会影响孩子今后的发展。

（4）言语要切合实际，合乎情理。父母与孩子交流思想情感要实事求是。无论是批评、表扬和评价，也无论是谈论家庭和社会问题，都要切合实际，有理有节，不能跟着感觉走，随着性子说。比如，你批评孩子一件事情没有做好，你不应这样说："笨蛋，我已经说过一千次了，为什么还不改。"这就是夸大其词，于事无补：要经常运用切合实际、合情合理的沟通方法，培养孩子的理智感、自信心，增强教育效果。

（5）沟通时言语要清楚、具体、明朗。"一好吧，你玩一会儿，就回来做作业"。这"一会儿"是多长时间，孩子有他的打算，父母有自己的要求，两者不一致，结果产生冲突是必然的。同样也不能接受孩子言语不详的话，否则也会带来麻烦。如孩子说："妈妈，这个双休，我们几个同学到盘山去玩玩行不？"你不能马上明确表态。因为孩子和几个什么样的同学去，具体怎么安排的，什么时间回来都不清楚。父母与孩子间产生的许多问题和矛盾，往往是由于言语不详、语义不清、模棱两可、似是而非造成的。所以，沟通要成功、有效，言语就要清楚具体。

孩子在不明原因的情况下不会有自觉性，你不说明原因，只是"我说你做"，会有强迫、命令之嫌，孩子会认为你主观，强加于人，所以对你的决定要说明原因。另外，当出现问题时，父母还应有自我批评精神，把属于自己的问题说清楚，不能把自己的毛病、问题模糊地敷衍带过，却去具体指责孩子的不对。那样的话，孩子会认为你没有责任心，是不可信赖的父母。所以，与孩子交流时时刻刻都要抱有信任、友善、尊重的态度，口气不应有烦人、生气、责备或警告之意。

· 父母禁言 ·

很多家长表示每次和孩子沟通刚开始就吵了起来，其实这会增加交流的困难。在真正开始交流之后，交流双方都应保持理性的态度，无论家长还是孩子都应以一种平等的身份来对待对方。对家长来说，在与孩子进行沟通交流的时候不要一遇到与自己观点不符的地方就以"过来人"自居，全盘否定孩子的思想，强制孩子按照自己的思路行事。没有家长不疼爱自己的孩子，关键是在沟通的过程中要做到用心。

第十二章　孩子,我们一定拿你和别人作比较

别人的孩子都比你优秀

有这样一位孩子吐露自己的心事:

爸爸妈妈,你们总是习惯于拿我与别人相比较。表姐的学习特别好,却成了我最大的烦恼。你们老拿我与表姐比,我的心里并不痛快。说老实话,我对正在读高二的表姐的学习能力真是佩服得五体投地,她各门功课都是那么优秀。与表姐相比,我简直就成了一个丑小鸭了,六七十分的成绩占据了我大多数的学科。为此,妈妈总是把我俩的考试成绩放在一起进行对比。"看看你表姐是怎样学的,再看看你是怎样学的,都是生在新中国,长在红旗下,外部条件不差上下,你怎么这样不争气呢,"这样的话几乎成了妈妈挂在嘴边的口头禅。

我真不明白,人的十个手指伸出来还不一般齐呢,为什么妈妈非拿我和一个成绩特别优秀的表姐比?要知道,我也是尽了最大努力的,我在学习上并没有偷懒啊……说实话,要我赶上表姐的学习成绩恐怕是不可能的。有时我想,妈妈,你给女儿确定的目标高不可攀,反正也是赶不上,随你去比吧!

爸妈,不要拿我和任何人比较,特别是和我的兄弟姐妹比。如果你们认为我好于他人,有人会难过;如果你们觉得我不如他人,难过的是我。

我班同学小荷,学习成绩在班级里处于中段。她有个表妹叫叶叶,也在小学读书,学习成绩总是名列前茅。

学校考完试,一看小荷的成绩没有叶叶的好,小荷的妈妈就要来一番比较:"你怎么考了这么点分数?你看看人家叶叶,每科都一百分!要论家庭环境,我们家比她家好;要论脑筋,你一点也不比叶叶差!做什么游戏她能做得过你?而且,叶叶还要比你小两个月呢!可是为什么偏偏就是学习不如她呢?"

刚开始,小荷还很认真,似乎在学习上比以往要努力一些。妈妈也很得意。

但是,好景不长。三个月后又一次考试,虽然小荷的成绩比以往有了明显进步,但还是没有叶叶的成绩好。

小荷妈妈感到很失望,又与叶叶比较起来:"你怎么搞的?怎么老是考不过叶叶呢?我在你身上付出的时间、精力、心血,要比叶叶的妈妈在叶叶身上付出的多得多!你也不比叶叶少胳膊缺腿!教你的老师一点也不比教叶叶的老师差!你看人家叶叶妈,走到哪里都夸叶叶的功课念得多好!"

这一次小荷明显地表现出不高兴来。后来的考试,小荷的成绩反而下降了,与叶叶的差距扩大了。

小荷的妈妈恨铁不成钢,还是拿叶叶做比较,小荷也没好气,气呼呼地对妈妈说:"我是我,叶叶是叶叶,再提叶叶,就让她做你的女儿好了!"几句话顶得小荷妈妈非常伤心,心中老是在捉摸一个问题:"我到底做错了什么?"

爸爸妈妈鼓励小荷最好的办法是不要再把她与叶叶作比较,任何此类比较都是有害的。每个人都是独特的个体,作为孩子,我们也同样如此。所以我们都应该在我们原有的基础上求得发展,而不是做别的孩子的复制品。

所以爸妈,不要这样做比较,这样做比较,把信心比得没有了。

要比较,就是自己跟自己比。

小虎十岁,从乡下转到城市读书后,第一次考试,成绩很不理想。

妈妈对他说:"你刚刚换了学校,这里的环境你还没有完全适应,课程的内容也有许多不同,比如英语,别的孩子已经学了一年了,你却是从头开始。你考出这个成绩,比爸爸妈妈预想的好多了。"爸爸也鼓励他:"你一定能迎头赶上!"同时也采取了一些具体的帮助措施。

第二次考试下来,小虎的数学成绩比上一次有了提高,妈妈高兴地说:"只要你比上一次有进步,就是成功!"

就这样,小虎的信心不断地增强,学习的积极性被有效调动起来,成绩一次比一次好。

爸妈,不要把我跟别人比。我是我,我要自己跟自己比。只要我今天比昨天进步一点,我将来一定会成功。

在现实生活中,的确有一些父母习惯于拿自己的孩子和别的孩子(多是些优秀的孩子)相对比,总是看着别人的孩子顺眼,看自己的孩子咋看咋不顺眼。殊不知,这种做法是孩子们最反感的。在这种"比"的环境中,往往会使孩子产生自卑感,对孩子的性格培养不利。对孩子抱有过高的期望,强迫他(她)去实现自己力不能及的目标,不仅会让孩子感到迷惘,还会伤害他们的心灵和自尊,甚至产生逆反心理。因此,家长必须懂得恰当比较。

小荷的成绩为什么会一再下滑?

小虎的成绩为什么会步步提高呢?

这与他们的家长所用的比较法有关。

小荷妈妈用的叫横向比较,就是与别人比;

小虎妈妈用的叫纵向比较,就是自己跟自己比。

这两种比较法都可以使用,但在使用中一定要牢记:比较法运用得成功与否的标志是,孩子是否从此对学习有信心。

具体一点讲,如果比较的结果是孩子的信心增强了,比较就是成功的。小虎的妈妈就是一个成功运用比较法的典型。

反之,比较的结果是孩子的信心减弱了,甚至根本就没有信心了,那就说明比较法用得有问题。小荷妈妈的问题也就出在这里。

一般来讲,纵向比较更有利于孩子信心的增强,所以要多用。而横向比较则容易得出孩子不如别人的感觉,尤其当比较的目标之间差距过大时,这种感觉就更强烈,甚至会引起孩子极大的反感。"人比人,气死人"这句俗话,虽然消极了一点,却从一个侧面说明了横向比较的副作用。

美国有一个小学生,学习成绩总是上不去。当工人的爸爸很着急,就对孩子说:"人家林肯像你这么大的时候,已经是第一名的学生了!"孩子毫不客气地回敬道:"人家林肯像你这么大的时候,早已经是美国总统了!"搞得这位家长非常尴尬。所以,家长朋友在使用横向比较时,一定要注意少用、慎用。

还有一点经验:孩子的学习情绪处于高潮时,用横向比较,以激发孩子更上一层楼的动力;孩子的学习情绪处于低潮时,要充分运用纵向比较手段,以提升孩子的信心。

同理,对一贯表现出色,信心充足,甚至有点骄傲的孩子,用点横向比较,让孩子知道山外有山、天外有天的道理,以激励孩子;对那些屡战屡败、成绩不佳、"我不行"的自我感觉经常出现的孩子,则要充分地运用纵向比较,重塑信心,以利再战。

总之,要针对不同状态,采取相应的比较方法。

> ·父母禁言·
>
> 作为父母,要让孩子知道山外有山、天外有天的道理,以激励孩子;对那些屡战屡败、成绩不佳、"我不行"的自我感觉经常出现的孩子,则要充分地运用纵向比较,重塑信心,以利再战。

你怎么这么不长进

陈沙读一年级时,看上去还是挺老实的,可现在到了二年级,好像一下子全变了,变得似乎一无是处了。学习成绩不好不说,上课老是动手动脚也不说,光是打架和闯祸的事,照他父亲的话说,就是半天也说不完。昨天是星期日,早上,父亲再三对他说,一定要先做好作业再去玩,他知道陈沙不自觉,就要奶奶监督。在奶奶的监督下,一开始,陈沙还是自觉的,可后来,不知怎么的,陈沙不见了。奶奶房前屋后四处找,就是不见人影。作业自然是没做好。这倒也罢,可气的是,中午有人传过话来,说陈沙在镇农贸市场上闯了祸。原来,陈沙和几个年纪比自己大二三岁的孩子各自凑了一点钱,买了一串鞭炮放着玩。他们把鞭炮放在一家副食品店的啤酒箱里,结果,炸碎了好多瓶啤酒。幸亏当时行人少,要不,就闯大祸了。据说,这点子就是陈沙出的。店主自然要他们赔,并要陈沙的父亲好好地管管自己的孩子。陈沙的父亲得知后,气得两眼发直。他先抓住儿子一顿痛打,随后把他关进了车库。

像陈沙这样不但成绩较差,还调皮捣蛋经常闯祸的孩子,如今是颇有一些的,这是不是可以算不好的孩子呢?不!绝对不能。我们认为,对小孩子来说,没有不好,只有不同。作为家长,一定要树立这样的观点,只有牢牢地树立这种观点,才能以平静的心态、公正的眼光、辩证的态度去看待孩子。否则,就无法教育好孩子,无法与孩子正常沟通。

那么,怎样理解"没有不好,只有不同"的孩子呢?

(1)孩子生下来都是一样的,在性格和品质上都是一张白纸,没有好与不好之分,也没有善与恶之别。就一般孩子而言,除了智商上稍微有点区别之外,其他都是差不多的。至于后来的所谓"好"与"不好",主要是环境和家庭教育所起的作用,不是孩子本身的缘故。

(2)我们所说的好与不好,其标准往往是成人化的,总是着眼于孩子的成绩是否好和是否听话。这个标准显然是非常片面的。对一个孩子成长过程中的全部因素来说,学习成绩只是其中的一小部分,身体素质、个性品格、思维特性等都是很重要的。如果抓住学习成绩不放,对其他视而不见,这是不公平的。至于是不是听话,那就更有不同的理解了,听话的孩子不一定是好孩子,不听话的也不一定是坏孩子。特别是在现在这个积极倡导创造精神的时代里,我们更要正确地看待孩子的听话问题,千万不要以为孩子越乖越好。听话不听话,只不过是表现形式不同而已,根本没有好坏之分。

(3)记得有一位教育家说过,一个孩子从来不犯错误,这本身就是一个大错误。这话听起来有点不可思议,但是很有道理的。孩子的过错与成人的过错有本质的不同。我们要用发展的观点来看待孩子的错误,要允许孩子犯错误。错误本身是不好的,但可以通过错误,总结经验,获得教训,增长才干。对孩子来说,通过自己犯错误而获得的经验和别人传授的经验,这两者相比,其意义是不一样的。家长不能只看到错误本身,或只看到错误带来的麻烦,还要尽量看到错误背后的一面。

(4)孩子的可塑性是极大的,只要有正确的教育观念和合适的教育方法,不管什么样的孩子都是可以教育好的。孩子的所谓好与坏,实际上是一定教育观念和教育方法的结果,并不是孩子自我发展的必然。孩子越小,客观因素所起的作用就越大。正因为如此,当我们认为孩子"不好"了,首先应该反思的是自己的教育观念和教育方法,而不是粗暴地指责和惩罚孩子。

(5)行为不好与人不好,这是两回事。我们不能把偶然的一个行为与整个人联系起来,特别是孩子,许多过错的背后往往有着良好的动机或独特的创意。像上面事例中的陈沙把鞭炮放进别人的啤酒箱里,这种行为是错误的,但并不能据此就认定他是个坏孩子。轻易地说孩子不好,等于把孩子看死。"不好",是一个概括性很强的词,一旦认定孩子不好,往往就会失去信心,放弃努力,把责任推给孩子自己。作为家长,这显然是不负责任的表现。

> ·**父母禁言**·
>
> 对小孩子来说,没有不好,只有不同。作为家长,一定要树立这样的观点,只有牢牢地树立这种观点,才能以平静的心态、公正的眼光、辩证的态度去看待孩子。否则,就无法教育好孩子,无法与孩子正常沟通。

我就是要拿你和其他孩子作比较

父母对子女成为竞争中的赢家的期待,从宝宝还在妈妈肚子里就已经开始了。怀孕4~5

个月后,妈妈的肚子开始鼓起来时,妈妈们就会从胎教开始,自觉不自觉地开始了她们的竞争。6～7个月后,妈妈们又开始凭肚子里的孩子的胎动与其他的妈妈进行竞争,说什么自己家的孩子"好像能听懂妈妈的话似的"、"孩子像是从肚子里就已经开始反抗妈妈似的用脚踢我"、"孩子在肚子里就让我感到了有什么不一样的地方"等,开始进行所有的炫耀。一边背着胎教里什么最好,为了孩子妈妈都要吃什么,特别是要使孩子变得聪明妈妈在怀孕期间应怎样等所有的常识,一边点燃了她们竞争的导火索。

怂恿孩子与别人的孩子进行竞争的事,到了孩子出生以后便真正地开始了。从刚出生时候的体重、身高到孩子的眼神、肤色,直至头发的浓密,都开始与其他家的孩子进行对比。之后,孩子一天、两天、一个月、两个月地成长,到了站起身可以走路的地步,就到了出生后最为激烈的行走动作比较,这时,竞争就达到了顶点。

"这个孩子都快满一周岁了,可是为什么还没有要站起来走路的迹象呢,这个孩子到底是像谁,这么慢啊?老公,你是不是以前过了周岁还躺着?我真的无法理解!101座的就是那个孩子妈妈是空姐的那家的孩子,老公,据说已经开始到游乐场到处跑来跑去了……"

这种与别人家的孩子进行比较的心理,会随着孩子一岁、两岁地渐渐长大变得更加激烈和进行得更加多种多样。在送孩子到托儿所或幼儿园的过程中,妈妈们总是对别人家的孩子的"举动"侧耳倾听,如那家的孩子上哪个补习班,在学什么,还有学得怎么样、做得如何等,展开了真的令人感到吃惊的激烈竞争。

竞争的目标比较简单——没有究竟到达哪里或最终所要到达的目标,目标只是一个,就是绝对不能落在别人身后。就是说,不管怎样都要比别人稍微走在前面,做得好、多、大、快。所以,孩子一出生到这个世界上,就卷进了早期教育和提前学习热。如果别人家的孩子迈出一步,那么我们家的孩子至少也要迈一步半。一旦让孩子们开始了那种竞争,必然会导致早期教育或提前学习的面变得越来越宽。换作以前,就算提前一年将孩子送进学校让他学习,在同龄人中也算是走在前面的,可是如今,那种程度连门儿都没有,因为没有不是达到那种程度的孩子。现在,若还想将别人家的孩子甩在身后,已经到了只有让孩子提前多学几个阶梯,或者是提前几年上学的地步。

现在离上小学还有一年多的时间,也就是说只是一个上幼儿园的学生,居然知道所有韩文字母不够用,还得掌握加减乘除法、这样才能算作比较正常。而且,如果自己家的孩子无法达到这种标准,孩子的妈妈就会马上变得不安和焦虑,开始催促孩子。

"那家的孩子跟你一样上幼儿园,但据说已经能用英语进行简单的对话了,更不用提背九九诀了……"

"据说,那个孩子用他妈妈的手机随意给他的爷爷奶奶发信息,而且是拼写法没有一点错误的非常完美的文章。反而他的奶奶因为不怎么会发信息,面对自己的小孙子诚惶诚恐……"

像这样的比较,会随着孩子年级的升高,强度渐渐增加,比较的对象和范围也逐渐变宽。当自己家孩子到了上小学、上初中、读高中的时间,妈妈们将自己的子女同别人家的孩子进行的比较,简直就达到了顶峰。这种比较即使到了孩子大学毕业、找工作、结婚,还会因为妈妈的无边无际的竞争性的欲望而持续着。

父母因为自己小时候就成长在那种比较、竞争的环境中，而且在那种比较、竞争下极其艰苦地成长，所以他们刚开始通常会下决心绝对不会对自己的孩子那样，但终究在不知不觉之中，自己也让孩子进入那种比较和竞争中。这又怎么能说清楚呢？这个世界就是那样的，别人都那样，不能我一个在这里就这么待着，让我家孩子就这么落后吧？当看到因被妈妈不断地不分白天黑夜地送到补习班而感到精疲力竭的哭泣的孩子，虽然当时心里想着我不能这样，这样不行，但一觉醒来不还是将孩子送到补习班吗，独自一个人待着的时候，心里想着不能再这样养孩子了，但一见到小区里的其他妈妈或参加完朋友们的聚会后回来，驱使孩子的做法马上就变得更加严重。难道我们要一直这样吗，到底对此应怎样，什么时候、从谁开始纠正好呢。

最近有一句这样的流行语："擅长养孩子的好妈妈，在两个情报上都特别擅长。一个是，应了如指掌在哪个补习班、谁讲什么的最好的信息；另一个是，应具有哪个神经科或少儿科的大夫对孩子们进行心理治疗比较擅长的信息。"因为孩子们深受提前学习的折磨，在学校和补习班受到的过度的学习压力和从妈妈那里听到的不停地倾泻的"过度的爱和鞭挞"下，无论是表面还是心理上都患了病，消化也变得不好，身体也发育畸形。极小的孩子就已经患上了成人病，孩子们受高血压和糖尿病的折磨，像超重、脂肪肝这种只适合于成人的用语也开始出现在孩子们的病历本上。之后，这些还会引发心理疾病，让孩子陷入不安，出现焦虑症症状，甚至会使孩子在某种情况下做出自杀这样的极端行为。

为什么我们的孩子在这样的竞争中，在父母的驱使下必须取得比其他孩子更快、更靠前、更多、更高、更强、更大、更多的成就呢？某个孩子这样表白：真希望能到谁都没有的，也就是没有比较对象的无人岛上，一个人独自生活。

· 父母禁言 ·

父母因为自己小时候就成长在那种比较、竞争的环境中，而且在那种比较、竞争下极其艰苦地成长，所以他们刚开始通常会下决心绝对不会对自己的孩子那样，但终究在不知不觉之中，自己也让孩子进入那种比较和竞争中。

你只要有一项优势就可以了

韩国的教育政策中曾有过一则"只要做好一项，就能上大学"的口号。这本书并不是议论那样的教育，但这个口号与本书要讲的"不能对孩子说的话"有着密切和深刻的联系，所以在这里首先就这个口号从两个问题进行说明。

（1）这个口号将教育的最终目的放在了上大学上，所以问题就很深刻，那就是它更加深了今天韩国教育最大的根深蒂固的问题——婴儿出生后上幼儿园、上小学后，不分你我的都应去大学，那样，掩盖了教育的事实真相，使人们把上幼儿园和上学的目的只是放在了考上大学上。中学毕业以后去职业高中沦落为了考大学失败的人们才选择的路。

其实，1960～1970年韩国教育并不像现在这样子。当时的职业高中里，真的是云集着很多优秀的学生。优秀的中学毕业生，早早地将进职业高中作为了目标。他们在"与其上大学，还不如早点走向社会"的观念下，选择了职业高中。所以，当时有很多有名的职业高中，粗略计算，光首尔就有很多像德修商高、仙林尚高、首尔工高、首尔女子商高、京畿工高等优秀的有名的高等学校。而且，从那些有名的职业高中毕业的人们，后来进了大企业和金融机构后升到了非常高的位置的及为国家的发展做出很大贡献的大有人在。但现在是什么情况呢？虽然还有极其少数的几个职业高中还是优秀的中学生们所要优先考虑的对象，但大部分沦落为最终没能考上大学的中、后等生才做出的第二选择！我认为如今的韩国教育的很多问题就是在不分你我的将所有青少年送去大学的氛围上萌发的，只要做好一项就能上大学使这种认识走向更严重的地步。这种政策出台的初衷当然并不是为了使所有的学生聚集到大学，有可能是为了把入学的机会不仅仅限于擅长国语、英语、数学等少数几个主要科目的学生上，也要考虑到持有其他潜力的学生们上大学的机会才被提出来的。政策制定者可能本打算让这项政策在降低家庭教育开支的热潮和重视人性教育上有所帮助才出台的。但最终与其说取得了那种预期的效果让所有人都高喊大学，不如说只是强化了学生一定要去大学的意识。

(2)"只要做好一项，就能上大学"的口号所持有的最深刻的问题就是扭曲了小学、中学、高中教育的本来目的。小学、中学、高中教育是国民普通教育。而国民普通教育指的是，作为一个国民和市民，为了在社会上生存下去而不分你我必须要一起接受的具有普遍性的教育。所以，国家通常将其义务化。虽然各国的国情不一样，但大部分的国家都将小学、中学、高中整个期间的教育定义为"义务教育"。韩国也将直到中学的国民普通教育教育定为义务教育。

这种国民普通教育重要的一点就是让所有的教科书教育和教科书以外的教育全部都应正规地好好教和好好学。也就是说，不能光学好特定的科目，例如，不能光学好我们每天都在强调的国语、英语、数学这些科目，其余的科目也需要好好教和好好学。而且，义务教育也包含着学校应向孩子提供教学科目课以外的多样的非教学活动项目，以使他们掌握日后走向社会所必须掌握的许多常识、技术和态度等。简单地说，就是要使孩子们日后成为更高效的市民和真正的人，小时候教给他们平均的各种内容和活动或让他们平均地学各种内容和活动是非常有意义的。这与我们为了帮助孩子们的身体能够成长及发育而教他们均衡地吃和让他们学会怎样均衡地吃是同样的道理。但因为口号中提示了非常坚定和分明的"只要学好一项"的原则，所以造成了家长和孩子们在小学、中学、高中期间错误的学习偏好——孩子们不想着将所有科目都学到基本达标，而是早早地放弃一切基础科目后，只专注于学特定的科目和特定的活动上的局面。例如，每个人都会不约而同地设定各自成为"特长生"的目标。并且大学还设立了特长选拔的机制，使得韩国的教育问题变得更加复杂化。所谓特长生，并不是指不管其他的只要擅长做一件事就可以的意思，特长生是指在其他方面必须达到最低程度的平常人那样，也就是在平均上达到某个标准的前提下，其中一项有着超人情况。例如，如果说某个孩子是英语特长生的话，那么那个孩子至少在国语、美术、社会、科学、音乐、体育等其他科目上达到了平均的水平，然后英语又需要比其他人突出。假设某个主妇拥有擅长做咖喱饭的特技，那么，这并不代表她根本不会做其他的料理，也会做酱汤、也会做海带汤、更会做泡菜……即在别人日常做的料理方面，也达到了一般的水准，而只是做咖喱饭达到了全世界都能认可的水准的意思。培养那种"特长生"人才，不可能成为小学、中学、高中教育的目标。

我们经常用成功的年轻人作为模板来唤醒子女们,要求他们拼命努力。例如,父母们会很轻易地对子女们说如下的话。

"喏,看看朴智星!就因为特别擅长踢球,钱挣得那么多。什么学习不学习的,想当初你干脆也好好学踢球就好了。"

"你看看秋信守,他现在可是个红人,据说他的年薪达到几千万美元。他现在已经赚很多钱了。"

"金妍儿选手现在已经成为世界名流了。据说,这次又被选为时尚新宠了。金妍儿长得又那么漂亮,反正她真太厉害了,看看,你算什么,你当初也像金妍儿样拼命地学花样滑冰就好了……"

当然,如果从教育层面上看的话,在子女成长中给他们设那种世界性的人物榜样并不是不好。联合国秘书长潘基文给了年轻人多少梦想和希望啊!或者像少女时代那样的女子音乐组合也不错。因为这样的人能够唤起青少年们只要努力就能成功的信念,在我们社会里也有很多人通过努力而成为世界级的人物是非常好的事。但这里也有一点必须要较真的地方,就是考虑到那样的成长模式稍微不慎就有可能会让孩子们产生只要无条件地"擅长一项就可以"的错误想法。

联合国秘书长潘基文并不是单单擅长英语才走到今天的。并且,也绝对不是因为中学、高中的学习好,所以去了好大学,最后又通过外务考试才变成联合国官员的。同样的,无论是金妍儿选手,还是朴智星选手,都不是只特别擅长花样滑冰或特别擅长踢球这一项才成为世界级的选手的。当然,也不是绝对没有某个人把所有的事都抛到脑后而只专心一项最终成为世界级的伟大人物的情况,但是,如果总结他们成为世界级的大人物的人生,你就不能忽视他们所拥有的几点共同特征:

例如,他们小时候绝对不是只擅长一项。他们也和其他人一样,或者比其他人在其他事情(学习)上更为努力过。他们战胜了那些刻骨铭心的痛苦的过程。并且,可以说他们大都天生比别人聪明,特别是持着那种天赋异禀的,仿佛是上帝给了他们特别的才能。当然,相信上帝也毫无例外地各给了每个普通孩子至少一门才能。但是,在大部分情况下我们不知道哪个孩子带着什么才能来到这个世界的。有时在孩子成长为大人之后也不知道自己究竟有什么特别之处。其实,这就是韩国教育的另一个问题。孩子从婴儿时期开始,一直到他们上小学、中学、高中这段时间,由于我们大人根本没有帮助孩子们去寻找他们的天赋,而且也不知道该怎么找,即使模糊地找到了也并不知道怎么能培养那个才能,所以最终将那种才能埋没的情况有很多。之后,又一味将孩子们全部都推到考大学的队伍中。如果观察在很小的年龄就在全世界范围内取得成功的卓越的年轻人们,我们会发现,其实在他身边,从小开始就有帮助他们尽早发现他们特有的那种天生卓越的才能的父母和师长们。并且,从那时开始,大人们就为了培养孩子们的那种才能而注入格外的心血。就是这一点使得他们与我们普通人的普通孩子们不同。

我们现在虽然将取得伟大成就的年轻人树立为偶像,但如果我们只执着于他们所取得的成就,而忽视他们为了成就那些而经历的那些过程,也不关心那个过程,则实在是可悲而贪心的。在这个世界上,不管是何种情况,都不会有未经历过程的结果。过程非常艰辛的时候,不就是得到了满含泪水的欢喜和结果吗。在过程中尽全力,理所当然的不就会跟随好的结果吗。我们大人怎么能成为只重视结果而向子女们大声嚷让他们看谁谁谁的教育者呢？在我们父母向子女们大声嚷之前，首先要回顾自己到底为了寻找孩子们的天赋和潜力做了多大的努力。假设孩子身上并没有显而易见的天生才能时，我们有没有为了开发孩子们后天性的某种才能而深思熟虑孩子们会适合做哪一项呢？并且，为了培养孩子那样的一项才能，我们父母又为基础的、广泛的、普遍性的教育付出了多大的努力？成功并不是结果，成功是过程。所以，我们不能光向孩子们盘问结果。应把意义更多地放在过程中，把关心放在过程上。在如此这般的过程中，会得到预想之外的好的结果。像类似"你看看那谁谁"，"谁谁怎么样"的话，会让孩子们变得更加急躁乃至产生愤怒，产生自我贬低的心理，变成疙瘩积累在心中。

> ·父母禁言·
> 父母不应只盘问结果，应把意义更多地放在过程中，把关心放在过程上。在这个过程中，会得到预想之外的好的结果。

你一定要当神童

周超洋，今年20岁，因其自学考上美国名校而被媒体誉为"传奇少年"、"神童"。但在骄人的光环背后，他却有着一段坎坷的成长之路。他从小随做生意的父亲辗转各地"周游列省"，小学期间就转了13次学。2000年12月，父亲周斌的生意经营不善，只好带着家人从城里回到乡下。

周超洋在岭头乡中学读完初一后，因家庭经济困难就辍学在家，用两年时间自学完成了所有的初中课程。那段日子，他忍受了常人无法想象的孤独，但表露出了对英语的浓厚兴趣。为了让儿子更好地学习英语，周斌央求师范学院外语系的领导允许儿子免费旁听。

虽说是"编外学生"，但周超洋在英语方面的优异表现超过了很多大学生，同时也引起了外籍教师的注意。外籍老师邀请他担任自己的随身翻译，还介绍他给在中国的美国游客和商人做翻译。在此期间，15岁的周超洋就通过了大学英语六级考试。

家庭条件稍有好转后，他回到了学校读高中，读了一年后越来越感到课堂教学跟不上自己的学习节奏，于是就休学在家自学高中课程。期间他还参加了"高中生英语口语大赛"，夺得了一等奖。周超洋的兴趣很广，爱好打篮球、绘画和拉小提琴。在参加托福考试时，他球照打、琴照拉，心理素质极好。

除了英语，周超洋还掌握了德语、西班牙语和朝鲜语。因家庭条件限制，他没有报考国内的大学，而是将眼光瞄准了国外的大学。2006年年初，美国威斯里安大学弗里曼基金会主席到中国挑选弗里曼亚洲奖学金对象。凭借广博的知识和敏捷的思维，周超洋给弗里曼基金会主席和威斯里安大学校长留下了深刻的印象。通过几次严格的面试，他和另一名学生成为幸运儿，获得了弗里曼亚洲奖学金。

自从儿子的成功经历被媒体披露后，周斌就烦恼不断，经常有家长上门请教，送子寄托,其中热情最高的是当地一位老板。这位老板领着儿子,带着保镖,开着奔驰车赶到永嘉,在当地最豪华的酒店宴请了周斌一家人。席间,老板对周斌成功培养出一个"神童"羡慕不已,坦言自己最大的遗憾是"没有教好孩子"。这位老板许诺:"只要代为教育他的儿子成才,每月付5000元酬劳,事成之后再一次性付给200万元。"

周斌再三推辞,怎奈老板盛情难却,最后只得答应先把孩子带回家,与周超洋交个朋友"玩"几天。周斌发现,老板的孩子一捧起书就哈欠连天,吃饭吃菜也挑肥拣瘦,最后实在忍不住就自个儿跑街上玩去了。这位老板无奈地接回了孩子,离开前依然盛情邀请周斌担任专职家教。

这个暑假,像这样上门"托其带子"的事情,周斌碰到不少。其中有二十多位素不相识的家长还费尽周折打听到周家的住址,亲自登门拜访,甚至远在宁夏、内蒙古等地都有人打来电话要求见面。还有一位家长承诺:只要能帮忙管教儿子,并让孩子考上名牌大学,就赠送房子一套。更令他纳闷的是,因为儿子曾有过转学13次、辍学自学两年的"传奇"经历,一些家长居然也希望能按照这个模式教育自己的孩子。

"子女教育是不能用巨资买的。家长过去对子女教育不重视而造成的影响也不可能用金钱弥补。"面对这些父母,周斌苦口婆心、婉言谢绝,"每个孩子都有不同的特点,自己儿子的教育方式也不一定适合所有的孩子。毕竟教育孩子不是生产产品,可以照葫芦画瓢、流水线作业。"

成功的教育是可以重复的,但不可以复制。它应该是学校教育、家庭教育和社会教育综合作用的结果。成功的成长经验固然值得借鉴,但绝不能机械模仿,因为个体素质的逻辑起点不可能完全一致。孩子不是"橡皮泥",那些试图通过教育将孩子任意捏成自己理想中形状的想法,只能是徒劳无益的。

不惜重金复制"神童"的现象所折射的不仅仅是富商阶层的教育问题,更多反映了当前越来越多的家长急功近利的教子心态。家庭教育是不可替代的,有些家长以为自己花了大钱,就能让孩子成才,其实这是一种不负责任的做法。因为最适合孩子的教育方法是金钱买不到的,而是要用父母的爱心和对孩子一辈子负责的态度去亲身实践的。

教育活动是十分复杂的,同样的教育方法,用来教育这个孩子可能获得成功,可用在另外一个孩子身上就不一定适合。作为家长首先要更多地了解和关心孩子,在对孩子的智商、情商、兴趣爱好和实际能力进行正确评估后,及时调整对孩子的期望值,找到适合孩子的可行且有效的家庭教育方法。科学的家庭教育应该是因人而异,从孩子的实际出发,尊重和信任孩子,给孩子提供最适合的教育方法,充分发挥孩子的兴趣和潜能,而不是违背教育规律"包办"孩子的教育。

·父母禁言·

科学的家庭教育应该是因人而异,父母从孩子的实际出发,尊重和信任孩子,给孩子提供最适合的教育方法,充分发挥孩子的兴趣和潜能,而不是违背教育规律"包办"孩子的教育。

如何应对孩子学习疲劳

　　黄音是一名上小学五年级的小朋友,学习很认真刻苦。最近,她遇到了一个很大的难题。每次晚上在家做功课,做到一定时间(一般在1个小时左右)后,就出现昏昏沉沉想睡的感觉,可真上床睡又睡不着,继续留在书桌旁看书,却是看了后面就忘了前面,根本谈不上学到了什么的问题。做作业一遇到稍微难一点的思考题,脑筋就转不动。为此,她很苦恼,家长也不太了解,不知道是为什么。这是不是因为学习过于疲劳造成的?

　　没错,从黄音出现的种种症状,可以判断的确是学习疲劳导致。

　　心理学认为,疲劳是由于高强度或长时间持续活动,导致工作与学习能力减弱、效率降低、错误率增加的心理状态,它是一种自然性防护反应。

　　我们知道,无论读书还是做其他事,刚开始时总是不带劲,过一会儿才上轨道,才出现效率。这个过程称为"心理调整"。当心理调整后进入学习时,疲劳和厌倦便随之而生,不过起初并不觉得,须积累到一定程度时才显露出来,并随学习的进程而逐渐加剧。效率相应降低,时而出现误差;如果不休息而继续学习,使疲劳得不到恢复,或恢复程度不足以补偿工作与学习中形成的疲劳时,疲劳就会积累起来,最后既无效率可言,也会对人体造成损害。这时,如果适当休息,疲劳得以解除,学习的"引擎"将再度活动,效率恢复。

　　虽然,一般来说,小学的功课不会太重,但因人而异,小朋友的生理、心理状况不同,对于学习强度的敏感性不同。像上述例子中的黄音小朋友,情况还算是比较正常的。随着孩子年龄的增长,学习强度的增加,孩子身心承受能力的成长,一般来说,孩子学习疲倦的情况会有所改善,这也是初中、高中每节课的时间和小学一样的原因。对于孩子暂时性的、短期的学习疲劳现象,可能是由于不适某种情况造成的,家长不用太过担心。但如果孩子长期处于学习易疲劳的状态,家长就应予以足够的重视了。

　　预防孩子做功课的疲劳有两个问题需要解决:一是做功课的休息时间以多少为合适?二是怎样的休息才算是真正的休息?

　　该休息多长时间呢?时间过短,疲劳解除不了,白白浪费了休息;时间过长,好不容易做好的心理调整将失败,又必须从头开始调整心理。据研究,小学生做功课中间的休息以5~10分钟最恰当。也就是说,要他们做两小时的功课,以学习20分钟,休息10分钟,反复实施,效率最高。

　　怎样的休息才算是真正的休息?答曰:"离开课桌。"

　　有些父母认为,孩子好不容易静下心来专心读书,如果离开书桌心就不容易再收拢回来;所以,只是送点茶水或点心给孩子,让孩子缓解一下再接着学习,或者趴在课桌上打盹片刻。殊不知,仍保持与做功课时一样的状态休息,心理上的紧张是无法消除的。这样的休息等于没有休息。因此,不管休息多长时间,哪怕是5分钟,也要离开书桌,到户外去。因为只有这样,心理的紧张才能得以缓和。

　　到户外去干什么?最好是忘掉功课,进行体力活动,比如,做一套广播体操。如果人离开了书桌,也到了户外,而脑子仍在想着功课,那是很难达到休息的目的的。

如何给孩子请家教

刚上初三的大鹏的情况不太理想,他的几门主要功课成绩都不太好。还有一年就要中考了,父母赶紧趁早替他请了几位"家教",轮番在家里给儿子"开小灶"。可补了近半年的时间,大鹏的学习却无明显起色,而且据他自己说,自己已经离不开"家教"了。

上课时无法仔细听讲,想着反正家教会来再讲一遍,就不知走神到哪里去了。回到家里,没有"家教"的陪伴就不能安心学习。为此,大鹏的父母非常头疼,没想到弄巧成拙,如今反倒骑虎难下了。

现在有不少中学生家长,由于孩子学习上存在这样那样的问题而考虑是否该给孩子请一位"家教",但又心存疑虑,主要是担心孩子会对"家教"产生依赖性,也不知道请什么样的"家教"好。大鹏同学的情况就是这样一个反面的例子。

首先,我们应该明白,中学生的主要"战场"在课堂里,不可本末倒置。给孩子开辟家里的"第二课堂",一定要尊重孩子的意见,不可一意孤行。

中学生主要学习的场所是在学校,在教师的科学指导和学校的精心组织下学习。如果孩子每天对老师所讲内容较感兴趣,对所学内容基本理解,能够独立完成作业,则没有必要上补习班或请家庭教师。孩子在学校里好好学习,在家里较好休息,独立完成作业,干些自己有兴趣的事,帮助父母做些家务,是有助于孩子身心健康发展,有助于培养其独立生活、学习的能力的。

现在许多独生子女的家长望子成龙心切,而不管孩子自身状况,执意将孩子送进各种补习班,或请来家庭教师"另开小灶",导致了许多问题。其一是孩子负担加重,孩子失去了自由、健康、视力、个性,真是苦不堪言;其二是"课下"进度与学校正式上课进度不一,学生和教师精力分散,顾此失彼;其三是家庭教师质量参差不齐,家长有可能白花冤枉钱换来孩子遭罪受;其四是聘请家庭教师还会养成孩子的依赖心理,不利于孩子独立获取知识的能力培养。

在下面两种情况下,家长可以请家庭教师:一是孩子在学校里接受的东西实在消化不了或孩子经常处于"饥饿状态",而学校老师和家长都无能为力的情况下,可征得孩子同意,聘请家庭教师;二是孩子某一方面表现出特长,如音乐、绘画、写作等,孩子渴望提高,此时可请家庭教师。

请什么样的老师呢?城市家庭因地制宜,喜欢请大学生。大学生的优势是知识面广,新见解多,有活力,和中小学生年龄相差不太大,容易沟通,但他们的缺陷是有许多大学生没学过教育学、心理学知识,不熟悉孩子的教材。请在校老师做家教,其优势是熟悉教材,能讲出跟课堂上一样的"效果"来,但没有大学生的优势且不说,还容易给孩子造成一种"重压"感,孩子觉得拘束,家庭成了课堂的延续。因此,请家教时,要注意以下几点:

(1)充分听取孩子的意见。现在的中学生学习负担普遍较重,晚上还要做老师留的习题。请家庭教师给孩子补习,又要孩子做一定数量的习题。如果家教的进度和学校的不一致,另起炉灶,则会加重孩子的负担。繁重的学习,往往会使孩子失去学习的兴趣,后果是严重的,所以对于是否请"家教"的问题，一定要尊重孩子的意见，不可一意孤行，否则只会适得其反。

（2）根据实际情况认真选择家庭教师。家庭教师的差别很大，并不是每一个家庭教师都适应指导您子女的学习。而且家庭教师不是"万金油"，不一定能指导所有学科的学习，因此首先要考虑辅导的重点学科。家长要了解家庭教师的知识、技能和经验。即使您聘请的家庭教师具有很高的专业知识和技能，也不一定能教得很好，因为指导学生学习是一门艺术，需要熟悉心理学、教育学和教学法，并要坚信"每个人都能学得好"。只有针对学生的弱点和不足，积极寻求补救措施，才能帮助学生进步。

（3）教师性别的选择。有专家认为，最好为中学生选择同性别的家庭教师，因为中学生容易对异性充满好奇和幻想，异性家庭教师可能会对学习产生负面的影响。

（4）选择性格和孩子合得来的家庭教师。需要请家庭教师时，要选择和孩子有亲近感的人，抓学习但不太急躁的人。所以，在选老师时，要领孩子去和老师见见面，看孩子的反应如何再定。

（5）避免熟人介绍。最好委托专门的介绍机构，否则很难作适当要求，若不满意时也碍于面子解聘。

如何教育对学习没有信心的孩子

张扬是个小心谨慎的孩子，和他的名字张扬正好相反，张扬一点也不张扬，他沉默地过着日子。

张扬唯一在意的就是学习，也可以说是缘自父母的加倍关注，张扬倒对自己的学习极没信心。平时，张扬做家庭作业都要检查3遍，而且这种习惯也延伸到了张扬的生活中，出门锁门都要多次确认才放心。到了考试，一下考场，就忙着和同学对答案，一旦有出错的地方，就整个人都泄气了似的。长此以往，他的精神受到了极大的压力，学习成绩也下降了不少。他对学习再没有丁点儿信心，认为自己肯定学不好，从一个极端走向了另一个极端。

针对张扬的问题，我们先来看一个现实生活中成功的例子。

安徽省高考状元，现是清华大学生的戴洁在介绍她的学习经验时说道：

"我的母校是安徽省太和县一中，在外地几乎无人知晓，但在县内却是名副其实的高等学府。1993年中考后，与往常一样，多少学生削尖了脑袋想钻进一中。为了照顾本校初中毕业生，学校高中部增加了5个录取名额。这样有一个女孩如愿进入了一中——她是我高中三年级最好的朋友，一个对我进入清华给予了巨大帮助的朋友。一进高中，第一次考试，她名列全班倒数第二名，一年之后她跻身于班级前100名；两年以后，她已经位居全班前10名，年级前30名；最后一次模拟考试，她以全班第三名的成绩让所有人震惊。而我，清清楚楚地知道她曾是一中的编外人员，曾是倒数第二名。她说过：'我不信我会永远垫底，我相信别人能做到的，我一定能做到，我不着急，终究有一天我会摆脱困境。'她说得多好啊！她现在已是一所著名院校国际金融系的学生。"

"我之所以多次介绍她的事迹，就是想告诉千千万万的同学们，相信你们自己的力量，相信你也可以创造辉煌。正如一场体育比赛,如果你赛前就已经弃权了,那么你无疑是输家,因为连你自己都不相信自己,你输定了!如果你给自己一搏的机会,人的潜能是无限的,你会得到意想不到的好成绩。"

如果张扬小朋友看到戴洁介绍的她同学的故事,一定能感悟到相信自己是很必要的。现在的小朋友多是独生子女,骄纵任性,受不得一点挫折,最大的敌人就是他们自己。所以说,要相信自己一定能行,不要还未上场,就已经弃权。

要想提高孩子的成绩,培养和提高学习能力,树立孩子的学习信心十分重要。一个孩子如果对学习失去了信心,他就不可能再努力学习,不努力学习,成绩当然不可能提高,学习能力的提高也无从谈起。

那么,怎样才能帮孩子树立信心呢?做到这一点,关键要认识到:人的潜力是无穷的,人类远远没有把自己的潜力挖掘出来。

大家知道美国国会图书馆藏书有1500多万册,但它的信息量只有一个人大脑可记忆知识的1/50。还有人估计,人脑记忆的可能容量相当于全世界图书馆藏书的信息总量。前苏联的一家杂志说:"如果我们能迫使我们的大脑达到其一半的工作能力,我们就可以轻而易举地学会40种语言,将一本苏联大百科全书背得滚瓜烂熟,还能够学完数十所大学的课程。"

美国心理学家奥托认为:"在正常情况下,一个人所能发挥出来的能力,只占他全部能力的4%。"可知,一个人的潜力有多大!

而一些孩子的成绩差,学习能力也差,并不是真正的差,只是他们不知道自己有潜力可挖,是他们没有认真读书而已。如果他们知道自己有潜力可挖,如果他们能认真读书,他们的成绩肯定可以很快提高起来。根据脑科学的研究,一般人的大脑是没有什么区别的。爱因斯坦大脑左右半球的顶下叶区比常人大15%,那仅是个别现象,全世界到目前为止,还只有一个爱因斯坦。由此说明,一个孩子成绩差,只要他努力,成绩完全是可以提高的。那种认为自己脑子笨,由此丧失提高成绩的信心,这种看法是完全错误的。

作为家长,在让孩子明白了自己的潜能之后,可以具体从以下几方面来树立孩子学习的自信心:

(1)给孩子提供一个温馨且可依赖的家庭环境,让孩子感受到父母和他是站在一起的,使孩子在遇到失败和挫折时有一个精神上的寄托和依靠。

(2)与孩子谈论将来,让孩子对未来充满美好的向往和憧憬。

(3)多发现孩子的优点和长处,孩子在学习、做事或生活自理方面即使有了微小的进步,也要慷慨地给予承认和表扬。

(4)认真分析孩子对自己的评价,如果孩子的自我评价太低,对自己的消极评价较多,那么,请家长平时多讲孩子的优点——对老师讲,当着亲戚朋友的面来夸奖,打电话时故意大声地说孩子的聪明可爱之处,让旁边的孩子能够听到——这其实是给予孩子积极的心理暗示,使孩子觉得:"我行!爸爸妈妈常说我行!"另一方面,父母千万不要当着别人的面批评指责孩子,说孩子这也不行,那也不行,这也不好,那也不好。如果家长经常这样说,就是在给孩子以消极暗示,久而久之,"我不行"的念头便会在孩子的心里扎根,变成孩子的"自我设限"。

(5)对孩子的批评应该立足于帮助孩子认识错误、解决问题、纠正错误,而绝不能变成家长对孩子发泄脾气的过程。批评孩子应该就事论事,就孩子的错误来说明是非曲直,而不能陈年旧账一起算,把孩子骂得一无是处。

(6)引导孩子正确对待挫折和失败,把挫折和失败当作学习和反思自己的一部分。采用讲故事的方法向孩子说明挫折和失败对人生的重要意义。

(7)鼓励孩子写日记,尤其要鼓励孩子写下自己平时最开心、最得意、最难忘的事情,这是一种使孩子自我认识和自我表达的良好途径。

(8)告诉孩子:他是最宝贵的、最值得珍惜的、最可爱的、最有发展潜力的人。不要在别人面前说自己的孩子长得不好看,不要强调孩子"挺聪明,就是马虎"。孩子正在说话时,父母不要随便打断或否定。当孩子要求父母"看我画的,看我做的,看我写的,看我跳的"的时候,是希望得到父母的肯定与赞扬,这时,父母不要表现出漫不经心、不屑一顾或敷衍了事,甚至不耐烦的态度,更不要吹毛求疵,用成人的眼光挑毛病、泼冷水;而应该认真欣赏孩子的作品或表演,并给予真诚的赞美和肯定。

(9)注意发现孩子的创造性和独到之处,尊重孩子的独立意愿。比如说,对有些事情,孩子要"自己来、让我来、看我的"等的时候,只要不违背原则,父母就应该尊重孩子的要求。

如何培养孩子记日记的好习惯

军军最怕写日记了,可老师又要求学生天天写。军军只得每天痛苦地记着自己的流水账,今天又上了什么课,又吃了什么东西,等等。好不容易,昨天和同学春游,有写的了,可军军大笔一下,写出来的还是流水账。

"星期二今天学校组织春游,早上七点钟同学们在操场上集合出发,不到两个小时就到了山脚下。上午大家爬山,很好玩;中午大家聚到了一起开始吃午餐;下午大家看到了守山林的老爷爷,并且和他留下了合影;在下午五点半同学们回到了学校。这一天虽然非常累,可我很开心。"军军为此很苦恼,常常拿着日记本发呆。

的确像军军所说,他的日记很像流水账。为什么会这样呢?原因可能很多,也许军军只是写日记,而不是有欲望将自己的经历描述出来;也许军军的写作技巧有待加强,也许军军从内心里就很反感写日记,尤其是老师强行规定的。

很多孩子都像军军一样,并不喜欢写日记,但迫于老师的压力,不得不把日记当作家庭作业来完成,完全辜负了老师的好意。

其实,写日记的好处很多:

(1)可以让孩子总结自己一天的学习生活,做对了什么,收获了什么经验;做错了什么,得到了什么教训。孩子在不断地总结思考中会受益良多。

(2)可以以此为契机,培养孩子观察生活、分析思考问题的能力,让孩子发现生活中的真善美,学会辨别生活中的丑陋和阴暗面。

(3)天天写日记,可以训练孩子的写作技巧,提高孩子的写作能力。

当然,我们也得看到,现在的孩子生活比较单调,这也是孩子不爱写日记的原因,因为真的没什么可说的。

当孩子进入中年级以后,家长应对孩子进行作文训练指导,督促和帮助孩子写好日记。

对于刚学写日记的孩子,家长一定要注意如何引导孩子入门。家长最好能从以下几点经验入手,辅导孩子写日记:

(1)让孩子写一些《观察日记》与《成长日记》。要想写好日记,一定要勤于观察、善于分析。所谓《观察日记》,就是把用眼睛观察的人、事、物等以日记的形式记下来。而上中年级的孩子,应该侧重于观察景物,包括生活中的景物和一些自然现象。如:可观察一下家里的电视、闹表,学校里的教室、桌子;路上的过街桥,自然景象:雪、雨、雷、电等。所谓《成长日记》,则是把印象最深的事记下,把成长体会记下。如:我今天学会了洗衣服,我今天知道了关心他人……

(2)让孩子多读一些好书。为孩子专门设立一个书架,买回一些好书。让孩子有一个良好的读书环境,引导孩子随笔记下自己的读书感想、从书上摘抄下佳句,以丰富孩子的知识。

(3)要对孩子多鼓励、勤与孩子交流。当孩子刚刚学习如何写日记的时候,家长一定要从旁边多鼓励,对孩子身上的优点多加肯定。家长应常和孩子交流一下感想,让孩子大胆地把他的各种想法说出来,家长要经常询问一下孩子是不是有什么困难。家长的鼓励与指导对孩子坚持每天写日记无疑是最好的"强心剂"。

如何培养孩子善问敢问的好习惯

娟娟今年上小学六年级了,学习很用功,成绩也还不错,但娟娟有个不好的毛病——不爱问问题,思维不活跃,只是靠老老实实地多做题目来取得较好的学习成绩。虽然参加了各种类型的奥赛班,但都没能获奖。娟娟的妈妈有点担心,找到老师,了解娟娟的情况。老师也提到娟娟的学习方法比较死板,创新思维不足。妈妈不知道怎么改变娟娟形成已久的学习方法。

做过教师的人都会知道,凡是能够积极踊跃地提出问题和解答问题的学生往往比那些不善提问的学生思路更开阔,其想象力和创造力也更丰富,进而取得优异成绩的概率也更大。而那些不善提问的学生,即便刚开始成绩不错,但由于不善发现问题和提出问题,久而久之也会从主动学习变为机械地接受,这样势必影响其学习的效果。可能有的家长认为只要学习好就行了,会不会提问没有什么关系。其实,这种观点是错误的,学问,学问,要学也要问。很多东西问了才能长进,有的问题自己苦思冥想不得其解,可有时经别人轻轻地一点拨往往就豁然开朗了。

有问题才会产生求知的欲望。但是,长期以来,受应试教育的束缚,教学中常常忽视学生的这种学习潜能,教师不能发挥他们参与学习的主动性,有意或无意地在压抑学生好问的天性,致使学生产生了各种心理障碍。

以往学校传统的教学方法是老师讲,学生听、记,课堂上对孩子们主动参与教学的要求不高,这种教学方法实际上对孩子们的发展是不利的,养成了不爱动脑筋的习惯,只要死记硬背,依葫芦画瓢就行了。目前,教育界已经认识到了这一点,正在进行教育改革,课堂上积极引导孩子提出问题,然后再找出解决问题的方法。从提出问题到解决问题的过程,充分调动了孩子的积极性,能使其更好地掌握知识,开动脑筋。

有的孩子不善于提问是因为学习没有系统性,没有打好基础,跟不上班级教学的进度。他们可能什么都不懂,不知从何问起,理不出头绪,想提问,又不知道问什么;还有些孩子是因为不求甚解,不爱动脑筋,心想这些问题反正别的同学都会问到,只要注意听就行了,懒得提问;也有的同学因为胆小,不敢在同学们面前表达自己的思想,生怕自己提出的问题被老师和同学笑话,怕别人都懂就自己不明白,让别人觉得自己很笨;还有极少部分孩子讨厌学习,热情不高,干劲不足,上课如坐针毡,巴不得早点下课,根本不会考虑提问题。

娟娟的情况也一样,需要老师和家长共同配合,细心开启娟娟的心灵之门。

作为家长,如何帮助孩子养成善于提问题的好习惯呢?

(1)教育孩子认真听取别人发言。在学习中,鼓励孩子想想哪些是自己的疑问,哪些是自己没有发现的问题,哪些问题自己能够解决,哪些同学的问题或见解能引起自己更深层次的思考。特别是在同学们提不出问题时,老师是怎样指点思维方向的,从而从不同角度来学习质疑。

(2)鼓励孩子独立解决问题。质疑的目的是为了解决问题,质疑必须解疑。孩子在开始学习质疑时,提的问题比较简单、浅显。在保护孩子积极性的同时,要帮助孩子进行分类,看看哪些问题能够通过认真思考、查阅资料或请教别人就能解决。

(3)父母要以身作则,为孩子树立榜样。当和孩子在一起时,要为孩子树立一个好榜样,勇敢地提问,提出一些让别人看起来十分明显的问题。如果谈话中你一点也不明白别人在说些什么,当你不知道发生了什么事而很想知道时,坦率地问他人。这样你便给孩子树立了一个榜样,当他在课堂讨论中遇到类似的情况时也会照着你那样去做。

如何培养孩子检查作业的好习惯

凡凡是一个一年级的小学生,这些天凡凡妈妈正在发愁一件事:凡凡的作业天天都错得一塌糊涂,一问,不是自己不会做,而是没有认真做、没有认真检查。妈妈没办法,只好帮助他检查,一下子凡凡的作业成绩马上就提高了,凡凡和妈妈都挺高兴。

可是,问题又来了,每天凡凡一写完作业就往妈妈手里一放:"妈妈,检查吧!"妈妈说:"凡凡,你都是小学生了,应该培养自己学习的好习惯。""我查过了,没错。"妈妈看过之后,非常生气,凡凡作业还是有许多错。

凡凡妈妈很苦恼,帮孩子检查作业吧,怕他依赖父母,无法养成自主学习的习惯;不帮他检查作业吧,又怕他在学习上掉队,跟不上大家,影响他今后学习的自信心。

孩子刚刚上学的时候,一切对他们来说都是崭新的、陌生的,他们的确什么都不会,如果你让他好好听讲,他一定会反问你:"什么叫好好听讲?"如果你让他检查作业,他也一定会说:"什么是检查作业?"在他看来,把答案填在本上不就完成了吗?小孩子有许多不会、不懂的问题,他不检查是他不懂得什么是检查、怎样检查。现在看来,凡凡就是这样的情况。

孩子刚刚上学,对不会不懂的问题需要慢慢教他,这样才能养成良好的学习习惯。而检查作业的习惯是低年级学生需要养成的必要的好习惯,父母帮助孩子养成检查作业的好习惯也是有方法的。

(1)让孩子知道检查是写作业的其中一项。在孩子一入学需要写作业的时候,父母就要告诉孩子检查也是写作业的一部分,只是把答案填在本上,不叫完成作业。让孩子知道写作业时必须检查,不查不叫完成。

(2)让孩子习惯于写完就查。孩子刚上学做作业,父母就陪伴在他身边,帮他读读题(孩子小,有些字他不认识)。注意在他写作业的过程中,父母即使发现了错误,也不要立即加以纠正。最重要的是,当他一写完就及时监督他检查。一开始,他没有检查的方法,那没关系,就算是一道题一道题地看一遍,也得查,在检查时就可以纠正孩子的错误了。

(3)要教给孩子检查作业的方法。第一遍:先简单查,查有没有没做的空题。

第二遍:一道题一道题地细查,可以用铅笔、尺子挡住答案部分,心算一遍,看看与先前写的是否一致;也可以把答案放入题目中,看算式是否成立……在这一遍检查中,可以适当多检查几次。

第三遍:简单查,查书写是否整洁。

(4)逐渐放手,让孩子学会自己查作业。孩子是有差异的,每个孩子的实际情况都不同,由于学前各方面能力的大小不同,每个父母放手的时间也就有所区别。比如:自控能力强的孩子,他们能够很快接受信息,并且调控自己的行为,而有些能力较差的孩子,则需要父母和老师给予更多时间、更多精力的关注。

父母的放手也要注意孩子的反复,您可以从天天"陪读"过渡到天天"监控"(让孩子自己写作业,您干自己的事,但是别影响他,而且还要时时关注一下),再由天天"监控"过渡到学生自己独立完成,父母不检查,再过渡到一周一"监控",慢慢地您就可以完全放手了(当然,不定期的了解还是很重要的,这是您了解孩子学习情况的重要途径之一)。这个周期一般的孩子大约需要一年至两年。

如何培养孩子专心听讲的好习惯

孙磊是个活泼外向、开朗爱笑的小孩,今年上小学5年级。本来,父母很喜欢他爱动爱闹的性子,觉得这样才是小朋友的可爱之处。但后来,父母发现出了一点问题,孙磊活泼的性子延伸到了课堂上,总爱找同学说话,要不就是东望望西望望,反正就是不能专心听讲。孙磊的老师也因为这个问题,多次找孙磊谈话。但孙磊虽表示有心改过,却不见成效。父母和老师都很头疼。

孙磊的问题是太过活泼,没能正确区分什么时间是可以闹的,什么时间不行。一旦养成了这样的习惯,要纠正就比较困难了。还好孙磊自己和他的父母、老师都有心解决这个问题,在思想上有很端正的态度。既然孙磊对上课没什么兴趣,那么我们就有要使他认识到上课的必要性,并尽可能地根据孙磊的个性,帮助他选择合理的学习方式。

有一项调查研究曾表明,学习成绩好的同学90%以上都是上课认真专心听讲的同学。可见,专心听讲是多么重要。俗话说,台上一分钟,台下十年功。虽然说的不是我们现在探讨的,但未尝不可以这样理解——课上一分钟,课下十分钟。

课堂是一个传道、授业、解惑的地方，同学聚集在一起，由老师把难懂的课文变成生动活泼的语言，教授给大家。先不说课堂教学的重要性，单看课堂学习占据了学生一天大半的时间，如果你不专心听讲，那么你已经浪费了多少时间呢？而且，在课堂上众人安静，听老师一人讲话的气氛中，很容易让人静下心来，沉浸在学习的海洋里，如果你不认真学习，你又浪费了一个多好的环境呢？老师的心血融入到了课堂上，很多地方课本是不足的，这份不足就由老师帮你补上，如果你不听，那么你就又浪费了老师的时间。而最终，你浪费的只是你自己的人生。家长们，应该把这些道理好好地讲给孩子听。

孩子上课好动，注意力集中不起来，是多方面原因造成的。其中一个重要原因是孩子在上课时缺乏自控力。而缺乏自控力与孩子没有树立正确的学习目标、缺乏学习毅力等有关。家长可以找出原因，对症下药。纠正之法，常用的有以下几种：

（1）要引导和教育孩子向既有正确的学习目的，又有坚强毅力的人学习。如下面这个学生的事例，就是一篇很好的教材。

这是一双残损的手，内生的软骨瘤在两手的各个部位不规则地滋生，稍重的负荷和摩擦就会产生剧烈疼痛。可就是这双手，却握着智慧之笔，写出了一份又一份让老师拍案叫绝的优秀答卷：全国华罗庚金杯赛二等奖，全国中学生物理竞赛三等奖，全国文化杯师生作文赛三等奖……今年又以总分628分的高分摘取南京市中考第一名的桂冠。他就是南京优秀残疾中学生，金陵中学高一年级学生姜涛。

姜涛的命运比起同龄孩子实在有太多的不幸。5岁那年，父亲发现发育正常的小姜涛出现了生长迟缓，并在全身不规则地出现一个个突起的瘤子。而每新生一个瘤子都让小姜涛疼痛难忍。父母心急如焚，从此开始在全国寻访专家求医问药，结果许多大医院都难下结论。最后，经上海一家医院手术取瘤切片检查，被诊断为"全身性骨骼内生软骨瘤"，将会随着身体的生长继续增生，并影响正常的生长发育。

残酷的事实没有让姜涛父母气馁，他们一边带着他奔走求医，一边对他进行开发智力的种种尝试。在姜涛幼小的心灵中，父母那"要自立自强，不被社会淘汰"的语言早已在他脑子里根深蒂固。与同龄孩子相比，他显得特别懂事，勤学好问、功课全优，课外读物更为他插上了双翅，也使他的意志更为坚强，毅力更为刚强。在读小学至初中的9年中，由于软骨瘤继续增生，他的双腿和双臂严重弯曲畸形。一次次的矫形手术和一次次的骨折治疗，令姜涛疼痛无比。每当这时，他总是拿出他心爱的书看，从中汲取力量。

看，又是一个新的张海迪，他多么坚强！如果每一个上课好动、注意力不集中的学生都像他那样，那么，还有什么理由不能控制自己、不集中注意力学习呢？姜涛的誓言是"要自立自强，不被社会淘汰"。那么，不能控制自己的学生就应该像姜涛那样控制自己，不被学校淘汰。

（2）除了在认识上要解决孩子的思想以外，还要研究克服注意力不集中的办法。在这方面，日本有比较好的经验，现在介绍如下：

这个方法叫做"三分钟超觉静思法"。"三分钟超觉静思法"是日本京都大学教授、日本生居医学研究所所长川爱义博士经过50多年的研究所创造的一种健脑方法。

"三分钟超觉静思法"可以使人精力集中，只要一做这个操，哪怕几百个学生的教室，也能立即安静下来。这种方法被实验后得出结论：可以提高学生的学习成绩。

这个方法,我们在课堂中进行过试验,效果也是比较好的。

"超觉静思"分三个阶段:静坐、调整呼吸(调息)、默念关键字(真言)。三个阶段共三分钟。

第一阶段——静坐,即安安静静、稳稳当当地坐。

具体要求是:

上身——脊梁要直;颈部——不要用力,下颌稍微内收;面部——面向正前方。

上肢——从两肩沿身体自然下垂,双肘稍弯曲,两手放在大腿中间,手指并拢,手腕放松,手指对手指成球形;双目——微微闭合。坐在床上或椅子上做均可。这一阶段不计算时间。

第二阶段——调整呼吸(两分钟)。

具体要求是:

双目微合——不闭则受外界干扰,闭太紧则会浮想联翩。

腹式呼吸——肚子鼓起来时吸气,瘪下去时呼气。深深地吸一大口气,鼓起肚子,然后慢慢地瘪下肚子把气吐出来。一开始一分钟做十几次,习惯以后,可减少到一分钟5~6次;默记次数——1~100次为止。前后过程是两分钟。

第三阶段——默念关键字(真言)(一分钟)。

真言是日本用语,是代表一个人的愿望、信念或能够促使其获得成功的座右铭。

具体要求是:真言的念法,不出声反复默念。

真言的选择,应该尽量选择包含着自己愿望并能使自己产生信心的句子。

如:做则成功,弃则失败! 成功! 成功!

能成! 能成! 肯定能成! 集中精力! 集中精力!

"三分钟超觉静思法"每天早晚各一次,贵在坚持。如不能坚持,则无效果。

如何培养孩子积极回答问题的好习惯

欣欣以前上过很长时间的学前班。学前班边学边玩的授课方式,给了她一个宽松的环境,让她觉得上课不举手也没什么关系。这就使得她在学校上课的时候,觉得没有必要去回答老师的问题。

今年,她已经上二年级了。平时的她,是一个乖乖女。在班里如果不特意找她,来没来上学任科老师都不会发现。她比较努力学习,但是成绩却是一般。上课的时候,她很少举手回答问题。即使老师提出的是一个非常简单的问题,她也丝毫没有想要回答的意识,只是很平静地看着老师,好像老师的提问和她没有任何关系一样。

一次上语文课,老师提问了一个很简单的问题,请同学用"丰"组词。别的同学都踊跃地举手,但为了给她一次机会,老师等了又等,还鼓励地说:"我想请这节课没有回答过问题的同学来给大家用这个字组词。说错了也没有关系,老师不会批评她的。"她看着老师,还是没有举起手。当老师请她来回答这个问题时,她却回答老师:"我没有举手啊!""没关系,试着组一个词,咱们的课文中有的也可以。""丰收。"她低着头小声说。很明显,上课时老师提出的问题,她并不是全都不会回答,只是不愿意举手。

虽然欣欣在学习上比较努力,但是因为她并没有重视课堂上和老师的呼应,在上课的时候,比较容易出现走神的现象,所以成绩并不是太好。成绩一般,让她更不愿意在同学和老师面前回答问题,即使是很简单的问题,也害怕会说错。

有的时候,即使自己能想出答案,也不敢在课上说,怕回答错了,受到同学的嘲笑。正是因为她不爱回答问题,有时候老师并不能确定她是不是听懂了,总是要多问一下她是不是听懂了。这样一来,更让她觉得自己是班里最差的,对自己更没有信心,导致恶性循环,更不愿意举手回答问题了。

另外,我们还可以看出,这个孩子性格过于内向,胆子太小,不敢在他人面前展示自己。

在发现了孩子的这个问题后,父母应该积极与老师沟通,并采取有效的办法来帮助孩子养成在课堂上积极回答问题的好习惯。

为了让孩子在课堂上能够积极回答问题,家长可以这么做:

(1)要想让孩子在课堂上能够主动举手回答问题,就要培养她回答问题的兴趣。在家里,家长可以对孩子进行提问,根据学过的知识,由浅入深,让孩子在回答的过程中发现乐趣,逐渐变得愿意回答问题。

(2)父母与孩子一起做游戏,如二十四点、比赛跳绳……在这些比赛游戏中,父母要特意输几回,让孩子赢,在与孩子游戏过程中,父母要不断与孩子交流。当孩子赢了,告诉孩子:"你真棒!老师同学一定喜欢你这时的样子。"当孩子输了,告诉孩子:"谁也不可能永远赢,输了以后更要努力"等道理。

(3)当她回答错误的时候,家长不要去正面否认她的回答,如果立即否认她,孩子会更加没有自信,觉得自己什么都回答不好。这时,可以让她再继续想想,从侧面提醒她,引导她说出正确的答案并给予鼓励。有的时候,家长认为,既然都是学过的知识,就应该全部掌握,在回答的时候也是一点问题都不应该有的。但孩子的年龄毕竟比较小,很多时候会出现遗忘现象,即使是没有遗忘,也需要一段时间的反应,才能回答出来。

(4)有的孩子成绩不太理想,当老师提问的时候,会更害怕被别人注意,害怕自己在同学面前因为回答错误而受到嘲笑。这就需要家长和老师共同配合。家长要帮助孩子树立信心,可以提前帮孩子进行预习和复习的工作。这样在回答问题时,孩子就更有底气了。

(5)家长还可以给孩子制作一个小表格,请他在上面记录自己每天发言的次数,每周进行总结。发现孩子的进步时,就鼓励他继续努力。让孩子逐渐变得希望争取到更多回答问题的机会。

如何培养孩子考前放松的好习惯

小虹下个月就要参加高考了,这使她成为了全家的重点关注对象:爸妈围着她忙前忙后,生怕女儿营养不好,休息不好。亲戚朋友也常来家里看她,给她带来各种营养品、补品,说一些鼓励的话。可是越是有这么多人的关怀,小虹越是觉得心里没底。按说自己成绩一直不错,学校的几次"摸底"考试也都很稳定,但是随着正式高考的日益临近,她却感到越来越紧张,担心自己发挥不好,心理压力很大,终于有一天她"病倒了",吃不下饭,睡不好觉,感觉全身没力气。这下小虹的父母可慌神了,急忙带女儿去医院看医生,经过检查,医生告诉他们,小虹没有什么疾病,感觉不舒服的原因是压力过大,造成了高考前的焦虑,可以说是一种"考试病"。

随着中考、高考的临近,一些学生出现了心悸、失眠、烦躁、喘息、口干、无食欲等现象,有的甚至出现恶心、呕吐、腹泻、手指震颤、难以持笔等。这些在考试前和考试中出现的反应,我们姑且称之为"考试病"。小虹的情况很常见。

对学生来说,"考试病"是一种机体的应激反应,它会使孩子产生紧张、焦虑的不良情绪,也会使人体的肌肉、神经系统、腺体分泌等产生一些变化,从而导致一些生理上异常情况的出现,产生"病态"。"考试病"使学生十分痛苦,想学学不进,不学不放心,整天如坐针毡,严重影响了学生的学习和身心健康。

有趣的是,研究表明"考试病"其实很大程度上受家长情绪影响。与学生相比,家长更深刻地意识到高考的"意义"。许多家长最大的愿望就是培养孩子上大学。为了这个,他们甘愿节衣缩食,付出许多代价,这既是对孩子的关心,又无形中给了考生压力,让他们产生感恩图报的心理,生怕"万一考不好,对不起父母",人为造成考前的心理紧张。有过激行为的家长临考前甚至采取"理解的要执行,不理解的也要执行"的方式督促孩子学习,"无理"地限制了学生的自由空间。

"考试病"对孩子无疑具有一定的负面影响,往往妨碍他们正常的临场发挥,所以这个时候作为考生的家长,应该学会正确关心孩子,使他们的身心在大考前得以放松,避免"考试病"的出现。

家长在防治孩子"考试病"的问题上能起到很大的作用。那么,家长应该怎么做呢?

(1)淡化考试意识,告诉孩子别拿大考当回事。面临考试的焦虑情绪大多是对即将出现的结果存在预期性的担忧。有的孩子怕考不好,让父母失望,难以向父母交代;有的孩子怕考糟了,在竞争对手面前丢脸;有的甚至觉得如果考不好,一切都完了……背着这些沉重的包袱,怎能不感到累,怎能轻松下来呢?不妨跟孩子讲,假如你站在离地几十米高的木板上行走,越怕走不稳就越会摔下来。越临近考试,越要淡化考试意识。否则,心理负担过重,反而"欲速则不达"。放轻松些,大胆往"考"中走!

(2)让孩子保持良好的信心。面临考试,学生往往心里矛盾:有对成功的渴望,有对失败的惶恐。如果能树立信心,处变不惊,保持良好的心态,就会正常发挥,应考自如。要做到这一点,不妨尝试一些"精神锻炼":信心动摇时,尽量去想自己从前成功的地方,想自己的长处和取得的"胜利",来点儿"阿Q精神";复习太累了,不妨听听振奋人心、昂扬斗志的歌,如《男儿当自强》《真心英雄》等;遇到一时解不了的难题,可以默念:我难人亦难,我易人亦易,我能沉住气,唯有我胜利。反复"打气","稳"住自己。

(3)让孩子保持充足的睡眠。考前切忌"急时抱佛脚",拼命开夜车。须保证每天的睡眠时间不少于6~8小时。因为睡眠对恢复脑力、促进记忆是非常重要的。脑力得到恢复,有了精力,学习效果好,内容记得牢。人脑都有周期性兴奋期,学生要善于发现自己的"规律",早起时精神振奋,可以先"啃硬骨头",到有了疲劳感时再换一门课程,交叉复习,有张有弛,最大限度地开发大脑潜能。有了"考试病"的症状,则要以休息为主,彻底放松一下。

(4)保证营养,保持旺盛精力。给考生加强营养自然不必多说,这里要补充的一点是,许多科学研究表明神经冲动需要神经递质,已知的神经递质主要由乙酰胆碱、去甲肾上腺素等。乙酰胆碱主要源于卵磷脂,富含卵磷脂的食物有大豆、蛋黄、动物脑,此外,肝脏、牛奶、核桃仁、花生等也含有少量的卵磷脂。去甲肾上腺素的前体是酪氨酸,酪氨酸在香蕉等新鲜水果中含量较高。

如何培养孩子适时复习的好习惯

明明放学回家,对母亲诉说肚子饿,母亲边炒菜边叮嘱儿子:"饭还没做好,还得半个小时,快去复习功课!"明明撅着嘴巴,无奈地走进他自己的房间。

明明吃罢饭,活络活络筋骨,顺手取过沙发上的一本漫画书浏览。母亲却从孩子手里抢过书:"去,去,抓紧时间做作业!书多看几遍,都快期末考试了,好好复习!"

明明很不情愿地说道:"一会动画片就开始啦!"母亲不满地唠叨道:"平常你就不复习,快考试了,还不复习,你就不怕不及格呀!"明明虽然一百八十个不愿意,但看到情形不利,也只好闷着头去复习了。

这位母亲,对孩子的学习时刻挂在心上,分秒必争地督促孩子复习功课,这种心情可以理解,这种精神令人"钦佩";然而,她却不明白人的身心规律,饭前空肚,饥肠辘辘,身体能源似乎濒临枯竭,哪有心思复习功课?饭后肚满,机体的活动能量都集中在消化器官,慵慵然的,头脑活动相对迟缓,复习功课、做作业哪来效率?饭前饭后,应让孩子适当休息,不应叮嘱,更不应强迫孩子进行艰苦的智力活动。殊不知,一张一弛,文武之道,无弛哪来张?休息,即储蓄能量,为即将进行的活动备足能源,从效率上看是必要的,是必需的。

复习功课是很重要的,因为孩子白天接受了整整一天的教育,时间紧,任务重,很多知识都还来不及好好消化。所以,孩子很需要复习,通过复习,可以找到上课时没有留意的,可以弄明白不懂的地方,可以进一步深入理解问题并进行必要的拓展。但如果复习的时间安排不恰当,也达不到复习的效果。

功课的复习要讲究效率,要求得效率就要讲究时间的合理性,即适时。只有适时地进行复习,才能够事半功倍地达到好好学习的目的。孩子对于复习,很多都不太情愿,宁愿晚上看看电视、上上网来打发时间。作为家长,应督促孩子进行课后的复习,并教导孩子"适时"这样一个道理,最终形成适时复习的好习惯。

那么,孩子什么时间复习好呢?

(1)睡前。为什么睡眠之前记忆效果好呢?因为学习之后立即入睡,没有什么干扰,所以遗忘就少;相反,在学习之后照样进行日常活动,这些活动明显地干扰着刚学习的材料,所以遗忘就较多。另外,睡眠本身是对清楚时学习的材料进行筛选,把重要的信息储存起来,对记忆过程起着巩固作用。因此,每天临睡前,把每天学习的内容进行复习,是最好的复习。

(2)醒后(即早复习)。心理学研究表明,要记忆的材料,须于识记后8~9小时内再度复习,才会记牢。因此,前一天晚上所学的功课,在第二天早晨,花上10分钟左右的时间再次复习,像过电影一般在脑中再过一遍,十分重要。有人说"早晨10分钟,等于平时半天功",此话有理。

因此,在早晨上学之前,让孩子面对书桌片刻,可以使前一天晚上所学的东西深深地记存在孩子的头脑里。养成这个习惯很重要。

正确的复习一定要遵循客观规律,而且要及时,等到知识全忘了,再去复习就会事倍功半了。比如说,对当天所讲的课,都应该在做完作业后进行复习,三天后再复习,七天后对一周所学习的内容进行小结复习,一个月或三个月做一次总复习,这样就能牢固掌握新知识了。另外指导孩子学会尝试回忆,复习时不要一遍一遍地背,在复习材料还没完全掌握之前,就积极地尝试回忆能使大脑积极活动,使人集中精力去掌握不能回忆的部分或改正回忆中的错误。复习要针对学科特点,比如复习语文、外语要做到大声朗读课文,务必记住当天的生词、读写方法和语句的意义,外语要重视语音、时态句型、语法等知识的复习。复习数学要做到背熟公式、定理,适量做练习。复习历史、地理、生物要做到细读教材,深入理解学习过的基本原理,找出前后知识的联系,在理解基础上背熟基本概念、人名、地点、历史年号、大事件等。

由于中学生大部分的复习时间是在家里,所以家长应该对孩子正确引导,使之掌握科学、正确的复习方法。

如何培养孩子认真写字的好习惯

林强是一名初三的学生,学习成绩还不错,可是就是有一个问题——字写得太潦草。对于马上要参加升学考试的学生来说,字迹不工整是很吃亏的。林强也吃足了苦头,每次考试成绩都比他的实际水平要低得多,因为有些字迹太潦草啦,往往让老师看不清楚。老师、家长反复教育他,他也有心改正。但一到考场上,在那种紧张严肃的气氛中,林强不知不觉中又写得太快了,到发现时,悔之已晚。

根据一份调查报告的统计,在中小学生中能写好毛笔字、钢笔字、铅笔字的只占5%,所以,学生的字写得不好,是一个普遍存在的问题。像林强这种情况,算是比较严重的了。

学生为什么会写不好字呢?原因很多,如:不重视写字,认为写字好不好无所谓,认为现在是电脑时代,早就不时兴写字了。同时,也有很多家长对于孩子的字写得好不好,并不太关心重视,只要写的字不会影响学习成绩就行。

写字真的就这么简单吗?

其实,写字绝对不仅仅是为了考试。当然,换句话来说,如果你有一手漂亮的好字,在考试中会获得阅卷老师的好感,在日常生活中,也会赢得他人对你的尊重,何乐而不为呢?同时,你写出的字也能反映出一个人的人生态度,反映一个人的精神状况,反映一个人的综合品质。

所以家长要端正学生的写字态度,就像应该踏实做人一样,也应该认真写字。

家长如果能帮孩子做到下面两点,那么,对孩子写好字会有很大帮助的。

(1)写字的姿势要端正。

我国古代书法家就十分注意练字的姿势。比如唐代的著名书法家颜真卿就是这样。为了悬空握笔,他就加强臂力的练习。据《唐语林》一书记载:颜真卿在75岁高龄时,还能双手握在两把藤椅背上,上下活动数百下,他这样大的臂力,在写字时当然不会东倒西歪,写字也不会无力了。

（2）只有勤练才能把字写好。在这方面我国古代就有许多趣闻轶事。

比如，以"书名雄天下"的文征明，是我国著名的书法家，也是著名的画家。据说他的字画，在当时刚一传出，就有人"千临百摹"，以至"家藏市售"，真伪莫辨，可见其影响之大了。

可是，文征明在小时候，并不特别聪明，就是青年时，字也写得不好。在参加生员考试的时候，因为字写得不够格而落选。但他并没有灰心丧气，而是勤学苦练，决心把字写好。并规定自己每天专心临摹智永（晋代一大书法家王羲之的七世孙，书法家）的《千字文》小楷一遍，从不间断，以至养成了习惯。就是后来他成了著名的书法大师，也还是每天写一遍，到老不休。

在我国文学史上，被誉为诗、书、画"三绝"的唐代著名学者郑虔，是一个博学多才而又勤奋好学的人。

由于他每天练字，需要大量的纸，困难很大，他就想别的法子来解决。这时，他听说长安城南的慈恩寺里，储存有几屋柿叶，便搬到那里去住。每天取出些柿叶，写了正面，又写反面。长年累月，差不多把柿叶写完了。由于他的勤学苦练，书法大进，受到了当时学者的称赞。

后来，他画了一幅画，并题了诗献给唐玄宗，唐玄宗看了以后拍案叫绝，亲笔写了"郑虔三绝"四个字。唐代诗人杜甫非常器重他，和他结成很要好的朋友。

晋代大书法家王羲之的儿子王献之，也是我国古代著名的书法家。

王献之小时候看到父亲写得一手好字，心里非常羡慕，也很想学好书法，便向他父亲请教写好字的"秘诀"。王羲之听了以后，郑重其事地对他说："你想知道写字的'秘诀'吗？就在我们家里那18缸水里面。你把那18缸水写完了，'秘诀'就出来了。"

王献之听了父亲的话以后，知道写字和其他的工作一样，不是可以侥幸成功的，而是要付出艰巨的劳动的。从此，他勤学苦练，坚持不懈，终于成了有名的书法家。

以上事例说明，要把字写好，就要向这些古人学习、要勤学苦练。

如何培养孩子独立完成作业的好习惯

红红今年已经15岁了，可是每次做功课还是要父母在身边陪着，一遇到难题就爱问父母，否则就不做，弄得家长经常没时间做家务。有一次，爸爸生病住院，妈妈去医院照顾，红红竟然连着三天没做作业。直到老师告诉了家长，红红的父母才知道事情已严重到了这个地步。父母反复教育红红，而红红没有家长陪同就是不肯用心做作业，弄得家长也十分无奈，又为孩子缺乏独立精神而着急。

红红的情况是一种长期养成的习惯，这两位家长应当好好想想，在红红年幼时，你有没有有意培养过她独立自主的能力。

习惯不是一天养成的,孩子会有这种现象,家长要负最大的责任。孩子做功课会有倚赖性,在日常生活或其他方面一定也会有倚赖的倾向。

孩子不能独立的实际原因是因为"你觉得孩子自己不能独立",所以"你不让孩子自己独立"。为了怕孩子迟到,每天当"妈妈钟"帮他穿衣服、系鞋带;喂他吃饭,看到孩子动作太慢了就恨不得替孩子吃;时时不忘提醒孩子做这做那,事事为孩子设想周到,为他拟定各种计划,今天学这明天念那的,全然不管孩子的想法、意愿如何,结果是大人精疲力竭,孩子叫苦连天。

事实上,孩子也有自己的思想,他也想依照自己的方式行事。这种独立倾向通常是从小学三年级开始萌芽,小学四年级的孩子大抵已具备独立的雏形;虽然还是非常幼稚,大部分脱离不了父母为他设定的模式,但他并不完全喜欢这个模式,有时也会照自己的喜好行事。所以,如果你觉得孩子自己还不能独立而处处加以保护,孩子能力所及的分内事也都替他做过的话,这样,只会阻碍孩子独立地发展,让孩子丧失处理事情、解决问题的机会与能力,造成孩子的依赖心理和处处以自我为中心的任性脾气,以致无法适应社会的群体生活。

教育孩子独立,需要按部就班,循序渐进。就像婴儿在断奶之后,先喂食稀饭,而后干饭,最后则由孩子自己拿着筷子吃饭。"孩子自己能做的事,让孩子自己做",不要担心他做不好或动作慢而"越俎代庖"。认清孩子在成长独立的过程中,依照各阶段的体力与智力发展的不同,给予适当的援手,然后慢慢地减少帮助的程度。

(1)先沟通。首先,父母对孩子的需求非常了解,而后让孩子了解每个人都有他应该做和想做的事,父母也有很多事需要时间去做,就像孩子需要时间做功课一样。

(2)共同制定"合约"。习惯的养成是需要时间的,我们不可能要一个依赖惯了的小孩在一夜之间就变成一个独立自主的小孩,因此,必须一步一步慢慢地引导,慢慢地放手。父母和孩子沟通之后,就可以以讨论的方式,制定一个共同遵守的约定。比如,父母可以说:"以后我每天陪你读书30分钟,别的时间你就要自己做功课,我也可以利用这段时间做些别的事,如果你能做到的话,星期天我就带你去看电影。"陪读的时间可以慢慢缩短,直到孩子最后不再需要陪伴也可以做功课为止。交换的条件可以和孩子讨论。同样的,这种有条件式的要求要逐渐减少,直到不需任何附带的条件,孩子都愿意自己做功课。

(3)坚持原则。一旦约定达成之后,父母一定要坚持约定上的决定,执行到底。

(4)奖励原则。除了约定上物质的酬赏外,父母每天只要感觉到孩子在努力独立自习,就要给予口头上的赞美、支持与鼓励。

如何培养孩子课前预习的好习惯

北京某中学初三(2)班同学樊伟红连续几年被评为区级优秀学生,在经验报告会上,他的发言尤为引人注意:"在小学,我是个'尖子',是北京市的三好学生。可是万万没想到,在考区重点北京十中时,我落榜了,这给我的打击很大。作家魏巍曾经说:'生活是一场长途赛跑,只有意志坚强的人,才能成为最后的胜利者。'我想:不上区重点照样能行。就这样,我迎来了中学生活,我更加严格要求自己,埋头学习,但期中考试时,我并没达到预定目标,考了班级第三名。对此我并没有气馁,而是冷静思考成绩不理想的原因。我发现,平时学习不重视预习是个很重要的原因。我根本没有预习的习惯,作业多一点儿,就不预习了;或者预习也是应付差事,走马观花,达不到预习的效果。这以后,我每天放学后坚持预习,并制订计划,认真完成。功夫不负有心人,期末考试我终于获得了全班第一名,而且被评为区级优秀学生。我成功了!"可见,课前预习的重要性。但是许多家长并没有认识到这一点,认为孩子做完功课就算完成任务了,这种想法是不正确的。

预习,即课前的自学,指在教师讲课之前,自己先独立地阅读新课内容。初步理解内容,是上新课时做好接受知识的准备过程。如果没有预习,只好老师讲什么就听什么,老师叫干什么就干什么,显得被动,缺乏学习的积极性和主动性。但也要避免预习时走马观花,不动脑,不分析,不动笔。这种预习虽耗了时间,却达不到学习的效果,等于是在浪费时间。预习得好,而且形成习惯,等于是培养了自己的自学能力,是可以终身受益的。从樊伟红同学的亲身经历中,我们就可以很清楚地看到预习的重要性。

那么,预习到底有哪些益处呢?

预习是一个发现问题的过程。"学起于思,思起于疑",课前预习的过程就是寻"疑"的过程。发现疑问,并带着问题听课,会更加积极地思考问题,更加自觉地掌握知识。坚持预习不仅为听新课做好了思想、知识上的准备,而且获得了上新课的主动权。

预习是对课堂学习的补充。对文章的整体感悟,单纯依靠课堂几十分钟的讲授是远远不够的。想想看,预习需要做的事情其实很多,而且也非常有意思。一篇文章、一个人物、一位作家……如果仅仅局限于教师的几句简短介绍,让手边的相关书籍和电脑赋闲,那么就很难真正起到预习的效果。

预习是个选择性的学习过程。事实上并不是所有的内容都需要预习,一个人的精力是有限的,所以,找到个人的着力点,感兴趣的内容、薄弱的环节和复杂的内容都比较适合于预习。前者是个人喜欢的东西,自然会着力学习,而对后两者来说,更有预习的必要。

知道了预习的好处,父母就要尽力帮助孩子养成预习的好习惯了。

家长怎样帮助孩子养成预习的好习惯呢?

(1)让孩子尽量自己解决学习中的疑难。有的家长,生怕学习上的疑难难住了孩子,只要孩子一提出,而自己又能帮忙的话,马上就会为其代劳。这样一来,孩子原本经过思考,费点力就能解决的问题,却要依靠家长解决了,久而久之,形成依赖习惯,学习上就难以养成自己努力克服困难,解决疑难的习惯了。这对孩子的预习和自学是十分不利的。父母们应当鼓励孩子尽量靠自己努力去解决学习中的疑难。

(2)坚持对孩子的预习做定时检查。最好是每天或每次孩子完成作业后,提醒孩子做新课预习。并且,对孩子预习的结果进行检查。这就要求家长自己首先得付出一点时间,真正了解孩子的课程,知道他们现在该做什么,明天该学什么,让督促和检查能有的放矢,这也是对孩子学习的一种帮助。

如何教育偏科的孩子

王宾是初中二年级的学生。在老师和同学们的眼里,他是个"怪才",他的数学成绩在全年级一直名列前茅,但语文成绩却一直不佳。尽管父母经常督促他在语文学习上多下些工夫,但效果甚微。

王宾个性很特别,他虽然数学很好,但却经常不交作业;解题过程中经常不按老师的要求写出解题过程,而只给出个答案。他有点儿孤僻,很少与人交往;对自己感兴趣的事,可以达到废寝忘食的程度,不感兴趣的则不加理睬。

在大多数人的眼里,聪明的、有天赋的孩子应该是全面发展的,应该门门功课皆优。在中小学还有一个传统的做法,那就是只有学习成绩好的学生才能当班干部。这似乎表明学习成绩好的学生一定也具有组织和领导才能,而且也只有他们才能管理好班级。这种"全或无"的想法背后潜存着一种假定:人的智力是综合性的,一个高智力的孩子应该各个方面都有天赋,应该是"全才"。然而,在现实生活中,我们却经常见到这种情况:有些孩子在某一领域表现得非常优异,可以用"极具天赋"来形容,但在另一领域却表现平平,有的甚至毫无学习能力。王宾,就是这样一个例子,一个古怪的天才。

心理学家们认为:人类的智力并不是综合性的,而是与特定的领域密切相关的,也就是说,智力是多元的。所谓"全才"、"通才",只是人类的美好愿望。

哈佛大学著名心理学家加登纳提出,人类至少存在八种智力:

一是语言智慧:指对语言文字的感受、理解和运用的能力。

二是数理——逻辑思维智慧:数理逻辑、运算和抽象思考的能力。

三是视觉空间智慧:以三维空间的方式进行思考,利用图像表达思维的能力。

四是音乐智慧:对音乐节奏、旋律、音准等的鉴别力,对音乐进行欣赏、创作和表达的能力。

五是身体运动智慧:运用躯体、操作物体的能力。

六是人际沟通智慧:观言察色、善解人意,与人保持良好关系的能力。

七是个人内省智慧:清楚自己的优缺点,能敏锐地觉察自身的感受、情绪等,能利用对自己的了解来指导自己的行为和指定生活目标。

八是认识自然的智慧:对自然界保持浓厚的兴趣,并能敏锐地对自然现象进行归类、理解和解释的能力。

在现实生活中,同时具备以上多种或全部智慧的"全才"极为罕见,普遍的情况是某一特定领域中的天才。

然而,很多学校和家庭都习惯采用一种很"狭隘"的智力观点,他们没有考虑到孩子的智力可以有多种表现形式,没有考虑到孩子能力发展的不平稳属于正常现象。他们在评判一个人是否聪明、有天赋的时候,容易采取"全或无"的绝对标准:要么这个孩子是聪明的,在各个方面都应表现出不同凡响的天赋能力。否则,这个孩子属于没有天赋之列。无疑,这种"全或无"的智力观,无论是对孩子个体的发展,还是对社会资源的有效利用都是有害的。

每个孩子都有自己的智力优势领域,关键在于家长能否慧眼识才,能识别出孩子的智力强项和弱项,并针对性地采取培养和教育措施。

孩子的智慧潜能可以有多种表现形式。大多数孩子从小就会表现出较明显的能力偏向和兴趣爱好倾向。成人应该尽可能为孩子提供丰富多彩的环境,提供多种多样的活动和表现机会,以便孩子的智慧潜能能表现出来。成人通过观察孩子在不同环境和活动中的表现,常常可以发现孩子在某个领域是否特别感兴趣,是否表现出某方面卓越的能力等,也能初步明了孩子的智力强项和弱项。

在确定了孩子的智力强项以后，家庭和学校就应该为孩子的智慧潜能提供充分的发挥空间，让孩子的智力强项得到更进一步的开发和发展。

在帮助孩子开发自己的才能方面，家庭和父母有着相当重要的作用。

父母可以为孩子才能的发挥和发展提供好的家庭环境。父母可以通过赞扬、鼓励等方式肯定孩子的特殊才能，可以围绕孩子的智力强项领域组织家庭活动，为孩子的潜能的发展提供充足的资源。

父母可以让孩子所在的学校和老师意识到自己孩子的才能。在孩子步入新的学校时，家长应该将自己对孩子的观察情况向学校反映，让学校老师能很快意识到孩子的智慧强项，同时，家长可以和学校配合，共同为孩子提供适合孩子才能的课程和教育。

尽力为孩子提供开发潜能的学习机会。孩子所在的学校如果难以满足孩子才能的学习需要，家长可以为孩子在社会上寻找额外的学习机会，如让孩子参加特殊才能培训班，鼓励孩子参加比赛，展示和进一步发展自己的天赋。

在强调要承认孩子的智力具有特殊性的同时，我们并不能忽视孩子的弱项和缺点，更不能放弃对孩子全面发展的要求和培养。

对于在校的学生来说，他们应该能深刻地体会到"全面发展"的重要性。在现行教育制度下，如果不能做到一定程度上的全面发展，最终可能连中学毕业文凭都难拿到！此外，全面发展更是社会的要求。任何一项工作的成功都需要人们运用多种智能方能顺利达到。一个出色的数学家不仅需要高度的数理——逻辑思维能力，还需要一定的人际交往能力，要能与人合作完成任务，能自如地与人交流思想观点，还得有相当的自知能力，清楚自身的特点，能做出正确的人生规划。

既然人的才能领域有强有弱，如何能做到"全面发展"？有效的做法是以孩子的智力强项为突破口，引导孩子将自己从事智力强项活动时所表现出来的智力特点"迁移"到智力弱项领域中。

有一点需要强调：一般来说，孩子并不一定会自发地将自己的智力强项的学习与智力弱项的学习联系起来，并自觉地将智力强项的思维特点"迁移"到智力弱项领域中。因此，家长和老师的引导、示范作用是非常关键的。

对于一些在某个特殊领域确实具有一定天赋的孩子，应该考虑到他们的特殊需要。可以让他们完成不同于其他同学的作业内容，关键是要让他们感到作业具有一定的"智力挑战"性。

如何教育厌学的孩子

小明今年15岁了，读初中二年级，他本是全家的骄傲，因为他听话，成绩又好。可是，最近却发现他有厌学现象。

老师多次找上门来向家长反映他的厌学劣迹。小明不仅自己不学，还拉着班里其他一些爱玩同学，一起抵触老师，不听课，不写作业。为此，家长教训过他好多次，每次小明都保证不再这样做,却总是重蹈覆辙,继续过着他逍遥的生活,弄得全家都很是担忧,却又不知如何是好。学校已经决定让小明退学了。

现在,有相当一部分中小学生都不同程度地存在着厌学情绪,小明的情况比较严重,因为他还拉上其他同学,带坏班风,造成极恶劣的影响。从心理的角度讲,厌学是腐蚀学生心灵的蛀虫。一个学生如果长期缺乏学习热情,没完没了地感到精神疲倦,最终会使他对一切学习活动兴味索然,从而出现逃学或其他一些问题。

中小学阶段正是学习的黄金时期,为什么有的学生会出现厌学情绪呢?这需要从外部和内在两个方面去分析原因。

(1)外部的原因。其一,学习活动的重复、单调和乏味。心理学研究表明,单调、重复、乏味的刺激易引起人们的疲劳和厌烦感。缺乏生机、灵活和变通的学习生活,某些学校片面追求升学率以及某些教师的教学无方,常导致此种情况的产生。

其二,受社会上不良风气的影响。不求进取、读不读书无所谓的不健康思想还在腐蚀着部分中学生和他们的家长。这与提高全民教育水平,提高国民素质的时代要求是不相吻合的,必须坚决摒弃。

(2)内在的原因。厌学情绪最主要是由内在原因引起的。这些内在原因有:

其一,缺乏求知欲望。如果一个人时时刻刻对知识有所期待、有所希望、有所追求的话,他就会经常处于精神振奋的状态,对学习就不至于有厌烦情绪。在知识的餐桌面前,求学心切的人,总是如饥似渴,百吃不厌;反之,对学习无所期待、无所追求的人,才会把学习当作负担。

其二,缺乏动力。自以为上大学无望,混张初中毕业证或高中毕业证就行了。这样的学生在学习上明显缺乏动力,满足于做一天和尚撞一天钟。因此,无论学什么都无精打采,难以激发兴趣。

其三,学习方法欠妥。由于学法不当,虽刻苦学习,却收效甚微。例如,不注意用脑卫生,学习上长期"单打一",缺乏理解基础上的记忆等,自然不会感觉到学习的乐趣。

其四,学习上缺乏成就感。大凡厌学的同学,学习成绩都不理想,每次所得到的学习结果的反馈都是消极的。长期得不到嘉奖或同学、老师、家长的肯定与赞赏,就会产生厌学情绪。

那么,家长怎样矫正孩子的厌学情绪呢?

(1)对学习提出规律化的明确要求。有规律地学习生活,有助于孩子养成良好的学习习惯。因此父母应对孩子学习的规律提出明确要求。例如,要按时休息,使每天的学习活动有条不紊;要养成提前预习的好习惯,努力提高课堂听讲的效率;要针对学习中的疑难问题及时向老师和同学请教。

(2)加强对孩子学习情况的检查和督促。家长对孩子的学习提出明确要求后,要经常进行检查督促。对孩子学习习惯上的进步,要予以及时的鼓励,对孩子说明这是坚持良好学习习惯的结果,以增强孩子的自信心。

(3)帮助子女树立必胜的信心。信心是前进的源泉,进取是成功的根本。在学习上,气可鼓而不可泄,家庭教育的技巧就在于如何创设成功机会,满足孩子高层次需要。在孩子每一次作业、考试或是成长经历中表现有进步时,家长应该有意识地表扬,使他们看到希望,树立信心。

(4)父母要创设一个宽松的家庭环境。父母可以针对孩子的学习兴趣、学习能力和孩子一块儿制订一份既适合又有针对性的学习作息时间表,但不必完全改变家庭日常生活规律。另外,家长不要在孩子面前为孩子的学习和对家庭教育意见的分歧争吵,不要一天到晚千叮咛、万嘱咐，让子女感到唠叨个没完。要尽量减少或避免人情往来的应酬，嘈杂的家庭环境会让孩子心绪不宁，烦躁不安，不能静心学习。

如何教育记忆力差的孩子

某中学高一学生志新，他平时最怕学英语，特别是背单词，比如一个稍微长一点的英文单词又写又念好多遍，可到了下笔时还是拼不出来，甚至在考试时遇到了也记不起是什么意思，以至于他现在一拿起英语课本就头疼，真恨不得学校不开这门课才好呢。

志新怀疑自己的脑子出了什么毛病，要不然记忆力怎么会这么差呢？为此，他对学习有些灰心丧气，不知道还要不要学英语了。

我们先来看一看人脑的记忆功能是如何实现的。

简单地讲，大脑的记忆分为三个阶段。

第一阶段我们称为初级阶段（也叫编码阶段）。这就好比计算机的信息输入，都要经过编码，只有经过编码的信息才会得到保存。这个阶段与注意的关系很大。很多信息我们回想不起来，有些问题就出现在编码阶段。很多事情我们熟视无睹，并没有仔细观察，我们以为我们记得，事实并非如此。举个例子来说，虽然钞票我们每天都在使用，但我们却不能立即描述出一元钱背面的图案。这是因为虽然我们看到了，但并没有主动地去注意它，也就没有对有关信息进行编码，自然也就无法回忆了。

第二阶段我们称为短期记忆阶段。这个阶段记忆保留的时间很短，一般在几秒到十几秒钟。比如你打114查到了你要的电话号码，记在脑子里，等你要拨号时一下子又想不起来了。测试短期记忆的方法很简单，你可以让一个人说出4个毫无相关的数字或英文字母，要立刻把它们重复出来，然后逐步增加，看最多能记住几个，一般人总在 7 ± 2 个。因此我们知道短期记忆的容量是有限的。短期记忆是长期记忆的基础，短期记忆如果不反复练习，很快就会遗忘。而如果在记忆尚未消失前，继续加以练习，那么就可以转化为长期记忆。

第三阶段我们称为长期记忆，又称为永久记忆，可见它是保留时间很长的记忆。而且从理论上讲，人的记忆潜力是无穷的。

通过以上了解，家长朋友可以知道，如果您的孩子感到记忆力不好，大可排除智力发育存在缺陷的问题，虽然人的记忆力有强弱之分，但绝不是天壤之别，绝大多数的青少年都在正常范围之内。之所以出现记忆力差的现象，主要原因是记忆的方法不对，即我们上面讲到的记忆的三个阶段没有处理好。如果孩子改善了记忆的这三个阶段，就很有可能提高记忆力。

所以志新同学的父母也不必太担心，只要找出问题关键，就能解决这个难题。

如果孩子的记忆力差，家长千万不能责备孩子，要耐心地帮助孩子解决这个问题。

（1）让孩子掌握记忆规律，科学地复习。有句谚语说得好："复习是记忆之母。"重复有助于巩固所学习的东西。但是重复学习是有讲究的。一般来说，遗忘已经记住的东西有先快后慢的特点，复习也要针对遗忘的这种特点来进行。刚学过的要多复习，以后的次数可以逐渐减少，间隔时间可以逐渐加长。对于准备考试的学生来说，要在平时多熟悉教材，经常复习，不要"平时不烧香,急时抱佛脚"。在复习时,父母要帮孩子找出他最佳的记忆时间。一般地说,把要记忆复习的内容分在几个时段来记忆比集中记忆复习的效果要好。另外,让孩子早晨复习和在晚上睡觉前复习。有人认为,早晨起床后学习最为有效,因为这时头脑最清醒。有的人睡觉前的记忆效果最好,因为学习后立即入睡,没有什么干扰,可以减少遗忘。每个人的最佳复习时间并不一样,父母要让孩子找出自己最佳的复习时间,提高学习效果。另外,在孩子复习时,要排除干扰,集中注意力。

(2)让孩子寓记忆于兴趣之中。有兴趣的事情容易记忆。兴趣越强烈,就越容易记得牢。孩子对有兴趣的东西能眉飞色舞地讲出来,表现出很强的记忆力。那么,怎样才能激发孩子对记忆的兴趣呢?首先,要让孩子在心情舒畅时记忆。一般来说,记忆时静心安神、精神放松,对增强记忆力是大有好处的。而且,心绪好对记忆的保持也是有益的。父母不要让孩子在情绪不佳时去记忆东西,这时的记忆效果肯定不会好。孩子不愿意记忆时,不要强迫孩子,而要想办法引导他,让他高高兴兴地去学习。其次,将记忆的内容加以改造,如用打比方、联想的办法等,使之有趣,提高记忆效果。

(3)要让孩子在理解的基础上记忆。俗话说欲要记得,先要懂得。比如记英文单词就是这样,千万不要死记硬背。孩子只有在理解了所学习的内容后,才能花很少的工夫把它记牢。父母要让孩子在弄懂要记的内容的基础上再去记忆。这样,就可有事半功倍的效果。

(4)让孩子运用多种感官去记忆。在记忆东西时,可以让孩子边读、边写、边听、边说,手、脑、耳并用,这样有利于发挥多种感官的作用,增强记忆效果。

(5)要给孩子安排科学的饮食。良好的记忆力需要有发育良好的大脑,并能充分发挥大脑正常的生理作用。增强孩子的记忆力,父母要合理安排孩子的饮食,保证孩子吃足够的蛋黄、瘦肉、鱼肉、海产品、水果、豆制品和葡萄糖,并且不要让孩子暴饮暴食。

(6)加强孩子的身心训练。记忆力需要训练,但要有节奏,劳逸结合,不能过度紧张,造成过分疲劳。当感到疲劳时,就调换其他活动内容。体育运动能增加身体各个器官活动,增加脑部血流量,健康之身是与健康之"心"密切相关的,脑力、记忆训练能增进人脑的活动能力。

如何教育考试考"砸"了的孩子

肖蒙不知道怎么回事,期末考试考"砸"了,成绩糟得没法说。

成绩单要家长签字,肖蒙可急坏了,因为肖蒙的妈妈特看重孩子的学习成绩。肖蒙倒也机灵,找一个高年级的学生模仿大人的笔迹代为签名,为此,他还给了那位学生两块钱"劳务费"。但这事被老师识破了真相,老师随即打电话告诉了肖蒙的妈妈。肖蒙的妈妈听后气得在屋里转圈儿,等肖蒙放学回来,她一把扯过肖蒙,按倒就打,一边打一边骂:"胆子越来越大啦,敢考这么点分……"

肖蒙的做法的确不对,然而孩子考不好,冒着被发现的风险,花钱请人冒充家长在成绩单上签字,为的是什么?不就是怕家长的惩罚。如果从这个角度看问题,那么,说句公道话,该惩罚的不是孩子,而是家长,肖蒙的妈妈应该好好检讨一下自己做错了什么。

孩子考不好，父母不高兴，甚至生气，这是情理之中的事。然而，父母不高兴，生气，能改变孩子的学习状况，提高孩子的学习成绩吗？答案是很显然的，当然不能！如果家长足够明智，应该是心平气和地帮助孩子找出考不好的原因，进而进行有效的帮助，让孩子把学习搞上去。

其实，学习只是人生的一部分，并不是说成绩好的孩子，以后就一定能有大出息。中小学时代的学业是打基础的，家长还是不要过分地重视分数为好。当孩子考得不好时，应当抓住这个机会，好好检查孩子答错在什么地方，为什么会答错，进而设法提高孩子的学习成绩。而且孩子没考好，自己心里也很不好受，如果家长再一味地责骂，甚至动手打骂，很容易在孩子的心里留下阴影，长此以往，孩子恐怕会开始害怕学习了。

当今的社会充满了竞争，而且从学生时代就开始了，中考、高考虽然已不再是"千军万马过独木桥"，但并没有根本上的改观。每次考试结束，家长们总免不了比较。希望自己的孩子名次靠前，固然是正确的想法，但对考"砸"的孩子，做家长的一定要保持冷静，与孩子共同总结经验，找出不足，要知道急躁打骂是于事无补的。

通常，考试有两种意义：一是为了检查孩子的学习成绩，作为以后教学参考的所谓"测验性考试"；二是让孩子集中解答问题，培养解答问题的能力，谓之"发展性考试"。家长应了解学校考试的用意，分别进行考后辅导。

辅导的方法有三：

（1）仍用原考卷，嘱咐孩子重新解答，对答错的题项反复演练，直答到百分之百正确为止。这样，就教学进度而言，孩子就不会再有不明白的地方；同时，对往后的学习，亦铺垫了坚实的基础。如果还对试题的某些题项一知半解，往后学习就可能产生障碍，甚至跟不上班。

（2）收集答错的问题，即把孩子一学期来多次考试的所有答错的问题重新制成一份新的试卷，让孩子解答。同样，也要解答到百分之百正确为止。若如此，孩子在这门学科中的所有"盲点"都将得到一次扫除。

（3）变式，即以孩子历次考试的答错题项为准，进行适当的变式，构成一份新卷，让孩子解答。如果孩子未经提示能答对一半以上，那么，孩子跟上班级教学进度就不会有较大的困难。

考试不是目的，而是提高孩子学习能力的手段。因此，家长应根据孩子的学习缺漏进行辅导。倘若一味重视分数，对孩子的考试成绩耿耿于怀，不但白白地失去了借以促进孩子学习的好机会，而且还会使孩子讨厌读书。要知道一次考试成绩的落后并不能决定孩子的成才与否，并不能只以一纸分数去衡量自己的子女，报纸上也有不少"高分低能"的报道，学习成绩的好坏只反映了子女在人生历程中的一个阶段而已，应注意培养孩子的兴趣和良好的行为习惯，培养良好的非智力因素。

同时应注意，考"砸"的孩子容易产生自卑心理。现代社会生活比较急促，家长工作比较繁忙，很少有太多时间关心子女的学习，更多只是问问成绩，作为望子成龙的家长应在生活、学习和心理上多给予子女关心、指导和帮助。

如何帮助孩子考试不再怯场

胡挺已经连续两次高考落榜了，一提起落榜的原因，他就十分苦恼。胡挺平时学习成绩优秀,考上一所重点大学是绝对没有问题的。但胡挺一参加考试就怯场,以致进入考场后,不但浑身冒冷汗,脑袋也不做事,考不出应有的成绩。后来,参加复习班,在复习班内成绩仍居上游且很稳定,但二次进入高考考场仍然怯场,笼罩在一种无形的紧张中,仿佛第一次高考情形的重演,甚至平时做过多遍的相同类型题也变得陌生起来,结果可想而知。

胡挺的例子比较典型,在重要考试中失败无疑是一件很遗憾的事,然而必须承认,我们谁没有考试失败的经历呢?考试是一件让人寝食不安的事情。想一想那种情景吧:当考试结束的铃声响起,这时候我们的心都提到嗓子眼了——因为还有好几道题没做完;或者刚走出考场,突然间我们失魂落魄了——因为记起有一道蛮有把握的题算错了小数点;甚至还在考试中间就心慌了——因为有一道题恰恰包含了没复习到的内容……这样的事我们谁没遇到过?

考试怯场对于学生来说是一个非常危险的隐形杀手。据北京同仁医院临床心理科的一位主任医生介绍:每到三、四月,来进行心理咨询的孩子就特别多,尤其是初三、高三的学生。这些孩子对于考试的畏惧情绪不是一天两天形成的,大多是在临考前半年或一年就产生了,比较普遍的表现有:焦虑、抑郁、自卑、急躁、过度紧张、不能安心复习等。一旦发现有类似的表现,父母就应该带孩子及时进行心理治疗,通常要经过3~5个月的治疗,才能保证孩子以良好的心态参加考试。

我们应该明白,人生就是这样,充满了大大小小的考试:做学生时有期中考、期末考、升学考,毕业后会有求职面试,工作当中会有年终考评……任何人都必须全力以赴闯过一道道考试关,才能抵达成功的彼岸。

但不正确认识和对待考试,不但不能促进学生的学习活动,反而会影响孩子的学习和身心健康。《儒林外史》中范进"中举"之后变得疯疯癫癫就是一例。所以,掌握有效的考试方法,对孩子的学习相当重要。

怎样做才能使孩子考试不怯场呢?

(1)要从家长开始,做好减压的工作。一方面,家长不要在平时给孩子太多的精神压力,不要盲目地给孩子定过高的指标,达不到就如何如何。在临近考试时,尤其不要天天嘴不离口地谈考试的事,因为你说得越多,考试时刺激孩子产生紧张情绪的信号就会越多。另一方面,不宜在孩子考试前和考试期间,为孩子做过多的物质准备和具体服务,如买很多的营养品,像保护大熊猫似的处处服务周到,这些做法会给孩子增压。适当改善一下饮食是可以的,但不能过分。

(2)指导孩子正确对待考试,帮助孩子减轻自我压力。孩子的水平是客观的,只要认真复习,认真做好考试准备,能考出自己的实际水平就行了。孩子有时对自己的水平认识不够,自我期望过高,甚至有侥幸心理。有的孩子总担心出错,这样,进考场就紧张,一旦看见了熟悉的题目,紧张情绪加剧,导致一连串的失误。家长应在自己少给孩子压力的同时,让孩子正确对待考试。考试,就是考查学习水平,告诉孩子不要给自己定太高的指标,考试遇见不熟悉的题目是正常现象,对每个同学都是可能的。胜败乃兵家常事,努力就是好孩子。

(3)指导孩子在考场上运用"转移注意"和"自我暗示"的方法缓解自己的紧张情绪。转移注意就是暂时强迫自己把注意力集中在考试以外的事物上,使紧张程度缓解。比如,当心里过于紧张时,认真听老师讲考试注意事项,观察老师的服饰、表情,想一小会儿最感兴趣的事情等,都会使自己平静下来。自我暗示就是在内心里自己提醒自己:我是很镇定的,呼吸多么平稳,头脑也很清楚……这种反复提醒也有助于缓解紧张情绪。

(4)指导孩子事先明确自己答卷的程序和要求,按部就班去做。基本程序和要求:一是工工整整写上姓名(有时写学号、准考证号),一笔一画地写,有助于使自己平静下来。二是看准题目,审清题意,一个题一个题按顺序往下答。爱紧张的孩子不要先把全部题目看一遍,那样容易造成因为看到一个不熟悉题目而增加紧张感。遇到不会答的题目,认真展开思路想一想,如果没有想通,暂时放下,不可占过多的时间,免得耽误了做其他会做题目的时间。会做的题做完之后,再回过头来做难题。三是仔细检查、避免漏错。大题、难题多花点时间。如时间较少,普通题目看一遍即可,多看一看重点题目。特别要把卷子正反面都查一查,不要有漏答的题目。

这个基本程序和要求,让孩子平时小测验和阶段考试中就坚持做到,养成习惯,比较大的考试就会自然地按程序应考了。

(5)指导孩子在考前把该准备好的用具准备好,放在比较保险的地方。有的孩子就因为用具准备不齐,临时发现,增加紧张情绪。

此外,在考前让孩子适当参加一些文体活动,放松身心,对防止怯场很有好处。

还可以在考试前和考试中喝一点板蓝根、清热冲剂、菊花茶等清热降火的中药,有利于保持脑子清醒。

如果孩子考试怯场过于严重,建议去看看心理医生。

如何对待中考或高考失败的孩子

北方某城市的青少年心理热线接到了一名落榜的初中毕业生打来的求助电话:"我是在万般无奈之下才打电话向你们求助的。我的痛苦来自于中考的失败,现在我几乎没有生活的勇气了,虽然我的父母没说些什么,但我在他们的眼中看到了失望和愤怒。我想他们一定觉得我丢他们的脸了,白养我了。不知同学们、街坊们又是怎么看我的,我甚至都不愿再面对任何人……"心理热线的接线员认真地劝慰了这个孩子,并鼓励他重新面对生活,勇敢向前,打消了孩子轻生的念头。

人生之路,难免挫折。古今中外,任何一个人在成长的道路上,都会遇到这样那样的逆境。不同的人对于挫折的承受力是不同的,挫折承受力不仅与一个人的性格、气质有关,也与人的抱负、经历、意志等相关。比如,同样是遭到诽谤,外向的人可能暴跳如雷,骂人发牢骚,以求心理平衡;内向的人则可能流泪叹息,用其他活动转移自己的注意力以求忘却。怀有远大抱负和有过艰难经历的人对一般的挫折会泰然处之;思想境界高的人,也许会把挫折看成一次考验机会;意志坚强者的抗挫折能力大大强于意志薄弱者。挫折才会充分显露出人的本质。

一般说来,偶尔遭受意料之中的、较轻的挫折,在某种意义上讲是件好事。因为它能使人吸取教训,增长知识和才干,获得解决问题的能力,锻炼意志品质,提高对挫折的承受力。而对于意料之外的重大挫折和接踵而来的多个挫折,如果一个人的心理素质差和抗挫折力较低,就会加重精神上的压力和痛苦,处理不当对其身心健康有较大的消极影响。

中考或者高考的落榜,对青少年来讲很可能是他们生来遇到的第一次重大挫折。而且当今的中学生大多是在非常顺利和备受宠爱的环境中成长起来的,所以抗挫折的能力普遍较低。此外,随着身心发育的成熟和社会实践活动的增加,他们的独立意识和成人感日益增强,开始以一个独立主体参与社会活动。但是由于个性及心理发展尚不完善、不稳定,情绪容易波动,一旦遇到大考失败这样的打击,往往无法接受,容易悲观失望、自暴自弃,有的甚至走上轻生的道路,这方面的教训以前和现在是很多的。上述例子中的孩子如果没有父母好的体贴的谅解,是很危险的。

中考或者高考落榜的时候,作为他们最亲近的人,家长的作用非同小可。应当知道,此时父母的一句话可能会成为孩子重新站起乃至于一生成功的力量,也可能成为他们永远挥之不去的伤痛。所以,面对中考、高考失利的孩子家长一定要乐观、理智,从以下几个方面着手,帮助孩子渡过难关,自信地向新的人生目标迈进。

(1)家长要具备正确认识。家长应该明白,失败是竞争的一个必然产物。与此同时,经历挫折与失败是孩子走向成熟的必经之路,家长永远不能代替他们经历失败。只有他们自己从失败中积累经验,才能学会创造成功。过分焦虑和指责对于孩子并不能起任何作用,倒不如以一种坦然的心态对待,心平气和地为孩子创造另一个成功的"平台"。

(2)告诉孩子一次失败算不得什么,"条条大路通罗马"。没考上重点高中,还有普高、职高、技校等多种教育途径可供选择,只要努力照样可以上大学,有好工作。一次高考失败,还有下次,现在的高校招生已经放开了年龄界限,只要自己不懈努力,大学的校门是永远敞开的。同时,现在我国为满足青年成才的愿望,开办了许多成人高校和民办学校,同时还开辟了自学高考渠道,即使孩子不能考入正规高校,同样可以通过上述途径接受高等教育。

(3)给孩子信心,鼓励他们朝下一个目标奋斗。心理学上有一个著名的"罗森塔尔试验"表明,对于经历过挫折的孩子,只要成人给予他们充分的信任,给予他们心理上积极关注,就能很容易激发出他们巨大的心理潜能,他们就会在学习和其他方面表现出巨大的进步。每一个孩子都有自己的长处,就学习而言,也各有自己的优势,家长要仔细发现这些"亮点",肯定他们,激励他们,使孩子相信:我是有能力的,一次失败没什么大不了,只要发挥我的优势,我一定能够成功!

如何教育逃学的孩子

许多走上犯罪道路的孩子,差不多都有逃学的经历。

2002年3月19日,武汉市公安局水上分局王家巷派出所在清查滨江公园明星卡拉OK厅时,发现5个混居在包房里的少年。经审查,才发现这是一个多次作案的少年盗窃团伙。让人匪夷所思的是,为首的竟然是两个年仅13岁的双胞胎姐妹。她们8岁时因被父母赶出家门,流浪街头,先后作案24起,涉案金额竟达10余万元,真是令人触目惊心。

两姐妹交代说:"我们从小学一年级起就逃学,我们确实不想读书,上课听不进去。一想到要做作业就烦,只好逃学。我们每天都在外面玩儿,感觉外面比学校自由得多。"

一位记者不无惋惜地问她们:"你们为何不想上学?"她们回答说:"当时小,什么也不懂,很愚蠢!还有就是怎么也读不进去。你们多好啊,有学问,找工作多容易啊。"记者接着问:"你们不上学的时候主要做什么?"

"还能做什么？就是打游戏机，经常玩通宵。累了，就在游戏机室里睡，就是不想回家。"

就这样，姐妹俩越陷越深，最终坠入了犯罪的深渊。

上述例子的情况在青少年犯罪中是很常见的，逃学逃到最后是把自己送进了监狱，多么可悲。

逃学通常是指孩子无故不去学校上学，或者课间离开学校不再回去。孩子逃学可由许多原因造成，包括孩子对学习没有兴趣、成绩差、贪玩、怕辛苦、怕老师惩罚、怕人笑话、受人欺负、同伴诱惑、生病等。孩子有时会在学校受到其他同学的嘲笑，如个人生理缺陷、成绩差、服饰不好、语言能力差等使孩子感到上学不开心，就会出现逃学现象。有些孩子沉溺于别的活动中，例如玩扑克、下象棋等与学习无关的兴趣爱好，结果对正常学习兴趣下降，出现逃学现象。有时孩子逃学是由于父母不许他们随便到外面玩，孩子没有机会进行正常的兴趣爱好和娱乐活动，就采用逃学的途径来满足自己的需要。

另外，父母对孩子的过分溺爱，孩子过分依赖父母，孩子习惯了在父母身边，都可能导致孩子到学校会产生害怕和陌生的感觉。有时孩子在听不懂老师的课、觉得太浅、对教学内容不感兴趣或老师讲课枯燥乏味等情况下，也不愿到学校听课。有些家庭不和，父母争吵，导致孩子情绪不好，产生不安全感，担心父母离异，孩子就不愿离开父母。这些都可能导致逃学。

有些孩子逃学后就在外面流浪，与别的逃学孩子或小流氓一起玩，形成小集体，甚至于干坏事，出现违法行为。孩子受到这种小集体的压力和影响，又会继续逃学，形成恶性循环。

孩子逃学，家长当然很生气，有的则大发脾气，甚至打骂孩子，采取强硬措施硬逼着他们去学校，这样只能增加孩子的厌学情绪和逆反心理。因此，如果您的孩子也有逃学的现象，请您一定要克制，在问明原因后，采取下面的办法避免孩子再发生逃学的情况。

（1）首先找出孩子逃学的原因。对于孩子的逃学行为，父母首先应该通过与孩子谈心了解孩子不愿上学的动机和原因是什么，有些什么诱因。针对孩子的问题进行诱导，要摆事实说道理，讲明到学校学习的重要性，从而培养孩子遵守规矩、热爱学习的品性。

（2）切忌情绪冲动，不问青红皂白，就对孩子进行教训。这很有可能将孩子原本不高的求学热情扫荡得一无所存，也易使孩子因怕被打骂而撒谎。再者，如果家长教训得太重了，就会给那些不良分子以可乘之机，使孩子更快地向那些人靠拢，这样做的后果是不堪设想的。正确的做法应是来个"冷处理"，先平息自己心中的怒气，然后再积极地去了解孩子逃学的原因，才能对症下药，教育好孩子。

（3）留心提高孩子的学习意愿。当孩子成绩不如意时，不应在孩子面前唠唠叨叨，说些"谁像你这么愚蠢"之类指责诅咒的话语，而应多安慰、鼓励他继续努力。也不要拿其他孩子与自己孩子作比较。应自己和自己比，只要今日之我超越了昨日之我，那就是进步。要让孩子感到学习不再是一种痛苦，帮助孩子明确自己的努力方向和自己的缺失所在。孩子稍有进步，就应明确表示赞赏，借此提高孩子学习的自信心。

（4）主动给孩子"减压"。父母通过对逃学孩子了解和观察，往往可以知道孩子逃学后去干了些什么事情。例如，如果孩子逃学后只是为了贪玩或者为了兴趣爱好，去钓鱼、游泳、踢球等，父母就应该给孩子以休息、娱乐和发展爱好的时间，不要总是对孩子限制得太多，连正常的文娱体育活动都没有。孩子的正常兴趣只要得到一定的满足，就不会再通过逃学的方式来进行了。

（5）注意孩子交友的对象。常言道："近朱者赤,近墨者黑。"如果与孩子来往的其他伙伴都是一些爱逃学、怕学习的孩子,孩子之间就会互相影响,一起商量着逃学后去干什么,如何向父母撒谎等。所以父母要仔细了解和观察与孩子来往的其他孩子的表现,如果发现孩子与别的孩子一起逃学,就应该与别的家长一起共同纠正孩子们的逃学行为。这时,对带头逃学的孩子的教育是最重要的,正所谓"擒贼要擒王"。只要尽力将"王"的逃学行为改变过来,其他孩子就会服从"王"的命令而回到学校来。

（6）多与老师学校沟通。家长应常到学校去,了解孩子在校的表现,和老师取得配合。家长和学校双管齐下,才能更有效地防止孩子的逃学行为。

如何教育考试作弊的孩子

上初二的陈琳在一次数学测验中,因为抄袭他人试卷而被老师逮到了,并通知了陈琳的妈妈。陈琳的妈妈严肃批评陈琳,陈琳却振振有词,一点认错的态度都没有,还认为自己是今天比较倒霉而已。还说什么大家都作弊,她若不作弊就考不过人家,在班上就要"吃鳖"……陈琳的妈妈听后,感到问题非常严重,却不知如何教育陈琳,才能打消她的这种错误心理。

考试作弊是弄虚作假的行为,是不道德的行为,它不仅与科学的实事求是精神背道而驰,而且有损于人自身的品格,无论你是自己作弊,还是帮他人作弊,都不能听之任之。我们建设和谐社会,提倡诚信这一中华民族的传统美德。青少年更是应该从小塑造诚信的好品格,作弊就是有违诚信的一个常见又十分严重的问题。不管孩子在考试中作弊是出自什么原因,都必须杜绝。

现在学生中,考试作弊仿佛成了流行,而且屡禁不止。不仅大考作弊,连平时的小考都当成了练兵似的,作弊做得很愉快。在大学生中也有不少因为考试作弊而被取消了学位的。甚至还有老师帮助学生作弊一说,不得不让人心升警钟。

为什么考试作弊如此时兴,原因很多。有学生方面的原因,有的想不劳而获,有的不想因别人作弊而失去优势,有的实在过不了关,希望成绩好看点,等等;有社会方面的原因,家长教育孩子不要作弊,而自己却说一套做一套,在生活中走后门、送礼很平常,小孩子自然会认为作弊只是很小的一件事。然而,作弊其实是很不好的一件事,对于自己来说,没有学到知识,浪费了光阴不说,还冒着名誉受损的风险,对于其他同学来说,是多么的不公平啊,才会有陈琳这种想法的同学出现。

陈琳并未意识到自己的错误。学习的目的不是名次,而是真正学到了什么。所以陈琳的妈妈应及时地纠正陈琳的错误想法。

家长是孩子思维的先行导师,应从小教育孩子诚实守信的道理,告诉孩子分清是非,不能因别人怎样,我就怎样。作弊是不对的,是肯定会被发现的,没被发现是你的"运气好",是监考人员的粗心,一旦你被逮到,你的人生就会蒙上一层阴影。所以,做家长的应做到以下几点:

（1）应帮助孩子认识作弊的危害性。孩子年纪虽然尚小,但基本的是非观念还是有的。他们明白违反科学是不对的,小偷是可恶的,别人的劳动成果不能剽窃等。家长应教育孩子,把考试作弊作为"违反科学"、"学习上的小偷"、"侵占别人劳动成果"来认识,牢固地树立起"作弊可耻"的思想。

(2)帮助孩子切实提高学习效率。凡是刻苦学习,学有成效者,作弊的可能性就小。家长要杜绝孩子的考试作弊,平时就应当下功夫,抓孩子的学习,辅导他们把学习成绩搞上去。

(3)培养孩子良好的学习习惯和品德。在学习上培养独立性,不依赖别人,自己的事自己做等良好习惯;在道德上培养诚实、不弄虚作假、不损人利己、不侵占别人劳动果实等品质。这是从根本上杜绝作弊行为的措施。

话说回来,孩子毕竟是孩子,况且他们又不是生活在真空的世界,社会上的不正之风、虚假作假,学校教育片面追求分数,家长教育过于重视学习成绩,孩子友伴的友谊观念偏离,把作弊视作"互相帮助"等问题都是导致当前有些学校里考试作弊成风的不良因素。因此,要杜绝孩子的作弊行为,还需要社会作番艰苦的"综合治理"。

当然,"综合治理"必要,但毕竟是社会的"宏观方面"。我们讨论学习指导,立足点是从我做起。因此,还是不怨天,不尤人,教育孩子自觉抵制作弊的不良风气,锤炼自己成为诚实的人。

如何教育不肯做功课的孩子

东东放了学回到家,把书包往自己屋里一扔,就跑出去玩去了。等到吃完晚饭,他又想看电视剧《小龙人》,可他的家庭作业还一点没做。妈妈一再催他去做作业,东东只好放弃电视剧,兴味索然地打开课本,有心没心地写着作业。谁知,刚写一会儿,"瞌睡虫"就来了,东东一边写一边发困。妈妈催他:"快点写,写完睡觉。"东东不耐烦地嚷:"知道了,知道了,烦死人了!"

不肯做功课是孩子常有的坏毛病。所以东东的妈妈也不必叹息,应该用心地观察儿子,为什么不爱做作业,找出原因,才能对症下药。

对孩子的家庭作业,父母不应该唠叨,也不应当逼迫,更不应替孩子代劳。如果你想让孩子很早就学会按规定时间坐下来安安静静做家庭作业,你就必须学会观察他是否专注于书本的同时还能表现出热情的兴奋。

家庭作业的价值在最初几年里不应估计过高,有许多好学校并不留作业给年龄小的孩子,而这些小学生和那些为家庭作业努力奋斗的六七岁的孩子相比,似乎是同样的聪明。不要担心孩子的未来会怎么样,也不必认为如果孩子不愿做家庭作业就意味着他上不了学。而应该让孩子们把学校看成有趣、悦人的地方,是能给他们带来学习乐趣的地方。这乐趣包括怎样和他人交谈、怎样与人相处、怎样守规矩以及怎样扩展自己的好奇心。

有了这种学习乐趣之后,孩子就自然而然,用不着父母亲的督促,自己也能很快地完成家庭作业(这是在老师规定了家庭作业的情况下)。

父母的任务是帮助孩子认识到学习的乐趣,而不是每天规定他埋头去做家庭作业,向他唠叨你的期望和把他的时间安排得紧紧的。父母首先要端正自己的态度。如果你能平静地坐下来叫孩子在晚饭前完成家庭作业,或把家庭作业当作有趣的活动,他会觉得做作业还是挺不错的。

父母对学校和老师的态度可能影响孩子对家庭作业的态度,因此,父母应该尽量支持老师,支持老师对家庭作业的一些规定。当老师要求很严格时,做父母的就表示同情孩子,但不要责怪老师和学校。

孩子做作业时你尽量不要问他什么,或者差使他去干什么事,以免打扰他,如果你一味地妄加评论:"你如果专心听讲,你就会知道作业怎么做。"这样只会增加他的消极情绪,干扰他的思维活动。

选定做家庭作业的最佳时间。这需要根据孩子的具体情况而定,在春秋季节,温暖的下午,孩子肯定想先玩,然后再做作业。在寒冷的冬季,如果晚上有较好的电视节目,则必须先做完作业才能够看电视。你要避免每天在作业上对孩子发脾气,这一点很重要。

父母不要为了家庭作业而跟孩子争论不休。不要威胁孩子,没做完作业他的日子会不好过。先定一个规则,再告诉他不遵守规则的后果是不许玩游戏机或不许看电视。相信孩子是不愿接受这样的惩罚的。

培养孩子对家庭作业持有良好的态度是非常重要的。当孩子知道以后的几年里,他每天都有事要做,他便常常会感到矛盾、失望和焦虑。在这方面,你要帮助他。

如何教育学习粗心的孩子

赵欣在五年级学习是出了名的好,但奇怪的是,他每次考试的成绩都不怎么理想,总是与第一名失之交臂。于是,他的妈妈拿来他的考试卷,与他一起分析错误的原因。分析之后发现,很多错误都是粗心所致,不是漏了一个数儿,就是多写了一个数。你马上再考他,他还是会,并非不懂不会。可是,无论怎样苦口婆心地教导他不要马虎,要细心答卷,赵欣还是难改粗心的毛病。妈妈很生气,真不知怎样才能纠正孩子的这个坏毛病。

考试粗心是不少孩子常见的毛病。由于考试粗心造成的危害很大,有的学生考上重点高中,高考却落榜,不少是由于粗心所致。赵欣就是这么可惜地与第一名失之交臂。

孩子为什么会粗心呢?

形成孩子粗心的因素是多方面的。比如气质因素:有这种因素的孩子对感觉刺激的敏感性较差,注意力又比较容易受到外界的干扰;又如知觉习惯的因素:有这种因素的孩子对知觉对象的反映不完整、分辨不精细;又比如兴趣的因素:这种孩子对感兴趣的事情比较认真仔细,对不感兴趣的事情却马马虎虎等。最令人伤脑筋的是粗心会逐渐变成一种行为方式,最后演变成办什么事情都冒冒失失、粗枝大叶,最终成为一个真正的"马大哈"。

粗心孩子的突出特点是动作快,脑子慢。这种孩子做事之前一般不会耐心细致地观察和思考问题,因而事情做完之后常常会漏洞百出。这种情况一般会随着孩子认知能力的提高而有所改善,但是对那些已经形成粗心习惯的孩子,如果不对他们进行耐心细致的指导,改变他们的不良习惯,帮助他们形成新的知觉、思维和行为的模式,那么他们就只好当一辈子"马大哈"了。

所以，作为家长，必须有效地帮助孩子改掉粗心的坏毛病，而且越早越好。

作为家长，该如何纠正孩子粗心的毛病呢？

（1）培养孩子的知觉能力和辨别能力。孩子之所以粗心，就是因为缺乏良好的知觉能力和辨别能力。父母要提高孩子这方面的能力，就必须采取有效的办法。比如向孩子提供"找相同点"和"找不同点"的图画，让孩子去发现图画中各种细节上的变化，培养他们仔细观察事物和仔细比较事物的能力，并且要求他们把比较的结果用语言大声地讲出来，以便巩固知觉的发现。

（2）训练孩子多角度思考问题。小孩子的思维缺乏可逆性，很难从不同的角度思考同一问题，因此需要父母进行很具体的指导。比如将两根一样长的棒子前后错开放在孩子面前，问他哪一根长。试验表明，有的孩子说上面一根长，有的孩子则认为下面一根长。这时，父母可以诱导孩子换一个角度再看这两根棒子。说上面一根长的孩子是因为他只注意到棒子的左端，当让他同时再看看木棒的右端，他的说法可能就会改变了；说下面一根木棒长的情况则相反，孩子只注意到木棒的右端的长短，而忽视了木棒的左端。通过这个例子，要让孩子知道学会从不同角度观察事物。

（3）让孩子学会自我监督。帮助孩子分析发生错误最关键的地方是什么，在哪里，让孩子抄录自我提醒的"语录"。例如，"坚决消灭错别字"，"不要忘记复数"等，放在自己桌子的玻璃板下，贴在作业本第一页上或者其他醒目的地方，提醒自己注意，这样有助于孩子克服粗心的毛病。

（4）让孩子在生活中体会细心的好处。如果在你的朋友或亲戚中有人是从事精密、细致的工作的，你不妨与他们联系，带孩子去看看他们工作时的情景，让孩子能受到启发。

如何教育班里名次落后的孩子

广东省惠州市一所中学在一次考试之后，老师将成绩最差的十几名学生及其父母请来开会。会上，老师把孩子的缺点一一公布，父母们听了心情当然很烦躁。老师讲完话，很多父母便纷纷责怪坐在身边的孩子，有些甚至一巴掌朝孩子打过去，把内心的耻辱向孩子宣泄。可是那位成绩倒数第一的学生的母亲不但没有责怪孩子，反而紧紧地搂着自己的孩子，眼里充满了慈爱。当别人问这位母亲为什么不责怪孩子时，她说："你们可以瞧不起我的孩子，但是我对孩子充满信心。我不会打我的孩子，我相信他会在失败中吸取教训，成为最好的孩子！"几年后，这位当年被认为最差的学生却凭着不懈的努力，考进了北京科技大学。

面对这样一个真实的故事，给予人的启迪是巨大的。

"尺有所短，寸有所长。"这位母亲了解自己孩子的长处，相信孩子潜在的能力；她不随波逐流，别人都打骂孩子，唯独她紧紧地搂着孩子，她相信自己一定能教育好孩子。果然在她的教育帮助下，孩子脱颖而出，走上成功的道路。

这位母亲有着良好的家庭教育方法，她了解自己的孩子，赏识自己的孩子，对孩子的前途充满信心，虽然当时她的孩子是班里成绩最差的。赞美孩子，会使他努力向上；相反，如果父母动不动就骂孩子"笨蛋",否定他的能力,孩子有可能变得比你想象的还要笨。

每一个孩子都需要不断地鼓励,这就像植物需要阳光雨露一样,鼓励应当持续不断,循序渐进地培养孩子的自信心和远大志向。许多父母错误地认为,孩子需要的是教育,教育更多的是训导、指教和纠正,而鼓励是什么,他们却不知道。

亲爱的老师和家长们,请听听孩子们的心声:

学生甲:我成绩不好,每次考试都考不好,老师就说我"笨"、"智力有问题"。结果班里的小朋友都骂我"笨猪"。我心里好难过呀!其实,我还是很努力地学习了,可就是考不好!难道我真的是"笨猪"吗?我真的好难过!

学生乙:我好希望得到爸爸妈妈的夸奖啊!小时候,他们还经常夸我"乖",但现在却常常骂我"不听话"。而且最爱拿我和邻居红红比较,常说红红这好那好,可我觉得我和她差不多呀!为什么我就"不乖"了呀?

学生丙:爸爸妈妈很少对我说:"你行!你做得很棒!"不骂我就不错了。有一次,学校举行墙报比赛,班里就派我参加。我高兴极了,回家后,兴高采烈地告诉了爸爸。满以为他会夸奖我,谁知他听了以后,竟说了一句:"你行吗?你的字写得这么糟!"我听了,就像被泼了一瓢冷水,再也提不起兴趣,心里想爸爸说得也有道理,就不敢去了。后来,老师派别的同学参加了,代替我的同学还不如我呢。我就不明白为什么爸爸要说我"不行"。

学生丁:在爸爸妈妈心中,我很少有让他们满意的。记得有一次,我考试得了第三名,这可是破天荒的哟!我回家兴冲冲地告诉了爸妈,心想这次他们不会骂我了吧。可谁知他们只是对我说:"不行,才第三名,还有两个人在你前面,你还不加油呀!"我的高兴劲儿一下没有了。我多希望爸爸妈妈能表扬我几句呀!

父母在教育孩子的时候,自己要有好的心态。

请不要吝惜你的赞美。本文上述那位母亲的做法是非常成功的,值得借鉴。

要注意发现孩子的优点。每人孩子都有优点,哪怕是有很多缺点的孩子也有优点。你一定要发现这些优点,然后适当地赞赏他的优点,这就等于给孩子输送了巨大的力量,孩子在父母的赏识之中会变得自爱、自信、自强。

多鼓励孩子做他喜欢做的事情。因为喜欢的事情做起来特别有兴致,特别能锻炼孩子的能力,孩子也就特别容易获得成功。

如何教育怕写作文的孩子

上初二的小芳回到家,把自己关在房间里面,坐在书桌旁,握着钢笔冥思苦想。今天语文课临下课的时候,老师布置了一篇作文,是议论文,后天要检查。平日里小芳最怕的就是写作文,因为她总觉得没什么可写的,每完成一篇都像过难关一样痛苦。这次也不例外,她坐在那里,抓耳挠腮,好半天也无法下笔,急得满头大汗,写作文对她来说简直就是一种"煎熬"。实在没有办法,小芳只好找出了一叠作文书,决定来一个大拼盘。

作文或许在一些同学心中很难写好,像要吃苦瓜一样,半天写不出一句话,写不完又怕老师骂。小芳同学的痛苦也正在于此。

作文,顾名思义,也就是任由自己发挥,把自己的心里话,用一支属于自己的妙笔写出最真实的自己。在自己的文章里展开自由的翅膀,在自己的文章里像鱼儿般自由地畅游。

写作文难,难在何处?

首先是学生觉得无话可说。因此,作文中假话、空话连篇。写的人都是千人一面,记的事都是千篇一律,根本达不到训练学生书面表达能力、提高作文水平的目的。不少中学生家长都苦恼于孩子的作文没有自己的内容。这也就是学生无话可说造成的。学生为什么会觉得没有话说,没有内容写呢?第一,学生平时没有养成留心观察周围事物的习惯,所以对身边的人和事熟视无睹,自然积累的作文材料就缺乏,所谓"巧妇难为无米之炊"。第二,语文基础差,词汇贫乏,语言表达不准确。有的学生想写,但由于不知道方言的意思该用普通话的什么词汇来表达,以至于有的作文中方言与普通话共用,不伦不类。如"上面"写成"高头","以后"写成"二天","厨房"写成"灶门前"等。第三,作文训练时间太少,训练质量不高。按照中学教材要求,真正的作文训练每学期只安排七八次,每两周才有一次训练机会。有的教师认为作文反正都难,往往费力多效果差,干脆就任其自然吧,花在作文教学上的精力并不多。

谁都希望有个什么"速成大法"才好,学生和家长都能免去许多烦恼。可这是不可能的事情。所谓"速成",说得不客气点,至多是应付考试生出的种种"大法"。这"速成"作文,就好比流水线上制作出来的快餐——"快餐"能饱肚,但若想从中品尝美味,几乎是不可能的。

写作水平的提高,是一个日积月累的过程,并没有什么捷径。家长要改变孩子写作文难的问题,关键是要激发孩子内在的情感,让他觉得心里的话要说出来才舒服。正如国内一位知名作家所说的"心中有感,感情的波澜冲击着我,我有说话的愿望,便想倾吐"。

(1)让孩子博览群书。"书籍是人类进步的阶梯!"这是一句至理名言。如今家长都非常重视子女的教育,但指导孩子读书并不是给孩子买几本书那么简单。要引导孩子把书读好,家长至少得做两方面的工作:首先,帮助孩子选择可读的书,帮孩子选书不仅要注意书的价值,还得兼顾书的涉猎面;其次,还必须教给孩子读书的方法,让孩子学会读书,有些书甚至得与孩子一起读。真正能把书读好了,书中的许多事迹、人物、景物等就能成为孩子平时习作中的素材。不仅如此,读好书对提高孩子的习作技巧,丰富孩子的语汇也同样大有裨益,这就是古人所说的"开卷有益"。

(2)让孩子养成记日记、写随笔的习惯。这是一个培养孩子写作能力的有效办法,家长要鼓励孩子把一天里经历的事情于睡觉前在脑海里过一遍"电影",从中发现亮点,用自己的语言记录下来,并写出自己的真实感受和想法,文字不必太多。日积月累,孩子会在磨合中找到把想法转化为文字的方法,克服无从下笔的障碍。

(3)利用好电视。电视是一种有教育意义的工具,它能丰富孩子的习作素材,激发孩子的学习兴趣和动机。因此消极地控制孩子看电视并非上策,正确的做法应该是引导孩子看好电视。比如一些有意义的纪录片、历史剧、人物介绍,一些新闻、动画、喜剧,还有些体育、文化、科学节目,都可以有选择地引导孩子看。要引导孩子观察电视中有特点的东西,如山峰、树木、花朵等。另外,看完一个节目后,家长也可以让孩子写写内容提要,然后再与电视报刊上的介绍对比。当孩子对节目特别感兴趣时,家长还可引导他写写观后感。这些对切实提高孩子的写作能力、丰富孩子的习作素材都大有帮助。

（4）让孩子学会感受生活。现代文学理论认为，社会生活是文学创作的唯一源泉，各类文学作品都是社会生活的反映。孩子写作文觉得无话可说，没有素材，与孩子缺少生活有着必然的联系。现在的孩子生活太单调了，几乎是与大自然、社会"隔绝"了，每天都在家与学校之间来回。他们所接触的人就是父母、老师与同学。他们的日常见闻局限于家和学校。因此，要丰富孩子的习作素材，我们必须抽出时间带着孩子去感受生活，如旅游。哪怕只是平时带孩子逛超市购物，这当中点滴的见闻都可能成为孩子最鲜活的习作素材。

（5）经常与孩子交谈。通过带着孩子去感受生活、参加活动、指导孩子读书、看电视显然是能够为孩子增加一些习作素材，但这些活动仍有其局限性。如果我们家长能把自己平时的所见所闻与所感，通过聊天与孩子进行交流，也能切实丰富孩子的习作素材。因为许多事情都是孩子目前所无法直接经历与体验的，只有通过这种方式让孩子间接地来感受，积累一种间接经验。

如何教育学习磨蹭的孩子

武杰现在上初一，他的动作慢是让父母最头疼的问题。武杰的慢最突出的表现是在做作业上。每天晚上吃过晚饭之后，不多的作业每次都要做到九十点钟，等到做完，也就要睡觉了。再要是让他复习、预习功课的话，时间就拖到11点以后了，从而影响到第二天的学习。父母也曾经监督过他的学习，在那里监督的时候速度就会快一些，但是如果放他一个人做，就会很慢。上小学的时候，一直是采取这种方法来提高其做作业的速度，但是现在父母比较繁忙，不可能每天晚上都在旁边守着他学习，但又害怕他这样效率低下地做作业会影响学习成绩。不知道如何让他既不需要监督又能比较快地做作业。

孩子做作业或行为慢，磨磨蹭蹭这种情况，在孩子中还是很常见的。孩子养成磨蹭的坏习惯，是一个渐进的过程。孩子在学习上磨蹭，主要有以下几方面的原因。

(1)孩子学习兴趣不高，学习主动性不强，只是为了应付老师和家长而学。
(2)孩子性子本来很慢，干什么都不急，即使天塌下来也如此。
(3)孩子的时间观念不强，不知道珍惜时间就是珍惜自己的生命。
(4)孩子依赖性强，没有父母的监督，就不知道正常的做事节奏是什么样的了。
(5)孩子觉得被忽视了，希望通过这种方式引起父母注意。

虽然磨蹭不是什么大毛病，但一旦养成，又没有得到及时纠正的话，对孩子未来的发展十分不利。时间就是金钱，时间就是生命。在日趋激烈的社会竞争中，不抓住时间，磨磨蹭蹭的人，是会被社会所淘汰的，生活也就得不到保障。现在，孩子的学习任务还不重，磨磨蹭蹭的危害显现不是很大。等孩子上了高中，在强大的升学压力下，功课十分繁重；到了大学，在没人强调如何学习的情况下，要求自主学习。这两个阶段，磨磨蹭蹭的危害就一下子显现出来了。学习磨蹭，降低了学习效率，影响了功课的进度。所以，做父母的应该尽快纠正孩子学习磨蹭的坏习惯。

同一种现象，背后的原因可能千差万别，这也是为什么别人用有效的方法未必适合自己的原因。然后才是对症下药，采取一定的措施。武杰同学是因为注意力分散，不专心而导致学习磨蹭。所以武杰的父母应先仔细观察，再做判断。

学习磨蹭是小孩子常犯的错误，对于这种情况，父母可以采取的措施有：

（1）拿走一些可能干扰注意力的东西。比如不要在他的房间里面放水果，加强房间的隔音，不让父母这边的谈话、电视声音去干扰他的注意力。

（2）传授提高注意力的方法。比如，对于喜欢做几分钟玩几分钟的学生，家长可以采取奖励法，家长估计一下每天作业所需要的时间，然后和他约定，如果能在规定的时间内做完的话，可以让他做一些自己喜欢的事情；如果不能做完，可以采取一定的惩罚，比如干某样家务活。这种方式是通过提供外在动机的情况下让孩子按时完成作业。还可以采取循序渐进的方法，让他在桌上放上闹钟，每专注地学习十分钟，可以休息两分钟，慢慢延长时间，从10分钟到15分钟，到20分钟，半个小时，通过这种方式来逐渐培养孩子注意力集中的时间。

（3）找到孩子的学习兴奋点和疲倦点。只有有效地结合孩子的学习习惯，合理安排孩子的作息计划，找到兴奋点和疲倦点，让孩子的学习有松有弛，才能事半功倍。

（4）兴趣是学习最好的老师，培养孩子的兴趣十分重要。如果孩子不喜欢这门功课，应该带着去发现这门功课的乐趣与神秘所在，尽可能地使孩子产生兴趣。

如何教育没有学习目标的孩子

赵艺现在在某普通高中上高一，父母希望他能在新的学校好好学习，可是他却遇到了一个非常头疼的问题，就是觉得干什么都没劲。赵艺自己的感觉是不知道学了以后干什么，体会不到学习的快乐，也不知道现在所做的一切对于自己的未来是否真的有帮助。而且他从现在的媒体上看到，大学生、研究生都越来越多，认为自己就算考上大学，也未必就能找到好工作，实现爸爸妈妈对自己的一些设想。就这样想来想去觉得很灰心，然后干什么事情也都没劲，一天一天地耽误时间，心里其实很着急，却又打不起精神。

出现这种情况的原因一般是缺乏目标。赵艺同学就是这样因为没有目标而失去了方向感，无所适从下放弃学习。这时候父母、老师的帮助就极为重要。

目标是一个人行走的指南针，就像一个人行走在森林中，没有指南针的话，一定会迷失方向，无所适从，最后也就缺乏前进的动力，出现了赵艺的所谓干什么事情都没劲的情况。可见，目标是人生的一大动力，只有有了目标，学习和生活也才有了前进的方向，也才能体会到遇到挫折的苦痛和实现目标的激动，生命的热情火花才能绽放。

每个人都会出现人生的迷惘期。有的人发现原来的目标其实根本什么没有意义，一下子懵住了；有的人醒悟到自己一直在惘然自以为是地生活着，跟万千众人一样碌碌无为；有的人完成了现有的目标，突然不知道其后做什么好了。所以迷惘是很正常的，但一直这么迷惘下去，你的人生也就这么迷惘地过完了。这时候的关键就是如何度过这个时期。

应该相信，迷惘是可以改变的，同时，我们也应该相信，走出迷惘，找到生活的新方向，并不是那么困难的一件事。

家长作为孩子学习、生活的导向,应随时注意孩子的心理状况,以便及时发现问题,解决问题。此时,可以通过以下几个方面帮助孩子确立学习目标,度过迷惘期。

(1)寻找突破口。孩子没有目标一个很大的原因是认为自己所学的未必对未来有帮助,家长可以通过谈心的方式询问孩子:你认为今后不论从事什么工作都需要的知识是什么?对此问题孩子一定有所看法,他可能认为不管从事什么工作,外语很重要,或者计算机很重要。可以根据孩子所说的知识为突破口,制订一个有关学习计划。

(2)纠正观点。在孩子执行这个学习计划的同时,父母要纠正孩子有关的观点,比如对现实的灰心。可以用一些事例告诉孩子,只要是学有所成,就一定能够有所成就。可以指导他看一些名人传记,特别是那些出身平平,却靠自己能力和毅力成功的人的传记;也可以用身边的一些有关求学求职的事例来鼓励孩子,让其明白即使在现在求职越来越困难的情况下,仍然有许多人靠自己的实力找到很好的工作,获得成功。

(3)确立目标。在改变孩子观点的基础上,逐渐建立起孩子对其他学科的兴趣,慢慢调整学习计划,并建立一个总体的学习目标,比如以后要学习什么专业,考上什么样的大学,从事什么职业,从而改变孩子学习惘然的状态。